W0382024

Histoire politique de la Réforme française

DU MÊME AUTEUR

Les Huguenots et le roi. Le combat politique de Philippe Duplessis-Mornay (1572-1600), Genève, Droz, 2002 (prix Gobert 2003).

La Renaissance (vers 1470 – vers 1560), Paris, Belin, 2003 (en collaboration avec Patrick Gilli et Michel Nassiet).

Les Protestants dans la France moderne, Paris, Belin, 2006 (en collaboration avec Didier Boisson).

Le Parti huguenot. Chronique d'une désillusion (1557-1572), Genève, Droz, 2014 (deuxième édition en 2015) (prix Chateaubriand 2014).

Un royaume en lambeaux. Une autre histoire des guerres de religion (1555-1598), Genève, Labor et Fides, 2022.

Hugues Daussy

Histoire politique de la Réforme française

1540-1685

PERRIN

Cet ouvrage a bénéficié du concours
de l'université Marie et Louis Pasteur

© Perrin, un département de Place des Éditeurs, 2025

92, avenue de France
75013 Paris
Tél. : 01 44 16 08 00

ISBN : 978-2-262-02958-6
Dépôt légal : mars 2025

Mise en pages : Nord Compo

Le Code de la propriété intellectuelle interdit les copies ou reproductions destinées à une utilisation collective. Toute représentation ou reproduction intégrale ou partielle faite par quelque procédé que ce soit, sans le consentement de l'Auteur ou de ses ayants cause, est illicite et constitue une contrefaçon sanctionnée par les articles L. 335-2 et suivants du Code de la propriété intellectuelle.

Pour Marie, Diane, Constance et Charles

Prologue

La condamnation politique de l'hérésie

En ce jeudi 21 janvier 1535, la foule se pressait dans les rues de Paris. Progressant lentement, avec la solennité qui convenait à l'événement, un imposant cortège parcourut les quelques centaines de mètres qui séparaient l'église Saint-Germain-l'Auxerrois de Notre-Dame de Paris. Entourée de gardes suisses et toute vêtue de velours noir, chevauchant une haquenée blanche, la reine Éléonore avait devancé la procession pour venir se placer à son point d'arrivée, afin de mieux en admirer le triomphe. Elle était accompagnée de Madeleine et Marguerite de France, nées de l'union du roi avec feu la reine Claude, toutes deux richement habillées de robes de satin cramoisi brodées d'or, et d'une cohorte de dames et de princesses.

Vers dix heures, le défilé commença, dans l'atmosphère surchauffée d'une ferveur exaltée qui saisit le peuple parisien. Les croix et bannières des paroisses ouvrirent la marche, suivies des bourgeois et des marchands qui tenaient chacun une torche allumée, puis vinrent les ordres mendiants et nombre de religieux, tous chargés des plus précieuses reliques conservées dans la capitale. Au terme d'un défilé de châsses somptueuses et prestigieuses, toutes portées à l'épaule, vint le glorieux corps de sainte Geneviève, sainte patronne de la ville, entouré d'archers. Il précédait le chantre, les choristes et les chanoines de Saint-Germain-l'Auxerrois et de Notre-Dame, suivis de « messieurs de l'Université » en grande tenue, des Suisses de la garde puis des musiciens et chantres de la chapelle du roi, qui firent résonner des cantiques. Derrière des hérauts d'armes, vinrent ensuite les reliques les plus exceptionnelles. La tête de Saint Louis, le reliquaire de la Sainte Couronne d'épines qui, selon la chronique, « faisait dresser les cheveux de la tête à ceux qui le voient », puis d'autres reliques de la Passion sorties du trésor de la Sainte-Chapelle furent livrées à l'adoration des fidèles. Plusieurs morceaux de la croix du Christ, le fer de lance qui le perça au côté, un des clous qui servit à le crucifier et même une goutte du lait de la Vierge Marie se succédèrent ainsi à travers les rues richement tendues de tapisseries.

Au centre de cette procession, l'évêque de Paris, Jean Du Bellay, qui portait le Saint-Sacrement, cheminait sous un dais soutenu par François, Henri et Charles de France, fils du roi, ainsi que par le duc de Vendôme. Enfin, François Ier parut. Marchant tête nue, il était revêtu d'une robe de velours noir et portait une torche blanche ardente par sa poignée de velours cramoisi. Le cortège se poursuivit par le défilé des grands princes et seigneurs qui portaient également une torche blanche ardente, suivis par les magistrats du Parlement un gros cierge blanc ardent à la main, les gentilshommes de la chambre du roi, divers officiers des cours souveraines et une foule d'autres officiers, magistrats et échevins. Les quatre cents archers de la garde royale, portant leurs hallebardes, clôturèrent la procession[1]. Tout au long du parcours, François Ier multiplia les haltes, à l'occasion desquelles, devant le Saint-Sacrement placé sur un reposoir, il se livra à de profondes méditations sous l'admiration de la foule. La matinée s'acheva par la messe du Saint-Sacrement, célébrée très solennellement par l'évêque de Paris.

Cette manifestation de piété exceptionnelle et spectaculaire, la « plus belle qu'on vit jamais » selon certaines sources, fut une riposte dont l'ampleur était à la mesure de la menace qui venait de s'exprimer quelques jours plus tôt, le 13 janvier, lorsque la diffusion à Paris d'un écrit d'une grande violence à l'encontre de l'eucharistie avait suscité une vive émotion. Un peu plus de deux mois après la fameuse affaire des Placards, déjà provoquée par l'affichage d'un texte contre la messe jusque sur la porte de la chambre du roi, cette nouvelle attaque n'avait pas seulement été considérée comme une atteinte intolérable portée au dogme catholique. Elle était aussi envisagée par François Ier comme une violente remise en cause de certains des fondements mêmes de la puissance monarchique qui étaient étroitement liés au mystère eucharistique. Par le sacre, le roi de France recevait l'onction qui faisait de lui un souverain pénétré et inspiré d'une présence christique réelle. Intercesseur et guérisseur, grâce au pouvoir thaumaturgique induit par sa position de médiateur entre le ciel et la terre, qui découlait de sa double qualité humaine par nature et divine par grâce, il était bien plus qu'un roi prêtre, car il se voyait revêtu d'une dignité spirituelle. Or, en ne reconnaissant qu'une dimension symbolique au sacrement, les écrits diffusés dans le royaume en octobre 1534 et janvier 1535 remettaient en cause cette dimension essentielle et détruisaient la virtualité d'une interpénétration de la sphère divine dans la sphère terrestre. Ainsi, en niant le dogme de la transsubstantiation et, plus largement, toute présence réelle du Christ dans l'eucharistie, l'auteur du livre incriminé s'en prenait à l'essence même du pouvoir royal.

Mais quel était donc l'auteur de cet ouvrage au contenu si subversif ? Ce n'était pas en France qu'il fallait le rechercher, mais dans l'espace helvétique et, plus précisément, à Neuchâtel. Depuis 1530, sous l'influence de Guillaume Farel, la ville était officiellement passée à la Réforme, adoptant une doctrine d'inspiration zwinglienne qualifiée de sacramentaire par ses détracteurs, parce qu'en niant la présence réelle dans l'eucharistie, ses concepteurs étaient accusés de détruire les sacrements. Parmi les propagateurs de ces théories figurait Antoine Marcourt, un Français d'origine picarde qui s'était établi à Neuchâtel peu après le passage de la cité à la Réforme. Grâce à l'appui de l'imprimeur Pierre de Vingle, il avait publié en moins de deux ans quatre écrits très virulents dirigés contre l'Église catholique et surtout contre la messe et l'eucharistie. L'un d'entre eux avait été à l'origine de l'affaire des Placards d'octobre 1534, mais c'est la violence particulière de son *Petit traité très utile et salutaire de la sainte eucharistie* qui suscita l'émoi en janvier 1535.

Même si François Ier avait jusque-là toujours combattu l'hérésie sans faillir, les conséquences possibles de ce traité théologique dans le domaine politique renforcèrent considérablement sa détermination à lutter contre les dissidents religieux, et plus particulièrement contre les propagateurs des différents courants issus de la Réforme que l'on désignait alors, de manière générique, du nom de « luthériens ». La répression violente qui suivit la procession du 21 janvier, au terme de laquelle six hérétiques furent brûlés vifs en place publique, ne fut qu'une dimension de la réaction royale, qui s'exprima aussi sur le plan législatif.

Dès le mois de juillet 1535, l'édit de Coucy présenta les hérétiques comme des « rebelles et désobéissants », mais c'est l'édit de Fontainebleau, signé par le roi le 1er juin 1540, qui marqua une véritable rupture dans la qualification du crime d'hérésie qu'il définit comme « un crime de lèse-majesté divine et humaine », une « sédition du peuple et perturbation de notre État et repos public[2] ». En assimilant ainsi hérésie et sédition, hérétique et séditieux, ce texte transforma une infraction de nature religieuse en un crime politique de lèse-majesté. Après la mort de François Ier, Henri II persévéra dans cette voie et réaffirma régulièrement, au fil des édits répressifs qu'il publia contre les protestants, la relation étroite et indissoluble qui existait entre hérésie et sédition, hérésie et désobéissance, hérésie et troubles publics. Au cours du temps, dans l'esprit des Français, se forgea ainsi de manière durable l'image d'un hérétique félon par nature et dont la désobéissance à Dieu se doublait inéluctablement d'une insoumission à son roi. Le glissement qui s'était accompli depuis la procession de janvier 1535 fut d'une importance capitale pour l'évolution du mouvement réformateur en France, car il fit entrer la Réforme dans l'histoire politique du royaume. Elle ne la quitta plus.

PREMIÈRE PARTIE

LES VOIX POLITIQUES D'UNE CAUSE DIVINE

« Voici le temps que les grands de ce monde doivent pratiquer le dire de saint Paul, de n'avoir point honte de l'Évangile. »

Calvin à la marquise de Rothelin,
5 janvier 1558.

La condamnation vigoureuse de l'hérésie par le pouvoir monarchique ne freina pas la propagation du protestantisme dans le royaume de France, où le nombre des convertis ne cessa de croître entre 1540 et le milieu de la décennie suivante. Les communautés se développèrent alors dans une prudente clandestinité afin d'échapper à la vigilance des autorités, qui éprouvaient de grandes difficultés à appréhender l'ampleur réelle du phénomène d'extension de la religion réformée. Ce n'est qu'à partir de 1555, lorsque Calvin invita les fidèles à assumer publiquement leur foi, quitte à encourir le martyre, que les catholiques prirent conscience de la puissance du mouvement. Selon le plan élaboré par le réformateur genevois, cette apparition au grand jour de groupes jusqu'alors discrets devait susciter un choc et servir de point de départ à un vaste processus de conversion du royaume tout entier. Il était convaincu que l'exemple édifiant des jeunes Églises réformées, qui bourgeonnaient dans toutes les provinces, susciterait inéluctablement une vague irrésistible d'adhésions spontanées, car la lumière de la Vérité ne pourrait qu'éblouir de son évidence les consciences de ceux auxquels elle serait présentée. Le temps de la conquête avait donc sonné. Les premiers effets de cette ambitieuse politique purent sembler encourageants. Le 16 mars 1556, dans une lettre adressée à Guillaume Farel, Théodore de Bèze pensa pouvoir se réjouir de la multiplication incroyable des Églises réformées dans tout le royaume de France, et le mouvement lui sembla irréversible[1]. Abandonnant la métaphore du ruisseau qu'il avait jusqu'alors prudemment employée pour décrire les conquêtes de l'Évangile, il compara désormais la croissance spectaculaire des communautés à des fleuves au débit puissant et régulier[2].

Ce dynamisme bien réel s'enracinait dans la détermination des fidèles. Stimulés par une foi profonde, ils puisaient aussi la force de persévérer au péril de leur vie dans leur conviction d'avoir été élus par Dieu. Ils se considéraient comme les héritiers des Hébreux, dont ils reproduisaient la destinée plus de deux millénaires après la fuite d'Égypte, et cette parenté spirituelle leur procura un immense réconfort lorsqu'il fallut affronter des difficultés. L'Ancien Testament leur offrait un réservoir inépuisable d'exemples, sur le roc desquels ils forgeaient leur identité de chrétiens exemplaires assaillis par l'oppression. Dans ces conditions, comment la victoire pouvait-elle leur échapper ? Calvin et les pasteurs réformés ne cessaient d'affirmer son caractère inéluctable, appuyant leur démonstration sur l'action bénéfique de la providence divine qui orientait le cours de l'Histoire selon une logique inaccessible à l'homme. Comme le suggérait le psaume 68, *Que Dieu se montre seulement*, ils ne doutaient pas que l'idolâtrie finirait par être vaincue lorsque l'Évangile serait présenté à celui qui, seul, avait le pouvoir d'entraîner le royaume dans un mouvement de conversion général.

Cet homme duquel tout dépendait n'était autre que le roi, mais il y avait une part d'utopie dans le projet calvinien. Au lieu d'être aveuglé par la lumière de la Vérité, au lieu de considérer la croissance spectaculaire des communautés réformées comme une expression de la volonté de Dieu, Henri II était de plus en plus farouchement déterminé à éradiquer l'hérésie. Calvin, qui rêvait d'une illumination soudaine du monarque, prit ainsi rapidement conscience que son vœu ne pourrait être exaucé sans le soutien de puissants relais à la Cour, aptes à montrer au souverain le chemin à suivre et à l'entraîner sur la voie de la conversion. C'est donc au sein de l'élite nobiliaire, parmi les plus proches conseillers du roi, que le réformateur devait trouver des appuis. Mais dans un contexte de condamnation politique de l'hérésie, qui jetait sur les convertis l'opprobre et le soupçon de félonie, les grands serviteurs de la monarchie sensibles aux idées nouvelles prendraient-ils le risque d'encourir la disgrâce pour la défense de la foi ?

1

Dieu ou le roi ?

Catherine de Médicis aimait à accueillir son royal époux au château de Montceaux, près de Meaux. Richement meublée, cette demeure d'agrément venait de s'enrichir, au printemps 1558, d'un pavillon de « grotte », un délicieux petit bâtiment à l'architecture raffinée édifié par Philibert de L'Orme. Sur l'allée centrale, Henri II se plaisait de temps à autre à jouer au croquet. Le 20 mai 1558, alors que la famille royale était réunie pour le dîner, la quiétude du lieu, ordinairement propice à la détente, fut brusquement brisée par un hurlement. Courroucé, le roi se leva brusquement et, d'un geste de rage, brisa une assiette avec une violence telle que le dauphin en reçut quelques éclats. Cette colère soudaine avait été causée par l'un de ses plus fidèles sujets, dont les qualités militaires, éprouvées sur les champs de bataille, avaient été récompensées par la charge de colonel général de l'Infanterie française. Mais il n'était ici aucunement question de guerre. Si François d'Andelot subit ainsi les foudres royales, c'est qu'il venait d'avouer, devant son prince et souverain seigneur, le roi très chrétien, son adhésion au calvinisme.

Une noblesse hérétique

Neveu du connétable Anne de Montmorency et frère de Gaspard de Coligny, amiral de France, d'Andelot fut le premier membre éminent de la noblesse française à rendre sa conversion publique. Lors d'une tournée d'inspection accomplie en Bretagne, en mars et avril 1558, il s'était fait accompagner de deux pasteurs qui avaient prêché à toutes occasions devant la gentilhommerie bretonne et célébré la Cène à Lourmois, le jour de Pâques. Cette expédition pleinement assumée avait fait grand bruit et valut donc à d'Andelot d'être convoqué par le roi à Montceaux. Mais depuis le milieu de la décennie, nombreux étaient ceux qui, avec moins d'éclat, avaient répondu à l'appel de Calvin et accomplissaient une démarche spirituelle identique.

Quand il s'agit de sonder les consciences, l'historien est souvent démuni. La question de la conversion d'une partie de la noblesse française au calvinisme reste ainsi particulièrement épineuse. Rares sont les gentilshommes qui ont laissé un témoignage écrit sur les circonstances et les motifs de leur adhésion, d'autant plus que celle-ci est le plus souvent demeurée secrète dans un premier temps. Il faut donc s'en tenir à des faisceaux d'indices concordants, afin de reconstituer les processus de conversion qui se sont amorcés dès les prémices de la pénétration du calvinisme en France, au début de la décennie 1540, puis se sont multipliés et accélérés à partir de 1555 et surtout lorsque Jean Calvin somma les plus prestigieux parmi les croyants silencieux de faire profession publique de leur foi. « Voici le temps que les grands de ce monde doivent pratiquer le dire de saint Paul, de n'avoir point honte de l'Évangile », écrivit-il à la marquise de Rothelin en janvier 1558[1]. L'exemple de ces grands personnages était censé stimuler la conversion des plus modestes, et c'est sans aucun doute à cette exhortation que répondit François d'Andelot, lorsqu'il se rendit en Bretagne.

En revanche, bien d'autres nobles préférèrent demeurer, pour un temps encore, des convertis de cœur. Parmi eux figuraient « des plus gros de la cour », pour reprendre l'expression de Théodore de Bèze, qui se félicitait de ce succès tout en déplorant qu'ils demeurassent encore trop « timides ». Le plus prestigieux de ces personnages éminents était sans nul doute le prince Louis de Condé, dont l'adhésion est impossible à dater avec précision. Membre de la lignée des Bourbons, il était prince du sang et figurait en bonne place dans l'ordre de succession au trône en cas d'extinction de la dynastie des Valois. Peut-être portait-il déjà un réel intérêt pour la Réforme en octobre 1555, lorsqu'il avait entendu un sermon à Genève, sur le chemin qui le ramenait d'Italie où il avait combattu pour le roi de France. Au fil d'un processus intime dont l'agenda reste inconnu, on peut déduire de quelques rares documents que sa conversion était effective en août 1558, mais ce n'est qu'au cours de l'année 1559 que son rejet du catholicisme devint notoire. Autre figure de proue de la noblesse convertie, Gaspard de Coligny accomplit très probablement un parcours spirituel proche de celui de son frère d'Andelot. Si ce dernier bascula dans le camp réformé après avoir lu assidûment la Bible pendant les années de captivité qu'il endura dans une prison milanaise entre 1551 et 1556, c'est dans une autre cellule que l'amiral de France fut également aveuglé par la lumière de l'Évangile. Capturé par les Espagnols en août 1557, à l'issue de la perte de Saint-Quentin, Coligny passa de longs mois aux Pays-Bas, dans une geôle où il put à son tour lire les saintes Écritures ainsi qu'un ouvrage de Calvin envoyé par son frère. Si aucun repère chronologique précis ne permet d'avancer une date de conversion, on sait qu'en juillet 1558 le cardinal de Granvelle le considérait comme un hérétique. L'exhortation à déclarer publiquement sa foi, qu'il reçut de Calvin en septembre 1558, vient confirmer cette hypothèse d'une adhésion alors déjà effective à la religion réformée.

Toutefois, contrairement à d'Andelot, l'amiral n'accepta pas de s'engager publiquement d'une manière aussi précoce, et ce n'est que deux ans plus tard, au mois d'août 1560, qu'il décida de se révéler au grand jour. Selon une chronologie voisine, Antoine de Croÿ, prince de Porcien, dont le rang au sein de la grande noblesse était plus modeste, n'assuma d'abord sa conversion que dans le secret de son âme, vers la fin de l'année 1559, avant de la déclarer ouvertement à l'été 1561.

Derrière ces grands personnages, une foule d'autres nobles moins prestigieux connurent des parcours similaires. Au sommet de la hiérarchie provinciale, certains seigneurs fortement possessionnés franchirent également le pas. Il en fut ainsi de François de La Rochefoucauld, le plus puissant seigneur du Poitou, dont on ignore les détails du cheminement spirituel. Sa conversion, qui ne s'exposa au grand jour qu'au printemps 1561, était sans doute déjà effective en 1558. D'autres trajectoires sont mieux connues de par leur retentissement inhabituel. Gabriel de Lorges, comte de Montgomery, rencontra ainsi un destin bien peu commun. Héritier d'une lignée normande aux origines écossaises, il eut la mauvaise fortune de blesser mortellement Henri II lors d'un tournoi organisé le 30 juin 1559 à Paris. Alors capitaine de la garde écossaise du roi, il dut quitter la Cour et perdit sa charge. Au terme d'une itinérance qui le conduisit à Londres, où il passa près de deux ans à la cour de la reine Élisabeth Ire, il se convertit au calvinisme, probablement en 1561.

La grande masse de la noblesse, qui n'appartenait ni à la haute aristocratie, qui entourait le roi à la Cour et monopolisait les charges les plus prestigieuses, ni à la strate inférieure, que certains historiens ont appelée la « noblesse seconde » et qui exerçait des fonctions de commandement dans les provinces, reste relativement peu étudiée. Rurale ou urbaine, elle fut également touchée par la propagation des idées nouvelles. En Dauphiné, par exemple, Charles Du Puy, seigneur de Montbrun, se convertit dès 1558, à son retour d'Italie où il avait servi fidèlement le roi. Il ne tarda pas à se déclarer, prenant la défense de la communauté réformée qu'il contribua puissamment à installer sur ses terres. En Provence, deux frères, Paul et Antoine de Richieu, seigneurs de Mauvans, étaient déjà convertis en février 1559 ; ils prirent la tête de la noblesse locale acquise aux idées nouvelles. En Bretagne, ce furent d'autres frères, Jean, Julien et Tristan Du Bouays, dont les terres s'étendaient près du Croisic, sur la presqu'île de Guérande, qui comptèrent en 1558 parmi les premiers promoteurs de la cause réformée dans une contrée profondément catholique. En Normandie, Charles Martel de Bacqueville se convertit à Dieppe dès le mois de mars 1559. De tels exemples pourraient être multipliés, dans l'immense majorité des provinces du royaume, tant la fin de la décennie 1550 fut marquée par un phénomène dynamique d'adhésion à la Réforme au sein de l'ordre nobiliaire.

En 1562, à l'apogée de l'expansion du mouvement réformé en France, on considère que 10 % de la population du royaume était convertie au calvinisme. Cette évaluation globale doit être nuancée en fonction des catégories sociales, car les strates les plus élevées de la société furent plus fortement touchées par le message évangélique que la masse du petit peuple, demeurée plus viscéralement catholique. La noblesse manifesta ainsi un intérêt tout particulier pour la Réforme et, dans certaines contrées, la quantité de convertis en son sein atteignit des proportions considérables. Si dans les bailliages d'Étampes, de Vendôme ou encore de Château-du-Loir, on ne dépassa pas la moyenne des 10 % de convertis, le mouvement d'adhésion nobiliaire s'avéra parfois beaucoup plus important, jusqu'à concerner 26 % des gentilshommes en Beauce, 36 % en Quercy, 40 % dans le Dunois et dans l'élection de Bayeux, en Normandie, et même 48 % dans le bailliage de Blois. Dans les provinces méridionales, et en particulier dans certaines parties de la Guyenne, du Languedoc et du Dauphiné, les conversions furent également fort nombreuses, même si on ne dispose d'aucune statistique fiable.

Afin d'expliquer ce phénomène relativement massif, les historiens ont multiplié les hypothèses. L'adhésion sincère dictée par une foi profonde, longtemps sous-estimée, apparaît comme un motif particulièrement décisif au sein des strates les plus élevées de la noblesse. François d'Andelot et Gaspard de Coligny, membres du Conseil royal, proches d'Henri II et de Catherine de Médicis, neveux du connétable et couverts de charges et d'honneurs, avaient bien plus à perdre qu'à gagner dans l'adhésion au calvinisme. Même si, en 1558, leur ascension semblait avoir atteint son apogée, et que la faveur dont bénéficiait le duc de Guise ne cessait de croître au détriment de l'influence d'Anne de Montmorency, leur oncle et protecteur, quitter la religion du roi ne pouvait en aucun cas favoriser leur carrière. D'autres cas sont plus épineux, parce que les trajectoires sont moins nettes et moins bien documentées. Bien souvent, c'est en tournant le regard vers les femmes – mères, sœurs ou épouses – que jaillit une partie de la solution.

Influences féminines et liens de fidélité

Au cœur des lignages nobiliaires, c'est dans de nombreux cas par les femmes que les idées nouvelles ont pénétré. À Paris, en septembre 1557, lorsqu'une centaine de participants à un culte clandestin célébré rue Saint-Jacques furent arrêtés et emprisonnés au Châtelet, les autorités furent surprises par la qualité sociale des dames figurant sur la liste des captifs. Se trouvaient là Françoise d'Angennes, dame de Rantigny, Louise de Sains d'Ailly, épouse de Michel III Gaillard de Longjumeau, panetier ordinaire du roi et gentilhomme de sa chambre, ou encore Françoise de Laval, dame d'honneur de Catherine de Médicis, issue d'une branche cadette de la famille de Montmorency et épouse de Nicolas de Champagne, comte de La Suze et chambellan de François Ier.

Au sein de lignages encore plus prestigieux, les exemples de femmes à l'influence certaine sont nombreux. Jacqueline de Rohan, marquise de Rothelin, fut l'une des plus éminentes parmi ces instigatrices. Fille du maréchal Charles de Rohan-Gié, veuve de François d'Orléans-Longueville, marquis de Rothelin et comte de Neuchâtel, elle était la mère de Léonor d'Orléans, héritier de tous les titres et domaines de la maison de Longueville, et de Françoise d'Orléans, qui fut la seconde épouse de Louis de Condé. Après son séjour à Neuchâtel, en 1557, durant lequel elle avait eu l'occasion de rencontrer Guillaume Farel et de visiter Calvin à Genève, elle s'était convertie, suivie par son fils. Sa parente, Isabelle d'Albret, épouse de René Ier de Rohan et tante de la reine de Navarre, se déclara en 1558 et fit de son château de Blain le premier bastion réformé breton. Elle entraîna ses enfants avec elle, notamment les vicomtes Henri Ier et Jean de Rohan. En Languedoc, on peut citer l'exemple de Jeanne Ricard de Genouillac, vicomtesse d'Uzès, mère de Jacques, Jean, Galiot et Antoine de Crussol. L'épouse de ce dernier, Louise de Clermont-Tallart, comtesse de Tonnerre, était elle-même peut-être convertie dès 1557. Il est possible qu'elle ait participé au culte de la rue Saint-Jacques en septembre de la même année, mais sa grande proximité avec la reine Catherine de Médicis l'aurait sauvée de l'incarcération. Jacqueline de Longwy, duchesse de Montpensier et tout aussi familière de la reine, était également convertie de cœur, même si elle ne se déclara jamais ouvertement, au contraire d'Antoinette Bouchard d'Aubeterre, sœur de François III Bouchard, vicomte d'Aubeterre, un noble tôt dévoué à la Réforme et réfugié à Genève, qui suivit les traces de son frère vers 1558. Depuis 1553, elle était l'épouse de Jean de Parthenay-Larchevêque, seigneur de Soubise, fils de Michelle de Saubonne, l'une des premières aristocrates ouvertement acquises aux idées réformées, protectrice de Clément Marot, et qui avait vécu plusieurs années à la cour de Ferrare, où elle avait accompagné Renée de France. Cette princesse de sang royal, fille cadette du roi Louis XII et d'Anne de Bretagne, figure également au nombre de ces femmes engagées dans le processus de propagation de la Réforme, même si son profil spirituel demeure difficile à tracer avec sûreté. Très tôt attirée par la foi évangélique, elle fut régulièrement sollicitée par Calvin qui l'exhorta sans relâche, mais sans succès, à embrasser publiquement la religion réformée. Sous la menace de l'Inquisition, qui la suspectait d'hérésie, elle demeura très discrète sur ses convictions religieuses jusqu'à son retour en France, en septembre 1560, après la mort de son époux Hercule d'Este. Elle soutint dès lors ouvertement les réformés depuis son domaine de Montargis.

Tout au sommet de la pyramide nobiliaire, le pouvoir de persuasion de ces femmes contribue donc à expliquer certaines conversions aux motifs et à la chronologie apparemment nébuleux. L'une de ces initiatrices mérite une attention toute particulière. Madeleine de Mailly, comtesse de Roye, fut une personnalité marquante de l'aristocratie calviniste à la charnière des décennies 1550 et 1560. Fille de Louise de Montmorency, sœur du connétable, et de Ferry de Mailly, mort en 1511 lors des guerres d'Italie, elle était la sœur utérine de Gaspard de Coligny et François d'Andelot, également fils de Louise mais nés d'un second mariage. Elle avait épousé dès 1528 un gentilhomme bon catholique, Charles de Roye, comte de Roucy, mort prématurément en 1551. Veuve, elle avait nourri et marié ses deux filles, Éléonore et Charlotte de Roye, formant avec elles un trio majeur qui œuvra puissamment en faveur de la propagation de la foi réformée au sein de l'élite nobiliaire. Si on ignore la date exacte de la conversion de Madeleine, il est certain qu'à la mort de son époux, elle était déjà acquise aux idées nouvelles. Éléonore et Charlotte reçurent d'elle une instruction religieuse qui s'avéra déterminante pour le destin de leurs futurs maris, appelés à compter parmi les figures de proue de la noblesse réformée française. En 1551, Éléonore épousa Louis de Bourbon, prince de Condé, et Charlotte fit un mariage un peu moins prestigieux mais plus riche, en s'unissant en 1557 avec le comte François de La Rochefoucauld. On sait que les deux sœurs œuvrèrent avec succès à la conversion de leurs époux. Dans leur entreprise, elles purent compter sur le soutien de la reine de Navarre, Jeanne d'Albret, probablement acquise de cœur au calvinisme dès 1555 et officiellement réformée à Noël 1560. La plus éminente en dignité parmi toutes ces figures féminines de la noblesse convertie, elle ne parvint toutefois pas à entraîner son mari, Antoine de Bourbon, premier prince du sang, dans le camp protestant. En revanche, elle éleva son fils, le jeune Henri de Navarre, dans la foi réformée.

Ces exemples bien connus ne concernent que la partie émergée d'un iceberg nobiliaire réformé marqué, dans nombre de ses strates, par l'influence féminine. Un exemple frappant peut être évoqué afin d'illustrer le cas de la noblesse provinciale d'extraction plus modeste. Françoise Du Bec, dame du Plessis-Marly, épouse de Jacques de Mornay, seigneur de Buhy et fervent catholique, avait adhéré secrètement au calvinisme dès avant 1555. La crainte des persécutions, les convictions de son mari et un environnement familial très majoritairement catholique l'avaient dissuadée de se déclarer ouvertement. Mais après la mort de son époux, en novembre 1559, elle décida de faire profession publique de la foi réformée, entraînant avec elle tous ses enfants. Parmi eux figurait l'un des futurs grands noms de la Réforme française, Philippe Duplessis-Mornay. Promis par son père à une carrière ecclésiastique, le jeune Mornay emprunta ainsi, par la volonté maternelle, un tout autre chemin spirituel. Ainsi apparaît un schéma récurrent de cheminement du calvinisme par les canaux de la parenté, par le truchement de femmes au fort pouvoir de persuasion. La part des veuves, émancipées d'un époux demeuré fermement catholique, est remarquable au sein de ce groupe.

Le rôle majeur joué par l'influence féminine et la conversion sincère ne doivent toutefois pas masquer d'autres ressorts importants qui sous-tendirent, en ces années décisives pour le destin de la Réforme française, la conversion de nombreux gentilshommes. Les mécanismes de la fidélité, à l'œuvre au cœur des réseaux de clientèle, et la force des structures de patronage au sein du monde nobiliaire fournissent d'autres clés, essentielles à la compréhension de l'engagement au service de la foi réformée. Les clientèles fonctionnaient ainsi comme des groupes familiaux artificiels. Le rapport patron-client, qui engendrait un devoir d'assistance mutuelle, créait un sentiment d'appartenance à une même famille, dont les membres n'étaient pas unis par les liens du sang. Ce lien de clientèle était volontaire, informel et souvent provisoire, lié aux fluctuations du système de la faveur. Ses protagonistes, de statut inégal, entretenaient un rapport vertical et réciproque, puisque le client devait à son patron loyauté et service en échange de sa protection.

Il est des cas, nombreux, où ce lien de fidélité se matérialisa par la conversion des clients dans le sillage de leur patron. En Picardie par exemple, Jean d'Aussy, seigneur de Coutures, suivit le prince de Condé dans son passage au calvinisme. Dans le sud-ouest du royaume, des familles prestigieuses, comme les Ségur-Pardaillan, constituèrent autour d'elles de véritables nébuleuses réformées. Pons de Polignac, gentilhomme gascon, réussit même à tisser avec ses fidèles une véritable « toile d'araignée religieuse ». En Guyenne, les Bourbons-Albret, les Pons, les La Rochefoucauld, les Bouchard ou encore les Caumont entraînèrent dans leur sillage nombre de leurs dépendants. Dans toutes ces contrées du Midi, les réseaux de fidélité furent ainsi le véhicule d'un calvinisme seigneurial[2]. En Normandie, la conversion de Léonor d'Orléans, duc de Longueville, au même titre que l'adhésion au calvinisme de l'élite de la noblesse d'épée, donna sans aucun doute un coup d'accélérateur essentiel à la croissance du calvinisme. Dans le Boulonnais, ce furent le sénéchal Jean d'Estrées, le gouverneur Jean de Monchy, seigneur de Sénarpont, et enfin Louis de Lannoy, seigneur de Morvilliers, qui jouèrent un rôle moteur dans l'adhésion de la noblesse.

Pour autant, rien n'était automatique. La multiplicité des situations particulières conduisit chaque noble à agir avant tout en fonction de ses intérêts personnels. Au sein même de la plus haute aristocratie normande, on peut ainsi constater que certains grands personnages furent freinés par des considérations politiques dans leur désir de servir les intérêts de la religion qu'ils avaient embrassée. Le duc de Longueville et Henri-Robert de La Marck, duc de Bouillon, tous deux réformés, adoptèrent ainsi une attitude modérée, parce qu'ils étaient parents des Guises et dépendaient d'eux pour leur accès à la faveur royale. Chez ces deux hommes, il existait ainsi, de toute évidence, un conflit d'intérêts entre leur adhésion au calvinisme et le maintien de leur puissance politique. Dans un mouvement dynamique inverse, la ferveur religieuse de nombreux nobles catholiques les conduisit à renoncer au lien de fidélité qui les unissait à des seigneurs devenus réformés, qu'ils refusèrent de suivre dans leur choix religieux. Là encore, aucune règle générale ne peut être énoncée.

« J'ai un roi au ciel »

La pénétration de la Réforme au cœur du monde nobiliaire entraîna la politisation du mouvement réformé français. Au Conseil du roi comme dans les provinces, de nombreux détenteurs d'une parcelle de la puissance publique professaient désormais une autre confession que celle du roi.

Cette distorsion, un phénomène totalement nouveau, posa un problème inédit à la monarchie. Revenons à ce jour de mai 1558, au château de Montceaux. Informé du périple breton de François d'Andelot, Henri II s'adressa, presque incrédule, à celui qu'il considérait comme l'un de ses plus fidèles serviteurs et qu'il avait comblé de faveurs. Il lui fit part du chagrin qu'il ressentait, proportionnel à l'affection qu'il lui portait, à l'idée qu'il pourrait s'éloigner de la foi catholique. Et pour percer avec certitude les méandres de sa conscience, le roi interrogea le colonel général de son infanterie à propos de sa conception eucharistique. Loin de vouloir ménager Henri II en usant d'une formule dilatoire ou ambiguë, d'Andelot avoua sans fard son renoncement à la doctrine catholique du Sacrifice de la Messe, faisant preuve d'une hardiesse qui saisit le roi. Invité par le monarque à réfléchir aux conséquences de sa déclaration, il persista avec un courage qui frisait l'inconscience, provoquant la fureur royale.

S'il faut considérer les témoignages indirects dont on dispose avec les précautions d'usage, le contenu des échanges entre d'Andelot et Henri II, tel qu'il nous est rapporté par au moins deux sources concordantes[3], témoigne de l'étroite conjonction qui unissait alors religion et politique, et qui associait presque indissolublement la profession de la foi catholique et la fidélité due au roi. Car, dans sa réponse, le neveu de Montmorency se sentit obligé d'affirmer qu'elles pouvaient être dissociées, et il aborda la manière dont il entendait articuler son engagement nouveau avec sa persistance dans l'obéissance au souverain. Comme pour atténuer les conséquences de son abandon de la religion du roi, il se déclara ainsi conscient des bienfaits qu'il avait reçus de son prince et qui le comblaient d'honneur avant de réaffirmer à son endroit la persistance de son parfait dévouement. Mais, comme le rapporte Jacques-Auguste de Thou, il proclama aussi « qu'en matière de religion », on ne peut « user de déguisement, ni tromper Dieu », que le roi peut « disposer à son gré de sa vie, de ses biens, de ses charges, mais que son âme, indépendante de tout autre souverain », n'est « soumise qu'au Créateur de qui il l'a reçue et à qui il croit devoir obéir dans les circonstances présentes, comme au Maître le plus puissant ».

Loin d'apaiser le roi, cette déclaration suscita son irritation. Henri II explosa de colère et ordonna l'arrestation immédiate de d'Andelot, qui fut privé de sa charge de colonel de l'Infanterie et emprisonné au château de Melun. Aux yeux du monarque, en dépit de ses dénégations, le gentilhomme converti avait bel et bien porté atteinte à son devoir d'obéissance en renonçant à la foi catholique. Sa tentative afin de distinguer les domaines politique et religieux n'avait reçu aucun écho dans l'esprit du souverain. Quant à la subordination clairement établie entre deux maîtres, Dieu et le roi, elle ne fut pas davantage appréciée, puisque le second étant considéré comme le lieutenant du premier, il était censé en exprimer la volonté. Les deux devoirs d'obéissance se superposaient ainsi parfaitement. La remise en cause de ce principe était un point majeur soulevé par d'Andelot. Une autre de ses déclarations, faite quelques semaines plus tôt face à des officiers royaux de la ville d'Angers qui lui reprochaient d'avoir fait prêcher en Bretagne en contravention avec les édits, avait été encore plus explicite en la matière : « Je suis fidèle serviteur du roi pour lui obéir en toutes choses civiles et de son État, avait-il affirmé, mais quant à ma conscience, j'ai un roi au ciel, auquel je veux servir sur toutes choses[4]. » Après son arrestation, le frère de Coligny l'écrivit plus clairement à Henri II lui-même : « Je vous supplie en toute humilité me pardonner, et croire que les cas de l'obéissance que je dois à Dieu et de la conscience exceptés, vous ne me commanderez jamais chose en quoi promptement et fidèlement je n'expose mon bien, mon corps et ma vie[5]. » Alors qu'en France désobéir au roi signifiait désobéir à Dieu, établir une telle distinction entre deux allégeances et les envisager comme potentiellement concurrentes revenait à attenter gravement à la majesté royale.

Ici réside l'un des enjeux majeurs de l'histoire de la Réforme française. Fallait-il choisir entre Dieu et le roi, ou pouvait-on rester fidèle à la fois à Dieu et à un roi dont on ne partageait plus la confession ? À cette question, bien des catholiques désireux d'éradiquer l'hérésie répondirent avec constance, dans la ligne de l'édit de 1540, que c'était impossible. Il appartenait désormais aux réformés français de prouver le contraire. Confrontés à cette nécessité, ils pouvaient s'appuyer sur les écrits de Calvin. Dans son *Institution de la religion chrétienne*, le réformateur n'avait pas oublié d'évoquer la question de l'obéissance due aux autorités. Il y exprimait une position nuancée, ce qui constituait à la fois un avantage et un inconvénient. Il affirmait d'abord sans hésitation que les sujets des princes ordonnés de Dieu leur devaient « honneur et révérence » et précisait qu'ils « se doivent rendre sujets à eux en toute obéissance ». Cette assertion pouvait être convoquée par les réformés pour se justifier. Mais Calvin admettait ensuite une exception à cette règle générale. Dans le cas où un prince ordonnait à ses sujets d'agir contre la volonté divine, ils pouvaient légitimement ignorer ses prescriptions sans que cette désobéissance passive puisse être considérée comme répréhensible. S'affirmait donc chez le réformateur l'idée d'une hiérarchie entre la soumission à la volonté de Dieu et la révérence due aux supérieurs qui s'appuyait tout simplement sur un verset biblique, selon lequel « il faut plutôt obéir à Dieu qu'aux hommes[6] ». Et le roi, bien qu'ordonné de Dieu, était ici ravalé à sa simple nature humaine. François d'Andelot ne faisait qu'appliquer scrupuleusement ce précepte.

D'un point de vue pratique, la mise en œuvre de cette théorie avait des implications concrètes. Lorsque le roi exigeait de ses sujets qu'ils suivissent les rites catholiques au détriment de la « vraie religion », c'est-à-dire le culte réformé, ils devaient privilégier l'obéissance à Dieu et donc se soustraire à la volonté de leur souverain. Mais cette désobéissance devait demeurer sélective, car ils restaient dans l'obligation de suivre rigoureusement les commandements de leur prince dans tous les domaines où il n'ordonnait pas d'agir contre la volonté divine.

Vers la décriminalisation de l'hérésie

Si cette posture équilibriste était difficile à tenir pour la noblesse réformée, la monarchie vécut de manière encore plus douloureuse la mutation apparemment brutale de l'élite sociale du royaume.

Le roi assista, impuissant et médusé, à la tornade de conversions brisant l'unanimité catholique qui cimentait jusqu'alors ses plus fidèles et éminents serviteurs. Pour comprendre la violence du choc qui secoua alors la Cour, il faut envisager son ignorance relative de la réalité d'un mouvement qui avait pendant longtemps progressé en France de manière souterraine et clandestine. Lorsqu'à l'instigation de Calvin, les communautés de fidèles commencèrent à éclore à la vue de tous, l'illusion d'un phénomène restreint à quelques individus épars et isolés s'évanouit progressivement. Mais le plus grand traumatisme fut causé par la prise de conscience de la forte dimension nobiliaire du mouvement. La qualité des captives de la rue Saint-Jacques, en septembre 1557, puis les conversions successives d'éminents personnages dans le sillage de d'Andelot ouvrirent ainsi les yeux du roi, qui vit l'unité religieuse de son cercle le plus proche se fissurer à son tour.

Parmi les manifestations spectaculaires qui frappèrent le plus fortement l'esprit d'Henri II en cette année 1558, celle qui se déroula au pré aux Clercs durant la semaine de l'Ascension fut particulièrement marquante. Du 13 au 19 mai, au pied des murailles de la capitale, non loin de l'abbaye de Saint-Germain-des-Prés, sur un terrain vague qui servait de lieu de promenade publique, des milliers de réformés, peut-être jusqu'à 6 000 au plus fort de l'affluence, se réunirent peu avant la tombée de la nuit afin de chanter des psaumes. Giovanni Dalmatio, agent du cardinal Farnese à la cour de France, décrivit la scène, sidéré : « Je vous laisse penser que ce peut être, puisqu'un roi, plusieurs ducs, comtes, barons et grands seigneurs et dames y ont assisté et chanté comme les autres[7]. » Bien plus que le nombre des participants, c'est ainsi leur qualité sociale qui bouleversa le diplomate italien. Le roi de Navarre, Antoine de Bourbon, premier prince du sang, fut le membre le plus éminent de cette assemblée. Même s'il finit par choisir de demeurer catholique au terme d'une longue période d'atermoiements, rien n'était moins évident en mai 1558. Aux côtés de d'Andelot, il assista même publiquement au sermon prononcé par un pasteur. Tout un monde vacillait.

Certes, on se souvient que les convertis de cœur hésitèrent d'abord à se déclarer, ce qui rendit l'appréhension de ce basculement moins violente, mais les rumeurs les plus inquiétantes n'en circulaient pas moins. Condé, Coligny et bien d'autres, même s'ils n'étaient pas encore officiellement réformés, furent très vite soupçonnés de sympathie à l'égard du calvinisme. L'ambassadeur vénitien Jean Michiel, qui représentait la Sérénissime auprès du roi pendant ces années décisives, fut un témoin privilégié de ce qu'il appelait la « contagion » de l'élite du royaume par l'hérésie. Et sa connaissance des processus à l'œuvre révèle ce dont la Cour avait désormais pris conscience. « Les nobles surtout sont contaminés », rapporta-t-il, même s'ils hésitent parfois à faire profession publique de leur foi, par peur de « perdre à la fois les biens et la vie ». Certains allaient toujours à la messe et observaient les cérémonies catholiques, « mais ce n'est que par peur[8] ». François d'Andelot, qui accepta finalement d'entendre une messe à la mi-juillet 1558 afin d'être élargi, est encore une fois représentatif de cette attitude. Aussitôt libéré, il reprit le chemin du culte réformé.

Face au péril protestant qui minait sa noblesse, Henri II manifesta d'abord sa fermeté, mais sa mort accidentelle, en juillet 1559, propulsa sur le trône le jeune François II, âgé de seulement quinze ans. Cette disparition tombait au plus mauvais moment et contribua à lâcher la bride des professions publiques au sein de l'aristocratie française. Et peu à peu, devant l'ampleur prise par le mouvement de conversion qui touchait l'élite nobiliaire, l'esprit même de l'édit de 1540 devint caduc, car la décision de François Ier, qui avait transformé le crime religieux d'hérésie en crime politique, n'était désormais plus tenable. Aussi longtemps que les manifestations d'adhésion au calvinisme étaient demeurées sporadiques et que les gentilshommes avaient été apparemment épargnés par la contagion, une assimilation systématique entre hérésie et sédition n'avait soulevé aucun problème majeur. Mais l'ouragan des conversions au sein de la grande noblesse de service changea brutalement la donne. Pouvait-on admettre qu'un prince du sang de France, que des grands officiers de la Couronne ou encore des militaires qui s'étaient illustrés au sein des armées royales pendant les guerres d'Italie fussent soudainement, et massivement, devenus des criminels de lèse-majesté ? Pouvait-on considérer comme rebelles des membres du Conseil du roi, des familiers du souverain qui avaient donné à maintes reprises des gages de leur absolue fidélité ?

Cette incohérence conduisit le gouvernement royal à prendre deux nouveaux édits qui infléchirent de manière non négligeable le rapport de l'État à ceux qui avaient quitté le giron de l'Église catholique. Le premier, signé à Amboise le 8 mars 1560, accorda un pardon général à tous ceux qui avaient été condamnés ou emprisonnés par le passé pour hérésie et ordonna leur libération, à condition qu'ils ne se fussent pas rendus coupables de conspiration contre le roi. Les pasteurs et autres prédicateurs, propagateurs de fausses doctrines, furent, en revanche, exclus de cette mesure de clémence[9]. Le second, signé à Romorantin le 7 mai 1560, transféra le jugement des simples crimes d'hérésie aux seuls tribunaux ecclésiastiques, et établit ainsi une claire distinction entre la profession de la foi réformée et les crimes et désordres civils, qui restaient de la compétence des tribunaux royaux. L'assimilation systématique entre hérésie et sédition disparut donc, engendrant une décriminalisation de l'adhésion au calvinisme, pourvu qu'elle ne s'accompagnât d'aucun acte accompli contre l'autorité royale. L'incompatibilité entre l'adhésion à la Réforme et le service du roi tendit ainsi à s'estomper, ce qui ne pouvait que soulager la noblesse convertie et créer une acceptation tacite, à titre au moins provisoire, de la présence de non-catholiques au sein de l'élite politique du royaume.

Mais pour autant, ces mesures n'eurent pas pour effet d'accorder la liberté de conscience. En mars 1560, l'amnistie fut octroyée explicitement dans la perspective d'un retour des condamnés au catholicisme. Quant à l'édit de mai 1560, il évoquait clairement l'objectif d'un rétablissement de l'unité de foi. Rien n'était donc résolu, d'autant moins qu'une bonne partie des catholiques vécut fort mal ces concessions faites aux hérétiques et persista, en dépit de la volonté royale ainsi exprimée, à les considérer comme naturellement séditieux. Les troubles qui parcouraient alors la plupart des provinces du royaume contribuèrent puissamment à nourrir leurs certitudes. L'ambassadeur Michiel, qui constatait avec inquiétude la progression ininterrompue d'un calvinisme désormais délivré du bras séculier, voyait la situation religieuse comme une sorte « d'intérim tacitement accordé », faisant allusion aux concessions faites aux protestants de l'Empire par Charles Quint en 1548. Et dans une formule presque prophétique, il exprima les craintes que lui inspirait la confrontation entre les réformés, qui revendiquaient désormais la reconnaissance de leur culte, et les catholiques déterminés à ne rien céder :

> Ainsi, ou leur désir sera satisfait, ou bien, si l'on tient à se maintenir dans l'obéissance du pape et à observer les rites catholiques, il faudra recourir à la force, verser sans égard le sang des nobles, diviser le royaume en deux partis, en venir à une guerre civile, qui ruinera en même temps le pays et la foi. C'est une chose constante et confirmée par beaucoup trop d'exemples que les changements religieux amènent toujours des changements politiques[10].

On n'aurait su être plus clairvoyant.

2

Les conjurateurs

Il est communément admis que les guerres de Religion ne débutèrent pas en mars 1562, avec le massacre de Wassy. Dès le début du règne de François II, à l'automne 1559, des signes avant-coureurs d'un fort mécontentement au sein de la noblesse convertie au calvinisme se manifestèrent dans plusieurs provinces du royaume. La politique des Guises, qui tenaient le gouvernail de l'État, n'était pas étrangère à ces tensions, car dans les mois qui avaient suivi l'avènement de François II, un édit, deux déclarations royales et plusieurs arrêts du Parlement avaient été consacrés à l'extension et à l'alourdissement des peines appliquées aux infractions commises par les hérétiques[1]. Mais c'était aussi le voisinage quotidien entre catholiques fervents et réformés désormais assumés qui créait de multiples foyers de troubles potentiels. Les premières échauffourées furent même antérieures à la mort d'Henri II. En Provence, c'est au printemps 1559 qu'Antoine de Mauvans entra en campagne. Particulièrement déterminé et violent, il prit Senez, pilla l'évêché et incendia la cathédrale, avant de dévaster le monastère de Saint-André-du-Désert, de ravager les faubourgs de Digne et de commettre de terribles exactions à Barjols. Poursuivi par la vindicte catholique, il fut massacré par la populace déchaînée à Draguignan, en octobre 1559, ce qui contribua à exacerber les haines et les ressentiments. Bien informé, Calvin s'inquiéta du risque de généralisation et d'aggravation de ces frictions qui lui étaient rapportées, car en Provence comme ailleurs, écrivait-il, les fidèles « ont commencé à se défendre par l'épée[2] ».

La croisade des chevaliers errants

Ce n'est toutefois pas dans le sud du royaume, mais au cœur du val de Loire, où s'égrenait l'archipel somptueux des résidences royales, que se produisit le premier événement militaire marquant, véritable détonateur des guerres civiles. Le dimanche 17 mars 1560, à quatre heures du matin, entre cent cinquante et deux cents cavaliers fortement armés et portant l'écharpe blanche se présentèrent aux portes d'Amboise. Conduite par Bertrand de Chandieu, la troupe parvint aisément au pied de l'éperon rocheux couronné par le château, où résidaient alors le roi et l'ensemble de la Cour. Les cris des bateliers, qui avaient aperçu cet escadron chevaucher le long de la rive, donnèrent l'alarme aux gardes qui n'avaient rien vu. L'effet de surprise permit aux assaillants de menacer pendant près d'une heure et demie l'une des portes garantissant l'accès à la forteresse, jusqu'à ce qu'une contre-attaque les mît en fuite.

Cet assaut ne fut que le dernier avatar d'une affaire complexe, dont il faut rechercher les racines sept mois plus tôt, quelques semaines après l'avènement de François II. À l'origine de l'opération fut un homme seul, Jean Du Barry, seigneur de La Renaudie, gentilhomme périgourdin converti au calvinisme à une date inconnue. Les aléas de l'existence avaient fait de lui, au cœur de l'été 1559, le chef d'orchestre idéal d'une action contre les Guises. Car, contrairement aux apparences, l'attaque du 17 mars ne fut pas dirigée contre le roi. Il faut, pour comprendre les ressorts de l'entreprise dans laquelle La Renaudie avait alors décidé de se lancer, mesurer la force du sentiment d'hostilité qui s'exprimait à l'égard des plus proches conseillers du roi. François de Lorraine, duc de Guise, qui s'était couvert de gloire sous le règne d'Henri II en raison de ses exploits militaires, et Charles de Lorraine, son frère, cardinal et brillant esprit, devaient à leur parenté avec l'épouse du jeune François II, Marie Stuart, dont ils étaient les oncles, de s'être vus confier la direction de l'État. Le duc avait la haute main sur les affaires politiques et militaires, alors que le cardinal était tout-puissant en matière de finances. Ce monopole générait d'infinis mécontentements, non seulement parmi les réformés qui accusaient les deux frères d'accentuer la répression contre l'hérésie, mais aussi plus largement au sein de la grande noblesse, qui enrageait d'avoir été écartée du pouvoir par ces favoris qui étaient, de surcroît, d'origine étrangère. Même si leur père, Claude de Guise, avait été naturalisé par François Ier, ils n'en restaient pas moins des Lorrains aux yeux de l'aristocratie française d'extraction ancienne. À ces griefs largement partagés, La Renaudie ajoutait une rancœur toute personnelle. Au terme d'un long conflit judiciaire relatif à la possession de bénéfices ecclésiastiques, il avait été humilié en 1553 par Jean Du Tillet, un fidèle des Guises. Emprisonné, il s'était évadé, puis s'était enfui à Lausanne et à Berne, avant de séjourner à Paris en mars 1558, après un exil de plusieurs années. Son désir de vengeance était puissant.

Dans la capitale, La Renaudie gravitait dans le milieu réformé clandestin, côtoyait les pasteurs, mais aussi les Bourbons. Le comté de Périgord, où étaient sises ses terres patrimoniales, était alors dans l'orbite de la maison d'Albret, et le lien de fidélité qui l'unissait à cette lignée lui donnait accès à Antoine de Bourbon, mais aussi certainement au prince de Condé. Éloquent, intelligent et audacieux, ce gentilhomme déterminé pouvait ainsi actionner de nombreux leviers et faire jouer les relations que ses pérégrinations lui avaient permis de tisser. Son objectif était simple : obtenir que les Guises soient écartés du pouvoir. Et pour y parvenir, il lui fallait faire prendre conscience au jeune roi et à sa mère, Catherine de Médicis, du caractère éminemment nuisible des deux frères pour leur propre autorité. L'ambition de La Renaudie était ainsi de mettre sur pied une entreprise militaire qui lui permettrait de s'approcher du souverain, afin de requérir la disgrâce de ses mauvais conseillers et d'obtenir qu'ils soient jugés.

Mettre un tel projet à exécution n'était pas chose aisée, et deux obstacles majeurs se dressaient devant le conspirateur. Il lui fallait en premier lieu trouver, au sein de la grande noblesse huguenote récemment convertie, des soutiens qui lui permettraient de légitimer son entreprise, car l'autorité et le prestige d'un grand personnage étaient indispensables pour recruter des partisans. Comme Antoine de Bourbon, premier prince du sang, se montrait à la fois timoré et hésitant quant à l'attitude à adopter face aux Guises, d'une part, et face au choix confessionnel de l'autre, La Renaudie se tourna naturellement vers son frère, Louis de Condé. La nature des échanges entre les deux hommes et la réponse formulée par le prince du sang aux sollicitations dont il fut l'objet restèrent nimbées de mystère. S'il approuva peut-être l'opération projetée par La Renaudie, ce qui reste à démontrer, il prit la précaution de ne laisser aucun écrit, et jamais son nom ne fut cité. Qu'importe ! Le conspirateur n'hésita pas à se réclamer de lui lorsqu'il se rendit à Genève, en décembre 1559, afin d'obtenir l'appui moral de Calvin et de Bèze, qui se refusèrent malgré tout à cautionner une action violente. Il excipa même du soutien de Coligny, tout aussi douteux, ce qui lui valut le ralliement de quelques gentilshommes réfugiés dans la cité lémanique, tels Adrien de Villemongis et Philippe de Corguilleray. Très mobile, La Renaudie multiplia les déplacements et organisa en janvier 1560 plusieurs réunions de ses partisans : d'abord à Aubonne, près de Lausanne, puis à Lyon. Une ultime séance préparatoire fut alors assignée à Nantes, pour le 1er février.

Grâce à Louis Régnier de La Planche, auteur d'une histoire militante mais bien informée, on connaît le déroulement de cette assemblée présidée par La Renaudie qui, devant une assistance dont la composition demeure mystérieuse, donna aux gentilshommes présents l'assurance du soutien du prince de Condé. Un plan d'action fut élaboré. Comme le roi et la Cour devaient se rendre prochainement à Blois pour y séjourner quelque temps, l'attaque aurait lieu le 6 mars. Elle devait être conduite par des troupes placées sous la direction d'une trentaine de capitaines, chargés de rassembler les forces recrutées *ad hoc* dans plusieurs provinces du royaume. Grâce au croisement de quelques documents, il est possible de dresser la liste d'une quinzaine d'entre eux. À titre d'exemple, on retiendra quelques-uns des plus apparents parmi ces militaires : Tanneguy Du Bouchet, seigneur de Puygreffier, devait mobiliser en Poitou, François d'Acigné, seigneur de Montejan, était chargé de conduire le contingent réuni en Bretagne, Jacques de La Mothe, baron de Castelnau-Chalosse, avait pour mission de commander les troupes venues de Gascogne, et François de La Salle, seigneur de Mazères, devait diriger celles du Béarn. En Dauphiné, la charge incombait à Charles Du Puy, seigneur de Montbrun. Jean-Jacques de Sainte-Marie, seigneur d'Aigneaux, devait conduire les conjurés de Normandie, et Edme de Ferrières, seigneur de Maligny, ceux de Champagne et de Brie. Enfin, un mystérieux personnage, désigné par « N » et qui pourrait bien être Bertrand de Chandieu, devait prendre la tête de ceux venus d'Île-de-France[3]. Tous ces capitaines n'avaient pas seulement pour mission de recruter parmi les gentilshommes, car pour que l'entreprise ait quelque chance de succès, ils devaient aussi lever des fantassins.

Les procédures mises en œuvre par ces hommes, qui appartenaient tous à la petite et moyenne noblesse provinciale, afin de rassembler leurs corps expéditionnaires respectifs demeurent mal connues, mais on sait que de multiples relais furent sollicités. Les pasteurs, diacres et anciens de nombreuses communautés jouèrent ainsi un rôle majeur, de même que les élites urbaines qui contribuèrent à mobiliser, dans la plus grande discrétion, des hommes et des ressources financières afin de solder les combattants et leur fournir l'équipement nécessaire. Ainsi, la conjuration ne se limita pas à une mobilisation nobiliaire. Les liens de parenté et de fidélité n'en jouèrent pas moins probablement un grand rôle afin de conduire ces opérations de manière souterraine. Dans tout le royaume, de multiples réseaux, à la fois nobiliaires et confessionnels, activés grâce au relais de l'organisation ecclésiastique qui commençait à se mettre en place dans la plupart des provinces, furent ainsi probablement mobilisés. Pour quel résultat ?

La Renaudie espérait disposer d'une force constituée de 500 cavaliers et d'importants effectifs de fantassins. Pour ne pas éveiller les soupçons, les conjurés devaient cheminer discrètement par petits groupes, en dissimulant leurs armes. Ainsi devait se former, à la veille de l'opération, une phalange suffisamment puissante pour appliquer le plan prévu. Mais toute cette mécanique soigneusement élaborée s'enraya subitement, quelques jours après l'assemblée secrète de Nantes. La Renaudie, qui séjournait à Paris et se dissimulait désormais sous le pseudonyme de La Forest, apprit que la Cour ne résiderait finalement pas à Blois, mais à Amboise. Cette découverte fut fortement préjudiciable au projet. Le 2 mars, le conspirateur retrouva ses principaux lieutenants dans un château du Vendômois. Le plan du 1er février y fut révisé et la date de l'attaque décalée à la mi-mars. L'opération était censée se dérouler ainsi : une poignée de capitaines d'élite devait pénétrer dans le château pour s'emparer des Guises, après quoi les forces massées dans les forêts alentour feraient leur apparition pour sceller la victoire.

Loin de se dérouler comme prévu, le nouveau plan échoua dans un naufrage épouvantable. Car le secret, indispensable au succès, fut éventé en raison de plusieurs fuites qui mirent la Cour en alerte. En février, pendant son séjour à Paris, ce fut d'abord La Renaudie lui-même qui commit une grave imprudence. Trop bavard et probablement trop confiant, il révéla à son logeur du faubourg Saint-Germain, l'avocat réformé Pierre Des Avenelles, certains détails de son entreprise. Craignant d'y être mêlé en cas d'échec, son hôte jugea nécessaire de se dédouaner en faisant avertir les Guises. Mais c'est surtout la trahison de l'un des conjurés, le capitaine Lignières, qui tua dans l'œuf tout espoir de succès en révélant à Catherine de Médicis le plan, la date de l'attaque, les points de rassemblement et même le parcours emprunté par certains contingents.

Avertis du danger, les Guises multiplièrent les précautions. Dès le 10 mars, les mesures préventives qu'ils avaient prises portèrent leurs premiers fruits, et de petits groupes armés furent arrêtés dans leur progression vers Amboise. Jusqu'au 14 mars, ce sont ainsi plusieurs convois de prisonniers qui furent conduits à la résidence royale, où ils furent interrogés. Le 15 mars, le duc de Nemours se présenta au château de Noizay, où s'étaient établis le baron de Castelnau et le capitaine Mazères, qu'il arrêta sans difficultés. Le lendemain, de nombreux rebelles furent encore appréhendés dans les bois. Environ 500 fantassins venus du Poitou prirent même la fuite, abandonnant leurs armes à l'approche de 300 cavaliers conduits par les ducs d'Aumale et de Nemours. Quelques dizaines d'hommes furent capturés, désemparés, n'opposant aucune résistance. Combien étaient-ils réellement, massés aux environs d'Amboise ? L'ambassadeur espagnol Chantonnay, toujours désireux d'amplifier les événements défavorables aux réformés, avança les chiffres invraisemblables de 800 cavaliers et 30 000 fantassins[4] ! Quoi qu'il en soit, les Guises, qui pensaient alors que la conjuration avait définitivement avorté, firent preuve de clémence à l'égard de tous ces prisonniers qui n'avaient jusque-là pas tiré un seul coup de feu. Renvoyés après avoir été interrogés et gratifiés d'un écu chacun, on leur enjoignit de quitter Amboise, faute de quoi ils seraient condamnés et exécutés.

L'attaque du 17 mars à l'aube, alors que l'on ne s'y attendait plus, changea complètement la face des choses. Cet assaut fut peut-être décidé à la dernière minute, comme une tentative un peu désespérée d'atteindre malgré tout l'objectif fixé. Bertrand de Chandieu, qui se replia devant la contre-offensive, réussit à s'échapper, mais bien d'autres furent arrêtés. Le plus pitoyable restait encore à venir. La Renaudie, jusqu'alors invisible, fut tué le 18 ou le 19 mars d'un coup d'arquebuse dans la forêt de Château-Renault, à une dizaine de lieues d'Amboise. Ainsi s'acheva l'aventure de ces gentilshommes réformés dont l'entreprise, qu'il avait toujours ouvertement désapprouvée et refusé de cautionner, fut qualifiée par Calvin de « croisade de chevaliers errants[5] ».

La naissance du huguenot

Le corps de La Renaudie fut ramené à Amboise, où il fut pendu à une potence. Un écriteau indiquait : « C'est La Renaudie dit la Forest, capitaine des rebelles, chef et auteur de la sédition[6] ». Exposé pendant une journée entière, le cadavre fut ensuite découpé en quatre quartiers suspendus à des pieux aux portes de la ville, alors que sa tête, fixée sur une pique, fut placée à l'entrée du pont. Après avoir fait preuve de clémence, les Guises durcirent donc considérablement leur attitude à l'égard des conjurés, à la fois effrayés rétrospectivement par l'attaque inattendue du 17 mars, alors qu'ils pensaient avoir tué la conjuration dans l'œuf, et désireux de dissuader les réformés de toute tentative ultérieure. François II, qui croyait que l'entreprise était dirigée contre sa personne, conféra au duc de Guise, le jour même de l'attaque, la charge éminente de lieutenant général du royaume, avec pleine puissance dans le domaine militaire pour « châtier » les « séditieux et rebelles » par « les peines accoutumées en tel cas et sans forme ni figure de procès[7] ». La dureté de la répression qui s'engagea alors est d'une grande importance pour comprendre l'intensification du processus de politisation du combat déjà amorcé par les gentilshommes réformés.

Les témoins dignes de foi qui ont rapporté les exécutions postérieures à l'attaque du 17 mars ont construit, l'image saisissante que la conjuration d'Amboise a laissée dans l'Histoire. La pendaison de quelques-uns des conjurés, accrochés aux créneaux de la terrasse du château surplombant la porte, parce que les potences n'étaient pas assez nombreuses pour suspendre tous les condamnés, mais aussi la noyade de certains de leurs camarades dans la Loire, les mains liées et enfermés dans des sacs, ont inspiré la déploration d'Agrippa d'Aubigné dans *Les Tragiques*, qui vit dans ces événements le véritable commencement de la guerre civile. « Son fleuve de noyés, ses créneaux de pendus[8] » ne furent pas les seules manifestations de cette sévérité, qui s'exprima aussi bien à l'endroit des roturiers qu'à l'encontre des gentilshommes qui, en considération de leur qualité, eurent pour certains d'entre eux le privilège d'être décapités. Le baron de Castelnau et le capitaine Mazères comptèrent parmi les victimes, de même que le baron de Raunay, propriétaire du château de Noizay qui leur avait servi de repaire. Leurs corps furent ensuite écartelés sur la place du château, comme criminels de lèse-majesté. Mais la postérité a surtout retenu l'exécution d'Adrien de Villemongis, érigée en symbole par la propagande protestante. Frère de François de Briquemault, fidèle client de Coligny, il fut lui aussi décapité. Une célèbre gravure de Tortorel et Perrissin le représente à genoux sur l'échafaud, les mains couvertes du sang des conjurés exécutés avant lui tournées vers le ciel. Il se serait alors écrié : « Seigneur, voici le sang de tes enfants. Tu en feras la vengeance[9]. » Les exécutions se poursuivirent pendant plusieurs semaines, non seulement à Amboise, mais aussi à Orléans, Tours et Blois, où d'autres complices furent arrêtés et conduits à la potence. Parmi les conjurés les plus éminents, seul le baron d'Aubeterre obtint des lettres de pardon par l'entregent du maréchal de Saint-André, alors que Guillaume Stuart de Vézines réussit à s'évader du château de Blois.

Tout au long des interrogatoires qu'ils subirent sous la torture, les prisonniers n'eurent de cesse d'affirmer que leur entreprise était seulement dirigée contre les Guises, réceptacles de leur haine et de leur ressentiment. Cette hostilité assumée, qui ne manquait pas de les inquiéter, contribua sans doute à la violence de la répression ordonnée par les Lorrains. Elle est aussi le témoignage de la mixité des motifs qui animèrent les conjurés, dont la cause mêlait inexorablement politique et religion. Car s'ils s'engagèrent pour leur foi, leur intention n'en fut pas moins d'écarter du pouvoir les principaux conseillers du roi afin d'obtenir une inflexion significative de sa politique religieuse. Leur prise d'armes à ces fins, la première du genre, s'accompagna également d'une mutation terminologique. Un mot nouveau, « huguenot », apparut pour désigner les réformés. Les chroniques rédigées par les contemporains font toutes état de l'introduction de ce vocable dont l'étymologie reste bien difficile à établir avec certitude. Deux hypothèses entrent en concurrence. La première relie le terme à l'allemand *Eidgenossen*, dont il serait un dérivé. Signifiant « conjurés » ou « confédérés », il avait été employé pour qualifier les membres d'une faction genevoise mêlée, dans les années 1520, à la lutte de la ville pour sa liberté contre la domination du duc de Savoie. Dans cette optique, la connotation du mot « huguenot » serait doublement négative, puisqu'elle rattacherait ceux qu'il désigne à la ville de Genève, source de l'hérésie, et leur attribuerait un esprit de rébellion. Même si le passage d'un terme à l'autre semble un peu tiré par les cheveux d'un point de vue lexical, l'hypothèse est séduisante, car elle renvoie de manière tout à fait crédible à l'image donnée des conjurés d'Amboise par leurs détracteurs.

Pourtant, si l'on se fie aux écrits des contemporains, c'est ailleurs qu'il faut rechercher le berceau du mot « huguenot ». À Tours, près de l'une des portes de la ville, se dressait encore au milieu du XVIe siècle la tour Feu Hugon. Cet édifice, probablement élevé à la fin du IXe siècle, avait été bâti sur ordre du comte Hugues l'Abbé. Laissée par la suite à l'abandon, elle était nimbée d'une sinistre réputation. La nuit, le fantôme maléfique du comte, surnommé le « roi Hugon » ou « Hugonet », était réputé y rôder, escorté d'un cortège de démons. Comme, à Tours, les réformés se rendaient nuitamment et clandestinement au prêche vers la tour Hugon, ils auraient été enveloppés dans cette légende. Ainsi aurait été forgé le mot « huguenot », faisant des protestants français des êtres maléfiques, des gens de l'espèce du roi Hugon, seigneur de l'ombre. Mais comment rattacher cette étymologie à la conjuration d'Amboise ? Un incident survenu à Tours, dans la nuit du 14 au 15 mars 1560, peut contribuer à expliquer le réveil du souvenir de ce personnage mythique et son assimilation aux réformés. Ce jour-là, le baron de Castelnau, le capitaine Mazères et plusieurs autres gentilshommes venaient de s'établir dans le faubourg de La Riche, accompagnés d'une trentaine de gens de guerre bien armés, et s'étaient logés à l'auberge de la Galère, sinistre présage. À la nuit tombée, ils furent surpris par Louis de Beuil, comte de Sancerre, envoyé par les Guises afin de s'assurer de la fidélité de la ville. Celui-ci tenta de se saisir d'eux pour cause de rébellion, mais ils le menacèrent de leurs armes et réussirent à prendre la fuite, tirant droit vers Noizay. La cavalcade du comte qui, à travers les rues de la ville, appela à l'aide, criant « À l'arme, force, force pour le Roi ! », suscita peut-être une réminiscence chez les habitants effrayés qui, restés cloîtrés chez eux au lieu de lui prêter main-forte[10], craignirent d'être victimes du maléfique roi Hugon.

Quoi qu'il en soit, il est incontestable que le mot « huguenot » était alors considéré comme une insulte par les catholiques qui l'avaient forgé. Toutefois, sans qu'il soit réellement possible d'en comprendre la raison et selon une chronologie qui reste encore à établir avec précision, ce terme perdit rapidement son caractère péjoratif aux yeux des réformés eux-mêmes qui n'hésitèrent plus, dès les années 1560, à assumer l'identité qu'il leur conférait. Il eut pour particularité de les désigner toujours dans le cadre des actions qu'ils conduisirent en dehors du domaine strictement religieux et posséda, par conséquent, une forte connotation politique et militaire.

Alors qu'un intense combat pamphlétaire, sur lequel on reviendra plus loin, s'engageait à la suite de l'échec de la conjuration, les réformés français ne déposèrent pas les armes. Quelques mois plus tard, une seconde opération d'ampleur fut conduite par l'un des auteurs de l'attaque avortée du 17 mars, Edme de Ferrières, seigneur de Maligny, qui était parvenu à s'enfuir. Cette fois-ci, l'objectif était de s'emparer de la ville de Lyon, afin de la transformer en base arrière de la reconquête du royaume aux dépens des Guises, et d'imposer la réunion des états généraux. Les troupes nécessaires à l'opération devaient venir des provinces méridionales, où des centaines d'hommes furent levés grâce à l'industrie et aux réseaux de la noblesse réformée locale ainsi qu'au relais des Églises. Conformément à la stratégie qui avait lamentablement échoué quelques mois plus tôt, ces soldats reçurent l'instruction de voyager discrètement par petits groupes. Une fois arrivés à Lyon, ils devaient être répartis entre soixante-dix logements, capables d'accueillir en tout 1 200 combattants, qui avaient été préparés secrètement par Maligny et ses complices. Les chances de succès semblaient réelles, mais un gentilhomme basque, Jacques de La Sague, se confia imprudemment à un dénommé Bonval, courtisan des Guises, qui ne manqua pas de le dénoncer. Arrêté le

28 août, il livra nombre de documents compromettants et révéla, sous la torture, une foule d'informations. Prêt à agir dans une ville dont le gouverneur était désormais averti du complot, Maligny ne savait trop quelle attitude adopter. Paradoxalement, il lui sembla plus dangereux d'ordonner la retraite du millier d'hommes dispersés dans Lyon que de passer à l'attaque. Lorsqu'une compagnie d'arquebusiers du guet de la ville vint assaillir son logis au soir du 4 septembre 1560, il n'eut de toute manière plus le temps d'hésiter. Avec le secours de plusieurs soldats et gentilshommes, il réussit à les repousser sur l'autre rive de la Saône et, maître de la partie de la cité comprise entre les deux fleuves, il pensa un instant pouvoir prendre l'offensive. Mais une partie de ses troupes fit alors défection, en raison de la disparition de l'effet de surprise sur lequel on avait misé. Il finit par ordonner la retraite, avant de quitter lui-même secrètement la ville, dans la nuit du 5 septembre[11]. Pourtant parfaitement préparée, cette seconde conjuration avorta donc à son tour.

Des princes rebelles ?

Au-delà de ces événements, une question politique cruciale agita le royaume à la faveur des deux complots. Leurs instigateurs pouvaient-ils n'être vraiment que ces gentilshommes de second rang venus périr piteusement sous les murs d'Amboise ? Les Guises étaient convaincus du contraire. Les enquêtes qu'ils conduisirent, les renseignements qu'ils réunirent patiemment et leur intime conviction, nourrie en partie de la rivalité qui les opposait aux Bourbons, les convainquirent de l'implication des princes du sang dans les deux opérations dirigées contre eux, à Amboise puis à Lyon.

Avant d'évoquer les indices recueillis par les conseillers du roi, il faut envisager les raisons qui auraient pu conduire Antoine de Bourbon et Louis de Condé à se retrouver mêlés à ces deux désastres. Et pour les comprendre, il faut remonter le temps. Lorsque Calvin considéra, quelques années plus tôt, les avantages que pourrait présenter la conversion de membres éminents de la plus haute aristocratie du royaume, il cibla immédiatement les deux princes du sang, dont la réceptivité aux idées nouvelles lui était connue. Il s'agissait, en les attirant dans le camp de l'Évangile, de leur demander de prendre la tête de la Réforme française afin de conférer prestige et poids politique à la cause réformée, qui serait alors devenue plus audible dans l'entourage royal. On se souvient que, si Louis de Condé se laissa convaincre, son frère aîné demeura hermétique aux sollicitations pressantes dont il avait été l'objet de manière répétée. À la mort d'Henri II, cette cour assidue se doubla d'une forte dimension politique. François II, le nouveau souverain, était alors âgé de quinze ans. Il était certes majeur, mais il ne pouvait raisonnablement conduire les affaires de l'État sans s'appuyer sur des conseillers expérimentés. En sa qualité de premier prince du sang, c'est à Antoine de Bourbon que cet honneur revenait de droit. Mais encore fallait-il qu'il le revendiquât. Exhorté par Calvin, par les pasteurs parisiens, mais aussi par une partie de la noblesse, aussi bien catholique que réformée, à prendre ses responsabilités politiques, le roi de Navarre s'enlisa dans une longue hésitation, non seulement à cause de son caractère ordinairement circonspect, mais surtout par souci de ne pas s'aliéner la reine mère et le jeune roi. Arrivé à Vendôme au début du mois d'août 1559, Antoine reçut la visite de nombreux grands personnages exclus de la faveur royale par la prise de pouvoir des Guises. Stimulé par cet environnement très offensif, il envisagea alors sérieusement de faire son entrée à la Cour en compagnie de tous les princes de son sang et de faire valoir ses droits légitimes à occuper le premier rang auprès du roi, mais il finit par se raviser, ce qui lui valut d'être considéré par le pasteur François de Morel comme un « être lâche et frivole » qui avait capitulé devant les Guises et fait perdre au camp réformé l'espoir d'une inflexion notable de la politique royale en faveur d'une plus grande modération religieuse[12]. Toutefois, le duc et le cardinal avaient appréhendé pendant plusieurs semaines l'arrivée d'Antoine de Bourbon à la Cour, redoutant qu'il ne décidât finalement de revendiquer ses droits, ce qui avait généré une tension palpable entre les deux lignages.

Cette inimitié s'était également nourrie de la détermination de Louis de Condé, dont le caractère était mieux trempé que celui de son frère, à ne pas laisser le champ libre aux Guises. Notoirement calviniste, même s'il n'avait encore jamais rien entrepris de spectaculaire en faveur des réformés, ce prince était apparu, à l'automne 1559, comme le seul Grand du royaume dont La Renaudie pouvait se réclamer. Quelle avait été la réponse exacte de Condé aux sollicitations dont il était l'objet de la part du concepteur de la conjuration ? Quand, où et à combien de reprises les deux hommes s'étaient-ils rencontrés ? On ne le saura probablement jamais. S'il avait sans doute accueilli favorablement l'idée d'une entreprise dirigée contre ses ennemis, le pragmatisme politique interdisait, en revanche, au cadet de la maison de Bourbon de s'y engager de manière ouverte. L'opération semblait d'ailleurs dès l'origine vouée à l'échec, tant il paraissait improbable que François II acceptât de disgracier ses oncles par alliance au profit des princes du sang. Condé n'a donc laissé aucun écrit, et tous les échanges qu'il a pu avoir avec le chef des conjurés sont demeurés purement verbaux et confidentiels. On peut même aller jusqu'à s'interroger sur la réalité de ce soutien, notamment en raison d'un fait troublant. Membre du Conseil privé, Condé était un courtisan très averti. Or la décision de modifier le lieu de séjour du roi initialement prévu à Blois pour le déplacer à Amboise avait été prise dès le mois de décembre 1559, ce que le prince ne pouvait ignorer. Si La Renaudie avait été réellement soutenu par Condé, il n'aurait sans doute pas méconnu cette information jusqu'à son séjour à Paris au début du mois de février 1560. Quoi qu'il en soit, l'initiateur de la conspiration n'hésita pas à présenter le cadet des Bourbons comme le cerveau caché de l'opération, et c'est incontestablement l'invocation de ce patronage qui lui permit de rassembler une bonne partie des gentilshommes qui le suivirent, encouragés par la caution supposée d'un prince du sang.

Lors de l'enquête diligentée par les Guises après l'arrestation de nombreux conjurés, certains prisonniers évoquèrent l'existence d'un « chef muet », d'autres affirmèrent avoir marché sous l'autorité de Condé, et Mazères lui-même confessa que le prince avait promis de se déclarer publiquement chef de l'entreprise uniquement en cas de succès. Mais les papiers saisis sur le secrétaire de La Renaudie et sur d'autres captifs n'apportèrent rien de probant. Pourtant, la présence parmi les conjurés, prisonniers ou en fuite, de fidèles serviteurs de la maison de Bourbon contribua à enraciner la conviction d'une complicité du prince du sang. Parmi eux, Maligny n'était autre que l'ancien porte-drapeau de la compagnie de gens d'armes de Condé, alors que Vézines était membre de sa maison. Les aveux de l'écuyer du prince, le sieur de Vaux, qui reconnut avoir fourni à Maligny le cheval nécessaire à sa fuite, après l'échec de l'attaque conduite par Chandieu, vinrent encore nourrir ce faisceau d'indices concordants. Arrivé à Amboise la veille de l'attaque, Condé sut faire bonne figure et repousser avec hauteur toutes les accusations formulées contre lui, se justifiant même avec éloquence lors d'une séance publique en présence des ambassadeurs étrangers résidant à la Cour, des princes et des chevaliers de l'Ordre. Bien qu'il ait refusé de se déclarer en faveur de la Réforme, Antoine de Bourbon attira également sur lui le soupçon des Guises, mais les éléments à charge étaient beaucoup plus légers. Si Mazères avait jadis commandé deux compagnies d'infanterie sous les ordres du premier prince du sang avant d'intégrer sa maison, la culpabilité du roi de Navarre ne reposait que sur de bien faibles présomptions.

Sans preuves formelles, les Guises n'osèrent alors pas s'attaquer aux Bourbons, et Condé put quitter la Cour pour retrouver son frère Antoine à Bordeaux, au printemps. Mais le duc et le cardinal n'en demeurèrent pas moins convaincus du rôle obscur que Condé avait pu jouer. À l'automne 1560, après l'échec de la tentative sur Lyon, ils n'eurent plus aucun doute. La genèse de cette seconde entreprise est en effet beaucoup mieux connue, même si, une fois encore, le mystère persiste à nimber une partie de ses préparatifs. Alors que les princes du sang résidaient à Nérac, ils furent rejoints par Jean de Ferrières, vidame de Chartres, qui leur avait été envoyé par son frère Maligny. Il leur exposa son projet d'une nouvelle entreprise afin d'obtenir leur soutien et leur caution. La pression exercée sur Antoine de Bourbon et Louis de Condé fut alors plus forte que jamais. Pendant l'été, ils reçurent la visite de François Hotman, qui leur remit probablement une *Supplication et Remonstrance* particulièrement éloquente quant au devoir que leur imposait leur rang de mettre un terme à la domination des Guises[13], avant d'être rejoints en Gascogne par Théodore de Bèze lui-même, envoyé par Calvin depuis Genève dans la même perspective[14]. Quelle réponse donnèrent-ils ? Il semble que, stimulé par tous ces visiteurs, Antoine de Bourbon accepta alors d'apporter son soutien à Maligny. Et fort de la légitimité conférée par l'appui du premier prince du sang, le chef de la seconde conjuration obtint ensuite l'accord de Calvin. Pour la première fois, tous les signaux étaient au vert.

Mais un imprévu vint enrayer la belle mécanique de la conspiration. Antoine de Bourbon, dont la Cour se méfiait, reçut une lettre du connétable de Montmorency qui lui conseilla vivement de s'abstenir de toute action potentiellement séditieuse, sous peine d'apparaître comme un vulgaire conspirateur, ce qui le conduisit à se raviser. Il dépêcha alors vers Maligny un messager lui annonçant sa décision de renoncer à la prise de Lyon et lui ordonnant de se retirer. Informé par Bèze de la volte-face du premier prince du sang, Calvin tenta de convaincre Maligny d'abandonner son projet, car l'entreprise venait de perdre à ses yeux toute légitimité. Alors que le conjurateur hésitait sur la conduite à tenir, La Sague fut arrêté à Fontainebleau. On se souvient qu'il livra de nombreuses informations dont la révélation entraîna l'échec de la tentative sur Lyon. Mais il y eut plus grave pour les Bourbons, car ce gentilhomme n'était autre qu'un serviteur du premier prince du sang. Sous la torture, il finit par révéler des informations qui attestaient la compromission de son maître et de Condé dans l'aventure.

Au lendemain de l'échec lyonnais, les Guises n'avaient donc plus de doute. Encore confortés dans leurs soupçons à l'égard des Bourbons par les résultats de l'enquête conduite dans la cité rhodanienne par le maréchal de Saint-André, ils convoquèrent les deux princes du sang à la Cour pour qu'ils puissent se justifier des accusations dirigées contre eux. Après avoir hésité, les Bourbons finirent par s'acheminer jusqu'à Orléans, où ils arrivèrent le 30 octobre 1560. Accueillis par le roi avec la plus grande des froideurs, ils durent entendre un long réquisitoire dressé contre Condé, qui fut emprisonné sur-le-champ, malgré les supplications de son frère Antoine qui fut laissé en liberté sous étroite surveillance. En dépit des efforts désespérés d'Éléonore de Roye son épouse, Condé fut jugé de manière partiale et expéditive. Le 26 novembre, il fut déclaré coupable et, peut-être, condamné à être décapité le 10 décembre 1560 sur la grande place d'Orléans.

Grenouilles de Genève et serpents de Zurich

Pendant que les Guises et les Bourbons se livraient une lutte politique sans merci, le royaume fut loin de connaître la paix. Réduire les manifestations du mécontentement qui habitait les gentilshommes réformés aux deux conjurations avortées de l'année 1560 reviendrait à méconnaître le processus de politisation et de militarisation à l'œuvre au sein de la petite et moyenne noblesse huguenote qui, dans plusieurs provinces, n'hésita pas à prendre les armes. Là où, avant l'adhésion des gentilshommes au calvinisme, les simples fidèles désarmés n'avaient d'autre choix que de se cacher et souffrir les persécutions, leurs nouveaux défenseurs se montrèrent prêts à tirer leur épée.

Sans surprise, ce fut dans les provinces méridionales, très fortement touchées par les conversions, que l'agitation fut particulièrement vive. Sous la protection des seigneurs locaux, les fidèles s'emparèrent des églises et y établirent le culte réformé, non sans troubles et affrontements avec la population catholique. À Montélimar, par exemple, Félix de Bourjac, sénéchal de Valentinois et Diois, favorisa les réformés, qui prospérèrent sous l'impulsion du pasteur François de Saint-Paul. Il fut soutenu par plusieurs gentilshommes du pays tels Montbrun bien sûr, mais aussi Sébastien de Vesc, seigneur de Comps, Gaspard Pape, seigneur de Saint-Auban, Henri de Caritat, seigneur de Condorcet, et Guillaume de Moreton, seigneur de Sauzet. À Romans, où François et Ymbert de Fay, seigneurs de Changy, patronnèrent la croissance de la communauté réformée, les huguenots parcouraient les rues de la ville armés d'arquebuses et de pistolets. La répression royale fut brutale, sous la direction de Laurent de Maugiron qui fit exécuter de nombreux nobles considérés comme rebelles. Mais Montbrun, qui s'imposa comme le chef des huguenots dauphinois, demeura insaisissable et joignit ses forces à celles du Provençal Mauvans. En juillet 1560, les deux hommes conjuguèrent leurs efforts dans le Comtat venaissin, territoire pontifical. Montbrun s'empara de Malaucène, alors que Mauvans se tournait vers Aix, qu'il envisagea de prendre par surprise avant que le complot ne soit éventé. Il se saisit finalement de Draguignan, Castellane, Entrevaux, La Bréole, La Baume-de-Sisteron ou encore de Seyne et Colmars, où il se livra à des actes d'iconoclasme, brisant les images et saisissant les reliques et autres ornements d'or et d'argent trouvés dans les églises. Pourchassés par les troupes royales, les deux chefs huguenots résistèrent avant de se réfugier à Genève.

En Languedoc, où les conversions furent massives, de graves troubles agitèrent certains secteurs particulièrement touchés par la Réforme. Le vicomte Guillaume de Joyeuse fit état de « plus de mille soldats armés de corcelets, de piques et d'arquebuses » qui ravageaient les diocèses de Nîmes et d'Uzès en septembre 1560. À Montpellier, où des assemblées réunissaient jusqu'à 4 000 fidèles sous la protection des gentilshommes, l'évêque Guillaume Pellicier adressa à Catherine de Médicis un véritable appel au secours contre les « grenouilles de Genève » et les « serpents de Zurich[15] ». Un rapport d'enquête, rédigé en novembre par des commissaires du parlement de Toulouse chargés de réprimer les « séditieux », révéla l'ampleur considérable des actes d'iconoclasme et la gestation d'une véritable organisation militaire sous la direction de la noblesse locale, au sein de laquelle Pierre d'Aisse, gouverneur d'Aigues-Mortes, Jean Couderc, seigneur de Fracor, ou encore Théodore de Cambis, baron de Fons, figuraient parmi les ordonnateurs des bandes armées qui protégeaient les assemblées illicites et escortaient les pasteurs lors de leurs déplacements. Dernière grande province du Sud, la Guyenne fut loin d'être épargnée. Des troubles furent signalés partout et, en août 1560, un ancien conjuré d'Amboise, Denis d'Aix, seigneur de Mesmy, organisa dans le Périgord de très nombreux prêches sous la protection d'hommes armés d'arquebuses. La multiplication des assemblées de huguenots en armes affola les magistrats du parlement de Bordeaux, qui alertèrent la Cour. Le 19 novembre, Geoffroy de Caumont organisa à Clairac un synode provincial qui structura les Églises de Guyenne.

Ce vent de révolte, qui souffla sur les provinces, ne peut être réduit à une opposition manichéenne entre une noblesse convertie devenue rebelle et les défenseurs de l'ordre catholique et royal. Des logiques locales plus complexes furent à l'œuvre, car l'hostilité manifestée avec constance par les autorités à l'égard de l'hérésie se heurta au désir des réformés sortis de la clandestinité de célébrer librement leur culte. La nature belliqueuse de certains gentilshommes particulièrement résolus ainsi que des enjeux de pouvoir contribuèrent aussi puissamment à exacerber les tensions. Le sud du royaume ne fut pas seul concerné. En Normandie et en Picardie, des manifestations moins spectaculaires de cette détermination huguenote à ne rien céder se produisirent également. À Amboise même, haut lieu de la répression, une troupe armée investit la place du marché une nuit d'avril, chassa les gardes et décrocha les conjurés suppliciés qui avaient été laissés suspendus à leur potence pour servir d'exemple. Quelques semaines plus tard, dans la nuit du 1er mai 1560, une troupe de deux cents hommes s'introduisit dans la ville en chantant des psaumes afin de scier les gibets qui portaient encore les têtes des chefs de la conjuration.

Tous ces événements contribuèrent à nourrir la conviction, éprouvée par les catholiques, de l'existence d'un lien indissociable entre hérésie et sédition. Ils alimentèrent l'argumentaire des Guises et de leurs fidèles, qui présentaient les gentilshommes réformés comme des conjurateurs en puissance, dont les velléités devaient être anéanties par la terreur si la persuasion ne suffisait pas. Si elle avait eu lieu, l'exécution du prince de Condé, qui aurait retenti comme un terrible coup de tonnerre, aurait pu contribuer à l'apaisement des troubles par le traumatisme qu'elle n'aurait pas manqué de susciter au sein de la noblesse convertie. Tel fut peut-être le souhait du duc et du cardinal, qui n'hésitèrent pas à s'en prendre au sang de France afin de neutraliser leurs rivaux et d'enraciner leur pouvoir.

Mais le sort en décida autrement et le prince ne fut pas décapité. Le 5 décembre 1560, la mort subite de François II, victime d'une infection à l'oreille, vint anéantir la vendetta des Guises. Toutes les combinaisons politiques si soigneusement élaborées par les uns et les autres s'évanouirent en un instant. Les Bourbons virent leur situation quasi désespérée se rétablir comme par enchantement. Le nouveau roi, le jeune Charles IX, n'avait que dix ans. Mineur, il ne pouvait régner seul et, en vertu des lois du royaume, la régence devait revenir au premier prince du sang, Antoine de Bourbon, qui se retrouva propulsé aux portes du pouvoir. Habilement, Catherine de Médicis négocia alors l'élargissement du prince de Condé en échange de sa renonciation. Le prince retrouva la liberté le 20 décembre, la reine mère exerça les prérogatives de la régence sans toutefois en porter le titre, et les Guises furent éloignés. Aux yeux des huguenots, ce décès miraculeux était nécessairement une manifestation de la providence divine. Cantiques et poèmes célébrèrent ce jugement de Dieu qui était venu au secours de son peuple opprimé. S'ouvrit ainsi, pour les réformés français, une nouvelle phase plus propice au développement de leur action politique, qui prit dès lors des formes nouvelles.

3

Une « classe politique » en gestation

Dès 1560, en même temps que s'organisaient entreprises armées et autres actions violentes, les réformés eurent recours à de nouveaux moyens d'expression. L'adhésion, désormais visible, d'une partie de la noblesse au calvinisme conduisit la monarchie à prêter l'oreille aux revendications de cette minorité dont la puissance s'affirmait et qui se vit progressivement reconnaître une existence de fait. Peu à peu, émergèrent en son sein des hommes investis de fonctions dont l'exercice généra la constitution d'une micro-élite politique au service de la cause huguenote. Ce petit groupe, qui ne comprenait que quelques dizaines d'individus, essentiellement des gentilshommes, des magistrats et des juristes, forma le socle de ce que l'on peut désigner comme une « classe politique » huguenote dont l'action s'avéra décisive pour la défense de la cause réformée.

Un nouveau « corps » dans l'État ?

Presque passée inaperçue au cœur du tumulte d'Amboise, une décision royale bouleversa la destinée politique de la Réforme française. Le 16 mars 1560, à la veille de l'assaut conduit par Bertrand de Chandieu et après que de nombreux conjurés eurent été capturés aux alentours du château d'Amboise, un édit royal accorda le pardon à tous ceux qui renonceraient à leur entreprise et se retireraient paisiblement en leurs maisons. Si cette disposition principale polarisa pendant longtemps l'attention des historiens, une mesure annexe s'avéra de bien plus grande conséquence. Afin d'apaiser le mécontentement croissant de la minorité réformée qui s'exprimait alors de manière violente, les Guises firent insérer dans l'édit une clause finale dont ils ne mesurèrent peut-être pas immédiatement la portée. Les réformés furent ainsi autorisés, et même invités, à faire parvenir au roi leurs « requêtes et remontrances » par l'intermédiaire de « députés », afin que le monarque puisse les considérer et y pourvoir comme il se devait[1]. En leur permettant d'entrer en dialogue avec lui, le souverain accrédita ainsi, en quelque sorte, les membres de la minorité huguenote comme des interlocuteurs légitimes. Plus encore, en leur donnant la possibilité de parler par l'intermédiaire de représentants auxquels il donnerait audience, il reconnut implicitement que les réformés français pourraient former un « corps » dans l'État, susceptible de s'exprimer par le truchement d'individus mandatés à cet effet. Il dota ainsi la minorité réformée d'une personnalité politique. Lorsque, deux mois plus tard, l'hérésie fut décriminalisée par l'édit de Romorantin, plus rien ne s'opposa à l'intégration des huguenots dans le corps politique du royaume dont ils avaient jusqu'alors été totalement exclus.

Les réformés français perçurent très vite l'importance de cette concession et prirent l'habitude de s'adresser au roi par l'intermédiaire de messagers. Le premier d'entre eux ne fut pas le moins prestigieux, loin s'en faut, puisqu'il s'agit de Coligny en personne. Lors de l'assemblée de notables réunie à Fontainebleau à la fin du mois d'août 1560, l'amiral présenta deux requêtes émanant des réformés de Normandie et de Picardie qui furent lues devant l'assistance par le secrétaire d'État Claude de L'Aubespine. Adressées au roi et à la reine mère, elles ne contenaient que des demandes banales, puisqu'elles réclamaient l'octroi de lieux de culte dans chaque localité peuplée de réformés, afin qu'ils puissent y entendre la Parole de Dieu et y recevoir les sacrements[2]. Mais bien davantage que la teneur de ces suppliques, l'important était la démarche assumée par l'amiral, qui se présentait pour la première fois comme un médiateur agissant au nom des réformés. Quelques mois plus tard, en janvier 1561, alors que les états généraux se tenaient à Orléans, Coligny endossa à nouveau ce rôle. Lors d'une séance du Conseil privé, il présenta, au nom des Églises de France, une requête demandant l'octroi de lieux de culte aux huguenots, qui fut rejetée à la majorité des voix. Il soutint également les députés réformés présents aux états afin qu'ils expriment leurs doléances, ce qu'ils firent dans une requête qu'ils présentèrent au roi le 27 janvier. Dans ce texte très offensif, ils formulaient les mêmes demandes que celles présentées par l'amiral, en les appuyant sur un argument appelé à devenir classique dans la prose huguenote : « Si notre petit nombre a été autrefois contemptible, aujourd'hui la multitude en est si grande que l'on ne la saurait exterminer sans bander la moitié du Royaume contre l'autre[3]. » Ces doléances restèrent une nouvelle fois sans effet, mais cette multitude évoquée par les députés était définitivement sortie du silence.

Pendant que s'éveillait une conscience politique au sein de la minorité huguenote, une organisation ecclésiastique fortement structurée se construisit sous l'égide des pasteurs soutenus par la noblesse et les élites converties. Au mois de mai 1559, le premier synode national des Églises réformées de France se réunit clandestinement à Paris dans une auberge de la rue des Marais-Saint-Germain, un quartier alors surnommé la « petite Genève », situé au cœur du faubourg Saint-Germain[4]. Sous la présidence du pasteur François de Morel, il édicta un texte normatif fondamental pour la construction d'un système consistorial-synodal à l'échelle du royaume : la Discipline ecclésiastique. Par le canal d'une hiérarchie pyramidale d'assemblées à vocation représentative, l'organisation ainsi créée tissa un lien entre les Églises éparses implantées dans le royaume, qui furent désormais appelées à communiquer et à collaborer entre elles. À la base de ce système, les consistoires remplissaient dans chaque communauté une fonction essentielle à l'échelle locale, mais c'étaient les synodes, provinciaux et nationaux, qui furent appelés à gouverner les Églises réformées de France. Certes, les compétences de ces assemblées relevaient en théorie uniquement du domaine ecclésiastique, mais en l'absence d'organisation spécifique destinée à envisager les affaires civiles, le système consistorial-synodal ne put éviter de jouer un rôle dans l'élaboration d'une action politique d'ampleur, conçue à l'échelle du royaume. Au cours des semaines qui suivirent l'échec des états généraux d'Orléans, il servit ainsi de relais à la mise en œuvre d'un plan d'action probablement élaboré dans l'entourage de Condé et Coligny. Une nouvelle fois, il s'agissait de formuler des doléances par le truchement de députés, mais d'une manière que l'on espérait plus efficace que lors des tentatives précédentes, puisque le cadre choisi était celui des états généraux qui devaient se tenir à Pontoise au mois d'août 1561. Dans cette perspective, les Églises furent requises d'envoyer des représentants aux assemblées électorales des bailliages et sénéchaussées, afin que le plus grand nombre possible de députés réformés pût siéger aux états, ou au moins que leurs revendications pussent figurer en bonne place dans les cahiers de doléances[5]. Le deuxième synode national, réuni à Poitiers en mars 1561, se fit l'écho de ces instructions que de nombreuses Églises mirent en application.

Plus importante encore pour l'affirmation de la minorité réformée en qualité d'interlocuteur légitime du roi, une autre décision fut prise par les membres de ce synode de Poitiers. Afin de plaider la cause huguenote à la Cour, la création d'une délégation permanente des Églises réformées auprès du monarque fut décidée. Elle devait être composée de députés résidents choisis dans les huit provinces synodales qui se partageaient alors la carte ecclésiastique réformée du royaume, avec pour mission de « solliciter les affaires de l'Église ». Cette décision fut promptement appliquée par les assemblées provinciales, qui désignèrent leurs représentants au cours des semaines suivantes. Si on ignore la composition exacte du groupe qui s'établit à la Cour à partir du mois de juin 1561, on peut estimer son effectif ordinaire à une douzaine d'unités, avec des accroissements ponctuels qui purent porter, de manière provisoire, le nombre de solliciteurs huguenots jusqu'à une vingtaine. Qui étaient ces hommes ? Il s'agissait essentiellement de nobles, comme François de Barbançon, seigneur de Canny, représentant de la Picardie, Simon de Piennes, seigneur de Moigneville, député de la Normandie, ou encore Jean Raguier, baron de La Motte-Tilly et d'Esternay, représentant des réformés de Champagne et de Brie. Mais on trouvait aussi quelques hommes de loi issus du tiers état, comme Jean Gabet et Antoine Barnaud, tous deux avocats, désignés par le Dauphiné et le Lyonnais. Travaillant de concert, ils accomplirent leur mission jusqu'à la veille de la première guerre, en mars 1562, et présentèrent plusieurs requêtes en présence du roi, de la reine mère ou simplement par le canal du Conseil. Si leurs démarches, qui consistaient invariablement à requérir l'octroi de la liberté de culte, ne furent pas couronnées de succès, leur simple présence à la Cour, acceptée par le roi et la régente, contribua puissamment à la reconnaissance du corps des Églises comme une composante sociale et politique du royaume.

Ce qui fondait la légitimité politique des démarches accomplies par ces personnages, de Coligny aux députés des Églises envoyés à la Cour, c'est la représentativité que leur conféraient leurs mandats électifs, ainsi que le nombre et l'identification de ceux au nom desquels ils s'exprimaient. En août 1560, l'amiral affirma ainsi pouvoir réunir au moins 50 000 signatures en appui des deux suppliques qu'il présentait. Quelques mois plus tard, en décembre 1560, l'Église réformée de Rouen adressa au parlement de Normandie une requête relative à la liberté de culte et affirma agir au nom de 500 000 hommes épars dans le royaume, sans compter les femmes et les enfants. En août 1561, aux états généraux tenus à Pontoise, Izoard Mouton, représentant des réformés de Provence, déclara avoir reçu la procuration de plus de cent communautés représentant plus de 15 000 personnes. Cette obsession du nombre trouva son expression la plus aboutie dans la demande formulée, en novembre 1561, par les députés des Églises présents à la Cour qui adressèrent aux réformés du royaume, une nouvelle fois par le canal du réseau consistorial-synodal, une lettre circulaire dans laquelle ils requirent que fussent dressées, dans chaque province, des doléances signées par les représentants du plus grand nombre possible d'Églises afin de demander la concession de lieux de culte. Au terme d'un processus conduit avec célérité grâce à l'industrie de multiples relais locaux, une requête regroupant l'ensemble de ces documents put être formulée à l'ouverture de l'assemblée convoquée par la reine mère à Saint-Germain-en-Laye, le 2 janvier 1562. Le texte fut alors présenté au nom de 2 150 Églises réparties dans les différentes provinces du royaume, un chiffre à dessein largement surévalué. Il reflétait vraisemblablement davantage le nombre de localités où étaient alors établis un nombre plus ou moins important de réformés que la somme des communautés pleinement organisées, qu'il était alors raisonnable d'estimer à un maximum de 800. L'intention était donc très clairement de faire masse, afin d'impressionner la Cour et de donner à la demande présentée un poids politique plus grand.

Outre l'importance numérique de la communauté représentée, c'est aussi la qualité sociale des mandataires qui fut mise en avant par les députés réformés. En août 1561, Mouton précisa ainsi que ceux qui l'avaient envoyé figuraient parmi les « plus notables personnages dudit pays de la noblesse et bourgeoisie et des plus excellents en lettres et en armes[6] ». Plus explicite encore, la requête du 27 janvier 1561 fut présentée au roi au nom des réformés qui « font la meilleure et plus saine partie de votre Royaume[7] ». On trouve ici exprimée, pour la première fois, l'affirmation selon laquelle les réformés formaient la *sanior pars* du royaume, ou au moins que nombre d'entre eux appartenaient à cette élite sociale, ce qui accroissait notablement la légitimité de leurs demandes et requerrait qu'elles fussent considérées à leur juste valeur. Ainsi s'affirma, au tout début de la décennie 1560, l'existence politique de la minorité réformée qui entra en dialogue avec la monarchie.

Les premières « carrières » politiques

Réduire le phénomène de politisation de la Réforme française à l'engagement d'une partie de l'élite nobiliaire et à l'action de quelques députés envoyés auprès du roi reviendrait à ignorer l'existence d'un mouvement beaucoup plus ample, profondément enraciné dans les territoires où le calvinisme s'était le plus largement propagé. Dans ces provinces sises au sud de la Loire, en particulier en Guyenne, Languedoc et Dauphiné, les huguenots s'emparèrent de quelques dizaines de villes au cours de l'année 1561, ce qui donna naissance à une élite politique locale convertie. Dans certains cas, comme à Sainte-Foy-la-Grande, la conversion des magistrats municipaux déjà en fonction fut à l'origine du basculement de la cité du côté huguenot. Dans d'autres, comme à Pamiers, ce fut la progression du calvinisme au sein de la cité qui entraîna l'élection de consuls réformés. Le contrôle de ces villes par les protestants fut plus ou moins éphémère, dans la mesure où il fut étroitement lié aux retournements fréquents de la conjoncture militaire, mais plusieurs d'entre elles devinrent progressivement, au cours de la décennie 1560, de véritables citadelles huguenotes, dont certaines restèrent longtemps inexpugnables, comme Montauban, Nîmes, Millau, Castres ou encore La Rochelle. Dans ces cités, et dans bien d'autres, l'exercice du pouvoir municipal donna naissance à un personnel politique de confession réformée, appelé à jouer un rôle important dans la défense des intérêts locaux et provinciaux du protestantisme français.

Parmi ces édiles municipaux convertis figuraient des membres de la noblesse, comme Guillaume Chaume, seigneur de Poussan, qui devint en mars 1560 premier consul de Montpellier, ainsi que des marchands, auxquels certaines charges étaient réservées. Mais on y rencontra aussi de plus en plus de gradués en droit, avocats et autres gens de justice qui composèrent le socle de cette élite politique locale. La fortune des idées nouvelles dans ces milieux est avérée, mais on ne mesure pas toujours à quel point les tribunaux royaux purent être touchés par cette vague de conversions. Les présidiaux furent plus particulièrement concernés et, au tournant des années 1560, une grande partie des juges qui peuplaient certains d'entre eux furent acquis à la Réforme. Les cours de Nîmes, Béziers, Agen, Saintes et Dax étaient ainsi majoritairement et peut-être même totalement huguenotes, alors qu'à Toulouse, c'est la moitié de la cour qui était calviniste. Mais cette contagion ne se limita pas à la partie méridionale du royaume, puisqu'en Normandie, le présidial de Caen fut lui aussi presque à moitié converti. À Orléans, toutes les cours de justice furent touchées. En 1562, cinq des sept membres du tribunal du bailliage, dont le bailli Jérôme Groslot, étaient réformés, de même que le prévôt Jean de Mareau et six conseillers du présidial. Corrélativement ou en écho à l'adhésion de ces magistrats, tout un petit monde judiciaire fut partiellement gagné aux idées nouvelles. Greffiers, notaires, avocats, procureurs et clercs de certaines cités comptaient ainsi dans leurs rangs de nombreux convertis. Au sein des cours souveraines, les adhésions n'étaient pas rares. Plusieurs membres de la cour des aides de Montpellier étaient ouvertement réformés, comme le président François d'Airebaudouze, baron d'Anduze, ou le conseiller Michel de Saint-Ravy. Les parlements eux-mêmes ne furent pas épargnés par cette déferlante calviniste, même si ses manifestations y furent proportionnellement plus modestes et rapidement réprimées. L'exemple du conseiller au parlement de Paris Anne Du Bourg, exécuté pour hérésie en décembre 1559, est dans toutes les mémoires, mais il n'était alors pas le seul, parmi ses collègues, à éprouver plus que de la sympathie pour les nouvelles doctrines. Au sein de la première des cours souveraines, on estime ainsi que 23 des 143 juges étaient alors possiblement réformés. En province, le parlement de Toulouse fut le plus fortement touché, avec 30 magistrats sur 74 soupçonnés d'hérésie et exclus en avril 1562, alors qu'à Bordeaux, Rouen, Dijon et Aix, une poignée de conseillers furent également réputés sensibles à la doctrine réformée et chassés des cours. Confrontée à ce phénomène dont l'ampleur ne manqua pas de poser des problèmes dans le contexte des guerres civiles qui débutèrent en 1562, la monarchie finit par réagir de manière radicale. Par un édit signé à Saint-Maur le 25 septembre 1568, Charles IX priva les réformés qui en étaient pourvus de leurs offices « tant de judicature, des finances que d'autre qualité », afin de les confier à des catholiques[8].

Il y avait alors déjà longtemps que les gens de justice convertis avaient, avec les autres membres de l'élite politique réformée locale, entrepris de défendre les intérêts de leurs communautés. Ce furent eux qui, parvenus à l'exercice du pouvoir municipal, permirent l'établissement durable du culte. Ils protégèrent les assemblées et autorisèrent, *a priori* ou *a posteriori*, la saisie de certaines églises catholiques transformées en temples. Ils favorisèrent aussi l'établissement des Églises réformées et mirent la force publique au service de la défense des fidèles en cas de menace. Ils se firent également les relais des appels lancés par les députés qui résidaient à la Cour et mirent en application, autant que possible, les consignes qui leur étaient envoyées. Afin de favoriser l'expression politique de leurs communautés, ils stimulèrent et appuyèrent la formation de syndicats, associations d'individus qui voulaient accomplir une démarche collective par l'intermédiaire d'un porte-parole, ou syndic, chargé de défendre leurs intérêts. La pratique était courante en Languedoc, où les réformés de Marsillargues et Saint-Gilles se groupèrent ainsi en mars 1561, afin de donner procuration à Pierre Chabot, avocat au présidial de Nîmes, chargé de communiquer leurs doléances aux états de la province où il se présenta fort de 35 pétitions revêtues de 36 000 signatures. Et lorsqu'il s'agit d'attester l'existence du plus grand nombre d'Églises possible à la fin de l'année 1561, les réformés de 53 villes et villages de l'Albigeois se regroupèrent également afin de mandater comme syndics l'avocat nîmois Guillaume de Sauzet et un ancien consul de Castres, François de Bouffard, seigneur de Damiate.

Cette micro-élite très active constitua rapidement une véritable « classe politique » huguenote en gestation, au sein de laquelle un petit nombre d'hommes formés sur le tas à des missions variées assuma des charges multiples. Et lorsque se réunirent les premières assemblées politiques à partir de novembre 1562, pendant la première guerre civile, c'est tout naturellement dans ce vivier de compétences que furent puisés les premiers députés. Ce furent souvent des consuls en exercice qui représentèrent leurs cités, ou d'anciens édiles municipaux choisis pour leur expérience, ou encore certains de ces hommes de loi réputés pour leur compétence. Ainsi se construisirent, de manière empirique, de véritables carrières politiques qui permirent l'émergence de figures récurrentes, actives sur des périodes plus ou moins longues. Pierre Chabot, syndic au printemps 1561, remplit aussi une mission à la Cour durant l'été, puis fut encore choisi pour défendre les intérêts de son Église aux états provinciaux au début de l'année suivante, avant d'être envoyé par le comte de Crussol, chef des huguenots languedociens, comme négociateur auprès des réformés du Dauphiné et du Lyonnais en décembre 1562. Avant de remplir également les fonctions de syndic, Guillaume de Sauzet exerça lui aussi la charge de député de sa province à la Cour entre mai et septembre 1561. Des trajectoires encore plus nettes attestent ce cumul de fonctions sur l'espace de plus d'une décennie. Guillaume Roques, seigneur de Clausonne, en fournit l'un des meilleurs exemples. Membre du conseil des vingt-quatre de la ville de Nîmes et juge au présidial de cette même cité, député aux états de Languedoc puis envoyé aux états généraux de 1561, il fut nommé en novembre 1562 au conseil de gouvernement chargé d'assister le comte de Crussol. Il accompagna alors Chabot dans sa mission de décembre, avant d'être envoyé à la Cour au printemps 1563, afin d'y présenter les doléances des réformés de Languedoc. Il resta ensuite très actif au service de la cause huguenote et remplit diverses fonctions de conseiller et d'émissaire au cours des deuxième et troisième guerres civiles, avant de voir son rôle et son importance s'accroître encore après le massacre de la Saint-Barthélemy. Élu député dans les assemblées politiques à de multiples reprises, il fut employé à de nombreuses missions et pourvu, en 1579, de la charge de président de la chambre de justice mi-partie de Castres. Son parcours est, par excellence, celui d'un membre éminent de cette « classe politique » huguenote. Gervais Barbier, seigneur de Francourt, en donne une autre illustration, avec une destinée rendue plus brillante par l'ampleur des charges qui lui furent successivement confiées. Avocat au Mans, très actif au service des intérêts de son Église, il fit partie des députés réformés qui résidèrent à la Cour en 1561, désigné pour représenter la Touraine. Lorsque la nouvelle du massacre de Wassy atteignit Paris, en mars 1562, il fut choisi avec Théodore de Bèze pour se rendre à Montceaux, afin de demander à Catherine de Médicis que justice soit rendue. Après l'édit d'Amboise qui mit fin à la première guerre civile, il fut l'auteur d'une *Remontrance* adressée au roi par la noblesse réformée du Maine, puis il se vit confier, à partir de juin 1568, la principale responsabilité d'une importante mission diplomatique au nom des principaux chefs du parti huguenot qui le conduisit dans l'Empire auprès des princes protestants allemands susceptibles de soutenir la cause réformée par l'envoi de troupes dans le royaume de France[9]. Il s'acquitta de sa tâche avec succès et accompagna en France l'armée du duc de Deux-Ponts au titre de commissaire de Condé et de Coligny. Les qualités qu'il démontra à cette occasion lui valurent d'entrer au conseil politique établi par Jeanne d'Albret à La Rochelle entre juin 1569 et août 1570 et de devenir chancelier de Navarre. Cette brillante carrière fut brutalement interrompue par son assassinat lors de la Saint-Barthélemy.

Pasteurs et politique : une relation ambiguë

L'apparition de cette « classe politique » huguenote ne donna toutefois pas naissance à un groupe aux contours bien délimités et, parmi les quelques dizaines d'individus qui purent se prévaloir de compter parmi ses membres au cours de la décennie 1560, certains eurent un statut un peu particulier. En effet, nombreux furent ceux qui exercèrent aussi des fonctions de nature ecclésiastique dans le cadre du système consistorial-synodal mis en place en 1559 et qui joua un rôle essentiel dans les premières initiatives politiques prises par les Églises, à un moment où aucune organisation spécifique n'avait encore pu être établie. Pierre Chabot était ainsi l'un des membres les plus éminents du consistoire de Nîmes, alors que Guillaume de Sauzet y exerçait la fonction de diacre. Les procédures adoptées dans les villes contrôlées par les réformés, où s'articulaient la puissance politique détenue par les consuls et le pouvoir ecclésiastique exercé par le consistoire, furent particulièrement révélatrices de cette confusion des premiers temps, alors même que la Discipline ecclésiastique excluait théoriquement toute intervention du consistoire dans les affaires civiles. À Montpellier par exemple, les conseils généraux de la ville étaient convoqués directement par les pasteurs lors des prêches du matin. Le conseil politique, créé en décembre 1561, était le véritable bras séculier du consistoire et lorsqu'il fut réduit à cinq membres dotés de pouvoirs très étendus, après le début de la première guerre civile, tous étaient issus de cette assemblée. Dans les faits, c'était donc le consistoire qui gouvernait réellement la ville à travers cette institution, faisant office de bureau qui préparait les décisions du consulat. Il joua même un rôle essentiel dans la mise en défense militaire de la cité, et le conseiller huguenot à la cour des aides, Jean Philippi, rapporte que, pendant l'été 1562, les anciens « avaient toute puissance, pouvoir et autorité de la police et guerre ». À Montauban, les membres les plus éminents du conseil de résistance, créé en 1562, étaient les pasteurs Jean Carvin et Jean Constans, qui jouèrent un rôle décisif afin d'exhorter les consuls à une défense énergique face à Monluc. À Nîmes, en mars 1562, pour répondre à l'appel de Condé qui réclamait aux communautés réformées du royaume de l'argent et des troupes afin de soutenir sa prise d'armes, une assemblée *ad hoc*, composée des membres du conseil des Seize et des membres du consistoire, fut réunie, associant dans la prise de décision pouvoir municipal et pouvoir ecclésiastique.

Cette étroite collaboration confinait parfois à la confusion. Les pasteurs étaient particulièrement concernés, car s'ils n'avaient en principe pas vocation à intervenir dans les affaires politiques, ils jouèrent en réalité un rôle absolument essentiel dans la politisation du mouvement réformé français à la charnière des décennies 1550 et 1560. Dès 1558, alors qu'aucun des membres les plus éminents de l'aristocratie du royaume ne s'était encore publiquement déclaré en faveur de la foi réformée, ce furent les ministres de l'Église de Paris qui prirent résolument la tête du mouvement calviniste. Parmi ces hommes, un petit groupe exerça une influence considérable. Antoine de La Roche, qui devait devenir baron de Chandieu après la mort de son frère aîné Bertrand, en 1562, avait été formé à Genève avant de s'établir dans la capitale. Très actif, il collaborait étroitement avec Nicolas Des Gallars, seigneur de Saules, François de Morel, seigneur de Collonges, et Jean Macar, avec lesquels il formait un quatuor pastoral dont l'influence dépassait largement les bornes du domaine ecclésiastique. Mandatés par Calvin, ils furent ainsi chargés, avec des résultats contrastés, d'obtenir l'adhésion de la grande noblesse à la cause réformée. Chandieu s'évertua à remplir cette mission auprès d'Antoine de Bourbon, mais il échoua à lui arracher, en 1558, une conversion publique qui aurait fait du premier prince du sang la figure de proue de la Réforme française. Les démarches qu'il accomplit en direction de Louis de Condé, en compagnie de son collègue Macar, furent en revanche beaucoup plus fructueuses et contribuèrent à convaincre le prince d'assumer ouvertement son adhésion au calvinisme. Mais il ne s'agissait pas seulement de susciter l'engagement public de ces grands personnages afin qu'ils servent d'exemple à des nobles moins prestigieux. Il fallait aussi les exhorter à persévérer dans leur démarche quand des circonstances contraires pouvaient les conduire à renoncer, comme lorsque François d'Andelot fut emprisonné au château de Melun, sur ordre d'Henri II, pour avoir assumé ouvertement sa conversion. Pendant plusieurs semaines, Macar le supplia de demeurer ferme, fût-ce au péril de sa vie, mais il ne parvint pas à le dissuader d'entendre une messe en échange de son élargissement.

Plus politiques encore furent les démarches accomplies par les pasteurs après la mort d'Henri II. Avant même que l'édit de mars 1560 n'invite les réformés à présenter des doléances au roi, François de Morel fut ainsi à l'origine de plusieurs lettres et suppliques adressées à Catherine de Médicis, afin de la convaincre de traiter les réformés avec bienveillance. L'avènement d'un jeune roi, en la personne de François II, poussa également l'Église de Paris à renvoyer une nouvelle fois La Roche-Chandieu auprès d'Antoine de Bourbon, afin de le convaincre de faire valoir les droits que lui conférait sa qualité de premier prince du sang et de prendre ainsi les rênes du gouvernement du royaume à la place des Guises, mais ses efforts ne furent pas couronnés de succès. Après la mort de François II, le 5 décembre 1560, Morel et Chandieu s'affairèrent à nouveau afin de pousser Antoine à revendiquer ses droits à la régence, parce que le nouveau roi était mineur, mais ils durent une nouvelle fois se résoudre à l'échec.

On se souvient également que la décision d'envoyer à la Cour des députés permanents, qui commencèrent à agir au début de l'été 1561, eut pour creuset le synode national de Poitiers, puis qu'elle fut mise en œuvre par les synodes provinciaux, où siégeaient exclusivement pasteurs et membres des consistoires. Si nul parmi ces hommes ne figura dans la délégation envoyée auprès du roi afin de remplir cette mission éminemment politique de porte-parole de la minorité réformée, c'est bien à eux que revint la lourde charge de choisir ces députés. Véritables maîtres d'œuvre de ces assemblées ecclésiastiques, les pasteurs eurent donc l'initiative de l'action politique. Et au cours de la seconde moitié de l'année 1561, certains d'entre eux contribuèrent même d'une manière encore plus concrète à sa mise en œuvre.

Afin d'essayer d'apporter une solution à la division religieuse du royaume, Catherine de Médicis et le chancelier Michel de L'Hospital décidèrent de convoquer à Poissy une assemblée destinée à faire dialoguer, en présence du roi et des principaux membres de la Cour, deux délégations dont la rencontre devait favoriser un rapprochement théologique en vue de l'établissement d'une concorde religieuse. Au cours de plusieurs sessions qui s'échelonnèrent du 9 septembre au 14 octobre 1561, les plus éminents prélats, soutenus par une armée de théologiens catholiques triés sur le volet, furent confrontés à une douzaine de pasteurs réformés soigneusement choisis. Ce colloque de Poissy se solda finalement par un cuisant échec, en raison de la détermination de chacune des parties à ne rien concéder de décisif sur le plan théologique. Mais il suscita la présence à la Cour de ministres de la Parole huguenots, dont certains arrivèrent bien avant l'ouverture des débats et se mêlèrent aux députés des Églises, avec lesquels ils collaborèrent parfois activement. La requête présentée le 17 août 1561, en présence de Catherine de Médicis, des princes du sang et d'autres membres du Conseil royal, fut révélatrice de ce travail accompli en commun. Élaborée par l'ensemble des représentants huguenots présents à la Cour, députés, pasteurs et gentilshommes, elle fut remise au roi par deux ministres réformés, Augustin Marlorat et François de Saint-Paul, escortés par l'ensemble des députés. Saint-Paul, auquel revint l'honneur de haranguer le souverain, s'exprima au nom d'une collectivité qui parlait alors d'une seule et même voix.

Mais au cours des quelques mois qui séparèrent l'échec de Poissy du début de la première guerre civile, c'est surtout Théodore de Bèze qui incarna le rôle politique joué par les pasteurs. Arrivé à la Cour le 22 août 1561, il y demeura encore pendant plusieurs mois après la clôture du colloque, à la demande expresse de Condé et Coligny qui souhaitaient pouvoir bénéficier de sa présence afin de continuer à plaider la cause réformée auprès du roi et de la reine mère, toujours désireuse de trouver une solution alternative à un affrontement armé entre catholiques et réformés, rendu chaque jour plus inéluctable par les nombreuses tensions qui minaient le royaume. Le 24 octobre, le pasteur genevois obtint ainsi une audience de Catherine de Médicis et s'exprima devant plusieurs seigneurs de la Cour afin d'obtenir des concessions dans le domaine de l'exercice du culte. Surtout, il siégea lors d'un conseil qui réunit à Saint-Germain-en-Laye, le 1er novembre 1561, les députés réformés qui prirent toute une série de décisions de nature politique, parmi lesquelles figura l'ordre de dénombrement des Églises du royaume qui devait permettre, quelques semaines plus tard, de donner davantage de poids à une nouvelle requête. Les témoignages des différents observateurs présents à la Cour attestent que pendant l'automne 1561 et l'hiver qui suivit, Coligny et Bèze formèrent un duo qui prit véritablement en main la destinée politique des Églises, alors que Condé se tenait en retrait.

Cette immixtion des pasteurs dans le domaine politique, alors que telle n'était pas leur vocation, n'était pas incompatible avec la pensée de Calvin. Le Réformateur, qui traça dans plusieurs de ses écrits des limites nettes entre les domaines temporel et spirituel, n'en autorisait pas moins une communication entre eux qui se traduisait par une certaine porosité. Ainsi, il requérait explicitement des magistrats civils qu'ils consacrassent leur énergie à la défense de la vraie religion et exigeait des pasteurs qu'ils guidassent de leurs conseils les détenteurs de la puissance politique, afin que leurs choix fussent conformes à la volonté divine. Dans son sillage, Bèze abonda dans cette voie. Tout en prônant lui aussi la distinction des sphères, il considérait que les chefs politiques devaient consulter les pasteurs avant de prendre des décisions qui avaient une incidence dans le domaine spirituel. C'est ainsi qu'il faut comprendre ses propres interventions auprès des personnages les plus éminents de la noblesse huguenote, en particulier Coligny et Condé, en 1561 et 1562.

Mais de manière paradoxale, alors que la noblesse huguenote ne pouvait que louer le rôle décisif joué par les ministres de la Parole et par le système consistorial-synodal tout entier dans la construction d'une action politique au début de la décennie 1560, la légitimité de leur intervention dans ces affaires purement temporelles fut très vite remise en cause par les membres de cette « classe politique » huguenote en voie de formation. Plusieurs facteurs convergents peuvent expliquer la volonté, qui s'exprima de plus en plus nettement au fil des mois, de réduire la compétence des pasteurs aux questions purement ecclésiastiques. La volonté de politiser et de dépassionner le débat fut incontestablement l'une des sources de cette démarche d'exclusion. L'échec de Poissy, auquel l'intransigeance de Bèze ne fut pas étrangère, acheva de convaincre certains chefs huguenots qu'il était nécessaire de se protéger des effets de la haine que suscitaient, chez les catholiques intransigeants, pasteurs et prédicants qui incarnaient plus que tout le péril hérétique. Ce furent d'ailleurs tous les « clergés » que les députés réformés souhaitèrent exclure du processus de décision politique qui devait, selon eux, aboutir à la concession de la liberté de culte en faveur des huguenots. À l'occasion du Conseil élargi, réuni du 23 juin au 11 juillet 1561 afin de répondre aux doléances formulées par les réformés, ils protestèrent ainsi contre la présence des prélats catholiques dont l'hostilité viscérale à l'hérésie ne pouvait que fausser, en leur défaveur, des débats qui devaient être conduits dans un climat apaisé. On ne pouvait être juge et partie.

Cette nécessité en rencontra une autre, ressentie de plus en plus fortement par la noblesse au fil des mois : celle de ménager à l'aristocratie huguenote un espace d'expression privilégié dont devaient être exclus les pasteurs, rendus trop puissants par le rôle décisif qu'ils avaient joué dans la défense politique des Églises à ses débuts. Pour de grands personnages tels que Condé, Coligny ou d'Andelot, il s'agissait de s'arroger le monopole du contrôle politique du parti, d'autant plus qu'émergeait progressivement une divergence de vues et d'objectifs entre une noblesse plus naturellement portée au pragmatisme et un pastorat qui persistait à vivre dans l'utopie d'une victoire inéluctable de la Réforme dans le royaume sous l'action de la providence divine, même lorsque les faits commencèrent à rendre cette issue de plus en plus hypothétique. Les tractations et le contenu de la paix d'Amboise, qui mit un terme à la première guerre civile en mars 1563, furent à cet égard un moment essentiel dans l'affirmation de ces divergences. Lorsque Condé leur présenta les articles de paix qu'il venait de négocier avec Catherine de Médicis, les soixante-douze pasteurs présents à Orléans rédigèrent une lettre dans laquelle ils exprimèrent solennellement leur désaccord avec les clauses relatives à la liberté de culte, qu'ils jugeaient beaucoup trop restrictives. Alors qu'ils réclamaient le rétablissement pur et simple de l'édit de Janvier, ils estimèrent que le prince avait fait de trop nombreuses concessions au détriment de la faculté des fidèles à pratiquer dans toute l'étendue du royaume. Condé passa finalement outre leur avis, qui ne tenait pas assez compte, à ses yeux, des réalités qui s'imposaient alors aux réformés, et il choisit de s'appuyer uniquement sur la noblesse, qui valida le projet. Ce désaccord ne fut que la première manifestation d'une confrontation entre un pastorat qui persistait à vouloir atteindre un idéal devenu inaccessible et une noblesse réformée qui commençait à comprendre qu'il faudrait désormais préférer la recherche d'objectifs raisonnables à la poursuite d'une utopie.

En filigrane de cette épineuse question du rôle dévolu aux pasteurs dans le domaine politique, se posa aussi ce problème fondamental, déjà évoqué, de l'absence de système politique huguenot, alors même que l'organisation consistoriale-synodale fonctionnait avec une efficacité déjà éprouvée. Le parti huguenot, dont certaines des fondations avaient déjà été creusées, restait ainsi un vaste chantier à l'achèvement duquel la nouvelle « classe politique » réformée s'employa dès lors activement à travailler. Mais loin de forger un instrument de combat sans faiblesse, elle élabora, dans un climat d'urgence gouverné par la guerre, un corps complexe fort difficile à contrôler.

4

La formation d'un parti multipolaire

De manière très empirique, les huguenots s'organisèrent progressivement dans les domaines politique et militaire. Étroitement liées à la propagation de la foi réformée au sein des élites, les premières initiatives locales remontèrent au tout début de la décennie 1560, mais ce n'est qu'après le début des guerres civiles que des tentatives de coordination à plus grande échelle furent mises en œuvre. Alors que les défenseurs les plus actifs de la minorité calviniste ne formaient jusqu'alors qu'une sorte de groupe de pression dont l'impact à la Cour s'avérait aléatoire, un véritable parti se structura à partir d'avril 1562. Très rapidement, plusieurs pôles distincts émergèrent d'un ensemble encore fragile, où perspectives locales et ambitions personnelles entraient parfois en collision avec l'intérêt général des Églises. Alors que l'unité était une condition indispensable à la victoire, le défi consista à rassembler, au sein d'un système cohérent et efficace, les différentes composantes d'un parti pris dans les turbulences de sa naissance tumultueuse.

La naissance du parti des Grands

Le premier à avoir porté la parole de la minorité réformée au Conseil du roi, Gaspard de Coligny s'affirma très vite comme le chef de la mouvance huguenote. Ses interventions répétées en faveur de l'octroi de la liberté de culte et son rôle très actif à la Cour, avant et après le colloque de Poissy, à un moment où le prince Louis de Condé se tenait encore prudemment en retrait, le firent apparaître aux yeux de tous comme l'incarnation de la cause réformée. Les témoignages des agents et ambassadeurs étrangers alors présents auprès du roi sont à cet égard particulièrement éloquents. Pour le Vénitien Michel Suriano, qui envisageait son action avec réprobation, il était « le principal fauteur des hérétiques[1] ». Hubert Languet, diplomate calviniste au service de l'électeur Auguste de Saxe, un prince luthérien, constatait, en revanche, avec satisfaction que « l'amiral soulève l'admiration de tous ceux qui servent la vraie religion ; il s'est acquis leur entier dévouement par son courage, sa sagesse et sa piété. Il est leur chef et ils agissent en toutes choses principalement d'après ses conseils[2] ». Cette prééminence reposait notamment sur la place privilégiée qu'il occupait dans l'entourage de la régente, Catherine de Médicis, qui avait choisi de s'appuyer sur lui afin de contrebalancer, au Conseil royal, l'influence des Guises. Coligny exploita le plus habilement possible cette position favorable afin de faire valoir les revendications des réformés. On se souvient que, pendant plusieurs mois, il avait soutenu de tout son pouvoir les requêtes présentées par les députés et qu'il avait joué un grand rôle dans la communication de ces derniers avec les Églises du royaume. À la toute fin de l'année 1561, il avait également eu l'initiative d'un recensement des forces immédiatement mobilisables par les huguenots en cas de guerre, demandant à chaque communauté de l'informer du nombre de cavaliers et de fantassins qu'elles pourraient lever, entretenir et mettre à la disposition de la cause réformée en cas d'agression. En janvier 1562, sa faveur était si grande qu'elle rejaillit sur son frère, François d'Andelot, qui entra au Conseil privé. Durant ces quelques mois, il n'agit pas seul, puisqu'il put compter sur l'assemblée régulièrement réunie des députés réformés, auxquels se joignirent ponctuellement pasteurs et gentilshommes.

La signature de l'édit du 17 janvier 1562 vint consacrer ses efforts, à l'issue d'une assemblée convoquée à Saint-Germain, composée de magistrats des parlements, des membres du Conseil et de plusieurs personnages éminents de la Cour. Une large liberté de culte fut octroyée aux réformés français, qui furent autorisés à le pratiquer dans toute l'étendue du royaume, sauf dans l'enceinte des villes closes. Mais cette victoire fut de courte durée. Furieux de ces concessions, les catholiques intransigeants, regroupés autour du duc de Guise, du connétable de Montmorency et du maréchal de Saint-André, finirent par convaincre Antoine de Bourbon, jusqu'alors perpétuellement indécis, de se prononcer de manière claire en faveur du catholicisme. Son engagement fit basculer l'équilibre du Conseil soigneusement entretenu par Catherine de Médicis, et la reine dut se résoudre au renvoi de Coligny et de d'Andelot, qui quittèrent la Cour le 22 février 1562. Cette disgrâce rebattit les cartes au sommet de la noblesse réformée qui, lorsque débuta la première guerre civile quelques semaines plus tard, adopta une organisation différente.

Peu après le massacre de Wassy, perpétré le 1er mars 1562 par des soldats du duc de Guise sur des réformés en train de célébrer leur culte, la noblesse huguenote prit les armes. En sa qualité de prince du sang, c'est Louis de Condé qui s'imposa alors comme le véritable chef du parti huguenot. Protégé par les solides fortifications d'Orléans, où il avait établi son quartier général, le prince rassembla autour de lui la fine fleur de l'aristocratie protestante. Si l'on en croit l'ambassadeur d'Espagne Chantonnay, ordinairement bien informé, plusieurs organes concouraient à la prise de décision dans cette véritable fourmilière de gentilshommes. Il s'agissait d'abord d'un conseil restreint de quatre membres, où Condé s'entourait seulement de Coligny, de d'Andelot et de La Rochefoucauld, qui se distinguaient au sein de la grande noblesse huguenote par leur naissance, leur puissance ou les charges prestigieuses qu'ils avaient exercées. Ce premier cercle s'élargissait ensuite pour former un conseil de vingt membres qui admettait en outre les chevaliers de l'ordre de Saint-Michel et quelques autres personnages éminents. Enfin, une troisième et dernière assemblée était censée réunir, en plus des précédents, un certain nombre de capitaines et autres seigneurs pourvus de charges militaires à concurrence de cent personnes[3].

Il est assez aisé d'établir quels pouvaient être les membres de ce « Conseil des vingt » au printemps 1562. À l'appel de Condé, une partie de la noblesse réformée s'était acheminée jusqu'à Orléans, où tous les gentilshommes présents signèrent un *Traité d'association* avec le prince, par lequel ils lui jurèrent fidélité afin de défendre la cause commune. Plusieurs listes recensant les signataires de ce texte permettent d'identifier les chevaliers de l'Ordre présents aux côtés du quatuor formé par les chefs du parti, alors que d'autres documents font apparaître la place éminente tenue par quelques autres gentilshommes au sein de la noblesse huguenote. Ainsi émergent les noms de seize seigneurs qui ont pu former, avec Condé, d'Andelot, Coligny et La Rochefoucauld, le fameux conseil évoqué par Chantonnay. Sa composition révèle l'influence prépondérante qu'exerçait le prince en son sein, puisque pas moins de sept de ses membres appartenaient à la noblesse de Picardie, une province dont il était gouverneur depuis octobre 1561, où son épouse Éléonore était fortement possessionnée et où les Bourbons-Vendôme avaient déployé depuis longtemps de puissants réseaux de clientèle. Antoine de Monchy, seigneur de Sénarpont, François de Hangest, seigneur de Genlis, Charles de Halewijn, seigneur de Piennes, Louis de Vaudrey, seigneur de Mouy, Louis de Lannoy, seigneur de Morvilliers, Jean de Hangest, seigneur d'Ivoy, et François de Barbançon, seigneur de Canny, composaient ainsi autour de lui un noyau de conseillers sur l'appui duquel il espérait pouvoir compter. Antoine de Croÿ, prince de Porcien, pouvait encore être aggloméré à ce groupe de fidèles, car il entretenait avec Condé des liens de parenté par son épouse, Catherine de Clèves, nièce du chef huguenot. L'origine des autres membres était plus variée. Jean de Ferrières, vidame de Chartres, était issu d'une prestigieuse maison du Poitou ; Gabriel de Lorges, comte de Montgomery, était le membre le plus éminent de la noblesse réformée normande ; Antoine d'Aure, comte de Gramont, possédait des terres qui s'étendaient sur le Béarn et la Guyenne, alors que Jean de Rohan, seigneur de Fontenay, et Jean de Parthenay-Larchevêque, seigneur de Soubise, appartenaient à l'élite de la noblesse bretonne. Enfin, trois frères – le comte Antoine de Crussol, Jean de Crussol, sieur de Beaudiné, et Jacques de Crussol, seigneur d'Assier – comptaient parmi les figures de proue de la gentilhommerie huguenote de Languedoc[4]. Le fonctionnement de cette instance dirigeante fut éphémère dans cette configuration, car nombre de ses éléments repartirent rapidement prendre le commandement des troupes dans leurs provinces d'origine ou y furent renvoyés afin d'y lever des contingents. D'autres encore, en désaccord avec Condé à propos des conditions de l'alliance conclue par le prince avec l'Angleterre[5], préférèrent retourner sur leurs terres, comme Morvilliers, Sénarpont et Genlis, alors que Piennes, séduit par les sirènes de la Cour, abandonna purement et simplement le camp réformé. Le bloc picard se fissura ainsi de manière assez rapide, témoignant du caractère encore mouvant de l'élite nobiliaire du parti.

En raison des mouvements de troupes incessants et des rebondissements multiples qui jalonnèrent la première guerre, il est bien difficile d'en savoir davantage sur les mécanismes politiques qui prévalurent au sommet du parti huguenot jusqu'à la bataille de Dreux. Il n'en est pas moins certain que, si certains choix stratégiques purent être approuvés par ce conseil des vingt, c'est bien à Condé, entouré de ses principaux lieutenants, que revint la direction du parti. Le prince signa l'ensemble des écrits justificatifs de la prise d'armes huguenote ainsi que de nombreuses missives expédiées à travers le royaume et à l'étranger. C'est à lui qu'il appartenait de nommer les gouverneurs des places conquises par les troupes huguenotes et de commander l'armée. Sa capture par le duc de Guise à Dreux, le 19 décembre 1562, rendit provisoirement à Coligny le commandement général du parti. Deux jours après la défaite, l'amiral réunit à Auneau les troupes survivantes, qui le proclamèrent chef de l'armée protestante, et il dut désormais s'appuyer sur un conseil de guerre qui entérinait ses décisions. Alors que l'amiral s'établissait en Normandie avec sa cavalerie, dans l'attente d'un soutien financier anglais, c'est François d'Andelot qui exerçait le commandement dans la ville d'Orléans assiégée par le duc de Guise. La disparition de ce dernier, mortellement blessé par Jean Poltrot de Méré le 18 février 1563, permit d'engager des négociations de paix au cours desquelles Louis de Condé, toujours captif, reprit l'initiative. Il ne put toutefois s'engager au nom du parti qu'après avoir obtenu l'aval d'une assemblée formée de « seigneurs, gentilshommes et gens de bien[6] ».

Une direction collégiale

Le recours à la consultation de différents conseils, ordinaires et extraordinaires, dans le processus de prise de décisions mis en œuvre par la grande noblesse s'imposa ainsi comme une règle bien établie qui se perpétua au cours des deux guerres suivantes. À l'été 1567, alors que les chefs du parti redoutaient l'existence d'un complot franco-espagnol destiné à anéantir la Réforme dans le royaume, trois conseils politiques se tinrent successivement à Châtillon-sur-Loing, sur les terres de l'Amiral, et au château de Vallery, propriété du prince de Condé. Mal connus, on sait seulement qu'ils réunirent les membres de l'élite nobiliaire huguenote, dont les contours avaient peu évolué depuis 1562, même si de nouveaux visages firent leur apparition. François de La Noue, Charles de Téligny ou encore François de Boucard intégrèrent alors ce cercle restreint, et de vifs débats opposèrent les partisans de la modération, conduits par Coligny, aux promoteurs d'une conduite plus offensive, incarnés par son frère d'Andelot[7]. L'arbitrage entre les deux options s'accomplit très probablement à la majorité des voix, ce qui témoigne de la mise en œuvre d'un processus de décision de nature collégiale, mais ces conseils ne furent en rien des institutions pérennes. Si on ignore à peu près tout du fonctionnement du parti pendant la deuxième guerre, au cours de laquelle l'itinérance quasi permanente de l'armée conduite par Condé, Coligny et d'Andelot engendra sans doute la remise en action d'un conseil très restreint, capable de prendre, dans l'urgence, des décisions stratégiques, des instances aux contours beaucoup plus nets furent créées lors du conflit suivant.

En septembre 1568, l'élite de la noblesse huguenote se réfugia à l'abri des puissantes fortifications de La Rochelle. Coligny et Condé, qui était accompagné de son jeune fils Henri, y firent d'abord leur entrée, avant d'être rejoints par Jeanne d'Albret. Depuis le Béarn, elle s'était aussi acheminée en compagnie de son fils, Henri de Bourbon, prince de Navarre, qui était devenu premier prince du sang après le décès de son père Antoine, survenu en novembre 1562 des suites d'une blessure reçue au siège de Rouen. Mais les deux jeunes Bourbons étaient encore un peu tendres pour prendre part aux décisions politiques. Jusqu'à la mort de Louis de Condé à la bataille de Jarnac, le 13 mars 1569, c'est donc un trio qui gouverna le parti, puisque le prince dut alors partager le pouvoir politique avec la reine de Navarre et le commandement de l'armée avec l'Amiral. Au lendemain de cette disparition brutale, Coligny, d'Andelot et La Rochefoucauld convoquèrent une assemblée des principaux chefs huguenots à Tonnay-Charente, afin de décider de la suite des opérations et de réorganiser le commandement. Là, « par conseil de tous lesquels grands, vu la mort survenue dudit prince de Condé, qui était le principal chef du parti et protecteur de ceux de la religion en France, le susdit Henri, prince de Navarre, fut déclaré successeur des qualités de son dit oncle et chef protecteur général de ceux de la religion et de leurs armes, et Henri, prince de Condé, son cousin germain, fils de Louis, défunt prince de Condé, tué en susdite rencontre, pour son adjoint[8] ». Les deux princes, qui n'étaient âgés que de quinze et seize ans mais qui tenaient les deux premiers rangs dans la maison de Bourbon, reprirent ainsi officiellement le flambeau, conférant au parti huguenot prestige et légitimité.

La réalité du pouvoir ne résidait toutefois pas encore réellement entre leurs mains. Rapidement privé de son frère d'Andelot, qui décéda à son tour le 27 mai 1569, Coligny assura désormais le commandement militaire suprême des troupes réformées, alors que Jeanne d'Albret détenait la puissance politique. Celle-ci réunit régulièrement, à La Rochelle ou dans quelque place voisine et sûre, un conseil où siégeaient des personnages que la défense de la cause réformée avait attirés dans la nouvelle capitale huguenote. Grâce aux délibérations de ce conseil, conservées pour la période comprise entre le 1er juin 1569 et le 3 août 1570, il est possible de dénombrer trente-six participants à ces séances, outre Jeanne d'Albret et les deux princes de Navarre et de Condé, dont la présence resta très ponctuelle[9]. Parmi les membres de cette instance, qui traitait en priorité des affaires politiques et financières, figuraient quelques nobles de réputation, comme François de La Noue, nommé par Condé gouverneur de La Rochelle et des provinces environnantes en février 1569[10], Jean de La Fin, seigneur de Beauvoir-La Nocle, Charles de Téligny, Jérôme Groslot, seigneur de Champbaudoin et de l'Isle, René d'Avaugour, seigneur de Kergrois, ou encore des membres de l'entourage de la reine de Navarre, comme son chancelier Gervais Barbier de Francourt, le juriste Jean de Coras, Michel d'Astarac, baron de Fontrailles, et le secrétaire Victor Brodeau, seigneur de La Chassetière.

Ce conseil politique entra parfois en rivalité avec le conseil de guerre que dirigeaient théoriquement les jeunes princes, mais qui fut avant tout celui de Coligny. Réuni de manière très régulière, il y était décidé de la stratégie à adopter face aux troupes royales. Loin d'être à la dévotion aveugle de l'Amiral, cet organe fut un véritable lieu de discussion contradictoire sur la conduite à tenir. Des avis souvent opposés y furent exprimés, et Coligny dut parfois s'incliner face à une majorité contraire, comme en juin 1569, lorsqu'il lui fallut se résoudre à mettre le siège devant Poitiers alors qu'il aurait été d'avis de le mettre devant Saumur. Formé de tous les grands seigneurs présents à l'armée, cet organe comprenait aussi quelques membres du conseil politique établi par Jeanne d'Albret, comme par exemple Francourt et La Noue. La frontière entre les deux instances ne paraît donc pas avoir été très nette, et un conflit les opposa d'ailleurs en juin 1569, lorsque le conseil de guerre reprocha au conseil politique son ingérence dans le processus de recouvrement d'un emprunt destiné à financer la solde des troupes et l'amélioration des fortifications de La Rochelle.

Une dernière institution établie dans la cité aunisienne fut mise à profit par l'état-major huguenot. Il s'agit de l'amirauté, sur laquelle le jeune Henri de Navarre détenait l'autorité légitime que lui conférait sa charge d'amiral de Guyenne. Dès septembre 1568, Coligny donna l'impulsion d'une politique maritime destinée à constituer une « armée de mer » huguenote. Deux hommes fort appréciés de l'Amiral se succédèrent à la tête de la flotte qui fut d'abord confiée à Honorat Prévost, seigneur de La Tour et du Chastelier-Portault, puis au capitaine normand Jacques Sores, seigneur de Flocques[11]. La stratégie navale du parti consista alors essentiellement dans l'organisation de la guerre de course. Les corsaires rochelais agissaient munis de lettres de marque qui leur étaient octroyées par Henri de Navarre et Jeanne d'Albret afin d'arraisonner et de piller les navires catholiques qui croisaient au large des côtes atlantiques, générant un butin considérable dont une partie vint alimenter le financement de la guerre. La flotte qui se constitua peu à peu était formée d'une escadre permanente, forte d'une dizaine de grands vaisseaux en octobre 1568 et progressivement accrue au fil des prises pour atteindre plus d'une quarantaine de bâtiments au début de l'année 1570. La puissance maritime ainsi constituée n'était alors plus uniquement formée de corsaires huguenots, mais combinait navires et marins venus aussi d'Angleterre et des Pays-Bas, autorisés à utiliser les ports anglais. La piraterie protestante étendit ainsi son rayon d'action de la mer du Nord au golfe de Gascogne.

Après la défaite de Moncontour, le 3 octobre 1569, Coligny se réfugia en Guyenne avec les débris de son armée. Il y reconstitua ses forces avant d'amorcer une remontée victorieuse vers la Loire en compagnie des deux jeunes princes du sang. Au cours de cette chevauchée, il apparut plus que jamais comme le véritable chef militaire du parti, pendant que Jeanne d'Albret en conservait le contrôle politique depuis La Rochelle. Cette résistance huguenote face à la puissance de l'armée royale permit d'aboutir à la paix de Saint-Germain, signée en août 1570. Or les négociations qui précédèrent sa conclusion, au même titre que les tractations qui permirent celle de la paix de Longjumeau en mars 1568, furent aussi révélatrices du fonctionnement politique du parti des Grands. Contrairement à la plupart des édits royaux, élaborés dans le secret du Conseil du prince, les édits de pacification qui mirent un terme aux guerres civiles de cette seconde moitié du XVIe siècle furent invariablement le fruit de longues discussions. Conduites par des émissaires envoyés par le roi et les chefs du parti huguenot qui se rencontraient en terrain neutre, elles se poursuivirent parfois pendant plusieurs mois, alors que la guerre ne s'interrompait pas pour autant. On connaît bien le déroulement de ces négociations, et notamment les procédures suivies par les réformés qui désignèrent le plus souvent un personnage prestigieux accompagné de négociateurs expérimentés. En janvier 1568, François de La Rochefoucauld et le cardinal Odet de Châtillon furent ainsi envoyés par Condé afin d'envisager l'amorce d'un processus de paix.

La position ambiguë de ce sulfureux prélat, frère de Coligny et de d'Andelot, mérite d'être précisée, parce qu'elle était alors un atout pour le parti huguenot. Suspecté d'hérésie dès 1560, le cardinal s'était constamment affirmé catholique tout en soutenant la cause réformée. Excommunié par le pape en mars 1563, il avait été préservé des conséquences de cette décision par le soutien de Catherine de Médicis, dont il avait toujours été proche et qui comptait sur sa relation de confiance avec ses frères afin de favoriser le maintien de la paix. Bien que marié en décembre 1564 à Isabelle d'Hauteville, il parvint, grâce à son habileté politique, à conserver la pourpre, tous ses bénéfices et sa place au Conseil du roi, au grand désarroi des catholiques intransigeants. Il ne fait pourtant aucun doute qu'il n'avait alors déjà plus rien d'un ecclésiastique, mais la reine mère et le roi tardèrent à lui retirer leur soutien, aussi longtemps qu'ils l'estimèrent utile sur le plan politique et diplomatique. Au début de l'année 1568, ils comptèrent à nouveau sur lui afin de favoriser le rétablissement de la paix, malgré les efforts du nonce apostolique qui tenta d'obtenir sa disgrâce et même son arrestation. Dans les négociations qui s'engageaient, il fut épaulé par Charles de Téligny et Antoine de Bayancourt, seigneur de Bouchavannes, qui conclurent en mars l'accord au nom de Condé.

Lorsque se négocia la paix de Saint-Germain, signée en août 1570, la situation avait bien changé. Finalement disgracié en raison de son engagement désormais trop résolu au service de la cause huguenote, Odet de Châtillon ne résidait plus à la Cour mais à Londres, où il remplissait une mission dont il sera question plus loin. L'édit de pacification fut cette fois-ci l'aboutissement de près d'une année de tractations qui révélèrent encore une fois les mécanismes de la prise de décision à la tête du parti. Coligny était à la manœuvre, mais il ne rendit aucun arbitrage sans avoir consulté Jeanne d'Albret et La Rochefoucauld, qui étaient demeurés à La Rochelle. Un ballet triangulaire d'émissaires s'engagea ainsi entre l'armée des princes conduite par l'Amiral, la capitale huguenote et les représentants du roi. En juillet 1570, la délégation chargée de conclure les pourparlers au nom des chefs huguenots fut composée de Téligny, Beauvoir-La Nocle, La Chassetière et Arnaud de Cavaignes. Au sein de ce parti des Grands, le partage de la décision entre les plus éminents personnages, en l'absence d'un chef dont le prestige aurait imposé l'autorité de manière incontestable, même du vivant de Louis de Condé, s'affirma donc comme une règle constante de fonctionnement garantissant l'entretien d'une entente vitale entre de fortes personnalités qui cohabitèrent parfois non sans difficultés. La concertation, la collégialité et le recours au vote majoritaire en situation de blocage apparurent ainsi comme des principes auxquels les membres de cette élite nobiliaire n'entendirent pas déroger.

Entre deux fronts : les dilemmes de la noblesse provinciale

Pour éminent qu'il soit, ce parti des princes et grands seigneurs n'était qu'un élément de la nébuleuse huguenote qui s'enrichissait d'une forte dimension locale et provinciale. Dès le mois de novembre 1561, le synode provincial de Sainte-Foy créa le premier véritable embryon d'un système militaire rationnellement structuré, dont l'organisation interne fut calquée sur la pyramide consistoriale-synodale qui divisait le royaume en circonscriptions ecclésiastiques. Au sommet, deux « chefs généraux appelés protecteurs » furent placés à la tête des provinces synodales de Guyenne et du haut Languedoc. Les colloques qui se partageaient leurs territoires furent pourvus chacun d'un « colonel », deuxième niveau de la chaîne de commandement. Enfin, un « capitaine particulier » dut être désigné par chaque Église implantée dans cet espace. On sait, grâce à Monluc, que ce système fonctionna bel et bien, puisqu'il permit le rassemblement, en janvier 1562, de 4 000 soldats bien équipés[12].

Quelques mois plus tard, lorsque débuta la première guerre, les chefs du parti huguenot ne purent toutefois compter sur aucune organisation politique et militaire préexistante étendue à l'échelle du royaume, apte à conduire la levée en masse qu'ils appelaient de leurs vœux. Pour solliciter le concours de l'important potentiel militaire constitué par la noblesse huguenote du royaume, révélé notamment par le recensement ordonné par Coligny en décembre 1561, il fallut avoir recours aux mécanismes classiques de mobilisation par le canal des réseaux clientélaires et user du relais offert par les institutions ecclésiastiques. Les gentilshommes qui rallièrent alors Orléans à la tête de leurs compagnies de gendarmerie, des régiments qu'ils avaient levés à leurs frais ou tout simplement avec quelques fidèles fournirent certes des contingents appréciables. Condé fut, par exemple, accompagné de cinq cents gentilshommes de sa suite et de sa compagnie de cent hommes d'armes, La Rochefoucauld s'avança à la tête de sa compagnie de cinquante hommes d'armes et d'un régiment fort de six cents chevaux, Coligny avec trois cents gentilshommes et sa compagnie de cent hommes d'armes, et d'Andelot avec plus de cent capitaines. En tout, ce sont environ 5 000 gentilshommes huguenots qui se concentrèrent sur les bords de la Loire en quelques semaines, mais ils provenaient essentiellement des provinces du nord du royaume, en particulier de Picardie, de Normandie, d'Île-de-France ainsi que de l'ensemble formé du Poitou, de la Saintonge et de l'Angoumois. Les provinces méridionales, si fortement peuplées de réformés et si abondamment pourvues en gentilshommes convertis, étaient en revanche étrangement absentes de ce déploiement de forces. S'il peut paraître surprenant, ce constat ne faisait en réalité que révéler l'une des difficultés majeures qui s'imposa aux chefs du parti huguenot. Car en Languedoc, Guyenne et Dauphiné, la noblesse réformée devait avant tout assurer, face aux troupes catholiques qui les menaçaient, la protection des très nombreuses Églises et des fidèles qui les peuplaient. Il leur était impossible d'abandonner à l'ennemi ces contrées dont la défense participait aussi du combat en faveur de la cause huguenote à l'échelle du royaume. Ainsi apparut déjà, alors que débutaient seulement les hostilités, l'obligation qui s'imposa à la gentilhommerie huguenote méridionale de satisfaire, de manière simultanée, à des impératifs à la fois complémentaires et contradictoires : nourrir l'armée du prince, seule capable de procurer une victoire globale, et entretenir un potentiel militaire local, indispensable au maintien d'une forte implantation dans le Midi, véritable réservoir de puissance sans lequel Condé et ses principaux lieutenants ne pouvaient espérer résister bien longtemps à l'armée royale. Quelques contingents venus du Sud finirent toutefois par arriver à Orléans au printemps. Onze enseignes de fantassins, formant peut-être 4 000 hommes, furent ainsi levées par Gramont en Guyenne, et Antoine d'Arpajon conduisit quelque 1 200 arquebusiers cévenols. En août, ce fut encore en Guyenne que Symphorien de Durfort, seigneur de Duras, réussit l'exploit de lever 8 000 hommes, qui furent toutefois réduits à seulement 2 000 survivants parvenus jusqu'à Condé, après avoir subi une lourde défaite face à Monluc. Mais de Languedoc et de Dauphiné, on ne vit presque rien venir. Montbrun, le baron Des Adrets et bien d'autres firent le choix raisonné de demeurer et de combattre sur place.

Écartelée entre l'intérêt supérieur du parti et la défense des Églises, la noblesse huguenote méridionale dut ainsi moduler sa participation à la grande armée du prince en fonction de l'évolution des besoins militaires locaux. Le recul des réformés en Dauphiné, où la plupart des villes tombèrent à nouveau sous le contrôle militaire catholique à partir de la deuxième guerre, mais aussi dans certaines zones de Guyenne et de Languedoc, libéra ensuite de plus en plus d'effectifs. Au début de la deuxième guerre, de nouveaux régiments méridionaux furent envoyés afin de grossir l'armée du prince. Une colonne venue de l'Ouest, composée de 2 000 cavaliers et 6 000 fantassins, réunie grâce aux efforts conjugués de nombreux capitaines, fut placée sous la direction du comte de La Rochefoucauld. En haut Languedoc et Quercy, sept vicomtes rassemblèrent 4 000 fantassins et 500 chevaux, alors que Paul de Mauvans réunit 2 000 fantassins et 400 cavaliers en Provence. Mais c'est surtout au commencement de la troisième guerre civile que l'effort s'avéra massif, puisqu'une grande armée forte de 22 000 hommes se constitua par l'addition des troupes levées en Languedoc, Vivarais, Rouergue, Provence et Dauphiné par Montbrun, Mauvans, Crussol de Beaudiné et bien d'autres. Placé sous la direction de Crussol d'Assier, cet imposant contingent fut composé de 137 enseignes de fantassins réparties en quatorze régiments et de huit cornettes de cavalerie. Détail révélateur de la ferveur qui motivait le rassemblement de ces forces, le baron d'Assier fit marcher, en tête de la colonne qu'il conduisait, sa cornette de couleur verte décorée d'un Hercule exterminant à coups de massue une hydre aux têtes de cardinaux, évêques et autres moines, surmontée de la devise *Qui casso crudeles*, « C'est moi qui écrase les cruels ennemis », anagramme de son nom, « Iacques de Crussol »[13]. En Guyenne, Armand de Clermont, seigneur de Piles, et les barons de Montamat, de Fontrailles et de Saint-Maigrin rassemblèrent encore 4 300 hommes de pied et 500 cavaliers, qui firent également route vers Condé. En tout, à Noël 1568, grâce à ces troupes et à d'autres renforts venus du nord-ouest, les Grands du parti purent compter sur une armée forte d'environ 38 000 hommes, composée de 25 000 arquebusiers, 5 000 piquiers et hallebardiers, et de 8 000 cavaliers.

Ces chiffres parfois impressionnants ne doivent pas masquer une réalité un peu moins favorable. Le mauvais équipement et le manque d'entraînement de ces troupes, levées souvent avec peu de moyens et parmi des villageois et autres paysans peu familiers de la chose militaire, mais aussi les difficultés de ravitaillement qui engendraient des épidémies, sources d'une forte mortalité, ainsi que les désertions ou encore le manque de pièces d'artillerie nuisirent considérablement à l'impact des armées huguenotes, qui se montrèrent souvent peu efficaces. Les multiples défaites enregistrées durant la troisième guerre, en particulier celles de Jarnac et de Moncontour, sont là pour en témoigner. Seule la cavalerie, formée de gentilshommes rompus au combat, permit souvent de redresser des situations fortement compromises.

La naissance d'un système politique

Si la noblesse provinciale fit parfois défaut aux chefs du parti, l'inverse n'en fut pas moins vrai. La nécessité de se défendre sans pouvoir compter sur l'appui de l'élite nobiliaire huguenote, regroupée autour du prince de Condé, poussa les réformés méridionaux à s'organiser dans les mois qui suivirent le déclenchement de la première guerre. Soucieux de favoriser la coordination de leurs actions à l'échelle provinciale, en particulier en ce qui concernait la levée et le financement de troupes, les huguenots du Languedoc et du Dauphiné réunirent les premières assemblées politiques. Il ne s'agissait pas réellement d'institutions nouvelles, créées *ex nihilo*, mais d'une variante confessionnalisée des états provinciaux de ces deux provinces fortement touchées par le calvinisme. La fracture religieuse particulièrement profonde qui les caractérisait s'y exprima ainsi également par une scission politique provisoire en période d'affrontement, puisque les états catholiques légitimes et les états protestants considérés comme rebelles se réunirent de manière simultanée. En Languedoc, les assemblées politiques prirent aussi la forme, à des niveaux de compétence territoriale inférieurs, d'adaptations tout aussi confessionnalisées des états particuliers du Vivarais, mais aussi des assemblées d'assiette et des assemblées particulières tenues dans certains diocèses civils, ces circonscriptions fiscales propres au Languedoc, dont l'étendue territoriale correspondait, à quelques variantes près, à celle des diocèses religieux.

L'adaptation de la structure des états provinciaux aux caractères originaux de la société réformée engendra des mutations dans leur composition. Le clergé, représenté dans les assemblées légitimes, s'effaça ainsi, dans leur version huguenote, au profit d'un face-à-face entre la noblesse et les députés des villes. L'assemblée fondatrice, réunie à Nîmes du 2 au 11 novembre 1562, qui s'intitula « assemblée des États du bas pays de Languedoc, de la Religion Réformée », mit ainsi en présence des députés venus de quinze villes et des membres de la noblesse dont on ignore le nombre exact. Quelques mois plus tard, à Bagnols, une assemblée tenue du 31 mars au 5 avril 1563 réunit vingt députés de la noblesse et autant de représentants du « commun et populaire état[14] ». En

Dauphiné, la première assemblée se tint à Montélimar du 6 au 11 décembre 1562 et rassembla des nobles, des députés des Églises et des consuls désignés par les villes dominées par les huguenots. En Vivarais, la structure même des états particuliers, singulière par rapport à celle des états de Languedoc auxquels elle était subordonnée, facilita la scission sans qu'une adaptation institutionnelle fût nécessaire, puisque seuls deux ordres, noblesse et tiers état, y étaient ordinairement représentés. Dans le diocèse civil de Castres, le seul du haut Languedoc à être tombé sous domination réformée, les assemblées ordinaires furent transformées en assemblées politiques, mais seulement à partir de 1567 et le début de la deuxième guerre. Elles étaient essentiellement composées de députés des villes, le plus souvent choisis parmi les consuls, et aussi ponctuellement de membres de l'aristocratie huguenote locale qui y siégeaient en fonction de la nature des affaires qui y étaient traitées. D'une assemblée à l'autre, d'une guerre à l'autre, nombreux furent les députés qui remplirent plusieurs mandats et devinrent ainsi des acteurs récurrents de l'action politique huguenote, des membres particulièrement actifs de cette « classe politique » dont il a été question dans le chapitre précédent.

Au cours de la première guerre, ce sont en tout sept assemblées qui furent réunies à Baix, Nîmes, Montélimar, Rochemaure, Valence, Bagnols-sur-Cèze et Montpellier. Une fois la paix d'Amboise signée, ces institutions entrèrent en sommeil pour reprendre vie après la reprise des hostilités, en novembre 1567. Sept nouvelles assemblées se tinrent alors, mais seulement en Languedoc, à Montpellier, Privas et Castres, car le Dauphiné était désormais contrôlé par l'armée royale. Enfin, pendant la troisième guerre, ce ne furent pas moins de vingt-trois sessions qui s'ouvrirent à nouveau en haut et bas Languedoc : à Castres, Privas, Saint-Jean-du-Gard, Anduze, Montauban, Nîmes et Lombers. Ces assemblées étaient, par nature, des institutions à vocation représentative, à l'image des états provinciaux qui leur avaient servi de matrice. On se souvient du souci très aigu de la représentativité politique qui s'était manifesté dès 1560, lorsque les premières requêtes avaient été adressées au roi par les huguenots. Il s'exprima à nouveau au sein de ces assemblées, où s'affirma le souci d'apparaître comme un interlocuteur crédible aux yeux du pouvoir royal. Une attention toute particulière fut ainsi apportée à la vérification des pouvoirs des députés, qui ne pouvaient siéger ni voter sans que leurs mandats aient été soigneusement contrôlés.

Le premier travail accompli par les assemblées réunies au cours des trois premières guerres civiles répondit à la nécessité qui avait conduit à leur création : imaginer la structure politique, militaire et financière qui faisait défaut aux huguenots afin d'organiser leur résistance dans les provinces méridionales. Sur le plan politique, les premières décisions concernèrent l'organisation du commandement des espaces dominés par les réformés. L'assemblée de Nîmes, réunie en novembre 1562, nomma le comte Antoine de Crussol « chef, défenseur et conservateur desdites villes et diocèses et leurs adhérents » pour toute l'étendue du Languedoc protestant, et désigna dix des douze membres d'un conseil de gouvernement chargé de l'assister[15]. En Dauphiné, après la trahison du baron Des Adrets, qui avait rejoint le camp catholique, l'assemblée de Valence nomma également Antoine de Crussol comme chef en février 1563, ce qui unifia alors la direction générale des deux provinces. Elle lui adjoignit aussi un conseil de douze membres, dont la composition avait été déterminée par l'assemblée précédente, réunie à Montélimar en décembre 1562. Dans chacune de ces deux provinces, un conseil de guerre, distinct du conseil politique, lui fut également donné. En Dauphiné, ce dernier était composé de cinq membres, choisis parmi les gentilshommes les plus expérimentés dans l'art militaire[16].

L'étroite communication établie entre les espaces méridionaux dominés par les huguenots ne se limita pas au choix de Crussol comme gouverneur commun. À la suggestion des députés du Dauphiné, réunis à Montélimar en décembre 1562, une « sainte alliance et secrète [...] entre ceux du pays de Languedoc, Lyonnais et Dauphiné[17] » fut conclue, puis les Églises du Comtat venaissin, de Provence et du comté de Grignan furent à leur tour intégrées à l'union, qui engloba dès lors tout le quart sud-est du royaume. Lors de l'assemblée de Bagnols, en avril 1563, à laquelle participèrent un représentant du Dauphiné et un délégué du Lyonnais[18], il fut confirmé que les réformés de ces provinces demeureraient « unis et alliés ensemble sous l'obéissance de Sa Majesté le Roi et protection de Monseigneur le comte de Crussol, pour la conservation de la Religion Réformée, repurgée des cérémonies de la papauté desdits pays[19] ». Le principe d'une structure confédérale semblait alors acquis, mais il ne put perdurer à la reprise des troubles, en septembre 1567, puisque seule une partie du Languedoc était alors encore largement contrôlée par les huguenots. Quant à Crussol, devenu duc d'Uzès en 1565 et circonvenu par Catherine de Médicis, dont il était « chevalier d'honneur » de la maison et époux d'une de ses plus proches confidentes, Louise de Clermont, il abandonna sa charge au profit de son frère, le baron d'Assier, qui prit le titre de lieutenant du prince de Condé pour le Languedoc, le Dauphiné et la Provence. L'assemblée politique réunie à Montpellier du 30 octobre au 1er novembre 1567 nomma les membres d'un conseil pour la police et les finances, destiné à le seconder[20].

La vaste étendue de la zone sur laquelle s'étendait son autorité requit néanmoins de s'appuyer aussi sur des relais locaux. Établi à Valence, un « conseil politique commandant en ce pays de Dauphiné en l'absence de M. d'Assier », également désigné comme un « conseil de guerre » dans certains documents, joua ainsi un rôle essentiel. On y retrouvait les plus éminents gentilshommes huguenots de la province, au premier rang desquels figurait Montbrun. Héritier du conseil politique créé lors de la première guerre civile, son rôle et son fonctionnement demeurent mal connus.

Pendant la troisième guerre, de nouveaux changements intervinrent dans le gouvernement des provinces méridionales. En septembre 1569, l'assemblée d'Anduze choisit Jean de Saint-Chamond, seigneur de Saint-Romain, pour remplacer Crussol d'Assier parti combattre en Poitou. Les princes de Navarre et de Condé lui confièrent ensuite, en décembre de la même année, la direction politique et militaire unifiée de toutes les provinces du Sud-Est : bas Languedoc, Vivarais, Gévaudan, Cévennes, Dauphiné, Provence, Avignon, Comtat venaissin[21]. L'assemblée de Nîmes, réunie à la même époque, désigna une nouvelle fois les membres d'un conseil de neuf membres, chargé de l'assister dans les domaines politique et financier, en prenant soin d'y faire figurer trois représentants de la noblesse, trois autres gentilshommes détenteurs de charges municipales et trois membres du tiers état. En outre, Saint-Romain fut également invité à composer lui-même un conseil de guerre[22].

Il appartint à ces chefs de structurer le commandement militaire des provinces par la nomination de capitaines dont les compétences territoriales étaient clairement délimitées et qui furent, à leur tour, tous pourvus d'un conseil. À l'image du fonctionnement observé à la tête du parti des Grands, on constate ainsi la volonté de soutenir, ou de contrôler, les mesures prises par les différents dépositaires de l'autorité politique et militaire en ayant recours à des instances de décision collégiale qu'ils avaient théoriquement l'obligation de réunir et de consulter. En parallèle, le rôle des assemblées politiques fut de stimuler et de coordonner la formation et l'entretien de contingents suffisants à la mise en défense des villes huguenotes et pays alentour sous l'autorité de ces gentilshommes. Des procédures furent définies, afin de permettre la levée rapide de soldats en cas de nécessité, mais on créa aussi des compagnies permanentes, on fabriqua et on stocka des munitions. Enfin, on releva et améliora les fortifications de certaines places stratégiques. Afin de financer cet effort de guerre, les assemblées politiques multiplièrent les décisions pour mobiliser le plus de ressources possibles. Dès 1562, et de manière constante jusqu'à la fin de la troisième guerre civile, elles décrétèrent la confiscation des biens et revenus ecclésiastiques ainsi que la saisie des « deniers de la recette générale du Roi ». En Languedoc, un receveur général et un contrôleur furent créés dans chaque diocèse civil, ainsi qu'un autre receveur dans la ville capitale du diocèse[23]. Pour veiller à la « police civile et prompte levée des deniers », on nomma aussi des surintendants qui devaient être « de bons et notables personnages, zélateurs du nom de Dieu, repos et utilité publique[24] ». Enfin, chaque assemblée provinciale de bas ou haut Languedoc décréta la levée de très lourdes impositions qu'elle s'efforça de répartir entre les différents diocèses ou localités contrôlés par les huguenots. En novembre 1562, par exemple, la perception de 331 121 livres fut ventilée entre huit diocèses civils du Languedoc où les réformés étaient solidement établis.

Quelles étaient les relations entre ces assemblées et la grande noblesse huguenote réunie autour des princes du sang ? Les contacts entre les deux pôles du parti furent presque inexistants pendant la première guerre, et il fallut attendre la signature de l'édit d'Amboise pour qu'un envoyé du prince de Condé, François de Boucard, se rende à Montpellier. En mai 1563, il vint essayer de convaincre les députés d'accepter la publication de la paix, ce à quoi ils consentirent malgré leur méfiance à l'égard d'un texte dont toutes les clauses n'entraînaient pas leur adhésion. Lors des deux conflits suivants, la communication entre l'élite de la noblesse huguenote et les assemblées languedociennes fut beaucoup plus intense. Conscients de l'importance des ressources financières mobilisables dans la province et de l'outil précieux que constituaient ces assemblées modelées sur la matrice des rouages fiscaux ordinaires qu'étaient les états provinciaux et les assemblées d'assiette, les princes de Navarre et de Condé réclamèrent, en 1569, de lourdes contributions de guerre aux réformés de haut et bas Languedoc. Face aux difficultés opposées par les assemblées qui tardaient à répondre, ils envoyèrent vers elles Philippe de La Garde, seigneur de Franqueville, afin de réclamer le versement des 150 000 livres requises pour chacune des deux parties de la province, mais aussi les deux tiers du butin de guerre, la moitié des biens des papistes fugitifs ainsi que le produit intégral de l'arrentement des bénéfices et de la vente du temporel ecclésiastique[25]. Ces exigences exorbitantes étaient particulièrement difficiles à satisfaire en période de guerre, alors qu'il fallait déjà assurer la défense des Églises locales. Loin de se montrer serviles à l'égard des chefs du parti, qui n'hésitèrent pourtant pas à user de la menace pour parvenir à leurs fins, les assemblées s'affirmèrent comme de véritables interlocuteurs et firent preuve d'une grande opiniâtreté. Au terme de débats âpres et houleux, les députés consentirent toutefois au paiement de la presque totalité de la somme requise par les princes et à la satisfaction de leurs autres exigences, même s'ils n'accordèrent finalement qu'un tiers du butin, mais ces importantes concessions furent les dernières. Quelques semaines plus tard, les assemblées refusèrent cette fois-ci tout net le versement de la nouvelle imposition de 120 000 livres dont Franqueville fut chargé de leur demander l'acquittement.

Ce furent ainsi deux dimensions bien distinctes du parti huguenot qui coexistèrent entre 1562 et 1570, deux pôles qui communiquèrent, collaborèrent à l'occasion, mais conservèrent également une partie de leur autonomie de décision et d'action. Si le prince et les grands personnages qui l'entouraient eurent du mal à admettre que ces élites réformées du Sud échappassent en partie à leur autorité, les députés des assemblées politiques considérèrent que leurs objectifs respectifs ne convergeaient pas totalement et que la sécurité des Églises ne pouvait être sacrifiée au profit du combat mené par les Grands qui invoquaient, afin de les faire plier, « la grande cause qu'ils soutiennent » et le « grand général et public duquel dépend la conservation de tout le reste[26] ». Même si les réformés languedociens ne restèrent pas sourds à ces arguments, l'absence de coordination générale des opérations sous une autorité supérieure indiscutablement et unanimement obéie constitua l'une des plus grandes faiblesses du parti huguenot dont les différents acteurs avaient bien conscience. Si on considère qu'en outre, certaines villes huguenotes particulièrement puissantes conduisirent leur propre politique de défense et que de nombreux gentilshommes difficilement contrôlables agirent, sur leurs terres et aux alentours, comme de véritables électrons libres, le parti huguenot apparaît réellement, pendant les trois premières guerres civiles, comme une mosaïque multipolaire qui, si elle ne fut pas totalement dépourvue de cohérence, ne peut en aucun cas être considérée comme un ensemble pourvu d'une organisation claire au fonctionnement huilé.

Le défi de l'unité

Les facteurs de désunion étaient donc multiples. L'attelage, au sein du parti des Grands, de fortes personnalités aux caractères et aux intérêts parfois divers, mais aussi l'association de gentilshommes et de pasteurs qui envisageaient la lutte à conduire dans des perspectives différentes, s'ajoutèrent à l'entrée en collision, que l'on vient d'évoquer, entre les besoins de l'armée des princes et les nécessités des Églises méridionales. Coligny avait très tôt pris la mesure de ces difficultés. Dès le mois d'août 1566, il avait multiplié les consultations afin de concevoir une nouvelle organisation du parti. Très certainement avec l'aval de Condé, il fit rédiger un règlement au cours de l'été 1567[27]. Daté du 20 juillet, ce texte fut probablement validé lors de l'assemblée des chefs du parti réunie la veille au château de Châtillon-sur-Loing, propriété de l'Amiral. Les différents articles qu'il égrenait créaient de toutes pièces, à l'échelle du royaume, les structures d'un véritable système politique et militaire indépendant de l'organisation consistoriale-synodale. Ils répondaient ainsi à un besoin auquel aucune initiative n'avait jusqu'alors essayé de satisfaire, puisque la tentative éphémère de création d'un système confédéral dans le sud-est du royaume, au cours de la première guerre, n'avait concerné que quatre provinces.

Le règlement instaurait une nouvelle fois des instances au sein desquelles devait s'exercer un pouvoir de décision de nature collégiale. Il était ainsi décidé que le royaume serait divisé en seize provinces ou gouvernements, dans chacun desquels seraient créés deux organes politiques. Un conseil provincial serait d'abord établi, composé d'un député par bailliage ou sénéchaussée, issu de la noblesse ou du tiers et dont les qualités morales seraient avérées. Élus pour un mandat d'une durée d'un an renouvelable, ces députés choisiraient parmi eux un président qui aurait l'initiative des débats, ou pourraient décider de présider à tour de rôle. En temps ordinaire, ce conseil provincial se réunirait une fois par mois, mais si les circonstances l'exigeaient, il serait convoqué plus souvent et siégerait chaque année dans une ville différente, parmi celles de la province qui offriraient les garanties de sûreté nécessaires. Un second conseil, presque permanent, comprendrait six membres désignés par les bailliages et sénéchaussées de la province ainsi que des députés choisis au sein du conseil provincial. Les six conseillers seraient renouvelés par tiers tous les quatre mois, et leur mandat ne pourrait excéder un an qu'en cas de nécessité. Ils se réuniraient chaque semaine, afin de traiter les affaires urgentes qui pourraient se présenter.

Les attributions du conseil provincial seraient essentiellement de garantir les conditions d'une mobilisation rapide des ressources humaines et financières du parti en cas de conflit. Parmi les députés, certains devraient ainsi être chargés de lever des deniers sur les Églises, avec obligation de rendre des comptes à l'expiration de leur mandat. Chaque année, même en temps de paix, une somme de 1 000 écus devrait être collectée dans chacune des seize provinces, afin de constituer une réserve utilisable pour solder des troupes en cas de besoin. Les membres de ce conseil auraient aussi pour mission de désigner, après concertation avec les principaux gentilshommes de la province, un chef militaire qui serait assisté d'un capitaine chargé de dresser deux listes de personnes mobilisables en cas de guerre : la première comprendrait ceux qui seraient en mesure de s'équiper et de combattre à leurs frais, alors que la seconde recenserait ceux qui devraient être pourvus d'armes. Ce capitaine aurait donc la charge de déterminer la capacité militaire de chaque circonscription, ainsi que le coût d'une levée complète des forces disponibles. Une fois leur recensement accompli, les capitaines le transmettraient au chef militaire de la province, afin qu'il puisse mesurer son potentiel et le communiquer au chef du parti, désigné dans le règlement comme le « protecteur » général des Églises. Grâce à la mise en œuvre de ces dispositions, les troupes virtuellement disponibles devraient pouvoir être mobilisées promptement et au premier appel. La chaîne de commandement militaire du parti était ainsi clairement identifiée, du protecteur aux capitaines, en passant par les chefs responsables de chaque province.

Ce règlement fut-il appliqué ? L'absence de toute documentation attestant sa mise en œuvre et la reprise de la guerre, un peu plus de deux mois seulement après sa rédaction, permettent d'en douter. Toutefois, la grande rapidité avec laquelle des troupes furent levées juste avant et juste après la surprise de Meaux laisse penser à la mise en place d'un début d'organisation qui pourrait éventuellement être rapproché des prescriptions du règlement. L'ambassadeur vénitien Jean Correro exprima d'ailleurs son étonnement face à la capacité des chefs huguenots à réunir des forces importantes de manière rapide en cette occasion[28]. Un an plus tard, l'efficacité stupéfiante avec laquelle s'opéra la mobilisation au commencement de la troisième guerre civile fit écrire à La Popelinière qu'en huit jours, une nuée de soldats s'était alors rassemblée avec une telle célérité qu'on les aurait crus « sortis de terre comme des potirons en une nuit » ! Que cette faculté à envoyer des contingents sur le théâtre des opérations ait été ou non le fruit de la mise en application du règlement de juillet 1567, on sait en revanche avec certitude que les chefs huguenots entrèrent alors en relation avec les plus éminents gentilshommes des provinces par le truchement de messagers porteurs d'ordres de mobilisation et qu'une communication efficace était alors bel et bien structurellement établie.

Le règlement de juillet 1567 comprenait d'autres dispositions de grande conséquence. L'une d'entre elles concernait les relations des Églises réformées de France avec le roi. On se souvient de la députation permanente qui s'était établie à la Cour de juin 1561 à mars 1562. Après une interruption due à la guerre, le dialogue engagé par le truchement d'émissaires porteurs de requêtes et autres remontrances ponctuelles avait repris ses droits et s'était même intensifié, enracinant cette démarche et la pratique de ce mode de communication avec la monarchie dans une procédure devenue ordinaire. Toutefois, aucune tentative d'établissement d'une nouvelle délégation résidente auprès du roi n'avait alors été conduite. Le règlement entendait y remédier en ordonnant l'envoi à la Cour d'un député par province nommé pour un an et entretenu « sans discontinuer ». Conçue pour être un organe de liaison permanent entre le roi et les Églises, cette députation forte de seize membres devait avoir pour double fonction de transmettre des doléances au souverain et d'informer les conseils provinciaux de « l'occurrence des affaires[29] ». En raison de la reprise des troubles, cette députation ne vit jamais le jour, mais en août 1568, des lettres patentes reconnurent à nouveau le droit des réformés à présenter des « plaintes et doléances » à leur souverain. Le dialogue ne fut donc pas interrompu, même s'il ne passa plus par l'intermédiaire d'une délégation des Églises établie à la Cour.

Enfin, une dernière mesure était emblématique de la volonté exprimée par la grande noblesse d'exercer sans partage le pouvoir politique. Elle témoignait en même temps des obstacles qui se dressaient alors sur le chemin de l'unité de la minorité réformée. La création de la structure politique prévue par le règlement, qui permettait à l'aristocratie de s'émanciper du recours au système consistorial-synodal afin de communiquer avec les Églises, s'accompagnait d'une volonté de cloisonner, désormais de manière étanche, les domaines d'intervention politique et religieux. Un article stipulait ainsi que « les ministres de la parole de Dieu seront exhortés et admonestés de n'empêcher ou mêler aucunement de ce qui se traitera et délibérera audit conseil [provincial] et ne se jugeront de s'en entremettre sinon qu'ils fussent appelés, mais se contiendront à prêcher la parole de Dieu et régler la discipline ecclésiastique[30] ». Ce règlement constituait donc indiscutablement une rupture dans le processus de constitution du parti huguenot qui entendait se délester de son élément pastoral, dont le rôle avait été essentiel dans les premiers temps, pour conférer l'intégralité du pouvoir à la grande noblesse militaire.

Cette dernière disposition était sans aucun doute l'une des plus délicates à appliquer, surtout dans la perspective de la marche vers une meilleure cohésion de toutes les composantes du parti.

Mais même si le règlement de 1567 ne fut probablement pas mis en œuvre, ou de manière seulement embryonnaire, on n'en remarque pas moins que les pasteurs furent par la suite absents de tous les organes de décision politiques institués par les Grands. Aucun ministre de la Parole ne fut désormais investi de la moindre parcelle d'autorité, ni requis de donner son avis sur la conduite à tenir. Théodore de Bèze, qui restait naturellement une autorité morale respectée, en fut réduit à suivre les événements de loin, depuis Genève, et vécut dans l'angoisse de nouvelles qui tardèrent toujours à lui parvenir. Quant au pasteur et théologien Pierre Viret, que Jeanne d'Albret aurait pu choisir d'emmener avec elle à La Rochelle, il se vit intimer l'ordre de demeurer à Pau, bien loin du théâtre des opérations. Cette autonomisation de la dimension politico-militaire du parti ne fut, en revanche, pas d'actualité dans les assemblées politiques languedociennes, où quelques pasteurs persistèrent à siéger ponctuellement.

En août 1570, lorsque fut signée la paix de Saint-Germain, il était bien délicat de dresser un état politique du parti huguenot. Les décisions prises quelques mois plus tard afin de rembourser la dette astronomique contractée depuis 1562, qui atteignait alors les 3 366 173 livres tournois, permettent toutefois de saisir deux réalités. Les Églises réformées de France formaient bel et bien un corps solidaire, à la tête duquel se trouvaient les Grands retranchés à La Rochelle, d'où ils ordonnèrent la perception annuelle d'un cinquième du revenu de chaque fidèle afin de réunir les fonds nécessaires à l'apurement de ces créances. Mais en dépit de leurs efforts, les princes et l'Amiral étaient bien loin d'être en mesure de s'émanciper du système ecclésiastique, avec lequel ils furent encore et toujours contraints de collaborer étroitement. Afin de lever cette taxe, c'est en effet une nouvelle fois à la pyramide consistoriale-synodale que l'on fit appel, et non à quelque système politique que ce soit. L'organisation projetée en 1567 n'avait pas été établie, et les assemblées méridionales étaient entrées en sommeil avec la conclusion de la paix, car la monarchie ne pouvait accepter de les voir fonctionner en parallèle aux institutions royales. Dans chaque Église, c'est aux diacres, dont la fonction au sein du consistoire était de recueillir et de distribuer les deniers, que fut confiée la tâche de percevoir la contribution des fidèles. La somme ainsi réunie devait être remise à un receveur, désigné dans chaque bailliage, qui la transmettrait lui-même à un receveur général, choisi pour centraliser l'ensemble des sommes perçues dans chaque province. Si on ajoute que les opérations devaient être supervisées par des commissaires nommés par les chefs du parti[31], Franqueville en Languedoc par exemple, on constate qu'il existait toujours, en l'occurrence, une véritable collaboration entre les différentes composantes de la nébuleuse huguenote sous l'autorité des princes.

Sans être disloqué, le parti huguenot apparaissait donc comme un orchestre, comme une agrégation de solistes auxquels il fallait s'évertuer de faire jouer la même partition. Cette conjonction de contributions variées à la défense de la cause commune s'exprima également dans le domaine de l'élaboration théorique d'une pensée politique proprement huguenote.

5

La construction d'une identité politique

La politisation des moyens d'action mis en œuvre par le mouvement réformé français s'accompagna de l'élaboration d'un discours politique. La nécessité de développer une pensée de combat qui dépassât la simple apologétique confessionnelle s'imposa dès septembre 1557, lorsque la répression royale redoubla de violence après la découverte du culte clandestin de la rue Saint-Jacques. Ce furent d'abord les pasteurs parisiens qui conçurent les premiers arguments dans une série de textes qui circulèrent en 1558, avant de récidiver à l'automne 1559, après la mort d'Henri II. La répression cruelle ordonnée par les Guises contre les conjurés d'Amboise suscita ensuite la publication d'une douzaine d'écrits polémiques qui formulèrent, dans une première expression claire et complète, le socle d'une pensée politique huguenote appelée à se développer au cours de la décennie suivante.

À la même époque, après que la profession de la foi réformée et le service du roi furent devenus théoriquement compatibles grâce à l'édit de Romorantin, le dialogue instauré par la monarchie avec les huguenots sanctionna de manière visible leur intégration au corps politique du royaume. Toutefois, l'assimilation entre hérésie et sédition, en vigueur pendant vingt ans, laissa une empreinte si profonde dans l'esprit de bien des catholiques parmi les plus intransigeants que les réformés demeurèrent, à leurs yeux, des rebelles par essence. Pour les protestants français, le combat ne faisait donc que commencer. En même temps qu'ils luttaient sur le plan politique et militaire au cours des trois guerres civiles qui troublèrent le royaume entre 1562 et 1570, ils durent poursuivre et amplifier leur action sur le terrain polémique. Grâce à la contribution de nombreux auteurs, de moins en moins souvent issus du milieu pastoral, ils enrichirent l'argumentaire né après la conjuration, réaffirmant inlassablement leur détermination à obéir au roi ordonné de Dieu, indépendamment de la différence de religion qui les éloignait de lui sur le plan spirituel. Pour ce faire, ils s'appuyèrent sur la pensée de Calvin[1], mais il leur fallut aller plus loin afin de forger, à côté de leur identité religieuse de chrétiens réformés, une identité politique distincte de bons et fidèles sujets. Reléguant la dimension apologétique de leur réflexion à des écrits de controverse, ils firent le choix stratégique de déconfessionnaliser leurs écrits justificatifs. Même si les objectifs religieux des différentes prises d'armes purent parfois demeurer pleinement assumés, ils furent ainsi le plus souvent masqués au profit d'une posture et d'un projet politiques qui se déclinèrent en quelques grands thèmes récurrents.

La diabolisation de l'ennemi

Un élément essentiel de leur stratégie consista à discréditer leurs détracteurs, car lorsqu'il s'agit de faire valoir ses vertus, rien ne vaut une comparaison flatteuse avec un ennemi rongé par les vices. Ce contrepoint idéal, les réformés le trouvèrent d'abord avec les Guises : le duc François et son frère, le cardinal Charles de Lorraine. Aux antipodes du portrait idéalisé qu'ils brossaient de leurs coreligionnaires, les polémistes huguenots construisirent une image exécrable de leurs adversaires les plus redoutables. Un véritable réquisitoire à leur encontre fut dressé dès leur désignation comme principaux conseillers de François II, à l'automne 1559, puis à nouveau après la conjuration d'Amboise. Ils furent d'abord accusés d'usurpation, car ils occupaient indûment, auprès du roi, une position qui revenait de droit aux princes du sang. Selon les théoriciens réformés, à la mort d'Henri II, les états généraux auraient dû être convoqués afin de placer les Bourbons à la tête d'un conseil chargé d'assister le jeune prince dans « l'infirmité de la jeunesse[2] ». On soupçonna même les Guises de briguer le trône, dont ils auraient voulu se saisir, quitte à devoir, pour y parvenir, porter atteinte à l'« innocente vie » du roi. Pour étayer ces accusations, les réformés exploitèrent les généalogies falsifiées que les Lorrains avaient fait rédiger et qui faisaient descendre leur maison « de la droite ligne de Charlemagne ». Les pamphlétaires dénoncèrent ainsi l'« enragée ambition » de ces hommes qui ne se contentaient pas d'assister François II dans le gouvernement du royaume, mais qui exerçaient ni plus ni moins le pouvoir à sa place et en son nom[3]. Ils se comportaient selon eux comme de véritables tyrans, mettant à profit leur hégémonie pour monopoliser la faveur royale, distribuer les postes les plus importants à leurs fidèles et ruiner les finances de l'État.

Ce comportement fermement condamné était encore aggravé par l'origine étrangère des deux frères, issus de la maison ducale de Lorraine. Malgré les lettres de naturalité accordées par Louis XII à leur père en 1506, les réformés les stigmatisèrent et affirmèrent qu'il n'y avait rien de plus dangereux pour un État « qu'un prince étranger élevé en autorité, principalement quand il est ambitieux ou avare, comme sont ceux de Guise qui maintenant tyrannisent ». Et ils ajoutèrent que les Français « ne peuvent supporter une domination arbitraire et despotique, contraire aux lois et introduite par des vues d'ambition, et par une force étrangère[4] ». Plus généralement, les pamphlets huguenots déversèrent une grêle d'injures contre les deux frères qualifiés de « menteurs et déhontés », de « génération de vipères, prompte à tout vice et malignité, n'ayant au cœur que méchanceté, et en la bouche qu'hypocrisie », ou encore de « sangsues affamées ». On insista sur leurs « cruauté et avarice », ainsi que sur leurs « pilleries et larcins outrageux faits sur le peuple[5] ». Le cardinal de Lorraine fut plus particulièrement visé. Appelé « chapeau rouge[6] », « Monsieur l'insatiable », décrit comme « plus rouge que notre sang », il fut présenté comme un personnage ignoble et barbare qui foulait aux pieds les lois du royaume[7]. D'innombrables pièces en vers stigmatisèrent ses vices, et une anagramme de son nom, « Raclé a de l'or Henry », vient conclure un sizain qui soulignait sa rapacité au détriment du Trésor royal, alors qu'une autre, « Renard lasche le Roi », suggérait sa félonie. Sa présence permanente à la Cour, alors que son frère était plus absorbé par les affaires militaires, le rendit responsable de tous les maux. La célèbre *Epistre envoiée au Tigre de la France*, œuvre du juriste réformé François Hotman, fustigea brillamment ses innombrables vices dans des formules devenues célèbres et dans un style inspiré de la première *Catilinaire* de Cicéron :

> Tigre enragé, vipère venimeuse, sépulcre d'abomination, spectacle de malheur : jusques à quand sera-ce que tu abuseras de la jeunesse de notre Roy ? Ne mettras-tu jamais fin à ton ambition démesurée, à tes impostures, à tes larcins ? Ne vois-tu pas que tout le monde les sait, les entend, les connaît ? Qui penses-tu qui ignore ton détestable dessein, et qui ne lise en ton visage le malheur de tous tes jours, la ruine de ce Royaume, et la mort de notre Roi[8] ?

Tout était dit. L'usage des métaphores du tigre et de la vipère faisait de Charles de Lorraine un mélange de férocité et de fausseté. Son assimilation à des animaux cruels et sournois devint d'ailleurs bientôt une constante des pièces qui lui étaient dédiées. La vipère se muait parfois en aspic, et au tigre se substituaient ou se juxtaposaient de temps à autre le loup, le léopard, le renard et même le cafard. Tout fut exploité, jusqu'aux armoiries du cardinal, un lierre grimpant le long d'une pyramide, afin d'évoquer l'étouffement du pouvoir royal par ce ministre parasite.

Lorsque débuta la première guerre civile, en avril 1562, les deux frères n'étaient plus les seuls ennemis qu'il convenait de discréditer. Ils avaient perdu ce monopole au profit des membres du triumvirat, où Guise voisinait avec Montmorency et Saint-André, qui devinrent la cible privilégiée de la polémique huguenote. Les procédures qu'ils tenaient au Conseil du roi ne pouvaient qu'engendrer « une subversion d'État, mécontentement universel, désespoir des pauvres serviteurs, division de la noblesse de ce Royaume[9] », affirmait le prince de Condé dans la *Déclaration* qu'il publia afin de justifier sa prise d'armes. Car les triumvirs furent déclarés responsables du déclenchement de la guerre, en particulier le duc de Guise, accusé d'avoir rompu la paix enracinée par l'édit de Janvier en faisant massacrer des réformés qui pratiquaient leur culte à Wassy le 1er mars 1562. On les soupçonna même d'avoir suscité les troubles par intérêt, leur ambition effrénée ne pouvant leur permettre « de se contenir et vivre en repos[10] ». Une diatribe tranchante mit en exergue leur choix délibéré de jeter le royaume dans la guerre quand ils demandèrent au roi, contre l'avis de tous les personnages les plus éminents et des institutions les plus respectables, d'exclure perpétuellement la religion réformée du royaume :

> C'est un Duc de Guise, prince étranger, un sieur de Montmorency et un sieur de Saint-André qui font une ordonnance contre l'édit de Janvier, accordé par le Roi et la Reine sa mère, le Roi de Navarre, les princes du sang, avec le Conseil du Roi et quarante des plus grands et notables personnages de tous les parlements. Ce sont trois qui font une ordonnance contre la requête présentée par les États, c'est-assavoir la noblesse et le tiers état, à Orléans, et depuis à Saint-Germain. Lesquels deux états requirent qu'il plût au Roy bailler temples à ceux de ladite religion reformée. Ce sont trois qui font une ordonnance qui ne peut être exécutée sans une guerre civile, sans mettre le royaume en danger d'une évidente ruine[11].

Après la reprise des troubles, en septembre 1567, au cours de la deuxième puis de la troisième guerre civile, les membres de la maison de Guise furent à nouveau l'une des cibles privilégiées des polémistes réformés. On remonta à la fin du règne d'Henri II, afin de détailler tous leurs forfaits, en particulier sous François II. Le cardinal de Lorraine fut encore une fois tout spécialement visé, et plusieurs pièces lui furent dédiées. Ses méfaits y étaient évoqués en détail, et un rôle essentiel lui fut attribué dans la mauvaise application de l'édit d'Amboise, au terme de la première guerre. Il fut également accusé d'avoir conspiré avec l'Espagne et fut condamné pour ses actions qui « ne tendent qu'à la grandeur de l'étranger et à la ruine de ce pauvre et désolé État ». On réitéra les accusations portées contre les Guises de vouloir usurper la couronne en mettant en avant leur généalogie falsifiée, et on les accusa, à cet effet, de vouloir éliminer les maisons de Montmorency, Châtillon et Bourbon, « en la ruine desquelles ils ont de long temps juré et conspiré, et de tous les autres princes et seigneurs, qu'ils ont estimé pouvoir s'opposer à leur violence et tyrannie[12] ».

Néanmoins, les Guises ne furent bientôt plus accompagnés par Saint-André, disparu en 1562, et Montmorency, mortellement blessé à la bataille de Saint-Denis en 1567, dans cette rhétorique du dénigrement. De nouvelles cibles vinrent leur tenir compagnie. Même s'ils ne pouvaient prétendre leur ravir la première place au palmarès de la haine, les conseillers italiens qui entouraient Catherine de Médicis furent ainsi également l'objet de très vives critiques. Louis de Gonzague, devenu duc de Nevers en 1566 par son mariage avec Henriette de Clèves, avait été nommé gouverneur de Piémont et du marquisat de Saluces le 5 avril 1567, au grand scandale des réformés. Albert de Gondi, fait comte de Retz en 1565, était devenu maréchal de France en 1567, puis premier gentilhomme de la Chambre du roi la même année. On évoquait avec agacement son « avancement soudain et quasi prodigieux[13] ». René de Birague avait quant à lui été nommé, en 1565, lieutenant général pour le gouvernement du Lyonnais, dont le duc de Nemours, très souvent absent, était le gouverneur en titre. La modeste naissance des deux derniers suscitait le scandale. « Si ne faut-il plus de jetons pour compter leur descente [le prestige de leur lignée], leurs races et les lances qu'ils ont rompues contre les ennemis du Roi, que de cure-dents à un Florentin à jeun[14] », raillait l'un des pamphlétaires. Le roi était ainsi entouré par le « conseil des vilains[15] », s'indignait un autre de leurs détracteurs. Outre le mépris qu'inspirait leur condition initiale, c'est aussi leur avidité qui leur valut de nombreuses attaques. Accusés de « sucer comme sangsues, le sang et la sueur des pauvres sujets du Roi[16] », on évoquait à leur sujet « la bougrerie, qui est un vice qui ne se peut diviser d'avec un Florentin, non plus que la chaleur d'avec le feu[17] ».

La défense des lois et constitutions du royaume

Ce discrédit jeté sur les chefs de la noblesse catholique intransigeante permit aux polémistes huguenots de construire, en négatif, un portrait extrêmement flatteur des réformés français. Au fil de leurs écrits s'élaborèrent plusieurs des fondements essentiels de leur profil politique, parmi lesquels figurait en bonne place leur détermination à défendre, contre ceux qui voulaient les subvertir à leur profit, les « lois et constitutions » du royaume, un ensemble plus ou moins abstrait de bonnes pratiques politiques qui s'enracinaient notamment dans l'usage et le prestige conféré par l'antiquité de leur institution. Dans la rhétorique huguenote, cet appui sur des procédures consacrées et validées par leur ancienneté était omniprésent[18].

Défenseurs de ces fondements du gouvernement monarchique, les réformés se présentaient comme un rempart contre la tyrannie, fruit inéluctable de la soustraction aux règles du bon gouvernement. Ils considérèrent notamment, dès l'automne 1559, que le jeune âge du roi François II aurait justifié la réunion des états généraux. En s'appuyant sur les exemples passés de rois demeurés sous tutelle bien après que leur majorité eut été prononcée, ils affirmèrent que l'assemblée des trois ordres aurait alors pu confier la conduite de l'État aux princes du sang assistés d'un « conseil ordonné des plus notables du royaume », dont les étrangers auraient été exclus. Et lorsque François II aurait été « trouvé doué de sens et entendement capables de sa charge[19] », ce conseil l'aurait ensuite émancipé, afin qu'il puisse gouverner seul. Mais ces procédures, présentées comme légales par les huguenots, ne furent pas respectées, et cette soustraction aux lois permit, selon eux, aux tyrans lorrains de s'affranchir de toutes limites, au grand désespoir de « tout le peuple[20] ».

En 1562, après le déclenchement des hostilités, c'est en prenant la défense de l'édit de Janvier que les polémistes réformés tinrent leur posture de conservateurs des lois. La large consultation des personnages les plus éminents du royaume, qui avait précédé la signature de l'édit, asseyait selon eux la légitimité de cette loi que les triumvirs avaient brisée et méprisée, et dont Condé entendait obtenir le rétablissement. Les huguenots déplacèrent ainsi habilement la lutte sur le terrain politique, en déclarant que cet édit, qui leur était très favorable, pouvait être considéré comme inviolable en vertu des circonstances qui avaient présidé à sa rédaction. Garant de la légalité, le prince se posa également en protecteur du peuple, auquel il voulait éviter les souffrances qu'une guerre civile ne manquerait pas de lui infliger.

Lors de la deuxième guerre, Condé et les chefs huguenots élargirent le spectre de leur argumentaire. Ils se présentèrent comme les défenseurs de la noblesse française dans son ensemble et, à travers elle, de l'exercice d'une monarchie tempérée, fidèle aux anciennes lois et traditions du royaume. Ils espéraient ainsi rassembler au-delà de leur propre camp, en attirant les membres de la noblesse catholique modérée exaspérés, eux aussi, par l'arrogance des Lorrains et des Italiens qui les frustraient d'une place auprès du roi. La propagande huguenote déplora ainsi « que les Français naturels sont reculés et les Italiens bienvenus, chéris, avancés et favorisés[21] ». Des comparaisons très explicites mirent en opposition les mérites des premiers et les vices des seconds, soulignant ainsi l'injustice de la situation :

> Être en l'ombre en été, et au foyer en hiver, être bon rapporteur, bon menteur, maquereau, paillard, insigne larron, ivrogne, renieur de Dieu, qui sont aujourd'hui les qualités plus recommandées à la cour, cela est commun aux plus viles personnes du monde [...] Mais combattre pour maintenir l'honneur de Dieu, le repos du Royaume, étendre l'autorité du Roi sur ses ennemis, et pour telles occasions ne craindre ni froid ni chaud, mais courageusement y employer sa vie, cela est propre à la vertu. Et de là a pris la noblesse sa naissance et la dignité de ses privilèges[22].

En somme, les chefs du parti huguenot dénonçaient l'« abâtardissement de la noblesse[23] » qui était opprimée et au secours de laquelle devait se porter le prince de Condé en sa qualité de prince du sang. En lieu et place de ce gouvernement monopolisé par les favoris étrangers, les réformés plaidèrent en faveur du rétablissement d'un système antérieur, fondé sur la consultation des meilleurs de la noblesse réunis autour du roi, qui ne devrait « rien administrer sans son légitime conseil[24] ». Ce mode de gouvernement n'était autre que la monarchie mixte, dont l'exercice permettrait aux princes du sang de retrouver toute leur place et qui rendrait à tous les membres du « corps mystique de la France » le rôle qui leur revenait de droit[25].

Mais défendre les lois, c'était aussi défendre le peuple. Condé assura que telle était son intention lorsqu'il s'affirma ému, « en telles détresses, oyant la clameur publique, voyant les lois anciennes de la patrie violées, les édits enfreints, le peuple foulé[26] », par l'accroissement scandaleux des impôts sous l'influence des Italiens. Pour y remédier, les huguenots réclamèrent la convocation des états généraux, assemblée représentative par excellence, dont la tenue régulière fut elle aussi présentée comme un retour aux anciennes lois et traditions du royaume. Ces nouveaux thèmes, destinés à séduire dans le camp des catholiques modérés, ne suscitèrent pas le rassemblement espéré sous la bannière du prince, qui échoua ainsi à réunir les mécontents des deux confessions. Il était encore trop tôt, mais ce n'était que partie remise. Lors de la troisième guerre, ces arguments disparurent en tout cas de la propagande huguenote.

Prendre les armes pour le roi

En dépit de son importance dans la construction de l'image politique des réformés, la défense des lois du royaume ne fut pas l'argument essentiel avancé par les polémistes huguenots. Le postulat central, autour duquel s'articula tout leur édifice justificatif, fut l'affirmation selon laquelle le roi n'était pas libre de gouverner selon sa volonté réelle. Le thème du roi prisonnier et manipulé apparut très tôt, dès l'automne 1559, lorsque les Guises furent accusés de « s'être saisis de la personne du Roi étant en bas âge, et du total maniement et gouvernement du Royaume[27] ». Il s'agissait d'une captivité immatérielle, politique, mais aussi, aux dires des réformés, d'un emprisonnement plus concret ou, plus précisément, d'un empêchement, puisque nul ne pouvait alors avoir accès au roi sans l'autorisation de ses deux conseillers. On suivit le fil de cet argument après la conjuration d'Amboise, lorsque les réformés entreprirent de justifier leur assaut contre le château royal. Pour la première fois en cette occasion, ils affirmèrent avoir agi pour le service du roi, et non contre lui, expliquant qu'ils avaient voulu secourir le monarque tombé sous l'influence néfaste des Guises qui « le retenaient tellement enveloppé de leurs personnes[28] ». François II était donc prisonnier. Pire encore, il était manipulé, comme une marionnette tombée entre les mains du duc et du cardinal, qui se servaient de lui « comme d'un personnage sur un échafaud, lui faisant faire dire et ordonner ce que bon leur semble[29] ». Comme l'exprima de manière claire l'un des pamphlets publiés après l'échec de la conjuration, le but était de « prendre ces deux conspirateurs, fléaux de tous les bons, pour mettre le Roi hors de leur subjection, sauvant sa vie[30] ». La Renaudie et ses compagnons avaient donc agi pour une « cause civile et politique[31] », et non parce que l'hérésie les avait poussés à la sédition.

En 1562, Condé reprit ce même argument afin de justifier sa prise d'armes. Il affirma que les triumvirs s'étaient saisis des personnes du roi Charles IX et de la reine mère, qui étaient donc prisonniers, « environnez d'armes et de personnes qui forcent leurs volontés ». Il en déduisait que tous les actes royaux, récemment publiés contre lui et les réformés, devaient être tenus comme nuls et non avenus, étant entendu qu'ils avaient été rédigés par Guise et ses associés, « sous le nom et le sceau de leur Majesté [...] vu qu'ils tiennent notoirement en captivité la volonté de la Reine, et n'y a nulle liberté d'opiner au Conseil[32] ». Dans certains de leurs écrits, les polémistes huguenots allèrent même jusqu'à affirmer que la vie de Catherine de Médicis était menacée, déclarant qu'elle n'osait pas s'opposer aux triumvirs de « peur qu'elle a d'être étranglée en son lit[33] » ! Le chef du parti huguenot put ainsi déployer son discours justificatif et se présenter comme le défenseur des personnes royales, protestant :

> que ce n'est nulle passion particulière qui le mène, mais que la seule considération de ce qu'il doit à Dieu, avec le devoir qu'il a particulièrement à la Couronne de France sous le gouvernement de la Reine, et finalement l'affection qu'il porte à ce Royaume le contraignent à chercher tous moyens licites selon Dieu et les hommes, et selon le rang et degré qu'il tient en ce Royaume, pour remettre en pleine liberté la personne du Roi, la Reine et Messieurs ses Enfants, et maintenir l'observation des Édits et Ordonnances de Sa Majesté[34].

La mise en exergue de la légitimité conférée à Condé par sa qualité de prince du sang fut décisive dans la construction de cet argumentaire. Elle s'appuyait sur la théorie bicorporelle de la monarchie, qui distinguait le corps physique du roi de son corps politique. De ce second corps, le souverain n'était que la tête, et les ordres qui composaient la société – clergé, noblesse et tiers état – étaient les membres. Lorsqu'ils étaient réunis, ce qui se produisait assez rarement, les états généraux figuraient le corps politique en son entier, mais en temps ordinaire, c'est le Conseil du roi qui le représentait. Or, selon les lois du royaume si fréquemment invoquées par les huguenots, les membres les plus éminents de ce Conseil étaient les « légitimes et naturels conseillers » qui y siégeaient de droit, au premier rang desquels figuraient les princes du sang. Lorsque la tête du corps politique était retenue prisonnière, incapable d'exprimer sa volonté réelle, c'était donc aux personnages qui tenaient le plus haut lieu parmi les membres de ce même corps qu'il revenait de la libérer. En l'occurrence, Louis de Condé était donc parfaitement fondé à prendre les armes afin de rendre au roi sa pleine autonomie de décision. Plus encore, il remplissait tout simplement un devoir, conforme aux obligations qui lui incombaient en raison du rang qu'il tenait dans le royaume.

Un obstacle mettait toutefois cet argument en péril, parce que Condé n'était pas le premier prince du sang. Cette dignité appartenait à son frère, Antoine de Bourbon, dont on se souvient qu'il s'était rallié aux triumvirs en janvier 1562. Qu'à cela ne tienne, car les huguenots usèrent à son égard de la même pirouette politique, en affirmant que ses actes étaient téléguidés par les chefs catholiques qui « entreprennent de le posséder et abuser de sa bonté[35] ». Il était donc lui aussi prisonnier ! En novembre 1562, la mort d'Antoine ôta cette épine du pied de son frère, qui n'était plus surpassé en dignité que par le jeune Henri de Navarre, fils du défunt, désormais premier prince du sang mais seulement âgé de dix ans. La légitimité de ses actes s'en trouva alors renforcée. Il devint, en dignité, le premier personnage de l'État capable de s'opposer aux agissements des triumvirs et de voler au secours du souverain, « dont il a cet honneur d'en être parent et issu de la Maison et du Sang[36] ».

Lors de la deuxième et de la troisième guerre, alors que la défense des lois du royaume était moins fortement mise en avant, l'argument de la captivité du roi qu'il convenait de libérer resta essentiel dans les écrits justificatifs publiés par les réformés. À partir de septembre 1568, il se renforça même par la réunion à La Rochelle de trois princes du sang huguenots : Louis de Condé, son fils Henri et le prince de Navarre. Ces deux derniers, qui tinrent le premier et le second rang dans la lignée des Bourbons après la mort de leur père et oncle à Jarnac, en mars 1569, reprirent ensuite à leur compte le même discours politique. Plus que jamais, l'action militaire du parti, conduite sous les auspices de Coligny, fut parée de la légitimité que lui conférait leur position éminente.

Ainsi, loin de l'image de rebelles véhiculée par leurs adversaires catholiques, les huguenots se présentèrent comme les meilleurs sujets du monarque, formant, comme l'écrivirent au roi les députés des Églises réformées dès janvier 1561, peu avant la clôture des états généraux d'Orléans, « la meilleure et plus saine partie de votre Royaume[37] ». Alors que s'achevait la troisième guerre civile, neuf ans plus tard, les traits fondamentaux du portrait politique du huguenot se dessinaient de manière nette. Fidèle à son roi qui était ordonné de Dieu, il était soumis aux lois du royaume qu'il respectait profondément, hostile à la tyrannie, patriote et prêt à mourir pour garantir à son prince l'exercice du pouvoir selon sa libre volonté. Comme l'avaient voulu, de manière délibérée, les théoriciens réformés, l'identité politique du citoyen huguenot commençait ainsi à s'émanciper de l'identité religieuse du chrétien calviniste. Témoin de ce processus, la harangue inaugurale prononcée par le chancelier Michel de L'Hospital à l'ouverture de l'assemblée de Saint-Germain, en janvier 1562, avait montré que cette distinction n'était plus impensable. S'adressant aux membres de cette auguste compagnie, il les avait exhortés en ces termes : « Le roi ne veut point que vous entriez en dispute quelle opinion est la meilleure, car il n'est pas ici question de *constituenda Religione, sed de constituenda Respublica.* Et plusieurs peuvent être *Cives, qui non erunt Christiani.* Même un excommunié ne laisse pas d'être citoyen[38]. » Bien que la route sur le chemin d'une dissociation des sphères politique et religieuse fût encore longue, les réformés avaient accompli un premier pas. Les édits de pacification qui mirent un terme à chaque guerre, accordant la liberté de conscience, une liberté de culte limitée et l'amnistie générale pour les actions militaires conduites pendant les conflits, reconnurent en quelque sorte, à chaque fois de manière provisoire, l'aptitude des huguenots à vivre en bons et loyaux sujets.

Concepteurs, vecteurs et chemins d'une pensée de combat

La cohérence de l'argumentaire politique développé dans l'ensemble de ces écrits, dont la publication s'étendit sur plus d'une décennie, pose la question de l'identité de ses concepteurs. Les auteurs véritables de ces pamphlets signaient alors rarement leurs œuvres, soit parce qu'elles furent publiées sous couvert de l'anonymat, afin d'échapper à la censure et à la répression, soit parce qu'elles étaient conçues pour être diffusées sous le nom d'un grand personnage qui n'en était que l'auteur fictif. Ce fut le cas de l'ensemble des textes signés par le prince Louis de Condé, qui assuma, de manière parfaitement consciente, le contenu des textes publiés en son nom, mais qui n'avait pas la capacité rhétorique et littéraire de les rédiger lui-même.

En dépit du mystère qui a pendant longtemps nimbé l'identité de ces polémistes, on sait que les premiers à avoir pris la plume à l'automne 1557, lorsqu'il s'est agi de formuler quelques arguments politiques afin d'obtenir l'élargissement des prisonniers de la rue Saint-Jacques, furent des pasteurs parisiens. Il s'agit vraisemblablement d'Antoine de Chandieu et de Nicolas Des Gallars, qui furent encore probablement les auteurs des écrits publiés après la mort d'Henri II. François de Morel, lui aussi pasteur de l'Église parisienne, se joignit alors à eux, puisant une partie de son inspiration dans une petite note manuscrite envoyée de Strasbourg par un professeur de droit de la Haute École, François Hotman, un calviniste militant. Dans ce texte de trois pages, intitulé *Discours sur l'affaire themistyque*[39], se trouvaient exposés quelques arguments propres à soutenir la réflexion politique réformée sur le plan juridique et qui furent à nouveau exploités dans les pamphlets publiés après la conjuration d'Amboise, entre mars et juin 1560. Si Hotman fut le rédacteur avéré d'au moins deux de ces textes, dont la fameuse *Epistre envoiée au Tigre de la France*, déjà évoquée, ce furent à nouveau les pasteurs – Chandieu, Morel et Jean Le Maçon, dit La Rivière, ainsi peut-être que Louis Régnier de La Planche – qui rédigèrent très certainement la dizaine d'autres écrits justificatifs de l'attaque d'Amboise. Ils offraient un contenu si cohérent qu'il témoignait d'une probable concertation ou, au moins, d'une communauté d'inspiration.

Après le début des guerres civiles, l'Église de Paris perdit le monopole de l'élaboration polémique et c'est dans le proche entourage de Condé que furent rédigées les pièces principales de la propagande réformée. À Orléans, devenue la capitale du parti huguenot, se regroupèrent autour du prince quelques plumes brillantes qui conçurent dans l'effervescence l'argumentaire justificatif de la prise d'armes nobiliaire. Jacques Spifame, ancien évêque devenu pasteur, et Théodore de Bèze, qui assumaient alors conjointement la charge de secrétaire des commandements du prince, jouèrent un rôle important, de même que François Hotman, qui s'était jeté dans la cité ligérienne à la suite du chef réformé. Peut-être avec l'appui de Chandieu et de quelques autres auteurs secondaires qui n'ont pas laissé de traces, ils accomplirent un travail décisif dans l'élaboration de la douzaine de textes assumés par le prince jusqu'à la paix d'Amboise. Au cours de la deuxième guerre, la situation changea. François de La Noue se saisit certes d'Orléans, mais les chefs huguenots furent contraints par l'armée royale à une mobilité bien plus précoce que lors de la prise d'armes d'avril 1562, ne s'arrêtant que très brièvement dans la cité des bords de Loire en février 1568. C'est donc en campagne, entre deux chevauchées, que durent être élaborés la plupart des écrits issus de l'entourage immédiat de Condé. Cette fois-ci, on ignore quasiment tout de l'identité de leurs concepteurs, même si François Hotman, qui avait rejoint Orléans dès octobre 1567, fut probablement encore mis à contribution, de même qu'Étienne Valancier, poète réformé d'origine forézienne devenu secrétaire de La Rochefoucauld après la bataille de Saint-Denis, et peut-être Michel Boucher de Boiscommun. Ces deux derniers auteurs n'étaient toutefois que des plumes secondaires. Il est tout aussi difficile d'identifier les polémistes à l'œuvre aux côtés du prince pendant le troisième conflit. L'ombre d'Hotman ne cessa de planer sur la production condéenne, mais le juriste était alors bloqué dans Sancerre assiégée, puis à La Charité, ce qui rendit sa participation plus compliquée, alors que la capitale huguenote était désormais établie à La Rochelle. Quelques pièces de moindre importance furent en outre attribuées à Chandieu, Antoine de Frégeville et Pierre Habert, qui ne jouèrent cependant pas de rôle majeur dans le travail d'élaboration théorique.

Cette production polémique, dont la paternité est si difficile à établir avec certitude, fut de plus en plus abondante à mesure que s'écoulaient les guerres civiles. D'une douzaine de textes publiés après la conjuration, on passa à plus de vingt pièces imprimées pendant la première guerre, puis à une trentaine pendant la deuxième guerre et encore autant à la faveur de la troisième, sans compter les pamphlets qui fleurissaient aussi en période de paix. Tous ces textes ne furent pas signés par Condé ou élaborés par son entourage et, à côté des déclarations justificatives et autres manifestes, furent publiés des écrits purement polémiques et même des œuvres poétiques ou encore des pièces de théâtre de contenu politique. Après la paix d'Amboise, Antoine de Chandieu, Bernard de Montméja, Florent Chrestien, Louis Des Masures et André de Rivaudeau affrontèrent Pierre de Ronsard, catholique déterminé, au cours d'une joute littéraire à dominante poétique connue comme la « querelle des discours ». Dans un autre genre, des drames bibliques qui transposaient et comparaient implicitement, par analogie, la destinée des réformés français à l'histoire vécue par les Hébreux dans l'Ancien Testament furent également publiés. Certains d'entre eux portent un titre éloquent, comme *La Déconfiture de Goliath*, œuvre médiocre de Joachim de Coignac qui suggérait la victoire du David huguenot contre le Goliath catholique. D'autres exaltèrent l'exemple du bon prince capable de conduire ses sujets vers la lumière de l'Évangile, comme le *Josias* de Philone ou les *Tragédies saintes* de Louis Des Masures qui mirent en avant la figure de David. Enfin, d'autres encore sont d'une interprétation moins évidente de prime abord, à l'image d'*Aman*, œuvre de Rivaudeau, qui mettait en scène la fin tragique d'un mauvais conseiller qui voulait pousser son prince à anéantir une minorité religieuse, suggérant une comparaison avec le duc de Guise assassiné par Poltrot de Méré. Toutes ces œuvres exprimaient à la fois une certitude, celle de l'élection des réformés français comme peuple de Dieu guidé vers la victoire par sa Providence, et un message politique pleinement cohérent avec le combat huguenot.

Dans un royaume en guerre, où la censure et la répression royales s'exerçaient contre la production réformée, encore fallait-il réussir à imprimer et à diffuser tous ces écrits. Par précaution, nombre de ces textes furent publiés non seulement sans nom d'auteur, mais aussi sans adresse typographique. Les noms de l'imprimeur et du lieu d'édition étaient alors absents de la page de titre, mais il arrivait aussi qu'ils fussent fictifs, afin de tromper l'ennemi. On sait que les textes diffusés après la conjuration furent essentiellement produits sur des presses strasbourgeoises et lyonnaises, mais lors des deux premières guerres, c'est Orléans qui devint le cœur de l'imprimerie huguenote à travers l'activité exceptionnelle de l'officine d'Éloi Gibier, d'où sortit toute la propagande condéenne. Sous la forme de plaquettes de format in-quarto, d'abord imprimées individuellement au fur et à mesure de leur rédaction, puis rééditées à plusieurs reprises, en fonction des nécessités dictées par les besoins du combat polémique, et enfin regroupées sous une même reliure, produisant ainsi de petits recueils comprenant jusqu'à une vingtaine de ces pièces, le discours politique huguenot put se déployer de manière efficace. Il bénéficia aussi du relais d'autres imprimeurs acquis à la cause implantés dans deux villes contrôlées par les réformés pendant la première guerre. À Lyon, Jean de Tournes et Jean Saugrain publièrent ainsi certains des textes condéens, alors que Pierre Philippe, Pierre Le Chandelier et surtout Simon Mangeant étaient à l'œuvre à Caen, en Normandie. Leur activité en faveur de la cause huguenote cessa toutefois après 1563, lorsque les catholiques reprirent le contrôle de ces deux cités. Dès le commencement de la troisième guerre, Orléans se trouva occupée par une garnison catholique, ce qui mit Gibier hors jeu. Les presses de La Rochelle prirent alors le relais, en particulier celles de Barthélemy Berton, qui collabora ponctuellement avec Jean de Minières. Mais Jeanne d'Albret, peu satisfaite de la piètre qualité du matériel de Berton, fit ensuite appel à Pierre Haultin, qui commença à imprimer au printemps 1570. Comme l'avait fait Gibier avant lui, Berton réédita à la demande, puis réimprima des textes sous la forme de recueils.

Si les circuits de diffusion de ces écrits restent opaques, on sait en revanche que leur circulation en direction des destinataires les plus importants qu'étaient la Cour, les parlements et les églises réformées du royaume fut soigneusement orchestrée par l'entourage de Condé. Partis d'Orléans, des messagers furent, par exemple, chargés de communiquer le texte de la *Déclaration* du 8 avril 1562. Ils allaient sans doute de ville en ville, d'église en église, à l'image du pasteur Alexandre Godion de Lestang qui, le 13 avril 1562, « lut publiquement et publia » ce texte à Poitiers. Pour faire parvenir ses écrits à la Cour, Condé utilisa des émissaires porteurs de plusieurs exemplaires, associés chacun à une lettre accompagnatrice adressée à leurs destinataires respectifs. Au parlement de Paris, la déclaration du 8 avril fut transmise par un huissier nommé Jean David qui eut la lourde charge de la remettre, au matin du 13 avril, sous pli cacheté au président Christophe de Thou. La même procédure fut tenue pour la *Seconde déclaration*, que Condé expédia au parlement de Paris avec une lettre datée du 25 avril[40]. L'accusé de réception du « paquet de Monsieur le prince de Condé », qui figure dans les registres du Parlement, atteste l'arrivée de ces deux documents le 27 avril, une rapidité due à l'huissier Jean Acarie qui faisait alors la navette entre Orléans et la première cour souveraine du royaume. C'est par le truchement du Parlement que ce texte fut transmis le jour même à Catherine de Médicis. Cette procédure fut de nouveau appliquée dans les semaines qui suivirent, lorsqu'il s'agit de faire parvenir à la reine mère d'autres textes signés par Condé. En passant par l'intermédiaire du Parlement, le prince souhaitait conférer un caractère officiel à la remise de ses écrits justificatifs et rendre évidente son intention de parvenir à un règlement du conflit par des voies légales. Dans certains cas, Condé fit toutefois le choix de « sauter » la case Parlement, faisant parvenir d'autres textes à la reine mère par le truchement de simples messagers. À partir du 1er juin 1562, ce mode de communication direct devint la seule voie ouverte, car Catherine de Médicis interdit au Parlement de recevoir les paquets en provenance d'Orléans, lui enjoignant même de les brûler au lieu de les lui transmettre, afin de stigmatiser leur caractère diffamatoire et de contrer la stratégie élaborée par Condé.

La diffusion de la propagande politique huguenote ne s'arrêta toutefois pas aux frontières du royaume, mais s'ouvrit vers des horizons plus larges. Face à la puissance catholique, contre laquelle ils ne pouvaient lutter avec leurs seules forces, les chefs de la noblesse réformée s'adressèrent aux princes protestants d'Europe susceptibles de leur venir en aide et lancèrent dans leur direction une vaste campagne diplomatique.

6

Sur le théâtre d'un conflit continental

La destinée des réformés français ne peut être envisagée dans le cadre strict d'une histoire nationale. S'ils furent confrontés à l'hostilité résolue d'une partie des catholiques du royaume, déterminée à éradiquer l'hérésie quoi qu'il en coûtât, ils furent plus largement la cible de tous les adversaires de la Réforme à l'échelle européenne, qui regardaient avec inquiétude le pilier français vaciller sous l'impact du choc calviniste. Le pape, l'empereur, le roi d'Espagne ou encore le duc de Savoie étaient ainsi particulièrement attentifs à la destinée religieuse de la France, qui devait absolument demeurer dans le giron romain. Face à de tels adversaires, les huguenots pouvaient eux aussi compter sur des appuis extérieurs au royaume, dans le contexte d'une Europe bipolaire au sein de laquelle il leur fallait tisser leur toile et activer leurs réseaux.

L'affrontement de blocs fissurés

La vision que les contemporains avaient alors de la géopolitique européenne peut se résumer de manière très simple : deux blocs s'affrontaient dans une lutte inexpiable. D'un côté, le bloc catholique devait avoir pour ambition de résister aux coups de boutoir des forces hérétiques et même de lancer une contre-offensive, visant à renverser à son profit la dynamique amorcée par Luther quarante ans plus tôt. De l'autre, le bloc protestant devait avoir pour objectif de défendre ses acquis et d'étendre le territoire de ses conquêtes, afin de s'implanter de manière durable dans les royaumes et autres principautés qui lui avaient jusqu'alors résisté. Sur la base de ces certitudes, les théoriciens de chaque bord élaboraient argumentaires et stratégies, visant à mobiliser toutes les forces disponibles afin de coordonner une action commune.

Principal artisan de la réflexion géopolitique qui sous-tendit, pendant plusieurs décennies, toute la vision européenne huguenote, Hubert Languet était un noble français d'origine bourguignonne entré au service de l'électeur Auguste de Saxe, pour lequel il remplissait des missions diplomatiques et de renseignement. Appelé à voyager à travers l'Europe, il était au cœur d'un réseau de correspondants dense et bien informé. Sa connaissance des enjeux internationaux, croisée avec sa foi calviniste fervente, l'avait conduit à considérer que le bloc catholique était uni sous la double houlette du pape et du roi d'Espagne. Si les protestants n'y prenaient garde, pensait-il, ces deux ennemis jurés de l'hérésie pourraient fédérer efficacement les membres d'une véritable conjuration papiste internationale. Dans le tableau qu'il brossait de cette Europe bipolaire, Languet attribuait à la France une position centrale. Selon lui, la destinée religieuse du royaume serait décisive pour l'avenir du continent tout entier. Si la minorité réformée y était écrasée, le roi très chrétien aurait les mains libres pour participer à la conjuration catholique, et l'alliance entre les deux plus grandes puissances militaires européennes, la France et l'Espagne, aurait pour conséquence inéluctable le recul, voire l'anéantissement de la Réforme. En revanche, si les huguenots l'emportaient, ils pourraient faire pencher le fléau de la balance du côté protestant, renforçant la dynamique réformatrice à l'échelle européenne. Et même si la victoire huguenote n'allait pas jusqu'à la conversion du royaume de France au calvinisme, l'enracinement en France d'une minorité réformée puissante permettrait de maintenir l'équilibre des forces sur le continent et briserait les ambitions de la conjuration.

Il y avait certes une part de fantasme dans la vision de Languet, car les puissances catholiques susceptibles de constituer ce bloc et de s'unir étaient à la fois rassemblées par leur volonté de défendre le catholicisme et divisées par leurs intérêts politiques, militaires et dynastiques parfois concurrents. L'antagonisme profondément enraciné entre Valois et Habsbourg, provisoirement assoupi en 1559 par une paix fragile, était notamment un obstacle presque infranchissable à la conduite d'une véritable action concertée d'ampleur internationale. Mais si elle était illusoire, cette perspective apparaissait pourtant bien réelle aux yeux d'une majorité de protestants européens, prompts à interpréter le moindre mouvement de troupes et la rencontre diplomatique la plus anodine comme un signe irréfutable de la mise en branle de ce Goliath monstrueux, prêt à écraser un David qui ne pourrait peut-être pas, cette fois-ci, terrasser son puissant adversaire.

Si le bloc catholique n'existait donc pas vraiment, le bloc protestant était encore plus fissuré. De manière paradoxale, ce n'étaient alors pas les désaccords politiques qui nuisaient à l'union des puissances évangéliques, mais des divergences théologiques irréconciliables qui les opposaient sur un point particulièrement sensible : celui de la présence réelle du Christ au moment de la communion. Deux versions principales s'affrontaient ainsi face à la transsubstantiation catholique. La consubstantiation luthérienne postulait une présence réelle corporelle du Christ, alors que les calvinistes plaidaient en faveur d'une présence réelle spirituelle. Aux yeux des luthériens, qui étaient finalement plus proches des papistes que des réformés dans ce domaine, les disciples de Calvin n'étaient ni plus ni moins que des hérétiques. Et les protestants anglais ne valaient pas mieux, puisque, après une longue période d'hésitations et d'incertitudes, le royaume d'Élisabeth Ire était sur le point d'adopter, en 1563, la doctrine eucharistique calvinienne. Ces divergences sur une question dogmatique aussi fondamentale empoisonnaient les relations au sein du bloc protestant. Si la convergence qui rapprochait les différentes confessions sur d'autres points essentiels pouvait favoriser le dialogue et engendrer la mise en œuvre d'une solidarité évangélique limitée en cas de péril grave, le désaccord eucharistique faisait obstacle à la conduite de toute action concertée.

Cette dissension majeure était particulièrement préjudiciable aux huguenots, car au tournant de 1560, une bonne partie des forces vives du protestantisme européen était concentrée dans l'Empire, foyer principal du luthéranisme. Le désaccord théologique n'était, en outre, pas le seul frein à un engagement des princes allemands au profit des réformés français. Un autre motif jouait également un rôle décisif dans leurs hésitations. François Ier puis Henri II, qui avaient été alliés de manière ponctuelle avec les princes de la ligue de Smalkalde contre Charles Quint, avaient puissamment contribué à répandre dans l'Empire leur conviction d'une liaison indissociable entre calvinisme et sédition. La conjuration d'Amboise et la présentation qui en avait été faite par les agents des Guises, mais aussi les violences qui avaient touché certaines provinces du royaume au cours des mois suivants, n'avaient fait qu'enraciner encore davantage cette image de mauvais sujets qui collait à la peau des réformés français dans l'esprit des luthériens. Ainsi, loin d'apparaître comme légitime, la prise d'armes des chefs du parti huguenot pouvait être envisagée comme une rébellion. Et il était hors de question de venir en aide à des sujets qui se dressaient contre leur prince. La critique théologique adressée aux calvinistes se conjuguait ainsi harmonieusement avec leur image politique dégradée.

Cependant, tout n'était pas aussi noir, car les réformés français pouvaient bénéficier des désaccords doctrinaux qui minaient le bloc luthérien lui-même, au sein duquel deux tendances s'affrontaient depuis plus d'une décennie. D'un côté se tenaient les gnésio-luthériens, c'est-à-dire les luthériens authentiques, fidèles à l'héritage du Réformateur allemand. Face à eux s'étaient regroupés, autour de Philippe Melanchthon, les luthériens modérés, désignés comme les « philippistes », plus ouverts au dialogue avec les théologiens des autres courants issus de la Réforme, et notamment Calvin et ses disciples. Lors de la Diète d'Empire réunie à Francfort en mars 1558, quelques princes désireux d'apaiser le climat de tension qui était né de cette division avaient signé un texte de tonalité modérée qui masquait les divergences et ne condamnait pas de manière explicite la conception réformée de la présence réelle. Leur démarche n'avait pas pour autant éteint la querelle intra-luthérienne, mais leur position tempérée ne fermait pas totalement la porte aux sollicitations huguenotes. Ces princes étaient toutefois peu nombreux. Parmi eux figuraient les trois princes électeurs évangéliques de Brandebourg, de Saxe et du Palatinat, mais aussi le duc Wolfgang de Deux-Ponts, le duc Christophe de Wurtemberg, le landgrave Philippe de Hesse et le margrave Charles de Bade. Près de trois ans plus tard, lors de la conférence ecclésiastique de Naumbourg, réunie elle aussi afin de ressouder le bloc luthérien allemand, ce groupe s'était à nouveau distingué en signant deux lettres adressées à Charles IX et à Antoine de

Bourbon, dans lesquelles ils les invitaient à la modération envers les réformés français.

Il ne s'agissait toutefois que d'une démarche diplomatique, visant à épargner les persécutions aux protestants français, et le soupçon de rébellion qui pesait sur eux persistait à dissuader les évangéliques allemands d'engager toute autre action. Joachim II Hector de Brandebourg et Auguste de Saxe étaient les plus fermement hostiles à une intervention concrète au profit des calvinistes, à moins que ceux-ci ne s'engageassent sur la voie d'une conversion au luthéranisme, ce qui aurait anéanti leurs scrupules. Christophe de Wurtemberg avait, lui aussi, très clairement suspendu toute intervention à cette condition. L'un de ses conseillers, Pier Paolo Vergerio, avait même élaboré, à l'automne 1559, un projet d'entente et d'assistance mutuelle entre les protestants européens sur la base d'une adhésion générale à la confession d'Augsbourg. Jusqu'à la veille de la première guerre civile, l'idée d'une solution luthérienne afin de résoudre la crise religieuse en France n'avait d'ailleurs jamais cessé d'être prônée par les ducs de Saxe et de Wurtemberg. En raison de sa position médiane entre les doctrines eucharistiques catholique et calviniste, la consubstantiation luthérienne leur apparaissait comme un compromis potentiellement fédérateur.

Comme la mise en œuvre de cette solution était totalement illusoire, les bonnes intentions des princes luthériens semblaient devoir s'arrêter à des tentatives de médiation. Pourtant, un événement interne à l'Empire vint rebattre les cartes. Sensible à la théologie calviniste depuis déjà quelques années, l'électeur palatin s'était résolument engagé sur la voie d'une conversion au tout début de la décennie 1560. Par l'ordonnance ecclésiastique du 15 novembre 1563, il entraîna officiellement tous ses sujets vers le protestantisme réformé. Prise par l'un des princes allemands les plus éminents, cette décision retentit comme un coup de tonnerre dans un ciel germanique déjà encombré par les nuages de la discorde entre « philippistes » et gnésio-luthériens. Contraint de plaider sa propre cause afin d'éviter d'être exclu de la paix d'Augsbourg et de la communauté des protestants de l'Empire, il dut argumenter et défendre sa nouvelle confession. Par chance pour les huguenots, les efforts assidus accomplis par Frédéric III afin de justifier son choix contribuèrent à affaiblir de manière significative les deux griefs qui leur étaient adressés, contredisant l'accusation de sédition par essence qui pesait sur eux et montrant la compatibilité entre calvinisme et luthéranisme. Sous son impulsion, et avec l'appui du très modéré landgrave de Hesse, l'idée selon laquelle ne pas porter secours aux protestants français reviendrait à se rendre complice des persécutions ordonnées par l'Antéchrist romain contre des chrétiens innocents fit peu à peu son chemin dans l'esprit de quelques-uns des signataires du recès de Francfort. L'horizon se dégagea donc quelque peu, même si en comparaison du réservoir de puissance considérable que représentait le monde luthérien allemand dans son ensemble, ce petit groupe de princes n'ouvrait aux huguenots que des perspectives relativement réduites.

Le paysage offert par le reste du monde protestant n'était guère plus engageant. Outre-Manche, Élisabeth Ire régnait depuis peu. La plus prestigieuse parmi les princes évangéliques, elle devait encore faire face à une forte résistance catholique dans son propre royaume. Confrontée à plusieurs complots successifs ourdis avec l'appui de la papauté et de l'Espagne, mais aussi à des révoltes armées visant à la renverser au profit de Marie Stuart, elle ne pouvait en outre compter que sur des ressources financières limitées. Sous l'influence de ses conseillers, elle se montrait toutefois attentive au sort des réformés français, non seulement par empathie confessionnelle, mais aussi par intérêt. Un roi de France affaibli par une minorité huguenote puissante serait de toute évidence un voisin moins dangereux, et la perte de Calais, entérinée par le traité du Cateau-Cambrésis en 1559, avait laissé ouverte une plaie si difficile à cicatriser que l'on demeurait attentif à toute opportunité de recouvrer la place perdue. Quant aux cantons suisses réformés de Berne, Bâle, Zurich et Schaffhouse, ils étaient liés au roi de France par l'alliance perpétuelle conclue avec François Ier le 5 mai 1521, en vertu de laquelle ils ne pouvaient intervenir militairement dans le royaume de France qu'à l'appel du roi très chrétien et en aucun cas contre lui. Ils ne voulaient pas non plus prendre le risque de susciter l'éclatement du corps helvétique, qui comprenait une majorité de cantons catholiques, ce qui bridait considérablement leur capacité de décision et d'action. Enfin, la petite république de Genève, pauvre et démunie sur le plan militaire, n'avait à faire valoir que son autorité morale. Pour qui voudrait mettre en mouvement ce bloc disparate et soumis à des contraintes aussi nombreuses que variées, la tâche s'annonçait titanesque.

L'activation de réseaux diplomatiques

Les huguenots n'avaient pourtant pas le choix. Incapables de faire face, en s'appuyant sur leurs seules forces, à la puissance royale et aux troupes catholiques, ils ressentirent très vite le besoin de solliciter des secours étrangers. Les premiers appels à l'aide n'avaient pas été lancés par les réformés français eux-mêmes, mais c'est de Genève que Calvin avait engagé, à l'automne 1557, une vaste campagne diplomatique afin d'obtenir des cantons suisses évangéliques et des princes protestants allemands qu'ils intervinssent en France en faveur des fidèles parisiens emprisonnés après leur arrestation rue Saint-Jacques. L'ambassade dont ils avaient finalement obtenu l'envoi s'était soldée par un échec, puisque Henri II avait opposé à sa requête une fin de non-recevoir. Cette tentative infructueuse avait néanmoins permis de mettre en mouvement le relais de nombreux soutiens à travers l'Europe protestante et de poser quelques jalons en vue de sollicitations futures.

Parmi ces appuis figuraient d'abord deux éminents Strasbourgeois : François Hotman, dont on connaît le rôle essentiel dans l'élaboration de la pensée politique huguenote, et Jean Sturm, recteur du gymnase de la cité rhénane et fervent partisan des réformés français. Dès 1557, ils étaient entrés en action afin de favoriser les desseins de Calvin, et ils ne devaient plus cesser de servir d'intermédiaires avec des princes tels que l'électeur palatin et le landgrave de Hesse. C'est également à Strasbourg que résidait ordinairement Christopher Mundt (ou Mont), envoyé permanent de la reine Élisabeth Ire d'Angleterre dans l'Empire. Grâce à son réseau et à ses connexions multiples au sein des cours allemandes, c'était un précieux allié fréquemment sollicité par les réformés. Le comte Eberhard von Erbach, maréchal de la cour de Frédéric III, mais aussi son conseiller ecclésiastique, Michael Diller, et l'un de ses secrétaires, Jean Schenckbecher, se montrèrent ainsi attentifs aux démarches huguenotes lors de la première guerre. Après le passage officiel du Palatinat au calvinisme, trois conseillers très influents – Christoph von Ehem, Wenzel Zuleger et Pierre Dathenus –

s'affirmèrent également comme de fervents partisans d'une politique internationale active d'aide en faveur des huguenots. En Hesse, Christoph Harsack et Simon Bing, secrétaires du landgrave, furent aussi de précieux points d'appui. Enfin, bien que son prince, Auguste de Saxe, se refusât à intervenir, Hubert Languet mit au service de ses coreligionnaires français toute l'étendue de son réseau et sa fine connaissance des arcanes politiques de l'Empire.

En Angleterre, nombreux étaient aussi les relais disponibles. L'ambassadeur résident d'Élisabeth Ire en France, Nicholas Throckmorton, qui entretenait avec les chefs huguenots des relations cordiales, joua un rôle décisif afin de favoriser la promotion de leur cause auprès des conseillers les plus influents de la souveraine. Parmi eux, Robert Dudley, comte de Leicester, se montra particulièrement actif. Désireux d'épouser Élisabeth contre l'avis de la plupart de ses ministres, il recherchait des soutiens internationaux afin de favoriser l'aboutissement de son projet matrimonial. Dès le mois de novembre 1561, il envoya son secrétaire, Mowbray, en mission secrète auprès de Condé et Coligny, afin de les assurer de son appui en échange de leur intervention en faveur de son mariage. À partir du printemps 1562, il se fit ouvertement l'avocat d'une intervention militaire anglaise en France, afin de forger sa stature d'homme d'État. Il entendait apparaître comme le promoteur du retour de l'Angleterre sur le continent et de l'anéantissement du pouvoir des Guises, dont le lien de parenté avec Marie Stuart était si hautement nuisible aux intérêts anglais en Écosse. Avec la collaboration de Throckmorton, il joua un rôle moteur dans la négociation avec les chefs huguenots. Au sein du Conseil d'Élisabeth, le secrétaire d'État William Cecil plaida également en faveur d'un engagement aux côtés des réformés français, non seulement par empathie religieuse, mais aussi parce qu'il redoutait les conséquences pour l'Angleterre d'une victoire des catholiques en France, qui aurait pu donner le signal d'une reconquête générale au détriment du protestantisme en Europe. Ces deux piliers d'une politique active fédérèrent autour d'eux les membres d'un groupe de pression très influent, auquel appartenaient aussi Francis Knollys, Anthony Cooke et Nicholas Bacon.

Afin de solliciter des interlocuteurs aussi variés et aussi dispersés sur le plan géographique, les chefs du parti huguenot eurent recours à de multiples émissaires. Comme Condé, Coligny et les autres gentilshommes qui conduisaient l'action politique au service de la cause réformée n'étaient pas des princes souverains, il serait inapproprié de parler d'ambassadeurs pour désigner les hommes qu'ils mandatèrent auprès des princes protestants. Le terme d'« agent diplomatique » correspond davantage à la réalité du système qu'ils mirent provisoirement en place et perfectionnèrent au fil des guerres successives. Ils purent d'abord compter sur un véritable « corps diplomatique pastoral » créé par Calvin. Formés à Genève, ces individus avaient été mobilisés dès 1557 afin de stimuler la mise en œuvre d'un mouvement de solidarité évangélique. Jean Budé, Guillaume Farel, Gaspard Carmel, Lucas de Berty ou encore le Neuchâtelois Christophe Fabri avaient ainsi dépensé leurs efforts sans compter dans l'Empire et en Suisse. En Angleterre, les huguenots purent également s'appuyer sur Nicolas Des Gallars, devenu pasteur de l'Église française de Londres en juin 1560. Bien introduit à la cour d'Élisabeth, il joua un rôle d'interface non négligeable dans cette logistique diplomatique. Cette faculté à nouer des contacts dans l'entourage des princes était d'ailleurs très recherchée par les chefs réformés, qui eurent volontiers recours au truchement de personnages auxquels l'origine, la nationalité ou la langue conféraient une aptitude particulière à la réussite des négociations. En avril 1562, le prince de Condé employa ainsi Diebold von Erlach, fils d'un bourgeois de Berne qui l'avait envoyé à la cour de France auprès de Coligny en 1558. Quelques mois plus tard, en juin, ce fut au tour du luthérien Gaspard de Schomberg, un gentilhomme saxon entré au service de Condé en mai 1562, de quitter Orléans en direction du Palatinat.

Les missions les plus décisives furent toutefois confiées à des hommes de confiance dépourvus de compétences en matière de diplomatie. Lorsque débuta la première guerre civile, les chefs du parti eurent ainsi recours à une multitude d'agents de fortune qui furent expédiés dans l'Empire, en Suisse et en Angleterre, sans qu'un plan d'ensemble ait réellement pu être pensé avant le départ des premiers envoyés. Le nombre très important des émissaires utilisés pendant la première guerre traduisit un émiettement de la négociation au fil des imprévus, avec l'envoi d'au moins vingt-sept messagers qui prirent la route en moins d'un an. L'espace helvétique fut particulièrement concerné par cette improvisation, alors que dans l'Empire, où les missions se succédèrent également à un rythme soutenu, l'effort de cohérence fut plus évident. Guillaume Stuart de Vézines, l'un des rares agents huguenots à disposer d'une expérience de la négociation dans l'espace germanique, y conserva pendant de longs mois la direction principale des tractations avec les princes allemands, épaulé par une poignée d'agents qui agissaient plus ou moins sous ses ordres, avant que François d'Andelot ne vînt en personne concrétiser les efforts qu'il avait accomplis. Depuis Strasbourg, où elle s'était établie en septembre 1562, afin de mettre en sûreté les enfants de son gendre Condé, Madeleine de Mailly engagea également de nombreuses discussions plus ou moins fructueuses avec le Palatinat, la Hesse et le Wurtemberg, mandatée par les chefs huguenots dont elle avait reçu les pleins pouvoirs. En Angleterre, les négociations furent conduites par une équipe encore plus restreinte de diplomates, avec l'intervention de deux binômes qui se succédèrent à Londres. François de Beauvais, seigneur de Briquemault, un proche de l'Amiral, et Jean de Poix, seigneur de Séchelles, fidèle de Condé, furent envoyés auprès d'Élisabeth dès le début d'avril 1562, avant d'être relayés par Jean de Ferrières, vidame de Chartres, et Robert de La Haye.

Lors de la deuxième et de la troisième guerre civile, entre septembre 1567 et août 1570, des évolutions notables témoignèrent du perfectionnement du système diplomatique huguenot. Nantis de l'expérience acquise, les chefs du parti firent preuve d'une rigueur nouvelle dans la conception et la mise en œuvre de leurs campagnes. La grande innovation tint à la réduction drastique du nombre d'agents employés au profit d'émissaires sélectionnés pour leur qualité éprouvée et munis de larges pouvoirs. En juin 1568, une importante mission dans l'Empire fut confiée à Gervais Barbier de Francourt, alors que Félix de Bourjac était expédié en Suisse. À la fin du mois de janvier 1569, une nouvelle étape fut franchie dans ce processus de structuration d'une politique étrangère rationnelle. Au terme d'un conseil réunissant tous les principaux personnages du parti, Vézines se vit confier la responsabilité exclusive d'une grande légation en Angleterre, dans l'Empire et en Suisse. C'était la première fois qu'un seul diplomate huguenot était investi d'une charge aussi ample. Le souci d'agir de manière cohérente, au fil d'une mission au long cours dont on savait qu'elle s'annonçait des plus complexes, mais aussi la qualité éprouvée du diplomate, justifièrent cette décision.

Une autre nouveauté consista en l'établissement de deux postes avancés qui servirent de véritables centres nerveux aux entreprises lancées en Angleterre et dans l'Empire.

Londres fut le premier de ces cœurs du système diplomatique réformé, essentiellement grâce à la présence d'Odet de Châtillon, frère de Coligny et d'Andelot, qui refusait toujours d'abandonner la pourpre cardinalice en dépit de son ralliement à la cause huguenote et qui s'était établi dans la capitale anglaise en septembre 1568. Dans les bonnes grâces d'Élisabeth et de William Cecil, il servit de point d'appui aux agents qui venaient négocier à Londres ou qui transitaient par l'Angleterre avant de gagner l'Empire. Sa position stratégique et son rang lui conférèrent un rôle essentiel dans la conduite des missions qu'il coordonna avec l'appui d'une petite équipe à géométrie variable. Au tout début de 1569, Châtillon reçut en outre une commission l'accréditant comme le représentant officiel du parti huguenot en Angleterre, ce qui fit de lui une sorte d'ambassadeur résident. Le second cœur de la diplomatie réformée hors du royaume fut Heidelberg, capitale de l'électeur palatin, où se tinrent de très nombreuses discussions. Vézines y séjourna souvent, afin d'organiser l'action concertée des quelques agents qui lui étaient subordonnés dans l'Empire et les cantons suisses.

Cette nuée d'agents qui parcouraient l'Europe était soigneusement accréditée et mandatée par les chefs du parti. La procédure suivie, toujours identique, fut calquée sur celle qui avait cours dans l'activité diplomatique ordinaire des États, mais au lieu de ne recevoir qu'une seule lettre de créance signée par un prince souverain, les diplomates huguenots en emportaient plusieurs. Pendant les deux premières guerres, elles furent ordinairement, et presque de manière systématique, signées par Condé, Coligny et d'Andelot, mais un changement d'importance intervint en février 1569, avec l'entrée en scène de Jeanne d'Albret et de son fils Henri de Navarre. Princesse souveraine, celle-ci conféra à la diplomatie réformée un caractère plus officiel et un surcroît de légitimité, puisque les envoyés purent alors se prévaloir du rang d'ambassadeur, ce qui était loin d'être anodin aux yeux des princes allemands. Leur accréditation se joignit ainsi à celle des chefs « historiques » du mouvement, et lorsqu'il partit pour l'Empire, Vézines n'emporta pas moins de six lettres de créance signées par

Jeanne d'Albret, Henri de Navarre, Louis de Condé, Gaspard de Coligny, François de La Rochefoucauld et François d'Andelot, auxquelles s'ajouta ensuite celle d'Odet de Châtillon, reçue lors d'un passage à Londres quelques semaines plus tard. Outre ces précieux sésames, les agents huguenots reçurent des instructions détaillées qui définissaient ce qu'ils devraient négocier, sur quels appuis ils pourraient compter et quelle serait leur marge de manœuvre[1].

Un discours politique adapté

Parmi les consignes qui étaient remises aux émissaires réformés figuraient les arguments qu'ils avaient charge de faire valoir auprès de leurs interlocuteurs. Dérivé du discours élaboré pour être diffusé à l'intérieur du royaume, cet arsenal rhétorique fut infléchi et enrichi afin de répondre aux exigences des princes protestants et de rencontrer leurs aspirations. Trois termes quasiment programmatiques résument parfaitement les axes majeurs de cet argumentaire soigneusement calibré : intérêt, solidarité et légalité.

Fondée sur la fameuse conceptualisation des blocs confessionnels rivaux et soutenue par le fantasme de la conspiration papiste internationale, une véritable théorie des dominos avant l'heure fut mise en avant par les réformés français. Conformément à la conviction exprimée par les membres du réseau international évangélique, qui s'articulait notamment autour d'Hubert Languet, il était indispensable d'éviter l'effondrement de la Réforme dans le royaume de France parce que cette défaite aurait pu n'être que la première étape d'une reconquête catholique qui se serait propagée ensuite d'État en État, jusqu'à l'éradication complète du protestantisme en Europe. Condé formula ce risque de contagion dès l'envoi de son premier émissaire, au début de la première guerre, en avril 1562, lorsqu'il écrivit aux princes allemands que « le mal est si contagieux qu'il y a danger qu'il ne s'épande plus avant par la Chrétienté[2] ». Deux mois plus tard, François Hotman eut recours à une formule plus imagée pour convaincre le landgrave de Hesse de la réalité du péril : « Quand le mur de ton voisin brûle, le malheur entrera bientôt chez toi[3] » ! Inlassablement et avec constance, cette conviction que la lutte qui se déroulait en France n'était qu'une bataille afin de ne pas perdre une guerre aux dimensions bien plus vastes fut martelée par les chefs huguenots. Après la mort de son père Louis à Jarnac, Henri de Condé écrivit que le défunt prince du sang, exécuté froidement alors qu'il était blessé et à terre au terme de la bataille, était « non seulement chef et conducteur, mais protecteur et défenseur d'une sainte et légitime cause, qui ne touche point seulement la France, mais généralement toutes personnes qui font profession de la vraie piété et religion, auxquels par cet exemple on en prépare autant[4] ». À cette perspective d'une entreprise d'extermination que l'on faisait appréhender aussi bien aux Allemands qu'aux Anglais, s'ajouta en direction de ces derniers la stimulation d'un intérêt plus positif. Si la préservation d'une minorité réformée en France était particulièrement favorable à la sécurité anglaise, la possibilité de récupérer Calais aiguillonnait encore plus puissamment la politique étrangère élisabéthaine. En 1562, les chefs huguenots firent ainsi miroiter à Leicester et Cecil la possibilité d'un échange entre Dieppe ou Le Havre, dont les troupes anglaises devaient se saisir après avoir débarqué sur le continent au secours des réformés français, et leur ancienne possession qui leur serait restituée lorsque serait signée la paix religieuse.

La religion fut d'ailleurs au cœur du deuxième axe structurant le discours adressé aux princes étrangers. Afin de vaincre les réticences des luthériens, mais aussi de stimuler anglicans et réformés suisses, les chefs huguenots insistèrent tout particulièrement sur la nature confessionnelle de leur prise d'armes, alors qu'ils avaient tendance à la masquer au profit de motifs politiques dans les écrits de propagande qu'ils diffusaient à l'intérieur du royaume. « L'avancement de la gloire de Dieu[5] » fut ainsi présenté comme leur objectif principal dès 1562, et ce tropisme ne fit que s'accentuer au cours des deuxième et troisième guerres. Il ne s'en articulait pas moins parfaitement avec le dernier thème central de l'argumentaire dont la diffusion fut notamment confiée aux diplomates, celui, plus politique, de la légalité de l'action entreprise par les chefs du parti huguenot. Afin de battre en brèche l'image de sujets séditieux si fortement enracinée dans l'esprit des princes de l'Empire et qui n'était pas sans soucier Élisabeth Ire elle-même, la démonstration qui reposait sur la nécessité de libérer le roi de France prisonnier de ses mauvais conseillers catholiques, largement diffusée dans le royaume, fut reprise sans innovation.

Elle visait à convaincre les alliés potentiels des huguenots que ces derniers n'étaient pas des rebelles et qu'une intervention militaire à leurs côtés ne reviendrait pas à une déclaration de guerre au Très-chrétien, mais qu'il s'agirait, au contraire, d'une entreprise destinée à lui porter secours. Étroitement associé à cette affirmation, un discours très agressif à l'égard de ces conseillers pervers était destiné à dénoncer leur détermination à persécuter les vrais chrétiens et à anéantir la Réforme en Europe. On espérait ainsi susciter l'émotion et engendrer un mouvement de solidarité évangélique. La boucle était ainsi bouclée, et les trois pôles de l'argumentaire se répondaient en un ensemble cohérent, propre à emporter l'adhésion. S'adressant aux princes allemands en juin 1562, Condé résuma ainsi cette conjonction des motifs qui l'avaient poussé à prendre les armes, afin « que la gloire de Dieu, l'autorité de mon roi et la liberté de conscience de ses sujets y fussent maintenues et confirmées[6] ».

Ce discours ne transitait pas seulement par la voix des agents huguenots qui parcouraient l'Europe ou par le canal de la correspondance entretenue par les chefs du parti avec les princes étrangers. Il était également véhiculé par la circulation et la traduction, en allemand et en anglais, des écrits justificatifs et polémiques les plus importants de la production condéenne. Dans l'Empire, ce fut d'abord le landgrave de Hesse qui joua un rôle majeur dans cette entreprise de propagande. En 1562, il fit imprimer à Marburg, par Andreas Kolbe, une traduction allemande en 300 exemplaires de la *Déclaration* justificative de Condé et l'adressa lui-même à trente-sept princes et comtes d'Empire ainsi qu'à quelques importants personnages de son landgraviat. Parmi les destinataires figurait l'électeur palatin qui en reçut vingt exemplaires, avant d'en ordonner lui-même la publication à Heidelberg chez l'imprimeur Ludwig Lück, l'un de ses très proches collaborateurs. Frédéric III alla même plus loin que le landgrave, puisque après la *Déclaration*, il fit encore traduire et imprimer les versions allemandes du *Traicté d'Association* du 11 avril, de la *Seconde déclaration* du 25 avril et de la lettre de Condé sur les moyens de pacifier les troubles du 1er mai. En tout, onze des écrits imprimés par Éloi Gibier furent traduits et publiés dans l'Empire. Sans surprise, c'est donc auprès des deux princes allemands les plus proches du calvinisme que l'argumentaire huguenot rencontra l'écho le plus favorable. S'y ajoutait une propagande pro-huguenote conçue par les plus fervents partisans d'un soutien actif aux réformés français et qui se déclinait à travers la production de nombreux textes qui reprenaient en partie l'argumentaire huguenot, tout en l'adaptant au lectorat luthérien qu'elle entendait convaincre. Au cours des deux guerres suivantes, l'effort de propagande fut uniquement accompli depuis Heidelberg, où Frédéric III se montra particulièrement actif. Martin Agricola y publia, par exemple, une traduction du *Discours véritable des propos tenus par Monsieur le prince de Condé*, imprimé à quatre reprises en 1568, ce qui lui conféra une diffusion importante dans l'espace germanique. De nombreuses autres traductions sortirent des presses palatines, comme une justification de la prise d'armes d'août 1568, dont le texte spécialement conçu pour être diffusé dans l'Empire, apporté à l'électeur par un agent huguenot, fut traduit et publié par Johann Mayer.

Outre-Manche, Briquemault et Séchelles entrèrent également en contact avec deux imprimeurs. Rowland Hall, un Anglais réfugié à Genève après la mort d'Édouard VI, puis rentré en Angleterre en juin 1560, était dévoué à la cause huguenote, alors que William Seres, client de Cecil et confident de son épouse Mildred, était un collaborateur de John Day, spécialisé dans le livre religieux. Ils publièrent notamment des traductions anglaises de la *Déclaration* du 8 avril et du *Traicté d'association* du 11 avril. Preuve manifeste de l'impact des arguments de Condé dans les Îles britanniques, la déclaration publiée par Élisabeth en septembre 1562, pour justifier son intervention militaire en France, reprit fidèlement les thèmes principaux de la prose diffusée au nom du prince.

La ligue utopique

Parmi les objectifs que les réformés espéraient atteindre grâce à leur politique étrangère très active, il en est un qui semblait chimérique. Dans l'esprit des plus pragmatiques parmi les protestants d'Europe, la réponse la plus appropriée à la conjuration papiste dont ils supposaient l'existence était de former une ligue réunissant l'ensemble des États évangéliques. Il fallait ainsi rassembler l'Angleterre, les princes allemands, les quatre cantons suisses réformés, la république de Genève, le Danemark, la Suède et les huguenots. L'agent anglais Christopher Mundt avait été parmi les premiers à envisager les avantages d'une telle alliance, et il avait travaillé à un rapprochement entre Élisabeth Ire et les princes luthériens de l'Empire dès le printemps 1559. Sans succès. Avec le commencement des guerres en France, le sujet devint d'une actualité brûlante.

Au printemps 1562, c'est à nouveau Mundt qui suggéra la constitution d'une ligue défensive, qu'il estimait dissuasive face à l'activisme catholique. Mandaté par Élisabeth auprès des princes de la confession d'Augsbourg en compagnie de son compatriote Henry Knolles, il travailla pendant plusieurs mois à la conclusion d'un accord. Tout en manifestant leur intérêt, les luthériens refusèrent finalement de s'engager, privilégiant le maintien de la paix interne à l'Empire qui aurait pu souffrir d'un traité d'alliance formelle entre puissances protestantes. La mauvaise image des huguenots, qui persistait alors encore, et la divergence confessionnelle contribuèrent également à sceller l'échec de cette tentative. L'affaire semblait devoir être enterrée, mais en 1565 un vent de panique souffla sur le monde évangélique européen et relança les spéculations.

Du 15 juin au 2 juillet 1565, à Bayonne, Charles IX et Catherine de Médicis eurent une série d'entretiens avec la reine d'Espagne Élisabeth, leur sœur et fille, épouse de Philippe II depuis 1559. Elle était assistée de Juan Manrique de Lara et de Fernando Alvarez de Toledo, duc d'Albe, un militaire connu pour sa dureté qui avait reçu de son maître des instructions précises. Il devait requérir de la reine mère qu'elle conduise une politique résolument offensive contre l'hérésie, en expulsant les pasteurs et en interdisant le culte réformé, qu'elle exige une profession de foi catholique préalable à l'accès à tous les offices et enfin qu'elle publie les décrets du concile de Trente. On ignore la réponse exacte apportée par Catherine de Médicis à ces demandes. S'engagea-t-elle d'une manière ou d'une autre à se montrer particulièrement ferme à l'égard de la religion réformée ? De la simple promesse d'une révocation prochaine de l'édit d'Amboise à l'engagement pris d'éliminer physiquement Condé et Coligny, les hypothèses formulées par les contemporains eux-mêmes sont multiples et invérifiables. Il semble néanmoins qu'il fut surtout question de l'application du concile de Trente dans le royaume, que la reine mère aurait accepté d'envisager tout en veillant à ce qu'une rupture de la paix civile n'en fût pas la conséquence. Autant dire que ces vagues promesses s'inscrivaient dans un flou artistique soigneusement entretenu, en complet accord avec la politique ordinairement et volontairement louvoyante de Catherine de Médicis.

Si le contenu exact des entretiens de Bayonne reste difficile à déterminer quatre siècles et demi plus tard, il est aisé d'imaginer le mystère dont fut nimbée la conférence aux yeux des huguenots. Les bruits les plus inquiétants avaient couru dès avant la rencontre et s'amplifièrent encore après sa clôture. On imaginait que la France et l'Espagne avaient résolu de s'allier afin d'éradiquer la « vraie religion » en Europe et que la première phase de ce grand nettoyage ne pourrait se dérouler qu'en France. Très vite, la peur de la conjuration papiste, ravivée, gagna l'Angleterre et les princes de l'Empire. Des rumeurs affluèrent de toutes parts, stimulant la phobie d'un complot catholique « promis et juré à Bayonne ». Dans l'entourage d'Élisabeth Ire, Cecil croyait dur comme fer à la préparation d'une véritable croisade contre les évangéliques. Cette inquiétude se nourrit aussi des événements qui se déroulaient aux Pays-Bas espagnols, où la noblesse réformée se révolta en 1566, suscitant une violente répression ordonnée par Philippe II, qui se traduisit notamment par l'exécution spectaculaire des comtes d'Egmont et de Hornes à Bruxelles, le 5 juin 1568, sous l'égide du duc d'Albe. Cette conjonction de plusieurs indices qui semblaient conforter l'hypothèse d'une action coordonnée à l'échelle du continent, et donc d'une menace imminente, agit comme un puissant stimulant auprès des princes luthériens qui imaginaient l'Empereur, le roi d'Espagne, le roi de France et le duc de Savoie unis contre eux à l'initiative des cardinaux de Lorraine et de Granvelle, considérés comme les principaux ordonnateurs de cette vaste coalition. L'heure de la constitution d'une ligue protestante était-elle enfin venue ?

Une première pierre fut posée au mois d'août 1568, lorsque Condé et Coligny conclurent un traité d'entraide à vocation défensive avec le chef des révoltés néerlandais, Guillaume de Nassau, prince d'Orange. Qualifié de « vraie intelligence et alliance chrétienne », cet accord n'était toutefois pas suffisant. Avec l'appui de l'Angleterre et du Palatinat, les huguenots lancèrent une vaste campagne diplomatique afin de réussir à former une « sainte alliance et confédération » de tous les princes évangéliques[7]. Au terme de plusieurs mois de tractations, une grande conférence fut organisée à Erfurt, au centre de l'Empire, les 8 et 9 septembre 1569. En présence de vingt et un princes évangéliques allemands ou de leurs émissaires et d'un délégué huguenot, les représentants des électeurs de Saxe et de Brandebourg s'opposèrent vigoureusement à la constitution de la ligue. Ils réaffirmèrent que les réformés français ne pouvaient véritablement être considérés comme des coreligionnaires, que les causes de la guerre en France n'étaient pas purement religieuses et qu'ils redoutaient de mettre en péril la paix d'Augsbourg, qu'ils avaient jurée et qui les protégeait de tout conflit à l'intérieur de l'Empire. L'utopie d'une grande coalition protestante s'effondra ainsi avec fracas, mais tous les efforts diplomatiques huguenots ne restèrent toutefois pas sans résultat.

Ruinés, mais sauvés

En dépit de la divergence confessionnelle, les princes protestants ne rechignèrent jamais à fournir aux réformés français un appui diplomatique, car une intercession au profit d'un arrêt des persécutions et de l'octroi de la liberté de conscience ne les engageait pas outre mesure. Il ne leur suffisait toutefois pas de vouloir intercéder en faveur des huguenots. Encore fallait-il que Charles IX et Catherine de Médicis acceptassent de recevoir leurs représentants. Si Élisabeth Ire passa naturellement par le truchement de son ambassadeur résident, les princes allemands durent avoir recours à des délégations extraordinaires qui ne pouvaient pénétrer en France et gagner la Cour sans l'autorisation expresse du souverain. En juin 1562, les ambassadeurs allemands restèrent ainsi bloqués à Strasbourg, avant de se voir refuser l'entrée dans le royaume, ce qui tua la tentative dans l'œuf. Le procédé trouva ainsi rapidement ses limites, et la radicalisation de l'affrontement rendit par la suite de plus en plus utopique la réussite de toute entreprise de médiation. Entre 1567 et 1570, cette forme de soutien perdit beaucoup de son importance, même si elle ne disparut pas tout à fait.

Les chefs huguenots avaient d'abord hésité à demander des renforts militaires. Craignant d'être accusés d'avoir été les premiers à introduire en France des troupes étrangères, ils attendirent que les mercenaires levés dans l'Empire par les triumvirs catholiques pénétrassent dans le royaume, en juin 1562, pour requérir eux aussi un secours armé. Devenus récurrents au fil des guerres, leurs forts besoins en la matière ne furent que partiellement et difficilement satisfaits, en grande partie parce que l'envoi de troupes régulières, qui supposait une entrée en guerre contre le roi de France, était presque impossible à obtenir. Seule l'Angleterre consentit à courir ce risque en 1562, puissamment motivée par l'espoir de récupérer Calais. Habilement exploitée par les agents huguenots, Jean de Ferrières et Robert de La Haye, cette véritable obsession des membres du conseil d'Élisabeth Ire permit la conclusion, le 20 septembre 1562, du traité d'Hampton Court. Sa clause principale disposait que Condé et Coligny livreraient Le Havre aux Anglais, puis que le port serait rendu à la France après la signature de la paix, en échange de la restitution de Calais et de ses alentours. Cette promesse alléchante conduisit la reine à engager 6 000 hommes, auxquels vinrent encore se joindre 600 mercenaires, et beaucoup d'argent dans l'opération. Mais après la paix d'Amboise, le prince et l'Amiral se rétractèrent, niant contre l'évidence avoir accepté de livrer la ville. L'expédition anglaise s'acheva par un désastre militaire et une brouille provisoire avec les huguenots, vaccinant pour longtemps Élisabeth Ire contre toute nouvelle velléité d'intervention armée sur le sol français. Seule une maigre contribution militaire officieuse, composée d'environ 800 mercenaires anglais envoyés en deux fois, en novembre 1568 et septembre 1569, sous la conduite d'Henri Champernowne, vint soutenir l'effort de guerre huguenot lors des deux guerres suivantes.

Si les évangéliques allemands se montrèrent plus prudents, en refusant d'envoyer des troupes régulières, ils favorisèrent, en revanche, la levée d'importants contingents de mercenaires qu'ils conduisirent parfois eux-mêmes dans le royaume de France. Si les princes rhénans, qui composaient le petit groupe moins réfractaire à la cause réformée, acceptèrent d'agir, ils le firent moins par conviction qu'en raison de la crainte d'une contagion de la violence confessionnelle perpétrée en France en direction de l'Empire, car leurs États auraient alors été les premières victimes de cette porosité. En 1562, c'est le landgrave de Hesse qui chargea son maréchal, Friedrich von Rolshausen, de conduire l'armée levée par d'Andelot, forte de 3 500 cavaliers, appelés « reîtres », et 4 000 fantassins, les lansquenets. En 1568, lors de la deuxième guerre, l'engagement fut plus officiel du côté de l'électeur palatin, qui envoya son fils Jean-Casimir dans le royaume à la tête d'un contingent de 8 000 reîtres et 3 000 lansquenets, avec l'appui du landgrave de Hesse. En 1569, enfin, c'est le duc Wolfgang de Deux-Ponts qui pénétra dans le royaume à la tête d'une armée de 7 500 lansquenets et 7 500 reîtres. Ce prince, qui mourut à la veille de sa jonction avec Coligny, fut alors remplacé à la tête de ses troupes par Wolrad de Mansfeld. À la puissante colonne germanique étaient encore venus s'ajouter, lors de son entrée en France, quelque 600 cavaliers et 800 arquebusiers wallons conduits par le prince d'Orange et ses frères, Henri et Louis de Nassau.

Ce soutien militaire relativement massif n'était cependant pas gratuit, car les princes allemands furent loin de prendre tous les frais à leur charge, même s'ils acceptèrent parfois de financer la levée et un mois de solde. D'ordinaire, ils ne faisaient que prêter de l'argent qu'il fallait ensuite rembourser à des termes et à des taux variables. La reine d'Angleterre fut également constamment sollicitée pour des prêts, auxquels elle consentit de temps en temps, parfois en les gageant sur des bijoux, comme en 1569, lorsqu'elle accorda 200 000 livres tournois en échange de joyaux envoyés par Jeanne d'Albret[8]. Les Suisses, en revanche, n'accordèrent quasiment jamais ni troupes ni argent, paralysés par leur crainte du roi de France. Cette difficulté à trouver des fonds plongea les réformés dans les affres d'une quête financière sans fin. François de La Noue le soulignait dans ses *Discours politiques et militaires*, « c'est un mal nécessaire aux armées huguenotes d'être toujours sans argent[9] » ! Car le paiement des mercenaires allemands représentait des sommes colossales, si on rapporte les effectifs engagés au coût moyen d'un reître, qui oscillait entre 30 et 33 livres tournois par mois, ou celui d'un lansquenet, certes moitié moins onéreux mais néanmoins considérable. Les conditions de rémunération de ces troupes, mais aussi leur organisation et leur commandement, étaient précisément définies dans les capitulations signées entre les capitaines allemands et les chefs huguenots, ce qui contraignit ces derniers à s'engager de manière ferme. On multiplia donc les expédients. Au début de la deuxième guerre civile, lorsque l'armée huguenote opéra la jonction avec les troupes levées par

Jean-Casimir et que les colonels de reîtres et de lansquenets exigèrent le paiement de leur premier mois de solde pour entrer en campagne, soit 100 000 écus, Condé et Coligny durent solliciter la contribution financière de l'ensemble des membres de leur armée, des gentilshommes les plus éminents aux simples valets. Exhortés par les pasteurs et les capitaines, tous participèrent à l'effort à la mesure de leurs moyens. Les plus aisés offrirent leur vaisselle d'or et d'argent, des chaînes en or et leurs objets les plus précieux qui, ajoutés aux cotisations des plus modestes, permirent de réunir la somme de 80 000 livres tournois, soit un peu plus du quart des 100 000 écus requis par les colonels qui acceptèrent finalement de s'en contenter. Plus généralement, outre le recours à la générosité des princes étrangers, six autres sources de revenus permirent de satisfaire à une partie de ces énormes dépenses militaires, de la contribution financière volontaire des Églises réformées du royaume à la saisie des richesses de l'Église catholique, en passant par le recours à l'emprunt, l'imposition des villes occupées par les troupes huguenotes, la confiscation des deniers municipaux, des deniers royaux et des revenus ecclésiastiques ou encore la mise à rançon de prisonniers. Mais tout cela fut bien loin de suffire à stipendier des troupes dont l'engagement se poursuivit parfois pendant de longs mois. Les dettes nombreuses accumulées par les chefs réformés au cours des trois premières guerres civiles, formées notamment d'importants arriérés de solde, devinrent vite impossibles à rembourser. En janvier 1571, elles atteignaient le montant astronomique de 3 366 173 livres tournois.

Arraché de haute lutte, le soutien international obtenu par les chefs huguenots se révéla décisif. Sans l'appui des troupes étrangères, essentiellement des mercenaires allemands, il ne fait aucun doute que les réformés français auraient été anéantis sur le plan militaire. En décembre 1562, ce furent les reîtres qui donnèrent à Coligny la possibilité de continuer à combattre après la défaite de Dreux. Le roi en avait bien conscience. Dans une déclaration du 17 août 1563, Charles IX prohiba toute négociation de ses sujets avec des puissances étrangères sans son aveu, ce qui n'empêcha pas les réformés de persister. En 1568, l'apport des contingents conduits par Jean-Casimir permit de mettre le siège devant Chartres et de contraindre le roi à la paix. Enfin, après la défaite de Jarnac puis la déconvenue de Moncontour, ce furent encore les reîtres qui sauvèrent l'Amiral d'une déroute complète. S'ils ne permirent pas aux réformés de remporter la victoire, les mercenaires fournis par les princes allemands leur évitèrent bel et bien d'être écrasés. Lorsque la paix de Saint-Germain vint conclure la troisième guerre civile, en août 1570, sans vainqueur ni vaincu, il semblait désormais acquis que la minorité réformée resterait inexpugnable. Mais il était tout aussi évident que la France ne deviendrait jamais un État protestant. L'établissement durable d'une coexistence confessionnelle dans le royaume n'en serait pas moins une victoire politique pour les chefs huguenots. La monarchie pourrait-elle l'accepter ?

DEUXIÈME PARTIE

L'ENTRÉE EN RÉSISTANCE

« Acceptez la peinture d'un temps calamiteux, plein d'ambitieux desseins, de fidélités et infidélités remarquables, de prudences et témérités, de succès heureux ou malheureux, de vertus relevées et d'infâmes lâchetés, de mutations tant inespérées qu'aisément vous tirerez de ces narrations le vrai fruit de toute l'Histoire, qui est de connaître en la folie et faiblesse des hommes, le jugement et la force de Dieu. »

Agrippa d'Aubigné, *Histoire universelle*, préface.

En un peu plus d'une décennie, l'espoir conçu par Calvin d'une conversion du royaume au protestantisme s'était évanoui. Le réformateur était mort à Genève en mai 1564, alors que les clauses encore très restrictives de la paix d'Amboise avaient déjà largement contribué à dissiper le mirage d'une France huguenote. Si les pasteurs mirent un peu plus de temps que les gentilshommes à prendre conscience du caractère utopique de leurs ambitions initiales, la dure réalité des événements s'était progressivement imposée à tous les membres de la communauté réformée française. Il fallut se contenter de rechercher les conditions d'une coexistence confessionnelle permettant à tous les fidèles de pratiquer leur culte librement. Mais cette concession par rapport à l'idéal d'une réforme royale apparut rapidement comme un horizon encore trop ambitieux. L'opposition catholique était trop puissante et la monarchie trop fortement tiraillée, prise sous le feu croisé des exigences formulées par les différents partis entre lesquels il lui fallait maintenir un savant équilibre, pour être en mesure de se montrer trop généreuse à l'égard d'une minorité hérétique.

Après la surprise de Meaux, la situation politique et religieuse du royaume s'était encore complexifiée. Le conflit très dur qui avait ensuite opposé les huguenots et le pouvoir royal avait laissé des traces indélébiles et, même si la paix de Saint-Germain avait théoriquement réconcilié catholiques et protestants sous l'égide paternelle du souverain, quelque chose s'était brisé dans la relation que Charles IX et les chefs de la grande noblesse réformée avaient jusqu'alors péniblement entretenue. Les griefs que les uns et les autres avaient mis sous le boisseau afin de préserver la paix fragile ne demandaient qu'à s'exprimer à la moindre étincelle. Catherine de Médicis était bien consciente du péril imminent que cette situation explosive faisait courir au pouvoir de son fils. Afin d'éloigner le spectre d'une nouvelle guerre civile, elle se lança dans une ultime tentative de réconciliation. Elle ignorait qu'il était déjà trop tard.

7

Les matines parisiennes

Il faisait encore sombre, en ce petit matin du 24 août 1572. Gisant dans la cour de sa résidence parisienne, Gaspard de Coligny venait d'expirer. Son exécution de sang-froid, sur ordre du roi, donna le signal d'une vaste entreprise d'élimination de la noblesse huguenote et infléchit de manière décisive le cours de l'histoire politique de la Réforme française. S'il a plongé des générations d'historiens dans la perplexité, cet événement ne fut que le dénouement brutal et violent d'un écheveau de tensions dont les fils les plus anciens avaient été tissés près d'une décennie auparavant.

Imprudences politiques et peur du complot

Il faut remonter à la fin de la première guerre civile, afin de reconstituer l'entrelacs des peurs et des rancœurs qui s'étaient enchevêtrées au point de devenir inextricables. En dépit de la longue accalmie qui avait suivi la paix d'Amboise, les relations entre les huguenots et la monarchie n'avaient jamais été vraiment sereines. La mauvaise application des clauses de l'édit de pacification avait empoisonné l'atmosphère de la Cour, et les remontrances adressées au roi s'étaient multipliées dès le printemps 1563. Le grand voyage accompli par Charles IX à travers la France, du 24 janvier 1564 au 1er mai 1566, avait été scandé par l'arrivée massive et régulière de plaintes envoyées au Conseil ou apportées par des députés protestants admis à présenter leurs doléances, alors que les commissaires royaux chargés de l'application de l'édit avaient eux aussi reçu de très nombreuses requêtes écrites en provenance des provinces les plus densément peuplées de réformés. La Guyenne, le Languedoc, le Rouergue, le Lyonnais, le Dauphiné, mais aussi un grand Ouest englobant notamment la Normandie, la Saintonge et les espaces du val de Loire s'étaient ainsi adressés au monarque par leur truchement, sans négliger d'avoir recours à la publication de textes imprimés qui avaient jeté sur la place publique les difficultés auxquelles ils étaient confrontés.

Leur mécontentement était d'autant plus fort qu'à partir de juin 1563, la législation royale s'était enrichie de toute une série de déclarations interprétatives et d'édits complémentaires qui imposaient de nouvelles contraintes aux protestants français et réduisaient leurs libertés. Cet édifice réglementaire avait été parachevé par la déclaration de Roussillon, publiée le 4 août 1564, qui contenait quelques dispositions particulièrement restrictives, puisqu'il était, par exemple, interdit aux pasteurs de prêcher, d'ouvrir des écoles et de diriger l'éducation des enfants, alors que la réunion des synodes était tout simplement prohibée[1]. De telles mesures avaient suscité de multiples écrits de protestation. Fustigeant l'inégalité de traitement qui persistait entre les sujets des deux religions, considérée comme une cause potentielle de sédition, leurs auteurs avaient réaffirmé la nécessité de faire appliquer l'édit à la lettre et énuméré les innombrables contraventions aux clauses de ce dernier, produisant une interminable litanie d'exactions en tout genre perpétrées contre les huguenots[2]. La pacification des esprits était donc restée inachevée, offrant un terrain favorable à une nouvelle explosion de violence.

C'est dans ce contexte déjà tendu qu'était née la folle rumeur d'une alliance conclue à Bayonne entre les rois de France et d'Espagne afin d'exterminer l'hérésie à l'échelle du continent. Si la nouvelle s'était répandue comme une traînée de poudre dans le monde protestant européen, ses effets s'étaient avérés particulièrement dévastateurs dans le royaume, car ils avaient puissamment affecté la confiance déjà bien ébranlée de la noblesse huguenote à l'égard de la reine mère et de ses conseillers catholiques. La psychose avait peu à peu pris de l'ampleur, et les chefs du parti huguenot s'étaient sentis physiquement menacés. En janvier 1566, le bruit d'une machination destinée à faire assassiner Coligny et d'Andelot pendant leur séjour à Moulins avait couru avec insistance. Quelques mois plus tard, le 31 octobre 1566, un laquais arrêté à Paris avait confié son intention d'empoisonner le prince de Porcien à l'instigation du cardinal de Lorraine. Le décès de la cible présumée, le 5 mai suivant, avait donné lieu à la propagation d'une rumeur qui accréditait l'hypothèse d'une mort violente. Selon Agrippa d'Aubigné, Porcien aurait été « étouffé de poison » au contact de gants parfumés, c'est-à-dire enduits d'une substance létale, une pratique attribuée aux Florentins qui peuplaient alors l'entourage de la reine mère[3].

Lorsque Philippe II avait annoncé, en décembre 1566, l'envoi d'une puissante armée aux Pays-Bas sous la conduite du duc d'Albe, la méfiance avait atteint son paroxysme. La progression des forces espagnoles aux frontières du royaume sur la fameuse route militaire des Flandres, au printemps et au début de l'été 1567, avait d'autant plus exacerbé l'angoisse huguenote que l'ambassadeur espagnol, Frances de Álava, n'avait pas hésité à présenter cette armée comme un instrument destiné à lutter non seulement contre les réformés néerlandais, mais aussi contre les huguenots si le roi de France en formulait la demande. Et comme la présence de ces 10 000 soldats ibériques aux portes du royaume avait poussé la reine mère à lever à son tour 6 000 Suisses et à renforcer les garnisons des places frontalières, afin de parer une éventuelle attaque, les huguenots avaient décidé de lever des troupes à leur tour. Déjà plus que tendue, l'atmosphère était ainsi devenue irrespirable à la fin de l'été 1567. En septembre, dans ce climat explosif, une nouvelle rumeur s'était répandue qu'à l'issue de plusieurs conseils secrets, décision aurait été prise de rompre l'édit, de publier les décrets du concile de Trente et d'éradiquer l'hérésie.

Au terme d'une série de trois assemblées de noblesse tenues sur les terres de Condé et Coligny, les chefs huguenots avaient alors pris une décision politique d'une importance capitale. Après des débats forts animés, François d'Andelot avait emporté la décision en faveur d'une action militaire destinée à éloigner la menace d'une offensive catholique, suscitant la mise en œuvre d'une opération ordinairement désignée comme la « surprise de Meaux ». Le scénario élaboré fait irrésistiblement penser à la conjuration d'Amboise. Rassemblée discrètement, la cavalerie huguenote devait s'acheminer vers la Cour avant de donner l'assaut et d'obtenir du roi qu'il disgracie le cardinal de Lorraine et quelques autres conseillers catholiques intransigeants, considérés comme les principaux artisans de la politique anti-réformée et de l'alliance avec l'Espagne. Comme en mars 1560, la tentative avait lamentablement échoué. Les troupes huguenotes avaient été précocement repérées par les agents de la reine mère qui s'était réfugiée à Meaux avec son fils Charles IX, sous la protection des 6 000 Suisses. Exhortés à renoncer à leur projet par le maréchal François de Montmorency, envoyé vers eux par Catherine de Médicis, les réformés s'étaient néanmoins approchés de Meaux et, dans la nuit du 28 septembre 1567, entre trois et quatre heures du matin, dans une panique indescriptible, la Cour s'était ébranlée sous la conduite d'Anne de Montmorency, escortée par le contingent helvétique et quelques centaines de gentilshommes. La reine mère et le roi s'étaient sentis contraints de fuir devant ce qu'ils considéraient comme une entreprise dirigée contre leurs personnes. Pour la seconde fois, après mars 1560, les huguenots avaient alors été accusés par la propagande catholique d'avoir voulu se saisir du roi et même d'avoir voulu porter atteinte à sa vie. Catherine de Médicis elle-même l'avait écrit au duc de Nevers : le risque encouru fut tel qu'il en était allé « de la perte de cet État et du danger de nos vies[4] ». Quant au jeune Charles IX, il s'était plaint au duc de Ferrare que « s'est découverte une incroyable et jamais ouïe conspiration, faite contre moi et mon État et qui va jusques à la vie de la Reine ma mère, de mes frères et de moi[5] ».

Comme à Amboise sept ans plus tôt, les réformés n'avaient aucunement l'intention de porter atteinte à l'intégrité physique des personnes royales. Mais considérée avec recul, pouvait-on envisager entreprise plus maladroite et plus certainement vouée à l'échec ? Comment imaginer qu'à quelques lieues de la Cour, des centaines de cavaliers auraient pu se rassembler et cheminer en secret sans éveiller la vigilance ? Comment pouvait-on croire que le Conseil du roi, peuplé de leurs ennemis les plus redoutables, attendrait patiemment l'arrivée des cavaliers protestants sans profiter d'une si belle occasion de diaboliser leur action ? Les leçons d'Amboise, dont l'échec pitoyable avait puissamment contribué à noircir l'image politique des réformés, n'avaient-elles donc pas été tirées ? Il est légitime de s'interroger sur les ressorts de l'attitude de la grande noblesse réformée et sur la mise en œuvre d'un plan qui ne pouvait, de toute évidence, aboutir qu'à envenimer les relations entre les huguenots et le roi. La fougue irraisonnée de d'Andelot, qui avait emporté l'adhésion majoritaire, mais surtout la prégnance de l'angoisse irrationnelle suscitée par la crainte du complot catholique, expliquent sans doute en partie cette prise de risque insensée. Mais on ne peut exonérer entièrement des militaires aussi expérimentés que Coligny, Condé et quelques autres de leur responsabilité dans ce choix périlleux. Les conséquences devaient en être irréparables.

Car Charles IX s'était senti profondément humilié. Obligé de fuir en pleine nuit, dans la panique, devant ses propres sujets en armes, il avait vécu si douloureusement sa retraite forcée qu'il en avait gardé une rancune tenace. Pour les huguenots, si la peur d'une conspiration papiste à laquelle la monarchie française aurait pris part n'était que le fruit d'un fantasme, il devenait, en revanche, plus rationnel de craindre un souverain dont on avait si fortement ébranlé la confiance. Loin de s'éteindre, la peur d'un complot ourdi contre les chefs réformés avait ainsi encore été à l'origine de la troisième guerre civile. Au cours de l'été 1568, Condé et Coligny avaient été avertis que le Conseil du roi aurait ordonné leur arrestation, peut-être même leur exécution, et que Gaspard de Tavannes aurait reçu l'ordre de s'emparer d'eux. Les deux têtes du parti avaient alors précipitamment quitté leurs domaines, accompagnés de leurs femmes, de leurs enfants et de quelques gentilshommes de leur proche entourage pour gagner La Rochelle, où ils s'étaient enfermés au terme d'une périlleuse chevauchée.

Catherine avait-elle vraiment envisagé de les faire arrêter ? Rien n'est certain, mais la très imprudente agressivité manifestée à l'égard de la reine mère par une partie de la propagande huguenote diffusée pendant la deuxième guerre n'avait sans doute pas contribué à l'apaisement. Si Charles IX était demeuré exonéré de toute responsabilité, toujours considéré comme prisonnier de ses mauvais conseillers, certains pamphlets avaient alors identifié la Florentine comme une ennemie. Sous la plume de ces polémistes réformés, elle partageait avec son entourage italien tous les vices qui leur étaient communément attribués. Certaines charges étaient particulièrement violentes. Dans sa *Complainte de la France,* Étienne Valancier l'accusait d'avoir ruiné la paix lors de l'entrevue de Bayonne, et un sonnet demeuré manuscrit la qualifiait de « seconde Athalia », faisant référence à Athalie, reine biblique usurpatrice et idolâtre. Des anagrammes peu flatteuses, forgées sur son nom, visaient aussi à la présenter comme la responsable des troubles et l'ennemie de la paix. Valancier recomposait « Catherine de Médicis » en « chaîne de crimes dites », alors qu'une autre pièce la gratifiait d'un très évocateur « Dance de cimetières ». Lorsque l'édit de Saint-Germain avait rétabli la paix en août 1570, toutes ces plaies surinfectées par l'accumulation des maladresses politiques étaient bien difficiles à panser.

Une paix bien armée

La fin des troubles était ordinairement suivie d'un retour des chefs huguenots à la Cour. Les plus éminents d'entre eux retrouvaient leur place au Conseil, et le roi s'efforçait d'obtenir des ennemis d'hier la mise en œuvre d'une politique de l'oubli, expressément requise dans les clauses de l'édit de pacification. Mais à l'été 1570, il ne pouvait en être question. Échaudés par la mauvaise application des édits précédents, toujours méfiants à l'égard de leurs ennemis catholiques, les chefs du parti huguenot considéraient que l'air de la Cour demeurait insalubre. Coligny, les deux princes de Navarre et de Condé, Jeanne d'Albret, La Rochefoucauld et bien d'autres avaient ainsi décidé de se tenir à distance, bien à l'abri des murailles de La Rochelle. Devant leur détermination, Charles IX avait envoyé vers eux le maréchal de Cossé afin de les faire fléchir, mais les assurances dont il était porteur n'avaient pu vaincre leur défiance. En janvier 1571, la paix restait précaire, et les membres de la grande noblesse réformée consacraient les mois suivants à remettre le parti en ordre de marche, après plusieurs années d'un conflit qui l'avait durement mis à l'épreuve. En septembre, plus d'un an après la conclusion de la paix, aucun d'eux n'avait encore reparu à la Cour.

Leur méfiance tenace ne s'enracinait pas seulement dans le mécontentement qu'ils éprouvaient face à la mauvaise exécution de l'édit de pacification, contre laquelle ils avaient solennellement protesté dès le mois de décembre 1570. Elle était aussi fondée sur la douloureuse expérience que Coligny avait désormais de la colère royale. Déjà condamné par contumace à la décapitation et à la pendaison au gibet de Montfaucon pour crime de lèse-majesté pendant la première guerre civile, il avait été encore plus durement traité pendant le troisième conflit. Les 13 et 28 septembre 1569, deux arrêts du Parlement avaient prononcé la confiscation de ses biens, ordonné qu'il soit brûlé en effigie en place de Grève et promis 50 000 écus à qui le livrerait vivant. Le 8 octobre, Charles IX lui avait retiré sa charge d'amiral pour la donner à Honorat de Savoie, marquis de Villars. Ses frères n'avaient pas été épargnés. Odet, réfugié en Angleterre depuis septembre 1568, avait aussi été condamné dès le 19 mars 1569, lorsqu'un arrêt du Parlement l'avait déclaré rebelle et criminel de lèse-majesté au premier chef, le privant de tous honneurs, états, offices, dignités et bénéfices[6], puis ses armoiries avaient été détruites. Quant à d'Andelot, mort le 27 mai 1569, il avait vu sa mémoire ternie par la fureur royale. Le 19 décembre 1569, un nouvel arrêt avait prononcé la confiscation de ses biens au profit du monarque et déclaré ses enfants « ignobles et inhabiles de tenir aucuns états », en raison du crime de lèse-majesté au premier chef commis par leur père[7]. Tous les biens des trois frères avaient été saisis et vendus, et leurs châteaux de Tanlay, Bresles, Châteaurenard et Châtillon-sur-Loing livrés au pillage. L'édit de Saint-Germain avait certes officiellement effacé la mémoire de toutes ces condamnations et ordonné la restitution des propriétés dévastées, mais la cicatrice était profonde, d'autant plus que Catherine de Médicis n'avait pas caché sa satisfaction lorsqu'elle avait appris la disparition du frère cadet de l'amiral, écrivant à Fourquevaux à quel point « la nouvelle de la mort d'Andelot nous a fort réjouis[8] ». On comprend quelle pouvait être l'appréhension éprouvée par Coligny à l'idée d'un retour à la Cour. La fratrie emblématique du parti n'avait certes pas été la seule à subir les foudres royales. La Rochefoucauld, le vidame de Chartres, Montgomery et bien d'autres avaient aussi été condamnés à des peines variées, alors que seuls les princes du sang Bourbons étaient ménagés en raison de leur rang et réputés prisonniers de l'amiral, qui concentrait vraiment sur sa personne toute la haine catholique.

Il était encore une autre source d'inquiétude pour Coligny, à qui la maison de Guise vouait une haine inexpiable depuis que Poltrot de Méré avait déclaré avoir assassiné le duc François sur son ordre en février 1563. S'il s'était vigoureusement défendu de cette accusation, il n'avait pas convaincu les Lorrains, qui avaient demandé que justice soit faite. Au terme d'une procédure jalonnée de rebondissements, le roi avait voulu apaiser les tensions entre les deux lignées, prononçant solennellement l'innocence de Coligny en janvier 1566, mais la réconciliation était feinte et les Guises rêvaient toujours de vengeance. Depuis la fin de la troisième guerre, ils avaient de nouveau leur cible en ligne de mire, si bien que des mouvements de troupes suspects avaient contraint l'amiral à garnir sa propriété de Châtillon d'un régiment d'arquebusiers et de solliciter l'aide préventive de ses amis les plus fidèles.

En dépit des risques encourus, Coligny finit pourtant par céder aux appels du roi et rejoignit la Cour, mais il ne le fit pas en confiance. Loin d'avoir l'esprit tranquille, il avait obtenu des garanties relatives à sa sécurité. Procédure inédite entre un prince souverain et l'un de ses sujets, si puissant fût-il, un véritable traité signé par le roi, ses frères et la reine mère fut conclu afin de rassurer l'amiral qui fit son entrée à Blois, où résidait la Cour, le 12 septembre 1571. Les Guises avaient été éloignés par précaution et Coligny reçut plusieurs témoignages d'une faveur pleinement retrouvée. Sa place au Conseil privé lui fut rendue et un don de 150 000 livres, ainsi que la jouissance pour une durée d'un an des bénéfices du cardinal de Châtillon, son frère récemment décédé en Angleterre, lui furent octroyés en compensation des dommages infligés à ses propriétés à la suite de sa proscription de septembre 1569. Le roi l'autorisa également à revendiquer les meubles et objets précieux qui avaient été dérobés dans son château de Châtillon-sur-Loing. En dépit de ces signes extérieurs de faveur, Coligny demeura méfiant et, à la mi-octobre, il regagna ses terres, ne reparaissant que brièvement à la Cour en novembre. La prudence et l'expérience auraient pu lui dicter d'en rester là, mais en juin 1572, il prit la décision de revenir à Paris.

Le point de friction néerlandais

Lorsque l'amiral fit ce choix de reprendre sa place au Conseil, il pensait que le contexte serait favorable à ses projets. En mai 1572, le duc Henri de Guise avait été contraint par le roi de reconnaître publiquement son innocence. Même si ce geste d'apaisement forcé ne trompait personne, il ne s'en agissait pas moins d'une victoire personnelle pour Coligny, dont l'influence à la Cour pouvait être renforcée par une autre bonne nouvelle. Au terme de longs mois de négociations, Jeanne d'Albret avait fini par accepter la proposition de mariage faite par Catherine de Médicis. Son fils Henri de Navarre, premier prince du sang, allait épouser Marguerite de Valois, sœur du roi, scellant ainsi la paix entre catholiques et protestants. Sur le front diplomatique, les perspectives étaient tout aussi positives, puisque l'Angleterre et la France avaient conclu le 19 avril un traité d'alliance défensive qui prévoyait l'octroi d'une aide en hommes et en navires si l'un des deux États signataires était l'objet d'une attaque de la part d'une puissance étrangère. Ce rapprochement du royaume avec une puissance protestante fut interprété par Coligny comme un signal favorable à la mise en œuvre d'un plan qu'il méditait depuis déjà plusieurs mois.

Se sentant redevable à l'égard du prince d'Orange, qui avait envoyé en France quelques troupes au secours des huguenots lors de la troisième guerre, il souhaitait pouvoir lui rendre la pareille aux Pays-Bas. Le moment semblait idéal, car les révoltés venaient de remporter des victoires significatives sur les forces espagnoles, et le comte Louis de Nassau, frère du prince, avait obtenu un appui discret de Charles IX en récompense du rôle décisif qu'il avait joué en faveur de la conclusion du mariage entre Henri et Marguerite. Le séjour de l'amiral à la Cour commençait pourtant bien mal. Arrivé à Paris le 6 juin, il découvrit Jeanne d'Albret à l'agonie. Son décès, trois jours plus tard, le priva d'un soutien précieux. Plus préjudiciable encore à ses ambitions, l'ambassadeur d'Espagne, Diego de Zúñiga, exerçait une pression constante sur le roi afin qu'il ne prêtât pas l'oreille à ses propositions.

Quel était donc ce fameux projet ? Il s'agissait de convaincre Charles IX d'entrer en guerre contre l'Espagne aux Pays-Bas, en soutenant militairement les révoltés. La France avait, selon lui, tout à gagner dans l'entreprise. La noblesse française serait occupée à une guerre extérieure qui la détournerait des conflits domestiques, la monarchie espagnole, ennemie héréditaire, serait affaiblie, et les Néerlandais opprimés accueilleraient les Français en libérateurs, procurant au roi gloire politique et militaire. Charles IX n'était pas insensible à ce discours et à la perspective de porter un coup à la puissance ibérique. Et au fil des séances du Conseil, l'amiral avançait ses pions. Afin de trancher, le roi demanda que différents avis fussent mis par écrit. Afin de rédiger le sien, Coligny fit appel à un jeune gentilhomme huguenot récemment arrivé à Paris et qui lui avait été chaudement recommandé : Philippe Duplessis-Mornay. Les deux hommes collaborèrent afin de concevoir le *Discours au roy Charles IX, pour entreprendre la guerre contre l'Espagnol es Pays-Bas*, qui fut remis au souverain à la fin du mois de juin. Face à cet écrit au contenu enthousiaste qui envisageait l'intervention française comme une promenade militaire triomphale, trois autres mémoires brossaient un tout autre tableau. Ils avaient pour auteurs trois conseillers catholiques, renommés pour leur expérience : le duc de Nevers, Gaspard de Saulx-Tavannes et Jean de Morvilliers. Concordants, leurs avis étaient sans appel. La guerre serait un désastre. L'Espagne contre-attaquerait sur tous les fronts, menacerait les frontières, ruinerait les finances du royaume déjà exsangues, et un conflit interminable à l'issue incertaine plongerait la France dans des difficultés inextricables. Ce tableau apocalyptique n'eut aucun mal à convaincre le roi et, au début du mois de juillet 1572, le rêve de Coligny s'était évanoui.

Et pourtant, l'amiral ne renonça pas, revenant encore à la charge au mois d'août. Impressionné par tant de constance, l'ambassadeur anglais à Paris, Francis Walsingham, vanta la persévérance du chef huguenot, dont « le courage est invincible », écrivit-il dans une lettre adressée à William Cecil, élevé par Élisabeth à la dignité de baron Burghley en février 1571 en récompense de ses services[9]. Loin de partager cet avis, de nombreux conseillers du roi assimilaient son insistance à de l'arrogance envers le monarque. Catherine de Médicis elle-même ne cachait pas son mécontentement de voir l'amiral multiplier les efforts pour extorquer à son fils une décision qu'elle jugeait inopportune. Quant au duc de Nevers, il persistait à considérer les huguenots comme des conspirateurs impénitents, redoutait un complot visant à tuer la famille royale pour s'emparer du pouvoir et n'hésita pas à déclarer que la disparition de Coligny et de ses affidés serait salutaire pour l'État. L'image du corps de l'amiral gisant au sol dans une mare de sang, au petit matin du 24 août, ne put donc que le réjouir.

Des ruisseaux de sang humain

Mais le 18 août 1572, lorsque le cardinal de Bourbon reçut à Notre-Dame le consentement d'Henri et Marguerite, qui aurait pu envisager qu'un tel drame se jouerait moins de six jours plus tard ? Malgré la splendeur des célébrations ordonnées par la monarchie, la liesse ne régnait pas dans la capitale. Nombre de catholiques parisiens étaient scandalisés par ce mariage bigarré, mais aussi par les dépenses insensées qu'il suscita, alors que la pénurie financière avait contraint le roi à multiplier les expédients fiscaux depuis de longs mois. Enragés contre les huguenots qui avaient investi la capitale à l'occasion de ces festivités, les curés parisiens vomissaient quotidiennement dans leurs prêches leur haine de l'hérésie, laissant flotter dans l'atmosphère un climat palpable de tension.

Le ciel parisien, où régnait une chaleur lourde, n'était donc déjà pas sans nuages lorsqu'il fut déchiré par un coup de tonnerre. Il était environ onze heures, en cette matinée du 22 août 1572, lorsque Coligny quitta le Louvre où il venait de siéger au Conseil. Escorté par une quinzaine de gentilshommes, il regagnait son logis à pied. Alors que le petit cortège s'avançait rue des Poulies, une détonation retentit. L'amiral venait d'être blessé, touché à la main droite et au bras gauche par un coup d'arquebuse tiré depuis la fenêtre d'une maison voisine. Embusqué derrière du linge qui séchait, l'assassin s'était enfui aussitôt après avoir commis son forfait, enfourchant un cheval qui l'attendait dans l'arrière-cour du bâtiment. Malgré leurs efforts, Jacques Pape de Saint-Auban et René de Valsergues, qui s'étaient lancés à sa poursuite, échouèrent à le rattraper.

Transporté jusqu'à son hôtel de la rue de Béthisy, Coligny reçut la visite d'Ambroise Paré, qui lui prodigua les soins nécessaires, puis dans l'après-midi, ce fut au tour du roi, de ses frères, de la reine mère et de quelques-uns des membres les plus éminents de la Cour de se rendre à son chevet. Charles IX assura la victime de son soutien et l'invita à venir loger au Louvre, afin de garantir sa sécurité. Sans doute en partie pour respecter les prescriptions médicales qui lui recommandaient de ne pas se déplacer en raison de son état, l'amiral déclina cette proposition, et le roi fit poster des arquebusiers devant la porte du blessé afin de renforcer sa garde. De toute évidence, l'inquiétude des personnes royales pour la vie du chef huguenot n'était alors pas feinte, car cet attentat avait failli anéantir en quelques instants tous les efforts consentis depuis de longs mois afin de consolider la paix religieuse.

Persuadée que les Guises n'étaient pas étrangers à cette tentative d'assassinat, l'élite de la noblesse réformée s'empressa de demander justice au roi. Les princes de Navarre et de Condé obtinrent immédiatement la constitution d'une commission d'enquête dont la présidence fut confiée à Christophe de Thou, mais cette mesure ne put suffire à apaiser la colère des gentilshommes huguenots, qui firent le siège de Charles IX afin qu'il sévisse contre le duc de Guise, dont la culpabilité leur semblait certaine. Ils ne disposaient alors d'aucune preuve contre lui, mais le conflit ouvert qui opposait les Lorrains et l'Amiral depuis 1563 était à leurs yeux une raison suffisante pour l'accuser. On ignorait encore que l'auteur du coup d'arquebuse n'était autre que Charles de Louviers, seigneur de Maurevert, qui appartenait bien à la mouvance radicale qui gravitait autour des Guises et bénéficia, en cette occasion, de nombreuses complicités issues des mêmes réseaux. Mais le 22 août, ces faits n'étaient pas sûrement établis, et les réformés commirent de graves imprudences. Dans l'après-midi, mais aussi tout au long de la journée du lendemain, Armand de Clermont, seigneur de Piles, Charles de Téligny, gendre de l'amiral, et quelques autres multiplièrent les bravades, proclamant leur intention de faire justice eux-mêmes. Leurs propos allèrent très loin, trop loin, jusqu'à la menace. Au besoin, ils n'hésiteraient pas à venir tuer Guise au Louvre même, fût-il aux pieds du roi, et même jusque dans ses bras, sans en avoir reçu l'ordre du souverain ! Ces rodomontades, qui portaient atteinte à la souveraineté et à la majesté royales, firent grimper la température de la Cour jusqu'au point de fusion.

Soudainement, la mémoire conservée par Charles IX des affronts qui lui avaient été précédemment infligés, de manière répétée, remonta à la surface. La fuite nocturne et humiliante de Meaux face aux troupes huguenotes, l'attitude arrogante de Coligny au Conseil et même le souvenir plus lointain de la conjuration d'Amboise lui revinrent à l'esprit. Il ne lui était plus tolérable de supporter les paroles trop audacieuses prononcées par les chefs réformés, et la crainte d'une prise d'armes huguenote dans la capitale, aux portes du Louvre, peut-être dans l'enceinte même du palais, le conduisit à ordonner une mesure radicale. Lors d'un conseil secret tenu au soir du 23 août, décision fut prise d'éliminer un nombre déterminé de gentilshommes huguenots. Une liste fut peut-être dressée, portant l'indication des maisons que le fourrier chargé d'attribuer les logements avait données aux nobles réformés d'importance présents dans la capitale. Dans l'urgence de neutraliser ces hommes que l'on estimait menaçants pour l'autorité royale, le monarque eut recours à l'exercice de sa justice retenue et procéda par voie extraordinaire, afin d'ordonner leur exécution sans autre forme de procès. En agissant la nuit, on espérait surprendre les victimes dans leur sommeil. En quelques heures, au petit matin du 24 août, le plan d'action promptement exécuté causa la mort de la plupart des grands seigneurs huguenots. Coligny fut le premier à succomber sous les coups des meurtriers, son corps défenestré tombant aux pieds du duc de Guise qui conduisait l'escouade royale chargée de l'occire. Puis les assassinats s'enchaînèrent, jusque dans le Louvre même, où les gentilshommes de la suite du roi de Navarre et du prince de Condé ne furent pas épargnés, à quelques exceptions près. Ainsi disparurent, en un éclair, une trentaine de personnages parmi les plus éminents de la noblesse huguenote, auxquels il faut peut-être encore ajouter environ quatre-vingts gentilshommes de moindre qualité[10]. Parmi ces victimes, figuraient notamment La Rochefoucauld, Téligny, Piles, Francourt, Beaudiné et Soubise, ainsi que des gens de robe longue, comme Pierre de La Place et Pierre Ramus. D'autres, plus chanceux ou logés au faubourg Saint-Germain, ce qui leur laissa le temps de réagir aux premiers bruits du massacre, parvinrent à s'enfuir ou à se cacher. Le vidame de Chartres, Montgomery, Duplessis-Mornay, le jeune La Force, Beauvoir-La Nocle, Briquemault et Cavaignes furent de ce petit nombre, mais les deux derniers, restés à Paris dans la clandestinité, finirent par être arrêtés et pendus au mois d'octobre. Le duc d'Uzès réussit, quant à lui, à sauver l'un de ses frères, Jacques de Crussol d'Assier, qui dut abjurer. Enfin, le roi décida d'épargner ses cousins, Navarre et Condé, à condition qu'ils acceptassent également de se convertir au catholicisme. Le parti huguenot était décapité.

Dans les heures qui suivirent, la tuerie prit une tournure incontrôlable. Alertés par le vacarme causé par la poursuite et l'exécution des nobles réformés, les fidèles qui venaient d'assister à l'office des matines craignirent une sédition huguenote. À Saint-Germain-l'Auxerrois, le tocsin retentit afin de donner l'alarme. Une chasse féroce au huguenot fut conduite par une poignée de membres de la milice parisienne particulièrement hostiles aux hérétiques et qui maîtrisaient parfaitement la géographie du Paris protestant. Certains réformés furent assassinés chez eux, d'autres dans les rues, mais la plupart furent sans doute d'abord arrêtés avant d'être exécutés dans leurs prisons. Parmi les assassins, Thomas Croizier, Claude Chenet et Nicolas Pezou furent parmi les plus cruellement actifs. Leur détermination, et celle de quelques autres, fit peut-être 3 000 morts, contre la volonté de Charles IX, qui ne parvint pas à enrayer la dynamique implacable de tueurs désireux de purifier le royaume de la souillure hérétique. Surchauffée depuis de longues semaines par les exhortations des prédicateurs catholiques, dont l'un parmi les plus virulents, Simon Vigor, n'avait pas hésité à appeler au meurtre de Coligny, la populace catholique fervente vit dans l'exécution des chefs, perpétrée par les soldats du roi, le signal donné d'une extermination générale. Entre le 25 août et le 5 octobre, d'autres massacres eurent lieu dans plusieurs villes de province, à La Charité-sur-Loire, Orléans, Meaux, Bourges, Saumur, Angers, Lyon, Troyes, Rouen, Romans, Bordeaux, Toulouse, Gaillac, Albi et Rabastens. Plusieurs personnages d'ampleur y trouvèrent encore la mort, comme Jean de Coras, arrêté et pendu à Toulouse. Pour décrire l'horreur de ces massacres, un rescapé lyonnais évoqua « les ruisseaux de sang humain que le Français dénaturé, cruel et barbare a fait courir en divers lieux de ce royaume en temps de paix[11] ». En tout, une dizaine de milliers de réformés périrent pendant ces semaines sanglantes.

Le 26 août devant le Parlement, puis le lendemain dans une déclaration justificative, Charles IX assuma l'entière responsabilité de l'exécution des chefs du parti, mais en aucun cas le massacre général de la population réformée qui échappait totalement à son autorité. Il affirma que

> la mort de l'amiral et autres ses adhérents et complices, dernièrement advenue en cette ville de Paris le vingt quatrième jour du présent mois d'août [...] a été par son exprès commandement, et non pour cause aucune de Religion, ni contrevenir à ses Édits de pacification,

qu'il a toujours entendu, comme encore veut et entend observer, garder et entretenir, mais pour obvier et prévenir l'exécution d'une malheureuse et détestable conspiration faite par ledit amiral, chef et auteur d'icelle, et sesdits adhérents et complices, en la personne dudit seigneur Roi, la Reine sa mère, Messieurs ses frères, le Roi de Navarre, princes et seigneurs étant près d'eux[12].

Le mirage se dissipe

En assumant la responsabilité du massacre de ses sujets huguenots, Charles IX brisa définitivement le maigre espoir qui subsistait encore, dans l'esprit de quelques optimistes incurables, d'une victoire possible du protestantisme en France. Cette illusion avait d'ailleurs pendant longtemps reposé sur l'image très flatteuse que les réformés avaient construite du jeune monarque qui, dès son avènement, avait été comparé au roi biblique Josias. Monté sur le trône à huit ans, ce qui lui valait l'analogie avec Charles IX devenu roi à l'âge de dix ans, il avait chassé l'idolâtrie du royaume de Juda, restauré le Temple de Jérusalem et solennellement renouvelé l'Alliance. Pendant de longues années, les huguenots avaient placé beaucoup d'espoirs dans ce « second Josias » qui devait entraîner le royaume vers la lumière de la Vérité, et afin de faire vivre ce rêve d'une illumination possible du roi de France par la clarté aveuglante de l'Évangile, ils avaient soigneusement entretenu la fiction du roi manipulé, du prince encore jeune, agissant sous l'emprise d'un entourage pervers, contraint dans sa volonté réelle par la pression insupportable exercée sur lui par les Guises et leurs complices. Au matin du 24 août, ce rideau de fumée s'était dissipé, laissant éclater au grand jour une réalité bien plus sombre, que nombre de huguenots avaient refusé d'apercevoir afin de maintenir le moral de leurs troupes et d'obtenir, à défaut d'une victoire totale, une reconnaissance minimale. Faut-il croire que Coligny espérait encore faire basculer la France dans le camp de la Réforme au moyen d'une guerre contre l'Espagne ? Certes non, mais l'amiral raisonnait, comme certains de ses contemporains, dans une perspective européenne. Entraîner le roi de France dans une alliance avec les princes protestants, ce n'était pas le convertir, mais faire pencher le curseur de la balance en faveur des puissances évangéliques, et préserver ainsi de l'anéantissement les fidèles français et néerlandais, menacés au premier chef par la conjuration papiste dénoncée par Hubert Languet.

Mais en août 1572, cet espoir s'évanouit et le masque tomba. Charles IX, qui avait avoué l'ordre donné de mettre à mort les chefs huguenots, vint désormais inscrire son nom au bas de la liste de ces « Hérode sanglants » dénoncés par Théodore de Bèze dans un poème rédigé quelques mois après la Saint-Barthélemy[13]. L'anagramme de Charles de Valois, qui avait été recomposée, avant le colloque de Poissy, en « Va chasser l'idole » par des réformés pleins d'espoir, se déclina désormais en un « Chasseur desloyal » qui correspondait parfaitement à l'image d'un souverain qui avait lancé ses sbires à la poursuite des huguenots. Cette analogie, qui tenait compte de la passion du roi pour la chasse, était destinée à faire fortune. Bien des années plus tard, Agrippa d'Aubigné, faisant référence au massacre dans *Les Tragiques*, évoqua à son tour la figure du roi, « Charles-Hérode[14] »,

> Ce Roy, non juste Roy, mais juste arquebusier,
> Giboyait aux passants trop tardifs à noyer[15] !

Mais au-delà de la désillusion, l'une des principales conséquences du massacre fut la destruction d'une grande partie de l'élite nobiliaire réformée. En trois ans, de la mort de Condé, en mars 1569, en passant par celles de d'Andelot, d'Odet de Châtillon et de Jeanne d'Albret, jusqu'à la disparition groupée de Coligny, de La Rochefoucauld, de Téligny, de Francourt et de bien d'autres, c'est toute une génération qui s'éteignit, laissant les rênes du parti huguenot à quelques survivants, comme Montgomery, le vidame de Chartres ou encore Duplessis-Mornay, et à deux jeunes princes désormais prisonniers à la Cour et convertis, par contrainte, au catholicisme. Désormais, quels pouvaient être leurs objectifs ? Si le mirage d'une France huguenote s'était définitivement évanoui, il fallait maintenant assurer la survie de la minorité réformée et entrer résolument en résistance. Plus que jamais, il serait difficile de marcher sur le chemin de plus en plus étroit et sinueux qui permettait d'associer défense de la foi réformée et fidélité au roi. Et parmi les théoriciens huguenots, certains n'hésitèrent pas à mettre cette conjonction en péril.

8

Radicalisme et subversion

Comme une traînée de poudre, la nouvelle de l'exécution des chefs huguenots sur ordre du roi se propagea en France et en Europe. À la version des faits véhiculée par les canaux du réseau international protestant, qui accablait Charles IX, Catherine de Médicis et les Guises, répondit l'antidote immédiatement administré par la diplomatie royale qui justifiait la décision par la thèse d'un complot réformé ourdi contre le pouvoir monarchique. L'extrême violence du massacre généralisé des calvinistes à Paris et en province accrut l'ampleur du choc et suscita l'indignation au sein du monde évangélique, ainsi que le malaise chez les catholiques modérés. Très vite, la propagande huguenote tenta de capitaliser sur le caractère inédit d'une élimination de ses sujets pleinement assumée par un souverain et ses proches conseillers. Quelques mois après l'événement, des écrits d'une grande violence politique commencèrent à voir le jour. Qualifiés plus tard de « monarchomaques », les auteurs de ces traités développaient une pensée radicale et subversive dont les racines profondes plongeaient plus d'une décennie auparavant, dans les dernières années du règne d'Henri II.

Violence purificatrice et colère divine

C'est dans le contexte pesant du durcissement de la politique royale à l'égard de l'hérésie que s'était manifestée pour la première fois, à la fin de l'été 1557, l'expression d'une défiance à l'égard de la monarchie. Au matin du 28 août, alors que le roi sortait de la Sainte-Chapelle afin de conduire la procession solennelle de translation des reliques de la Passion vers Notre-Dame, un dénommé Jean Caboche s'était rué sur lui une épée à la main en hurlant « Ha ! Ha ! Pollution il faut que je te tue ! ». Intercepté à temps par l'entourage du souverain, il avait été arrêté et pendu le jour même, sans autre forme de procès. Si l'événement n'a curieusement laissé que peu de traces documentaires et reste nimbé d'incertitude, on sait toutefois que l'auteur de l'attentat était originaire de Meaux, issu très certainement d'une famille de souche protestante. La haine à l'égard des reliques, qui est peut-être à rapprocher du terme « pollution » employé par l'assaillant, associée à la conviction que le roi cherchait à anéantir le peuple élu, peuvent avoir été à l'origine de cet acte de violence destiné à purifier le royaume souillé par un prince idolâtre. Œuvre d'un exalté, cette tentative d'assassinat témoigne ainsi d'un début de radicalisation précoce, aux marges de la mouvance réformée française.

Cette agressivité physique à l'égard de la monarchie avait brutalement ressurgi près de cinq ans plus tard, à l'occasion de la première guerre civile, lorsque la fièvre iconoclaste s'était emparée des huguenots. Des centaines d'églises avaient alors été saccagées et débarrassées de toute trace d'idolâtrie par la destruction massive des statues, œuvres d'art et autres objets du culte, mais des exactions beaucoup plus graves sur le plan symbolique s'étaient aussi produites à Orléans, après la prise de la ville par les troupes réformées. Les bustes de Louis XI et de Louis XII avaient été arrachés de la façade de l'hôtel de ville, et le cœur de François II, qui reposait dans la cathédrale Sainte-Croix protégé par un petit coffret de plomb, avait été profané et brûlé. Selon le curé Claude Haton, dont les affirmations doivent être considérées avec prudence, les huguenots les plus enragés auraient même « fricassé » ledit cœur dans une poêle avant de le jeter aux chiens et d'en manger eux-mêmes[1] ! Niccolo Tornabuoni, ambassadeur du duc de Toscane, affirme qu'il avait seulement été réduit en poussière puis dispersé dans la Loire[2]. À l'ouest de la cité ligérienne, en l'église abbatiale de Notre-Dame-de-Cléry, le tombeau de Louis XI avait également été profané, la statue de cuivre du monarque amputée et décapitée, ses os jetés aux chiens et ses cendres dispersées au vent. À Bourges, le corps de Jeanne de France, duchesse de Berry et épouse de Louis XII, qui avait été inhumée en 1505, avait à son tour été déterré, percé de coups et incinéré. Ces profanations des symboles et corps royaux, qui sont à replacer dans le contexte plus vaste d'une destruction systématique de tous les symboles de la religion catholique et de toutes les « idoles », peuvent être apparentées à une sorte de régicide virtuel, à une manière indirecte et plus ou moins consciente, dans un accès de fureur purificatrice, de porter atteinte à la majesté royale.

Spectaculaires et propres à marquer les esprits, ces attaques « physiques » étaient toutefois demeurées exceptionnelles, mais cette violence sacrale s'était aussi exprimée par écrit dès 1558. Les premiers textes polémiques à vocation politique diffusés par les réformés avaient alors laissé percer, de manière tout aussi ponctuelle, la formulation de menaces plus ou moins voilées destinées à faire redouter au roi et à la reine mère l'expression de la colère divine. S'il ne faisait pas cesser les persécutions contre ses sujets protestants et s'il ne se dressait pas contre l'antéchrist romain, Henri II serait puni par Dieu comme l'avait été Pharaon pour avoir refusé la liberté aux Hébreux[3]. La mort du roi le 10 juillet 1559, des suites d'une blessure accidentelle infligée par la lance de Montgomery lors du tournoi organisé afin de célébrer le mariage entre sa fille Élisabeth et le roi Philippe II d'Espagne, n'avait ainsi pas tardé à être interprétée comme un châtiment divin. Sentencieux, le pasteur François de Morel avait alors écrit à Calvin que « les jugements du Seigneur sont un abîme profond, mais qui parfois apparaît plus clair que le soleil », avant d'ajouter, plein d'espoir, « peut-être cet événement va-t-il mettre fin à la cruelle persécution qui a frappé tout ce royaume[4] ».

Tel n'avait pas été le cas. Les Guises avaient pris le relais, polarisant la haine huguenote et dédouanant en apparence le jeune François II de toute responsabilité dans la conduite d'une politique très dure à l'égard des réformés[5]. Toutefois, l'emprisonnement et la condamnation de Condé, en novembre 1560, avaient promis aux huguenots un avenir si noir que le décès du jeune roi le 5 décembre, des suites d'une infection à l'oreille, avait été à son tour perçu comme un miracle. Cantiques et poèmes avaient célébré ce jugement de Dieu qui, comme en juillet 1559, était venu au secours de son peuple opprimé. Parmi les nombreuses pièces qui avaient exprimé cette certitude d'une délivrance céleste, figuraient notamment le *Cantique solennel de l'Eglise d'Orléans sur la délivrance que Dieu fit de son peuple le 5e décembre 1560*, composé à partir du psaume 73, et le cantique *Sur les règnes de Henri II et François II* qui rapprochait les fins soudaines du père et du fils, frappés tous deux par la fureur divine. S'adressant à Dieu, l'auteur concluait :

Tu ne rejetas arrière
Les soupirs des affligés,
Mais exauçant leur prière
Rendis leurs maux soulagés :
Car de ton bras juste et fort
Fis trébucher le roi mort,
Troublant d'une parodie
Le beau printemps de sa vie[6].

Cette exaltation des bienfaits de la colère divine dirigée contre le souverain était naturellement anonyme, car elle portait violemment atteinte à la majesté royale. Toutes les manifestations de cette violence sacrale, en particulier les actes d'iconoclasme, avaient d'ailleurs été vigoureusement condamnés par Condé et les autres chefs huguenots, soucieux de manifester leur absolue fidélité à la monarchie. Mais s'ils étaient en mesure de contrôler le message véhiculé par les écrits justificatifs signés par le prince, ils étaient, en revanche, impuissants à juguler les résurgences ponctuelles d'un courant souterrain dont les théoriciens n'hésitaient pas à remettre en cause l'obéissance absolue due au roi.

Sur la voie de la désobéissance

Si Calvin avait affirmé le devoir du sujet d'obéir à son prince légitime nonobstant la différence de religion, il avait aussi ouvert la porte à la pratique d'une désobéissance passive, applicable par le chrétien que l'on voudrait contraindre à agir contre la volonté de Dieu[7]. Bèze lui avait emboîté le pas, et certains des écrits publiés par les deux réformateurs avaient même laissé entrevoir la possible mise en pratique d'un droit de résistance face au prince idolâtre, qui se serait trouvé *de facto* privé de puissance en raison de son impiété. Toutefois, ils étaient demeurés prudemment imprécis quant aux modalités exactes de cette résistance. Devait-elle se restreindre à une désobéissance passive ? Pouvait-elle prendre une forme plus offensive ? La position des deux hommes demeurait ambiguë, mais une certitude ne s'en dégageait pas moins. Si un acte de résistance active devait être entrepris contre le tyran spirituel, il ne pourrait être l'œuvre que d'une autorité légitime, c'est-à-dire d'un corps, comme par exemple les états généraux, ou d'un magistrat investi d'une parcelle de puissance publique. Toute résistance ne pouvait être que légale.

Les écrits de Calvin et de Bèze, mais aussi ceux de Pierre Viret, dont la dimension politique était plus prononcée, laissaient donc une grande place à l'interprétation. Dès le printemps 1560, au lendemain de la conjuration d'Amboise, ce terreau idéologique avait permis à l'auteur de la *Juste complainte des fidèles de France contre leurs adversaires Papistes et autres* d'affirmer que le bon chrétien devait pratiquer à l'égard du roi une obéissance conditionnelle, concluant que « de fait, un magistrat, soit roi, soit empereur, qui fait quelque édit inique, déjà n'est-il plus magistrat en cela, et lui désobéir n'est pas désobéir à un roi, mais à un tyran[8] ». On se souvient qu'après la fin de la première guerre civile, la mauvaise application de l'édit d'Amboise avait eu pour conséquence d'altérer la confiance des huguenots envers la monarchie. Les esprits s'échauffant, la conviction d'une nécessaire codification de leur rapport d'obéissance au souverain avait conduit certains théoriciens relevant d'un courant de pensée encore marginal à radicaliser leurs conceptions. La *Sentence redoutable et arrest rigoureux du jugement de Dieu, à l'encontre de l'impiété des tyrans*, rédigée dans le milieu huguenot lyonnais, avait ainsi formulé encore plus clairement l'idée d'une obéissance conditionnelle, soumise au respect par le prince des devoirs qu'il avait envers Dieu et le peuple. S'il choisissait de s'y soustraire et se comportait en tyran, il encourrait la déchéance. L'existence d'obligations réciproques entre le roi et ses sujets avait également été affirmée : « Comme le peuple d'une sorte est obligé au Roi, aussi le Roi d'une autre sorte est obligé au peuple : le peuple doit en toute chose rendre obéissance à son prince, et le prince doit en toute chose garder équité à son peuple[9]. » On tenait donc pour acquis que le prince tirait sa légitimité de la manière dont il exerçait son pouvoir, ce qui remettait en cause son ordonnance par Dieu. Dans sa harangue au roi, prononcée quelques mois plus tard, François de Boucard avait lui aussi ébauché l'idée d'un contrat, fondé sur l'obligation du prince à garantir à tous ses sujets une application juste et égale des lois[10].

La palme de la subversion était toutefois revenue à un autre écrit imprimé à Lyon en juin 1563, intitulé *La Défense civile et militaire des innocents et de l'Eglise de Christ.* Son contenu sulfureux lui avait valu d'être condamné unanimement et sans appel par les pasteurs réformés lyonnais, et Soubise, gouverneur huguenot de la ville, avait ordonné sa destruction par le feu ainsi que la condamnation à mort de tous ceux qui le détiendraient. Il n'en subsiste ainsi plus aucun exemplaire, mais sa teneur est connue grâce à l'*Apologie* de Charles Du Moulin, soupçonné d'en être l'auteur et qui, pour se disculper, l'avait réfuté par écrit[11]. De cette réfutation émerge l'idée centrale et hautement subversive de *La Défense civile.* Sur le fondement de nombreux exemples tirés de la Bible, son auteur avait autorisé les sujets à résister par les armes à un prince qui opprimerait les consciences et leur commanderait d'agir en contravention avec la volonté de Dieu. Soucieux de se disculper de toute tendance à la sédition, les réformés ne pouvaient alors en aucun cas cautionner une telle exhortation.

À partir d'octobre 1567, à la faveur des deuxième et troisième guerres civiles, une nouvelle poussée avait fait progresser la réflexion politique huguenote sur la voie du radicalisme. Comme leurs prédécesseurs, les auteurs de cette littérature avaient puisé à leur tour une partie de leur inspiration dans les développements nuancés que Calvin, Bèze et Viret avaient consacrés à l'opportunité et aux conditions de la résistance au tyran. Dans sa *Déclaration et Protestation de ceux de la religion réformée de La Rochelle,* Jean de La Haize avait ainsi affirmé le devoir de désobéissance au prince impie qui voudrait interdire la pratique de la vraie religion, allant même jusqu'à évoquer une « juste guerre » pour maintenir la liberté de conscience[12]. L'innocence du jeune Charles IX, prisonnier de ses mauvais conseillers, n'avait certes pas disparu de ce discours plus offensif, mais elle n'en tendait pas moins à s'effacer progressivement au profit d'une rhétorique de l'avertissement. Comme au tout début de la décennie, la menace de la colère divine avait ainsi été brandie, faisant redouter les terribles jugements de Dieu qui attendaient les ennemis de l'Évangile. D'après l'auteur de l'*Objurgation sévère contre les persécuteurs de l'Église de Jésus Christ,* le destin du tyran sourd à la volonté divine et qui maltraiterait le peuple élu serait identique à celui d'Hérode[13]. Toutefois, cette agressivité contenue à l'égard du roi, et plus généralement de la monarchie, n'avait cette fois-ci pas pris le caractère symbolique violent qui l'avait caractérisée en 1562, lorsque les gisants et autres tombeaux royaux avaient été profanés par les iconoclastes, alors même que les forces huguenotes avaient occupé Saint-Denis, nécropole des rois de France, en octobre 1567.

Beaucoup plus révolutionnaire encore, un autre thème important avait émergé des pamphlets les plus audacieux, puisque certains auteurs n'avaient pas hésité à remettre en cause le caractère sacré du souverain et l'origine divine de sa puissance. Dans la *Requeste et remonstrance du peuple*, il était ainsi affirmé que la souveraineté appartenait au peuple. À l'instigation de Dieu, il en avait délégué l'exercice au roi, auquel il avait la faculté de la reprendre à tout moment. L'affaiblissement de la sacralité du roi contribuait ainsi à sur-légitimer le droit de résistance au tyran, dont la déchéance posait d'autant moins de difficultés que l'existence même d'un monarque n'était pas considérée comme indispensable[14].

Cette idée d'un consentement à la source du pouvoir monarchique se retrouvait enfin dans l'un des pamphlets les plus célèbres, paru à La Rochelle pendant la troisième guerre civile. Œuvre de Jean de Coras, il portait un titre éloquent : *Question politique : s'il est licite aux subjects de capituler avec leur prince*[15]. Coras développait l'idée selon laquelle les sujets avaient le droit de « capituler » avec leur souverain, c'est-à-dire de négocier avec lui. Afin de percevoir d'emblée le caractère éminemment polémique de cette théorie, il suffit de citer la lettre adressée par Charles IX à Condé au tout début du mois de décembre 1567, alors que des pourparlers de paix avaient été engagés à la suite de la bataille de Saint-Denis. « Je n'admettrai jamais, écrivait le roi, que ni le prince ni autres de mes sujets traitent ou capitulent avec moi de pair à pair et encore moins me donnent la loi. » Mais l'auteur de la *Question politique* donnait à « capituler » un sens encore plus subversif. Selon lui, ce terme issu du vocabulaire de la marchandise impliquait, en outre, le recours à la notion de contrat. « Capituler, c'est transiger, accorder et composer, et ceux qui capitulent et composent, se mettent d'accord, se rendent unis et amis ensemble, renoncent à toute guerre, querelle, procès et dissension, à toute tromperie et déception », écrivait Jean de Coras, avant d'ajouter que capituler, c'est aussi « ouïr les sujets en leurs justes remontrances[16] ». Ce contrat, passé entre le roi et le peuple, prenait sa source dans une élection originelle, à l'occasion de laquelle avait été pris un engagement réciproque qui devait être scrupuleusement respecté. Les sujets étaient tenus d'obéir au roi et le roi d'entretenir ses sujets, ce qui lui interdisait d'adopter un comportement tyrannique qui le conduirait à cesser de capituler avec son peuple en lui imposant autoritairement sa volonté. Il devait, par conséquent, ne prendre aucune décision d'importance, notamment dans le domaine législatif, sans avoir consulté les états généraux, les parlements et le conseil des pairs de France. Le bon fonctionnement de ce système idéal excluait ainsi la présence de favoris, dont la simple existence ne pouvait qu'engendrer la tyrannie. Dès qu'un petit nombre de personnes choisies par le roi monopolisaient son oreille, les décisions ne se prenaient « plus que dedans des cabinets, ou au coin d'une cheminée, ou en une ruelle de lit [...] presque sans princes, sans chancelier, sans maréchaux ni autres vieux et sévères chevaliers ou conseillers, voire sans le su, volonté et consentement du roi, auquel on porte des résolutions toutes digérées, lui faisant croire qu'elles sortent de son Conseil[17] ». Le prototype du favori qui engendrait la tyrannie était désigné par des périphrases qui ne trompaient personne quant à son identité. Ce « paradoxeur », ce « remueur d'État », ce « conseiller et boutefeu du tyran » n'était autre que le cardinal de Lorraine, rendu coupable de tous les crimes. Afin d'illustrer son propos et de convaincre son lecteur, Coras faisait appel à une avalanche d'exemples tirés de la Bible, de l'Antiquité, de l'histoire de France, affirmant que les princes qui avaient couramment capitulé avec leurs sujets avaient « vécu en une tranquillité incroyable », alors que les mauvais conseillers qui avaient causé la rupture du contrat avaient semé la désolation. Et pour achever de persuader les plus réticents qu'il n'était pas indigne, pour un prince, de capituler avec ses sujets, l'auteur rappelait que Dieu a capitulé avec les hommes, et notamment Abraham et Moïse, puis avec tout le genre humain par le truchement de son fils Jésus-Christ.

À la veille de la Saint-Barthélemy, le discours politique huguenot n'était donc pas univoque. Les thèmes traditionnels de la propagande condéenne, développés avec constance depuis la conjuration d'Amboise et fondés sur la mise en pratique d'un loyalisme monarchique absolu autorisé par la fiction du roi prisonnier de ses mauvais conseillers, voisinaient avec l'expression minoritaire et plus discrète de théories beaucoup moins déférentes à l'égard de l'autorité royale et de ses fondements. Au fil des guerres, les idées portées par ce courant d'abord très marginal et souterrain avaient fini par infuser dans les cervelles d'un nombre croissant de propagandistes. Après avoir progressé aussi lentement que discrètement, ces théories se radicalisèrent encore et s'exposèrent au grand jour après le choc de la Saint-Barthélemy.

Résistance constitutionnelle et souveraineté du peuple

Le massacre du 24 août laissait les réformés hébétés. Pourchassés et effrayés par le déchaînement de violence qui venait de les frapper, ils furent nombreux à décider d'abjurer pour sauver leur vie, alors que d'autres prirent le chemin de l'exil, trouvant refuge à Genève ou en Angleterre. Dans les bastions huguenots de l'Ouest et du Midi, on organisa la résistance, car Charles IX entendait profiter de l'affaiblissement procuré par l'élimination des chefs pour anéantir le parti. Plus encore que la furie catholique qui s'était abattue sur eux, l'attitude du roi suscita un traumatisme aux effets durables et puissants. Reconstruisant *a posteriori* le scénario des semaines qui avaient précédé l'événement, ils pensaient avoir été victimes d'une machination méditée de longue date. Le mariage voulu par Catherine de Médicis entre Henri de Navarre et Marguerite de Valois n'aurait été qu'une ruse, destinée à attirer les chefs du parti huguenot à Paris afin de les faire assassiner sous le fallacieux prétexte d'une sédition. Complice du sinistre projet de sa mère, le roi avait trahi le lien de confiance qui l'unissait naturellement à ses sujets, dérogeant à ses devoirs de roi père de son peuple. Il s'était comporté en tyran.

L'une des conséquences de cette rupture désormais consommée entre Charles IX et les huguenots fut la publication d'une série de traités particulièrement virulents contre les dérives tyranniques de l'exercice de la puissance monarchique. Leurs auteurs, que leurs détracteurs baptisèrent plus tard du nom de « monarchomaques », littéralement « ceux qui veulent combattre les monarques », ne souhaitaient pas abattre l'institution monarchique, mais seulement la transformer afin de la préserver d'une évolution déjà bien amorcée et dont les conséquences néfastes s'étaient pleinement exprimées dans la nuit du 24 août. Au sein d'un ensemble qui comprend peut-être une dizaine de textes, quatre traités majeurs se distinguent par leur ampleur et leur contenu. Publiés entre 1573 et 1579, ils avaient pour auteurs des figures emblématiques de la pensée huguenote. Le premier d'entre eux n'était autre que François Hotman, principal inspirateur de la polémique politique réformée depuis le début de la décennie 1560. Sa *Francogallia*[18] (1573), bientôt traduite en français par Simon Goulart et publiée sous le titre *La Gaule françoise*[19] (1574), est le seul parmi ces ouvrages à ne pas avoir été imprimé sous couvert de l'anonymat, car les autres théoriciens préférèrent dissimuler leur identité en raison du caractère hautement subversif des réflexions politiques qu'ils développaient. Théodore de Bèze composa ainsi son *Du droit des magistrats sur leurs sujets* qui circula d'abord en latin sous forme manuscrite (1573), avant d'être imprimé en français (1574)[20], sans aucune mention de nom d'auteur, poussé à la discrétion par le Conseil de Genève qui redoutait une rupture avec la France. Le mystère entourant la paternité de l'ouvrage ne tarda toutefois pas à être percé, alors que l'identité du rédacteur du troisième de ces traités demeure incertaine. C'est sous le pseudonyme énigmatique d'Eusèbe Philadelphe Cosmopolite que parut *Le Réveille-matin des François et de leurs voisins* (1574) qui regroupait deux textes dont le premier, le *Dialogue auquel sont traitées plusieurs choses advenues aux Luthériens et Huguenots de la France,* fut d'abord publié de manière individuelle (1573)[21]. Enfin, bien des années plus tard, en 1579, fut diffusé le quatrième et dernier de ces écrits monarchomaques majeurs. Intitulé *Vindiciae contra tyrannos* dans sa version latine initiale, traduite en français deux ans plus tard sous le titre évocateur *De la puissance légitime du peuple sur le prince, et du prince sur le peuple* (1581)[22], il fut signé par un mystérieux Stephanius Junius Brutus, sous le nom duquel on a pendant longtemps cru reconnaître Hubert Languet, mais qui dissimulait beaucoup plus probablement Philippe Duplessis-Mornay. Comment expliquer la publication tardive de ce dernier opus, qui sortit des presses plus de cinq ans après les trois autres traités ? Commencé en mars 1574, terminé à la fin de l'année 1576, il avait été conçu pour être diffusé dans le royaume de France, mais son achèvement tardif ne permit pas de le mettre opportunément au service de la cause huguenote. Le contexte politique ne s'y prêtait plus et son auteur avait décidé de le mettre en sommeil. Il aurait fort bien pu ne jamais voir le jour et demeurer à l'état manuscrit si le séjour de Mornay aux Pays-Bas, en juillet 1578, ne l'avait décidé à l'exhumer et à en entreprendre la publication afin de soutenir la cause des réformés néerlandais, dont la pensée politique s'accordait alors harmonieusement avec les théories qu'il défendait. En dépit de cette diffusion différée, les *Vindiciae* n'en demeurent pas moins l'une des expressions les plus abouties de la pensée radicale huguenote formulée au cours des mois qui suivirent le massacre de la Saint-Barthélemy.

S'ils diffèrent en termes de style et de méthode d'exposition, ces traités développent un corps de doctrine cohérent. Fruit d'une réflexion conduite depuis déjà de longues années et fondée sur l'étude des anciennes lois et constitutions du royaume de France, afin de définir avec plus de précision les pouvoirs que l'on pouvait légitimement attribuer au souverain et ceux qui devaient être réservés aux sujets, le traité d'Hotman put être publié rapidement. Il était prêt dès juillet 1573, au moment où Bèze achevait aussi la version manuscrite du sien. Comme les deux hommes résidaient alors à Genève, où Hotman s'était réfugié après la Saint-Barthélemy, leurs écrits se sont mutuellement influencés[23]. L'auteur du *Réveille-matin*, qui acheva son travail quelques mois plus tard, s'est abondamment appuyé sur ces deux ouvrages auxquels il a beaucoup emprunté, tout en faisant preuve d'une originalité particulière dans la structure et l'organisation de son propos. En bout de chaîne, les *Vindiciae* de Mornay apparaissent un peu comme l'aboutissement de ce processus d'élaboration théorique et présentent la réflexion la plus systématique, mêlant emprunts à leurs prédécesseurs et réflexions nouvelles. Alors que François Hotman livre avant tout un travail de juriste, Bèze, Mornay et l'auteur du *Réveille-matin* ont davantage une démarche de théologiens pour fonder leurs démonstrations.

En dépit de leurs caractères propres et distinctifs, ces traités s'efforcent tous de redéfinir la relation d'obéissance au prince qui tyrannise ses sujets et convergent dans leur proposition d'un modèle politique susceptible de garantir l'exercice d'une monarchie tempérée. À la base de leur réflexion se trouve le constat d'une dérive de l'exercice de la puissance monarchique vers la pratique d'un pouvoir absolu, qualifiée par les monarchomaques de précipice ou de chemin glissant, incarnée par le gouvernement d'un seul appuyé sur une poignée de favoris. Afin de remédier au danger que fait courir aux sujets cette évolution pernicieuse, il faut adopter un mode de gouvernement alternatif. Hotman le recherche dans une hypothétique constitution des origines de la monarchie franque, lorsque les rois n'auraient tenu leur pouvoir que du consentement de leurs sujets exprimé par une assemblée représentative. Les états généraux sont, selon lui, les héritiers de cette assemblée souveraine et il leur appartient donc d'élire, de contrôler et éventuellement de destituer le roi s'il se comporte en tyran. À sa suite, tous les auteurs plaident en faveur d'un retour aux institutions originelles de la France et aux principes fondateurs de la monarchie afin de lutter contre la servitude et préserver la liberté. Ce retour à un mode de gouvernement considéré comme idéal implique toutefois d'admettre de profonds bouleversements dans la conception même du pouvoir monarchique.

En subordonnant le roi aux états généraux, les auteurs émettent une affirmation absolument révolutionnaire dans le contexte d'un royaume gouverné par un prince de droit divin. La souveraineté ne lui appartient plus. Elle est l'apanage du peuple en corps qui lui en délègue l'exercice temporaire en vertu d'un double contrat. Le premier, image de l'Alliance biblique, est passé entre Dieu et l'ensemble du peuple qui conclut ensuite le second, de nature politique, avec le roi. En cas de rupture des termes de ce contrat, c'est-à-dire si le roi se comporte en tyran, les sujets sont déliés de leur devoir d'obéissance puisqu'il n'a pas respecté les engagements qu'il avait pris envers eux. Le modèle paternel, utilisé jusqu'alors afin de décrire la nature des liens entretenus par le roi avec ses sujets, est ainsi remis en cause. Au rapport affectif fondé sur la confiance se substitue une contractualisation des relations fondée sur la défiance, car elle implique le soupçon qui justifie le recours à une contrainte juridique, seule garantie du respect par le prince de ses obligations. Afin d'illustrer la nature de cette nouvelle alliance entre le peuple et le roi, l'auteur des *Vindiciae* a recours à une métaphore navale. Il compare l'État à un navire qui a besoin d'un bon pilote pour éviter les écueils. Le peuple, propriétaire du navire, choisit et embauche le pilote :

> Ainsi, c'est pour l'amour de la (*sic*) navire que le maître d'icelle y établit un pilote, qui manie le gouvernail de peur qu'elle ne sorte de sa route, ou se brise contre un écueil. Le pilote faisant sa charge est obéi des matelots, et de celui même qui est Seigneur du vaisseau : cependant le pilote en est serviteur, comme un des moindres, d'avec lesquels il ne diffère sinon qu'il est grand serviteur, et les autres sont petits. En une République coutumièrement comparée à une navire, le Roi tient place de pilote, le peuple est seigneur du vaisseau, obéissant à son pilote tandis qu'il a soin du salut du public, encore que ce pilote ne soit ni ne doive être estimé autre chose que serviteur du public, comme quelque juge ou chef de guerre, et ne diffère d'avec les officiers, sinon qu'il est tenu porter plus grandes charges, et s'exposer à beaucoup plus de dangers[24].

Aussi longtemps qu'il navigue convenablement, le propriétaire du navire conserve son pilote, mais lorsque ce dernier met le vaisseau en péril, il est du devoir de l'équipage d'intervenir :

> Mais posons le cas qu'en cette navire politique le pilote s'enivre, la plupart de ses aides s'endorment, ou après avoir bu à outrance par ensemble ils s'amusent en jouant à regarder un écueil qui menace leur vaisseau, lequel au lieu de tenir la route propre au seigneur d'icelui, semble être près de faire naufrage : que doit faire un sous-maître qui sera vigilant et soigneux de sa charge ? Sera-ce assez de tirer l'oreille à ceux qui dorment ou les piquer par les côtes, sans oser cependant, crainte qu'on ne l'estime vouloir faire quelque chose sans commandement, secourir et garantir le vaisseau qui se va perdre ? [...] Il n'y a si petit matelot qui ne soit tenu de mettre la main à la besogne pour empêcher le naufrage du vaisseau qui est prêt à se perdre par la faute et nonchalance du pilote. Chaque magistrat est tenu de secourir l'État s'il le voit proche de sa ruine par la fêtardise ou méchanceté du Prince et de ses associez, bref, il doit garantir ou tout le Royaume, ou la portion qu'il a en charge, de la tyrannie qui s'en veut emparer[25].

Pour l'auteur des *Vindiciae*, ce n'est ainsi pas seulement aux états généraux qu'il revient de résister au tyran, mais aussi au moindre parmi ceux qu'il appelle, à la suite de Bèze, les magistrats inférieurs. Dans *Du droit des Magistrats*, le pasteur genevois les a définis par leur rang qui se situe « en degré subalterne » entre le roi et le peuple. Il s'agit des « ducs, marquis, comtes, vicomtes, barons, châtelains », nobles de haut rang qui participent au gouvernement du royaume et des provinces, mais aussi « des officiers électifs des villes tels que sont les maires, viguiers, consuls, capitouls, syndics, échevins et autres semblables[26] ». La résistance ne peut donc s'accomplir en dehors d'un cadre institutionnel bien défini et sans le respect d'un processus bien établi. Qu'il s'agisse de l'exercice d'une tyrannie politique ou d'une tyrannie spirituelle, tous les traités insistent sur la nécessité de s'en tenir à une résistance légale, assise sur des bases de nature « constitutionnelle ». C'est en cela que les théoriciens huguenots se montrèrent vraiment novateurs par rapport aux conceptions médiévales qui évoquaient la possibilité de résister au tyran sans toutefois confier ce pouvoir à des institutions séculières bien déterminées. Jusqu'où cette résistance peut-elle aller ? De la simple admonestation adressée au prince, qui peut se corriger, à la résistance armée et jusqu'à la destitution du tyran. Mais il n'est pas question d'autoriser le tyrannicide envers ce que les auteurs appellent un « tyran d'exercice », c'est-à-dire un prince légitime qui a sombré dans la tyrannie. En revanche, lorsqu'il s'agit d'un tyran d'usurpation, qui s'est emparé illégalement du pouvoir, il est possible de le tuer s'il s'avère nécessaire d'en venir à cette extrémité afin de le renverser.

Laissons encore la parole à l'auteur des *Vindiciae*, dans une expression particulièrement claire et synthétique de la théorie du contrat et des modalités du droit, et même du devoir, de résistance légale qui en découle :

> En somme, pour mettre fin à ceste question, les Princes sont élus de Dieu et installés par le peuple. Comme tous les particuliers un par un sont inférieurs au Prince, aussi tout le corps du peuple, et les Officiers du Royaume qui représentent ce corps sont par-dessus le Prince. En établissant et recevant le Prince, alliance expresse ou non exprimée de paroles, naturelle et même civile, se traite entre lui et le peuple : à savoir qu'on lui obéira s'il commande bien, que tous le serviront si lui-même sert à la République, que tous se laisseront gouverner par lui, s'il se laisse gouverner par les lois. Les Officiers du Royaume sont gardiens et protecteurs de cette alliance et convention. Celui qui l'enfreint traîtreusement et de malice obstinée est vraiment tyran d'exercice. Et pourtant les Officiers du Royaume le peuvent juger

selon les lois, et s'il veut faire tête, leur devoir les oblige de lui courir sus avec les armes, s'ils ne peuvent autrement le réprimer. [...] Les personnes privées et particulières doivent se garder de dégainer l'épée contre les tyrans d'exercice, pour ce qu'iceux n'ont pas été établis par les particuliers, mais par tout le corps du peuple[27].

Le respect des lois du royaume par le prince est au centre du système élaboré par les monarchomaques. Cette contractualisation ne concerne pas l'ensemble de l'arsenal législatif, mais seulement les lois qui ont valeur constitutive du royaume et concernent le bien public. Il s'agit en particulier de celles que le roi s'est engagé par serment à respecter lors de son sacre, dont on considère qu'il réactive en quelque sorte le contrat originel passé entre le prince et le peuple. Selon l'auteur des *Vindiciae*, ces lois jurées sont que le roi « ne dissipera point le Domaine, qu'il n'imposera de son propre mouvement péages, ports ni tributs, ne fera ni paix ni guerre, ni chose aucune concernant le public que par l'avis des États[28] ».

Dans ces quatre traités, on retrouve ainsi, harmonieusement conjugués et soigneusement étayés par des exemples puisés dans la Bible, le droit romain et les modèles antiques ou médiévaux, l'ensemble des arguments qui avaient été avancés au cours de la décennie 1560 au fil des quelques écrits qui avaient jalonné la progression de la pensée huguenote radicale. La théorie du contrat, dont Jean de Coras avait jeté les fondements dès 1568, le devoir de résistance, l'obéissance conditionnelle, mais aussi et surtout l'affirmation de la souveraineté du peuple au détriment du roi sont ainsi au cœur de la pensée monarchomaque. Si la Saint-Barthélemy eut bien pour conséquence d'accélérer et d'intensifier la réflexion politique huguenote sur ces questions essentielles, elle ne donna donc pas naissance à un courant de pensée totalement nouveau. Ce qui fonda l'originalité de ces traités par rapport aux écrits antérieurs résidait davantage dans leur ampleur, leur caractère plus systématique et surtout leur radicalisme beaucoup plus prononcé.

Même si elles ne condamnaient pas la monarchie en tant que telle, mais seulement les excès d'un système qui s'était perverti en donnant trop de pouvoir à la volonté du roi appuyée sur une poignée de conseillers nuisibles, ces théories n'en étaient ainsi pas moins éminemment subversives. Cette radicalité porta irrémédiablement condamnation pour leurs auteurs, coupables de crime de lèse-majesté et menacés des peines les plus dures s'ils venaient à être arrêtés. Si l'on considère en outre que le premier de ces traités fut imprimé alors que l'édit de Boulogne, qui mit fin à la quatrième guerre civile le 11 juillet 1573, avait déjà officiellement rétabli la paix entre les huguenots et le roi, même s'il n'avait en réalité pas fait cesser toute défiance à l'égard de Charles IX, on comprend que les réformés français, et les membres de la noblesse en premier lieu, n'admirent jamais que ces ouvrages pouvaient refléter leur pensée. Un tel aveu aurait offert sur un plateau l'argument que les catholiques les plus intransigeants attendaient pour justifier leur extermination en tant que sujets rebelles à l'autorité royale.

Si leur contenu demeura ainsi inavouable dans le royaume, les traités monarchomaques n'en furent pas moins abondamment diffusés, en France et en Europe. L'ouvrage d'Hotman, par exemple, dut être réimprimé à trois reprises en moins d'un an, avant d'être réédité de nombreuses fois, alors que celui de Bèze fut réimprimé au moins à huit reprises jusqu'en 1581, mais aussi inséré dans les *Mémoires de l'Estat de France*, célèbre compilation à vocation polémique conçue par Simon Goulart, où il retrouva d'ailleurs la *Francogallia*[29]. Le *Réveille-matin* connut également une réelle fortune éditoriale. Diffusés au moment où les huguenots, qui avaient perdu confiance en la monarchie, cherchaient des solutions afin d'assurer leur survie, ces trois traités purent-ils influencer les décisions prises par les assemblées politiques qui avaient entrepris, dès l'automne 1572, d'assurer la défense des Églises du Midi ?

9

Un État huguenot ?

Il était huit heures du matin, le samedi 28 février 1573, lorsque les canons de l'armée royale commencèrent à bombarder La Rochelle. Une pluie de boulets s'abattit sur les murailles de la capitale huguenote. Au cours des jours suivants, le feu de l'artillerie s'accentua encore. Chargé de conduire les opérations, le duc d'Anjou espérait créer une brèche dans laquelle ses troupes pourraient s'engouffrer. Le 7 avril, enfin, les remparts qui reliaient le bastion de l'Évangile et celui de la Vieille-Fontaine finirent par céder. L'assaut put commencer. À huit reprises, l'élite de la noblesse française rassemblée autour du frère du roi tenta de pénétrer dans la ville au cours des trois mois qui suivirent. À huit reprises, elle échoua, inlassablement repoussée par la résistance rochelaise stimulée par les exhortations des pasteurs qui insufflaient aux assiégés une énergie décuplée par la foi. L'échec de ce siège mit un terme à la quatrième guerre civile, commencée au lendemain de la Saint-Barthélemy. Charles IX, qui s'était cru en mesure de pousser son avantage afin d'éradiquer la puissance politique et militaire protestante, dut se résoudre à concéder une nouvelle paix en juillet 1573. Pour le roi, c'était un coup d'épée dans l'eau. Pour les réformés, la victoire était d'autant plus inespérée que, privés de la plupart de leurs chefs, ils avaient cheminé au bord du précipice. Persuadés de ne plus pouvoir se tourner que vers Dieu, ils transformèrent alors si profondément leur système de défense politique et militaire qu'ils attisèrent, chez leurs détracteurs, le soupçon d'une volonté de sécession.

La résurrection du parti huguenot

Comme à leur habitude, les réformés traumatisés par la « trahison » royale recherchèrent d'abord le réconfort dans la lecture des Écritures. Ils puisèrent dans l'Ancien Testament l'exemple des épreuves surmontées par les Hébreux, convaincus de les traverser à leur tour. Dans les écrits polémiques qui fleurirent dès l'automne 1572, le roi Charles IX et sa mère furent comparés aux persécuteurs bibliques les plus violents, assimilés à Achab et Jézabel, adorateurs du dieu Baal, qui avaient péri dévorés par les chiens, conformément à la prophétie d'Élie. La figure de Caïn, meurtrier de son frère Abel, fut aussi convoquée afin de stigmatiser la traîtrise du souverain qui avait fait assassiner ses bons sujets huguenots sous un prétexte fallacieux.

Poèmes satiriques et pamphlets virulents véhiculèrent et répandirent ainsi cette image noire de la monarchie, stimulant par ricochet la résistance qui s'organisa après une courte période de flottement engendrée par la mort tragique, à Paris, d'une bonne partie des membres de l'élite politique et militaire qui avaient jusque-là guidé et protégé les fidèles. Dans son *Histoire universelle*, Jacques-Auguste de Thou résume cet état de stupeur initial, lorsqu'il évoque « le meurtre de tant de généraux, la dispersion de tout ce qui restait de noblesse parmi les protestants et l'effroi des peuples dans toutes les villes[1] ». Mais les huguenots surent se reprendre.

C'est aux principales villes citadelles du protestantisme que revint l'initiative du redressement. À l'automne 1572, La Rochelle, Nîmes, Montauban, Millau et Castres ébauchèrent la constitution d'une sorte de fédération communale demeurée informelle mais qui poussa les gentilshommes à l'action. Sous son impulsion, les villes du Sud-Ouest se mirent en défense, renforçant leurs murailles et levant des troupes et, dès octobre 1572, des assemblées politiques se tinrent en Guyenne et en Languedoc. Parfois simples réunions de noblesse improvisées, ou renforcées de la présence de consuls venus des cités alentour, elles entreprirent de remettre en ordre de marche l'organisation politique et militaire qui s'était assoupie depuis la paix de 1570. En haut Languedoc, l'assemblée de Pierre-Ségade plaça le très énergique Bertrand de Rabastens, vicomte de Paulin, qui s'était illustré lors de la deuxième et de la troisième guerre civile, à la tête des diocèses de Castres, Albi et Saint-Pons, alors que celle de Saint-Antonin-Noble-Val nommait Géraud de Lomagne général du bas Quercy et du Lauragais. À leur entrée en fonction, ces gentilshommes, dont la valeur militaire avait été éprouvée par l'expérience, nommèrent à leur tour des gouverneurs dans toutes les places fortes de leur ressort, établissant leurs quartiers généraux à Réalmont et à Montauban, où ils purent installer les conseils qui leur avaient été adjoints. À Millau enfin, une autre assemblée politique désigna Jean de Castelpers, vicomte de Panat, comme général du Rouergue[2].

Cette organisation provisoire décidée dans l'urgence fut ensuite révisée. Sous la pression des événements, seules des assemblées réduites à l'échelle locale avaient déjà pu se tenir en haut Languedoc, lorsque Paulin convoqua une assemblée politique générale à Réalmont en mars 1573. Dans toute l'étendue de sa compétence géographique, elle redistribua les gouvernements militaires entre les figures de proue de la noblesse huguenote du Midi. Jean et Jacques de Castelpers, vicomte et baron de Panat, furent placés à la tête du Rouergue, le vicomte de Gourdon se vit confier le haut Quercy, Géraud de Lomagne conserva le Lauragais, Jacques de Castelverdun, vicomte de Caumont, prit en charge le pays de Foix, et Michel d'Astarac, sieur de Fontrailles, reçut le commandement en Armagnac et en Bigorre. Enfin, la conduite des affaires en Albigeois, en Castrais et dans le diocèse de Saint-Pons demeura l'apanage de Paulin. Cette dispersion des responsabilités n'eut pas pour conséquence un émiettement de l'action militaire, car ces chefs se promirent un secours mutuel, fondant leur action concertée sur d'importantes levées de troupes et sur l'établissement de fortes garnisons dans les villes les plus stratégiques pour le contrôle des espaces placés sous leur autorité. En bas Languedoc, où une assemblée générale s'était tenue quelques semaines plus tôt à Anduze, en février 1573, c'est à Jean de Saint-Chamond, seigneur de Saint-Romain, alors réfugié à Genève, qu'échut le commandement militaire d'une vaste zone incluant aussi les Cévennes, le Gévaudan et le Vivarais.

Dans ces espaces méridionaux, où régnait l'effervescence de la résistance à la tyrannie, ce n'est qu'après la conclusion de la paix de juillet 1573 que circulèrent les écrits monarchomaques. Parmi eux figurait le premier des deux dialogues formant le *Réveille-matin*[3]. Il fut diffusé en Languedoc à l'automne 1573[4], et renfermait un curieux passage que l'on a longtemps pris pour un extrait des délibérations d'une assemblée politique qui aurait été réunie peu après le massacre, et que l'auteur aurait pu reproduire à titre documentaire. En réalité, forgé de toutes pièces, ce texte n'était qu'une pure construction littéraire destinée à soutenir l'argumentaire du pamphlet. Bien que fictif, son contenu mérite pourtant l'attention dans le contexte de l'effervescence politique qui régnait alors dans le Midi huguenot. Baptisé « les *Arrêts de Daniel* », parce qu'il énumérait en quarante articles des « lois et ordonnances politiques » prétendument édictées par le prophète à l'intention des fidèles confrontés à l'adversité, il définissait les principes d'une organisation politique appelée à fonctionner aussi longtemps que la tyrannie régnerait sur la France.

Mêlant les modèles bibliques et antiques, en particulier l'exemple des cités grecques, le système dont il proposait la création s'appuyait sur l'unité urbaine comme élément de base. À la tête de chacune des villes contrôlées par les réformés serait placé un chef civil et militaire, assisté d'un conseil de vingt-quatre hommes, lui-même soutenu par une assemblée de cent personnes qu'il formerait en compagnie de soixante-quinze autres hommes élus. Le chef, appelé « majeur », ne pourrait prendre de mesure importante, en matière de guerre ou de police, sans l'appui des vingt-quatre et, pour toutes les décisions touchant l'intérêt public, relatives aux impôts, à la paix ou aux changements de lois, il lui faudrait aussi consulter le conseil des cent. Tous ces édiles seraient renouvelés chaque année au 1er janvier. À l'échelle d'une aire géographique aux contours qui n'étaient pas précisés, le majeur et le conseil de chacune des villes comprises dans cette zone devaient contribuer à l'élection d'un chef général, dont les compétences seraient établies sur le modèle du « dictateur romain », magistrat extraordinaire nommé pour une durée limitée afin de répondre à une situation d'urgence militaire. Il serait lui aussi doté d'un conseil et de cinq ou six lieutenants qui devraient avoir « la crainte de Dieu, son honneur, sa gloire et son Église en souveraine recommandation ». Lorsque la guerre prendrait fin, le chef militaire cesserait ses fonctions et cette dimension du système entrerait en sommeil. Pour administrer les finances dans cet espace, on prévoyait de nommer aussi, dans chaque cité, des « gens de bien et sans fraude » et, à l'échelle plus vaste du territoire précédemment défini, un receveur et un contrôleur général. Tous les hommes en charge devraient bien observer la discipline ecclésiastique afin que le règne de Dieu soit établi, et les magistrats municipaux devraient collaborer étroitement avec les consistoires, afin que la conduite des affaires politiques soit en accord avec les exigences spirituelles. Enfin, de nombreux articles définissaient le comportement des armées et des soldats, qui devaient s'assujettir à une discipline forgée sur le modèle spartiate et adopter un comportement moral irréprochable, notamment en ménageant les catholiques paisibles[5].

Pourquoi s'attarder sur ce texte, s'il ne fut qu'une invention de l'auteur du *Dialogue* et s'il ne proposait qu'une organisation fictive ? S'il ne résultait pas de la réflexion conduite par l'une ou l'autre des assemblées politiques qui s'étaient réunies après la Saint-Barthélemy, il n'en révèle pas moins l'état d'esprit qui animait alors les élites réformées préoccupées par leur mise en défense et éclaire certaines des décisions qui furent prises par les protestants du Midi. L'importance qu'il accordait aux villes dans la création du système politique ne faisait-elle pas écho à la place centrale du fait urbain dans le phénomène de résistance calviniste méridional comme dans la résurrection du parti ? L'exemple des modèles antiques de cités libres, comme Sparte et Athènes, ou de forteresses bibliques où s'était enfermé le peuple élu, telles que Lobna, Béthulie ou Jérusalem[6], ne venait-il pas fort à propos afin de conforter et de stimuler la détermination de ces citadelles huguenotes confrontées à l'adversité ? Si le modèle d'organisation urbaine proposé par les *Arrêts de Daniel* ne fut jamais mis en œuvre, on sait qu'à Millau, le 25 octobre 1572, une mutation des institutions communales avait débouché sur la création d'un Conseil des soixante destiné à remplacer le conseil général en place depuis l'époque médiévale. Composé de cinquante-six hommes nommés et choisis parmi les habitants des différents quartiers et des quatre consuls, il excluait les chefs de famille catholiques qui n'avaient pas quitté la cité. En son sein, douze députés élus formaient avec les consuls le conseil d'ordonnance, dont la mission était de gouverner la ville. Il était certes trop tôt pour que les *Arrêts* aient pu servir de source d'inspiration, mais cette réforme millavoise montre bien que l'auteur du dialogue s'inscrivait dans une réflexion conduite sur le mode de gouvernement des cités, et plus particulièrement sur la structure des institutions municipales de ces villes closes considérées comme des îlots de sécurité et de puissance essentiels à la survie des communautés.

Sous l'influence de quelques théoriciens très actifs, la mobilisation militaire s'accompagna ainsi d'une intense réflexion politique, faisant des assemblées huguenotes un véritable laboratoire de la résistance au tyran. La Rochelle sauvée et la paix signée n'interrompirent pas cette recherche des moyens à la fois théoriques et pratiques de procurer une sécurité durable aux fidèles qui se sentaient menacés par un roi en qui ils avaient perdu toute confiance. Ainsi, l'édit de Boulogne du 11 juillet n'apaisa pas leurs craintes et, pour la première fois depuis le début des guerres civiles, la fin des hostilités n'entraîna pas de suspension d'armes. Le caractère très restrictif des clauses de l'édit, qui réduisaient comme peau de chagrin les concessions précédemment faites aux réformés dans le domaine de la pratique du culte, contribua puissamment à entretenir cette défiance. En Guyenne, Languedoc et Dauphiné, l'agitation perdura.

La reprise difficile du dialogue avec la monarchie

Face à la détermination manifestée par les huguenots du Midi, la monarchie joua alors la carte de l'apaisement. Le duc d'Anjou autorisa la réunion d'une assemblée politique à Montauban en août 1573. Grâce à la liberté de circulation engendrée par cette permission, cette assemblée générale fut la toute première à pouvoir prétendre incarner l'ensemble des réformés du royaume. Mais dans la réalité, les provinces et « pays » effectivement représentés furent tous situés au sud de la Loire, où était implanté l'essentiel des Églises. Les dispositions qui avaient été prises dans l'urgence à Réalmont et à Anduze quelques mois plus tôt y furent précisées. Les députés décidèrent de partager le Languedoc, véritable cœur de la résistance huguenote, en deux généralités dirigées chacune par un gouverneur. Le commandement du haut Languedoc, qui englobait également la Guyenne et le Quercy et dont la capitale était Montauban, revint au vicomte de Paulin, alors que Saint-Romain conservait la tête du bas Languedoc, auquel fut rattaché le Rouergue et dont la capitale était Nîmes. Ces chefs étaient soumis à l'autorité des assemblées de généralité qui demeurèrent, comme l'avaient été les assemblées politiques réunies avant la Saint-Barthélemy, des versions confessionnalisées des états provinciaux. En dépit de la conclusion de la paix, les huguenots restèrent donc sur leurs gardes. Il n'était pour l'heure pas question de déposer les armes. Le 24 août, un an jour pour jour après la Saint-Barthélemy, l'assemblée montalbanaise signa une requête adressée au roi, par laquelle furent formulées toute une série de demandes dont la satisfaction était considérée comme indispensable à la paix. En tête, figurait une revendication hautement symbolique qui exprimait la profondeur de la cicatrice laissée par le massacre. Les députés réclamaient que Coligny et les autres victimes des matines parisiennes fussent déclarés innocents de la « prétendue conspiration » qui leur avait injustement été imputée. Ce désir de réhabilitation témoigne d'une recherche de réintégration dans le corps politique du royaume, également signifiée par d'autres revendications. On réclama ainsi la restitution de leurs offices à tous ceux qui en avaient été privés et l'admission des huguenots à toutes les charges, nonobstant leur religion. Mais surtout, ce texte destiné au roi témoignait d'une persistance de la défiance des réformés à son égard, par la recherche de moyens garantissant leur sécurité. Ainsi requirent-ils non seulement que les coupables des massacres soient punis et que des chambres de justice mixtes, composées pour moitié de juges protestants, soient créées dans les parlements, afin que les procès impliquant une partie huguenote soient jugés avec équité, mais ils proposèrent également que la paix conclue soit garantie de manière quasiment contractuelle.

Après avoir invité le roi à se comporter « comme un bon père de famille en sa maison » et à agir en « père de patrie », les réformés se montrèrent en effet particulièrement audacieux. « Reste maintenant le point principal, poursuivaient-ils, à savoir les moyens d'une vraie et juste sûreté pour la durée, tenue et entretien perpétuel et irrévocable des promesses et ordonnances de Votre Majesté. » De toute évidence, ils ne voulaient plus se contenter de la parole du roi et s'affirmèrent « très marris » de devoir insister pour obtenir de lui des garanties qu'il aurait pu, s'il s'était montré soucieux de la sécurité de ses sujets réformés, leur accorder par sa « bienveillance et faveur paternelle » et de son « propre mouvement ». Comme tel n'avait pas été le cas, et pour le contraindre à respecter ses engagements, les huguenots imaginèrent un système original, fondé sur un accord international de surveillance mutuelle reposant sur un double contrat. L'un serait conclu entre le roi et les princes protestants voisins, c'est-à-dire les États de l'Empire, les cantons suisses et l'Angleterre, l'autre entre Charles IX et ses sujets catholiques et réformés, le premier servant à garantir le second. Catholiques et réformés français s'engageraient par serment, prêté lors de l'assemblée des états de chaque province et lors de l'assemblée générale des habitants de la ville capitale de chaque diocèse, à respecter l'édit devant les officiers royaux. Le roi lui-même devrait s'engager solennellement, en pleine assemblée du Conseil privé, puis en pleine audience au parlement de Paris, à la « sincère observation des articles de cette paix ». Si cet engagement venait à être rompu, il appartiendrait aux États voisins, qui agiraient en quelque sorte comme des cautions du contrat passé entre le roi et ses sujets, de « contraindre par toutes voies d'armes » le monarque à se corriger. Les serments seraient renouvelés chaque année pendant cinq ans, temps estimé pour que l'amitié soit restaurée entre catholiques et protestants. Ainsi pourrait être évitée, pensaient les députés réformés, « une conspiration de Vêpres siciliennes contre ceux de la religion en ce royaume[7] ». S'il s'agissait d'un système irréaliste dans le contexte géopolitique du moment, il était, de toute évidence, le reflet du spectre de la Saint-Barthélemy qui habitait la requête de l'assemblée de Montauban, dont le caractère à la fois offensif et offensant pour la majesté royale n'échappa alors à personne.

Catherine de Médicis se sentit d'ailleurs plus qu'offensée. Si l'on en croit Agrippa d'Aubigné, dont on connaît le sens de la formule, la reine mère laissa éclater sa colère à la lecture de ce texte qui lui fut remis par une délégation de trois députés. « Si le prince de Condé était en vie, aurait-elle alors déclaré, qu'il eut pris Paris ou la moitié des villes du royaume avec vingt mille chevaux et cinquante mille hommes de pied en la campagne, il ne voudrait pas avoir demandé la moitié de ces articles insolents[8] » ! Et le témoignage d'un calviniste de Millau vient illustrer le climat de tension qui présida alors aux entretiens entre Catherine et les envoyés huguenots. L'un d'entre eux, Jean de Malras, seigneur d'Yolet, aurait rétorqué aux paroles méprisantes qu'elle lui adressait qu'il y a « présentement dans ce royaume de France 360 villes de la religion ; tellement, Madame, que la moindre d'icelles soutiendra le camp du roi plus de dix jours ; joint aussi, Madame, qu'il y a en France encore 300 000 huguenots ou plus portant les armes journellement pour leur défense ». Avant d'ajouter que « vous n'avez plus affaire avec un prince, ni amiral, ni autre grand seigneur, mais vous avez affaire avec de petits cadets ou pauvres gentilshommes, ou avec un cordonnier, un couturier, un maçon et un serrurier, marchands et autres de petit état, lesquels, Madame, ont grand plaisir de porter les armes et d'aller à la guerre[9] ». Ce dialogue est très certainement fictif, mais il révèle l'atmosphère qui régnait alors. Avec l'anéantissement des grandes figures du parti, par la volonté du roi, et la conversion forcée des princes du sang, la face des guerres avait changé. Le temps des négociations entre grands était révolu. La Cour avait-elle pris conscience de cette mutation ? C'était plus que douteux. Encore confiant dans les anciennes recettes, Charles IX décida de surseoir et chargea Henri de Montmorency-Damville, gouverneur de Languedoc, d'engager des pourparlers avec les réformés afin qu'ils acceptassent de se satisfaire enfin de l'édit de Boulogne. Loin d'être acquise, la pacification du Midi huguenot demeurait plus qu'incertaine.

Sujets ou voisins ?

Alors que les hostilités n'avaient pas cessé dans un Languedoc sans cesse parcouru par des bandes armées qui multipliaient embuscades et escarmouches, Damville autorisa une nouvelle fois les réformés à s'assembler. C'est à Millau, en décembre 1573, qu'ils se réunirent en une « assemblée générale des Églises réformées de France ». Pour la première fois, dans l'histoire encore balbutiante de l'organisation politique huguenote, se tint une session qui représentait presque l'ensemble des protestants du royaume. Outre les provinces méridionales, des espaces plus septentrionaux tels que la Normandie, le Cotentin, le duché d'Alençon, le Maine, le Pays chartrain, la Beauce, le Perche, l'Île-de-France, la Picardie, le Vexin et le pays de Caux envoyèrent également des députés[10]. Loin de reculer face à la volonté du roi de voir son édit appliqué, les membres de l'assemblée poursuivirent l'œuvre réglementaire qui avait été engagée lors des sessions tenues à Anduze et Réalmont en février et mars 1573. Afin que leur système politique et militaire puisse fonctionner avec suffisamment d'efficacité pour les mettre en position de négocier face aux représentants de Charles IX, il était en effet indispensable qu'il fût régi par des principes bien établis. C'est cette conscience d'une nécessité normative qui aboutit à l'adoption, le 16 décembre 1573, d'un règlement dont les dispositions donnèrent naissance à une organisation de type confédéral, applicable en théorie à l'ensemble du royaume. Dans les faits, il étendait seulement le système des généralités précédemment créé à tous les espaces où les réformés étaient suffisamment bien établis pour le mettre en œuvre, ce qui en limitait concrètement la portée au Midi, et instaurait un système pyramidal d'assemblées représentatives qui rappelait fortement la structure de l'organisation ecclésiastique en fonction depuis 1559. À la base se trouvaient les villes, dont les conseils devaient désigner des députés chargés de les représenter à l'assemblée de la généralité dont elles dépendaient et qui devait se réunir tous les trois mois à l'initiative du gouverneur en charge de cette circonscription. Tous les six mois, ces assemblées de généralité devraient députer à leur tour trois de leurs membres, à raison d'un noble, d'un magistrat municipal et d'un membre du tiers, vers une assemblée nationale, qualifiée d'« états généraux », qui dominait tout le système[11]. Modelée sur la matrice des états généraux du royaume dont elle reprenait le nom et la structure, puisque « l'ordre » des magistrats y remplaçait celui du clergé, cette institution venait ainsi couronner un édifice politique qui était doublé d'un système militaire comprenant un niveau supplémentaire. Chaque généralité était ainsi subdivisée en circonscriptions de niveau inférieur, les diocèses civils pour l'espace languedocien par exemple, à la tête desquelles devaient être placés des généraux particuliers, reprenant ainsi la structure qui avait été définie à Réalmont.

Mais l'ambition des réformés était plus vaste. Le règlement de décembre 1573 statua également dans d'autres domaines qui relevaient de l'exercice de la souveraineté : la justice, la police et les finances. La garantie de pouvoir être jugé de manière équitable était une préoccupation constante manifestée par les huguenots, qui n'avaient pas confiance dans les tribunaux royaux intégralement catholiques lorsqu'il s'agissait de trancher des litiges entre des parties de confessions opposées. En dépit de l'exclusion des officiers réformés du monde judiciaire ordonnée par Charles IX en 1568, certains présidiaux du Midi, comme celui de Nîmes par exemple, étaient demeurés aux mains d'une majorité de magistrats huguenots. En bas Languedoc, l'assemblée de Millau confia à ces tribunaux les affaires criminelles et les procédures d'appel, mais dans les généralités où les catholiques avaient conservé la maîtrise du système judiciaire, elle créa un lieutenant de sénéchal qu'elle déclara compétent en la matière. En matière de police, le pouvoir fut confié aux consuls et aux autres officiers publics des villes et villages. Enfin, dans le domaine financier, une organisation très structurée fut mise en place sous l'autorité du conseil qui devait être créé auprès du gouverneur de chaque généralité, avec une nouvelle fois une structure pyramidale au sommet de laquelle devait être nommé un receveur général, dont dépendaient des receveurs diocésains, eux-mêmes habilités à recueillir les deniers perçus par les receveurs municipaux.

Même si toutes ces dispositions n'étaient pas entièrement inédites, puisque les réformés avaient déjà ébauché, au cours des trois premières guerres, les contours d'un système politico-militaro-financier qui leur avait permis de résister aux troupes catholiques, leur développement et leur rationalisation en une structure cohérente aux rouages bien articulés donnèrent aux contemporains l'impression d'une grande nouveauté. La création d'une assemblée supérieure baptisée « états généraux », mais aussi la prise de contrôle assumée de l'ensemble des leviers de l'action régalienne n'étaient pas étrangères à ce sentiment. L'audace des députés réunis à Millau contribua ainsi puissamment à réactiver une accusation que la monarchie avait déjà formulée contre les huguenots quelques années plus tôt, lorsque Charles IX avait publié l'édit de Saint-Maur le 25 septembre 1568, au commencement de la troisième guerre civile. Très dur contre les réformés, ce texte qualifié de « perpétuel et irrévocable » avait interdit l'exercice du culte réformé dans le royaume et accordé aux pasteurs un délai de quinze jours pour quitter la France. Mais surtout, dans un long préambule, le roi y avait lancé de lourdes accusations contre ses sujets réformés, qu'il soupçonnait de vouloir créer un État dans l'État :

> Ne pouvant plus douter de leur damnée entreprise d'établir et constituer en cedit royaume une autre principauté souveraine pour

> défaire la nôtre ordonnée de Dieu, et diviser par tels artifices nos bons sujets de nous, même par le moyen de la permission dudit exercice de leur religion et des assemblées qu'ils font sous couleur de leurs prêches et cènes, esquelles ils font collectes de deniers, enrôlements d'hommes, serments, associations, conjurations, pratiques et menées, tant dedans que hors notredit royaume, par armes le troublent, et les ayant en main traitent avec nous comme voisins, non comme sujets obéissants qu'ils se déclarent de bouche et par écrit et font actes d'ennemis mortels tels qu'il ne nous est possible les contenter ni retenir, mais en veulent toujours davantage pour abattre nos religion et État s'ils peuvent, afin de demeurer seuls[12].

À l'automne 1573, les décisions prises par les assemblées politiques firent renaître cette suspicion. Les procédures adoptées à Millau, le refus de déposer les armes, l'organisation développée alors même que la paix était théoriquement établie envoyèrent des signaux négatifs au roi et à la Cour, où les catholiques les plus déterminés fulminèrent contre cette audace qui rappelait à tous l'assimilation ancienne entre hérésie et sédition. Les réformés voulaient-ils vraiment se tailler une principauté souveraine au détriment du domaine royal, créant une enclave calviniste indépendante ? C'est ce que crurent certains, et la circulation des premiers écrits monarchomaques dans le royaume, à l'automne 1573, contribua sans doute à attiser ces soupçons. On se souvient que l'édition latine de la *Francogallia*, la version manuscrite du traité de Bèze et le premier des deux dialogues formant le *Réveille-matin* circulaient déjà dans le Midi, lorsque les députés réformés s'étaient réunis à Millau[13]. Et l'apparence d'un règlement prise par les fameux *Arrêts de Daniel*, qui appelaient à la mise en place d'une organisation politique, militaire et financière, faisait si fortement écho aux dispositions prises en décembre 1573 qu'il fut alors aisé aux détracteurs des huguenots d'extrapoler. Ce texte fictif en devint alors potentiellement authentique à leurs yeux. Il fut même inséré par le polémiste réformé Simon Goulart lui-même dans l'une de ses compilations quelques années plus tard, comme s'il avait véritablement été conçu par les assemblées politiques huguenotes[14]. Quand on connaît l'ultime clause de ces *Arrêts*, on imagine mieux les dégâts qu'une telle assimilation pouvait causer. Évoquant l'impossibilité qui pouvait se présenter à ramener le tyran dans le droit chemin, le texte disposait que, « s'il plaît à Dieu susciter un prince chrétien vengeur des offenses, et libérateur des affligés, qu'à celui-ci ils se rendent sujets et obéissants, comme à un Cyrus que Dieu aura envoyé, et en attendant cette occasion qu'ils se gouvernent par l'ordre ci-dessus établi par forme de lois[15] ». Il s'agissait d'un appel fort et clair à se soustraire à l'obéissance au roi demeuré tyran. Le mythe de la volonté de sécession protestante était bel et bien en marche, mais qu'en était-il de la réalité des intentions huguenotes ? Alors que l'année 1573 jetait ses derniers feux, les réformés français se considéraient-ils toujours comme des sujets du roi de France, ou aspiraient-ils vraiment à devenir ses voisins ?

Une confédération autonome non souveraine

Stimulés par les allégations plus tardives du cardinal de Richelieu, qui accusa à son tour les huguenots d'avoir voulu partager l'État avec le roi, les historiens ont souvent envisagé cette question. Certains d'entre eux ont conclu un peu hâtivement que les réformés avaient vraiment voulu constituer, au lendemain de la Saint-Barthélemy, une sorte d'État huguenot et avaient adopté, pour le désigner, l'expression de « Provinces unies du Midi », créant ainsi une analogie avec le nouvel État calviniste des Provinces-Unies, né en 1581 de la scission des provinces septentrionales des Pays-Bas espagnols. Or, si l'on examine avec attention les documents émis par les assemblées politiques incriminées, le jugement doit être beaucoup plus nuancé.

Que les réformés aient pu réfléchir à une solution qui leur aurait permis de vivre et de pratiquer leur religion en toute sécurité n'est pas contestable. Et il n'avait pas fallu attendre la Saint-Barthélemy pour que certaines options pussent être envisagées. Ainsi, inspirés par l'exemple de la paix d'Augsbourg, qui avait permis d'établir dans l'Empire la paix religieuse entre catholiques et luthériens en 1555, les députés huguenots réunis à Nîmes en novembre 1562 avaient clairement envisagé de « chasser [les catholiques] du pays [de bas Languedoc] et faire retirer les uns en Avignon, les autres en Arles, et les autres en Narbonne et de là jusqu'à Toulouse, ou autre part hors de nous […] », sans « faire exception ni différences de personnes, soit officiers du roi ou autres », créant ainsi une partition géographique du royaume sur des bases confessionnelles. Le bas Languedoc serait alors devenu un territoire exclusivement peuplé de réformés, une sorte d'îlot de pureté évangélique. La même détermination était apparue quelques semaines plus tard dans les actes de l'assemblée de Montélimar, réunie en décembre 1562, où il avait été statué que « les papistes obstinés doivent être chassés non seulement des villes mais de tout le ressort dudit pays[16] ». À Valence, lors d'une nouvelle assemblée politique ouverte le 26 janvier 1563, cette prescription avait été réitérée en des termes presque identiques[17]. Le Dauphiné serait ainsi devenu une seconde province réservée aux huguenots, le système impérial de l'identification de chaque territoire à une seule confession leur servant alors peut-être de modèle[18]. Cette idée, incompatible avec un État dont la structure politique était par essence profondément différente de celle de l'Allemagne, s'était toutefois très vite dissipée, et il n'avait jamais été question de se soustraire à l'autorité royale.

Après la Saint-Barthélemy, la situation avait changé. La rupture de confiance entre les huguenots et le roi avait créé un climat de tension accrue, engendrant la prise de décisions plus radicales de la part des assemblées politiques. Mais à aucun moment, dans aucun texte publié par lesdites assemblées, il n'avait été question de s'émanciper. Tout au plus, à l'occasion des premières assemblées générales tenues au printemps 1573, lorsque le climat de défiance était encore à son comble et que La Rochelle était assiégée par les « janissaires du tyran », comme devait l'écrire plus tard l'auteur du *Réveille-matin* afin d'assimiler la monarchie française à la tyrannie ottomane, avait été formulée l'intention de mettre en place un système transitoire d'autonomie. Les députés réunis à Anduze en février 1573 avaient ainsi réaffirmé leur volonté de demeurer sous l'autorité du roi, leur « prince naturel, leur souverain seigneur et légitime magistrat » qu'ils reconnaissaient comme « l'oint du Seigneur », mais qu'ils déclaraient, comme l'avaient fait les théoriciens huguenots depuis plus d'une décennie, victime de l'influence néfaste de ses mauvais conseillers et de celle de sa mère Catherine de Médicis, qui exerçaient une véritable tyrannie contre sa jeunesse et sa volonté. Ainsi le royaume était-il entre les mains des « auteurs et nourriciers de la tyrannie ». Cette captivité empêchait la conduite d'un gouvernement sage et modéré, si bien que l'assemblée avait décidé que la « puissance et autorité publique » serait « retenue, gardée et conservée par le pays », « par provision et en attendant la justice, volonté ou liberté du roi avec le rétablissement et restauration dudit État[19] ». Ainsi toutes les mesures prises par les règlements ultérieurs doivent-elles être placées dans cette perspective d'une administration provisoire. Dans leur requête du 24 août 1573, les réformés assemblés à Montauban avaient à leur tour protesté vigoureusement de leur fidélité, s'affirmant de loyaux sujets qui n'avaient pris les armes que contraints pour assurer « une juste et nécessaire défense ». Et encore à l'automne, puis lors de l'assemblée de Millau en décembre, il n'avait aucunement été question de créer un système destiné à se substituer durablement aux institutions royales.

Au cours des mois qui suivirent, le système connut quelques développements complémentaires. Une nouvelle assemblée, toujours convoquée à Millau durant l'été 1574, désigna le prince Henri Ier de Condé, qui était redevenu calviniste après avoir quitté la Cour au printemps, « chef gouverneur général et protecteur » des Églises réformées de France. Dans le domaine judiciaire, le rôle des parlements ouvertement hostiles aux huguenots fut dévolu à trois chambres de justice souveraines, instituées à Millau, Montauban et Mazères, composées exclusivement de magistrats réformés et compétentes pour la haute Guyenne et le pays de Foix. En cela, l'assemblée n'innova pas totalement, car en 1569, le prince de Condé avait déjà créé à Castres une institution similaire qui avait fonctionné jusqu'à la paix de Saint-Germain, mais le système prit désormais de l'ampleur. Les députés n'en protestèrent pas moins encore une fois que « jamais il ne leur est entré au cœur de se soustraire, licencier ou délivrer indignement de l'obéissance qu'ils doivent comme vrais et naturels sujets de cette couronne à leur vrai et naturel roi, leur prince et souverain seigneur[20] ». Et le 9 août, ces mêmes députés signèrent une *Protestation* dans laquelle ils réaffirmaient leur « affection » envers « sa Majesté et son État [...] pour lesquels au contraire nous sommes prêts d'employer nos vies et biens[21] ». La mort soudaine de Charles IX le 30 mai 1574, victime d'une pleurésie, modifia alors sensiblement la situation. Son successeur, Henri III, se trouvait en Pologne, sur laquelle il régnait depuis mai 1573. En attendant son retour, la reine mère exerça la régence, mais les réformés estimèrent que le trône était provisoirement vacant, ce qui les conduisit à considérer Condé comme une sorte de vice-roi exerçant temporairement, sur l'ensemble des réformés français, le pouvoir « au lieu, nom et autorité dudit seigneur roi de France et de Pologne, pour en son absence et empêchement les régir, commander et gouverner par tout ce royaume[22] ».

Henri III rentra en France en septembre 1574, mais le système huguenot continua à fonctionner. En décembre de la même année, l'assemblée de Nîmes s'intitula « états généraux », appliquant à la lettre le règlement voté à Millau un an plus tôt dont elle confirma les dispositions. Elle les compléta même, en ordonnant l'institution d'une quatrième chambre de justice souveraine à Castres, compétente en haut Languedoc pour les sénéchaussées de Toulouse, Albigeois, Lauragais, Carcassonne et Castres, qui fut effectivement créée au cours des premiers mois de l'année 1575 sur ordre du vicomte de Paulin. Mais encore et toujours, il ne fut aucunement question de se soustraire à l'autorité royale, puisque ces chambres souveraines n'étaient considérées que comme des institutions provisoires, comme des pis-aller en attendant que les affaires concernant les protestants pussent être jugées équitablement par les parlements. Car en lieu et place de ces chambres extraordinaires et illégales, les réformés auraient infiniment préféré pouvoir bénéficier d'une justice ordinaire octroyée par la pleine volonté royale. Ils en avaient fait la demande dès août 1573, lorsque l'assemblée politique de Montauban avait réclamé la création en chaque parlement d'une chambre de justice mi-partie, c'est-à-dire composée pour moitié de juges catholiques et pour moitié de juges réformés. Puis ce fut au tour de l'assemblée réunie à Millau, en décembre, de demander que soient au moins instituées deux chambres pour la moitié sud du royaume : l'une à Montpellier, compétente pour les ressorts des parlements de Grenoble, d'Aix et la plus grande partie de celui de Toulouse ; l'autre à Cahors, compétente pour les sénéchaussées de Toulouse, de l'Albigeois, du Lauragais et pour le ressort du parlement de Bordeaux. C'est au refus de la monarchie de satisfaire ces requêtes que doit être attribuée la création, quelques mois plus tard, des chambres souveraines dont l'existence portait atteinte à l'autorité royale, même si la justice persista à y être rendue en son nom et dans le respect des lois du royaume. Le soin avec lequel les réformés s'appliquèrent à nommer dans ces cours des gens de justice expérimentés témoignait d'ailleurs de leur souci de conférer une réelle légitimité à ces tribunaux.

La complexité de cette situation et l'emboîtement des obéissances qui caractérisait le gouvernement du système huguenot s'exprimèrent bien dans l'intitulé du procès-verbal d'une assemblée réunie à Castres en mars 1575, désignée comme les « États provinciaux des diocèses de Castres, Albi, Lavaur et montagnes de Saint-Pons de Thomières, étant du gouvernement et généralité de monsieur le vicomte de Paulin y commandant généralement pour le service du Roi et soutènement des Églises reformées sous l'autorité de monseigneur le prince de Condé[23] » ! Le serment d'union imposé aux réformés par l'assemblée de Millau en décembre 1573 révélait le même enchevêtrement, puisqu'ils devaient jurer fidélité absolue à la cause huguenote, s'engager à ne former « tous ensemble qu'un même corps », se porter assistance mutuelle tout en « retenant toujours leur entière fidélité à l'État de France, n'ayant autre but que la gloire de Dieu l'avancement du Règne de Christ, le bien au service de cette couronne et le commun repos de ce royaume[24] ». Même s'il n'était pas fait référence au roi mais à son État, il n'était aucunement question de se soustraire à son autorité.

Il peut donc être considéré comme acquis que les réformés français n'ont pas sérieusement envisagé, dans les mois qui ont suivi la Saint-Barthélemy, de créer un État huguenot. Ils se sont toujours considérés comme des sujets, et non comme des voisins. Mais alors, comment qualifier le système qu'ils mirent en place ? Pour répondre à cette épineuse question, peut-être faut-il tourner le regard vers les villes citadelles de la Réforme française et en particulier vers La Rochelle. On se souvient du rôle prépondérant que ces cités avaient joué, à l'automne 1572, lorsqu'il s'était agi de redresser le parti après le choc du massacre. On se rappelle aussi que le texte des *Arrêts de Daniel* avait beaucoup insisté sur le modèle de gouvernement des villes. Et l'on sait enfin à quel point le fait urbain était important dans la structuration même du Midi huguenot. Or ces villes offraient, aux yeux de leurs contemporains, un modèle qui ne doit pas être négligé, celui d'une autonomie relative garantie par l'exercice, consenti par le roi, de leurs privilèges, libertés et franchises, véritables constitutions municipales couchées sur parchemin et jalousement défendues, considérées à l'égal des termes d'un contrat unissant la cité à la monarchie. L'affirmation d'un certain degré d'autonomie n'empêchait pas les magistrats municipaux qui gouvernaient ces cités, qu'ils fussent catholiques ou réformés, de proclamer leur fidélité au souverain et leur pleine inclusion dans le royaume. Sans doute en fut-il ainsi de l'organisation mise en place par les huguenots dans le Midi au lendemain de la Saint-Barthélemy. Pour garantir leur sécurité, les réformés créèrent ce que des historiens ont proposé d'appeler les « provinces de l'Union », qui s'avéraient une confédération de provinces autonome mais non souveraine, dont les membres étaient déterminés à demeurer sujets du roi tout en s'administrant eux-mêmes de manière temporaire, en attendant que leur sécurité puisse être garantie par la loi. Il n'y eut donc pas d'État huguenot à proprement parler.

Si elles furent connues des concepteurs de l'organisation huguenote, si la notion de contractualisation de la loi qu'elles contenaient a laissé quelques traces dans les textes produits par les assemblées, si la haine et la crainte de la tyrannie qu'elles portaient s'exprimèrent jusque dans le souci permanent d'établir, auprès des chefs militaires et du protecteur, un conseil chargé de les contrôler, les théories radicales développées par les monarchomaques n'exercèrent finalement qu'une influence limitée sur les élites huguenotes du Midi. Pragmatiques et soucieux de préserver l'avenir des Églises dans un royaume où la conjoncture avait déjà été plusieurs fois renversée par le sort, ces hommes surent faire preuve de modération, tout en demeurant fermes dans leur détermination à ne rien céder. Signe frappant de cet état d'esprit, ils manifestèrent un souci précoce et constant d'entretenir les relations les moins conflictuelles possible avec les catholiques modérés de leurs villages, villes, provinces ou « pays », prônant la pratique d'une tolérance civile qui ne tarda pas à porter des fruits inattendus.

10

Une parenthèse politique

Sous les murs de La Rochelle, l'art militaire n'avait pas totalement occupé les esprits. Entre deux assauts infructueux lancés contre la citadelle huguenote, certains parmi les membres les plus éminents de l'élite nobiliaire avaient multiplié les entretiens et élaboré des plans. Le duc François d'Alençon, fils cadet d'Henri II, fut au cœur de cette agitation. D'un abord peu avenant, ce prince n'avait pas été épargné par le destin. Le vicomte de Turenne, qui avait été élevé avec lui, rapporte que jusqu'à ses quinze ans, il « était d'une stature moyenne, noir, le teint vif, les traits du visage beaux et fort agréables, son esprit doux », mais qu'en septembre 1569, il avait eu la petite vérole « en telle malignité qu'elle le changea du tout, l'ayant rendu méconnaissable, le visage lui étant demeuré tout creusé, le nez grossi avec difformité, les yeux apetissés et rouges, de sorte que d'agréable et beau qu'il était, il devint un des plus laids hommes qui se voyaient et son esprit n'était plus si relevé[1] ». Par la suite, il avait rechuté et, le malheur s'abattant sur lui, il était aussi légèrement sourd et un peu bossu, comme en témoignent ses différents portraits. Ce déficit de prestance nuisait évidemment à l'affirmation de sa stature politique, mais il souffrait surtout du refus de sa mère et de ses frères de lui confier une charge prestigieuse. Au soir du 23 août 1572, lorsque avait été prise la décision d'éliminer les chefs huguenots, il n'avait pas été mis dans la confidence et, après avoir espéré conduire le siège de La Rochelle, il avait été évincé de ce commandement au profit du duc d'Anjou. Présent au camp royal sans jouer aucun rôle dans la direction des opérations, il ruminait d'autant plus sa frustration qu'il avait désapprouvé l'exécution de Coligny et, plus largement, le choix qui avait été fait de décimer la noblesse huguenote. Pour les gentilshommes catholiques modérés qui partageaient son indignation, mais aussi pour les deux princes du sang convertis de force après le massacre, Henri de Navarre et Henri de Condé, le duc d'Alençon apparaissait ainsi comme le plus apte à prendre la tête d'un grand parti des mécontents, transgressant les clivages confessionnels. Ainsi s'ouvrit, au cœur des guerres de Religion, une véritable parenthèse politique.

La convergence des mécontentements

Fort de ces prémices rochelaises, le projet de convergence des nobles insatisfaits en une union biconfessionnelle sous la houlette du frère du roi prit progressivement corps au cours des mois qui suivirent la signature de l'édit de Boulogne. Parmi les principaux acteurs d'un rapprochement entre gentilshommes catholiques et réformés, le clan des Montmorency joua un rôle décisif. Chef de la maison depuis la mort du connétable en 1567, le duc François, maréchal de France, n'avait jamais caché une modération qui lui avait souvent valu des reproches de la part des intransigeants gravitant autour des Guises. Cousin de l'Amiral, il avait ordonné à ses serviteurs de récupérer nuitamment les restes de ce dernier, qui avaient été pendus au gibet de Montfaucon, et avait refusé de participer au siège de La Rochelle. Deux de ses plus jeunes frères, Guillaume, seigneur de Thoré, et Charles, seigneur de Méru, ainsi que leur neveu, Henri de La Tour d'Auvergne, vicomte de Turenne, mais aussi leur parent, le maréchal Artus de Cossé, avaient également désapprouvé la Saint-Barthélemy. De manière paradoxale, la violence du massacre avait contribué à entraîner dans le camp des modérés le dernier membre de la fratrie, Henri de Montmorency, comte de Damville et gouverneur de Languedoc, pourtant connu pour sa détermination farouche à combattre l'hérésie au cours des précédentes guerres civiles. Confronté à l'impossibilité de venir à bout des huguenots, il avait fini par penser que la division religieuse n'était qu'un piège dans lequel la noblesse française s'était enlisée.

Car ce qui contribua alors à fédérer nombre de gentilshommes autour du duc d'Alençon résidait dans une conviction, partagée de plus en plus largement au sein de l'aristocratie française nonobstant tout clivage religieux. Les mauvais conseillers étrangers qui entouraient le roi depuis plus d'une décennie, qu'il s'agisse des Guises, d'origine lorraine, ou des Italiens, avaient entraîné l'élite de la chevalerie française dans une guerre fratricide dont le seul but était d'anéantir l'ancienne noblesse du royaume à laquelle ils prétendaient se substituer. Leur action était réfléchie, leur plan soigneusement préparé et la Saint-Barthélemy avait été l'une de leurs plus éclatantes réussites. Le meurtre de Coligny et des autres chefs huguenots devait ainsi être replacé dans le contexte plus vaste d'une entreprise globale d'extermination des grands lignages, et des bruits circulaient, selon lesquels une liste de cibles catholiques, où les Montmorency auraient figuré en bonne place, aurait également été établie. Le plan n'avait pas été mis à exécution, mais ce n'était que partie remise. Dans une même logique, le siège de La Rochelle n'aurait été qu'une occasion de provoquer la disparition massive de l'élite nobiliaire. La défense acharnée de la ville huguenote avait engendré une véritable hécatombe dans les rangs de l'armée royale, causant sans doute la mort de plus de la moitié des 22 000 hommes engagés au cours des longs mois d'efforts accomplis en vain. Et parmi ces victimes figuraient bon nombre d'officiers, issus des rangs de la noblesse la plus prestigieuse et la plus expérimentée. Sur une liste de 155 seigneurs de premier rang investis d'une fonction de commandement, colonels de régiments ou capitaines de compagnies, engagés dans le siège, 43 % avaient été tués et 30 % blessés, 27 % seulement étant revenus indemnes. Revers du destin, la victime la plus apparente du siège avait été Claude II de Lorraine, duc d'Aumale, qui avait succédé à son frère François de Guise comme chef de la mouvance catholique intransigeante ciblée par les modérés.

Cette conviction de l'existence d'un vaste complot contre l'ancienne noblesse française, ourdi par les mauvais conseillers étrangers et les anoblis de fraîche date qui entouraient le roi, pouvait séduire largement au sein des rangs huguenots. S'ils étaient provisoirement redevenus catholiques, Navarre et Condé avaient d'ailleurs activement participé au processus d'agrégation des mécontents qui s'était opéré autour de François d'Alençon sous les murs de La Rochelle. Alors que le premier avait ensuite été maintenu sous étroite surveillance à la Cour, le second avait en revanche été envoyé en Picardie, dont le duc d'Anjou lui avait fait offrir le gouvernement à la fin du siège, sans doute pour l'éloigner des intrigues qui se nouaient et qui inquiétaient Catherine de Médicis. Réputé plus déterminé que son cousin Navarre, mieux valait qu'il ne pût pas l'influencer et l'encourager à se lancer dans une entreprise aux côtés du frère du roi. Hormis ces deux grands seigneurs, bien d'autres membres de la noblesse huguenote étaient tentés par l'aventure d'une alliance avec les catholiques modérés. François de La Noue était de ceux-là, comme Jean de Ferrière, vidame de Chartres, Henri Robert de La Marck, prince de Sedan et gouverneur de Normandie, ou encore Philippe Duplessis-Mornay qui avait fui en Angleterre après avoir échappé de justesse à la Saint-Barthélemy. À l'automne 1573, il était rentré en France afin de seconder La Noue en Poitou.

Au fil des semaines, le duc d'Alençon vit ainsi s'accroître son crédit, non seulement parce qu'il semblait de plus en plus apte à fédérer autour de lui la noblesse mécontente, mais aussi parce que son astre personnel semblait enfin devoir briller d'une nouvelle lumière. Henri d'Anjou avait été élu roi de Pologne le 11 mai 1573, ce qui avait hâté la conclusion de la paix, car il lui fallait sans tarder rejoindre ses nouveaux sujets. Il abandonnait ainsi sa charge de lieutenant général du royaume que convoitait son frère cadet. Sur la route qui conduisait la Cour aux confins orientaux de la France, afin d'accompagner le nouveau monarque jusqu'aux frontières, un autre événement put même laisser entrevoir à Alençon de plus grandes perspectives. De nature chétive, Charles IX était tombé malade à Vitry-le-François dans les derniers jours d'octobre. Sa santé était depuis déjà longtemps chancelante, mais cette fois-ci, il se remettait si difficilement qu'il dut renoncer à poursuivre le voyage. S'il venait à mourir, la route du trône pouvait s'ouvrir pour le dernier des fils d'Henri II. Certes, dans un tel cas, la loi salique désignait bien le nouveau roi de Pologne comme successeur légitime, mais une fois pourvu de la lieutenance générale, Alençon pourrait manœuvrer afin de s'imposer face à ce frère désormais relégué en terre sarmate. Grâce à l'appui de François de Montmorency, Charles IX avait d'ailleurs fini par céder à la fin du mois de janvier 1574, promettant à son frère la charge tant convoitée. Et, pour le faire patienter, il l'avait nommé chef du Conseil, garde du sceau privé et commandant des troupes royales. Le destin allait peut-être enfin lui sourire.

Mais comme d'ordinaire, la force de l'espoir qu'Alençon avait conçu fut à la mesure de sa déception. De ces charges prestigieuses, il ne put jamais jouir. Voyant clair dans le jeu et les ambitions du jeune prince, et désireux de couper l'herbe sous le pied de la maison rivale de Montmorency, le duc de Guise intrigua pour que Catherine, qui se méfiait de son benjamin, jetât les yeux vers un autre candidat plus sûrement contrôlable afin de lui conférer la lieutenance générale. Celui-ci n'était autre que le duc Charles III de Lorraine lui-même, un étranger membre d'une lignée honnie par une partie de la noblesse française. Il n'en fallait pas plus pour que se cristallisât la colère accumulée, depuis de longs mois, par les modérés de plus en plus fermement regroupés autour de François d'Alençon.

L'échec des prises d'armes

Si Condé avait été éloigné, le duc et Henri de Navarre demeuraient toujours près du roi, sous étroite surveillance en raison du danger qu'ils étaient censés incarner. À l'occasion du périple accompli par la Cour, ils avaient espéré fausser compagnie au cortège royal afin de rejoindre Sedan, où Henri Robert de La Mark était prêt à les accueillir, mais le projet avait été éventé et leurs moindres gestes étaient devenus suspects. Le chef de la maison de Bourbon, premier prince du sang, ne pouvait faire un pas hors de sa résidence sans être suivi par une dizaine de soldats et ses appartements étaient régulièrement fouillés, jusque sous son lit. Alençon était épié avec autant d'assiduité. Si l'on voulait former un parti autour de lui, il fallait pourtant le soustraire à cette forme de prison. Depuis quelques semaines, François de La Noue y travaillait. Ce gentilhomme huguenot d'origine bretonne était réputé pour sa bravoure. Pendant la troisième guerre, lors du siège de Fontenay-le-Comte, il avait dû être amputé du bras gauche auquel il avait substitué, grâce à l'ingéniosité d'un mécanicien rochelais, une prothèse métallique terminée par un crochet qui lui avait valu le surnom de « bras-de-fer ». Choisi pour chef par les seigneurs du Poitou, de la

Saintonge, de l'Aunis et de l'Angoumois, il avait élaboré un plan d'action. Le 24 février, les nobles poitevins mécontents prirent les armes et s'emparèrent sans coup férir d'une belle série de places fortes, alors que le comte de Montgomery faisait voiles vers les côtes normandes à la tête d'une escadre soigneusement préparée en Angleterre. La clé du succès global de l'opération résidait dans la libération des princes, qui mobilisait les énergies. Michel de La Huguerye, alors serviteur du comte Louis de Nassau, et Agrippa d'Aubigné avaient été chargés de communiquer secrètement avec les princes captifs afin de bien huiler les rouages de l'opération, alors que Duplessis-Mornay devait synchroniser l'entrée en scène de Thoré et Turenne. Au jour dit, Jean de Chaumont, seigneur de Guitry, avait pour mission de faire sortir les princes de la Cour et de les confier à Mornay qui les aurait conduits jusqu'à Mantes, où la compagnie de son frère Buhy était en garnison, puis à Sedan, où La Marck et Louis de Nassau avaient réuni une armée de 10 000 fantassins et 3 000 cavaliers français et allemands grâce à l'appui du comte palatin Christophe. Mais la précipitation des uns et les atermoiements des autres firent échouer lamentablement le projet. Guitry, qui avait décidé d'avancer le calendrier initial d'une dizaine de jours, parut à Saint-Germain, où se trouvait la Cour, avec trop peu de forces et, à la dernière minute, Alençon se montra indécis. Le 28 février, l'approche de son petit corps de troupes, dont la rumeur évaluait de manière délirante la force à un millier de cavaliers alors même que le complot avait déjà été découvert, suscita au château de Saint-Germain un effroi digne de la panique qui avait saisi la Cour presque sept ans plus tôt, lors de la surprise de Meaux. Dans le plus grand désordre, conseillers et prélats fuirent à cheval comme une volée de moineaux. Très affaibli par la maladie, Charles IX ne céda pas à la panique, amnistiant les conjurés afin de rétablir le calme.

Ce n'était que partie remise. Une seconde tentative fut planifiée pour la fin du mois d'avril. Les acteurs n'étaient plus les mêmes. Trop compromis en février, Thoré avait quitté la Cour, et Mornay s'était réfugié à Sedan afin d'y servir la cause différemment. Guitry s'était quant à lui replié en Normandie, où les huguenots avaient pris les armes sous l'impulsion de Bricqueville. Grâce au renfort de Montgomery, qui avait débarqué à Gouville-sur-Mer le 12 mars pour prendre la direction des opérations, ils contrôlaient presque tout le Cotentin. Turenne, qui avait été plus habile dans sa faculté à se disculper, n'en restait pas moins suspect. Deux serviteurs d'Alençon prirent donc le relais. Joseph de Boniface, seigneur de La Môle, était un très proche conseiller du duc. Avec Annibal de Coconas, fraîchement entré au service de son maître, il fut la cheville ouvrière d'une conspiration également soutenue par différents complices, dont l'un, Jacques de La Fin, n'était autre que le frère cadet de Jean de Beauvoir-La Nocle, qui avait échappé de justesse à la Saint-Barthélemy. Après de longues semaines de préparatifs, dont le secret avait fait long feu en raison du trop grand nombre de conjurés mis dans la confidence et de l'efficacité des espions au service de Catherine de Médicis, cette nouvelle tentative échoua à son tour piteusement. Le 8 avril, La Môle et Coconas furent arrêtés, de même que quelques dizaines d'autres suspects, mais La Fin put s'enfuir à temps. Au terme d'une procédure judiciaire expéditive, ils furent décapités le 30 avril en place de Grève. Pour fâcheuse qu'elle fût aux yeux d'Alençon, leur mort ne fut pas la conséquence la plus grave de ce nouvel échec. Le duc et Henri de Navarre, privés de leurs épées, virent leur surveillance encore renforcée au château de Vincennes, et le clan Montmorency, que Catherine suspecta cette fois-ci à tort d'avoir joué un rôle moteur dans la conjuration, fut durement frappé. Le 4 mai, arrêtés sur ordre du roi, le duc François de Montmorency et le maréchal de Cossé furent embastillés. Moins d'un mois plus tard, le 30 mai 1574, dimanche de Pentecôte, Charles IX expira, vaincu par la tuberculose à l'âge de vingt-quatre ans. Henri d'Anjou, déjà roi de Pologne, lui succéda sous le nom d'Henri III, mais comme il était à Cracovie, la régence fut attribuée à Catherine de Médicis, en attendant son retour.

La disparition du monarque n'engendra aucune pause dans la politique de sévérité conduite à l'égard des nobles mécontents, qu'ils fussent catholiques ou protestants. Assiégé dans Domfront par le maréchal de Matignon, le comte de Montgomery avait fini par se rendre le 27 mai au terme d'une résistance héroïque. Ramené à Paris pour être incarcéré à la Conciergerie puis jugé et condamné à mort, il fut décapité en place de Grève le 26 juin. Il paya ainsi non seulement son engagement militaire au service de la cause huguenote, sa participation au récent complot, mais aussi la mort accidentelle d'Henri II, qu'il avait provoquée quinze ans plus tôt et que Catherine ne lui avait jamais pardonnée. Entre-temps, la sévérité exercée à l'encontre de ses parents et alliés avait achevé de convaincre le comte de Damville de se rapprocher des huguenots languedociens. Afin d'essayer de le neutraliser, Catherine l'avait privé, le 18 juin, de tout pouvoir, sans pour autant lui retirer officiellement son gouvernement. Il devait laisser la conduite des affaires à François de Bourbon-Montpensier, nommé lieutenant général du roi en Languedoc. Mais c'était sans compter sur la détermination du maréchal qui disposait de solides appuis dans sa province et savait impressionner ses ennemis. Militaire expérimenté, excellent bretteur, il était constamment accompagné de sa redoutable garde personnelle formée de mercenaires albanais et souvent flanqué d'un loup apprivoisé qui inspirait la crainte. D'après les chroniqueurs du temps, il comptait alors aussi parmi ses serviteurs les plus proches le capitaine Aragon, fils d'un forgeron de Lunel, un géant à la force si extraordinaire qu'on racontait l'avoir vu, sur le pont d'Avignon, trancher un âne en deux d'un seul coup, avec un grand coutelas qu'il s'était fait fabriquer[2]. Mais surtout, Damville fit le choix de franchir le Rubicon en s'alliant aux réformés qui, depuis de longs mois, perfectionnaient en Languedoc leur système politique et militaire.

En quelques semaines, la détermination manifestée par le pouvoir royal à tenir en respect les nobles mécontents n'avait ainsi eu pour effet que de souder encore davantage ces gentilshommes qui, catholiques comme réformés, étaient plus que jamais déterminés à combattre pour leur cause commune. Ce qui leur permettait de transcender ainsi leurs différences confessionnelles s'exprima en un programme politique qu'il leur fallut désormais formuler et diffuser.

Le triomphe des théoriciens huguenots ?

La pensée de ceux que leurs contemporains n'allaient pas tarder à désigner comme les « Malcontents » s'exprima à travers deux catégories de textes bien distinctes. Il s'agit d'abord de manifestes, publiés par les principaux chefs du mouvement au moment de leur entrée officielle dans le conflit. Dans ces déclarations, généralement courtes et percutantes, ils exposèrent les motifs qui les avaient conduits à prendre les armes. Le second groupe d'écrits fut celui des pamphlets, qui comprit quelques pièces d'ampleur dont la paternité reste bien difficile à établir.

Parmi les princes, c'est à Condé que revint l'honneur d'avoir planté la première banderille. En Picardie depuis la fin de l'année 1573, le prince ne s'y était pas attardé outre mesure. Compromis dans le complot d'avril, il avait pris la route de Strasbourg afin d'échapper à la vindicte royale. Une fois arrivé dans la cité impériale, il s'était empressé d'abjurer le catholicisme, professant à nouveau publiquement la religion réformée qu'il n'avait jamais reniée de cœur. Le 12 juillet, il se trouvait toujours à Strasbourg lorsqu'il publia sa *Déclaration* justificative de prise d'armes[3]. Les huguenots du Midi lui emboîtèrent rapidement le pas, dans une protestation datée du 9 août, suivis quelques mois plus tard par Montmorency-Damville, auteur d'une ample *Déclaration et protestation* datée du 13 novembre[4]. En 1575, de nouveaux manifestes furent diffusés. Les catholiques et huguenots de l'Union du Midi publièrent leur traité d'association dès janvier[5], avant que les réformés du Poitou n'émettent à leur tour une *Protestation*[6], suivis par le vicomte de Turenne, converti au calvinisme pendant l'été[7], et enfin surtout par le duc d'Alençon[8]. Le frère du roi, qui réussit à s'évader de la Cour dans la nuit du 15 au 16 septembre, ne tarda pas à lancer sa déclaration justificative de prise d'armes, datée du 17 septembre 1575. Il put alors réellement prendre la tête du mouvement des malcontents, générant le ralliement de très nombreux gentilshommes catholiques qui attendaient de pouvoir se placer sous sa bannière pour s'engager officiellement. Il en résulta un accroissement considérable de la puissance du mouvement, auquel ne manquait plus que le roi de Navarre, toujours détenu à la Cour où l'atmosphère devenait irrespirable. Durant l'été, peu avant la sortie d'Alençon, il avait écrit à son cousin, Jean d'Albret de Miossens, que « la cour est plus étrange que l'ayez jamais vue. Nous sommes toujours prêts à nous couper la gorge les uns les autres. Nous portons dagues, jaques [cottes] de mailles et bien souvent la cuirassine sous la cape ». Le premier prince du sang finit pourtant par s'échapper à son tour à l'occasion d'une partie de chasse, à la toute fin du mois de février 1576, mais il ne prit alors pas ostensiblement parti pour les malcontents, ne publiant aucun manifeste de prise d'armes et demeurant à l'écart des opérations militaires.

Il est frappant que toutes ces déclarations justificatives, qu'elles émanassent de révoltés catholiques ou de révoltés réformés, présentèrent des arguments identiques à quelques nuances près. La prise d'armes résulta toujours du même constat : le roi était « possédé » par ses mauvais conseillers étrangers, les Guises et les Italiens, qui lui cachaient l'état réel de son royaume et le contraignaient à prendre de mauvaises décisions. Et pour conserver la domination qu'ils avaient acquise sur le souverain, ils s'évertuaient à éloigner de lui la noblesse française. De l'avis commun de tous les malcontents, les étrangers, qualifiés d'oppresseurs et de perturbateurs, avaient, de longue date, comploté afin de parvenir à leurs fins. Les guerres civiles avaient ainsi été voulues par eux afin de semer la division entre les gentilshommes des deux confessions et les conduire à mutuellement s'exterminer en un conflit fratricide.

En s'appuyant sur ce constat qu'ils estimaient objectif, les malcontents proposaient un véritable programme politique commun. Ils entendaient d'abord éloigner les « malfaiteurs perfides », les « méchants et pernicieux » conseillers, afin de rendre leur rang légitime aux princes du sang et aux grands du royaume, dont la place était naturellement auprès du roi. On visait ainsi à rétablir l'ordre ancien qui avait été subverti depuis la mort d'Henri II, et les révoltés n'hésitèrent pas à invoquer la « vraie et légitime principauté de la noblesse » française qu'il convenait de rétablir dans ses « privilèges, franchises et libertés anciennes ». Ces nobles avaient, selon les malcontents, pour fonction naturelle de défendre les anciennes lois du royaume, ce qui leur conférait un rôle quasi constitutionnel. Cette mission éminente participait aussi du second objectif qu'ils déclaraient poursuivre : la défense du bien public, qui passait aussi par le soulagement du pauvre peuple accablé d'une surcharge fiscale dont les mauvais conseillers étrangers étaient une nouvelle fois responsables. Leur gouvernement défaillant, les sommes qu'ils engloutissaient afin de financer la guerre civile et leur avidité personnelle étaient ainsi à l'origine de la ruine des finances de l'État et de la misère des sujets du roi qui gémissaient sous leur joug. La mise en avant de cette restauration du bien public s'exprima notamment en Poitou dans le nom pris par les malcontents qui, sous la direction de La Noue, se présentaient comme les « publicains ».

Afin de mettre en œuvre cet ambitieux programme, les nobles révoltés des deux confessions réclamaient la réunion des états généraux, seuls capables, selon eux, de remettre le royaume en ordre. Cette « assemblée libre et légitime des États », vue comme une panacée, ne pouvait être qu'ardemment désirée par les bons Français, car de tout temps les rois y avaient fait appel afin de remédier aux situations critiques. Mais la tenue d'une seconde assemblée fut également requise, car pour que la paix soit durable, il fallait qu'à la coexistence confessionnelle, que les révoltés appelaient de leurs vœux, succède une réunion de tous les Français dans une même foi. Or seul un « libre et saint concile » pouvait favoriser ce dessein. Ici seulement affleura une nuance entre les argumentaires développés par les catholiques et les réformés, puisque si les premiers souhaitaient un concile « général ou national », les seconds, définitivement vaccinés par le concile de Trente qu'ils rejetaient violemment, ne croyaient qu'en une assemblée strictement française. En somme, sur le plan politique, les gentilshommes regroupés autour du duc d'Alençon, de Damville et de Condé réclamaient le rétablissement d'un régime politique considéré comme idéal, que l'on peut appeler « monarchie mixte », où le roi, les états généraux et le Conseil, composé par les membres les plus éminents de la noblesse française, auraient travaillé conjointement au bien du royaume.

Cette pensée politique parfaitement cohérente s'exprima également, de manière tout à fait contemporaine, à travers la publication d'un certain nombre de pamphlets et autres écrits polémiques. Il s'agit d'abord de la *Brieve remonstrance* composée par le juriste huguenot Innocent Gentillet, dans laquelle ce dernier commentait vingt-six passages de la *Déclaration* justificative publiée par Alençon. Il y insistait notamment sur l'existence de lois fondamentales auxquelles le roi de France ne pouvait porter atteinte et qui concernaient la religion, la justice et la police, « les trois colonnes sur lesquelles le royaume de France est fondé[9] », délimitant ainsi une sphère législative inaccessible au pouvoir absolu. Défenseur des droits de la noblesse française et des états généraux, il vilipendait les étrangers et affirmait qu'une ordonnance prise par Charles VII en 1431 leur interdisait la possession de tout bénéfice dans le royaume, ce qui rendait leur participation au gouvernement illégale. Et pour justifier l'appel à l'aide lancé par les malcontents aux princes allemands, susceptible de valoir aux révoltés l'accusation de vouloir introduire eux-mêmes l'étranger en France, il usait d'un argument que François Hotman n'aurait pas renié, affirmant qu'« il y a une très étroite confédération entre les Allemands et les Français, comme entre pères et enfants, car les Français sont issus des Allemands de Franconie ». En vertu de cette très ancienne alliance, les princes de la nation germanique étaient, selon lui, naturellement portés à « défendre la nation française contre la tyrannie des étrangers, comme les pères sont tenus de défendre leurs enfants », ce qui conférait à l'intervention militaire de Jean-Casimir, dont il sera question plus loin, une dimension légitime[10].

Dans son pamphlet, Gentillet s'en prenait aussi à la reine mère, ce qui tranchait avec le silence à son sujet dans les manifestes publiés par les révoltés. Considérant que l'exercice de la régence par une femme était une violation de la loi salique, qui excluait les femmes du gouvernement du royaume, il estimait que le pouvoir exercé par Catherine de Médicis avait toujours été illégitime[11]. Mais il était loin d'être le plus violemment agressif envers la veuve d'Henri II. Le *Discours merveilleux de la vie, actions & deportemens de Catherine de Medicis Royne mere* exposait longuement le caractère pervers de la régente qui avait entraîné le royaume vers sa ruine. À la fois violemment anti-italien et misogyne, ce texte fut publié successivement dans deux versions assez différentes l'une de l'autre pour que l'on suppose l'existence de deux auteurs, le second ayant repris et enrichi le travail du premier. La version initiale fut imprimée en 1575 sous couvert de l'anonymat. La confession comme l'identité de son auteur demeurent très incertaines. Il est, en revanche, peu douteux que la seconde version, imprimée en 1576, fut le fruit du travail d'un écrivain réformé qui pourrait être Simon Goulart[12]. Catherine fut aussi l'une des principales accusées d'un autre célèbre ouvrage anonyme intitulé *La France-Turquie,* qui s'avérait en réalité un petit recueil de trois pièces s'enchaînant en une suite argumentative logique et dont la dernière portait un titre sans équivoque quant à son contenu[13] : *Les Lunettes de cristal de roche, par lesquelles on voit clairement le chemin tenu pour subjuguer la France à même obéissance que la Turquie,* et qui affirmait ainsi que la reine mère et les mauvais conseillers italiens voulaient établir dans le royaume une tyrannie identique à celle qu'exerçait dans ses États le sultan ottoman. Et pour ce faire, leur intention était de se « défaire de tous les princes, grands seigneurs et demeurant des nobles, mêmement les plus généreux d'entendement ». Le goût immodéré de la Florentine pour le poison, qu'elle aurait abondamment utilisé afin d'essayer d'éliminer les gentilshommes les plus éminents, y était vigoureusement dénoncé. La lecture attentive de ce texte permet de deviner une plume huguenote, notamment lorsqu'il est question de Jacques de Crussol d'Assier, devenu duc d'Uzès à la mort de son frère et converti après la Saint-Barthélemy, à propos duquel l'auteur écrit sur le ton du reproche qu'il fut « bandé contre Dieu », ce qui laisse peu de doute quant à son identité confessionnelle.

Un autre écrit anonyme beaucoup moins célèbre mérite encore d'être cité, car il était révélateur d'une pensée huguenote plus ouvertement affirmée[14]. Véritable exhortation adressée à la noblesse réformée afin de la convaincre de prendre les armes pour la cause commune, cette *Remonstrance* reprenait tous les thèmes saillants de l'argumentaire polémique élaboré par les malcontents. Recourant à une rhétorique très marquée sur le plan confessionnel, elle dénonçait les mauvais conseillers, « satans » et « pharaons », déplorant que le Conseil soit à ce point composé de « chimères et étrangers qui ne méritaient autre nom que teignes et souris de cour » et qui asservissaient la France en se couvrant du nom du roi. Catherine était une nouvelle fois visée, notamment à travers l'argument de l'illégitimité de sa régence contraire à la loi salique, et les gentilshommes huguenots étaient appelés à débarrasser l'entourage royal des « flatereaux et parasites » qui le peuplaient. Finalement, l'auteur proposait sa conception du régime idéal qui ne pouvait être que la monarchie mixte, en raison de la déviance potentielle des trois autres modes de gouvernement définis par Aristote : « La monarchie se convertira en une tyrannie extrême. L'aristocratie qui est quand peu de gens de bien commandent, en oligarchie, où contre les lois, peu de gens méchants, d'une règle tortue et inégale, mesurent toutes choses sans aucun respect. La démocratie, qui est un état populaire, en une ochlocratie qui est un état turbulent et où toute méchanceté a plus de force que les lois et bonnes mœurs. » Il rejoignait ainsi l'ensemble des polémistes, parmi lesquels on peut encore citer l'auteur d'un dernier pamphlet qui pourrait être Odet de La Noue, fils de François, qui publia la

Résolution claire et facile sur la question tant de fois faicte de la prise des armes par les inférieurs, imprimé à Bâle en 1575. Il concluait que les lois seraient « procédées du vrai et naturel Conseil, publiées de l'autorité de la même Majesté royale, selon l'avis et requête des États légitimement assemblés ».

Dès leur première formulation, au tout début de la décennie 1560, les arguments élaborés par les théoriciens huguenots avaient eu pour ambition de convaincre au-delà de leur propre camp, afin de gagner l'appui des catholiques modérés. L'examen attentif des idées défendues par les malcontents atteste le succès, tardif mais réel, de leur entreprise. Dans une certaine mesure, la convergence temporaire de l'opinion nobiliaire réformée et catholique modérée autour de ce socle argumentatif commun vint ainsi couronner leur œuvre de succès, démontrant que le corps de doctrine politique qu'ils avaient patiemment élaboré était apte à rassembler si l'occasion s'en présentait.

L'expérience méridionale de l'Union

Cette convergence théorique s'exprima d'une manière plus concrète dans le midi de la France, plus particulièrement en Languedoc. On se souvient que Damville y avait opéré un rapprochement stratégique avec les réformés dès le mois de mai 1574, après que son frère aîné avait été emprisonné sur ordre du roi. Sa disgrâce, devenue effective en juin suivant, le conduisit à aller encore plus loin dans l'alliance avec ses ennemis de la veille. Le 1er août, il adressa aux députés réunis à Millau une lettre dans laquelle il appelait à l'union de tous les bons sujets du roi sans considération de leur religion. Après lui avoir envoyé Terride et Clausonne afin de discuter les conditions d'une alliance, l'assemblée huguenote lui offrit le titre de « gouverneur et lieutenant général pour le roi en Languedoc » en l'absence de Condé, nommé protecteur quelques jours auparavant, avant d'étendre l'aire géographique de sa compétence aux autres espaces où les réformés étaient dominants ou puissants, c'est-à-dire le Poitou, la Saintonge, l'Angoumois, La Rochelle, le pays de Foix, le Quercy, le Rouergue, la Provence et le Dauphiné. Mais les huguenots ne lui signèrent pas pour autant un blanc-seing. Fidèles à leurs usages inaugurés en

1562, ils imposèrent à Damville un conseil chargé de le seconder et surtout, même si ce n'était qu'implicite, de le surveiller afin qu'il ne déviât pas des objectifs assignés à l'alliance qu'ils venaient de conclure[15]. Le processus de constitution d'une Union rassemblant catholiques modérés « paisibles » et réformés à l'échelle de ces territoires était alors bien engagé, mais il ne prit réellement corps que de manière progressive.

L'une de ses manifestations les plus significatives fut la réunion d'assemblées provinciales mixtes, composées de députés des deux confessions, convoquées par Damville et considérées comme rebelles par la monarchie, au même titre que l'étaient depuis 1562 les assemblées politiques huguenotes. Une première session se tint à Montpellier du 18 au 20 novembre 1574, juste après la publication du manifeste justificatif de la prise d'armes de Damville et la confirmation de l'accord conclu entre le maréchal et les réformés sous la forme d'« articles de l'Union ». On y réaffirmait les objectifs communs que cette « union et communion », établie entre catholiques et réformés, devait poursuivre, invoquant notamment la délivrance du roi de ses mauvais conseillers étrangers et la remise en liberté du duc d'Alençon, du roi de Navarre, de Montmorency et de Cossé, « détenus prisonniers injustement », et on n'oubliait pas de rappeler l'obligation faite à Damville de s'appuyer sur un conseil[16]. À Nîmes, du 2 au 11 décembre 1574, se tint une deuxième assemblée mixte[17], mais c'est du 3 janvier au 11 février 1575, à Nîmes puis à Montpellier, que se réunit la session décisive, réellement constitutive de l'Union. De manière explicite, elle s'intitula assemblée « tant du clergé et catholiques paisibles que des Églises réformées de ce royaume, tout unis et confédérés ». Beaucoup plus développé qu'auparavant, le règlement qui y fut voté s'appuyait largement sur ceux que les assemblées huguenotes avaient conçus à Millau en décembre 1573 et juillet-août 1574, mais il les amplifiait et formulait certains de ses articles de manière que l'organisation ainsi structurée ne soit plus strictement confessionnelle[18]. Ainsi naquit une véritable « constitution » provinciale, applicable aux catholiques comme aux réformés sous l'autorité du roi incarnée par Condé et, en son absence, par Montmorency-Damville. Un traité d'association fut également conclu. Il sanctionnait une « loyale association de corps, cœurs et biens » qui n'impliquait pas pour autant que les huguenots acceptassent d'accorder aux catholiques paisibles une confiance aveugle, notamment sur le plan religieux. Il fut ainsi très clairement précisé que, là où l'exercice du culte réformé était déjà en vigueur, il serait maintenu, et qu'il pourrait être établi dans d'autres villes contrôlées par l'Union « de gré à gré par mutuel consentement[19] ».

En dépit des déclarations d'amitié largement diffusées, il ne fut en réalité pas si simple de faire fonctionner ce système mixte, d'autant plus qu'il ne remplaçait pas réellement l'organisation huguenote comme il aurait dû le faire dans l'idéal. Dans la pratique, les deux structures se superposaient, puisque continuèrent à se réunir, de manière parallèle aux assemblées générales biconfessionnelles, des assemblées de généralités toujours strictement réformées. Celle du bas Languedoc, tenue à Nîmes du 18 avril au 10 mai 1575, rédigea ainsi des doléances destinées à Damville, par lesquelles elle contestait certaines dispositions du règlement de janvier. Certes, les observations formulées ne touchaient pas la structure générale et fondamentale de l'Union, mais elles n'en remettaient pas moins en cause certaines décisions mineures relatives aux finances, à la gestion des troupes, à la justice et à la police. Si on y faisait preuve de la plus grande déférence à l'égard du gouverneur, on n'y exprima pas moins clairement les points de désaccord. Et plusieurs requêtes montraient bien que la coexistence sans heurts n'était pas si facile à instaurer. Damville fut ainsi requis de nommer un colonel spécialement pour commander les troupes huguenotes, afin d'éviter de les mêler avec les soldats catholiques[20]. Autre exemple édifiant de ce qui pouvait constituer un point de friction : le règlement de janvier 1575 avait octroyé au maréchal une pension mensuelle de 6 000 livres par mois ainsi que la prise en charge financière de sa garde personnelle et de la solde de sa compagnie de gendarmes. Les assemblées d'assiette des diocèses civils de Nîmes, Uzès, Viviers et du haut Gévaudan ne l'entendirent pas de cette oreille et refusaient toujours de payer le moindre écu en juillet 1575[21]. Car l'une des causes majeures de désaccord au sein de l'Union ne fut pas la religion, comme on aurait pu le penser, mais bien les finances. Dans de nouvelles remontrances adressées à Damville par les consuls et députés de l'assiette du diocèse de Nîmes, réunis en octobre 1575, la grande misère de la population et les très lourdes charges qui pesaient déjà sur elle sur le plan fiscal et militaire furent ainsi tout particulièrement mises en avant[22].

Ce problème d'argent fut d'ailleurs au cœur d'une autre problématique cruciale pour les assemblées de l'Union et, plus généralement, pour les malcontents. Confrontés à la puissance de l'armée royale, alors qu'une bonne partie de leurs chefs étaient retenus prisonniers, les gentilshommes révoltés pensèrent, dès le début de l'année 1574, qu'ils ne pourraient l'emporter sans appui militaire étranger. Condé, le premier des princes à avoir recouvré sa liberté, avait fui à Strasbourg et se trouvait en bonne position pour engager des négociations avec l'électeur palatin qui, dès février 1574, avait envoyé un messager en Languedoc afin d'offrir son appui. L'émissaire avait alors été reçu par les députés de l'assemblée de la généralité de bas Languedoc tenue à Nîmes à la fin du mois[23]. Dans l'autre sens, au printemps 1573, les réformés du Midi avaient envoyé deux émissaires dans l'Empire, un pasteur nommé Devaux et Guillaume de Calvière, seigneur de Saint-Césaire, qui étaient revenus en décembre afin de faire leur rapport devant l'assemblée de Millau. Le contenu exact de leur mission n'est pas connu, mais il est probable qu'ils avaient reçu l'instruction d'entrer en relation avec leurs nombreux coreligionnaires réfugiés en terre impériale à la suite de la Saint-Barthélemy, et aussi de sensibiliser les princes protestants allemands au sort des réformés français. Les huguenots du Midi étaient donc des interlocuteurs naturels. Par ailleurs, pour lever des troupes, il fallait beaucoup d'argent. Nul ne le savait mieux que les réformés qui, au cours des premières guerres civiles, avaient accumulé des dettes qui étaient encore loin d'être épongées. Or seul le potentiel fiscal des huguenots puissamment regroupés dans les provinces du Sud pouvait alors offrir quelques perspectives en la matière.

Dans l'Empire, Condé ne tarda pas à engager des démarches. Il pouvait compter sur l'appui de Méru et Thoré, sur le relais habituel de Jean Sturm à Strasbourg, mais aussi sur le précieux concours de Michel de La Huguerye, un agent expérimenté, ancien secrétaire de Louis de Nassau, passé à son service depuis le décès de son ancien maître à la bataille de Mook, le 14 avril 1574. Le prince pouvait utiliser ses talents de négociateur et sa bonne connaissance du monde germanique afin de servir ses desseins. Son interlocuteur principal était le comte palatin Jean-Casimir, auquel il adressa le 1er juin une demande d'aide officielle, validée par un notaire impérial lors d'une rencontre tenue à l'auberge du Mouton d'or de

Strasbourg, en présence des deux jeunes Montmorency[24]. Casimir avait déjà apporté son appui aux huguenots pendant la deuxième guerre civile, et il entendait bien, cette fois-ci, monnayer au mieux son soutien militaire. La présence du frère du roi parmi les révoltés lui laissait en effet entrevoir de plus grandes perspectives, et l'accord qu'il finit par conclure avec Condé, sanctionné par des capitulations signées le 27 septembre 1575, fut particulièrement avantageux. En échange des 16 000 hommes et de l'artillerie qu'il s'engageait à réunir, il obtint la promesse d'une pension, le remboursement de toute une série de dettes antérieures contractées par les huguenots et surtout la garantie d'être nommé par le roi gouverneur et lieutenant général pour les villes de Toul, Metz et Verdun, avec jouissance libre du temporel de ces trois évêchés[25]. Pour les catholiques français unis aux réformés, Méru fut également signataire de ces capitulations qui devaient ensuite être ratifiées par François d'Alençon, après que ce dernier aurait quitté la Cour[26]. Les troupes étrangères qui étaient censées voler au secours des princes révoltés devaient être composées de 8 000 reîtres et de 8 000 Suisses. En même temps qu'il traitait avec Casimir, Condé, qui s'était établi à Bâle, entra aussi en relation avec les cantons helvétiques protestants. En février 1575, il chargea Théodore de Bèze de sensibiliser les Bernois à la cause huguenote, suivi quelques semaines plus tard par Aimé de Glane, seigneur de Cugy, dont la mission consista à obtenir l'octroi de subsides, et enfin surtout par Robert de Villiers, seigneur de La Graffinière, chambellan du prince, qui se rendit à son tour à Berne en octobre 1575, en compagnie de Pierre Beutterich, proche conseiller de Casimir. Leur mission fut couronnée de succès, en dépit des efforts des autorités bernoises menacées de représailles par Bellièvre, ambassadeur de France. Après la signature de capitulations particulières, les 19 et 22 novembre, deux régiments forts de vingt-cinq enseignes de fantassins bernois et neuchâtelois se mirent en route sous le commandement des colonels Louis et Gabriel de Diesbach.

Il n'est pas sans intérêt de relever que, au cours de ces longues tractations conduites de mars 1574 à septembre 1575, Condé mobilisa tous les réseaux et tous les agents réformés encore opérationnels. En tout, on a pu dénombrer trente-huit émissaires différents engagés dans vingt-quatre missions successives. Parmi eux figuraient nombre de vétérans de la diplomatie huguenote d'avant la Saint-Barthélemy, comme par exemple Beauvoir-La-Nocle et Vézines. La défaite d'une avant-garde de 2 500 reîtres conduite par Thoré à Dormans, le 10 octobre 1575 face au duc de Guise, qui y reçut sa célèbre balafre, ne fut qu'une péripétie sans conséquences. Le 11 janvier 1576, Suisses et Allemands réunis, auxquels s'étaient joints quelque 2 000 réfugiés français, entrèrent dans le royaume avant d'opérer leur jonction avec les troupes du duc d'Alençon le 11 mars suivant, formant une armée impressionnante de près de 50 000 hommes.

L'opération fut donc un succès remarquable, mais il fallait financer l'armée étrangère. Par les capitulations de septembre, Condé s'était engagé à payer la solde des mercenaires avant la conclusion de la paix. Certes, les chefs catholiques étaient censés y contribuer, et la reine Élisabeth accepta de prêter 50 000 couronnes à l'électeur palatin en avril 1575, mais le Languedoc malcontent devait aussi se mobiliser. Dans cette perspective, un incessant ballet d'émissaires reliait Condé aux assemblées méridionales depuis le printemps 1574. Parmi les principales préoccupations de l'Union figurait ainsi la levée de fonds nécessaires à la solde des mercenaires, mais les engagements pris étaient fort difficiles à tenir. À l'occasion de l'assemblée de Millau réunie en août 1574, Condé se plaignit par l'intermédiaire de Christophe de Barjac, seigneur de Gasques, qui avait été envoyé vers lui par les députés languedociens, que la somme de 60 000 écus précédemment promise n'avait toujours pas été versée. Le 9 août, les députés durent s'engager solennellement à y remédier[27]. La réunion effective de cette somme posait toutefois des problèmes si difficiles à surmonter que plusieurs envoyés de Condé s'acheminèrent en Languedoc au cours des mois suivants afin de rappeler à l'ordre les protestants du Midi. Lors de l'assemblée mixte de Nîmes tenue en décembre 1574, c'est d'abord Cugy qui reçut des députés l'assurance qu'ils feraient tout leur possible afin de tenir leur engagement[28]. Quelques semaines plus tard, lors de la grande assemblée de Nîmes, Jacques de La Fin renouvela ces instances et demanda qu'une députation soit envoyée vers le prince qui voulait tenir à Bâle un conseil des différents protagonistes de l'Union. Après être passée par Genève, la délégation, qui comprenait notamment Clausonne, arriva auprès du prince au début du mois de mars. En présence de Théodore de Bèze, une requête au roi comprenant les différentes demandes formulées par les membres de l'Union fut alors élaborée, mais son contenu fut jugé exorbitant par Henri III. Cet échec prévisible accéléra les préparatifs de l'armée de secours, dont l'entrée dans le royaume joua un rôle décisif dans la conclusion de la paix en mai 1576. À cette date, presque deux années complètes après que catholiques et protestants unis du Languedoc avaient promis l'envoi de 60 000 écus, Condé n'avait encore reçu d'eux presque aucun secours financier. Tous les procès-verbaux des nombreuses assemblées politiques huguenotes tenues au cours de cette période, à l'échelle des généralités ou d'espaces plus réduits, bruissent de la même réticence à l'égard du paiement des sommes dues, essentiellement en raison des très lourdes charges que les combats locaux faisaient déjà peser sur les communautés. En février 1576, on renouvela certes l'intention de lever des impôts *ad hoc*, mais l'assemblée mixte tenue à Montpellier du 12 au 19 mai suivants ne put que voter un impôt d'un montant réduit à 100 000 livres et proposer de recourir à des expédients qui traduisaient son impuissance, requérant que les officiers militaires et civils donnassent un mois de leurs gages et les simples soldats quinze jours de leur solde pour payer les étrangers[29].

Ces difficultés financières n'empêchèrent pas les malcontents de remporter la victoire. Abandonné par les princes du sang et une grande partie de la noblesse catholique, incapable de faire face au coût de la guerre et à la tête d'une armée peut-être deux fois inférieure en nombre à celle des révoltés, Henri III dut consentir à signer la paix. Conclue à Étigny, près de Sens, le 6 mai 1576, elle offrit à François d'Alençon une revanche politique de premier ordre et une magnifique victoire personnelle, qui lui valut le nom de paix de Monsieur, en vertu du titre traditionnellement conféré au frère puîné du roi. Dans son sillage, ses alliés huguenots furent récompensés par de nombreuses clauses de l'édit de pacification. Plusieurs des demandes qu'ils avaient présentées avec constance pendant le dernier conflit leur furent accordées et, en premier lieu, la réhabilitation des victimes de la Saint-Barthélemy, ce qui constituait *a posteriori* un sévère désaveu non seulement pour le défunt Charles IX, mais aussi pour tous ceux qui avaient cautionné sa politique de sévérité à l'égard de ses sujets réformés. Tous les arrêts rendus contre Coligny furent ainsi annulés, sa mémoire lavée de tous soupçons et accusations, et ses enfants rétablis dans leurs biens, dignités et honneurs. Les révoltés catholiques comme réformés qui avaient péri au service de la cause commune depuis le printemps 1574 bénéficièrent de la même amnistie. La Môle et Coconas mais aussi, du côté huguenot, Montgomery et Charles Du Puy de Montbrun, qui avait conduit les troupes protestantes en Dauphiné avant de mourir sur l'échafaud à Grenoble, le 13 août 1575, furent les principaux bénéficiaires de cette clémence royale. Bien d'autres concessions furent faites aux huguenots. Outre l'octroi de la liberté de culte dans tout le royaume, à l'exception de Paris et des villes où séjournerait la Cour, ils obtinrent des avantages politiques considérables, puisque l'édit ordonna que des chambres de justice mi-parties soient établies dans les huit cours de Parlement du royaume, et la garde de huit places de sûreté leur fut confiée. Quant aux chefs de la noblesse révoltée, ils perçurent aussi les dividendes de leur triomphe. François d'Alençon vit son apanage accru de l'Anjou, de la Touraine et du Berry, ce qui lui permit de prendre le titre de duc d'Anjou ; Damville fut confirmé dans sa charge de gouverneur de Languedoc ; Condé conserva la Picardie, et Henri de Navarre, qui n'avait pas levé le petit doigt, eut son gouvernement de Guyenne augmenté du Poitou et de l'Angoumois. Le duc François de Montmorency et le maréchal de Cossé furent libérés au terme de dix-huit mois de détention, et Jean-Casimir, réputé « bon parent, voisin et ami », accepta de renoncer au gouvernement des Trois-Évêchés en échange de diverses compensations.

Enfin, le roi satisfit à l'une des principales demandes des nobles mécontents en convoquant les états généraux à Blois pour la fin de l'année. Fallait-il vraiment s'en réjouir dans le camp protestant ? Les huguenots avaient beaucoup obtenu, et la réunion de l'assemblée des trois ordres pouvait donner à leurs adversaires l'occasion de s'exprimer. Mais en attendant, la question de l'avenir de l'Union des modérés en Languedoc se posa. Maintenant que la paix était rétablie et les objectifs atteints, catholiques et réformés avaient moins besoin d'être solidaires. L'expérience politique biconfessionnelle qu'ils avaient conduite pendant près de deux ans n'avait, en outre, concerné que de manière très partielle leurs systèmes institutionnels respectifs. De manière simultanée, l'organisation huguenote avait continué à fonctionner et à se développer, générant une importante activité politique et jetant les bases d'un parti qui, bien que plus puissant que jamais, dut aussi faire face au péril de la division.

11

Au péril de la division

Pendant que nobles catholiques et protestants combattaient ensemble sous la bannière des malcontents, le parti huguenot poursuivit sa reconstruction. L'organisme multipolaire qu'il était au temps des premières guerres n'avait pas fondamentalement changé, et les causes de tensions internes s'étaient même accrues. Le traumatisme causé par la Saint-Barthélemy n'avait fait qu'attiser la méfiance que pouvaient éprouver les députés des assemblées méridionales à l'égard de la grande noblesse, dont la propension naturelle à vouloir prendre les rênes de l'action politique et militaire agitait devant leurs yeux l'épouvantail de la tyrannie. Au sein même de cette élite nobiliaire profondément renouvelée après l'hécatombe de l'été 1572, l'entente un peu orageuse, qui avait naguère cimenté le parti autour de Condé, Coligny, Andelot et quelques autres, n'était plus de mise, à l'heure où deux princes du sang aux personnalités fort différentes devaient en assumer la direction. Alors que les états généraux, ouverts à Blois en décembre 1576, dominés par des catholiques intransigeants scandalisés par les concessions faites aux réformés par la paix de Monsieur, devaient contraindre Henri III à révoquer son édit et à reprendre la guerre, les dissensions qui parcouraient la nébuleuse politique huguenote pouvaient mettre les Églises en péril.

La recomposition du parti des Grands

Nommé « chef, gouverneur général et protecteur » des Églises réformées de France par l'assemblée de Millau en juillet 1574, Henri de Condé s'effaça d'une apparente bonne grâce devant Henri de Navarre au cours des dernières semaines de l'année 1576. Mais s'il s'inclina par respect pour l'évidente prééminence de son cousin, qui cumulait les qualités de prince régnant, chef de la maison de Bourbon, premier prince du sang et troisième personnage du royaume derrière Henri III et Monsieur, Condé n'était pas pour autant convaincu de l'aptitude du nouveau protecteur à défendre aussi bien que lui les intérêts de la Réforme française. Ses doutes s'enracinaient à la fois dans sa connaissance intime de la personnalité du roi de Navarre et dans le comportement adopté par ce dernier depuis qu'il avait fui la Cour. De tempérament modéré, soucieux de prendre une décision réfléchie, il avait tergiversé pendant de longues semaines avant d'abjurer la religion catholique pour adhérer de nouveau à la foi réformée. Alors qu'il était libre depuis le 3 février 1576, il avait ainsi attendu le 13 juin pour entendre le prêche à Niort. Ces hésitations, qui traduisaient une approche plus dépouillée et plus pragmatique du sentiment religieux que celle de son cousin Condé, n'avaient pas manqué de susciter une méfiance certaine à son égard.

Henri de Navarre avait alors conscience de la place éminente qu'il occupait dans le royaume, ainsi que des espérances que la stérilité du mariage du roi avec Louise de Lorraine et le célibat de François d'Alençon-Anjou pouvaient lui permettre de concevoir. Si le destin lui était favorable, la France serait peut-être un jour son royaume. Certes, cette perspective demeurait encore bien lointaine, mais elle ne le poussait pas moins à forcer encore davantage sa propension naturelle à la promotion de la paix religieuse au moyen d'une coexistence confessionnelle, indispensable à la pacification durable des esprits. C'est dans la vaste étendue de son gouvernement de Guyenne qu'il avait entrepris d'appliquer l'édit de pacification. Basé à Agen dès l'automne 1576, parce que la très catholique Bordeaux avait refusé de lui ouvrir ses portes, il était entouré d'une petite cour dont la mixité religieuse s'accordait bien avec son caractère. Parmi ses proches, nombreux étaient ceux qui avaient abjuré après la Saint-Barthélemy et étaient depuis demeurés catholiques, comme Jean de Beaumanoir, marquis de Lavardin, et Jean de Durfort, vicomte de Duras, ou qui étaient toujours restés fidèles à la religion romaine, tels Antoine de Roquelaure, Louis de Foix, Philibert de Gramont ou encore Manaud de Batz. Dans une lettre qu'il adressa à ce dernier quelques mois plus tard, afin de le remercier d'avoir donné asile à des huguenots poursuivis par des soldats catholiques, il révéla implicitement les règles qu'il s'était fixées afin de choisir les membres de son entourage. La religion n'y tenait pas un rôle décisif : « Combien que soyez de ceux-là du pape, lui écrivit-il, je n'avais, comme le cuidiez [pensiez], méfiance de vous dessus ces choses. Ceux qui suivent tout droit leur conscience sont de ma religion ; et moi je suis de celle de tous ceux-là qui sont braves et bons[1]. » Mais le premier prince du sang veilla aussi à s'entourer de gentilshommes huguenots soigneusement sélectionnés qui devaient rapidement s'affirmer comme les principaux piliers du parti des Grands. Auprès de lui se tenait ainsi Jacques de Ségur-Pardaillan, issu d'une prestigieuse lignée de la noblesse de Guyenne dont plusieurs membres avaient activement combattu dans les rangs protestants au cours de la décennie précédente. Serviteur de Jeanne d'Albret, présent à Paris lors de la Saint-Barthélemy mais logé au faubourg Saint-Germain, il avait eu le temps de s'enfuir avant l'arrivée des massacreurs, s'exilant en Angleterre avant de regagner le royaume au printemps suivant. Peu après que le roi de Navarre était sorti de la Cour, il était déjà auprès de lui, employé par son maître aux négociations de paix en relation avec le prince de Condé et le duc d'Alençon. Récompensé de sa fidélité par une charge de gentilhomme de la chambre en août 1576, son importance au sein du dispositif huguenot ne cessa de croître au fil du temps.

Promis à un avenir plus brillant encore, un autre gentilhomme entra au service d'Henri peu avant l'ouverture des états de Blois. Philippe Duplessis-Mornay s'était lui aussi réfugié en Angleterre avant de servir la cause des malcontents dans l'entourage du duc d'Alençon. Mais le revirement de ce dernier, qui se réconcilia avec son frère Henri III au début du mois de novembre 1576, augurant ainsi d'une prochaine dislocation de l'Union, le conduisit à changer de maître. Chaudement recommandé au roi de Navarre par plusieurs de ses proches serviteurs, notamment par François de La Noue, c'est à Agen que Mornay vint trouver ce prince dont il devint rapidement le conseiller le plus écouté. Il y retrouva d'autres huguenots de qualité qui formèrent le premier cercle de fidèles du nouveau protecteur des Églises réformées. Parmi eux figuraient Jean de Fabas, seigneur de Castets-en-Dorthe, récemment converti, Jean de Chaumont-Guitry, le jeune Maximilien de Béthune, seigneur de Rosny, ou encore Agrippa d'Aubigné. Ce petit groupe était appelé à s'étoffer au cours des années suivantes, mais il ne constituait pas le seul noyau de cette nouvelle élite nobiliaire huguenote.

Campé dans une posture radicalement différente de celle de son cousin, Henri de Condé avait aussi quelques atouts dans sa manche. Pendant la guerre des malcontents, il n'avait pas ménagé sa peine au service des intérêts huguenots et, aux yeux des Églises et des princes protestants étrangers, il apparaissait bien davantage que le roi de Navarre comme le digne successeur de l'Amiral. Austère et tourmenté, il n'était pas d'un commerce facile. Sans le sou et sans armée, il courait sans cesse après les secours que pourraient lui fournir ses alliés étrangers, ce qui le conduisait à soutenir une importante activité diplomatique. À l'égard de son cousin, qui était fortement possessionné dans le sud-ouest du royaume en sa qualité d'unique héritier des trois prestigieuses lignées de Foix, d'Albret et d'Armagnac, il éprouvait sans doute de la jalousie, mais il réprouvait surtout son attitude jugée par trop désinvolte à l'égard de la religion réformée et des intérêts huguenots. À Jacques de Ségur, que Navarre lui avait envoyé pendant les négociations de la paix de Monsieur, le prince aurait rétorqué avec virulence : « Qu'il laisse donc aux huguenots faire leurs affaires et ne les empêche point. [...] Nous nous en sommes bien passés jusques ici, Dieu merci ! » Qu'elle soit authentique ou apocryphe, cette repartie n'en est pas moins révélatrice de ce qui opposait les deux hommes et de la volonté alors affichée par Condé d'incarner durablement la cause réformée.

Des princes rivaux

Les tensions qui existaient entre les deux cousins se traduisirent par une rivalité sourde à laquelle la guerre, qui reprit après la révocation de la paix de Monsieur, donna l'occasion de s'exprimer. Le prince de Condé, qui n'avait pu prendre possession de son gouvernement de Picardie en raison de l'hostilité de la noblesse catholique locale, prit ses quartiers en Saintonge en octobre 1576. Pour le dédommager et l'apaiser, le roi lui donna Saint-Jean-d'Angély et, rayonnant dans les provinces du Centre-Ouest où les réformés demeuraient solidement implantés, il accomplit de nombreuses chevauchées qui lui permirent d'envisager les moyens de s'y fortifier. Il rendit de fréquentes visites aux Rochelais, qui le reçurent généralement bien. Viscéralement méfiants à l'égard des grands du parti, ces derniers semblaient le préférer au roi de Navarre, dont la sincérité de la foi leur paraissait sujette à caution. Lorsque vint le temps de reprendre les armes, en janvier 1577, les deux cousins agirent de concert. Navarre publia le manifeste justificatif que Duplessis-Mornay avait rédigé pour lui, et Condé diffusa une protestation dans laquelle il plaçait explicitement son entrée en campagne « sous l'autorité du roi de Navarre, premier prince du sang, protecteur des Églises réformées[2] ». Il se présentait comme le « lieutenant général » de son cousin et obtint de haute lutte l'entrée de La Rochelle dans le conflit[3], moyennant la conclusion d'un véritable contrat qui garantissait la préservation des libertés et franchises de la cité[4]. La mise en regard des deux manifestes fait toutefois apparaître ce qui séparait les deux princes. Alors que Condé publia un texte très bref et très offensif, au ton particulièrement agressif, Navarre insista longuement sur son désir d'établissement durable de la coexistence et sur tous les efforts qu'il avait consentis en Guyenne afin de la favoriser, avant de fustiger la rupture de la paix par des états généraux qu'il considérait comme illégitimes, parce que composés d'hommes corrompus, élus lors d'élections noyautées par les catholiques intransigeants[5]. Il prit ainsi les armes contraint et forcé, pour défendre le bien public et la paix du royaume. Sur le fond, les deux textes fustigeaient les mêmes ennemis, qui étaient invariablement les mauvais conseillers étrangers, mais dans la forme, Condé se montrait brutal et partisan là où la plume habile de Mornay plaçait Navarre au-dessus de tout intérêt sectaire. Il ne s'agissait pas là que de rhétorique. Alors que Condé traçait son sillon de défenseur acharné de la foi réformée avant tout, son cousin affirmait son souci de la « conservation et restauration de ce royaume[6] ». Quoi qu'il en soit, la fortune militaire ne fut pas au rendez-vous. Après avoir d'abord manifesté sa détermination à maintenir la paix, Montmorency-Damville finit par basculer dans le camp royal au printemps 1577, mettant fin à l'Union languedocienne entre catholiques paisibles et huguenots. L'expérience avait fait long feu. Condé, qui ne remporta aucune victoire face à l'armée royale, dut finalement se replier en Guyenne auprès de Navarre, dont l'action ne fut guère plus heureuse. Le parti était toujours en reconstruction et le commandement manquait encore d'unité.

Conscients de leur infériorité militaire, les deux princes Bourbons avaient tout naturellement pensé à faire appel à des secours étrangers. C'est dans le cadre de leurs démarches diplomatiques qu'apparurent le plus nettement les signes de leur rivalité. En avril 1577, Navarre expédia Mornay en Angleterre afin de solliciter l'appui d'Élisabeth. En chemin, il fit halte à La Rochelle, d'où il comptait embarquer, et Condé l'y retint plusieurs jours, lui faisant perdre un temps précieux. Le prince entendait ainsi permettre à ses propres agents de devancer à Londres celui de son cousin, car il était convaincu que leurs objectifs n'étaient pas identiques. Condé souhaitait obtenir le financement, par la reine d'Angleterre, d'une nouvelle levée de mercenaires dans l'Empire, afin de faire pression sur le roi pour qu'il rétablisse sans concession les conditions de la paix de Monsieur. Inquiet de l'attitude plus modérée de son cousin, il redoutait que ce dernier ne cherchât auprès de la souveraine qu'un appui diplomatique destiné à convaincre le roi de signer une paix négociée à des conditions largement revues à la baisse au détriment des huguenots. Ces soupçons n'étaient pas fondés, car si Mornay avait certes pour charge de solliciter l'intercession d'Élisabeth, il avait également pour mission d'obtenir de l'argent afin de lever une armée de secours en Allemagne. Et d'ailleurs, il finit par obtenir l'envoi d'une somme de 20 000 livres sterling dans le Palatinat. Mais sa mission fut singulièrement compliquée par les agents de Condé, qui tentèrent de persuader la reine et son secrétaire d'État, Francis Walsingham, que le roi de Navarre avait pour seule ambition de conclure la paix à n'importe quelle condition, alors que leur propre maître était déterminé à combattre jusqu'au bout pour le service de la cause huguenote. Leur persiflage ne fut pas sans effet, car Mornay fut reçu froidement à la Cour et ne dut la réussite de sa mission qu'à ses bonnes relations personnelles avec Walsingham, nouées en 1572. Au moment de prendre le chemin de l'Empire afin de mettre à profit l'argent anglais, il dut finalement renoncer, rappelé en France par la conclusion de la paix de Bergerac qui mit un terme à la guerre le 14 septembre 1577. Parmi les agents de Condé engagés dans ces opérations, il est un personnage sulfureux qui mérite une attention toute particulière, en raison du rôle éminent qu'il joua dans l'accroissement des tensions entre les deux Bourbons. Michel de La Huguerye, aussi talentueux qu'opportuniste, n'était en rien guidé par la religion. Après avoir servi un maître catholique, il était passé au service de Louis de Nassau puis, après la mort de ce dernier, à celui du prince de Condé. Mû par son seul profit, il fit tout pour promouvoir les actions du prince, à l'établissement duquel il avait tout particulièrement intérêt. Mauvaise langue, il multiplia les inimitiés et distilla savamment son fiel à l'encontre du roi de Navarre et de ses émissaires.

Les conditions dans lesquelles la paix fut conclue ne contribuèrent pas à désamorcer ces critiques. La modération publiquement affichée par le roi de Navarre lui valut d'être choisi par la Cour comme unique interlocuteur au nom du parti huguenot, alors que le prince de Condé ne fut pas consulté. Le premier prince du sang négocia sans en référer à personne, n'écrivant aux Rochelais que pour leur annoncer qu'il avait conclu une paix qui rabaissait de « beaucoup la liberté qui vous était acquise par le dernier édit de pacification », et qu'il l'avait fait parce que « le bien et conservation de nos Églises [...] se diminuent en la guerre et s'accroissent par la paix ». Il négligea également de consulter son alliée anglaise qui, vexée d'avoir été tenue à l'écart des négociations, chargea Mornay de faire part à son maître de son mécontentement[7]. Condé fut, lui aussi, furieux contre son cousin, qui l'avait placé devant le fait accompli, d'autant plus que l'édit de Poitiers, signé le 17 septembre 1577, restreignit dans presque tous les domaines les concessions accordées lors de la paix de Monsieur.

Même s'il fut un élément structurant majeur du parti des Grands, le face-à-face entre Navarre et Condé ne suffit pas à résumer la recomposition de la grande noblesse réformée. Dès 1576, un troisième larron s'était immiscé au sommet de l'élite nobiliaire huguenote. On se souvient que le vicomte de Turenne, converti au calvinisme pendant la guerre des malcontents, appartenait à la prestigieuse lignée des Montmorency. Petit-fils du connétable, il avait eu l'honneur d'avoir le roi Henri II pour parrain, et sa naissance fondait ses ambitions. Après la paix de Monsieur, il rejoignit Henri de Navarre, avec lequel il avait antérieurement noué des liens qui contribuèrent à l'attacher durablement au premier prince du sang. Grièvement blessé peu avant la paix de Bergerac, Turenne ne put se remettre que grâce aux soins prodigués par les médecins de Navarre, qui fit le choix de s'appuyer sur lui en Guyenne et en haut Languedoc de préférence à Condé, ce qui ne manqua pas de contribuer à aigrir encore davantage les relations entre les deux princes.

Navarre prend l'avantage

Mal appliqué, l'édit de Poitiers ne donna pas satisfaction aux huguenots, et l'agitation ne cessa pas réellement dans les provinces méridionales. Les escarmouches étaient quotidiennes et les prises de villes, de part et d'autre, ne furent pas rares. Henri de Navarre misa ainsi fort peu sur le respect des clauses de la paix, comme le révèlent les instructions qu'il remit à Jacques de Brigneux, envoyé vers Jean-Casimir à la fin du mois de janvier 1578. Ce texte méconnu atteste la détermination que le premier prince du sang manifesta à prendre résolument en main la destinée du parti huguenot et la défense des fidèles, instruit de l'expérience acquise parfois douloureusement et des erreurs commises au cours des mois précédents. Il ne voulait plus laisser le champ libre à Condé et fit part au comte palatin des décisions qu'il avait prises afin de restructurer le fonctionnement politique et militaire de la nébuleuse huguenote. En premier lieu, il avait ordonné le dénombrement des hommes capables de porter les armes et des ressources financières mobilisables en cas de nécessité, prenant en l'occurrence exemple sur les initiatives de Coligny en 1562 et 1567. Par ailleurs, sur les conseils de Mornay, il avait chargé les pasteurs et anciens, présents au synode national de Sainte-Foy qui s'était tenu du 2 au 14 février, de veiller à ce que chaque province désignât un député chargé de résider auprès de lui afin de constituer un conseil qu'il pourrait solliciter pour les affaires relatives aux Églises. Enfin, il affirma sa détermination à retenir auprès de lui Turenne, La Noue,

Guitry et « autres seigneurs et gentilshommes de valeur », afin de pouvoir les consulter à toutes occasions. Il n'omit pas d'évoquer Condé, auquel il affirma écrire au moins une fois par semaine et aimer « comme son propre frère », mais il apparaissait clairement que son véritable confident était désormais Turenne, qu'il avait d'ailleurs tout récemment désigné pour assister en son nom au synode national. De manière implicite, il adressa en outre une pique à son cousin, en dénonçant l'action délétère de ses agents qui avaient cherché à le discréditer. Faisant probablement référence aux persiflages de La Huguerye, qui joua aussi un rôle très actif dans les relations entre Condé et Casimir, il évoquait les « calomnies d'aucuns qui artificieusement les sèment à l'encontre de lui tant dehors que dedans ce royaume [...] pour le rendre odieux et le faire déchoir de réputation ». Pour les démentir d'une manière qu'il espérait définitive, Navarre demanda à Brigneux d'assurer le comte palatin de sa détermination à s'employer « au service de Dieu et à la défense de la religion, sans y épargner ses moyens, son état et sa propre vie », et d'ajouter « qu'il n'est en la puissance de personne quelconque de l'en divertir[8] ».

La mission de son émissaire visait, en outre, à obtenir un résultat plus concret et plus immédiat, car l'intention de Navarre était de favoriser la mise en œuvre d'un système qui permettrait de lever dans l'Empire une armée de secours en trois mois en cas de nécessité. Ce projet s'insérait dans le contexte plus vaste d'une réactivation des projets de ligue unissant les puissances protestantes, dont il sera question plus loin[9]. Alors que Condé entretenait, depuis le séjour qu'il avait accompli dans l'Empire à l'occasion de la guerre des malcontents, des relations privilégiées avec Jean-Casimir, Navarre entendait réinvestir aussi le terrain diplomatique, afin de se passer de la médiation de son encombrant cousin et de court-circuiter les manœuvres de ses agents.

Ce duel à fleurets mouchetés, qui se déroula au sommet du parti, obligeait le protecteur des Églises réformées à apparaître comme un défenseur crédible des intérêts huguenots. Cette posture politique et religieuse plus clairement dessinée ne cessa de s'affirmer au cours des mois suivants, en particulier lors des discussions conduites avec la Couronne afin de consolider la paix. Comme la mauvaise application de l'édit de Poitiers suscitait une agitation persistante, Catherine de Médicis dut se rendre dans le sud-ouest du royaume afin de négocier avec son gendre une sorte d'appendice à l'édit. Après de longues tractations, le traité de Nérac fut signé le 28 février 1579, puis ratifié par Henri III le 14 mars suivant. Ces négociations témoignèrent de l'ascendant que le premier prince du sang avait alors pris sur la grande noblesse huguenote. Absent, Condé s'était fait représenter par un député, alors que des proches du roi de Navarre, tels Turenne et Guitry, étaient bel et bien présents, de même que des députés envoyés par les protestants de Guyenne, de Languedoc et de Dauphiné. Le protecteur des Églises réformées put alors apparaître, aux yeux du pouvoir royal, comme le seul et légitime porte-parole des huguenots et le véritable défenseur de leurs intérêts. L'accord ainsi conclu portait pourtant plutôt en germe une reprise inéluctable de la guerre. Ses principales clauses consistaient en la concession au roi de Navarre de quatorze nouvelles places fortes en Guyenne et Languedoc, mais seulement pour une durée de six mois, au terme de laquelle il s'engageait à les restituer. En un temps où la paix n'était jamais réelle et où il fallait constamment se défendre contre un adversaire qui ne désarmait pas, il ne pouvait s'agir que d'une promesse de Gascon.

Alors que les escarmouches se poursuivaient en Guyenne et dans tout le Midi protestant, Henri de Navarre résidait à Nérac, où son épouse Marguerite, qui l'avait rejoint avec l'aval d'Henri III, tenait une cour brillante. L'atmosphère parfois légère qui y régnait n'était pas pour plaire aux huguenots les plus austères, qui réprouvaient un relâchement peu conforme à la discipline ecclésiastique. D'Aubigné écrivit plus tard que « l'aise y amena les vices, comme la chaleur les serpents ». Condé, qui ne s'y sentait pas dans son élément, y fit quelques apparitions, mais il résidait ordinairement à Saint-Jean-d'Angély, d'où il continuait à caresser les Rochelais. Navarre était en quelque sorte débarrassé de son encombrante présence, mais tout n'était pas pour autant serein dans l'entourage du Protecteur. Des tensions s'y firent quelquefois jour entre gentilshommes catholiques et huguenots, au pays des « cervelles chaudes », comme Brantôme se plaisait à désigner les nobles gascons[10]. Les désaccords qui opposaient certains d'entre eux ne furent pas purement suscités par la différence religieuse, car s'y mêlaient intérêts personnels et honneur froissé. En 1577 déjà, La Noue avait failli en venir au duel avec Lavardin, et c'est finalement Jean de Duras, comte de Durfort, qui se battit avec Turenne à Agen, le 15 mars 1579. La partie d'escrime se termina mal pour le vicomte, qui tomba dans une véritable embuscade et fut une nouvelle fois grièvement blessé de vingt-deux coups d'épée. Il fut même laissé pour mort, mais survécut. Navarre tenta ainsi difficilement de maintenir l'équilibre entre ses fidèles, mais une partie de sa cour catholique finit par rallier le camp royal. Quant à Condé, Navarre le traita du mieux possible afin de le neutraliser. En février 1579, le prince représenta ainsi son cousin à l'assemblée générale des Églises réformées de France tenue à Montauban.

À l'expiration des six mois prévus par le traité de Nérac, Henri de Navarre refusa, comme il fallait s'y attendre, de rendre les places fortes. La pacification était trop incomplète, et l'édit de Poitiers toujours si mal appliqué que leur restitution aurait affaibli sa position politique et militaire dans des proportions inacceptables. La guerre couvait à nouveau. Dans la seconde quinzaine de novembre 1579 à Mazères, au cœur du pays de Foix, Navarre rencontra Antoine du Pleix, sieur de Lecques, et Soffrey de Calignon, envoyés vers lui par les Églises et la noblesse de Languedoc et de Dauphiné, afin d'évoquer les infractions aux édits et le moyen d'y remédier. Au terme de cette entrevue, la décision fut, semble-t-il, prise de passer à l'offensive le 15 avril suivant. Et en effet, le Protecteur prit les armes en avril 1580, mais il avait été devancé par Condé, tout aussi insatisfait de l'application de la paix. Le prince, qui ruminait toujours le refus de la noblesse catholique de Picardie de l'accepter pour gouverneur, avait quitté Saint-Jean-d'Angély sous un déguisement afin de tromper la vigilance des agents royaux pour s'emparer de La Fère par surprise, le 29 novembre 1579. Puis il s'y était enfermé, réclamant que son gouvernement lui soit enfin remis. Mais ce coup militaire demeura sans lendemain. Navarre se montra plus brillant. À la toute fin du mois de mai 1580, il s'empara de la ville de Cahors au prix d'une opération bien préparée, au cours de laquelle il étala son courage et sa capacité militaire. Après avoir réussi à créer une brèche dans les portes de la cité, grâce au premier usage connu du pétard à feu destiné à les ébranler, il combattit en première ligne, gagnant mètre après mètre jusqu'à la victoire, appuyé de manière décisive par Pierre de Chouppes, l'un des capitaines huguenots de valeur sur lesquels il savait pouvoir compter. Mais ce succès probant fut lui aussi sans lendemain. L'armée royale conduite par le maréchal Armand de Gontaut-Biron, lieutenant général du roi en Guyenne, militaire expérimenté et ennemi intime du premier prince du sang dans la province, tint aisément les huguenots en respect. Quant à Condé, assiégé dans sa conquête par le maréchal de Matignon, il fuit à l'étranger dans l'espoir d'y trouver du secours, sans succès. Les exigences de Jean-Casimir en échange d'une nouvelle levée de troupes étaient bien trop élevées pour être satisfaites. Finalement replié en Languedoc, il y guerroya sans plus de résultat.

Le pouvoir royal, qui ne souhaitait pas s'enliser dans une nouvelle guerre, chercha à mettre rapidement un terme aux hostilités. C'est une nouvelle fois vers Navarre, et non vers son cousin, que la monarchie se tourna. Le traité de Fleix, le 26 novembre 1580, valut de nouveaux reproches au protecteur des Églises réformées parce que Condé, qui refusa d'y souscrire, les Rochelais et d'autres parmi les huguenots les plus radicaux considérèrent que les armes avaient été posées trop vite. À Genève même, où l'image de son cousin restait plus favorable que la sienne, Navarre fut sévèrement jugé, si bien qu'il lui fallut écrire à Bèze à la fin du mois de novembre afin de se justifier. Il affirma avoir conclu la paix par absolue nécessité, en raison des « divisions, désobéissances, rapines et désordres qui étaient parmi la plupart de nous », avoir attendu autant que possible l'arrivée des députés des provinces qu'il avait dûment convoqués et n'avoir su où et comment joindre son cousin[11].

Malgré tout, en dépit des difficultés qu'il devait constamment surmonter, le roi de Navarre apparut plus que jamais comme le chef difficilement contestable du parti des Grands. À son fidèle Turenne, il avait donné en avril 1580 le commandement de l'Albigeois, du Lauragais et du haut Languedoc en récompense de ses services, alors que Condé s'intitulait « lieutenant général pour le roi de Navarre en la protection des Églises réformées de France[12] ». Reconnaissant implicitement la supériorité de son cousin, il vint le retrouver en Guyenne au début de l'année 1581, mais il ne le fit pas de bonne grâce. L'histoire de la sourde rivalité des deux princes huguenots n'était pas close. Mais pour l'heure, la préoccupation du protecteur des Églises réformées devait être de maintenir et de défendre son camp, en dépit de quelques vents contraires.

Et comme il l'écrivit à Bèze, l'union des différentes composantes du parti huguenot était « le vrai lien de notre conservation ». Ce défi d'un parti uni sous sa bannière restait bien difficile à relever pour Navarre qui, non content d'avoir à fédérer autour de lui la grande noblesse réformée, devait aussi composer avec les réticences des huguenots du Midi.

Le spectre de la tyrannie protectorale

On se souvient que, peu après la Saint-Barthélemy, l'initiative du redressement huguenot dans les provinces méridionales était revenue aux villes contrôlées par les réformés et aux assemblées politiques qui s'étaient réunies au fil des mois, essentiellement en Languedoc. Traumatisés par l'attitude de Charles IX, les députés avaient adopté une attitude méfiante à l'égard de la noblesse protestante, craignant que ses membres ne soient à leur tour tentés d'exercer sur les Églises une tyrannie politique et militaire. Les théories monarchomaques les avaient conduits à envisager une sorte de contractualisation de leurs relations avec ces gentilshommes dont ils ne pouvaient se passer, mais dont ils redoutaient en même temps les abus. En juillet 1574, quand Henri de Condé avait été choisi comme protecteur, les membres de l'assemblée de Millau avaient pris la précaution de lui adjoindre un conseil et de formuler explicitement leurs craintes :

> Mondit seigneur le prince prendra s'il lui plaît en bonne part qu'ayant égard aux esclandres énormes et horribles advenus en France par l'abus d'une prétendue puissance qu'on appelle très mal absolue, usurpée et très injustement introduite en ce royaume, qu'on supplie très humblement sa grandeur de ne prendre le titre de dignité et prérogative de prince pour en abuser à commander en ladite puissance absolue. Mais se représentera s'il lui plaît, se montrera et portera en son gouvernement avec telle et si bien réglée modération qu'il appartient non pas à un tyran ou prince terrible et désordonné mais à un vrai juge d'Israël élu de Dieu chef gouverneur et conducteur de son peuple ayant continuellement avec soi la loi et ses saintes ordonnances pour les lire et faire garder le temps de sa vie sans s'en détourner[13].

Et d'ajouter qu'il devrait se comporter à l'imitation de Gédéon, libérateur du peuple élu dans l'Ancien Testament. L'assemblée avait en outre demandé à Condé, qui se trouvait alors dans l'Empire afin de procurer des secours aux malcontents, de prêter un serment. Il devait « promettre et jurer », en présence des députés des Églises, des gentilshommes qui l'entouraient, de l'électeur palatin Frédéric III et de son fils Jean-Casimir, « après la prédication », « en pleine Église et publiquement », de demeurer fidèle à la religion réformée jusqu'à sa mort, de consacrer « tout son pouvoir et moyens » à la cause huguenote et de ne rien entreprendre d'important sur le plan politique et militaire dans le cadre de ses fonctions de protecteur sans en avoir au préalable conféré avec les membres de son conseil[14]. La volonté de l'assemblée était ainsi d'encadrer son pouvoir le plus strictement possible, sachant toutefois pertinemment qu'un prince du sang ne pouvait que fort difficilement être bridé de la sorte de manière durable, ce qui ne faisait qu'attiser les craintes éprouvées par les huguenots du Midi.

Henri de Navarre dut faire face à la même méfiance, peut-être même accrue en raison de cette ferveur religieuse considérée comme insuffisamment affirmée. Bien que Condé ait renoncé à son profit au titre de protecteur des Églises réformées de France dès 1576, il fallut attendre plusieurs années pour que cette qualité lui fût officiellement conférée par les assemblées politiques. En janvier 1580, dans une lettre adressée aux réformés de France, Navarre se plaignait encore qu'elle tardait à lui être officiellement reconnue[15], et ce n'est finalement qu'un an plus tard, en mai 1581, qu'une véritable assemblée générale des Églises tenue à Montauban, usa, semble-t-il pour la première fois, du qualificatif de « protecteur » afin de le désigner.

Il n'avait toutefois pas été nécessaire que le titre lui soit octroyé pour que le chef de la maison de Bourbon entreprenne d'exercer ses prérogatives. Avec diplomatie, instruit par l'expérience de la nature intrinsèquement difficile des relations avec les assemblées méridionales, il imposa progressivement sa domination sur les provinces du Midi, en particulier le Languedoc et le Dauphiné. Les assemblées de généralité qui se réunirent très régulièrement dans la première de ces deux provinces firent rapidement état de « l'autorité » ou du « commandement » du roi de Navarre, sous les auspices duquel elles se tenaient. Cette mention n'impliquait pourtant pas l'existence d'une relation de confiance qui aurait engendré leur complète sujétion, car les Églises du Midi n'entendaient pas s'en remettre aveuglément à un prince que l'on soupçonnait de vouloir avancer son intérêt personnel avant celui de la cause huguenote.

Cette défiance, toujours manifestée avec déférence, s'était exprimée lors de l'assemblée générale convoquée par Navarre à Montauban en juillet 1579, afin d'évoquer, en compagnie des députés des Églises venus de tout le royaume, l'attitude à adopter face à l'expiration prochaine de la période de concession des places fortes octroyées par le traité de Nérac. Le 3 juillet, les députés avaient d'abord pris une mesure destinée à encadrer le pouvoir du premier prince du sang, qui s'était vu attribuer un conseil de six membres, les trois premiers représentant les Églises du nord de la Loire, les trois autres celles du sud, qui devaient servir par tiers, chacun pendant quatre mois de l'année, si bien que deux d'entre eux devaient toujours être présents auprès de Navarre afin d'aviser avec lui aux affaires des Églises[16]. L'assemblée s'était ensuite poursuivie en présence des représentants du chef du parti huguenot, au nombre desquels se trouvait Condé en personne. Les modalités de mise en action du conseil, dont la création venait d'être ordonnée, avaient alors été définies, mais pour qu'il fonctionnât, encore fallait-il que les Églises fissent diligence afin de désigner leurs conseillers.

Tel ne fut pas le cas, et en mai 1581, au moment où s'ouvrit l'assemblée politique de Montauban, la mise en place de cet organe de gouvernement n'était toujours pas effective. Les députés ne manquèrent pas d'aborder la question de sa création, et ils en reconfigurèrent la composition afin qu'il puisse plus aisément être établi. Ce furent à nouveau six conseillers qui devraient se rendre auprès du premier prince du sang, mais au lieu de ne siéger que deux par deux par rotation, ils seraient tous permanents, formant ainsi un véritable conseil. À ces membres permanents, Navarre pourrait joindre des « seigneurs notables » qui ne seraient « pas suspects aux Églises[17] ». Surtout, c'est à Montauban que les députés décidèrent de conclure solennellement, avec lui et Condé, une union aux termes de laquelle il fut reconnu comme « protecteur des Églises réformées ». Le texte du serment que les deux princes et les députés durent alors prêter, daté du 24 mai 1581, mérite d'être reproduit *in extenso* :

Nous Henri, par la grâce de Dieu roi de Navarre, protecteur desdites Églises, et Henri de Bourbon, prince de Condé et nous députés d'icelles par toutes les provinces dudit royaume assemblés en cette ville par commandement dudit Sieur roi sous le bon plaisir du Roi notre souverain pour aviser au ferme établissement de la paix, ratifiant et renouvelant au nom desdites Églises ladite union. Protestons et jurons devant Dieu de demeurer inséparablement unis sous la subjection du Roi que nous reconnaissons nous avoir été donné de Dieu et sous l'obéissance de ses édits non seulement en même doctrine et discipline ecclésiastique conforme à la confession de foi générale desdites Églises dès longtemps publiée, mais aussi en tout ce que dépendra de la mutuelle et légitime conservation, aide support et assistance les uns des autres selon la nécessité afin de nous pouvoir plus aisément maintenir sous la faveur d'iceux édits et avancer unanimement le règne de notre Seigneur Jésus Christ. Promettons et jurons en outre de ne faire ni entreprendre chose aucune au préjudice de l'union du bien universel repos et tranquillité desdites Églises sans le commandement dudit seigneur roi de Navarre avec le conseil et avis desdites Églises, afin de rapporter toutes choses à l'autorité qui lui est due et au commun consentement de tous. Ceux qui feront autrement seront désavoués. Promettons aussi nous députés satisfaire agréer et observer le contenu ci-dessus par nosdites Églises et pour assurance de ce avons signé la présente de laquelle chacun retiendra copie signée de tous[18].

L'autorité du roi de Navarre sur les Églises réformées, en qualité de protecteur, fut ainsi reconnue officiellement. En négociant successivement les édits et paix de 1577, 1579 et 1580 au nom du parti huguenot, il avait su manifester de manière convaincante son attachement à la cause réformée et inspirer davantage de confiance aux protestants du Midi, qui savaient en outre à quel point il relevait de l'intérêt commun d'être unis et fédérés autour du troisième personnage du royaume. Mais pour autant, cette reconnaissance ne fut pas un blanc-seing. Le nouveau protecteur était censé agir « avec le conseil et avis » des Églises et, par conséquent, en partie sous leur contrôle par le truchement des fameux conseillers, qui tardaient toujours à être désignés. Un an plus tard, en juin 1582, aucun d'entre eux n'était encore arrivé auprès du roi de Navarre. L'assemblée générale de Saint-Jean-d'Angély le déplora et demanda une nouvelle fois qu'il y fût remédié[19], visiblement sans obtenir un résultat pleinement satisfaisant, puisque Navarre réclama encore à Condé, en janvier 1583, d'intervenir afin que le Dauphiné et les provinces du Centre-Ouest désignassent leurs représentants[20].

Le conseil théoriquement créé auprès du protecteur n'était toutefois que l'un des rouages d'une organisation politique plus vaste, dont le fonctionnement était exposé de manière détaillée dans un « règlement en forme d'intelligence entre le roi de Navarre, monseigneur le prince et les Églises réformées de France », rédigé pour la première fois à Montauban en 1579, avant d'être confirmé avec quelques modifications en 1581. Il précisait, en premier lieu, les limites que les assemblées entendaient imposer au roi de Navarre dont le pouvoir était strictement encadré. Dans les domaines les plus importants qu'étaient la guerre, la paix et la fiscalité, Navarre ne pouvait prendre de décision qu'après avoir recueilli les avis de toutes les provinces, formulés par les différents conseils provinciaux. Et si d'aventure le protecteur venait à prendre des dispositions contraires à ces avis, les provinces étaient libres de ne pas s'y soumettre. Le règlement instaurait, en outre, un système de communication entre le premier prince du sang et les Églises, destiné à permettre la circulation efficace des informations et instructions à l'échelle du royaume. Dans ce but, il ordonnait la désignation, dans chaque province, d'un gentilhomme assisté d'un membre du tiers et d'un pasteur, chargés de communiquer avec le roi de Navarre. Dans chaque Église, un ou plusieurs personnages devaient à leur tour être désignés afin de servir d'interlocuteurs à ce représentant provincial. Comme les informations et autres requêtes devaient circuler par lettres, le protecteur était censé avoir en commun avec ses interlocuteurs « trois ou quatre chiffres différents » qui permettraient de crypter cette correspondance. Et dans chaque province ou dans chaque colloque, pour favoriser la dissémination efficace des informations auprès des Églises de ces circonscriptions, élection serait faite de deux personnages soigneusement choisis pour en assurer la diffusion[21]. Faute de documents suffisants, il est fort difficile d'établir l'entrée en fonction de ce système fondé sur la mise en action d'une cascade de relais, dont le schéma organisationnel semble une nouvelle fois avoir été calqué sur les différents niveaux de la mécanique consistoriale-synodale.

Turbulences provinciales

Véritable cœur de la nébuleuse huguenote, les provinces méridionales donnèrent parfois bien du fil à retordre à Henri de Navarre, mais elles furent elles-mêmes traversées par des tensions et divisions internes susceptibles de nuire à l'efficacité de l'action locale et, par extension, aux relations avec les grands du parti. Pour s'en convaincre, il faut remonter quelques années plus tôt, lorsque Jean de Saint-Chamond avait été choisi pour commander en bas Languedoc. Réfugié à Genève après avoir échappé au massacre de la Saint-Barthélemy, il avait d'abord été archevêque d'Aix-en-Provence de 1551 à décembre 1566, date à laquelle il avait apostasié de manière spectaculaire. Il avait alors épousé une huguenote, Claude de Fay, dame de Saint-Romain, dont il avait accolé le nom de terre au sien. Choisi par l'assemblée d'Anduze, en février 1573, comme gouverneur général du bas Languedoc, il était probablement rentré en France au cours de l'été. L'assemblée de la généralité du bas Languedoc, qui s'était réunie à Nîmes sous son autorité en janvier 1574, lui avait alors imposé la prestation d'un serment visant à délimiter soigneusement ses prérogatives. En fait, il ne pouvait rien décider en matière fiscale et militaire sans avoir recueilli l'avis du conseil qui lui avait été attribué ou sans avoir obtenu l'accord de l'assemblée. Quant à la justice et au gouvernement des villes, il n'avait pas vocation à s'en mêler. En somme, son autonomie de décision était strictement limitée à des interventions militaires urgentes en cas de troubles[22]. Ainsi s'exprimait la méfiance des députés à l'égard d'un membre de l'aristocratie qu'ils avaient pourtant eux-mêmes appelé à la tête de leur généralité. Les notables et gentilshommes qui peuplaient les assemblées avaient besoin des compétences et du prestige des membres de la grande noblesse, mais ils ne consentaient que difficilement à leur déléguer une partie de leurs prérogatives, de peur qu'ils en abusent et exercent un pouvoir considéré comme tyrannique. À la simple échelle de sa province, Saint-Romain rencontrait exactement les mêmes obstacles et les mêmes réticences que le protecteur à l'échelle du système huguenot tout entier.

La suite des relations entre Saint-Romain et le bas Languedoc illustre parfaitement cette tension. Lorsqu'il fixa le siège de son gouvernement général à Nîmes, en décembre 1573, le conseil de la ville demanda à Nicolas de Calvière, seigneur de Saint-Cosme, gouverneur de la cité depuis 1570, de lui céder la place afin qu'il pût cumuler les deux charges. Il s'agissait de limiter les risques de conflit, mais alors que Saint-Romain était originaire du Vivarais, la famille de Calvière était fortement implantée en bas Languedoc, et le frère de Nicolas, Guillaume, seigneur de Saint-Césaire, occupait une position très en vue au sein de l'élite du parti huguenot. Président au présidial de Nîmes, nommé en 1565 premier président du Parlement de la principauté d'Orange par Guillaume de Nassau, on se souvient qu'il avait rempli en 1573 une mission importante auprès des princes protestants d'Allemagne. Pour le réseau et la clientèle de ces puissants personnages, l'éviction de Nicolas au profit d'un « étranger » à la cité était un affront, même si elle avait été apparemment acceptée de bonne grâce dans l'intérêt de la cause. À la première occasion, ces élites locales firent en sorte de reprendre un pouvoir qu'elles estimaient leur revenir. Ainsi, lorsqu'en juin 1574 Saint-Romain quitta provisoirement Nîmes afin d'assister à l'assemblée générale de Millau, il nomma Antoine de La Vaisserie, seigneur de Meausse, un de ses fidèles originaire comme lui du Vivarais, pour le remplacer en qualité de gouverneur de la cité. Mais comme il violait ainsi le serment qu'il avait prêté, excédant les prérogatives qui lui avaient été concédées, sa décision fut cassée, et Saint-Cosme retrouva sa charge de gouverneur sur décision du conseil de ville, avec toutefois des pouvoirs limités par ceux du gouverneur général[23].

Saint-Romain n'en fut sans doute pas surpris outre mesure, car il avait bien perçu le climat de défiance qui régnait au sein de la nébuleuse huguenote languedocienne. Quelques semaines plus tôt, dans le discours d'ouverture de l'assemblée de la généralité tenue à Nîmes en mai 1574, il avait exprimé la colère et la déception que lui inspirait cette situation, offrant un rare témoignage, précisément consigné dans le procès-verbal de ladite assemblée, des dissensions qui minaient alors le parti dans la province[24]. Devant un auditoire que l'on peut imaginer à la fois surpris et pétrifié par la virulence du discours, le gouverneur général avait déploré qu'au lieu d'une « bonne et sainte union », il n'avait trouvé que « brigues, divisions et partialités ; au lieu d'une bonne et droite administration de la justice, un support et dissimulation intolérable ; et au lieu d'une police bien ordonnée, une confusion pleine de désordres et débordements indignes ». N'épargnant que les pasteurs, il avait fustigé la noblesse, indifférente à l'avancement du bien des Églises, divisée et obsédée par la défense de ses intérêts financiers et la recherche d'honneurs, le tout au détriment du peuple qui souffrait, accablé d'impôts pour financer la guerre. Pour entretenir des fortifications parfois inutiles, afin de satisfaire à la seule volonté de puissance nobiliaire, les contributions pécuniaires excessivement lourdes avaient ainsi rongé « le cuir et la chair, les os et les moelles du pauvre peuple ». Les capitaines et les soldats avaient également été visés, accusés d'être corrompus et dépravés, coupables de ruiner la généralité au lieu de la défendre, pillant et trafiquant aux dépens des habitants. Les magistrats eux-mêmes rendaient d'après lui fort mal la justice, et quant aux consuls des villes tenues par les huguenots, ils avaient été accusés d'exploiter sans vergogne les paysans des villages alentour pour financer la guerre et la mise en défense de leurs cités. Saint-Romain, qui avait été blessé par le serment fort restrictif qu'il avait dû prêter en janvier, avait mis en avant son incapacité à remédier à tous ces maux épouvantables qui nuisaient tant à l'intérêt de la cause huguenote, car l'assemblée de la généralité lui avait si « étroitement lié les mains » qu'il n'avait pu agir, en étant réduit à « convertir ses justes commandements en prières et supplications ». L'étroit contrôle qui lui avait été imposé, par crainte de l'exercice d'un pouvoir tyrannique, aboutissait finalement à une paralysie.

Les turbulences qui agitaient le parti huguenot en bas Languedoc ne se limitèrent pas à cette passe d'armes. Un autre grand personnage vit son étoile monter à la fin de l'hiver 1577, lorsque commença à se dissoudre l'union des réformés et des catholiques paisibles. François de Châtillon, fils de l'amiral Gaspard de Coligny, avait été rétabli en mai 1576 dans ses biens et son honneur par la paix de Monsieur. En septembre 1577, il se signala en ravitaillant Montpellier assiégée par Damville, ce qui lui valut l'honneur d'être nommé gouverneur de la place par Henri de Navarre quelques semaines plus tard. Saint-Romain étant décédé en juin 1578, il ne fut pas remplacé en qualité de gouverneur général, mais Châtillon fit partie d'un petit groupe de gentilshommes chargés de s'acquitter collectivement de la défense militaire du bas Languedoc huguenot. Le jeune homme se révéla par la suite difficile à contrôler, même par le premier prince du sang, qui éprouva toutes les peines du monde à s'en faire obéir. Fatigué par ce personnage ingérable, Navarre s'appliqua pourtant à le ménager, afin de ne pas diviser davantage un parti encore fragile. Il fallut attendre 1581, après qu'il eut obtenu un don royal qui lui permettait de rétablir les comptes de sa maison, pour que Châtillon se montrât plus docile et s'affirmât progressivement comme l'un des principaux lieutenants du protecteur des Églises réformées.

Il ne s'agit là que de quelques exemples qui illustrent bien les difficultés internes auxquelles le parti huguenot se trouva confronté en Languedoc. Cependant, les relations entre les différentes composantes de cet organisme complexe finirent par s'organiser et se normaliser. En Dauphiné aussi, le parti rencontra d'importantes difficultés pour se structurer de manière efficace et faire preuve d'unité. Lorsque Montbrun fut exécuté en août 1575, il laissa les réformés de la province orphelins de leur chef. Du nombre de ses lieutenants, c'est François de Bonne, seigneur de Lesdiguières, qui alors émergea. Reconnu et soutenu par les chefs du parti, il fut d'abord nommé « commandant général » du haut Dauphiné le 5 avril 1577, puis « lieutenant général sous l'autorité du roi de Navarre en Dauphiné » en 1579. Pourvu d'un conseil pour l'assister par l'assemblée provinciale de Die réunie en février, il dut alors faire face à une opposition forte et déterminée de la noblesse réformée du bas Dauphiné qui refusa pendant plusieurs années de reconnaître son autorité en dépit du soutien plusieurs fois réitéré du protecteur des Églises réformées. Ce n'est qu'en 1582 qu'il réussit à mettre fin à cette division fort préjudiciable à la cause réformée.

Une vie politique intense

Ces conflits n'empêchèrent pas le développement d'une activité politique particulièrement dense au sein du parti huguenot. La classe politique réformée, qui était née au tout début de la décennie 1560, se développa alors de manière considérable. En juillet 1579, l'assemblée générale de Montauban ordonna l'établissement auprès du roi d'un député résident à la Cour, choisi en concertation avec le protecteur et qui serait rémunéré à hauteur de 3 000 livres par an. C'est Imbert de Biotière, seigneur de Chassincourt, gentilhomme de la chambre du roi de Navarre, qui fut choisi pour remplir cette mission de confiance. Il prit rapidement ses fonctions, qu'il exerçait encore en 1582. Constamment près du roi, il fut un précieux relais pour Henri de Navarre, qui lui confia de fréquentes missions, mais il eut aussi pour rôle de se faire l'interprète des doléances des Églises, de solliciter à leur demande provisions et dépêches et de servir de porte-parole, lors de la présentation des cahiers de plaintes rédigés par les assemblées politiques. Si on voulait se projeter, non sans anachronisme, au siècle suivant, il fut en quelque sorte un député général avant l'heure.

Contrairement à la pratique qui avait eu cours jusqu'en 1577, les assemblées ne députèrent plus directement vers le roi. Désormais, elles rédigèrent toujours un cahier général signé par tous les députés, mais elles l'adressèrent ensuite au roi de Navarre, qui était chargé d'en faire parvenir une copie au monarque par le truchement d'un émissaire de son choix, comme ce fut par exemple le cas au terme de la session de Montauban en mai 1581. Pour accomplir ces missions délicates, le protecteur s'appuya sur un petit groupe de conseillers privilégiés auxquels il accordait toute sa confiance. Parmi eux figuraient d'abord Turenne, que sa naissance plaçait au-dessus du panier, Ségur, qui devint en 1581 « surintendant de la Maison, affaires et finances de Navarre », ce qui fit alors de lui le premier des conseillers du souverain béarnais, et Mornay, qui rejoignit son maître à la fin de l'année 1582, après avoir servi pendant quatre ans ses intérêts en Angleterre et aux Pays-Bas. On trouvait aussi Jacques Lallier, seigneur Du Pin, secrétaire des commandements de Navarre, mais également Jean de Gontaut-Biron, baron de Salignac, Calignon, qui était entré à son service en 1575, Guitry, Chassincourt et un personnage qui ne cessait de prendre de l'importance au sein de cette micro-élite nobiliaire : Claude-Antoine de Vienne, comte de Clervant. Converti dès 1557, il avait beaucoup contribué à l'expansion du protestantisme dans la région messine, où se trouvait son château de Courcelles, avant d'entrer au service de Condé, qu'il avait appuyé lors de ses démarches diplomatiques accomplies dans l'Empire à l'occasion de la guerre des malcontents. Après avoir œuvré au rapprochement des deux princes du sang, quand d'autres cherchaient à les dresser l'un contre l'autre, il était progressivement passé au service exclusif du roi de Navarre.

Cette élite politique du parti fut abondamment mise à contribution. Lors des assemblées générales, le Protecteur se fit toujours accompagner ou représenter par plusieurs de ces éminents personnages. À Montauban, en mai 1581, en attendant que Navarre fasse son entrée dans la ville et puisse se présenter devant les députés, c'est Du Pin qui leur donna lecture d'une lettre de son maître et Clervant qui présida les débats. Turenne, Guitry et Salignac étaient également présents. Au sein de ce personnel fidèle et réduit, quatre hommes furent tout particulièrement employés aux négociations délicates. Ségur, Du Pin, Clervant et Calignon étaient presque constamment en mouvement, envoyés par Navarre afin de travailler à la mise en application des édits de pacification. Il s'agissait de veiller à ce que les clauses en fussent respectées, aussi bien par les huguenots, qu'il fallut notamment exhorter à restituer certaines places et à démanteler des fortifications, que par les catholiques, avec les représentants desquels ils furent appelés à conférer. En Dauphiné, c'est avec une délégation du parlement de Grenoble qu'eurent lieu d'interminables discussions. Dans cette province, où les huguenots étaient particulièrement difficiles à manœuvrer, considérés par Catherine de Médicis comme « toujours les plus opiniâtres et malaisés[25] », Calignon servit en outre de courroie de transmission entre le Protecteur et Lesdiguières.

Derrière les hommes du roi de Navarre, les députés aux assemblées générales et provinciales jouèrent le rôle politique le plus important. Après la Saint-Barthélemy, les sessions s'étaient multipliées en Languedoc et en Dauphiné. Dans l'espace languedocien, après que le règlement de décembre 1573 eut été édicté, les assemblées de généralité se tinrent d'abord de manière très régulière, au rythme de trois ou quatre sessions par an. En bas Languedoc, la fréquence des réunions assignées à Nîmes, Montpellier, Anduze ou encore Lunel resta élevée au moins jusqu'en octobre 1577, puis les assemblées s'espacèrent. En haut Languedoc en revanche, les assemblées provinciales devinrent beaucoup plus rares après 1575, alors que se multipliaient les assemblées d'assiette diocésaines tenues à Castres, parfois élargies aux réformés des diocèses voisins d'Albi et de Saint-Pons, demeurés sous contrôle catholique[26]. Toujours en Languedoc, des assemblées d'états particuliers continuèrent également à se réunir de manière plus ou moins régulière en Rouergue, essentiellement à Millau, et en Vivarais.

En Dauphiné, de nombreuses sessions furent également tenues à Die, La Mure, Gap, Serres ou Bourdeaux. Aux séances ordinaires, réunissant gentilshommes et députés du tiers, s'ajoutèrent des assemblées de noblesse essentiellement convoquées par les « désunis », qui refusaient de reconnaître l'autorité de Lesdiguières. On ne conserve aucune trace documentaire d'assemblées politiques réunies dans d'autres provinces du royaume avant 1583, ce qui ne signifie pas qu'il ne s'en tint aucune. En Guyenne, où les huguenots durent faire face à une très forte opposition catholique, Henri de Navarre se passa bien volontiers de ces institutions qui pouvaient constituer un obstacle à l'affirmation de son pouvoir. Les assemblées générales, censées rassembler des députés venus de tout le royaume, furent quant à elles convoquées à des intervalles plus réguliers. En sept ans, entre juillet 1575 et juin 1582, on en dénombre six, soit une fréquence moyenne très proche du rythme annuel préconisé dans le règlement de janvier 1575.

En sa qualité de protecteur, c'est à Henri de Navarre qu'il revenait de convoquer ces assemblées générales, et on conserve un certain nombre de lettres adressées aux Églises du royaume envoyées par lui à cet effet. À l'échelon inférieur de provinces comme le Dauphiné, ou de généralités comme celles des haut et bas Languedoc, c'est aux généraux assistés de leur conseil qu'incombait la charge de réunir les assemblées de leurs ressorts respectifs, sous l'autorité supérieure plus ou moins respectée, mais toujours invoquée, du Protecteur. En bas Languedoc, c'est ainsi Saint-Romain qui convoqua les assemblées jusqu'à son décès en 1578, alors que dans le diocèse de Castres, la responsabilité en revint d'abord au vicomte de Paulin, puis au vicomte de Turenne à partir du printemps 1580. Le processus d'élection des députés demeure plus nébuleux. En stricte application des règlements, les participants aux assemblées générales devaient être issus des assemblées provinciales, mais la réalité semble avoir été bien différente, car en l'absence de réunion de ces organes politiques hors du Languedoc et du Dauphiné, les huguenots durent avoir recours à toutes leurs institutions, qu'elles fussent politiques ou ecclésiastiques, afin de désigner des députés pourvus de la légitimité suffisante pour être considérés comme représentatifs d'un espace géographique donné. Au niveau inférieur du système, le même principe prévalut pour élire les participants aux assemblées provinciales et de généralités languedociennes et dauphinoises. Les assemblées diocésaines, mais aussi les états particuliers, les conseils de ville, les synodes provinciaux, les colloques et même les consistoires furent ainsi appelés à participer à la désignation des députés, de manière ponctuelle en fonction des circonstances et du contexte particulier de chaque province. Dans tous les espaces situés au nord de la Loire, mais également dans les secteurs méridionaux où les réformés n'étaient pas assez puissants pour mettre en place l'organisation politique voulue par les règlements, ces institutions ecclésiastiques jouèrent un rôle essentiel, voire exclusif, dans les processus électoraux qui permirent l'envoi de représentants aux différentes sessions. On remarque ainsi qu'il n'existait alors pas de barrière étanche entre le système consistorial-synodal et l'organisation politique huguenote, en dépit de l'interdiction théorique adressée aux assemblées ecclésiastiques de s'ingérer dans les affaires politiques.

Ces difficultés, rencontrées par les huguenots de la partie septentrionale du royaume, se traduisirent d'ailleurs par une sous-représentation systématique de ces provinces aux assemblées générales. Un peu moins prononcée lors de l'assemblée réunie à Montauban en juillet 1579, où l'Île-de-France, la Picardie, la Normandie, la Bretagne, la Bourgogne et la Champagne purent envoyer des députés[27], cette faible présence s'exprima de nouveau à Montauban en mai 1581, lorsqu'un seul député reçut la charge d'incarner l'Île-de-France, la Normandie et la Picardie, un autre la Bretagne et un troisième la Bourgogne. À Saint-Jean-d'Angély, un an plus tard, le nord de la Loire ne fut représenté que par le seul député venu d'Île-de-France.

Les contours précisés de la « classe politique » huguenote

L'identité et la qualité des députés qui siégèrent dans ces différentes instances permettent, en outre, de mieux appréhender la configuration du monde politique huguenot. Parmi les représentants désignés par les villes, les juristes, hommes de loi, notaires et avocats dominaient toujours largement, et leur présence fut encore plus prégnante dans les assemblées provinciales qu'à l'échelon supérieur. À Castres, pendant plusieurs années et jusqu'en 1582, c'est ainsi Antoine de Lacger, juge de la ville et comté de Castres depuis 1575, qui présida l'assemblée d'assiette. Les magistrats municipaux, en particulier les consuls des villes languedociennes, furent aussi fortement représentés parmi les députés, de même que les gentilshommes. La classe politique huguenote sembla donc se stabiliser dans sa composition socioprofessionnelle, pour employer un terme quelque peu anachronique, mais en vertu de la contribution indispensable des institutions ecclésiastiques au processus de désignation des députés, une nouveauté non négligeable vint néanmoins perturber le monopole de cette élite aux contours désormais bien définis.

Les pasteurs, que la grande noblesse réformée avait tenté d'exclure de toute activité politique au cours des années qui avaient précédé la Saint-Barthélemy, firent leur retour dans les assemblées. Leur présence demeura parfois sujette à polémique, comme en haut Languedoc, en novembre 1578, lorsque l'assemblée présidée à Castres par Paulin décida d'admettre à siéger, à titre exceptionnel, des ministres de la Parole et statua qu'à l'avenir, ils ne devraient plus s'occuper des affaires politiques. Les députés décidèrent d'ailleurs d'écrire au roi de Navarre afin de le prier de ne plus adresser de lettres de convocation aux Églises et de les réserver aux magistrats[28]. Au cours des années suivantes, les pasteurs disparurent ainsi des procès-verbaux des sessions tenues dans cette province et, lorsque l'un d'entre eux fut mentionné, son rôle se limita à celui d'un observateur passif. En bas Languedoc, les règles semblent avoir été un peu moins strictes, et les pasteurs ne furent pas systématiquement exclus des assemblées, même si leur présence y demeura très rare, comme l'atteste la formule adoptée par les députés réunis à Anduze, le 26 novembre 1579, qui résumèrent et restreignirent leurs qualités en se désignant comme les « seigneurs, gentilshommes, capitaines, consuls et députés[29] », ne laissant aucune ouverture aux ministres de la Parole. Il en alla tout autrement en Dauphiné. Dans la ligne des premières sessions qui, en 1562, avaient accordé une place aux députés des Églises, les assemblées accueillirent systématiquement des ministres, comme à La Mure où, le 28 juillet 1578, cinquante-deux participants, parmi lesquels figuraient vingt-six nobles, onze pasteurs et quinze députés des villes, signèrent le procès-verbal[30].

De manière à la fois paradoxale et inévitable, la place des pasteurs s'avéra tout aussi importante dans le cadre des assemblées générales. Comme dans l'exemple dauphinois de La Mure, les députés s'y répartirent en moyenne entre 50 % de nobles, 20 % de pasteurs et 30 % de députés des villes, consuls et gradués en droit. Les institutions ecclésiastiques qui eurent à désigner les députés dans la plupart des provinces dépourvues d'instances politiques furent, en effet, portées à choisir, de manière non exclusive mais néanmoins fréquente, des ministres comme représentants. En mai 1581, sur les trente-deux députés qu'elle réunit, l'assemblée de Montauban ne comptait ainsi pas moins de dix pasteurs, parmi lesquels figurait Michel de Montescot, dit de La Tour, désigné par les synodes provinciaux d'Île-de-France, Normandie et Picardie. Un an plus tard, il fut encore député à Saint-Jean-d'Angély, mais cette fois-ci pour la seule province d'Île-de-France. Certains ministres de la Parole se spécialisèrent ainsi dans l'action politique, comme Claude de Soumain, seigneur de Clairville, pasteur de Loudun, député d'Anjou à Montauban en 1581 et appelé à accomplir une longue carrière au cours des deux décennies suivantes.

Ces ministres ne furent pas les seuls à enchaîner les mandats. D'une assemblée à l'autre, on retrouva bien souvent les mêmes visages, et certains devinrent incontournables par l'expérience qu'ils avaient acquise de ces sessions, au cours desquelles il fut de plus en plus nécessaire de faire preuve de compétence et d'opiniâtreté afin de défendre les intérêts de ceux que l'on représentait. En bas Languedoc, par exemple, Jean de Belcastel, seigneur de Montvaillant, fut de presque toutes les assemblées et en présida même quelques-unes, alors que Guillaume Roques, seigneur de Clausonne, déjà remarqué une décennie plus tôt, fut tout aussi présent. Mais pour importante qu'elle fût, la fonction de député n'était pas la seule offerte aux membres de cette classe politique huguenote en pleine expansion. Les assemblées, par nécessité, créèrent de nombreuses charges qu'il fallut pourvoir afin de faire fonctionner un système toujours plus exigeant. En juillet 1573, l'assemblée de Capdenac, en Rouergue, créa ainsi toute une série d'officiers, parmi lesquels figuraient un maître des requêtes, un huissier, un receveur général, des receveurs particuliers pour les différentes localités, un prévôt pour la généralité, auquel on accorda neuf archers à cheval, un greffier, un exécuteur de la haute justice et un sergent-major. Chaque nouveau règlement perfectionna les rouages du système et requit de nouvelles nominations.

Il faut imaginer l'effervescence dans laquelle vivaient les membres de cette classe politique huguenote des provinces du Midi, où les assemblées et autres conseils ou conciliabules s'enchaînèrent à un rythme soutenu, scandé par les rebondissements incessants d'une conjoncture jamais sereine. Les tensions locales, les affrontements de factions et autres coteries qui se disputaient la prééminence à l'échelle d'une province, d'une zone plus restreinte ou même d'une cité, s'entrechoquèrent ou s'entrecroisèrent avec les rivalités entre grands du parti, compliquant un jeu politique qui fut de plus en plus l'affaire de spécialistes. Les intérêts financiers étaient omniprésents. Les remboursements, dédommagements, défraiements, gages, soldes et, bien entendu, les emprunts et autres impositions constituèrent la grande majorité des décisions prises par les différentes assemblées. Car l'argent était le nerf de l'action politique et militaire. On lutta souvent pied à pied pour obtenir une réduction des contributions dues par sa province, son diocèse civil ou sa cité, et on procéda à des répartitions dont on espérait recueillir les fruits par la levée efficace des sommes nécessaires au financement de la lutte. En Languedoc, aux moments les plus forts d'un combat qui exigeait beaucoup des hommes, c'est une véritable économie de guerre que durent organiser les députés. Ces derniers oublièrent alors leurs divisions pour se rassembler et mettre leur industrie au service de la cause commune. Les procès-verbaux des différentes assemblées l'attestent, ce petit monde politique huguenot éprouva un grand souci de la légalité, dans laquelle ses membres s'efforcèrent d'inscrire toutes leurs actions. Au fil des assemblées, leur désir toujours plus affirmé d'apparaître comme des interlocuteurs crédibles aux yeux de la monarchie, avec laquelle ils traitaient par le truchement de leur Protecteur et de quelques-uns de ses plus habiles conseillers, les conduisit à affirmer encore davantage leur souci de la représentativité. C'est avec toujours plus de rigueur que fut examinée la validité des mandats présentés par les députés au début de chaque assemblée, et le récit circonstancié de la vérification des pouvoirs occupa une place sans cesse plus importante dans les procès-verbaux, destinés à témoigner de la régularité des décisions qui avaient été prises.

En dépit des tensions qui parcoururent ses différentes composantes, le parti huguenot passa donc avec un certain succès le cap de sa reconstruction sous l'égide de plus en plus fortement affirmée de son Protecteur. L'entrée en résistance, rendue nécessaire par le risque de naufrage engendré par la Saint-Barthélemy, put ainsi laisser place à une dynamique plus positive de consolidation des positions d'une minorité dont les défenseurs avaient su étayer les contreforts. Mais alors qu'ils avaient passé toute une décennie à sécuriser leurs positions, un événement vint leur faire entrevoir de plus grandes espérances.

TROISIÈME PARTIE

À L'OMBRE DU PREMIER BOURBON

« Je chante ce héros qui régna sur la France
Et par droit de conquête et par droit de naissance ;
Qui par de longs malheurs apprit à gouverner,
Calma les factions, sut vaincre et pardonner,
Confondit et Mayenne, et la Ligue, et l'Ibère,
Et fut de ses sujets le vainqueur et le père. »

Voltaire, *La Henriade*, chant premier.

Le dimanche 10 juin 1584, Monsieur, frère du roi, duc d'Alençon et d'Anjou, le dernier des Valois dans l'ordre de succession au trône, mourut de phtisie pulmonaire à Château-Thierry, seulement âgé de vingt-neuf ans. Son décès ne surprit personne à la Cour, car la maladie qui l'avait rongé dès son enfance progressait inexorablement depuis de longues années. Dès la fin du mois de mars, les médecins s'étaient déclarés sans espoir. Cette disparition provoqua un bouleversement majeur du jeu politique, dont les cartes furent rebattues. Le mariage d'Henri III et de Louise de Lorraine étant demeuré stérile, la branche des Valois-Angoulême pouvait s'éteindre si le roi venait à mourir à son tour. En vertu de la loi salique, qui prévoyait la transmission héréditaire de la Couronne par ordre de primogéniture mâle à l'exclusion des femmes, le plus proche successible en ligne collatérale était le roi de Navarre, chef de la maison de Bourbon et premier prince du sang de France.

Le protecteur des Églises réformées devint donc l'héritier du trône, le successeur désigné du prince qui portait, depuis le règne de Charles VIII, le titre de « fils aîné de l'Église catholique romaine », l'institution qui avait si ardemment combattu le protestantisme en Europe depuis des décennies et que les huguenots reconnaissaient comme leur pire et irréductible ennemie. Cette perspective paradoxale raviva dans le royaume les tensions mal assoupies par une paix fragile et mal appliquée. Les catholiques les plus intransigeants ne pouvaient imaginer un prince réformé sur le trône de France, alors que les huguenots virent renaître leurs espoirs d'un plus grand établissement et même, pour les plus incurablement optimistes d'entre eux, d'un basculement du royaume dans le camp évangélique. Mais pour l'heure, Henri III n'avait que trente-trois ans et sa santé n'inspirait pas d'inquiétude.

Alors qu'il demeurait retranché en Guyenne, Henri de Navarre était désormais observé par toute l'Europe, mais il était bien armé pour faire face à son nouveau statut. Depuis de longs mois, son entourage l'y avait soigneusement préparé.

12

Sur une voie royale ?

« Vous êtes aujourd'hui la seconde personne de France[1]. » Dès le 14 avril 1584, deux mois avant la mort de Monsieur, les envoyés du roi de Navarre à la Cour avaient averti leur maître du virage inéluctable qu'allait prendre sa destinée. Mornay et Clervant, qui avaient rejoint Chassincourt auprès d'Henri III afin d'obtenir de lui quelques concessions en faveur des huguenots, vécurent aux premières loges le basculement politique en train de s'opérer. Dans l'effervescence feutrée qui agitait alors l'entourage du souverain, la personnalité du nouvel héritier était au cœur de toutes les discussions. « Bien né et de bon naturel » aux yeux du roi qui le considérait comme son légitime successeur[2], son image était bien éloignée de celle d'un réformé radical. Sa modération naturelle, qui lui avait par ailleurs été reprochée au sein du parti huguenot, n'était pas étrangère à cette bonne opinion, mais elle ne pouvait suffire à faire accepter aux catholiques la perspective d'un roi protestant. Persuadés depuis plusieurs années que leur maître deviendrait tôt ou tard l'héritier du trône, ses conseillers les plus proches avaient pourtant œuvré sans relâche à faire de lui un successeur présentable et surtout recevable par tous ses sujets, quelle que fût leur confession. Car, pour les réformés français, l'enjeu était considérable. Si leur protecteur venait à régner, des perspectives nouvelles pouvaient s'offrir à eux.

Une opportunité à saisir

Après avoir rempli à l'étranger de multiples missions diplomatiques au service du protecteur des Églises réformées, Philippe Duplessis-Mornay s'était durablement établi près de son maître en novembre 1582. Le choix qu'il avait fait de le servir avait été mûrement réfléchi. Séduit par les qualités personnelles de ce prince, avec lequel il avait rapidement noué une relation de confiance fondée sur une estime mutuelle, il était aussi conscient des opportunités que la position éminente du roi de Navarre offrait à la cause réformée. Mornay n'était pas le seul, parmi les membres de la noblesse protestante, à mesurer l'avantage que constituait pour le parti huguenot la présence à sa tête d'un prince appelé à devenir l'héritier du trône. Nanti de la confiance du premier prince du sang, qui avait pu éprouver sa fidélité et la qualité de ses services, il avait entrepris de le rendre capable de faire face à son destin. Gouverneur de Guyenne, sans cesse à cheval, souvent trop adonné aux plaisirs, Navarre menait une vie quelque peu désordonnée. Rarement couché avant deux heures du matin, il se levait à dix heures, ce qui ne lui laissait guère le loisir de se consacrer aux affaires importantes avant le dîner, où la succession parfois interminable des plats était scandée par les facéties de Thomiu, son fou souvent flanqué du singe Bertrand. En temps de paix, le début d'après-midi se passait ensuite en divertissements, en particulier la chasse, et ce n'est souvent qu'avant le souper, en fin de journée, que Navarre réunissait ses conseillers afin d'évoquer les affaires publiques. La soirée pouvait s'achever fort tard, après que le roi s'était adonné au jeu, à la danse ou à d'autres passions. Ce portrait type d'une journée du premier prince du sang au début de la décennie 1580 souffrait certes de nombreuses exceptions, car il n'était pas rare que des événements militaires et politiques le contraignissent à l'action, mais il est révélateur de l'image peu engageante que sa Cour pouvait alors envoyer à ceux qui l'observaient. De l'opinion de certains huguenots, elle était loin d'être édifiante. En 1582, Lambert Daneau, pasteur et professeur à Genève, avait composé une épître dédicatoire éloquente pour son *Traité des danses*. Adressée à Henri de Navarre, elle l'exhortait à modérer son comportement. « Aussi est-il nécessaire, sire, écrivait-il, que vous y regardiez de près, considérant quel avantage ou désavantage peut apporter à l'avancement ou à la diminution du royaume de Dieu l'exemple bon ou mauvais de votre maison royale[3]. »

Les vertus du Protecteur ne sautaient pas aux yeux ! Tel était bien le problème qu'avait identifié Mornay. Pour y remédier, il avait rédigé à l'intention de son maître, au début du mois de janvier 1583, un « avis » sur « le règlement de sa façon de vivre[4] ». Il y recommandait un emploi du temps destiné à faire valoir « les belles parties » du roi de Navarre, car il était nécessaire qu'il en montre « un échantillon et un modèle ». Il devait offrir au regard de chacun le spectacle d'un prince capable de gouverner, le cas échéant, un État bien plus vaste et prestigieux que le pauvre royaume croupion de Navarre et susciter estime et admiration. La partie n'était pas gagnée, car le prince aimait sa liberté. Mornay en avait conscience et il avait proposé à son maître un agenda destiné à répartir et organiser ses activités quotidiennes sans pour autant essayer de lui imposer une vie trop austère. Il fallait équilibrer « les choses sérieuses » et « les exercices et plaisirs ». Henri devrait être habillé à huit heures, ce qui supposait un lever beaucoup plus matinal qu'à l'accoutumée. Après avoir fait la prière, il devrait tenir conseil dans son cabinet pour une courte séance qui pourrait durer moins d'une heure, grâce au travail préparatoire effectué par ses conseillers qui se seraient assemblés plus tôt. Ils auraient déjà expédié les affaires courantes et préparé les dépêches les plus importantes afin de les lui présenter « demi-digérées ». Jusqu'au dîner, qu'il prendrait entre dix et onze heures en compagnie de ses conseillers, il pourrait s'adonner aux distractions de son choix. Puis dans l'après-midi, jusqu'au souper, pris entre six et sept heures du soir, le roi n'aurait aucune nouvelle contrainte, si ce n'est de réunir une seconde fois son conseil pendant une heure, afin d'y traiter les affaires survenues dans la journée. Si toutefois cette nouvelle séance de travail n'était justifiée par aucune nécessité urgente, Henri ne négligerait pas pour autant de « deviser », ce que « plusieurs princes pour réputation [...] font sans affaires ». La journée s'achèverait à dix heures du soir, au plus tard, non sans avoir prié à nouveau en compagnie d'un pasteur[5]. Si Henri acceptait de se plier à ce programme quotidien relativement peu contraignant, Mornay estimait que cet effort « montrerait à un chacun quel ordre serait à espérer, quand

Dieu l'appellerait à choses plus grandes » et « ferait présumer que tout ce qu'il ferait par cette voie, serait fait avec la raison, au lieu que ce qu'il fait autrement est estimé tumultuaire et à la hâte[6] ». En d'autres termes, Henri de Navarre devait apparaître comme un candidat présentable au trône de France. Alors qu'à la même période, Henri III avait entrepris depuis déjà plusieurs années de codifier de manière très stricte l'étiquette de la cour de France et le déroulement de son propre emploi du temps, le contraste entre les deux cousins était saisissant.

La mise en application de l'« avis » rédigé par Mornay est bien difficile à évaluer, mais il n'y avait pas que le comportement quotidien du Protecteur qui pouvait fonder sa légitimité. Son aptitude à conduire le royaume sur le chemin de la paix était tout aussi décisive, alors que la France était déchirée par les troubles civils depuis désormais plus de vingt ans. La détermination affichée par Navarre, à partir de 1576, à faire appliquer les édits de pacification en Guyenne et, plus largement, dans tous les espaces contrôlés par les huguenots, prit ici tout son sens. Dans sa correspondance, à travers les écrits et autres mémoires justificatifs de ses actions, rédigés à l'intention du roi et des Grands par ses proches conseillers, la recherche d'une paix durable apparaissait comme un fil conducteur de sa politique. On ne cessait d'y mettre en relief les sacrifices qu'il avait consentis, les revers qu'il avait subis, les places auxquelles il avait renoncé, les fortifications qu'il avait fait démanteler dans le seul but de favoriser la paix confessionnelle. Et on soulignait que lorsqu'il avait combattu ou s'était saisi d'une ville par la force, il l'avait toujours fait contraint et forcé, pour défendre son honneur ou l'intérêt collectif des Églises dont il était le Protecteur. On mettait ainsi en avant son attitude exemplaire de prince pacificateur, confronté à des adversaires qui ne professaient pas les mêmes valeurs et ne souhaitaient pas se conformer aux édits. Dans un mémoire daté du mois de mai 1583, Mornay faisait reluire d'autres preuves de sa modération. « Nul ne [lui] peut jusques ici reprocher cruauté, perfidie, ni oppression quelconque », affirmait-il après avoir mis en évidence sa valeur militaire exceptionnelle qui s'exprimait en « une grandeur de courage presque incomparable[7] ». Magnanime et débonnaire, deux vertus consubstantielles à tout grand monarque, il savait combattre sans imposer au peuple des souffrances inutiles. La mixité religieuse de son proche entourage, composé de catholiques et de réformés, attestait également sa propension à la paix et à la coexistence. Dans leurs écrits, ses conseillers s'appliquaient à mettre cette cohabitation en valeur, d'autant plus que l'entreprise de réforme à laquelle se livrait Mornay depuis janvier 1583 concernait également la composition de la maison et du conseil de son maître.

De plus en plus apprécié du roi de Navarre, Mornay bénéficiait d'une latitude sans cesse plus grande pour appeler auprès de lui de nouveaux serviteurs. Dès le début de l'année 1583, les sceaux de Navarre lui avaient été offerts, mais il avait refusé cette charge qui l'attirait peu. Quelques mois plus tard, à la faveur d'une importante mission diplomatique qui avait éloigné Ségur pour de longs mois, il avait reçu la charge de surintendant de la Maison, affaires et finances de Navarre conjointement avec lui et Clervant, avec lequel il entretenait d'excellentes relations. Ce triumvirat était appelé à diriger durablement les affaires de Navarre. Pourvu de cette position éminente, Mornay pouvait envisager de remodeler en partie l'entourage de son maître, toujours avec cette même ambition de donner à l'extérieur l'image d'un prince idéal. Si le roi de Navarre voulait « faire connaître, et aux siens et aux étrangers, que le vice lui déplaît, et qu'il ne règne point en son âme, écrivait-il, il faut qu'il le laisse habiter le moins qu'il pourra en sa maison, éloignant les personnes diffamées d'auprès la sienne, et en approchant les vertueuses et de bon renom[8] ». S'il est difficile de déterminer quelles étaient les cibles du ménage auquel il entendait procéder, il est plus aisé d'identifier quelques-uns des personnages éminents qu'il entendait faire entrer au service de son maître. Il y avait notamment le huguenot Paul Choart de Buzenval, que Mornay connaissait depuis 1569 et dont il appréciait les qualités de négociateur. À son appel, celui-ci rejoignit le roi, qui ne tarda pas à le nommer gentilhomme de sa chambre[9]. Mais surtout, le conseiller du Protecteur entendait réaliser un coup d'éclat qui ne ferait que renforcer l'image de son maître. Arnaud Du Ferrier, qui venait de rentrer à Paris au terme de sa seconde ambassade à Venise pour le service de la Couronne, était un juriste, ancien président au parlement de Paris, partisan bien connu de la modération et même un temps suspect d'hérésie, ce qui lui avait valu tout une série d'ennuis au début de la décennie 1560. Très âgé, puisqu'il avait soixante-seize ans, Du Ferrier était un homme dont la valeur était reconnue par ses détracteurs eux-mêmes. Mornay lui proposa avec succès d'accepter la charge de chancelier de Navarre, qu'il exerça jusqu'à sa mort, en 1585, conjointement avec le précédent titulaire, Louis Du Faur de Grateins, à raison de six mois de service chacun[10]. En mai 1583, alors qu'il travaillait encore à obtenir l'accord de cet homme qu'il désignait, non sans emphase, comme « l'un des grands personnages de l'Europe[11] », Mornay affirmait dans un écrit à vocation publicitaire que son maître avait « pris un pli depuis quelques années de se commettre totalement au conseil des plus gens de bien, qu'il a pu choisir et recueillir de toute la France[12] ».

Pour mener à bien leur toilettage des apparences avant que Monsieur ne vienne à disparaître, les conseillers huguenots du roi de Navarre s'étaient engagés dans une véritable bataille de l'image. Un dernier atout pouvait encore donner du poids au protecteur des Églises réformées : la puissance politique, militaire et financière dont il pouvait faire état dans un contexte éminemment guerrier. Et dans ce domaine, la direction du parti huguenot pouvait lui être précieuse. C'est encore une fois Duplessis-Mornay qui s'était attaché, dans un long mémoire destiné aux princes protestants étrangers, à mettre en évidence les contreforts de sa puissance personnelle et collective. Si elles devaient faire impression à l'extérieur du royaume, ces ressources fondaient également sa crédibilité à l'intérieur. Le conseiller du roi de Navarre mettait en relief les 300 000 écus de rente annuelle que lui garantissaient ses possessions patrimoniales, dont l'étendue couvrait une grande partie du sud-ouest du royaume, mais aussi la grande quantité de noblesse, dont une bonne partie lui était dévouée, qui peuplait ces contrées, la domination qu'exerçaient, sous son commandement général, les réformés sur de vastes espaces en Guyenne, Languedoc et Dauphiné, la qualité et la puissance des seigneurs et gentilshommes du parti, sur l'appui duquel il pouvait compter et qui étaient en capacité de former une puissante cavalerie, et enfin un potentiel de troupes à pied qu'il évaluait à 32 000 arquebusiers, mobilisables en conjuguant ses propres forces avec celles des espaces contrôlés par les huguenots[13].

Dans leur lettre du 14 avril 1584, comme pour lui adresser une piqûre de rappel, au moment où les efforts qu'ils avaient déployés depuis de longs mois devaient porter leurs fruits, Clervant, Mornay et Chassincourt résumaient en quelque sorte tous les conseils dont ils l'avaient régulièrement accablé, appelant vigoureusement leur maître à assumer son nouveau statut :

> Aujourd'hui donc, Votre Majesté se doit représenter qu'elle est le propos ordinaire de toute la France, et même d'une bonne partie de la Chrétienté. Que les yeux d'un chacun sont arrêtés sur vous, et vous voient d'autant plus clairement qu'ils vous tiennent déjà rehaussé de degré et de lieu. C'est pourquoi vous avez à composer votre vie et vos actions, en sorte que, s'il est possible, il ne s'y trouve rien à reprendre ; ains [mais] que chacun y puisse remarquer ce qui peut plus contenter son affection. [...] Que le roi reconnaisse une révérence envers lui ; les princes, une fraternité ; les parlements, un amour de la justice ; la noblesse, une magnanimité ; le peuple, un soin de son soulagement ; les ecclésiastiques, une modération d'esprit ; vos ennemis, une clémence et facilité ; tous en général un naturel débonnaire, éloigné de perfidie, dissimulation, animosité, vengeance.

Et ils poursuivaient, insistant sur le soin que le roi de Navarre devait encore consacrer à parfaire les « choses extérieures », par lesquelles « on juge bien souvent de l'intérieur ». Faisant écho à l'avis que lui avait adressé Mornay un an et demi plus tôt, ils lui rappelaient encore à quel point il était nécessaire qu'en sa maison « on voie quelque splendeur », en son conseil « une dignité », en sa personne « une gravité » et en ses actions sérieuses « une constance » et « une égalité ». « À vous, sire, ajoutaient-ils, qui êtes né pour tous, non la vertu et la prudence seulement, mais la réputation de vertu et de prudence est nécessaire. De vertu, afin que tous la voyant en vous, vous en honorent ; de prudence, afin que venant à être à vous, ils espèrent tout heur sous votre conduite. » Et pour conclure leur belle exhortation, ils ajoutaient non sans hardiesse ni lyrisme :

> Ces amours si découverts, et auxquels vous donnez tant de temps, ne semblent plus de saison. Il est temps, Sire, que vous fassiez l'amour, et à toute la Chrétienté, et particulièrement à la France. Que par tous vos mouvements vous vous rendiez agréable à ses yeux[14].

Longuement préparé par son proche entourage, fermement soutenu et exhorté par ses plus fidèles conseillers, dont une bonne partie le servait autant par attachement personnel que par souci de promouvoir, à travers lui, la cause huguenote, Henri de Navarre était donc bien armé, lorsque le duc d'Anjou s'éteignit à la fin du printemps 1584, pour faire face à son destin et, par la même occasion, pour favoriser celui des Églises réformées de France au bénéfice de son ascension.

Un socle politique élargi

Henri III avait beau répéter à son entourage que le chef de la maison de Bourbon était son héritier incontestable, ces incantations ne résolvaient en rien le problème que posait sa religion. Depuis Clovis, tous les rois de France avaient fait profession de la religion catholique, et la vie publique du monarque était constamment mêlée de liturgie. Pour la plupart des catholiques romains, il était donc impensable que le « Roi Très Chrétien » pût être un hérétique. Cette conscience aiguë du problème qui se profilait avait conduit le monarque à entreprendre une démarche diplomatique en direction du premier prince du sang dès avant la mort de son frère. Le 16 mai 1584, le duc d'Épernon, l'un des deux principaux favoris du dernier des Valois, avait quitté Paris en direction du Sud-Ouest.

Lorsqu'il rencontra le roi de Navarre à Saverdun, le 13 juin, la nouvelle du décès de Monsieur ne lui était pas encore parvenue. Pendant deux mois, les deux hommes multiplièrent les entrevues, de Pamiers le 25 juin, jusqu'à Nérac le 6 août. Malgré ses efforts, Épernon échoua à convaincre le nouvel héritier du trône d'abjurer la foi réformée. Puissamment incité à la fermeté par ses proches conseillers huguenots, Henri resta inflexible. Cette détermination rendit inéluctable une reprise des troubles, d'autant plus que la noblesse catholique intransigeante n'avait pas attendu l'échec de ces négociations pour entrer en action. Plus que jamais, les Guises en étaient les figures de proue, et ils formèrent un parti puissant qui reposait en premier lieu sur une solide base familiale. Au duc Henri, se joignirent ses frères Louis, cardinal de Guise, et Charles, duc de Mayenne, ainsi que ses cousins Charles, duc d'Aumale, et Charles, duc d'Elbeuf. À leur suite, la foule de leurs dépendants, parents et alliés n'attendait que leur signal pour entrer en scène. Dès 1582, ils avaient approché le cardinal Charles de Bourbon, oncle du roi de Navarre, afin de le persuader que son statut ecclésiastique ne devait pas lui faire renoncer à ses droits à la couronne de France, et même que sa place dans l'ordre de succession devait précéder celle de son neveu, même si celui-ci redevenait catholique, puisqu'il était plus proche du roi que lui d'un degré de parenté. Ils avaient ainsi lancé un débat juridique qui devait se poursuivre pendant de nombreuses années. Honnête mais un peu naïf, ce prince influençable s'était laissé séduire et, en septembre 1584, il scella discrètement avec les Lorrains un accord qui prévoyait la constitution d'une Ligue. Les Guises avaient également réactivé leurs réseaux internationaux au sein de la nébuleuse catholique européenne et, plus particulièrement, en Espagne. Au terme de longues négociations, ils signèrent à Joinville le 17 janvier 1585, avec Juan Moreo et Jean-Baptiste de Tassis, représentants de Philippe II, un traité d'alliance secret, antidaté du 31 décembre 1584, tendant à extirper l'hérésie dans le royaume de France. Il prévoyait la désignation du cardinal de Bourbon comme roi en cas de décès d'Henri III et le versement à la Ligue d'une subvention annuelle de 600 000 écus, payable par anticipation, afin de financer l'effort militaire.

Avertis de ces préparatifs, les conseillers huguenots du roi de Navarre ne restèrent pas inactifs. Alors que les Guises entendaient traiter la question de la succession au trône comme un problème de nature uniquement religieuse, ils étaient déterminés à la réduire au domaine politique. Et pour ne donner aucune prise à leurs ennemis, ils exhortèrent les réformés de Languedoc, où les esprits commençaient à s'échauffer, à réprimer leurs instincts guerriers. À aucun prix, ils ne devaient donner à leurs adversaires le prétexte d'une reprise des armes. Mais surtout, inspirés par l'union qui s'était formée au temps de la guerre des malcontents, ils ambitionnèrent d'élargir le socle des soutiens à la légitimité des droits du premier prince du sang à ceux qui, parmi les catholiques modérés, étaient prêts à appliquer strictement la loi salique nonobstant sa religion. Dans leur ligne de mire se trouvait, en particulier, leur ancien allié, Henri de Montmorency-Damville, devenu duc de Montmorency après le décès de son frère aîné François en mai 1579. Même s'il avait abandonné les réformés lors de la sixième guerre, au printemps 1577, après son rapprochement avec la

Cour, sa réconciliation avec Henri III n'avait jamais été complète. Le roi persistait à le considérer comme le « traître seigneur de Languedoc » et n'avait eu de cesse de tenter de lui reprendre son gouvernement. Dans aucune autre province, il n'aurait pu jouir de l'autonomie qui était la sienne en Languedoc, vaste contrée suffisamment éloignée du roi pour lui laisser les mains libres et où il avait su, depuis qu'il y avait été envoyé en 1563, implanter solidement ses réseaux. En 1583 encore, Henri III avait essayé de le convaincre d'abandonner sa charge au profit de son grand rival languedocien, le vicomte Guillaume de Joyeuse, père de son favori Anne de Joyeuse, en échange de celui de l'Île-de-France. La tension avait crû de telle manière qu'on avait redouté d'en venir aux armes. Mal considéré à la Cour, ennemi des Guises, Montmorency-Damville avait, en revanche, toujours été soigneusement ménagé par Navarre et ses conseillers, qui persistaient à voir en lui un allié potentiel. Fort de cette relation et face aux préparatifs de la prise d'armes catholique que l'on savait prochaine, le roi de Navarre lui proposa une entrevue qui eut lieu près de Castres du 17 au 25 mars 1585, en présence de Condé, de Turenne, de Mornay et d'un grand nombre de gentilshommes. Signe d'ouverture, Montmorency était accompagné de François de Châtillon et de son frère Charles d'Andelot, deux des principales figures de la noblesse huguenote languedocienne, alors que des catholiques, tel Roquelaure, entouraient également le protecteur des Églises réformées. On sait grâce à divers témoignages que les retrouvailles entre Navarre et Montmorency furent très cordiales et que les bases d'une association future furent alors jetées[15]. Les deux hommes s'accordèrent sur une stratégie commune qui consistait à attendre le plus longtemps possible pour prendre les armes, tout en préparant activement la guerre que l'on pensait inéluctable. La Ligue naquit officiellement le 31 mars 1585 par la publication du manifeste de Péronne[16], et le premier mouvement d'Henri III fut de condamner cette prise d'armes dans une déclaration publiée le 10 avril[17]. Navarre et Montmorency appliquèrent leur plan à la lettre, attendant de voir si le roi persisterait durablement dans cette attitude sans engager aucune action militaire.

Alors que le monarque résistait avec fermeté aux injonctions de la Ligue, qui exigeait notamment l'exclusion des Bourbons protestants de l'ordre de succession, la réflexion stratégique engagée par les huguenots se poursuivait. Les 29 et 30 mai, à Guîtres, près de Coutras, les principaux membres de la grande noblesse réformée se réunirent afin de prendre une importante décision : quelle que fût l'attitude d'Henri III, les troupes protestantes ne se mêleraient pas aux compagnies royales, mais conserveraient leur commandement propre. Les huguenots devaient donc s'armer, afin d'être prêts à secourir le roi s'il le demandait et à se défendre contre les ligueurs s'il en était besoin. Malgré les attaques dont il était victime, Henri de Navarre ne se mit donc pas en campagne, mais il ne demeura pas inactif, se préparant à une guerre que les rumeurs en provenance d'Épernay, où Catherine de Médicis négociait avec le duc de Guise depuis le 29 avril, annonçaient de plus en plus probable. Le 7 juillet, ses craintes se confirmèrent. Confrontés à la puissance militaire considérable réunie par les ligueurs au nord de la Loire[18], le roi et sa mère durent finalement céder. Le traité de Nemours, qui sanctionnait la capitulation d'Henri III face aux exigences des Guises, prévoyait l'éradication de l'hérésie, ordonnait aux protestants d'abjurer ou de quitter le royaume dans un délai de six mois, révoquait toutes les mesures antérieures favorables aux huguenots et faisait du monarque lui-même le chef de la Ligue, dont il épousait officiellement les objectifs. L'édit, enregistré au parlement de Paris le 18 juillet en présence d'Henri III, déclarait, en outre, Henri de Navarre et son cousin Condé incapables de prétendre à la Couronne pour cause d'hérésie.

Désormais, il n'était plus question d'attendre. Navarre et Montmorency se retrouvèrent le 5 août à Saint-Paul-Cap-de-Joux, entre Castres et Montauban. Pendant six jours, ils discutèrent des termes de leur union et association conclue le 10 août par la publication d'une déclaration commune dont le texte, rédigé par Philippe Duplessis-Mornay, fut imprimé à Bergerac pour être diffusé à travers le royaume[19]. Pour la première fois depuis le début des guerres civiles, un manifeste était cosigné par un catholique et deux huguenots, puisque Condé était également partie prenante. Le protecteur des Églises réformées et ses conseillers avaient réussi leur coup. Leur combat ne pouvait être identifié comme de nature religieuse. En Languedoc au moins, catholiques modérés et protestants allaient combattre côte à côte pour une cause politique, car ce qui fondait cette union était la défense de la loi salique, en vertu de laquelle les droits du roi de Navarre au trône de France ne pouvaient pas être remis en cause.

D'autres catholiques de premier plan se rallièrent progressivement à la cause du premier prince du sang, élargissant le socle politique sur lequel il s'appuya pour déconfessionnaliser sa prise d'armes d'août 1585 ainsi que toute son action ultérieure. Une liste établie en 1584 ou 1585 par les conseillers du roi de Navarre, sans doute afin de montrer sa puissance aux princes protestants étrangers, permet de recenser les ralliements sur lesquels le Protecteur comptait afin d'élargir son assise biconfessionnelle[20]. Il s'agissait des « princes du sang de la Maison de Bourbon », dont le soutien était alors affirmé de manière audacieuse et encore prématurée. François de Bourbon, prince de Conti, frère cadet d'Henri de Condé, était sourd et bègue, sans doute traumatisé depuis l'assassinat commis sous ses yeux de son vieux gouverneur, Antoine de Foucauld, seigneur de Briou, lors de la Saint-Barthélemy. Réputé un peu simplet, ou du moins d'un esprit peu délié, il était demeuré catholique depuis sa conversion forcée. Lorsque la Ligue se déclara, il resta d'abord fidèle à Henri III sans se rallier aux Guises qu'il avait en horreur. Ce n'est qu'en septembre 1587 qu'il rejoignit finalement son oncle Navarre. Charles de Bourbon, comte de Soissons, était son demi-frère, né du second mariage du premier prince de Condé avec Françoise d'Orléans-Longueville. Un temps séduit par la Ligue, il accomplit ensuite le même parcours que Conti et rallia Navarre en octobre 1587. En revanche, le cardinal de Vendôme, le duc de Montpensier et son fils, le prince de Dombes, beaucoup plus fermement attachés à la défense de la foi catholique, adoptèrent une posture intermédiaire, puisqu'ils restèrent fidèles à Henri III tout en refusant de soutenir la Ligue. Il en fut également ainsi d'Henri d'Orléans, duc de Longueville, dont le père, Léonor d'Orléans, avait été protestant jusqu'en 1565. Mais il y eut aussi des abstentions qui valaient des ralliements, comme celle de Gilbert de Lévis, duc de Ventadour, qui opta en faveur de la neutralité en Vivarais, au grand soulagement des huguenots de cette contrée. Ce choix n'était d'ailleurs guère surprenant, car Ventadour n'était autre que le beau-frère de Montmorency, dont toute la maison fut l'un des principaux appuis de Navarre dans le camp catholique. Au soutien du duc, il fallut ainsi ajouter celui de ses frères Méru et Thoré, qui étaient toujours demeurés dans l'orbite de Navarre et de Condé après l'épisode des malcontents, mais aussi de Claude de La Trémoille, duc de Thouars et prince de Talmont. Apparenté aux Bourbons, il était également l'un des petits-fils d'Anne de Montmorency et, par conséquent, le neveu des précédents, au même titre que Turenne. C'est de Condé qu'il choisit de se rapprocher en 1585, joignant par la même occasion la cause de Navarre, avant de se convertir au calvinisme en 1587. Pour l'héritier du trône, il s'agissait d'une belle prise, car c'était l'un des plus puissants seigneurs de l'ouest du royaume, même s'il manquait de charisme. Exprimant avec causticité ce paradoxe, Pierre de L'Estoile écrivit de lui qu'il était « grand seigneur et grand terrien et hors cela (dit quelqu'un) rien[21] » ! Mais pour les huguenots, ce rien n'en était pas moins considérable. Pour le parti, ce fut un renfort de choix.

Les rivalités entre Grands

Car il ne faut pas s'y tromper. Si des catholiques modérés épousèrent progressivement la cause du roi de Navarre dans le sillage des Montmorency, de Conti, de Soissons et de quelques autres seigneurs, le véritable terreau dans lequel s'enracinait sa puissance resta le parti huguenot. À la tête de celui-ci, autour du Protecteur, gravitait une grande noblesse qui comptait nombre de personnages de renom. Les membres de la maison de Châtillon, fils de Coligny et d'Andelot, y tenaient un rang éminent, de même que François IV de La Rochefoucauld, dont le père avait péri à la Saint-Barthélemy, mais aussi Jacques et Gabriel de Lorges, fils de Montgomery, ou encore le vicomte René II de Rohan et Henri-Robert de La Marck, duc de Bouillon et prince de Sedan. Mais cette aristocratie demeurait parcourue par les divisions et les jalousies, que l'impérieuse nécessité de se rassembler derrière la cause commune et, surtout, la perspective d'un roi de France protestant ne suffirent pas à neutraliser complètement. Henri de Condé resta ainsi un électron libre dont l'action parfois désordonnée put s'avérer préjudiciable. On aura l'occasion de le constater quand il sera question de l'activité diplomatique du parti, mais on le vit également au moment du ralliement de La Trémoille qui, entre les deux Bourbons, choisit de s'attacher au prince plutôt qu'à son cousin Navarre, parce qu'il le considérait plus ferme et plus fiable. La rigidité de Condé le servit ainsi autant qu'elle lui nuisit. Ce rapprochement entre les deux hommes se matérialisa aussi par le mariage du prince avec la sœur du duc, Charlotte-Catherine, en 1586. Mal lui en prit. Le 5 mars 1588, Condé succomba à une maladie soudaine attribuée à un empoisonnement que son épouse, pourtant enceinte, fut immédiatement soupçonnée de lui avoir administré afin d'éviter la découverte d'une liaison adultérine qu'elle aurait eue avec un page. Rumeur ou réalité, la veuve fut emprisonnée à Saint-Jean-d'Angély. Son procès, instruit par le parlement de Paris, fut finalement interrompu lorsqu'elle mit au monde un fils posthume, le petit prince Henri II de Condé. Henri de Navarre fut à la fois privé d'un soutien et débarrassé d'un rival encombrant, mais cette disparition n'anéantit pas tout à fait, au sein du parti huguenot, la tendance condéenne que La Trémoille persista à incarner, ce qui lui valut la méfiance du Protecteur, qui préféra largement s'appuyer sur Turenne.

La division toucha également le proche entourage huguenot du roi de Navarre, en particulier son conseil et sa maison. Devenu surintendant de la maison de Navarre en 1583, Philippe Duplessis-Mornay avait rapidement pris l'ascendant sur ses collègues. Depuis que les affaires urgentes s'étaient multipliées à la suite de la mort de Monsieur, le premier prince du sang tenait sa présence auprès de lui pour indispensable. En décembre 1584, il reprocha à son conseiller une absence considérée comme trop longue en des termes éloquents : « Vous devriez être plus affamé de me voir, sachant comme je vous aime ; je ne me puis passer de vous[22]. » À partir de la prise d'armes ligueuse, les tâches dont il s'acquitta furent si nombreuses et si variées qu'il remplit le rôle officieux d'une sorte de premier ou de principal ministre. Les absences permanentes ou ponctuelles de Ségur et de Clervant, avec lesquels il détenait conjointement la surintendance et qui remplirent à l'étranger des missions qui les éloignaient la plupart du temps, expliquent en partie cette faveur qui ne lui en valut pas moins des jalousies. En 1583, lorsque Mornay s'était vu confier la tête de la maison de Navarre, Ségur avait déjà manifesté son mécontentement. C'est à la fin de 1584 et au début de l'année suivante, au moment de la rédaction de l'état de la maison de Navarre pour 1585, que se déroula la première violente passe d'armes verbale au sein du conseil de Navarre. Elle opposa Clervant et Mornay au vicomte de Turenne. Ce dernier venait de rejoindre Henri de Navarre à Nérac, au terme d'une captivité qui durait depuis la mi-août 1581 et sa capture par les Espagnols d'Alexandre Farnèse. Sorti de sa prison de Hesdin en juin 1584, il assista à l'assemblée politique de Montauban tenue deux mois plus tard. Dès son retour, il entendit reprendre sa place auprès du premier prince du sang qui lui attribua, pour 1585, le titre de « premier gentilhomme de la chambre et chef du conseil », ce que sa naissance pouvait justifier. Mais surtout, Navarre décida de le hisser en tête de l'état de sa maison, devant les surintendants qui l'avaient jusqu'à présent toujours précédé[23]. Atteint dans son honneur par ce recul, Mornay s'en plaignit amèrement à son maître et, même si cet incident n'eut pas de conséquence immédiate, il n'en laissa pas moins quelques cicatrices.

Ces rancœurs s'exprimèrent ainsi à nouveau à la fin de 1588, lors de l'assemblée générale des Églises tenue à La Rochelle. Passées sous silence dans le procès-verbal et dans tous les autres documents officiels, elles sont révélées par la correspondance des agents anglais qui observaient toujours avec une grande attention l'évolution de la nébuleuse huguenote. On apprend que la mort de Condé, qui avait laissé vacante la place de deuxième personnage du parti, avait aiguisé les appétits. Turenne considérait que cette position lui revenait naturellement, mais Mornay ne l'entendait pas de cette oreille, non parce qu'il convoitait cet honneur pour lui-même, mais en raison de son hostilité à l'égard d'un personnage dont il fustigeait l'ambition depuis l'incident de 1585. Autour de Mornay, c'est tout un groupe qui s'était, semble-t-il, formé, avec notamment le secrétaire d'État de Navarre Du Pin, très proche du surintendant. Peut-être par vengeance, des membres non identifiés d'une faction adverse firent alors courir le bruit que Mornay aurait abusé de sa position de conseiller privilégié pour se livrer à des abus dans la gestion des fonds du parti. Lorsque s'ouvrit l'assemblée de La Rochelle, l'atmosphère était donc pesante dans le microcosme de la maison de Navarre. Après l'ouverture des débats, Mornay se livra à un long monologue justificatif de sa gestion financière, qui fut finalement approuvée par les députés. Mais il dut encore faire face à un autre ennemi, puisque Ségur, rentré en France au terme de sa longue campagne diplomatique, tenta en vain de le faire décharger de la surintendance, afin de la récupérer pour lui seul, Clervant étant décédé en janvier 1588. La manœuvre échoua, mais elle témoigne elle aussi des querelles intestines qui secouaient le parti huguenot.

Ces quelques accrochages n'étaient toutefois guère étonnants, tant il était illusoire de faire cohabiter sans nuage les *ego* et la soif inextinguible d'honneurs des membres souvent turbulents de cette grande noblesse huguenote. Châtillon, qui s'illustra par son courage en diverses occasions, concurrença ainsi également Turenne. Et lorsqu'en décembre 1588, le premier prince du sang le nomma colonel général de son infanterie, cette faveur lui valut la jalousie de La Trémoille, qui ne commandait qu'aux chevau-légers, et de La Rochefoucauld. Seule la personnalité de plus en plus écrasante du roi de Navarre permit de contenir les débordements et de canaliser les énergies dans une dynamique commune qui tendit malgré tout à se renforcer au fil des événements et des assemblées générales.

La multiplication des assemblées

Ces rivalités n'empêchèrent pas, en effet, le système politique huguenot de vivre et les assemblées de se multiplier. En 1584, peu après le décès de Monsieur, une session fut convoquée par Navarre à Montauban. Tenue du 21 août au 8 septembre, elle rassembla cinquante-cinq députés, dont sept seulement représentaient les provinces du nord de la Loire. Entouré de ses surintendants Mornay et Clervant, mais aussi par Condé, Turenne et Châtillon, le Protecteur présida des débats qui abordèrent toutes les préoccupations récurrentes du parti, insistant comme souvent sur les questions financières, et notamment sur la nécessité de lever des fonds afin d'éponger la dette toujours en cours à l'égard de Jean-Casimir. Ce véritable serpent de mer des assemblées réformées ne manqua pas de susciter des tensions entre les provinces du Nord, qui réclamèrent le bénéfice d'une nouvelle réduction de leur quote-part, et celles du Sud qui s'y opposèrent. Les débats interminables qui agitèrent les députés à ce sujet occupent une grande partie du procès-verbal[24]. Mais d'autres affaires d'importance furent également évoquées, en particulier dans la perspective d'un renforcement de la puissance du parti, alors que le refus des catholiques intransigeants de reconnaître les droits du roi de Navarre à la Couronne promettait de nouveaux troubles dans un avenir proche. La conservation des places de sûreté et la reconduction du « règlement en forme d'intelligence entre les Églises réformées de France et le roi de Navarre » furent ainsi décidées[25]. Au terme de la session, le cahier général des doléances des Églises, dressé comme d'ordinaire sur la base des cahiers particuliers apportés par chaque député, fut confié à une délégation composée de Mornay, du comte Guy XIX de Laval, fils de François d'Andelot, et de Jacques de Constant, gouverneur huguenot de Marans[26]. Parmi ses demandes principales figurait la requête de prolonger la concession des places fortes pour encore trois ans, à laquelle Henri III accéda pour deux années supplémentaires seulement.

Après la prise d'armes ligueuse de mars 1585, l'activité politique au sein du parti fut encore dopée par les exigences de la lutte armée. En Languedoc, les assemblées continuèrent à se succéder à un rythme que la documentation lacunaire ne permet pas de déterminer avec précision, à l'exception de deux espaces pour lesquels les archives, mieux conservées, autorisent une reconstitution plus précise. En haut Languedoc, à Castres, les assemblées d'assiette continuèrent à jouer leur rôle d'organe décisionnel sous l'égide du comte de Montgomery qui gouvernait le diocèse et la ville sur le plan politique et militaire. Les actes de la vingtaine d'assemblées qu'il convoqua entre 1585 et 1588 bruissent d'un manque perpétuel d'argent qui le conduisit à rechercher des expédients et à procéder à la saisie des deniers royaux avec l'aval de Montmorency, gouverneur de Languedoc. À grand-peine, il réussit à lever plusieurs compagnies de fantassins, mais il n'hésita pas à se plaindre lui-même du retard qui affectait le paiement de ses gages, menaçant d'abandonner sa charge. En Vivarais, où Jacques de Chambaud exerçait le gouvernement général pour les protestants, des assemblées des états particuliers réformés se réunirent le plus souvent à Privas, rassemblant ordinairement une trentaine de gentilshommes et les représentants d'une quinzaine de villes tenues par les huguenots. Entre les sessions, un « conseil » fort d'une dizaine de députés seulement assura la gestion des affaires courantes. Grâce à un registre, qui couvre la courte période de seize mois comprise entre octobre 1585 et janvier 1587, on devine l'intensité exceptionnelle de cette activité politique, puisqu'on ne dénombre pas moins de cinq assemblées d'états et trente et une assemblées restreintes du « conseil[27] ». Comme ailleurs, leur principale préoccupation fut de financer, de lever et d'entretenir des troupes afin de garnir les villes et de donner à Chambaud les moyens de guerroyer avec efficacité. À la tête d'une petite troupe forte de seulement 1 200 fantassins et 200 cavaliers, il multiplia les exploits dans cette zone montagneuse.

En Dauphiné, où la Ligue était particulièrement puissante, Lesdiguières avait désormais bien en main les rênes du parti huguenot. Grâce à sa maîtrise de l'art militaire, il enchaîna quelques beaux succès en dépit d'effectifs limités. Des assemblées politiques provinciales continuèrent à se réunir. L'une d'entre elles, tenue en janvier 1586 à Die, prit une mesure d'importance qui traduisait une autre préoccupation majeure des réformés en cette période de troubles. Afin de garantir aux protestants dauphinois l'administration d'une justice équitable, un conseil de justice fut installé à Die, véritable chambre souveraine destinée à se substituer au Parlement et qui n'entra en fonction que l'année suivante[28].

Le règlement de La Rochelle

Ce processus général de perfectionnement permanent trouva son apogée avec le règlement voté par l'assemblée générale réunie à La Rochelle fin 1588. Les mesures qu'elle y inscrivit témoignent à la fois de l'ascendant définitif pris par le Protecteur sur le parti et de la détermination des députés à ne pas lui abandonner totalement l'initiative et la décision politiques. Expression de cette méfiance persistante, un document original révèle la nature des reproches et des recommandations que lui adressèrent les ministres et anciens présents dans la ville au moment où se tenait l'assemblée. Ils lui demandèrent en premier lieu de réformer moralement sa propre vie, sa maison et son armée, afin que le blasphème et l'inconduite n'y aient plus aucune place. Navarre fut également requis de se montrer plus sévère à l'endroit des membres du clergé catholique, dont il ne se méfiait, d'après eux, pas suffisamment, ce qui montre que le soupçon de tiédeur qui pesait sur sa foi restait d'actualité. Vinrent ensuite des considérations plus politiques, puisque le Protecteur fut prié de « ne traiter ni résoudre aucune affaire importante aux Églises réformées de ce royaume, sans le conseil, avis et consentement d'icelles », ce qui supposait la présence permanente à ses côtés de députés. Enfin, Navarre se vit recommander la plus grande prudence dans les accords et autres associations qu'il pourrait avoir à conclure avec des seigneurs catholiques, afin que le service de Dieu ne s'en trouvât pas affecté dans les contrées concernées par ces alliances. L'héritier du trône répondit avec modération, réaffirmant sa détermination à défendre la cause réformée conformément à la volonté de Dieu[29].

À l'ouverture de l'assemblée de La Rochelle[30], Navarre se présenta, comme à son habitude, entouré des membres les plus éminents de la noblesse réformée. Au premier rang d'entre eux se trouvèrent Turenne et La Trémoille, mais aussi Mornay, Fabas, Chouppes et Salignac qui l'avaient déjà assisté au préalable à de nombreuses reprises et en diverses occasions. Parmi les trente-six députés envoyés par les provinces, certains étaient en outre également membres de la maison de Navarre et serviteurs de longue date du premier prince du sang, tels Soffrey de Calignon, représentant du Dauphiné, et Raymond de Viçose, député de Montauban. Conforté par la présence de ces appuis fidèles, Navarre justifia notamment la convocation de l'assemblée par la nécessité de « remédier à beaucoup de désordres qui se sont coulés parmi nous », corroborant l'hypothèse d'un climat peu serein. Au fil des débats, les décisions prises n'en tournèrent pas moins clairement à son avantage.

L'œuvre de l'assemblée fut particulièrement importante. Elle concerna essentiellement quatre domaines déterminants pour la structure et le fonctionnement du parti huguenot : la direction politique des affaires, l'administration de la justice, la gestion des finances et l'organisation de l'armée. La structure générale du système ne fut pas modifiée, mais la fréquence théorique des assemblées générales fut portée à une réunion tous les deux ans en remplacement du rythme annuel précédemment fixé et qui n'était plus tenable en raison de la reprise des troubles. Le nombre de députés et les modalités de vote lors de ces assemblées furent également précisés. Seuls deux députés, un noble et un membre du tiers, devaient désormais être admis pour chaque province, généralité ou autre entité géographique susceptible d'être représentée, alors que les simples villes se virent dénier cette possibilité, à l'exception notable de la cité et gouvernement de La Rochelle. Ces délégués ne devaient, par ailleurs, plus opiner par tête, comme cela avait été le cas jusqu'à l'assemblée tenue à Montauban en 1584, mais par province ou groupe de provinces. Mais surtout, les résolutions relatives à la prise de décision politique concernèrent le fameux conseil dont la création auprès du roi de Navarre avait été ordonnée dès 1577 et qui n'avait encore jamais réellement pris forme. Sa composition fut une nouvelle fois modifiée, de telle manière que le contrôle exercé par les hommes du Protecteur s'en trouva fortement accru. À la manœuvre, Mornay sut faire en sorte d'épargner à son maître la création d'une instance aux vertus paralysantes, et la mort du roi, qui bouleversa la destinée du royaume et du parti en août 1589, eut pour conséquence la non-création de ce conseil qui ne vit finalement jamais le jour !

L'administration d'une justice équitable pour les sujets réformés du roi de France fut également au cœur des préoccupations des députés. On se souvient qu'après la Saint-Barthélemy, les assemblées avaient ordonné la création de chambres souveraines à Castres, Montauban, Millau et Mazères. Si les deux premières semblent avoir brièvement fonctionné, elles furent supprimées après la paix de Monsieur, qui ordonna la création de chambres mixtes dans toutes les cours de parlement. Mais leur institution demeura purement théorique. Après l'édit de Poitiers, deux de ces chambres purent finalement être installées en Languedoc et Dauphiné, mais la capitulation d'Henri III face à la Ligue entraîna leur disparition. Afin d'y remédier des chambres souveraines furent à nouveau créées à Montauban, Pons et Die. En 1588, il semble bien qu'elles fonctionnaient toutes les trois. Les députés réunis à La Rochelle entreprirent de réformer et de compléter ce système créé dans l'urgence. Ils confirmèrent la chambre de Die et décidèrent la création d'une chambre mi-partie pour le Languedoc, dont le siège serait établi à Montpellier et qui devait être composée pour moitié de conseillers réformés, qui avaient appartenu précédemment à la chambre mi-partie de Languedoc, et pour moitié de conseillers catholiques, qui seraient désignés par Montmorency-Damville. Ils étendirent, en outre, la compétence de la chambre de Montauban à tout le haut Languedoc, décidèrent l'érection de deux nouvelles chambres souveraines en Guyenne, à Nérac et à

Bergerac, et ordonnèrent enfin la suppression de la chambre de Pons au profit de celle qui devait être créée à Saint-Jean-d'Angély. En outre, l'assemblée décida la création de quatre sièges présidiaux à Castres, Lectoure, Pons et Fontenay-le-Comte.

Nerf de la guerre, l'argent manquait toujours aux réformés. L'organisation financière du parti fut considérablement perfectionnée par les députés qui consacrèrent une bonne partie de leurs débats à sa mise en place. Afin de gouverner un système d'imposition de plus en plus élaboré, les charges d'officiers de finances précédemment créées furent confirmées, et d'autres furent instituées : deux trésoriers généraux furent ainsi établis auprès du Protecteur, alors que demeuraient, dans chaque province, un receveur général et un intendant des finances placés auprès du gouverneur et lieutenant général, ainsi que des receveurs particuliers établis dans les villes. Par ailleurs, le roi de Navarre exposa devant l'assemblée les dépenses considérables auxquelles il avait personnellement consenti au profit de la défense des Églises, puisant abondamment dans son trésor, aliénant ses biens fonciers et empruntant à divers créanciers pour un montant total de plus de trois millions de livres depuis 1576. Il obtint des députés, frappés par l'importance de l'effort consenti, une contribution annuelle de 100 000 écus levée dans les différentes provinces, destinée à lui épargner une dépense supplémentaire trop importante.

Ces sommes considérables étaient destinées au financement de la guerre, dont on connaissait le coût exorbitant, essentiellement généré par le paiement des soldes. L'assemblée consacra une autre large partie de son activité à édicter un règlement destiné à préciser la discipline militaire, l'effectif des compagnies, leur coût, leur organisation, et à rationaliser leur financement par la création d'un trésorier de l'extraordinaire des guerres. En outre, la gestion économique des opérations militaires fut centralisée, seul le Protecteur ou ses lieutenants généraux étant habilités à ordonner des impositions exceptionnelles. Des dispositions furent également prises afin d'organiser les étapes, le logement et l'entretien des troupes dans les lieux où elles viendraient à séjourner. Les assemblées provinciales reçurent aussi la charge de fixer le nombre de compagnies de cavalerie et d'infanterie à lever en cas de besoin. Enfin, la moitié sud de la Guyenne, située en deçà de la Dronne, fut placée sous la seule autorité militaire du Protecteur, qui se vit accorder la faculté de décider de tout, dans cet espace qui regroupait une partie de ses possessions patrimoniales, sans en référer à l'assemblée provinciale.

Alors que la session s'achevait, le 18 décembre 1588, un nouveau formulaire de serment d'union entre les Églises et leur protecteur fut dressé et juré par tous les membres de l'assemblée, destiné à garantir l'enracinement de « l'harmonie et correspondance » indispensable à la survie de la Réforme française. Le roi de Navarre s'engageait à maintenir et avancer la « vraie religion » de tout son cœur et de tout son pouvoir, jusqu'à son « dernier soupir », et les députés reconnaissaient « la vocation divine, l'élection divine et la qualité naturelle » du premier prince du sang, promettant de le servir « à jamais » et de l'assister de tous leurs pouvoirs et moyens. Les historiens qui ont évoqué cette assemblée de La Rochelle ont généralement insisté sur les procédures humiliantes que le Protecteur y aurait subies et sur les limites qui auraient été imposées à son pouvoir de décision, qui aurait finalement été bridé. Mais cette interprétation était fondée sur une lecture en partie erronée du procès-verbal faite par Léonce Anquez, l'un des premiers à l'avoir utilisé, et perpétuée ensuite par tous ceux qui l'ont cité de seconde main en s'appuyant sur ses travaux. Elle était aussi étroitement dépendante du témoignage d'Agrippa d'Aubigné, qui ne reflète que très imparfaitement la réalité révélée par d'autres documents plus fiables et présente les événements sous un jour excessivement négatif. L'assemblée de La Rochelle fut certes une épreuve pour le roi de Navarre, mais tout concourt à démontrer qu'elle fut particulièrement bien surmontée par le Protecteur, dont le pouvoir et le contrôle sur le parti se trouvèrent en réalité plutôt renforcés que mis sous tutelle. Après s'être exprimés, les mécontentements se turent et, grâce à l'appui de ses conseillers, et en particulier grâce à l'habileté de Duplessis-Mornay, sa domination sur un parti mieux organisé que jamais s'affirma. Le surintendant de la maison de Navarre résuma bien l'issue des débats, lorsqu'il écrivit à Chandieu, quelques jours après la clôture de l'assemblée, qu'il « en est sorti un mutuel contentement de toutes parts » et que « beaucoup de plaies publiques et particulières s'y sont rhabillées[31] ». L'expression des tensions s'y était donc avérée cathartique et, lorsqu'il écrivit à sa maîtresse Corisande, le 22 décembre 1588, que « s'il se refaisait encore une assemblée, je deviendrais fou.

Tout est achevé et bien Dieu merci[32] », Henri exprima ainsi donc davantage de la satisfaction et un soulagement face à l'obstacle parfaitement franchi qu'une quelconque amertume. Il était certes exaspéré par ces palabres qui l'avaient tenu éloigné des combats, mais son autorité en ressortit fortifiée et le parti consolidé.

Sur le chemin souvent accidenté qui le conduirait peut-être jusqu'au trône, sur cette voie royale encore bien encombrée, le protecteur des Églises réformées de France pouvait donc plus que jamais compter sur le soutien de ses huguenots. Mais pour prétendre un jour ceindre la Couronne, il ne lui suffisait pas de conserver l'appui du petit troupeau des réformés et l'alliance de quelques catholiques modérés en Languedoc. Il lui fallait convaincre bien au-delà de ces cercles encore restreints et apparaître, aux yeux du plus grand nombre, comme le légitime héritier du trône.

13

Le sang de France

À chaque prise d'armes, depuis les premiers troubles qui avaient agité le royaume en 1560, l'entrée en campagne des membres de la grande noblesse huguenote s'était accompagnée de la publication de nombreux écrits, destinés à légitimer leur action et à réfuter les accusations de rébellion dont ils étaient la cible. À partir du printemps 1585, les polémistes huguenots reprirent la plume, mais l'effort de propagande qu'ils engagèrent ne s'articula que de manière implicite avec la défense de la cause réformée. S'ils voulaient la promouvoir, c'est le destin d'un homme qu'ils devaient servir, car son avenir était désormais indissociable de celui des Églises dont il était le protecteur. Si Henri de Navarre venait à régner, pensaient-ils, l'établissement définitif de la vraie religion serait assuré. Grâce à l'élaboration d'un argumentaire politique qui adaptait les grands thèmes traditionnels de la propagande huguenote aux nécessités de la situation politique créée par la mort de Monsieur, ils menèrent contre la Ligue un combat pamphlétaire intense, afin de faire reconnaître les droits du chef de la maison de Bourbon à la couronne de France.

Un paysage politique en voie de recomposition

Pour bien comprendre les contraintes qui s'imposaient aux théoriciens réformés, il faut envisager la réalité politique à laquelle ils étaient confrontés au printemps 1585, lorsque débuta la huitième guerre civile. Si le clivage net et simple entre un parti catholique et un parti huguenot n'avait jamais véritablement été de saison, en raison des différentes sensibilités qui s'étaient exprimées depuis la mort d'Henri II au sein du premier bloc, la mort du duc d'Anjou puis la naissance du mouvement ligueur avaient conduit à la cristallisation de courants aux contours plus ou moins bien dessinés. Aisé à identifier, le groupe des catholiques zélés s'était soudé en 1576 pour protester contre la paix de Monsieur et avait servi de terreau à la formation de la Ligue sous l'égide des Guises. Nombre de prélats et d'ecclésiastiques soutenaient leur démarche, au premier rang desquels se trouvait le cardinal Charles de Bourbon, oncle du roi de Navarre et jouet des chefs ligueurs. Cette mouvance intransigeante, très puissante au sein de la noblesse et dans certaines grandes villes du royaume, n'était toutefois pas hégémonique au sein d'un univers catholique où les modérés étaient de plus en plus nombreux. Leur division en plusieurs sensibilités, caractérisées par la nature de leur rapport au pouvoir monarchique et par des approches différenciées de la fracture religieuse qui déchirait le royaume, nuisait considérablement à la clarté de leurs positions.

Autour d'Henri III, contraint de s'allier avec la Ligue tout en demeurant déterminé à conserver son autonomie politique, se regroupait une noblesse fidèle qui refusait de rejoindre les Guises. Ses membres les plus éminents, que l'on appelait « les mignons », un terme synonyme de « favoris », étaient d'ailleurs au nombre des cibles visées par les chefs ligueurs, qui les accusaient de monopoliser la faveur royale à leur détriment et d'inspirer au souverain une attitude trop conciliante à l'égard de l'hérésie. Parmi eux figuraient en particulier les deux principaux conseillers d'Henri III, les ducs de Joyeuse et d'Épernon, surnommés « les archimignons » en raison de l'accumulation de charges et de bienfaits que le roi avait fait pleuvoir sur eux. Pour des raisons politiques avant tout, mais aussi, pour certains d'entre eux, en raison de leur volonté de respecter la loi salique qui faisait du roi de Navarre le légitime héritier du trône nonobstant sa religion, ils n'étaient pas hostiles à tout rapprochement avec le premier prince du sang et conduisirent souvent les opérations militaires engagées contre les huguenots avec une mollesse qui leur fut reprochée par les intransigeants. Toutefois, dans la réalité, les attitudes étaient plus contrastées. Alors que d'Épernon était ouvertement hostile à la Ligue et à son ambition d'éradiquer l'hérésie par la force, Joyeuse se présenta comme un chef alternatif de la reconquête catholique et, par conséquent, comme un rival du duc de Guise.

Héritiers du parti des malcontents, qui avait réuni catholiques et réformés autour d'un programme politique commun, les membres d'un deuxième groupe de modérés avaient pris conscience de l'impossibilité d'anéantir la Réforme par les armes et s'étaient résignés à la mise en pratique de la coexistence pacifique. C'est à ce courant qu'appartenait le duc de Montmorency, qui s'allia à Navarre en 1585 par conviction aussi bien que par pragmatisme, car il vit dans ce rapprochement un moyen de défendre sa position en Languedoc et les intérêts de sa maison. Détesté par les Guises auxquels l'opposait un lourd contentieux, il ne s'entendait pas davantage avec les mignons, dont l'avidité brouillait ses rapports avec le roi. En décembre 1585, alors qu'il s'apprêtait à se mettre en campagne à la tête de 8 000 arquebusiers et 500 cavaliers, il déclara ainsi, dans une formule qui reflétait bien les ressorts de sa réflexion, que « ce sera la fin de la maison de Montmorency, ou la victoire contre les ennemis d'icelle[1] ». Son engagement était donc aussi une affaire personnelle. Ses frères, Méru et Thoré, ainsi que nombre de leurs parents et dépendants, agirent dans la même perspective.

Enfin, un troisième groupe s'affirma par une position politique plus nettement marquée. Dans la ligne de Michel de L'Hospital, qui avait prôné dès le début de la décennie 1560 une coexistence confessionnelle afin de maintenir la paix dans le royaume, ses membres avaient progressivement étoffé leur réflexion. Marqués par le massacre de la Saint-Barthélemy et par le désordre résultant de l'enchaînement des guerres civiles, ils avaient fini par considérer que seul un pouvoir monarchique fort pourrait rétablir durablement la paix. Composé essentiellement de magistrats et d'érudits, comme Étienne Pasquier, ce courant regroupait ceux que l'on surnommait les « politiques », parce qu'ils préconisaient le recours à des solutions purement politiques afin de mettre un terme aux troubles civils tout en conservant l'espoir d'un retour à l'unité de foi catholique. Ce qui les distinguait de la grande noblesse modérée à laquelle appartenait Montmorency est qu'ils renonçaient totalement à l'idéal de la monarchie mixte, qui attribuait aux Grands un rôle important dans le gouvernement du royaume, au profit d'un pouvoir royal pleinement exercé par le monarque, seul susceptible, d'après eux, de maintenir l'ordre. Cette déconfessionnalisation complète de leur approche du domaine politique les conduisit également à défendre le respect pur et simple de la loi salique.

Entre ces groupes de modérés, les frontières n'étaient pas étanches. Ce qui les unissait, en revanche, était la réprobation dans laquelle les confondaient les zélés, qui stigmatisaient dans leur attitude pragmatique ce qu'ils considéraient comme un manque coupable de détermination à défendre la foi catholique, voire à une caution apportée à l'hérésie. Les anathèmes régulièrement jetés sur eux par le clergé radical furent une aubaine pour Henri de Navarre, qui s'efforça d'exploiter cette fracture afin de les attirer dans son camp. Car on se souvient que, pour le premier prince du sang, l'enjeu majeur du combat politique qui s'ouvrit en 1585 était de constituer, autour de sa personne, un large rassemblement dépassant les clivages confessionnels. Il lui fallait fonder, de manière solide, la légitimité de ses droits. Toute la stratégie polémique mise en place par ses principaux conseillers tendait vers cet objectif.

Les polémistes huguenots en action

Les membres de la maison de Navarre furent les principaux artisans de cette entreprise publicitaire. À leur tête, Duplessis-Mornay fut l'architecte en chef du plan de bataille pamphlétaire dressé dès le lendemain de la mort de Monsieur. Autour de lui, toute une équipe travaillait sans relâche. François Hotman, qui avait joué un rôle si éminent dans l'élaboration du discours politique huguenot au cours de la décennie 1560, fut sollicité dès le mois d'août 1584 afin d'étayer sur le plan juridique la primauté du neveu sur l'oncle dans le cadre des successions royales, ce qui revenait à soupeser les droits respectifs de Navarre et du cardinal de Bourbon, dont les prétentions avaient été mises en avant par les Guises. Son traité devait être purement théorique, car anticiper la mort du roi en spéculant sur sa succession était alors considéré comme un acte criminel, équivalant à souhaiter son décès. Mornay donna à Hotman des consignes très précises sur le fond et la forme du traité attendu, qui devait se présenter comme une thèse, sans faire mention des personnes, et s'appuyer sur un cas imaginaire de succession à titre d'exemple. Publiée en juin 1585, la *Disputatio de controversia successionis regiae inter patruum et fratris praemortui filium*, c'est-à-dire « Discussion sur la controverse de la succession royale entre un oncle paternel et le fils de son frère déjà mort[2] », parut à point nommé et trancha, bien entendu, en faveur des droits du neveu, mais son caractère très technique le rendait pour ainsi dire illisible par un public non averti. En novembre, Hotman fut une nouvelle fois mis à contribution afin de réfuter la bulle *Ab immensa aeterni patris*, fulminée le 9 septembre 1585 par le pape Sixte V, par laquelle le souverain pontife excommunia les princes Bourbons et les déclara incapables de prétendre au trône[3]. Dans l'urgence, le jurisconsulte répondit à la commande avec une rapidité stupéfiante qui n'autorisa pas la concertation. Son *Brutum fulmen*, dont le titre latin peut être traduit par « La foudre imbécile du pape Sixte Quint contre le sérénissime roi de Navarre et l'illustre Henri de Bourbon, prince de Condé », fut rédigé en quelques semaines seulement[4].

Cette importante contribution hotmanienne à l'offensive pamphlétaire huguenote ne fut toutefois qu'une goutte d'eau dans l'océan de la production polémique. Le plus prolifique des auteurs réformés ne fut autre que Mornay lui-même. C'est de sa plume que sortit la quinzaine d'écrits justificatifs signés par le roi de Navarre ainsi que plusieurs autres écrits polémiques. En moins de quatre ans, entre juin 1585 et avril 1589, il ne conçut ainsi pas moins de vingt-six pièces imprimées le plus souvent par les presses rochelaises de Pierre et Jérôme Haultin. Il y exprimait une pensée cohérente et soigneusement élaborée, en harmonie avec les objectifs de son maître, qui ne possédait pas la capacité littéraire et rhétorique pour les coucher lui-même par écrit. D'autres auteurs apportèrent également leur pierre à l'édifice, et les mêmes thèmes revinrent inlassablement sous les plumes de tout un groupe de polémistes à la production bien calibrée.

Afin d'emporter l'adhésion des catholiques modérés, ces théoriciens exploitèrent le travail de déconfessionnalisation de l'argumentaire politique huguenot entrepris par leurs devanciers qui, depuis la conjuration d'Amboise, avaient constamment travaillé à mettre en exergue leur identité de sujets indépendamment de leur engagement religieux. Ils s'appliquèrent également à mettre en œuvre des procédés rhétoriques propres à séduire le public qu'ils voulaient atteindre. Le recours à la technique du masque catholique, sous lequel se dissimulait un auteur huguenot, fut à cet égard fort utile, car il permettait de désamorcer la méfiance du lecteur. Mornay lui-même y eut recours à sept reprises entre 1585 et 1588. Bien d'autres stratagèmes furent encore utilisés. Les récits faussement neutres d'événements militaires et politiques, les comptes rendus de bataille habilement orientés et les recueils factices, à visée prétendument historique mais soigneusement composés par le Genevois Simon Goulart[5], furent d'autres moyens mobilisés afin de tromper la vigilance de ce public catholique modéré. Mais si la rhétorique était importante, le contenu des textes n'en restait pas moins primordial. Sans avoir à procéder à un effort de conceptualisation majeur, Mornay et ses collègues actualisèrent l'argumentaire huguenot traditionnel en déployant leur discours autour de deux axes complémentaires : la défense des droits du premier prince du sang à la Couronne indépendamment de sa religion, et la dénonciation de la véritable nature de la Ligue, qu'il convenait de discréditer.

Dénoncer la véritable nature de la Ligue

Éternels et irréductibles adversaires, les Guises étaient les piliers de la Ligue catholique. Leurs père et oncle, François de Guise et Charles de Lorraine, avaient essuyé de leur vivant le feu nourri de la propagande huguenote. Le duc Henri et son frère Louis, cardinal de Guise, concentraient désormais toutes les attaques. Était dénoncée la supercherie qui fondait leur prise d'armes. Loin de vouloir défendre la religion catholique, ils étaient accusés d'avoir pour objectif d'anéantir la maison de France pour s'emparer du trône. Afin d'étayer cette grave accusation, les polémistes huguenots cherchèrent d'abord à démontrer l'ambition dévorante des Guises, attestée par les généalogies falsifiées qu'ils avaient fait dresser par François de Rosières, dans le but de rattacher leur lignée à Charlemagne. Paru en 1580, l'ouvrage avait été réfuté dès 1583 par Mornay, qui fit opportunément réimprimer son texte en 1585[6]. « C'est une chose toute connue et commune en ce royaume, que ceux de la maison de Guise se disent être descendus de la race de Charlemagne, et prétendent, comme tels, ce royaume leur appartenir[7] », écrivit-il encore dans une *Remonstrance à la France* publiée dès le mois de juin 1585, avant d'exposer le plan élaboré par les Lorrains, qui auraient projeté de faire assassiner Henri III afin de s'emparer du trône. À la mort du roi, le seul membre de la maison de Bourbon capable de lui succéder était, selon eux, le vieux cardinal Charles, tous les autres étant exclus pour des raisons variées : Navarre et Condé comme hérétiques, les fils catholiques de Louis de Condé, Conti et Soissons, comme enfants d'un prince mort hérétique et enfin le très catholique duc de Montpensier et son fils, le prince de Dombes, parce qu'ils étaient issus d'une branche cadette des Bourbons, une objection qui ne tenait pas sur le plan juridique. Si le cardinal, ce « prince déjà caduc, déjà près de la fosse[8] », tel que le décrivait Mornay, venait à régner, son âge avancé et son état ecclésiastique, qui lui interdisait d'engendrer une descendance légitime, auraient rapidement raison de la maison de France qui s'éteindrait avec ce « vieil estoc de célibat[9] ». Et alors, les Guises pourraient faire valoir leur prestigieuse ascendance afin de s'ouvrir la voie conduisant au trône. Toute la propagande huguenote l'affirmait : c'est dans ce but seulement que les Lorrains avaient engendré la reprise de la guerre, car l'absence de troubles nuisait à leurs ambitions. « Impatients de la paix et tranquillité de ce royaume, qu'ils sentent contraire à leurs desseins, et auxquels aussi ils savent très bien ne pouvoir parvenir par la prospérité, mais par la confusion, ruine et dissipation de cet État », ils avaient pris le problème de la succession pour prétexte afin de rallumer la guerre civile[10].

La religion catholique, qu'ils proclamaient défendre, n'était ainsi pour eux qu'un alibi. Ils s'étaient armés « sous prétexte d'exterminer l'hérésie » afin de pouvoir « donner la loi » au roi « tant qu'il vivra[11] ». Ils instrumentalisaient la foi sincère des catholiques afin de servir leurs intérêts privés et, affirmait l'auteur anonyme de l'*Anti-Guisart*, ils méprisaient l'institution ecclésiastique elle-même, puisqu'ils « se sont agrandis aux dépens du crucifix », en « suçant les biens de l'Église[12] ». « D'une ambition particulière, ils ont fait un zèle de l'Église », fit écrire Mornay à Henri de Navarre dans une lettre rédigée à l'intention du clergé de France en janvier 1586[13]. Et toutes les autres justifications de leur prise d'armes, exposées dans le manifeste de Péronne, étaient tout aussi spécieuses. La fin du monopole de la faveur royale pour les mignons d'Henri III, qu'ils avaient réclamée afin de séduire la noblesse, n'était pas un objectif crédible, tant les membres de leur lignée avaient eux-mêmes, depuis le règne de Charles IX, abusé de leur position de favoris. Quant à leur intention affichée de réduire la pression fiscale qui pesait sur le peuple en raison des troubles civils, elle était d'autant plus risible que ce furent eux qui, en suscitant la reprise de la guerre, générèrent de nouveaux besoins financiers, engendrant ainsi un alourdissement de l'impôt. En 1587, dans une *Remonstrance aux trois estats de France sur la guerre de la Ligue*, Mornay dressa le bilan fiscal de la guerre provoquée par les catholiques zélés. Par leur faute, écrivit-il, alors que le roi « voulait ôter toutes les vieilles taxes, en voici de nouvelles d'heure à autre, et de tant de sortes, qu'il nous faut un calepin pour en savoir les noms. Toutes ces surcharges, toutes ces inventions, engeances de la Ligue, qui n'a pas voulu laisser loisir au roi de bien faire à son peuple, envieuse du bien, du repos, du rétablissement de ce royaume[14] ». Pour les polémistes huguenots, tout cela n'était donc qu'un écran de fumée destiné à masquer une ambition inavouable.

Mornay et les autres polémistes réformés avancèrent encore un autre argument. Les Guises ne pouvaient pas vouloir le bien du royaume, parce qu'ils étaient des agents de l'étranger. On se souvient qu'en 1560, les pamphlétaires huguenots les considéraient comme des princes étrangers en raison de leur naturalisation trop fraîche. Quelque vingt-cinq années de plus n'y avaient rien changé. Ils n'étaient toujours que des Lorrains et, de surcroît, les complices du pire ennemi de la France, le roi d'Espagne. Ce thème, très présent dans les écrits huguenots, recelait un important potentiel fédérateur au-delà de toute appartenance confessionnelle. En refusant la Ligue, c'est le royaume qu'il fallait sauver de la subversion venue de l'étranger. Le véritable but des ligueurs, écrivait Mornay, c'est de « vendre à l'Espagnol notre pays, et chasser la France hors de la France, pour y faire les logis de la Lorraine et de l'Espagne[15] ». Il fallait donc rassembler tous les bons Français, afin de défendre la France contre l'ennemi commun, et en premier lieu contre les ligueurs, valets du roi d'Espagne. S'ils triomphaient, poursuivait-il, « les Lorrains enseigneront aulx Français le zèle de leur patrie ! Les princes étrangers interpréteront nos lois, régleront nos différends, voudront être arbitres, voudront être juges des princes du sang, des degrés de notre sang[16] ! » En échange de l'aide qu'ils avaient obtenue par le traité de Joinville, les Guises avaient « vendu ce royaume au roi d'Espagne[17] », et bientôt seraient établies en France de « vraies colonies d'Espagnols », afin d'y introduire un « vrai levain d'Espagne » et finalement de l'« espagnoliser[18] ».

Sous la plume des polémistes huguenots, le portrait de la Ligue fut donc noirci à l'extrême. En ouvrant les portes du royaume à l'ennemi, en exploitant la naïveté des catholiques les plus fervents, en entraînant la noblesse dans un combat qui était en réalité dirigé contre la lignée royale, en projetant de se substituer à elle, les Guises subvertissaient l'ordre politique du royaume dont ils ne pouvaient provoquer que la ruine et la confusion. Leur attitude était décrite comme d'autant plus abominable que, pour parvenir à leurs fins, ils s'étaient dressés contre le roi de Navarre, dans les veines duquel coulait le sang de France et qu'ils avaient entrepris d'écarter au mépris des lois fondamentales du royaume.

La défense de « la maison de France en la race de Bourbon »

Selon les polémistes réformés, les Guises avaient pour objectif d'exterminer « sous ombre de religion, la maison de France en la race de Bourbon[19] ». La lutte qui se déroulait dans le royaume ne mettait donc pas simplement aux prises la Ligue et le premier prince du sang. Elle concernait, d'une manière plus générale, « la maison de France assaillie par celle de Lorraine[20] ». Le recours à cette mise en opposition autorisa Mornay et ses collègues à élargir la cause du roi de Navarre à celle du sang de France dans sa globalité, ce qui leur permit d'appeler la noblesse française à le soutenir sans réserve. Grâce au processus de sacralisation du sang de France et au prestige nouveau qui s'attachait aux princes de la maison de France depuis l'édit de décembre 1576, par lequel Henri III avait établi de manière définitive la préséance des princes du sang sur tous les autres pairs de France, les membres du lignage royal étaient les chefs naturels de la noblesse.

Cette défense du sang de France permit de lier la destinée du roi de Navarre à celle du royaume tout entier, car les polémistes huguenots s'efforcèrent constamment d'associer l'extermination de la maison de France avec la ruine de l'État, mettant en évidence le lien indissoluble qui les unissait. Mornay affirma ainsi que le roi de Navarre « ne semble pouvoir être ruiné qu'en la ruine du roi et du royaume[21] », tout simplement parce que la mystique du sang instaurait entre eux une relation charnelle. Il éprouvait ainsi en son propre corps l'affliction du royaume, car « il est Français, et prince français, membre de la France, qui sent ses douleurs et se deult [souffre] de ses plaies[22] ». Seuls les membres d'un même corps sont sensibles aux douleurs qui le frappent, alors que les étrangers y sont indifférents, car « ils n'en sentent pas la diminution, et ne craignent pas la saignée au bras d'autrui[23] ». La force des liens du sang contribua, en outre, puissamment à établir une relation privilégiée entre Henri de Navarre et la noblesse qui donnait sa vie pour défendre le royaume. De cette communion découlait une obligation réciproque que le chef de la maison de Bourbon mit en exergue en janvier 1586 :

> Je plains, certes, votre sang répandu et dépendu [dispensé] en vain, qui devait être épargné pour conserver la France. Je le plains employé contre moi, qui me le deviez garder, étant ce que Dieu m'a fait être en ce royaume, pour, dessous l'autorité et le bonheur du roi, joindre une France à la France, au lieu qu'il sert aujourd'hui à la chasser de France [...]. Messieurs, Dieu vous doint [donne] y bien penser ; les princes français sont les chefs de la noblesse. Je vous aime tous ; je me sens périr et affaiblir en votre sang : l'étranger ne peut avoir ce sentiment, l'étranger ne sent point d'intérêt en cette perte[24].

Le ralliement de la noblesse à la cause du roi de Navarre contre la Ligue fut ainsi présenté comme un devoir, induit notamment par cette intimité corporelle qui l'identifiait à la patrie et le montrait blessé et souffrant.

Cette exaltation du sang de France vint en appui de la défense énergique que les polémistes huguenots déployèrent en faveur de la loi salique, sur laquelle reposaient les droits de leur Protecteur à la Couronne. Dans tous leurs écrits, ils affirmèrent le devoir qui s'imposait à tous de respecter, sans même avoir à y réfléchir, cette loi fondamentale du royaume, en produisant un argumentaire plus concret que l'aride exposé juridique de François Hotman. Mornay fit valoir ainsi que « les cours souveraines ont de long temps préjugé la question quand, en la présentation des roses qui se fait par les princes du sang, chose solennelle, où l'ordre des princes est gardé, le roi de Navarre, sans dispute, y a toujours tenu le premier lieu, même il y a arrêt donné en parlement depuis deux ans, où ceste clause est expressément en faveur de la proximité qu'a le roi de Navarre avec le roi[25] ». Il invoquait là une cérémonie qui se déroulait chaque année la veille de la Saint-Jean d'été, au cours de laquelle les pairs de France devaient présenter des corbeilles de roses, des bouquets, des chapeaux et autres couronnes de fleurs aux magistrats de la cour de parlement. Cette « baillée des roses » était une occasion d'observer l'ordre des préséances qui s'établissait entre princes du sang et qui, aux dires de Mornay, s'était avérée incontestablement favorable à son maître. La religion n'avait donc pas sa place dans le débat, contrairement aux dires de la Ligue, et l'évacuation de l'hypothèque que faisait peser l'adhésion au calvinisme du roi de Navarre sur la légitimité de ses droits occupa également une place importante dans l'argumentaire huguenot.

Lever l'hypothèque confessionnelle

Exprimé dans le manifeste de Péronne, l'argument essentiel avancé par les ligueurs afin d'exclure Navarre et Condé de la succession était d'ordre religieux : « En ce royaume très Chrétien [...], y avaient-ils affirmé, on ne souffrirait jamais régner un hérétique, attendu que les sujets ne sont tenus de reconnaître, ni souffrir la domination d'un prince dévoyé de la foi Chrétienne et Catholique[26]. » Ils inféraient ainsi l'existence d'une loi de catholicité que niaient vigoureusement les polémistes huguenots. S'appuyant sur l'enseignement de Calvin, qui avait dicté depuis toujours l'attitude des réformés à l'égard de l'obéissance due aux autorités, Mornay répliqua que « c'est une proposition très dangereuse, que les princes puissent être rejetés de leurs peuples sous prétexte d'hérésie[27] » et qu'il fallait agir selon les commandements de saint Pierre et saint Paul : « Obéissez à toute puissance supérieure ; obéissez à tout ordre humain, pour l'amour de Dieu et pour l'acquit de votre conscience, car telle est l'ordonnance de Dieu[28]. » Il fallait obéir aux princes sans distinction de leur religion parce qu'ils étaient ordonnés de Dieu et que les « royaumes se donnent par la providence de Dieu, soit par succession ou soit par élection, soit par sort ou par conquête » et « qu'il ne s'y fait changement qui ne soit ordonné de lui[29] ». Bien que réformé, Henri de Navarre ne pouvait donc être privé de ce que « Dieu, la nature et la loi lui ont donné en ce royaume[30] ».

Toutefois, conscients de l'insuffisance de cet argument, les polémistes huguenots affirmèrent que, contrairement aux accusations que lui adressaient les ligueurs, le roi de Navarre ne pouvait être considéré comme hérétique. Apparemment paradoxale, cette assertion reposait sur deux postulats complémentaires. Le premier s'appuyait sur la proximité entre les dogmes catholique et réformé qui pouvaient s'accorder sur les principaux fondements de la foi chrétienne, un peu comme le pensait Melanchthon qui estimait souhaitable de ne pas se laisser diviser par des désaccords doctrinaux considérés comme secondaires, qu'il appelait les *adiaphora*. C'était faire bon marché de la discorde relative à la nature de la présence réelle du Christ lors de l'eucharistie, source principale du conflit théologique entre catholiques et protestants. Afin de convaincre, malgré tout, les catholiques modérés de la conformité de la foi professée par Navarre avec les principes essentiels du christianisme, Mornay lui fit énoncer, dès juin 1585, une profession de foi minimaliste et affirma :

> Hérésie est une erreur importante, une erreur où il y va du fondement de la foi, des articles de salut. Or, le roi de Navarre leur dira qu'il est chrétien, qu'il croit son salut en un seul Jésus Christ, qu'il tient et reçoit sa parole, comme la règle infaillible de vérité, qu'il croit les symboles de l'Église, qu'il reçoit les quatre conciles universels qui ont été tenus en la fleur d'icelle[31], qu'il condamne toutes les hérésies condamnées par iceux [...]. Il n'y a donc point d'hérésie à proprement parler, car il croit dès ceste heure ce que les premiers [chrétiens] se sont contentés de croire[32].

Cependant, même s'il s'efforça de minimiser l'ampleur du désaccord qui divisait les chrétiens, Mornay ne négligea pas pour autant de justifier l'adhésion du roi de Navarre au calvinisme, expliquant qu'il avait été convaincu que l'Église avait beaucoup perdu de sa « première pureté et sincérité » et qu'il fallait la réformer. Selon lui, cette attitude ne méritait pas d'être blâmée, car « il serait trop dur que ce désir vraiment chrétien de voir l'Église repurgée lui fut imputé ou à hérésie ou à inimitié contre l'Église[33] ». Réclamer la réformation des abus de l'Église ne devait donc pas être considéré comme un acte condamnable, mais plutôt comme le témoignage d'une volonté réelle de bien servir Dieu. L'argument était loin d'être neuf, et son inefficacité avait maintes fois fait ses preuves.

Le surintendant de Navarre le compléta par une proposition qu'il espérait plus percutante. Elle consistait à donner une définition très restrictive de l'hérésie, affirmant que le statut d'« hérétique présuppose une ambition de nouveauté, une opiniâtreté contre la raison enseignée et démontrée[34] » et, par conséquent, que c'était la persévérance dans cette opinion officiellement condamnée par l'Église qui était répréhensible. Partant de ce postulat, Navarre ne pouvait être, selon lui, considéré comme un hérétique, puisqu'il n'avait pas été instruit par un concile. Loin de toute opiniâtreté, le premier prince du sang se déclarait d'ailleurs prêt à recevoir l'enseignement d'un concile général ou national nouvellement réuni, puisque la validité de celui qui s'était clôturé à Trente en 1563 n'était pas reconnue par les protestants. Et si son erreur lui était prouvée, il se soumettrait à ses conclusions. En attendant, il ne pouvait être considéré comme hérétique. Mais le pape Sixte V excommunia Navarre et Condé en septembre 1585, confirmant ainsi leur statut d'hérétiques aux yeux de l'Église. Pour contourner l'obstacle, les polémistes huguenots purent alors mobiliser le sentiment gallican qui habitait nombre de parlementaires, et même des membres du clergé français, dont certains protestèrent contre la bulle privatoire. Aux ecclésiastiques, Navarre écrivit d'ailleurs, en janvier 1586, que « les papes n'ont que voir sur cet État[35] ». Cette hostilité à toute ingérence du souverain pontife dans les affaires temporelles du royaume, profondément enracinée depuis le Moyen Âge, fut également exploitée par Hotman dans son *Brutum fulmen* parce qu'elle était particulièrement susceptible de séduire les catholiques modérés. De tous les arguments avancés par les polémistes réformés afin de lever l'hypothèque religieuse qui pesait sur les droits du roi de Navarre à la Couronne, cette contestation de la faculté du chef de l'Église romaine à intervenir dans le processus de succession était probablement la plus fédératrice. Le magistrat catholique Pierre de Belloy, figure du courant des « politiques », qui publia plusieurs ouvrages destinés à défendre la légitimité des droits du premier prince du sang[36], en consacra d'ailleurs tout spécialement un à la contestation de la bulle[37]. Sa contribution au débat dans son ensemble prouve que les efforts déployés par les polémistes réformés rencontrèrent les aspirations de certains catholiques modérés qui furent progressivement gagnés à la cause du roi de Navarre.

La modération religieuse bien connue que ce dernier avait toujours pratiquée apporta enfin une dernière pierre au combat mené contre son exclusion pour hérésie. Alors que les ligueurs s'efforçaient d'effrayer les catholiques en agitant le spectre d'une politique royale hostile si un prince protestant venait à régner sur la France, les défenseurs du premier prince du sang purent mettre en exergue l'attitude bienveillante adoptée depuis toujours par le roi de Navarre à leur égard. La composition de son entourage le prouvait, il était assisté de nombreux catholiques qui jouissaient de toute sa confiance et dont il n'avait jamais entrepris de forcer les consciences. Dès le mois de juin 1585, Mornay utilisa d'ailleurs cette mixité afin de réaffirmer la compatibilité de la religion de son maître avec l'exercice du pouvoir dans un royaume majoritairement catholique :

> Déclare donc ledit seigneur roi de Navarre qu'il connaît et croit, et a toujours cru et reconnu que, pourvu que le fond de bonne conscience y soit, la diversité de religion n'empêche point qu'un bon prince ne puisse tirer très bon service indifféremment de ses sujets, et que les sujets ne rendent réciproquement le devoir qu'ils doivent, soit à leurs supérieurs, soit à leur prince, étant évident que les deux religions recommandent également, selon la parole de Dieu, le devoir du sujet envers son prince, et de l'inférieur vers son supérieur, et partant s'est toujours attendu, ledit seigneur roi de Navarre, de n'être moins fidèlement servi des uns que des autres[38].

Le discours était clair. La religion ne devait avoir aucune part dans la relation que le prince entretenait avec ses sujets.

Les soubresauts d'une relation d'obéissance

Tous ces arguments furent développés avec constance pendant quatre ans, de juin 1585 à avril 1589, mais les polémistes huguenots surent adapter leur discours aux évolutions de l'échiquier politique. Ils furent particulièrement attentifs aux prises de position successives du roi Henri III, auquel il était indispensable de réaffirmer constamment une fidélité sans faille.

Lorsque la Ligue apparut, à la toute fin du mois de mars 1585, Navarre ne prit pas les armes. Soucieux de montrer sa soumission au roi, qui dans un premier temps avait pris position contre les ligueurs et ordonné à chacun de demeurer paisible, il voulait épargner à la France une nouvelle guerre civile. Le 10 juin, dans une déclaration que Mornay avait rédigée pour lui, il affirma que « tout lui est bon, pourvu que le peuple ait du repos ; tout lui est utile, pourvu que l'État demeure en paix, le roi obéi, le roi honoré, comme il doit être, fût-ce à son péril tout évident, fût-ce à son dommage irréparable[39] ». Sa patience, mise en exergue alors que c'était contre lui que les catholiques intransigeants avaient pris les armes, permit ainsi de mettre en valeur son obéissance au monarque ainsi que son sens du sacrifice pour le bien du peuple et de l'État. Après le revirement du roi contraint de prendre le parti de la Ligue, Navarre se départit naturellement de son attentisme et entra officiellement en campagne le 10 août, en compagnie de Condé et Montmorency, justifiant sa décision par l'impérieuse nécessité de se défendre. Dans son manifeste justificatif, il revint longuement sur les raisons qui l'y contraignaient, non seulement afin de démontrer que sa démarche était légitime, mais surtout en insistant sur le grand respect qu'il avait manifesté à l'égard des commandements d'Henri III. Une longue tirade, très révélatrice de la manière dont il mettait en scène son attitude de soumission à la volonté royale et les inconvénients qui en résultaient, mérite d'être citée *in extenso*.

> À votre commandement, monseigneur, votre majesté se peut resouvenir avec quelle patience j'ai acquiescé et obéi jusqu'à présent ; et n'ignore toutefois, selon sa prudence et équité, les justes occasions qui sollicitaient et importunaient à tout moment ma patience, me voyant pris à partie par les ennemis de Votre Majesté, qui déclaraient tout ouvertement n'avoir autre but que ma ruine ; me voyant en butte à leurs attentats et entreprises, sans oser, pour la révérence que je voulais rendre à vos commandements, tant soit peu me remuer ; les voyant passer devant mes yeux, et presque entre mes mains, armés contre vous, animés contre moi, tous les jours tentant quelque entreprise, ou sur les places de mon gouvernement, ou sur mes maisons, ou sur moi-même, sans vous pouvoir faire le service que l'occasion

> me présentait, sans aussi m'en ressentir, comme la nature et la raison eussent voulu. J'ai pris, Monseigneur, pour toute raison et toute loi votre seule volonté ; j'ai ployé et ma nature et mon devoir, et presque ma réputation sous vos commandements [...]. Et maintenant, Monseigneur, quand j'oye dire tout à coup que Votre Majesté a traité une paix avec ceux qui se sont élevés contre votre service, à condition que votre édit soit rompu, vos loyaux sujets bannis, les conspirateurs armés de votre force et de votre autorité contre vos très obéissants et fidèles sujets, et contre moi-même, qui ai cet honneur de vous appartenir, qui depuis le temps que j'ai pensé participer à votre bonne grâce, ne pense l'avoir éloignée que par patience et par obéissance ; je laisse à juger à Votre Majesté en quel labyrinthe je me trouve, et quelle espérance me peut plus rester qu'au désespoir[40].

Navarre ne pouvait toutefois se contenter de dresser ce constat, et il affirma que cette attitude en apparence incohérente ne pouvait s'expliquer que par la contrainte exercée sur Henri III par les Guises. Comme l'avaient été ses prédécesseurs, le roi était ainsi prisonnier et manipulé par ses conseillers pervers. Dans la déclaration du 10 août, Navarre affirma ainsi que la paix conclue avec la Ligue ne pouvait « être imputée au roi, prince débonnaire et équitable, de la nature duquel elle est trop éloignée [...], ains [mais] partie à la lâcheté, et partie à la perfidie de quelques-uns du conseil du roi ». Et de distinguer entre la volonté d'apparence affichée par le roi et sa volonté réelle, qui ne pouvait plus s'exprimer. Si les ligueurs, poursuivit Navarre, « ont eu la puissance, par leur artifice, d'armer ses bras contre lui », il était certain « qu'au moins ses soupirs, ses souhaits et ses vœux combattront pour sa querelle, qu'il a très bien reconnue (et n'est pas possible qu'il l'ait oublié) être la sienne » au lendemain de la publication du manifeste de Péronne[41].

Grâce à cette fiction politique largement éculée qui permettait de nier l'hostilité du roi en niant sa liberté d'action, les partisans du roi de Navarre prirent finalement les armes pour Henri III, et non contre lui. Et comme l'avait fait Louis de Condé entre 1562 et 1569, ils enracinèrent la légitimité de leur action dans l'éminence du rang qu'ils tenaient dans le royaume. Le texte du manifeste souligna ainsi que Navarre n'était autre que le « premier prince de son sang et premier pair de ce royaume », le prince de Condé un « prince et pair de France », et Montmorency « pair de France et premier officier de la Couronne », ce qui les obligeait à montrer l'exemple et à conduire les plus fidèles de ses sujets à libérer le roi de sa captivité politique. Ils ne faisaient ainsi que remplir une obligation, car « il y va du serment et devoir qu'ils portent et doivent rendre à la Couronne [...], il y va des lois fondamentales de l'État, desquelles ils sont conservateurs et gardiens ». Et ainsi, leur fidélité au roi ne pouvait être remise en question, puisque « leurs armes ne sont que pour lui, pour sa liberté et pour son service[42] ».

Jusqu'en juillet 1587, l'argumentaire huguenot resta stable. Navarre et ses alliés affirmèrent se cantonner à « une guerre défensive, nous renfermant dans nos places sans plus nous mettre en campagne, afin de soulager le peuple des misères et des calamités que causaient les gens de guerre ». Mais l'évolution de la conjoncture les conduisit à infléchir leur stratégie. Le temps était désormais venu de passer à l'offensive, parce que l'armée de secours levée par les diplomates huguenots dans l'Empire, dont il sera question dans le chapitre suivant, s'apprêtait à pénétrer dans le royaume. Dans un second manifeste, le premier prince du sang et ses alliés justifièrent cet appel à l'aide en évoquant l'attitude de plus en plus agressive des chefs de la Ligue à l'égard d'Henri III, dont l'autorité était plus bafouée que jamais. Ils agissaient ainsi parce qu'ils redoutaient « que l'ambition démesurée des ligueurs n'apporte enfin la ruine totale de cet État, dont la conservation nous est en singulière recommandation », et ne s'y résolvaient, assuraient-ils, qu'« à notre très grand regret [...] comme le seul remède et moyen extraordinaire, qui puisse apporter quelque soulagement à la France ». Loin d'être dirigée contre le roi, la remontée vers la Loire de l'armée du roi de Navarre avait donc pour seule finalité de délivrer le monarque « de l'oppression et de la tyrannie des Lorrains, ses plus cruels ennemis et les nôtres[43] ».

Le passage à l'offensive fut couronné de succès. Le 20 octobre 1587, les troupes du roi de Navarre remportèrent à Coutras une victoire marquante sur l'armée du duc de Joyeuse, qui mourut au combat. Aux côtés du premier prince du sang, gentilshommes catholiques et réformés combattirent ensemble, et ses cousins, Conti et Soissons, se joignirent à lui. Même si l'armée de secours venue d'Allemagne fut anéantie par le duc de Guise, la diversion qu'elle avait suscitée favorisa la cause de l'héritier du trône, dont la fortune militaire poussa les chefs ligueurs à se montrer toujours plus offensifs dans leur rapport au roi qui dut fuir Paris en mai 1588, au terme de la journée des Barricades qui livra la capitale aux catholiques zélés. En position de force, les Guises imposèrent ensuite à Henri III l'édit d'union de juillet 1588, qui consacrait l'alliance étroite entre la monarchie et la Ligue. Le roi dut, en outre, reconnaître officiellement le cardinal de Bourbon comme son légitime héritier et disgracier le duc d'Épernon. Cette victoire politique de la Ligue suscita l'inquiétude dans l'entourage du roi de Navarre, où l'on redoutait que l'armée royale fût réellement mise au service de Guise qui en prendrait le commandement. Mais las de subir des humiliations, Henri III reprit l'initiative les 23 et 24 décembre 1588, en faisant exécuter à Blois le duc et le cardinal de Guise. Ce retournement incroyable d'une situation compromise donna une crédibilité nouvelle à l'argumentaire développé depuis plusieurs années par les partisans du roi de Navarre. En se libérant de son propre chef de l'emprise des chefs de la Ligue, le monarque reconnut en quelque sorte qu'il était bel et bien leur prisonnier d'un point de vue politique.

Maintenant que sa volonté pouvait de nouveau s'exprimer librement, Henri III engagea très vite des négociations avec son cousin Navarre. L'élimination des chefs de la Ligue, loin de lui permettre de reprendre la maîtrise de la situation, avait stimulé la détermination des zélés qui étaient désormais commandés par le duc de Mayenne. L'alliance entre les deux princes apparut dès lors comme l'option la plus raisonnable. Le 3 avril 1589, une trêve fut conclue à Tours et, le 30 de ce même mois, les deux rois se retrouvèrent au château du Plessis-lez-Tours. Quelques jours plus tôt, Navarre avait publié une troisième et dernière déclaration justificative, toujours rédigée par Mornay. L'argumentaire ne pouvait plus être identique, puisque le premier prince du sang agissait désormais réellement « sous l'autorité du roi » qui devait être restaurée. Ses armes seraient ainsi dédiées à l'accomplissement de cette tâche, ainsi qu'à la « restauration de ce royaume, conservation et délivrance [...] de tous les bons sujets d'icelui, contre ceux qui si ouvertement ont attenté à la personne de Sa Majesté, osé entreprendre l'usurpation de son royaume, et mis sur le bord d'une ruine presque inévitable, tant de pauvre peuple, que Dieu par sa grâce avait uni et conservé par tant de siècles, sous les sacrées et inviolables lois de cet État[44] ». Cette issue consacra le triomphe politique du roi de Navarre et récompensa l'habileté rhétorique de ses conseillers qui avaient développé avec constance, pendant quatre ans, un discours de fidélité à l'égard du souverain réputé prisonnier des ligueurs et qui avait finalement porté ses fruits.

Mais dans ce combat politique, où la déconfessionnalisation des objectifs à atteindre était une règle absolue, les intérêts de la minorité huguenote disparurent-ils réellement ? Si la cause réformée n'apparut jamais pour elle-même dans les textes produits par l'entourage du roi de Navarre, elle n'en resta pas moins présente en filigrane. Les polémistes tels que Mornay, qui souhaitaient ardemment faire triompher la vraie religion, savaient que la victoire de leur foi passait d'abord par celle de leur Protecteur. Et quand on contemple le portrait que tous ces écrits brossaient des bons sujets qui s'opposaient aux partisans de l'étranger, on mesure à quel point il se superposait presque parfaitement avec les caractères principaux de l'identité politique forgée par les huguenots depuis plus de deux décennies : fidèles au roi quelle que soit sa religion, bons Français, défenseurs des lois fondamentales du royaume, amateurs de paix et promoteurs du bien public. Les réformés s'affirmèrent ainsi, sans même avoir à l'exprimer dans une logique partisane, comme le noyau du rassemblement de tous les modérés autour de la figure fédératrice de l'héritier du trône. Mais s'ils firent le choix stratégique de s'effacer en apparence de cette joute polémique interne au royaume, la situation était bien différente dans le cadre de son extension à l'échelle européenne. Comme lors des conflits précédents, les huguenots sollicitèrent l'appui de leurs alliés protestants étrangers, au prix d'une offensive diplomatique d'une ampleur inédite. Et pour convaincre ces princes de former un front uni au profit de la défense des droits du roi de Navarre, il devint primordial de lier indissolublement sa destinée à celle du protestantisme européen.

14

Dans les méandres de l'Europe évangélique

Dès les prémices des guerres civiles, à la fin de la décennie 1550, les réformés français avaient inscrit leur combat dans une perspective européenne. Les nombreuses difficultés qu'ils rencontrèrent dans leurs entreprises diplomatiques ne les empêchèrent pas d'obtenir, au fil des guerres, un soutien militaire et financier qui renforça de manière décisive leur capacité de résistance. Lorsque la rupture de l'édit de Beaulieu plongea le royaume dans une nouvelle guerre civile, au tout début de l'année 1577, les conseillers du roi de Navarre se tournèrent à nouveau vers les princes évangéliques. Confrontés aux obstacles qu'avaient déjà dû surmonter leurs prédécesseurs, en particulier aux fortes réticences éprouvées par les princes luthériens à l'égard de la cause huguenote, il leur fallut également affronter de nouvelles difficultés. Le manque de coordination avec les agents de Condé parasita et paralysa certaines de leurs tentatives, le poids de la dette contractée auprès des princes allemands lors des conflits antérieurs affaiblit leur crédit, et le déficit de notoriété du roi de Navarre dans l'Empire compliqua considérablement leur tâche. Si la brièveté de la sixième guerre civile rendit finalement leurs démarches inutiles, elle n'interrompit pas pour autant le déploiement d'une action stratégique conduite à l'échelle de l'Europe évangélique. Et, au fil des mois, la dimension internationale de la politique élaborée par les conseillers du premier prince du sang s'affirma même comme l'un des piliers essentiels du renforcement de sa position dans le royaume de France.

L'ennemi espagnol : conviction et diversion

À la tête d'un État qui faisait figure de confetti sur la scène européenne, Henri de Navarre n'avait pas hérité d'un appareil diplomatique performant. Au terme de la sixième guerre civile conclue en octobre 1577 par l'édit de Poitiers, son entourage ne comptait aucun conseiller véritablement expérimenté dans l'art de négocier. Il dut donc s'en remettre aux rares membres de sa maison nantis d'une connaissance suffisamment solide des méandres du monde évangélique européen et des enjeux de la politique internationale. Une fois encore, le plus compétent n'était autre que Philippe Duplessis-Mornay. Au cours du voyage d'étude qu'il avait accompli à travers l'Europe dans sa jeunesse, ce dernier avait rencontré Hubert Languet, qui lui avait ouvert les portes de son réseau international protestant et l'avait initié à la complexité des relations au sein du « bloc » évangélique. Après la Saint-Barthélemy, son exil en Angleterre lui avait permis de réactiver les contacts qu'il avait précédemment noués et d'en développer de nouveaux, notamment aux Pays-Bas dans l'entourage de Guillaume de Nassau. Lorsqu'il entra en 1576 au service du chef du parti huguenot, il était parfaitement inséré au sein d'une nébuleuse d'activistes disséminés dans la plupart des cours protestantes européennes et déterminés à travailler ensemble dans l'intérêt général de la Réforme, en dépit des divergences doctrinales et des obstacles politiques. Il s'affirma très vite comme l'architecte d'une stratégie internationale qui visa, dans un premier temps, à porter atteinte à la puissance espagnole, principal pilier de la lutte contre l'hérésie.

Les Pays-Bas apparaissaient alors comme le cadre idéal d'une telle entreprise, car une victoire remportée sur le gouvernement agissant au nom de Philippe II y aurait eu un double bénéfice immédiat. La monarchie ibérique aurait été affaiblie et les réformés néerlandais auraient vu leur position renforcée, créant une dynamique favorable à leurs voisins et alliés huguenots. C'est dans cette optique que Mornay quitta la France pour s'établir aux Pays-Bas, où, entre 1578 et 1582, il demeura le plus souvent dans l'entourage du prince d'Orange, auprès duquel Henri de Navarre l'accrédita comme son représentant officiel. Mornay fit dès lors partie d'un petit groupe de conseillers très influents, au sein duquel figuraient également Philippe de Marnix de Saint-Aldegonde et Pierre Loyseleur de Villiers qui, avec quelques autres, jouèrent un rôle majeur dans l'élaboration de la politique mise en œuvre par Guillaume de Nassau.

Au cœur de l'action conduite sous l'impulsion de ce véritable « *brain trust* » réformé, un projet fut tout particulièrement favorisé par Mornay. Afin d'apporter au prince d'Orange un appui prestigieux indispensable au succès de toute tentative d'émancipation à l'égard de la domination ibérique, il misa sur le duc d'Anjou qui avait vu ses perspectives de monter sur le trône de France s'éloigner en 1574, lorsque son frère Henri III avait succédé à Charles IX, et qui recherchait un accomplissement politique prestigieux. Il semblait prêt à tout pour ceindre une couronne. Dès 1576, Orange lui avait offert la souveraineté sur la Hollande et la Zélande, qui venaient de rejeter l'autorité de Philippe II, mais il était alors trop occupé par les affaires de France. En 1578, il prêta véritablement attention au projet, parce que les états généraux des dix-sept provinces constitutives des Pays-Bas étaient désormais dressés contre le gouvernement espagnol, unissant tous les révoltés, qu'ils fussent catholiques ou réformés, dans une démarche fondamentalement politique. Il leur apporta un soutien militaire, reçut le titre pompeux de « défenseur de la liberté aux Pays-Bas contre la tyrannie des Espagnols » et apparut comme le possible successeur de Philippe II en qualité de prince souverain. Mais la discorde qui éclata entre révoltés calvinistes et catholiques mit un terme à tout espoir d'unir l'ensemble des provinces sous son autorité. Bien que Mornay ait éprouvé de la méfiance à l'égard du frère cadet du roi de France, qui avait fait volte-face et abandonné ses anciens alliés huguenots peu après la signature de l'édit de Beaulieu, la raison l'avait poussé à soutenir cette première tentative, dans la seule perspective anti-espagnole qui guidait alors son action. Son engagement dans l'opération lui valut même d'être victime d'une tentative d'empoisonnement, probablement ourdie par le camp pro-ibérique, qui échoua de peu à le tuer et dont les séquelles importantes le handicapèrent pendant une bonne partie de l'année 1579.

Lorsqu'il revint aux affaires, il vit ses efforts sur le point d'aboutir. En janvier 1579, les provinces catholiques du Sud avaient formé l'Union d'Arras, à laquelle avait répondu l'Union d'Utrecht, composée des provinces réformées du Nord. Alors que les premières avaient signé en mai la paix avec le gouverneur espagnol, Alexandre Farnèse, les secondes étaient demeurées rebelles. Sous la conduite de leurs états généraux, elles se laissèrent convaincre par le prince d'Orange que la dévolution de la souveraineté au duc d'Anjou était pour elles la meilleure option. En janvier 1580, un projet d'accord fut rédigé, mais il ne prévoyait pas une soumission sans conditions, loin s'en faut. Il s'agissait d'un véritable contrat passé entre un prince et son peuple, comprenant des clauses qui limitaient la capacité d'action du futur souverain afin qu'il ne pût agir au détriment des libertés et privilèges des villes et provinces, mais aussi de la religion réformée. Mornay ne fut pas étranger à la ratification de l'accord entre les deux parties, car il participa activement aux négociations et entretint une relation étroite avec Roch de Sorbiers Des Pruneaux, émissaire du duc. Le traité fut finalement signé au Plessis-lez-Tours le 19 septembre 1580[1], mais il fallut attendre encore de longs mois, marqués par des hésitations et de nouvelles discussions, pour que le duc d'Anjou se décidât enfin à s'acheminer jusqu'aux Pays-Bas. L'acte d'abjuration du 26 juillet 1581, par lequel les états généraux déchurent finalement Philippe II de sa souveraineté, semblait enfin lui ouvrir la voie et le décida à entreprendre le voyage. Mornay aurait dû rentrer en France en décembre 1581, mais le prince d'Orange obtint du roi de Navarre qu'il restât auprès de lui encore six mois, afin qu'il pût être présent à ses côtés lors de l'arrivée du « sauveur », qui débarqua à Flessingue, en Zélande, le 10 février 1582. Très vite, l'aventure tourna mal. La méfiance de certains calvinistes à l'égard d'un prince catholique, les prétentions d'Anjou, finalement incompatibles avec le respect strict des clauses du traité signé avec les états généraux, et l'attaque d'Anvers par ses troupes le 17 janvier 1583, véritable agression à l'encontre de ses futurs sujets, ruinèrent l'accord si laborieusement conclu. Le duc ne fut jamais couronné souverain des Pays-Bas, et il rentra en France, mais Mornay l'y avait déjà précédé depuis de longs mois. Quatre années d'efforts furent ainsi réduites à néant, mais cet échec ne découragea pas le conseiller du Protecteur de rechercher les moyens d'affaiblir l'ennemi espagnol, afin de desserrer l'étreinte catholique qui menaçait, selon lui, la Réforme européenne dans son ensemble et les Églises de France en particulier.

Au printemps 1584, alors qu'il se trouvait à la Cour pour le service du roi de Navarre, Mornay fit une ouverture à Henri III. Comme l'avait fait Coligny, il proposa au roi une politique ambitieuse d'affaiblissement de l'Espagne. Le 24 avril, il lui adressa un *Discours sur les moyens de diminuer l'Espagnol*, afin de « rompre le cours de sa grandeur », et l'invita à prendre la tête d'une puissante ligue qui réunirait tous les ennemis de l'Espagne, qu'ils fussent catholiques ou protestants, c'est-à-dire l'Angleterre, une partie des princes allemands et le Danemark. Parmi les préconisations contenues dans ce véritable exposé stratégique, Mornay proposa notamment de bloquer l'accès au détroit de Gibraltar en prenant Majorque, de court-circuiter le commerce d'Orient, d'intervenir militairement jusqu'aux Amériques et de se saisir de quelques places fortes franc-comtoises afin de couper la route des Flandres aux *tercios*, mais il recommanda surtout la conduite d'une politique de diversion fondée sur la mobilisation de l'énergie belliqueuse de la noblesse de France qui pourrait se rassembler, toutes confessions confondues, afin de combattre un ennemi commun héréditaire du royaume. Et pour réaliser ce plan, il invita le roi à faire appel à Henri de Navarre afin de contrer les ambitions démesurées de la maison d'Autriche[2]. Dans la réalisation de cet ambitieux programme, les huguenots et leur Protecteur seraient ainsi pourvus d'un rôle éminent qui ferait d'eux, plus que jamais, les défenseurs de la monarchie et de ses intérêts dans un royaume pacifié.

Les décès successifs du duc d'Anjou, en juin 1584, et du prince d'Orange, assassiné d'un coup de pistolet par le Franc-Comtois Balthazard Gérard le 10 juillet 1584, conduisirent même Mornay à formuler des options encore plus offensives. Afin d'éviter l'écroulement des révoltés des Pays-Bas, où Farnèse conduisait une offensive efficace, il contribua activement à obtenir des états généraux qu'ils offrissent à Henri III la souveraineté sur leurs provinces, mais leur proposition arriva trop tard, en janvier 1585, alors que la situation politique et religieuse interne au royaume de France s'était déjà considérablement tendue. Sa tentative échoua donc définitivement, et la reprise des guerres civiles était inéluctable. Les catholiques intransigeants n'en avaient pas moins tremblé face à la politique étrangère alternative proposée au roi par les huguenots. La meilleure preuve en est sans doute la volonté du duc de Guise de mettre Mornay hors d'état de nuire. En mai 1584, il chargea ainsi le capitaine de ses gardes de le surveiller et, peut-être, d'attenter à sa vie. Établi dans l'auberge de l'Oyson bridé, rue de Buci, juste en face du logis du conseiller d'Henri de Navarre, il fut finalement repéré et l'entreprise échoua.

L'espoir vain d'une « contre-ligue »

Cette tentative huguenote d'affaiblir l'Espagne et, à travers elle, l'ensemble de la fameuse conjuration papiste internationale fantasmée par les membres du réseau international protestant, se doubla d'une action diplomatique de grande ampleur lancée sous l'égide du roi de Navarre. Si elles n'avaient plus engendré de résultat concret depuis l'entrée en France de l'armée de Jean-Casimir réunie au profit des malcontents en 1576, les relations entretenues par les chefs réformés français avec les puissances évangéliques européennes n'avaient cessé de se développer. Alors que la rivalité souvent larvée entre les agents de Navarre et de Condé devait se perpétuer jusqu'au décès du prince en 1588 et dut, par conséquent, être intégrée comme un élément structurant de toutes les démarches conduites par les princes Bourbons sur la scène internationale, l'expression « officielle » de la diplomatie du parti huguenot n'en revint pas moins aux représentants du Protecteur, qui purent bénéficier de la légitimité que leur conféraient son rang au sein du parti, sa place dans l'ordre de succession au trône et sa qualité de prince régnant.

On se souvient que, pendant les premières guerres civiles, l'un des objectifs majeurs de l'action diplomatique huguenote avait été de constituer une ligue internationale protestante et que cet espoir avait été anéanti une première fois à Erfurt en 1569. Le projet, également soutenu par l'Angleterre et l'électeur palatin, n'avait pourtant jamais été réellement abandonné. Des démarches avaient été entreprises en direction des princes allemands au printemps 1573, en particulier par les huguenots du Midi. Frédéric III était alors entré en contact avec Montgomery, et toute cette activité avait conduit à la réactivation des projets antérieurs. Dathenus avait été envoyé à Londres, et des échanges relatifs à la forme, aux objectifs et aux moyens de cette alliance avaient eu lieu, aboutissant à la formalisation d'un projet d'alliance défensive entre les

« rois, ducs, princes, villes, républiques et seigneuries d'Allemagne, Angleterre, Écosse, Suisse et Flandres ». Daté du 15 octobre 1573, il prévoyait la constitution d'une force aux effectifs considérables, puisque ce n'étaient pas moins de 19 000 cavaliers et 52 000 fantassins qui devaient pouvoir être mobilisés en cas de nécessité[3]. Le projet était demeuré lettre morte, mais ces tractations, renouvelées en décembre 1576 et encore en 1577, eurent le mérite d'entretenir de manière quasiment permanente le dialogue entre ces puissances évangéliques, favorisant la conduite de négociations plus rapides et plus efficaces en cas de nécessité urgente.

Les réformés français avaient été partie prenante de l'ensemble de ces discussions, même si c'est à l'Angleterre qu'était revenu le rôle moteur dans ces tentatives répétées de constitution d'une ligue défensive. La préoccupation principale résidait alors dans les modalités de financement et de levée de troupes immédiatement opérationnelles, en cas d'agression de l'un des membres de l'alliance par une puissance catholique. Pendant toute cette période, c'est une nouvelle fois Duplessis-Mornay qui avait représenté les intérêts huguenots. Alors qu'il séjournait en Angleterre, de mai à août 1577, il s'était tenu au courant des discussions et avait probablement communiqué régulièrement sur le sujet avec les membres du conseil d'Élisabeth. Les huguenots n'étaient d'ailleurs pas les seuls à espérer en la création de cette fameuse ligue, presque contre toute raison, puisque Hubert Languet poursuivit cette chimère jusqu'à sa mort en 1581, suivi par plusieurs membres de son réseau, parmi lesquels figuraient notamment, à la cour d'Angleterre, Philip Sidney, Francis Walsingham et le comte de Leicester.

Comme toujours, le problème de fond résidait dans la discorde théologique entre luthériens et calvinistes. Ce désaccord s'était d'ailleurs encore accru en juin 1580, avec la publication de la Formule de Concorde, qui avait rigidifié la doctrine luthérienne et contre laquelle les membres du réseau international protestant avaient combattu afin de préserver les chances d'un rapprochement. Parmi les plus actifs dans cette lutte avait notamment figuré Charles de Danzay. Diplomate de profession, il présentait la particularité exceptionnelle d'être ambassadeur ordinaire du roi de France au Danemark tout en étant de confession réformée. Sa parfaite loyauté envers le monarque ne l'empêchait pas, dès qu'il en avait l'occasion, de promouvoir les intérêts de la cause évangélique en Europe, et il s'était lancé dans le combat dirigé contre la Formule en publiant un opuscule, par lequel il appelait les princes à mettre fin aux querelles théologiques qui divisaient les protestants et faisaient le jeu des papistes. Cet ouvrage, intitulé *Ratio ineundae Concordiae*[4], avait paru en 1579. Traduit en allemand la même année, il avait alors été diffusé sous couvert de l'anonymat à l'occasion d'une visite de l'électeur de Saxe au Danemark. Il proposait quelques solutions afin de mettre un terme à ces dissensions. Au sein même du monde luthérien, la lutte était rude entre les partisans et les adversaires de la Formule, si bien qu'en 1580, seuls les deux tiers des États luthériens l'avaient signée, soit 51 princes et 38 villes libres.

Ces oppositions internes au monde luthérien étaient d'ailleurs de nature à encourager les huguenots, et en particulier Mornay qui travaillait en concertation avec Danzay. Ils partageaient l'idée qu'il fallait réunir un synode général afin d'assoupir les différends, rejoignant ainsi la conviction d'autres chauds partisans anglais et allemands de la formation d'une ligue. Pragmatiques, ces hommes fustigeaient l'aveuglement des théologiens qui, par leurs disputes incessantes, entretenaient les affrontements doctrinaux aux dépens de l'intérêt supérieur de la Réforme en Europe. Leur conclusion était qu'il fallait désormais exclure ces inconscients des discussions relatives à la formation d'une ligue protestante et laisser exclusivement l'initiative aux princes et à leurs conseillers politiques. Dans une perspective stratégique favorable au renforcement de la puissance de son maître, Mornay voyait dans Henri de Navarre le prince qui pourrait susciter ce rassemblement en prenant l'initiative d'une vaste entreprise de rapprochement entre princes luthériens et calvinistes. Dès 1578, Brigneux avait été chargé par le chef du parti huguenot de présenter cette option à Jean-Casimir, et la question d'un synode général, réunissant calvinistes et luthériens, avait été évoquée lors des synodes nationaux des Églises réformées de France tenus en 1578 et 1579[5].

C'est dans la logique de ces démarches antérieures qu'après son retour en France en 1582, Mornay imagina une tentative d'ampleur. Lors du synode national tenu à Vitré en mai 1583, où il se trouvait au nom du roi de Navarre, il réaffirma la nécessité de trouver un moyen de réconciliation intra-protestante et obtint la désignation d'Antoine de Chandieu pour accompagner la grande mission qui s'apprêtait à partir à travers l'Europe protestante[6]. Cette légation, d'une ambition sans précédent dans la courte histoire de la diplomatie huguenote, aurait théoriquement dû être conduite par Mornay en personne, mais c'est finalement Jacques de Ségur-Pardaillan qui obtint d'en être chargé, ce qui suscita le mécontentement des Églises, qui retirèrent finalement l'accord qu'elles avaient donné quant à la participation de Chandieu. Ségur n'en fut pas moins bien accompagné, puisque Calignon et Buzenval lui furent adjoints. Les trois hommes partirent en juillet 1583, munis de mémoires et d'instructions entièrement rédigés par Mornay, qui les avait élaborés après avoir consulté Danzay, dont l'expérience des méandres diplomatiques de l'Europe évangélique était sans égale. Les diplomates devaient commencer leur périple par l'Angleterre, avant de passer aux Pays-Bas, au Danemark, puis dans l'Empire, où de très nombreux princes devaient être visités, à commencer par les trois électeurs protestants, et enfin dans les cantons suisses réformés[7]. Les ambassadeurs emportèrent également avec eux le mémoire sur l'*Estat du roy de Navarre et de son parti en France* ainsi qu'un nouveau discours destiné à Walsingham pour le pousser à soutenir l'initiative[8]. Le but ultime de la mission était en premier lieu de consolider les relations privilégiées qui existaient entre Navarre et deux princes essentiels, Élisabeth Ire et Guillaume d'Orange, puis de réussir enfin à créer une vraie ligue protestante, avec la mise en lieu sûr d'une réserve d'argent, disponible pour procéder à des levées de troupes en cas d'urgence. Il devait s'agir d'une « contre-ligue », selon l'expression de Mornay, destinée à s'opposer à la conjuration papiste et dont Élisabeth devrait prendre la tête, après avoir obtenu des Allemands la réunion du fameux synode général destiné à composer le désaccord religieux.

La tâche s'annonçait ardue et la mission s'étira sur de longs mois, d'août 1583 à mars 1584, avec tous les risques que comportait alors un tel périple et qui n'épargnèrent pas les ambassadeurs huguenots. Au cours de leur traversée vers l'Angleterre, ils firent naufrage, mais réussirent à préserver leurs papiers ainsi que des cassettes contenant des pierreries d'une valeur de 500 000 écus, qui leur avaient été confiées par Navarre afin d'obtenir des prêts d'argent en échange de leur caution. Ils réussirent sans trop de difficultés à obtenir l'appui d'Élisabeth, de Frédéric II de Danemark, qui faisait partie des princes luthériens hostiles à la Formule de

Concorde, et de Guillaume d'Orange. Les états généraux des provinces néerlandaises du Nord, qui avaient fait sécession, étaient en revanche trop préoccupés par leurs troubles intérieurs pour réellement prêter attention aux demandes formulées par Ségur, qui passa ensuite dans l'Empire en compagnie de Calignon, alors que Buzenval faisait route vers les cantons suisses réformés avant de revenir leur prêter main-forte dans l'Empire. Le trésor de Navarre y fut déposé en lieu sûr à Brême, ville libre qui avait adopté en 1581 une confession de foi proche du calvinisme sous l'impulsion du théologien Christoph Pezel et où l'influence de Danzay servit à merveille les intérêts huguenots.

Tout se compliqua à nouveau comme d'ordinaire lorsqu'il s'agit de convaincre les princes allemands. Ségur réussit bien à obtenir l'appui de Guillaume de Hesse-Cassel pour la réunion d'un synode, mais il essuya un refus pour la constitution d'une « contre-ligue », à laquelle le landgrave ne voulait pas participer sans l'accord du roi de France dont il était l'allié et le pensionné. Le soutien accordé, dans cette perspective, par le prince Joachim-Ernest d'Anhalt était bien insuffisant pour faire pencher la balance, car Auguste de Saxe fit preuve de son intransigeance habituelle. Jean-Georges de Brandebourg s'enferma, quant à lui, dans une posture attentiste, et les signataires de la Formule de Concorde dans leur globalité manifestèrent leurs réticences face au projet. Déçu, Ségur tenta de renverser la tendance négative grâce à l'intervention du roi de Danemark, auquel il rendit visite avec l'assistance de Danzay et dont il reçut des promesses d'aide en direction des princes de l'Empire. Mais à partir de mars 1584, la mission se compliqua à nouveau. Pressé par Henri III, qui voulait neutraliser la diplomatie huguenote, l'empereur Rodolphe II lança un mandat d'arrêt contre Ségur, ce qui ralentit considérablement son activité sans pour autant l'anéantir tout à fait. La fin de l'été 1584 n'en marqua pas moins l'échec définitif de la tentative orchestrée par Mornay. Il n'y eut ni synode général ni « contre-ligue ». Une fois de plus, les problèmes doctrinaux avaient pris le pas sur toute autre considération, mais de précieux jalons avaient pu être posés en vue d'une mission ultérieure.

La grande armée

Les événements en précipitèrent la mise en œuvre. La prise d'armes de la Ligue catholique, en mars 1585, obligea les huguenots à rechercher à nouveau du secours à l'étranger. Dans ce contexte particulièrement périlleux, Navarre put compter sur sa relation privilégiée avec Élisabeth d'Angleterre, avec laquelle le dialogue épistolaire s'intensifia. Mornay, Du Pin et Turenne multiplièrent également les échanges avec Walsingham, leur principal relais à Londres, où Ségur se rendit dès le mois de mai 1585. La confiance entre les deux partenaires n'était toutefois pas absolue, puisque Élisabeth prit la précaution d'envoyer Arthur Champernowne à La Rochelle afin de s'assurer que Navarre et les huguenots n'étaient pas des rebelles. En les soutenant, elle ne voulait pas prendre le risque de se dresser ouvertement contre Henri III. Finalement convaincue par l'argumentaire des réformés français, elle s'engagea alors résolument et facilita la circulation de la correspondance qui la reliait avec Navarre et ses principaux lieutenants, en chargeant son ambassadeur à la cour de France, Édouard Stafford, de la faire transiter par des canaux sécurisés.

Le but assigné à Ségur à son départ pour l'Angleterre était de lever dans l'Empire une armée de secours destinée à renforcer le potentiel militaire huguenot. À Élisabeth, il devait demander de financer une partie de l'opération à hauteur de la somme colossale de 200 000 écus. La requête était de toute évidence déraisonnable, non seulement parce que la souveraine anglaise ne disposait pas de ressources illimitées pour les opérations extérieures, mais aussi parce qu'elle décida, à la même époque, de soutenir massivement les révoltés des Pays-Bas contre l'Espagne. Par le traité signé à Nonsuch quelques mois plus tard, le 10 août 1585, elle leur accorda un appui militaire et financier d'une telle ampleur que l'essentiel de ses moyens disponibles s'en trouva mobilisé. Au printemps, elle n'opposa toutefois pas à l'émissaire du roi de Navarre un refus complet, car elle n'ignorait pas l'importance de la survie de la minorité réformée française pour la sécurité de son propre royaume. Là était la clé de la politique étrangère élisabéthaine : maintenir en vie, même en ne les aidant qu'au compte-gouttes, les huguenots et les révoltés néerlandais afin de ne jamais laisser aux rois de France et d'Espagne la liberté d'esprit et de mouvement suffisante pour s'en prendre à l'Angleterre. La reine octroya ainsi à Ségur un financement de 50 000 écus, payables si et seulement si le roi de Danemark et les princes allemands acceptaient de participer eux aussi à l'effort de guerre. Pour le diplomate huguenot, il s'agissait d'une déception, mais le négociateur expérimenté ne se découragea pas[9], car la reine lui apporta aussi un concours immédiat plus concret, en mandatant un émissaire chargé d'appuyer ses démarches dans l'espace germanique.

Choisi pour remplir cette mission, Thomas Bodley se rendit dans l'Empire dès le mois de mai 1585. Il y collabora étroitement avec Georg Zolcher, agent du comte palatin Jean-Casimir, toujours aussi favorable à la constitution d'une ligue. L'activité des deux hommes permit d'obtenir le soutien de Frédéric II de Danemark, ainsi que du duc Jules de Brunswick-Wolfenbüttel et du landgrave Guillaume de Hesse-Cassel. Leur appui devait permettre de convaincre les électeurs de Saxe et de Brandebourg d'oublier les querelles théologiques au profit de la cause générale de la Réforme en Europe, incarnée en l'occurrence par la destinée des huguenots, mais Auguste, pourtant gravement malade, se montra une nouvelle fois inflexible. Au début de l'automne 1585, le projet était au point mort.

Ségur ne ménagea pourtant pas sa peine. Parvenu également dans l'Empire, après être passé par le Danemark et les Pays-Bas, il put compter sur le concours d'une petite équipe formée cette fois-ci de Guitry, qui assurait surtout la liaison avec l'Angleterre, de Calignon, qui fut expédié en Suisse, et de Clervant, qui vint rapidement l'y relayer. Ce véritable commando diplomatique agit avec détermination et en bonne intelligence avec Bodley, puis avec son successeur, lord Peregrine Willoughby. Ce dernier tenta de faire fléchir les princes luthériens, mais il dut faire face à une mauvaise surprise. Influencé par une partie de sa noblesse et de son conseil, le souverain danois fit volte-face et préféra conduire une guerre économique, afin de faire pression sur les rois catholiques de France et d'Espagne. Ce nouvel avatar ne freina pourtant pas les efforts diplomatiques anglais en faveur des huguenots, puisqu'un nouvel émissaire, Horatio Palavicino, fut envoyé dans l'Empire en février 1586. Celui-ci travailla notamment avec Guitry, mais de nombreux contretemps ralentirent une nouvelle fois leur entreprise.

Auguste de Saxe mourut le 11 février 1586, et il fallut négocier avec son fils Christian. Et pour compliquer encore les choses, une conférence théologique fut organisée à Montbéliard entre Théodore de Bèze et le luthérien Jacob Andreae, afin de tenter de surmonter le différend confessionnel que la Formule de Concorde avait contribué à cristalliser. Tenue du 21 au 29 mars 1586, sous les auspices du duc de Wurtemberg, elle échoua une nouvelle fois, sans véritable surprise, à réconcilier les visions divergentes. La Huguerye, ancien serviteur du prince de Condé et désormais conseiller de Jean-Casimir, jeta également le trouble en essayant de brouiller Ségur avec le comte palatin. Enfin, en raison de l'insuffisance des contributions complémentaires attendues, les 50 000 écus promis par Élisabeth ne purent être débloqués par ses agents, et les huguenots furent dans l'incapacité de participer de manière significative au financement de la levée.

Au printemps 1586, de nouveaux agents vinrent renforcer le dispositif huguenot. Philippe de Fresne-Canaye et Antoine Moret Des Réaux, envoyés en Suisse, entrèrent alors en scène, de même que Buzenval, expédié à Londres. En avril, Henri de Navarre fit part à Ségur de son urgent besoin de renforts : « Hâtez, hâtez, hâtez, passez par-dessus tous empêchements. Le retardement nous ruine[10]. » De leur côté, Jean-Casimir, Guillaume de Hesse et Jules de Brunswick se fixèrent comme objectif raisonnable une entrée en campagne à l'automne. Une assemblée réunissant des princes protestants de l'Empire fut tenue au cours de la seconde quinzaine du mois de juillet 1586 à Lunebourg. Un accord y fut conclu sur la contribution financière de chacun à l'effort de guerre, mais il ne fut pas appliqué. L'action des agents du roi de France, qui faisaient courir dans l'Empire le bruit infondé d'un prochain retour d'Henri de Navarre au catholicisme, ne fut pas sans effet sur cet immobilisme. Ces rumeurs attisèrent la méfiance des électeurs de Saxe et de Brandebourg, qui refusèrent finalement d'intervenir.

Ségur ne se découragea pas pour autant et put compter sur un secrétaire interprète efficace en la personne de Jacques Bongars. Finalement, les huguenots et les Anglais réussirent à rassembler 100 000 écus sans le concours des princes allemands, ce qui permit de débloquer la situation en dépit des fortes tensions personnelles qui minaient toujours les rapports entre Ségur et La Huguerye, chargé de négocier au nom de Jean-Casimir. Les discussions reprirent ainsi à Heidelberg au mois de décembre 1586. Les agents huguenots, les Palatins et Palavicino finirent par trouver un accord le 8 janvier 1587. Trois jours plus tard, à Fridelsheim, les capitulations furent signées au nom du roi de Navarre par ses trois ambassadeurs : Ségur, Clervant et Guitry. Ratifié par le protecteur des Églises réformées le 20 avril, l'accord enfin signé par toutes les parties ne parvint à Heidelberg qu'à la fin du mois de juin 1587, pour être définitivement scellé le 4 juillet.

Les levées de mercenaires furent compliquées à conduire, parce que l'empereur Rodolphe II avait interdit le recrutement de troupes au profit des huguenots. En Suisse, le processus fut considérablement ralenti par les effets de l'alliance perpétuelle de 1521, et les agents du roi de Navarre durent déployer des trésors de diplomatie pour démontrer que l'intervention militaire était destinée à porter secours au roi de France, prisonnier des ligueurs, et non à le combattre. L'extrême tension des relations entre Ségur et La Huguerye, devenu l'homme de confiance de Jean-Casimir depuis la mort de Beutterich le 12 février 1587, constitua un autre obstacle avec lequel il fallut composer. Le 5 août 1587, la revue générale des troupes eut finalement lieu à Quatzenheim, à l'ouest de Strasbourg. L'effectif précis est difficile à établir, mais en croisant les informations données par Michel de La Huguerye avec un état des troupes, un état des vivres nécessaires à leur approvisionnement et les relations produites par divers autres observateurs et protagonistes, il est possible d'aboutir à une estimation fiable[11]. C'est une colonne impressionnante qui entra en France, composée d'environ 16 000 Suisses, entre 6 000 et 8 000 reîtres, 4 000 lansquenets, 2 500 fantassins et 600 cavaliers français conduits par le duc de Bouillon, de 2 000 pionniers, et enfin par une artillerie forte de dix-neuf pièces servies par un personnel dédié. En tout, plus de 30 000 combattants s'avancèrent pour porter secours aux huguenots. On imagine sans peine la terreur que pouvait inspirer cet énorme contingent aux habitants des contrées qu'il s'apprêtait à traverser, l'impression visuelle devenant absolument sidérante si on ajoute à ces hommes de troupe l'ensemble du personnel logistique qui les accompagnait, les chariots traînés par les chevaux et tout le matériel annexe. L'état des vivres dressé en août 1587 faisait ainsi état de l'effectif étourdissant de 49 200 bouches à nourrir et 15 400 chevaux !

Mais cette armée si impressionnante n'était qu'un colosse aux pieds d'argile. Si les reîtres formaient une cavalerie bien équipée, les Suisses étaient en revanche très mal pourvus, à l'exception d'un contingent bernois conduit par un capitaine expérimenté, et les canons étaient trop lourds pour être manœuvrés avec efficacité sur un champ de bataille. Plus ennuyeuse encore fut la division qui régnait au sein de l'état-major. Les exigences de Jean-Casimir et celles du roi de Navarre, défendues par Ségur avec sa détermination ordinaire, aboutirent à une disjonction presque complète de la chaîne de commandement, en dépit de la réunion fréquente d'un conseil de guerre où s'exprimèrent bruyamment les désaccords. Le baron de Dohna, commandant en chef des troupes allemandes et représentant de Jean-Casimir, y côtoyait le jeune Guillaume-Robert de La Marck, duc de Bouillon, désigné par Navarre et qui dirigeait son propre contingent, mais aussi Clervant, qui avait pris la tête des Suisses, ainsi qu'une dizaine d'autres gentilshommes. Ségur n'y figurait pas. Il avait quitté l'armée dès sa mise en route afin de chercher de nouveaux moyens de la financer, lorsque les trois mois de service prévus par les capitulations seraient arrivés à échéance. Cette courte durée d'engagement constitua une autre faiblesse d'une opération qui ne s'annonçait donc pas sous les meilleurs auspices. Le diplomate huguenot était d'ailleurs peu confiant dans ses chances de succès, et il fustigea, dans une lettre adressée à Christoph Pezel, l'avidité des « harpies et sangsues » qui entouraient Jean-Casimir, responsables d'après lui de la plupart des atermoiements préjudiciables à la qualité des troupes et de leurs chefs[12].

Les événements ne tardèrent pas à lui donner raison. Après une progression scandée par les pillages et les dégradations, les reîtres furent lourdement défaits à Vimory le 26 octobre 1587, alors que les Suisses refusèrent le combat contre les troupes du roi de France et négocièrent leur retrait le 4 novembre. Les débris de la grande armée furent mis en déroute peu après à Auneau, où le duc de Guise les anéantit le 24 novembre. Désemparé, Dohna dut capituler le 8 décembre 1587. Cette catastrophe militaire conduisit Ségur à intensifier ses efforts afin de lever une seconde armée. Mais en dépit du déploiement d'un nouveau dispositif diplomatique huguenot particulièrement étoffé, sa démarche finit par échouer. La polémique qui opposa les huguenots et les conseillers de Casimir, qui se renvoyèrent la responsabilité de l'échec à coups d'écrits justificatifs largement diffusés dans l'Empire, mais aussi le décès de Frédéric II de Danemark, qui mourut le 4 avril 1588, contribuèrent puissamment à faire avorter le projet.

La vaste campagne diplomatique entreprise depuis 1583 par les agents huguenots ne fut pourtant pas sans résultat, car l'entrée en campagne de la grande armée eut des répercussions considérables sur le déroulement des opérations militaires dans l'ouest du royaume. Profitant de l'effet de diversion suscité par la progression des mercenaires suisses et allemands, qui mobilisèrent une partie des troupes royales et des forces ligueuses, Henri de Navarre amorça à partir de la Guyenne une remontée vers la Loire ponctuée par la victoire retentissante remportée à Coutras, le 20 octobre 1587, sur les troupes du duc de Joyeuse, qui trouva la mort au cours du combat. Ce succès lui ouvrit le chemin vers le Nord, et la propagande huguenote s'en fit abondamment l'écho. Si la ligue protestante tant espérée n'avait pu voir le jour, les agents réformés n'avaient pas perdu leur temps. Au début de l'année 1588, alors que les relations entre Henri III et la Ligue ne cessaient de s'aigrir, le protecteur des Églises réformées de France était en position de force. Cette percée en direction de la Loire, permise par l'appui des secours étrangers, favorisa à n'en pas douter le rapprochement entre le roi de Navarre et le roi de France lorsque ce dernier se fût émancipé de la Ligue.

15

Le traité de Nantes

Le lundi 3 avril 1589, déguisé en marchand, Philippe Duplessis-Mornay s'introduisit discrètement dans la ville de Tours. À la nuit tombée, il pénétra tout aussi furtivement dans un lieu que les huguenots avaient peu coutume de fréquenter : la vaste cathédrale Saint-Gatien. Il y retrouva Gaspard de Schomberg, afin de conclure avec lui une négociation engagée depuis déjà plusieurs semaines. À la lueur des chandelles, les deux hommes paraphèrent un traité au nom de leurs maîtres, les rois de Navarre et de France. Après presque quatre années de guerre civile, le protecteur des Églises réformées et Henri III venaient de s'associer contre la Ligue. Cette trêve déboucha sur une véritable collaboration militaire entre royaux et huguenots dès le début du mois de mai 1589. L'armée ainsi rassemblée mit le siège devant Paris à l'été 1589, mais un événement aussi dramatique qu'inattendu bouleversa à nouveau la destinée du royaume.

Espoir fugace et déception

Le 1er août en tout début de matinée, alors qu'il avait établi son camp à Saint-Cloud, Henri III reçut la visite de Jacques Clément, un moine dominicain du couvent des Jacobins de Sens. Recommandé par de fausses lettres et un passeport, il avait pu quitter le Paris ligueur assiégé sous prétexte d'une nouvelle de première importance à transmettre au roi de France. Sa qualité de religieux et son aspect chétif ayant désamorcé la méfiance, il fut introduit dans la chambre du monarque qui se trouvait sur sa chaise percée. Alors qu'il s'était approché du roi afin de lui confier une nouvelle annoncée comme confidentielle, il sortit brutalement de sa manche un couteau qu'il planta dans le bas-ventre du souverain. Il fut aussitôt mis à mort par l'entourage et la garde du roi, surpris et horrifiés par la soudaineté de l'attaque. La plaie était si profonde que l'on apercevait les intestins, mais les médecins se voulurent rassurants. Au fil de la journée, l'état du blessé ne cessa toutefois de se dégrader et, peu après deux heures du matin, Henri III rendit l'âme entouré par ses plus fidèles conseillers. Avec lui s'éteignit la dynastie des Valois qui régnait sur la France depuis 1328.

En vertu de la loi salique, Henri de Navarre devint roi de France à l'instant même où son cousin exhala son dernier soupir. Dans la journée du 1er août, dans des termes qui demeurent incertains en raison de la variété des témoignages, le dernier Valois l'avait reconnu comme son légitime successeur et avait demandé à la noblesse catholique modérée, qui l'avait suivi dans la lutte contre la Ligue, de lui être fidèle nonobstant sa religion. La transition se fit donc en douceur et le protecteur des Églises réformées monta sur le trône sous le nom d'Henri IV. Les efforts entrepris depuis de longues années par ses conseillers, et en particulier par Mornay, étaient ainsi couronnés de succès. Un huguenot était roi de France ! L'horizon pouvait sembler enfin dégagé pour les réformés, et leur avenir, si incertain, paraître assuré. Mais rien n'était aussi simple.

Pour les seigneurs catholiques de l'armée royale, l'avènement d'un roi protestant ne fut pas une nouvelle accueillie avec joie. De l'avis d'une partie d'entre eux, le nouveau monarque devait se convertir sur-le-champ, faute de quoi ils feraient défection. Pour d'autres, il était envisageable de se montrer patients, mais dans la perspective d'une conversion à moyen terme. Après avoir pris quelques mesures d'urgence, confirmé les officiers de la Couronne et les secrétaires d'État dans leurs fonctions et reçu leurs protestations de fidélité, Henri IV fut ainsi l'objet d'une demande pressante, formulée collectivement par les capitaines de son armée. Pour conserver leur soutien, il devait promettre de rejoindre le giron de l'Église romaine. Le 4 août, il s'exécuta et publia une déclaration par laquelle il s'engageait à protéger la religion catholique et à se faire instruire dans un délai de six mois.

Le nouveau roi n'avait pas eu le choix, mais son pragmatisme ne lui permit pas pour autant de conserver l'appui de tous les gentilshommes demeurés fidèles à son prédécesseur. Quelques seigneurs parmi les plus notables considérèrent, en effet, le délai annoncé jusqu'à la conversion comme trop important et soupçonnèrent une manœuvre dilatoire. Parmi eux figurait le duc d'Épernon, qui décida de quitter l'armée royale pour se retirer sur ses terres. Dans son sillage, ce ne fut pas moins d'un tiers de l'armée royale qui abandonna le nouveau souverain. Sans aller jusqu'à rejoindre la Ligue, qui reconnut le cardinal Charles de Bourbon, proclamé Charles X, comme légitime roi de France, ces catholiques adoptèrent ainsi une réserve qui affaiblit considérablement le potentiel militaire d'Henri IV.

Ce dernier espérait alors pouvoir compter sur le soutien inconditionnel de la noblesse huguenote, mais là encore, rien ne fut aussi simple. La déclaration du 4 août troubla profondément ses coreligionnaires réformés, qui considéraient avec une angoisse légitime la perspective d'une conversion de leur ancien protecteur. Leur inquiétude, et bientôt leur colère, ne tardèrent pas à se manifester. Le duc de La Trémoille quitta ainsi lui aussi l'armée royale au lendemain de la déclaration, et Turenne mit plus d'un an à la rejoindre. Quant à Mornay, qui cherchait à éviter l'hémorragie, il résuma ainsi le défi qui s'offrait au nouveau monarque : « Gagnez les catholiques, mais ne perdez pas vos huguenots[1]. » Quelques jours plus tard, les députés au synode provincial réuni à Saint-Jean-d'Angély rédigèrent des *Remontrances et plaintes* à l'intention du roi, dans lesquelles ils décrivaient la difficulté de leur condition présente et formulaient leurs inquiétudes pour l'avenir[2]. Ils espéraient ainsi susciter la mise en œuvre d'une politique favorable à l'établissement durable et assuré de la « vraie religion » dans le royaume, ce qui leur semblait d'autant moins illusoire que le monarque auquel ils s'adressaient avait présenté ces mêmes requêtes en leur nom quelques semaines auparavant et qu'ils pouvaient désormais compter sur de puissants relais à la Cour.

Dans l'entourage royal, mixte d'un point de vue confessionnel, les huguenots s'intégrèrent, en effet, aux rouages de l'administration de l'État. Du Pin, ancien secrétaire d'État de Navarre, fut promu intendant des Finances et Antoine de Loménie, un autre ancien membre de la maison de Navarre, devint secrétaire du Cabinet du roi. Son ascension fut telle qu'il se vit même confier provisoirement la garde des sceaux de décembre 1589 à août 1590, en raison de la disgrâce du chancelier Philippe Hurault de Cheverny. Principal conseiller du Protecteur au cours de la dernière décennie, artisan du rapprochement avec Henri III au printemps 1589, Mornay conserva l'oreille attentive de son maître, qui requit très fréquemment ses avis. Après la bataille d'Ivry, le 14 mars 1590, au cours de laquelle il combattit dans le « gros » du roi, il fut le premier huguenot à recevoir un brevet de conseiller d'État. En octobre, ce fut au tour du baron de Rosny, futur duc de Sully, d'être distingué de la sorte, suivi par d'autres parmi leurs plus éminents coreligionnaires. Turenne, qui devint ensuite duc de Bouillon par son mariage avec Charlotte de La Marck en novembre 1591, Nicolas Harlay de Sancy, Lesdiguières, Beauvoir-La Nocle, Jacques Nompar de Caumont-La Force ou encore Philippe de Fresne-Canaye entrèrent également au Conseil des affaires, le plus important parmi les organes de gouvernement, où les réformés étaient même plus nombreux que les catholiques. Mais cette présence massive ne doit pas tromper sur la réalité de l'influence exercée par ces figures de proue du parti huguenot. Car, dans les faits, ils furent très peu assidus aux séances du Conseil, si bien qu'en 1592, seuls Mornay et Sancy siégeaient encore, et à quelques reprises seulement. L'influence huguenote ne cessa ainsi de s'affaiblir dans l'entourage royal, où les catholiques étaient, en revanche, omniprésents et de plus en plus écoutés.

Cette domination se traduisit par des décisions qui contribuèrent fortement à irriter les protestants français. Dans le domaine judiciaire, par exemple, Henri IV décida de mettre fin à l'existence des chambres de justice souveraines qu'il avait lui-même créées en sa qualité de protecteur des Églises. Celle de Saint-Jean-d'Angély, établie depuis le 23 mars 1589, fut ainsi supprimée par arrêt du Conseil privé en novembre. Même si elle continua malgré tout à fonctionner jusqu'au 10 novembre 1590, un édit vint alors mettre un terme définitif à ses activités, en même temps qu'à celles des chambres de Montauban et de Bergerac. Le conseil de justice de Die rendit ses derniers arrêts à la même époque. Ces signaux négatifs firent même envisager à certains membres de la noblesse huguenote la possible désignation d'un nouveau protecteur, un affront inacceptable pour Henri IV qui considérait cette charge comme désormais confondue avec sa dignité royale.

Le roi ne respecta pas sa promesse de conversion dans un délai de six mois. La vigueur de la lutte qu'il devait mener contre la Ligue expliquait en partie cette temporisation. Les catholiques patientèrent, conscients des nécessités du combat armé. La pression huguenote joua aussi un rôle non négligeable. Le roi ne voulait pas perdre le soutien de ses anciens compagnons, dont il avait trop besoin pour mener à bien la reconquête de son royaume. Dans ce contexte particulièrement complexe, Philippe Duplessis-Mornay s'efforça de défendre au mieux les intérêts des siens. Bien que les conseillers catholiques du roi aient mis tout en œuvre pour l'éloigner et affaiblir son influence à la Cour, il occupait de fait, et par la volonté clairement exprimée du monarque, une place de médiateur entre les huguenots et leur ancien protecteur. Pour faire patienter ses coreligionnaires, Mornay usa d'un argument classique qu'il retourna à bon escient : la bonne volonté d'Henri IV à leur endroit était contrariée par ses conseillers catholiques ! Et pour pousser le roi à faire enfin un geste en leur faveur, il lui fit appréhender la perspective d'une révolte huguenote si leur situation ne s'améliorait pas de manière notable, laissant planer la vieille menace de la mise en pratique d'une obéissance conditionnelle. Ses objurgations ne restèrent pas sans effet. Au terme d'un effort assidu, il finit par arracher au souverain la concession de l'édit de Mantes, à l'élaboration duquel il contribua activement. Signé le 4 juillet 1591, il révoquait enfin les édits imposés à Henri III par la Ligue en juillet 1585 et juillet 1588, ainsi que tous les actes qui en étaient résultés, et rétablissait l'édit de Poitiers, concédé en 1577, ainsi que les dispositions prises ensuite à Nérac et au Fleix en 1579 et 1580. Rapidement enregistré par le Parlement fidèle au roi réfugié à Tours, l'édit fut une victoire personnelle pour Mornay, mais sa mauvaise application et, pour ainsi dire, la caducité des clauses des vieux édits qu'il rétablissait, n'améliora guère la condition des réformés, qui demeuraient fort mécontents.

Coup de tonnerre et désolation

Ce sentiment de frustration n'était encore rien par rapport à la désillusion qui les attendait. Au terme de trois années d'une campagne militaire acharnée, Henri IV ne réussit pas à prendre un avantage décisif sur la Ligue, qui conservait la maîtrise de Paris et de plusieurs grandes villes du royaume. En dépit d'un siège particulièrement dur, la capitale demeurait inaccessible, et le duc de Mayenne, chef des ligueurs, convoqua des états généraux destinés à désigner un nouveau roi catholique. Le cardinal de Bourbon, Charles X pour les catholiques intransigeants, était décédé le 8 mai 1590 à Fontenay-le-Comte. Il y vivait en résidence surveillée, sur ordre de son royal neveu. Après sa disparition, les ligueurs déclarèrent la vacance du trône et nommèrent Mayenne lieutenant général de l'État et Couronne de France, dans l'attente d'un successeur légitime. Le projet, soutenu par le roi d'Espagne, était de faire élire l'infante Isabelle-Claire-Eugénie reine de France, en vertu de sa qualité de petite-fille d'Henri II et de plus proche parente du défunt Henri III, au mépris de la loi salique. La menace fut jugée suffisamment sérieuse pour que les conseillers d'Henri IV cherchent à parer le coup.

Les états ligueurs s'ouvrirent à Paris le 26 janvier 1593, et le péril se précisa. Mais lors de cette assemblée, seuls les ligueurs les plus extrémistes défendirent réellement l'option d'une élection de l'infante, alors que la majorité des députés hésitait encore à se dresser contre les lois fondamentales. Une rencontre avec les catholiques royaux se tint à Suresnes, non loin de la capitale, entre le 29 avril et le 17 mai 1593, et au terme de ces discussions, l'archevêque de Bourges, Renaud de Beaune, prélat fidèle à Henri IV, annonça l'intention du roi de se convertir. Dans le ciel déjà orageux qui persistait à obscurcir l'avenir de la minorité réformée, cette nouvelle résonna comme un coup de tonnerre. Quelques pragmatiques, tels Rosny et Sancy, avaient compris que le roi n'avait pas le choix. La reconquête de son royaume et l'affermissement de son autorité demeureraient illusoires s'il restait fidèle à la foi calviniste. Mais la grande majorité des huguenots ne partageait pas cette vision réaliste d'un acte qui la scandalisa et l'affecta profondément. Mornay lui-même, pourtant réputé pour sa lucidité politique, ne pouvait accepter la conversion du roi. Pendant des mois, lorsque la perspective d'un changement de religion s'était précisée, il avait lutté pour convaincre son maître de résister à la tentation. Les pasteurs de la Cour se montrèrent également pugnaces. Gabriel d'Amours et Antoine de La Faye allèrent même jusqu'à menacer le roi du jugement divin et, depuis Genève, Théodore de Bèze rédigea une longue lettre afin d'exhorter Henri IV à persévérer dans sa foi, selon l'exemple biblique de David[3]. D'autres encore, comme Jean de L'Espine, l'engagèrent vigoureusement à la fermeté, et Agrippa d'Aubigné lui prédit les pires calamités s'il venait à trahir Dieu. Le synode provincial de Saint-Jean-d'Angély, réuni le 6 juillet, vit dans la décision du roi une manifestation de la colère de Dieu, qui s'abattait sur lui en raison de ses vices et de ses mœurs jugées dissolues. Gabrielle d'Estrées, sa maîtresse, était accusée de l'avoir poussé vers l'idolâtrie. Dans nombre d'autres lettres, qui circulaient alors au cœur de la nébuleuse huguenote, ce n'étaient que lamentations et colère. L'inquiétude qui tenaillait les réformés français depuis la déclaration du 4 août 1589 se mua en désolation.

Ces démarches désespérées n'eurent aucun effet sur le monarque, dont la décision était irréversible. Rapidement instruit par les évêques les 23 et 24 juillet 1593, Henri IV se convertit au catholicisme le 25 juillet à Saint-Denis, sans qu'aucune conférence théologique contradictoire, longtemps espérée par les huguenots, ait été organisée. La raison d'État avait pris le pas sur toute autre considération. Une fois le « saut périlleux[4] » accompli par celui qu'il servait assidûment depuis plus de quinze ans et qu'il avait imaginé comme le promoteur, désigné par la Providence, de la cause réformée, Mornay évoqua une « captivité spirituelle et temporelle » et se déclara « percé jusques à l'âme ». Il craignait que le roi ne fût désormais abandonné par Dieu, qui avait selon lui autorisé ses succès passés. Dix-sept mois plus tard, le 27 décembre 1594, lorsque Henri IV échappa de peu à la tentative d'assassinat de Jean Chastel, dont le couteau lui écorcha seulement la bouche, bien des réformés interprétèrent cette agression comme une manifestation de cette colère divine, comme un ultime avertissement lancé à l'apostat. Tel fut le cas de Mornay, mais aussi d'Agrippa d'Aubigné qui écrivit au roi, avec son éloquence ordinaire : « Sire, vous n'avez encore renoncé Dieu que des lèvres, il s'est contenté de les percer ; mais quand vous le renoncerez du cœur, il vous percera le cœur. » La conversion du roi engendra ainsi un vrai refroidissement de ses relations avec certains de ses plus fidèles, et Mornay lui-même se sentait désormais moins proche de lui. Un vent glacial soufflait sur le lien, devenu fragile, entre Henri IV et le parti huguenot.

En quête d'un statut légal

La consternation qui les tenaillait ne paralysa pas pour autant les plus ardents défenseurs de la cause réformée. Alors qu'ils prônaient depuis plus de trente ans l'idée d'une disjonction entre la fidélité due au roi et la foi professée, il était pour eux plus que jamais vital de réaffirmer leur soumission à l'autorité royale, sans pour autant renoncer à leurs requêtes. Dans ces circonstances, Mornay s'affirma encore et toujours comme leur porte-parole. Avec détermination, il exhorta encore plus vigoureusement qu'auparavant le roi, désormais catholique, à assurer l'avenir de ses anciens compagnons. En août 1593, il rédigea une *Lettre au roi*, vibrant plaidoyer fondé sur le rappel des liens anciens qui unissaient le souverain à ses sujets réformés qui avaient « cet honneur de se voir pour roi celui qu'ils avaient eu l'honneur d'avoir pour protecteur ». Il déplorait qu'en dépit de cette relation privilégiée, leur situation n'ait fait qu'empirer depuis l'avènement d'Henri IV. Ils avaient maintenant « à se plaindre qu'au bout de quatre années, Votre Majesté ne leur aurait seulement ôté la corde au cou ». Alors qu'ils avaient répandu avec prodigalité leur sang pour son service, ils étaient bien mal récompensés. Et là s'exprimait leur angoisse. Ce que le roi n'avait pas fait pour eux quand il était encore protestant, comment pouvaient-ils espérer qu'il l'accomplirait maintenant qu'il était catholique ? Stimulé par ses conseillers papistes, ne pouvait-il désormais se retourner contre eux ? Le pape, avec lequel il lui fallait se réconcilier, n'exigerait-il pas de lui qu'il fasse la guerre à l'hérésie ? Mornay s'efforça non seulement de stimuler la bienveillance du roi, mais surtout de l'alarmer. Pour parer à toute tentation séditieuse dictée par le désespoir, Henri IV devait agir.

> Sire, lui écrivait-il, voulez-vous bien leur ôter l'envie d'un protecteur ? Ôtez-en la nécessité ; soyez-le donc vous-même ; continuez dessus eux ce premier soin, cette première affection. Prévenez leurs supplications par un plein mouvement ; leurs justes demandes par un volontaire octroi des choses nécessaires. Quand ils connaîtront que vous aurez soin d'eux, ils n'en auront plus d'eux-mêmes. [...] Vous savez ce qui leur nuit, ce qui leur duit, les requêtes que vous présentiez pour eux aux rois prédécesseurs, pour leur liberté, leur sûreté, leur dignité, rapportez-les à vous-même. Elles n'ont certes depuis ce

> temps rien rabattu de leur droiture [...] [Vous] pouvez et rapporter et appointer leurs justes plaintes ; en être, sans autres députés, et avec plus de gré, le juge, si vous voulez, et l'avocat, l'impétrant et l'octroyant ensemble[5].

On n'aurait su mieux résumer les attentes des huguenots à l'égard du roi. Ce dont les réformés criaient la nécessité, c'était d'obtenir un statut légal.

L'occasion de satisfaire cette requête serait peut-être donnée à Henri IV lors d'une assemblée qu'il avait lui-même convoquée avant sa conversion. Initialement, elle devait réunir des députés catholiques et réformés afin de soutenir le roi, désormais converti, face à la détermination des ligueurs les plus intransigeants à ne pas reconnaître sa légitimité. Mais un arrêt rendu en juin par le Parlement ligueur en faveur du respect de la loi salique lui avait ôté sa raison d'être. Les députés catholiques furent donc décommandés, et seule l'influence de Mornay permit que les députés réformés ne fussent pas renvoyés à leur tour. Prévue pour être mixte, cette réunion se mua ainsi en une véritable assemblée politique huguenote, la première depuis celle de La Rochelle en 1588. Afin de procéder à la désignation des députés appelés à siéger, une partie du système politique huguenot, entré en sommeil depuis l'avènement d'Henri IV, se réveilla. Si l'on excepte le haut Languedoc, où la réunion périodique d'assemblées provinciales s'était poursuivie et où l'activité des réformés du diocèse de Castres était demeurée soutenue, il semble que le fonctionnement des institutions politiques se soit interrompu en bas Languedoc, en Dauphiné et en Rouergue. S'agit-il d'un effet d'optique, dû à la raréfaction de la documentation ? Toujours est-il que cette parenthèse se referma durant l'été 1593. Des assemblées provinciales se tinrent en Languedoc et en Dauphiné, alors que partout ailleurs, les assemblées ecclésiastiques de colloque furent mobilisées afin de désigner les députés. Et c'est d'ailleurs un pasteur, Louis Esnard, qui fut élu pour présider l'assemblée qui s'ouvrit à Mantes le 8 novembre 1593. Après avoir rédigé un cahier de doléances en cent quatre articles, les députés se rendirent auprès du roi, qui les reçut avec chaleur le 12 décembre et leur promit de considérer leurs plaintes. Une commission mixte fut nommée afin de formuler la réponse royale. Mornay et Calignon y représentèrent les intérêts huguenots.

Mais en dépit de leurs efforts, les propositions présentées au nom du monarque furent si restrictives que l'assemblée les repoussa. Alors que les réformés demandaient l'octroi de la liberté totale de culte dans tout le royaume, la concession de chambres mi-parties dans les parlements, l'accès à tous états, dignités et offices et la garde de très nombreuses places fortes[6], les concessions royales ne consistèrent qu'en quelques extensions de l'édit de Mantes[7]. Une nouvelle délégation fut alors expédiée auprès du roi, qui se montra inflexible, mais autorisa néanmoins ses sujets réformés à se réunir à nouveau lors d'une future assemblée générale. Avant de se séparer, le 23 janvier 1594, les députés prêtèrent un serment d'union, accomplissant ainsi un geste dont la portée menaçante n'échappait à personne.

Cette assemblée de Mantes marqua un tournant majeur dans les relations entre les huguenots et Henri IV. La rédaction du cahier et sa présentation au roi engagèrent un dialogue fondé sur la base d'un corpus de demandes destiné à ne varier qu'à la marge au cours des années suivantes. Ainsi débuta un long processus qui connut de multiples rebondissements, dans un climat de tension lié à la fois au contexte difficile d'un royaume qui n'était pas encore pacifié et à la montée en pression des réformés, dont la patience fut mise à rude épreuve. Et la première occasion de manifester leur mécontentement survint peu après la clôture de l'assemblée de Mantes. À la suite du sacre du roi à Chartres, le 27 février 1594, les nobles ligueurs commencèrent à se rallier au monarque, dont la catholicité ne semblait plus faire de doute. Mais ces retours à l'obéissance ne furent pas sans conditions. Les plus éminents parmi les chefs de la Ligue, désormais fortement affaiblie, négocièrent leur reddition au prix fort. Gouvernements, charges diverses et gratifications aux montants astronomiques leur furent libéralement concédés par Henri IV, qui tenait à mettre un terme, le plus rapidement possible, aux guerres civiles. Cette générosité à l'égard de ses ennemis de la veille ulcéra les huguenots qui peinaient à obtenir la moindre concession, alors qu'ils étaient toujours demeurés fidèles. Pire encore, les traités conclus avec les ligueurs ralliés contenaient invariablement des clauses qui prévoyaient l'interdiction du culte réformé dans un périmètre plus ou moins vaste autour des zones fraîchement soumises. Et ainsi, au lieu de s'améliorer, la situation des huguenots ne cessait de se dégrader.

Face à cette conjoncture périlleuse, les plus influents parmi les membres de la noblesse réformée tentèrent d'actionner leurs réseaux, en particulier auprès des puissances étrangères. Sur le plan diplomatique, ils disposaient encore d'importants leviers, en grande partie parce que le roi avait choisi de s'appuyer sur quelques-uns de ses plus anciens serviteurs afin de consolider ses relations avec les puissances protestantes. Beauvoir-La Nocle, dont le rôle politique était déjà attesté du temps de Coligny et qui avait échappé de justesse à la Saint-Barthélemy, avait ainsi été nommé ambassadeur de France en Angleterre le 12 février 1590. À Londres, il s'appuya notamment sur le pasteur de l'Église française, Robert Le Maçon de La Fontaine, actif lui aussi depuis longtemps au profit de la cause huguenote et qu'il considérait ouvertement comme son secrétaire. Aux Provinces-Unies, c'est Paul Choart de Buzenval, membre du réseau international protestant depuis de nombreuses années, qui fut nommé ambassadeur de France le 18 mai 1592, après avoir exercé cette fonction sans en avoir le titre depuis 1590. Judicieusement sollicitées par l'intermédiaire de ces éminents relais, les puissances amies pourraient peut-être intercéder auprès du roi en faveur de ses sujets réformés. Mornay et Bouillon s'activèrent afin d'obtenir ces soutiens et intervinrent aussi auprès des ambassadeurs anglais et néerlandais en poste en France, mais ils avaient pleinement conscience de l'impact limité de cette nouvelle campagne de sensibilisation au sort de leurs coreligionnaires.

Le seul véritable moyen de pression des réformés français résidait dans leur capacité à faire bloc et à imposer au roi l'engagement d'une véritable négociation. Tel fut l'objectif que s'assignèrent les députés huguenots présents à Sainte-Foy, où se réunit, du 18 au 31 juillet 1594, l'assemblée politique autorisée par Henri IV quelques mois plus tôt. Afin de montrer leur détermination à ne rien céder, ils réactivèrent officiellement la structure politique et militaire du parti qui avait été mise en sommeil à l'avènement de leur ancien protecteur[8]. Et avant de se séparer, ils désignèrent deux des leurs afin de soumettre à nouveau au roi les demandes qui avaient été formulées dans le cahier de Mantes. Leur choix se porta sur un avocat languedocien nommé Texier et sur Pierre de Chouppes, capitaine d'une grande bravoure qui avait sauvé Henri en fort mauvaise posture lors de la prise de Cahors, en 1580. Le souvenir de ce fait d'armes partagé et celui des multiples services rendus par ce fidèle parmi les fidèles n'émurent pourtant pas le roi, qui n'hésita pas à faire patienter les deux émissaires pendant trois mois avant de daigner les recevoir ! Et lorsque enfin il leur donna audience, il s'adressa à eux avec froideur, pour leur annoncer qu'il ne pouvait accéder à leur requête.

Mornay, qui assista à cette entrevue, avait bien conscience du risque que faisait courir l'extrême fermeté d'Henri IV, dont la préoccupation était d'éviter d'enrayer la mécanique du ralliement des ligueurs par l'expression d'une trop grande faveur à l'égard des huguenots. Afin d'atténuer leur mécontentement, l'habile conseiller réussit à obtenir du roi l'autorisation de tenir une nouvelle assemblée politique à Saumur, dont il était le gouverneur depuis avril 1589. La session s'ouvrit le 24 février 1595, finalement en l'absence de Mornay, retenu à Ancenis par une importante négociation. Les débats furent houleux et le mécontentement à l'égard du monarque s'y exprima sans réserve, au point que les députés prirent des mesures qui les faisaient entrer dans l'illégalité. Désormais, les conseils provinciaux pouvaient autoriser les gouverneurs à se saisir des deniers entre les mains des receveurs royaux si l'entretien des garnisons de leurs places fortes le requérait. Quant aux dîmes et autres revenus ecclésiastiques, ils pouvaient être confisqués afin de subvenir au paiement des pasteurs. Avec quelques autres dispositions audacieuses, ces décisions étaient de nature à irriter encore davantage le roi. Comme toujours, revenu à Saumur à la veille de la clôture de l'assemblée, Mornay s'efforça de modérer les termes des remontrances qui devaient être présentées à la Cour[9]. Les émissaires mandatés par l'assemblée, Odet de La Noue et Pierre de La Primaudaye, n'en furent pas moins porteurs d'une demande nouvelle qui ne manqua pas d'alourdir l'atmosphère entre les huguenots et leur ancien protecteur. Pour la première fois, ils réclamèrent qu'un édit entièrement nouveau soit dressé à leur profit[10].

Il devrait autoriser l'exercice du culte réformé dans tout le royaume, instituer l'entretien des pasteurs sur les deniers publics ou par la retenue des dîmes et autres revenus ecclésiastiques, décider de l'établissement de chambres mi-parties dans tous les parlements, décréter l'admission des huguenots à toutes les charges, dignités et offices, et enfin concéder la conservation de toutes les places fortes demeurées sous contrôle huguenot, avec entretien de garnisons suffisantes aux frais du roi. Et pour adoucir quelque peu le ton très revendicatif de leur cahier, les députés réaffirmèrent leur foi en la bonne volonté du roi, attribuant leur malheur à l'influence de ses mauvais conseillers catholiques qui lui cachaient délibérément la misère de leur condition. Convenu, l'argument était éculé. Reçus en septembre par Henri IV à Lyon, La Noue et La Primaudaye remplirent fidèlement leur office, prononçant une harangue que les réformés firent imprimer afin de lui donner davantage de publicité[11]. Toujours aussi inflexible, le monarque leur opposa un refus catégorique. Plus que jamais, la relation entre les huguenots et le roi s'enfonçait dans une impasse d'autant plus étroite que de nouveaux rebondissements vinrent encore jeter de l'huile sur le feu.

Le 30 août 1595, avant que les députés réformés aient pu rencontrer le roi, le pape Clément VIII annonça son intention d'accorder l'absolution à Henri IV. La cérémonie eut lieu le 17 septembre 1595. Place Saint-Pierre, en présence de toute la Curie, Du Perron et d'Ossat abjurèrent solennellement l'hérésie au nom du roi et prirent des engagements, parmi lesquels figurait l'obligation pour le roi de faire élever le jeune prince de Condé, alors légitime héritier du trône, dans la religion romaine, mais aussi de rétablir le catholicisme en Béarn, de publier le concile de Trente, de ne nommer aucun hérétique aux bénéfices, d'observer les concordats, de respecter le clergé et de favoriser les catholiques. Alors que le roi venait de repousser toutes leurs demandes, les réformés apprirent ces nouvelles avec consternation. Et comme pour accentuer encore leur désarroi, les ducs de Mayenne et d'Épernon firent leur soumission au début de l'année 1596, obtenant à leur tour d'avantageuses concessions, parfois au détriment des huguenots, dont la situation ne cessait d'empirer. Toutes les conditions d'une crise étaient désormais réunies.

Le bras de fer

L'assemblée de Saumur avait pris une décision d'importance : désormais, les députés ordinairement élus devraient se fortifier de la présence des principaux personnages du parti qui seraient appelés à signer les requêtes adressées au roi, afin de les autoriser davantage. Cette pratique aboutit à la tenue d'assemblées élargies où les membres de la grande noblesse huguenote furent admis à siéger sans avoir reçu de mandat. À compter de l'assemblée politique qui s'ouvrit à Loudun le 1er avril 1596, la présence nobiliaire devint de plus en plus massive et donna un caractère plus martial aux débats. Une semaine seulement après être entrée en matière, l'assemblée décida d'envoyer Marc Vulson auprès du roi, afin de lui demander une nouvelle fois de bien vouloir concéder un nouvel édit à ses sujets réformés[12]. Présent à Loudun, Mornay comprit que l'air du temps n'était plus à la patience. À son ami le pasteur La Fontaine, il décrivit avec lucidité l'état d'esprit de ses coreligionnaires :

> En vain leur prêche-t-on patience. Ils répliquent qu'ils l'ont eue en vain, qu'il y a sept ans que le roi règne, que leur condition empire tous les jours, qu'on fait pour la Ligue tout ce qu'elle veut, que la Cour ni les cours ne leur refusent rien [...]. Au moins, disent-ils, après avoir tué le veau gras pour eux, qu'on ne nous laisse pas la corde au col pour salaire de notre fidélité. [...] Je m'y trouve empêché, et ai averti le roi qu'il est temps qu'il y pourvoie et que ces cures palliatives de paroles, de remises, de promesses n'y peuvent plus rien. Et c'est en somme la vérité. [...] On se fonde trop sur notre patience, laquelle par tant d'injustices et dénis de justice pourrait changer[13].

Sourd aux conseils et autres avertissements, Henri IV resta pourtant fidèle à sa ligne de conduite. En présence de Vulson, qu'il reçut le 10 mai 1596 alors qu'il assiégeait La Fère, en Picardie, il formula une réponse sèche agrémentée d'un ordre de dissolution immédiat de l'assemblée de Loudun.

Pour les députés huguenots, qui apprirent la nouvelle le 24 mai, c'était la goutte d'eau qui faisait déborder le vase. En quelques jours, ils prirent une série de mesures d'urgence, dans les domaines militaire et financier, destinées à assurer, envers et contre tout, les positions de leur parti. Des lettres furent expédiées en ce sens à toutes les Églises du royaume ainsi qu'à de nombreux gentilshommes, et Odet de La Noue, qui présidait l'assemblée, adressa en son nom une lettre au roi, empreinte d'une grande fermeté, qui s'achevait par un avertissement formulé sur un ton menaçant : « Aussi s'est-on résolu de subir plutôt mille guerres et mille maux que de relâcher un seul point de ce qui est absolument nécessaire à la conservation générale des Églises[14]. » En d'autres termes, soit un nouvel édit était dressé, soit la reprise de la guerre civile était inévitable.

Alors que la rupture entre les deux parties aux visions apparemment irréconciliables semblait inéluctable, Mornay fit une ultime tentative. S'adressant au roi, il réussit à le convaincre d'envoyer à Loudun deux commissaires chargés de trouver un terrain d'entente. Le 22 juillet, ce furent un catholique, Méry de Vic, et un réformé, Soffrey de Calignon, qui se présentèrent devant l'assemblée. Il fallut encore quelques allées et venues entre Loudun et la Cour pour que le principe de la rédaction d'un nouvel édit soit difficilement entériné à la mi-septembre par Henri IV, qui perdit alors la première manche d'un bras de fer qui ne faisait que débuter. Car désormais, c'était sur le contenu de cette loi, destinée à régler le statut des réformés dans le royaume de France, qu'il allait falloir s'accorder. L'affaire promettait d'être épineuse.

Afin d'affronter de manière efficace et unie la période de négociations qui s'ouvrait, les députés huguenots décidèrent de ne plus se séparer jusqu'à ce que l'édit soit signé. Au cours des mois qui suivirent, l'assemblée devint itinérante, quittant Loudun pour s'établir à Vendôme, avant de retourner à Saumur et d'achever son périple à Châtellerault. À géométrie variable, en fonction de la présence épisodique des gentilshommes venus la renforcer, cette assemblée permanente négocia pied à pied avec le roi et ses conseillers, par l'entremise des commissaires désignés par le monarque. Finalement, ils étaient au nombre de quatre, depuis que Jacques-Auguste de Thou et Gaspard de Schomberg étaient venus se joindre à Vic et Calignon. Mais au lieu de connaître l'accélération tant espérée, les pourparlers s'enlisèrent. Les multiples allées et venues des commissaires entre l'assemblée et la Cour, parfois en compagnie d'émissaires huguenots, ne débouchèrent que sur des avancées mineures, tant le roi se montrait réticent à satisfaire les demandes formulées dans le cahier qui lui avait été remis par ses sujets réformés. Peu à peu, le ton monta même entre députés et commissaires et, en février 1597 à Vendôme, Méry de Vic s'emporta, répliquant avec aigreur sur un ton menaçant à l'entêtement de ses interlocuteurs. La saisie des deniers royaux, à laquelle les réformés n'hésitaient pas à se livrer en certains lieux afin de financer la solde de leurs garnisons, contribua aussi à attiser le mécontentement du roi qui qualifia leur comportement de « pure désobéissance » et assimila l'attitude de ses sujets protestants à celle d'un « parti déjà tout déclaré à lui faire la guerre[15] ».

Alors que la négociation semblait sans issue, c'est précisément d'un événement militaire que jaillit la solution. Le 11 mars 1597, en plein jour, des Espagnols déguisés en paysans venus vendre des noix s'introduisirent dans la ville d'Amiens et s'emparèrent de la place mal défendue. À Paris, la nouvelle apprise dans la nuit du 11 au 12 mars retentit comme un coup de tonnerre. La capitale était menacée. Pour reprendre la cité picarde, le roi avait besoin de l'appui de toute sa noblesse. Il dépêcha alors Robert de Harlay, baron de Montglas, vers l'assemblée désormais établie à Saumur. Le 19 mars, l'émissaire délivra aux députés une lettre, dans laquelle Henri IV appelait les réformés à oublier leurs demandes, à se contenter des concessions qui leur avaient déjà été faites et à voler à son secours[16]. Cruel dilemme pour les députés, en particulier pour les membres de la noblesse militaire, que d'avoir à choisir entre le service du roi et l'affermissement de la « vraie religion » dans le royaume. Et à la grande surprise de leur ancien protecteur, les huguenots firent preuve de la plus grande fermeté. Dans une longue lettre, ils déplorèrent le malheur qui frappait l'État, affirmèrent qu'il était naturel que tout bon sujet porte assistance au roi, mais déclarèrent néanmoins qu'il leur était impossible d'abandonner leurs justes demandes pour le rejoindre devant Amiens : « Nous ne pouvons faire service à Votre Majesté si nous ne sommes, si nous ne subsistons. Or ne pouvons ni être ni subsister si nous demeurons astreints aux dures conditions qu'on nous veut faire recevoir », écrivirent-ils, convaincus que leurs ennemis ne tarderaient pas de les « opprimer sans délai si par Votre Majesté nous ne sommes pourvus des choses nécessaires à notre conservation ». Le message adressé au roi s'apparentait fort à du chantage. Il ne recevrait plus aucune aide militaire de la part des réformés aussi longtemps qu'il refuserait de répondre favorablement à leurs demandes, déjà tant de fois réitérées. « Que le roi nous donne loi sous laquelle nous puissions vivre, et vivre avec honneur, concluaient-ils, et nous répondrons hardiment pour tous ceux de la religion qu'ils ne se démentiront jamais de la fidèle obéissance qu'ils lui doivent et n'auront rien plus à cœur que de courir tous sacrifier leurs vies aux pieds de Votre Majesté contre l'ennemi commun de cet État[17]. » Selon certains témoignages impossibles à vérifier, certains membres de la grande noblesse huguenote auraient même suggéré de profiter de la faiblesse du roi pour prendre les armes et lui arracher l'édit par la force !

Au cours des semaines qui suivirent, malgré les appels répétés et parfois suppliants d'Henri IV, les réformés ne cédèrent pas. C'est afin de débloquer la situation que Gaspard de Schomberg se rendit à Châtellerault, où l'assemblée s'était transportée. Le 25 juillet 1597, au terme de brèves négociations, le commissaire royal tomba d'accord avec une délégation formée de Bouillon, La Trémoille, Parabère, La Noue et d'Aubigné. Un texte en vingt-trois articles, concédés sous réserve de l'agrément définitif du roi, emporta ainsi l'assentiment de l'assemblée. Il faut dire que Schomberg y avait fait preuve d'une grande libéralité, satisfaisant presque à toutes les demandes réitérées par les huguenots depuis près de quatre ans. Aux yeux de Mornay, toujours convaincu de l'action bénéfique de la Providence divine au profit du peuple élu, « les plaies d'Égypte » avaient « dompté l'obstination » des conseillers du roi[18], mais dans l'esprit de Schomberg, c'est le pragmatisme qui avait prévalu, à la fois pour prévenir une prise d'armes huguenote et pour permettre à Henri IV de bénéficier de l'appui militaire de ses sujets réformés sous les murs d'Amiens. De ce point de vue, ce fut un échec, car la ville finit par tomber sans leur concours le 19 septembre 1597.

Bien que furieux contre la noblesse huguenote qui avait fait passer la défense de la cause réformée avant l'intérêt supérieur du royaume menacé par l'ennemi étranger, Henri IV ratifia la quasi-totalité des concessions faites par Schomberg. Il voulait en finir, mais alors que l'on semblait toucher au but, les négociations s'enlisèrent une nouvelle fois. Toujours aussi pugnaces, les députés réformés insistèrent sur quelques-unes de leurs demandes non encore satisfaites, notamment dans le domaine de la justice et des sûretés. Plusieurs raisons justifièrent alors la détermination du roi et de son Conseil à ne plus rien céder. Il s'agissait d'abord de ne pas provoquer la colère des catholiques ralliés et du pape, en se montrant trop libéral à l'égard des protestants, mais il était aussi question de ne rien accorder qui pût menacer d'entraver par la suite le pouvoir du monarque. Les commissaires royaux eurent bien du mal à faire accepter ces limites aux députés huguenots, dont l'intransigeance ne put cette fois-ci aboutir qu'à quelques menues concessions complémentaires. À la fin du mois de février, tout semblait bouclé.

La signature de l'édit

Le 25 février 1598, un petit groupe de cavaliers quitta Châtellerault pour aller à la rencontre du roi, avec « plein pouvoir pour traiter et conclure[19] ». Les quatre hommes choisis pour cette mission délicate figuraient parmi les membres les plus fiables de la classe politique huguenote. Témoignage de la porosité qui s'était installée entre les systèmes politique et ecclésiastique, le théologien Daniel Chamier était sans aucun doute le plus connu d'entre eux. Pasteur de Montélimar, député de la province de Dauphiné à toutes les assemblées politiques qui s'étaient tenues depuis 1596, il se distinguait par sa détermination passionnée. Venaient ensuite deux nobles d'épée, dont l'engagement était tout aussi résolu. Jacques de Constans était gouverneur de Marans, une petite place sise aux portes de la province d'Aunis. Réputé pour sa grande fermeté, il avait lui aussi participé très activement aux tractations. Jean Du Puy, baron de Cazes, était quant à lui originaire de Castillon, en Guyenne. Depuis 1594, il avait siégé dans presque toutes les assemblées politiques huguenotes. Comme Constans, il était titulaire d'une charge de gentilhomme ordinaire de la chambre du roi. Enfin, Nicolas Grimoult, seigneur de La Mothe, appartenait à la noblesse de robe. Ses compétences en matière juridique avaient été précieuses au cours des années précédentes, pour la rédaction de documents utilisés dans la conduite du dialogue avec la monarchie.

À Angers, où ils rejoignirent la Cour, les quatre hommes remplirent leur office avant de se transporter à Nantes quelques jours avant le roi, qui y fit son entrée solennelle, par la porte Saint-Pierre, le lundi 13 avril à dix-huit heures. Quel était alors l'état exact des négociations entre le Conseil et les émissaires huguenots ? La réponse à cette interrogation reste délicate à formuler. On a cru pendant longtemps que le monarque avait signé le fameux édit dès son arrivée dans la capitale bretonne. Cette hypothèse était notamment accréditée par Jacques-Auguste de Thou, qui avait participé au processus d'élaboration du texte en sa qualité de commissaire désigné par le monarque et était présent à la Cour. Témoin direct des événements, il affirme dans son *Histoire universelle* que l'acte fut scellé le jour même de l'entrée du roi à Nantes, pour ainsi dire à sa descente de cheval. Au fil des siècles, l'immense majorité des historiens s'est d'abord aveuglement fiée à cette assertion, avant que quelques voix discordantes ne s'élèvent. Les grandes lettres patentes n'étaient, en effet, datées que du mois et du millésime, sans mention du quantième, ce qui a souvent rendu difficile la détermination précise du jour auquel elles avaient été données. Les études les plus récentes ont finalement choisi de repousser la conclusion de l'acte à la toute fin du mois, le 30 avril.

Un tel flou peut paraître étonnant, alors que la signature de l'édit de Nantes est perçue comme un événement majeur de l'histoire de France. Mais il faut, pour mieux comprendre les causes d'un tel flottement chronologique, considérer tout à la fois le contexte particulier qui présida à la mise au point du texte de cet édit et le processus ordinaire de validation d'un acte royal d'une telle importance. En ce milieu du mois d'avril, la conclusion de la paix religieuse n'était pas la seule préoccupation d'Henri IV. À un peu plus de 500 kilomètres de Nantes, en Picardie, se déroulaient dans la petite ville de Vervins d'autres négociations de grande conséquence. Les représentants du roi, Bellièvre et Sillery, y discutaient depuis février avec Jean-Baptiste de Taxis, mandaté par Philippe II. Il s'agissait de s'accorder sur les clauses d'un traité de paix destiné à mettre un terme à la guerre ouverte que se livraient la France et l'Espagne depuis janvier 1595. Or, avant de conclure, le roi se devait d'entendre l'avis de ses alliés, l'Angleterre et les Provinces-Unies, dont les ambassadeurs l'avaient rejoint à Angers avant de le suivre à Nantes. Robert Cecil représentait Élisabeth Ire, alors que Johan van Oldenbarnevelt et Justin de Nassau incarnaient la république calviniste. Les discussions étaient tendues, non seulement parce que les tractations avec l'Espagne avaient été quasiment menées à leur terme avant même qu'Henri IV ait consulté ses partenaires, ce qui avait suscité chez eux un mécontentement légitime, mais aussi parce que ces derniers auraient préféré poursuivre la guerre afin d'affaiblir encore davantage l'ennemi commun. Fort occupé par ces entretiens conduits dans un climat pesant et par les rapports qui lui parvenaient de Vervins, le roi était probablement moins disposé à se consacrer aux ultimes détails qui demeuraient à régler avec ses sujets protestants.

Pendant ce temps, ses conseillers travaillaient à la rédaction du texte de l'édit. Tout porte à croire que les derniers arbitrages furent rendus avant même l'arrivée du roi à Nantes. Le 16 mars, le baron de Cazes revint à Châtellerault, mandaté par ses collègues demeurés à Angers, afin d'obtenir de l'assemblée huguenote la validation des négociations récemment conduites avec la Cour[20]. À son retour, l'accord final put, semble-t-il, être validé par le Conseil, sans doute le 25 mars dans l'après-midi si l'on en croit Philippe Duplessis-Mornay[21]. Le lendemain, le secrétaire d'État Villeroy informa, lui aussi, ses correspondants de l'achèvement des tractations[22]. Pourtant, les huguenots assemblés à Châtellerault ne paraissaient pas totalement satisfaits. Le 30 mars, ils décidèrent encore de demander à leurs députés à la Cour d'insister sur quelques détails « nécessaires[23] ». Même si l'accord n'était donc peut-être pas aussi absolu que le rapportent Mornay et Villeroy, les grands principes n'en étaient toutefois pas moins définis. On travaillait aussi, en parallèle, à dresser l'état des garnisons dont la garde serait concédée aux réformés, un point essentiel à leurs yeux. À quel rythme les derniers désaccords purent-ils être résolus ? On ne peut le déterminer, mais le roi se réjouit, le 2 avril, de la conclusion des négociations avec les députés de Châtellerault. Julien de Beaurepaire, seigneur de Pierrefitte, lieutenant du gouverneur de Saumur, put écrire à Madame de Mornay, le 13 avril, que « notre édit est conclu[24] ». L'état des garnisons était-il alors lui aussi définitivement établi ? On l'ignore, mais il est probable que les lettres du baron de Cazes et de ses collègues, datées des 11 et 22 avril, dont le procès-verbal de l'assemblée mentionne la réception sans en révéler le contenu, contenaient la description des ultimes ajustements[25].

On est mieux renseigné sur le processus de mise en forme du texte final. Guichard Déageant, secrétaire des commissaires nommés par le roi pour conclure l'édit, affirme que l'un d'entre eux, Soffrey de Calignon, eut pour tâche d'en dresser les articles et que Pierre Forget de Fresnes, secrétaire d'État en charge des affaires de la confession réformée, en rédigea le préambule avec l'appui de Pierre Vassault, son principal commis[26]. Bien qu'il amplifie sans doute un peu le rôle de Calignon, auquel il devait sa carrière, Déageant donne des indications d'autant plus précieuses qu'il n'existe aucun autre témoignage relatif à ce processus de rédaction qui s'acheva nécessairement par la copie calligraphiée du texte sur parchemin, réalisée par un clerc ou un commis. Une fois ce travail mené à bien, quel qu'ait été le jour précis de son achèvement, il ne restait plus qu'à attendre le bon vouloir du roi, dont tout porte à penser qu'il donna sa signature le 30 avril 1598, soit dix-sept jours après son entrée à Nantes.

Pourquoi le roi attendit-il si longtemps, alors que les clauses principales semblent avoir été arrêtées avant même son arrivée dans la ville ? Il est fort probable, comme l'affirma plus tard Agrippa d'Aubigné, que le roi souhaitait octroyer à ses sujets réformés le statut légal qu'ils espéraient en maître incontesté de son royaume, une fois levée la dernière hypothèque qui pesait encore sur la pacification de ce dernier[27]. Et cette ultime incertitude était liée à l'issue des négociations de Vervins. Cela explique très probablement que le roi ait voulu attendre le départ des diplomates étrangers, qui prirent congé le 28 avril. Il n'est pas exclu, par ailleurs, que la liste des places fortes concédées aux réformés, dont le contenu était si stratégique aux yeux de la noblesse huguenote, ait pu faire l'objet d'ajustements jusqu'à la dernière minute. Selon certains historiens, le choix du 30 avril aurait enfin également pu revêtir une dimension symbolique, car il s'agissait du jeudi de l'Ascension. En ce jour de fête, commun aux catholiques et aux réformés, le roi devait toucher les écrouelles, c'est-à-dire des malades atteints de la scrofule, une inflammation des ganglions lymphatiques provoquée par les bacilles de la tuberculose, en prononçant la formule « Le roi te touche, Dieu te guérit ». Il ne faisait en réalité qu'effleurer leur front en faisant le signe de la croix, mais cette cérémonie manifestait publiquement sa qualité de roi très chrétien, doté d'un pouvoir thaumaturgique qui exprimait son élection divine, et de fils aîné de l'Église catholique. Signer l'édit le jour de l'Ascension aurait ainsi été un moyen de démontrer que les concessions faites aux réformés ne remettaient pas en cause la fidélité du roi à l'Église romaine.

Une victoire politique provisoire ?

L'édit n'en était pas moins une victoire pour l'élite du parti huguenot. Il s'agissait d'un véritable « traité », selon le terme employé par les réformés eux-mêmes afin de le désigner, et il fut même qualifié plus tard de « contrat » par le maréchal d'Ornano, lieutenant général du roi en Guyenne, dans une lettre adressée au parlement de Bordeaux. Il mit un terme à une âpre négociation, conduite au long cours entre deux parties contractantes déterminées à défendre leurs intérêts.

Comme il était de coutume pour les grandes lettres patentes adressées « à tous présents et à venir », ce qui était le cas de l'édit de Nantes, le sceau fut apposé sur de la cire verte. Cette couleur symbolisait la perpétuité et, comme tous les actes de cette catégorie, il était expressément qualifié de « perpétuel et irrévocable ». Pendant longtemps, les historiens ont manifesté leur perplexité face à cette affirmation d'irrévocabilité, y voyant une incohérence avec la révocation de l'édit par Louis XIV en 1685. En vérité, cette formule, d'emploi banal pour toutes les lettres scellées de cire verte, n'engageait en aucune manière le monarque et ses successeurs, qui avaient toute faculté d'abroger leurs propres lois et celles de leurs prédécesseurs. Quel était, dans ce cas, l'intérêt d'une telle formulation ? Il s'agissait d'abord d'établir une hiérarchie entre les lettres patentes, afin de distinguer celles qui avaient un effet potentiellement perpétuel de celles qui étaient expressément limitées à un effet transitoire. Ainsi en était-il des lettres scellées de cire jaune, beaucoup plus nombreuses. La mention de la perpétuité avait aussi pour effet d'insister sur l'importance accordée par le roi à l'édit et sur sa détermination à le voir pleinement appliqué. En somme, faire sceller un acte de cire verte revenait simplement à lui conférer une plus grande autorité.

Dans son long préambule que Forget avait mis en forme, Henri IV exprimait d'ailleurs, à demi-mot, le caractère provisoire de la situation qui avait généré la nécessité de donner cet édit et, par voie de conséquence, la probabilité de sa révocation à plus ou moins brève échéance. Après avoir clairement affirmé sa volonté de rétablir la paix, afin de répondre aux doléances présentées par ses sujets catholiques comme réformés, il formulait indirectement le vœu que cette dualité confessionnelle ne serait que transitoire. Il était heureux que les Français pussent vivre en paix et prier d'une même intention, puisque Dieu n'avait pas permis que ce soit « pour encore en une même forme et religion[28] ». Il se plaçait ainsi clairement dans une attente, celle du retour à l'unité religieuse du royaume qui entraînerait naturellement la caducité de l'édit.

L'édit de Nantes ne se limitait toutefois pas à ce texte principal à la longueur inhabituelle, puisqu'il ne comportait pas moins de 93 articles. Dans un même mouvement, trois textes complémentaires avaient, en effet, été signés. Le premier d'entre eux était antérieur à l'édit, puisqu'il avait été paraphé le 3 avril, alors que le roi était encore à Angers. Il s'agissait d'un brevet, un type d'acte royal très particulier par lequel le monarque pouvait accorder des grâces sans être soumis à aucun contrôle, et notamment à celui des cours de parlement. Il exprimait ainsi la souveraine volonté du prince. Sa simple signature et le contreseing d'un secrétaire d'État, Villeroy en l'occurrence, suffisaient à le valider. Le texte, très bref, se bornait à accorder aux réformés français la somme nécessaire à l'entretien des pasteurs, qui devait leur être versée annuellement. Cette particularité lui valut d'être désigné comme le « brevet des pasteurs ». Le deuxième était aussi un brevet, mais de plus grande ampleur, daté du 30 avril, soit le jour de la signature de l'édit en lui-même. Ses quinze articles concernaient essentiellement l'établissement et le paiement des garnisons qui devaient assurer la garde des places fortes concédées aux huguenots, ce qui lui valut d'être appelé « brevet des garnisons ». Forget l'avait contresigné, probablement de manière simultanée avec l'édit.

Enfin, un troisième et dernier texte venait compléter cet ensemble. Il revêtait une forme rarement usitée par la chancellerie royale, celle d'articles qualifiés de « particuliers » ou de « secrets », et constituait explicitement une annexe au texte principal. Au nombre de cinquante-six, ces articles venaient infléchir ou même parfois contredire, le plus souvent à l'avantage des huguenots, certaines dispositions de l'édit et contenaient des mesures favorables prises au profit de quelques individus. Destinés, comme l'édit, à être enregistrés par les cours souveraines, contresignés par Forget, ils n'étaient pas scellés de cire verte, mais revêtus de lettres patentes, c'est-à-dire joints à un mandement scellé de cire jaune sur simple queue de parchemin. Si la copie qui a survécu est datée du 2 mai, il est probable que le texte fut en réalité signé et scellé le même jour que le précédent, à la suite de l'édit.

L'édit et ses trois annexes instauraient en France une situation juridique totalement inédite en Europe, en légalisant la coexistence de deux confessions dans un même royaume. Au cours des décennies précédentes, diverses tentatives avaient été conduites sur le continent afin de maintenir ou de rétablir la paix religieuse mise à mal par la fracture issue de la Réforme protestante, mais aucune d'entre elles n'avait abouti à une loi générale s'appliquant directement et indifféremment à tous les sujets. Dans l'espace helvétique, la seconde paix de Kappel avait disposé en 1531 que chaque canton aurait sa confession et que les habitants devraient s'y conformer ou émigrer, préfigurant en quelque sorte la solution adoptée dans le Saint Empire, en 1555, avec la paix d'Augsbourg. Elle autorisait les princes à choisir entre catholicisme et luthéranisme, mais cette décision s'imposait dès lors à leur État et à tous leurs sujets qui n'avaient, eux aussi, d'autre option que d'émigrer s'ils étaient en désaccord spirituel avec eux. Il n'y avait donc pas de coexistence légalement autorisée. En Pologne, la confédération de Varsovie avait certes instauré, en 1573, un régime de large coexistence religieuse, mais la liberté de choix n'était concédée qu'aux nobles, à charge pour leurs dépendants de se conformer à leur volonté en la matière. Dans les Provinces-Unies, république calviniste créée en 1581 à la suite de la sécession de la partie septentrionale des Pays-Bas espagnols, le culte catholique était formellement interdit. Et, en Angleterre, Élisabeth Ire avait mis en place une législation répressive à l'encontre des papistes. Il en allait de même en Scandinavie, dans les États luthériens du Danemark et de la Suède. Enfin, en Europe du Sud, dans les péninsules ibérique et italienne, l'exclusivisme catholique régnait absolument. Seule la Diète de la principauté de Transylvanie avait adopté, en 1595, un décret qui autorisait tous les sujets à pratiquer, selon leur choix, le catholicisme, le luthéranisme, le calvinisme ou l'unitarisme, mais l'ampleur des conséquences légales qui en découlaient n'avait rien de comparable avec le vaste domaine d'application de l'édit de Nantes.

Tentaculaire en raison du nombre des clauses qu'il déployait et de la variété des matières qu'il traitait, l'édit accordait aux huguenots la liberté totale de conscience et une liberté de culte strictement limitée. La pratique publique de la religion réformée se déclinait en un culte dit de « possession », autorisé là où il était effectivement pratiqué en 1596 et jusqu'en août 1597, en un culte de « concession », là où le permettaient l'édit de Poitiers, accordé en 1577, le traité de Nérac, conclu en 1579, et le traité de Fleix, signé en 1580, ainsi que dans les faubourgs de deux villes par bailliage ou sénéchaussée, et enfin en un culte de « fief », sur les terres des seigneurs détenant le droit de haute justice ou plein fief de haubert. Ils recevaient le privilège de faire célébrer la cène dans leurs maisons sans limitation du nombre des participants. Les autres seigneurs se voyaient accorder un droit plus restreint, puisque l'assistance au culte célébré chez eux ne devait en aucun cas excéder trente personnes. En revanche, le culte public demeurait rigoureusement interdit à Paris et à cinq lieues (soit vingt kilomètres) autour de l'enceinte de la ville, à la Cour et partout où elle résidait lorsqu'elle était itinérante, et enfin aux armées, même si, dans ce dernier cas, les seigneurs protestants étaient autorisés à le pratiquer en privé dans leurs quartiers. Certaines de ces restrictions étaient assouplies par le second brevet. Dans les lieux de culte autorisé, les réformés recevaient en outre la permission de bâtir des temples.

À cette liberté strictement encadrée faisait écho le rétablissement total, dans toute l'étendue du royaume, de la religion catholique, dont la prééminence était fermement rappelée. Son exercice, interrompu de plus ou moins longue date en certains lieux contrôlés par les réformés, devait être rétabli partout. Tous les biens confisqués aux ecclésiastiques pendant les troubles devaient, en outre, leur être restitués. S'ils étaient dispensés de certaines obligations dont l'accomplissement aurait été contraire à leur conscience, les protestants n'en demeuraient pas moins astreints à demeurer pleinement intégrés à une vie quotidienne puissamment irriguée par la foi et les rites catholiques. Ainsi, s'ils étaient dispensés de contribuer à l'entretien des églises et d'acquitter les droits de confrérie, ils devaient continuer à payer la dîme et à ne pas travailler ostensiblement les jours de fêtes catholiques. Sur le passage des processions, ils pouvaient s'abstenir de parer leurs fenêtres, mais devaient laisser les officiers royaux venir tapisser leurs façades à leur place, afin de ne créer aucune dissension visible dans l'espace public.

L'édit accordait aussi l'égalité civile aux réformés, qui pouvaient jouir de tous les droits, publics et privés, au même titre que les sujets catholiques. Il s'agissait incontestablement de l'une des principales originalités dans le contexte européen précédemment décrit. Cette égalité s'exprimait en matière fiscale, dans la capacité des protestants à vendre, acheter, tester ou encore hériter, mais aussi dans leur aptitude à envoyer leurs enfants dans les écoles, collèges et universités. Ils avaient, en outre, accès aux hôpitaux et devaient pouvoir disposer de cimetières partout dans le royaume. Plus encore, l'édit leur donnait désormais accès à toutes les charges, offices, dignités et emplois publics. Cette équité s'exprimait encore dans le domaine de la justice, puisque étaient créées, dans certaines cours de parlement, des chambres de justice mixtes, chargées de juger les affaires où des huguenots étaient partie prenante. Composées pour moitié de conseillers catholiques et pour moitié de conseillers réformés, elles étaient instituées dans les parlements de Bordeaux, Toulouse et Grenoble. À Paris, une chambre de l'édit était également établie, mais seulement six membres sur dix-sept devaient être réformés. Afin de couvrir toute l'étendue du royaume, les causes relatives au ressort du parlement d'Aix devaient être renvoyées devant la chambre de Grenoble, alors que celles qui relevaient normalement des compétences des cours de Rouen et de Rennes seraient renvoyées devant la chambre de l'édit de Paris. Quant aux affaires qui auraient dû être traitées à Dijon, elles pouvaient être indifféremment tranchées par les chambres de Grenoble ou de Paris. À une échelle plus locale en revanche, aucune mesure n'était prise afin de garantir aux justiciables huguenots un minimum d'équité. Tout au plus pouvaient-ils récuser jusqu'à trois juges dans les procès qui se tenaient devant un présidial.

Enfin, les huguenots bénéficiaient de toute une série de dispositions qui leur permettaient de faire fonctionner leur système ecclésiastique et de maintenir leur puissance politique et militaire. La plupart des mesures prises sur ces deux matières essentielles figuraient dans les trois textes annexés à l'édit principal. Les articles particuliers contenaient ainsi une concession particulièrement importante, puisqu'elle permettait la tenue des consistoires, colloques et synodes, en contradiction avec un article de l'édit qui proscrivait toute assemblée non autorisée. Le premier brevet accordait aux réformés une somme annuelle de 45 000 écus « pour employer à certaines affaires secrètes qui les concernent que Sa Majesté ne veut être spécifiées ni déclarées », mais qui correspondaient à l'entretien des pasteurs. Le second concernait principalement les garnisons des places fortes concédées pour huit ans par le roi et autorisait les réformés à conserver les villes qu'ils tenaient en août 1597, soit environ cent cinquante cités protégées par d'épaisses murailles. Un peu plus de la moitié d'entre elles étaient qualifiées de places de sûreté (64) ou de places de mariage (16), et devaient être pourvues de garnisons entretenues par le roi au moyen d'une subvention annuelle de 180 000 écus. Les garnisons du Dauphiné devaient, quant à elles, être soldées grâce à une dotation supplémentaire, accordée à part. En tout, il s'agissait d'environ 4 000 hommes, très inégalement répartis entre ces villes et autres forteresses, dont les émoluments devaient ainsi être financés par les coffres royaux. On trouvait aussi, dans ce second brevet, l'autorisation accordée à une assemblée politique réduite de continuer à siéger pour veiller à la mise en application de l'édit.

L'édit de Nantes instaurait ainsi une tolérance seulement civile et non religieuse. Il légalisait l'existence dans le royaume de deux communautés confessionnelles, qui étaient invitées à cohabiter sans heurts. Même si le préambule présentait cette situation comme provisoire, acceptée à contrecœur pour restaurer la paix civile en attendant que l'unité de foi pût être rétablie, l'édit n'en séparait pas moins les sphères politique et religieuse, jusqu'alors confondues, distinguant la personnalité politique du sujet de sa personnalité religieuse. Il venait couronner près de quarante ans de luttes conduites par les réformés français, qui voyaient ainsi aboutir l'effort de conceptualisation politique qu'ils avaient assumé avec constance. La personnalité politique du sujet trouvait son autonomie par rapport à sa personnalité religieuse ; le citoyen était désormais légalement distinct du chrétien. On pouvait être reconnu comme un bon sujet du roi sans pour autant partager sa foi.

16

Un destin en pente douce

L'édit de Nantes était-il vraiment favorable aux réformés français ? Inlassablement posée, cette question a reçu des réponses contrastées au fil des siècles. S'il fut incontestablement une victoire politique arrachée dans les circonstances qui viennent d'être décrites et au terme d'un interminable combat, d'aucuns virent en lui un triomphe à la Pyrrhus, prélude à un inéluctable naufrage confessionnel. Et parmi les plus critiques à l'endroit de ce texte ont figuré, dès le lendemain de sa signature, quelques-unes des plumes les plus acérées de la nébuleuse huguenote. Dans son *Histoire universelle*, Agrippa d'Aubigné porta ainsi quelques années plus tard un jugement rétrospectif révélateur de ce fort scepticisme : « les plus avisés », écrivit-il, tenaient que cette paix était « avantageuse aux catholiques et ruineuse aux réformés[1] ». Et dans un *Advis salutaire* rédigé en 1610 par ce même d'Aubigné, l'édit, célébré par certains comme l'établissement durable de la minorité réformée dans le royaume, fut plus tard ravalé au rang de « paction d'une ruineuse servitude ».

Le défi de l'application

La paix si laborieusement extorquée à Henri IV n'était-elle ainsi que l'amorce d'un processus de rétraction inéluctable de la puissance huguenote ? Son application peut fournir un premier élément de réponse.

Pour être applicables, l'édit de Nantes et ses articles particuliers devaient être enregistrés par les huit parlements dont les ressorts se partageaient le royaume. Les difficultés qui présidèrent à cette opération furent un symptôme de l'accueil pour le moins réticent qu'une partie des catholiques français réserva à cet accord. Au terme d'un long processus, ce n'est pas le texte signé par le roi le 30 avril 1598 qui fut finalement enregistré le 25 février 1599 par les parlementaires parisiens, mais une version modifiée une première fois sous l'influence du clergé de France, en décembre 1598, puis amendée à nouveau par les magistrats de la première cour souveraine du royaume en janvier 1599. Cette longue résistance ne put ainsi être brisée que par quelques concessions faites par Henri IV. Les modifications les plus notoires concernaient les chambres de justice mixtes instituées dans quatre parlements, dont celui de Paris où la présence huguenote fut finalement réduite à un seul et unique magistrat, sorte d'alibi témoin concédé à titre symbolique par les robins hostiles à la pénétration de l'hérésie en leur sein. Mais ce fléchissement de la volonté royale n'aurait pas suffi si Henri IV ne l'avait pas agrémenté, lors d'une célèbre séance tenue au Louvre le 7 janvier, d'une harangue musclée, prononcée devant le premier président du parlement de Paris et plusieurs de ses collègues présidents et conseillers. La détermination manifestée par le souverain à cette occasion et la perspective d'une reprise des guerres civiles en cas d'échec final du processus de vérification de l'édit permirent seules qu'il soit enfin enregistré. Mais cette étape, pour indispensable qu'elle fût, n'était que la première d'un long calvaire au cours duquel la très forte résistance des parlements de province ne manqua pas de s'exprimer.

Enregistré par le parlement de Dauphiné à Grenoble, le 27 septembre 1599, avec des réserves modérées, l'édit fut ensuite vérifié le 19 janvier 1600 à Toulouse par la cour languedocienne après une plus vive résistance. Afin de consigner les réticences des magistrats pour la postérité, la mention « sur le très exprès commandement du roi, sans approbation de la religion prétendue réformée », fut apposée sur le texte ainsi validé. Il fallut même attendre octobre 1622 pour que l'édit soit finalement transcrit sur les registres ! À Dijon, le parlement de Bourgogne finit par s'exécuter le 21 janvier 1600, après avoir envoyé au roi des protestations. Le parlement de Guyenne, qui enregistra le 7 février 1600 à Bordeaux après avoir usé de la même procédure, inscrivit également sur le registre « du très exprès et réitératif commandement du roi et sans approbation d'autre religion que la catholique, apostolique et romaine ». À Aix, le parlement de Provence n'enregistra, le 11 août 1600, que sur lettres de jussion, suivi par la cour bretonne siégeant à Rennes le 31 août 1600. Enfin, en Normandie, le parlement de Rouen se distingua en vérifiant, dès le 23 septembre 1599, une version modifiée qui lui était propre et qui généra avec la monarchie une interminable querelle. Ce n'est qu'à la neuvième lettre de jussion, envoyée par Henri IV en juillet 1609, onze ans après la signature de l'édit, que les magistrats finirent par céder et par enregistrer, le 5 août 1609, le texte sans modifications. L'acte fut ainsi vérifié « du très exprès commandement du roi par plusieurs fois réitéré ». Pour les articles particuliers, il fallut même attendre le 27 août 1610, soit plus de trois mois après la mort du roi ! Une particularité demeura toutefois, avec la création d'une chambre de l'édit au sein de la cour souveraine normande, modelée sur celle de Paris, comprenant un seul conseiller réformé sur douze. Dans tous les cas, les parlementaires enregistrèrent sous la contrainte et le firent savoir, soulignant ainsi une désapprobation qui s'était le plus souvent cristallisée autour d'une question éminemment politique : l'accès des protestants aux offices.

Ainsi devenu applicable, l'édit devait encore être concrètement mis en œuvre. L'expérience passée avait enseigné à Henri IV et à ses conseillers qu'il convenait d'aborder la question avec méthode et autorité. Car la résistance manifestée par les parlementaires n'était que le reflet de l'opposition plus ou moins sourde d'une partie des catholiques à l'édit de Nantes. Mais il ne faudrait pas croire que les seuls obstacles vinrent d'eux, car la détermination des huguenots eux-mêmes à défendre leurs positions, si laborieusement acquises au fil des guerres, ne les incita pas davantage à la conciliation. Le rétablissement, dans tout le royaume, du culte catholique et la restitution de tous les biens confisqués à l'Église étaient loin d'être unanimement acceptés par les réformés français.

S'engagea alors une opération éminemment politique. Pour veiller à ce que l'édit ne demeurât pas à l'état théorique, Henri IV forma des commissions d'application composées chacune d'un commissaire catholique et d'un commissaire réformé. Ces binômes mixtes attestaient sa volonté d'insérer réellement les huguenots dans le corps du royaume, en vertu de l'égalité civile établie par l'édit. Le choix des personnalités réformées sélectionnées pour remplir cette charge, qui requérait habileté et entregent, ne fut pas anodin. Si, du côté catholique, le commissaire fut invariablement un intendant ou un maître des requêtes, et toujours un personnage consommé dans la pratique administrative, son partenaire huguenot appartint à cette « classe politique » que l'on a vu progressivement émerger et qui semblait désormais solidement établie dans les différentes sphères de l'État. Il s'agissait le plus souvent de gentilshommes fortement implantés dans leur province, que le roi connaissait bien pour avoir longtemps combattu à leurs côtés et dont la fidélité et réputation constituaient des atouts majeurs en vue des négociations qu'ils allaient devoir conduire. On trouvait ainsi quelques valeureux capitaines tel Jean de Baudéan, comte de Parabère et de Nouillan, gouverneur de l'Isle-Jourdain puis de Niort, nommé pour le secteur stratégique formé des provinces de Poitou, d'Angoumois, d'Aunis et de basse Marche. En Dauphiné, un autre militaire de valeur, François de Bonne, seigneur de Lesdiguières, fut choisi en raison de sa solide implantation locale, au même titre que Jacques Nompar de Caumont-La Force, lieutenant général du Béarn et de Navarre, dans la province de Guyenne, et Charles d'Avaugour, seigneur de Kergrois, pour celle de Bretagne. D'autres fondaient leur autorité sur leur nom et l'ancienneté de l'engagement de leur lignée au service de la cause huguenote. Le baron Jean de Chandieu, fils du fameux pasteur, gentilhomme ordinaire de la chambre du roi et colonel d'un régiment d'infanterie, fut nommé pour le vaste espace formé du Lyonnais, du Forez, de l'Auvergne, du Bourbonnais et du Berry, alors que François d'Angennes, marquis de Montlouet, fut requis d'exercer ses talents en Île-de-France, Champagne et Picardie. Chargé de la Bourgogne, Jean de Jaucourt, seigneur de Villarnoul, issu lui aussi d'une famille qui avait payé un lourd tribut aux conflits qui s'achevaient, bénéficia de son alliance avec Philippe Duplessis-Mornay, dont il venait d'épouser la fille Marthe et dont l'autorité ne manqua pas de rejaillir sur lui. D'autres noms étaient moins évocateurs, mais tous avaient été soigneusement choisis pour leurs qualités éprouvées, comme Arnaud Du Faur, seigneur de Pujols, ancien serviteur du roi de Navarre, envoyé en Languedoc, François de Quièvremont, seigneur d'Heudreville, gentilhomme ordinaire de la chambre du roi missionné en Normandie, ou encore Michel de Sade, seigneur de

Romany, nommé en Provence, et enfin Jean Du Faur, seigneur de Courcelles, investi en Anjou, Touraine et Maine.

Itinérants, les commissaires ainsi désignés parcoururent leurs provinces, rencontrèrent les notables, négocièrent avec les magistrats municipaux. Ils devaient non seulement veiller à ce que le culte catholique fût rétabli partout et les biens des ecclésiastiques restitués, mais aussi superviser l'installation effective de la chambre de justice mixte lorsque sa création était prévue par l'édit, déterminer les deux lieux de libre exercice de la religion réformée dans chaque bailliage ou sénéchaussée et enfin faire attribuer aux protestants de chaque localité des cimetières convenables. Ils étaient, de surcroît, censés recevoir les doléances des habitants catholiques et protestants afin de régler d'éventuels litiges relatifs à l'établissement de la coexistence confessionnelle. Il n'y a pas lieu de s'attarder ici sur la mise en œuvre des dispositions religieuses de l'édit, qui produisit inéluctablement son lot de chicaneries et de résistances diverses. En revanche, les conditions de l'application des clauses civiles méritent l'attention, pour ce qu'elles révèlent du degré d'intégration de la minorité réformée dans le corps du royaume et de la solidité de ses appuis dans les domaines politique et militaire.

La stratégie royale de l'endiguement

Il n'est pas anodin que l'opposition parlementaire à l'édit se soit fortement polarisée autour de la question polémique de l'accès des réformés aux offices, tant les magistrats, pour la plupart très fermement catholiques, entendaient limiter le plus possible l'introduction de l'hérésie au sein des cours souveraines. Leur résistance se poursuivit, de manière plus ou moins sourde, bien au-delà de la procédure d'enregistrement. Les chambres mi-parties qui virent le jour en Languedoc, Guyenne et Dauphiné furent le théâtre de dissensions internes. À Castres par exemple, où s'établit la chambre de Languedoc, différents offices dévolus aux huguenots furent créés : un président sur deux, huit conseillers sur seize, l'avocat général, la moitié des huissiers, l'un des deux greffiers, l'un des deux référendaires, la moitié des avocats et la moitié des procureurs. Dès les premiers temps, les tensions furent monnaie courante au sein de cette juridiction spéciale. On le perçut aussi très nettement à Nérac, où fut instituée la chambre de Guyenne. Les parlementaires bordelais, qui n'avaient pu faire autrement que d'accepter la nomination de magistrats protestants, firent en sorte que ceux-ci ne pussent se prévaloir de leur dignité, en affirmant qu'ils n'étaient que conseillers en la chambre de l'édit et qu'ils ne pouvaient donc pas, à ce titre, être considérés comme faisant partie du corps du Parlement. En cas de suppression de la chambre de Nérac, à laquelle ils étaient exclusivement rattachés, leurs offices cesseraient donc d'exister. En dépit de ces perturbations, les chambres jouèrent pourtant bien leur rôle d'apaisement des tensions confessionnelles dès leur entrée en charge, même à Paris où ne siégeait qu'un seul magistrat réformé. Durant les dix premières années de son existence, conformément à la volonté royale, la juridiction parisienne amnistia ainsi les actes de violence ou de destruction commis dans le cadre des affrontements militaires passés, pour les catholiques comme pour les protestants. En revanche, les crimes et les vengeances personnelles ne firent l'objet d'aucune mesure de clémence.

L'égalité civile théoriquement accordée aux huguenots fut tout aussi laborieuse à transcrire dans les faits. L'exercice de l'autorité municipale dans les villes où coexistaient catholiques et réformés est révélateur des difficultés qui s'offrirent aux commissaires et qui perdurèrent après leur passage. Le défi auquel ils furent confrontés fut de transcrire, dans la composition des organes du gouvernement urbain, l'importance proportionnelle des communautés confessionnelles au sein de chaque localité. Ce savant dosage était plus ou moins aisé à concevoir. En Dauphiné, les exemples abondent de cette arithmétique politique. Lorsque les réformés étaient largement majoritaires au sein de la population urbaine, les commissaires décidèrent qu'ils détiendraient les deux tiers ou les trois quarts des charges municipales, en fonction de l'ampleur de leur domination. Tel fut le cas à Die, à Dieulefit ou encore à Montélimar, où huit des douze édiles restèrent huguenots. Issus de leurs rangs, Jacques Rahuti et Pierre Armand furent nommés premier et deuxième consul, alors que le troisième consul fut catholique. À Romans ou Saint-Marcellin, la situation fut symétriquement inverse au profit des catholiques.

En Languedoc, la disproportion numérique entre les fidèles des deux confessions facilita le travail des commissaires. À Montauban, où toute la population était théoriquement réformée, comme à Toulouse, où elle était toute catholique, la question de la dévolution des charges municipales ne se posa pas. En revanche, dans les cités où l'une des deux confessions l'emportait de manière écrasante mais pas exclusive, comme à Montpellier en faveur des huguenots et à Béziers au profit des catholiques, les revendications de la minorité furent telles que les envoyés royaux durent en appeler au Conseil, qui trancha prudemment. Ce furent des processus électifs qui, dans toutes les cités, eurent pour fonction de décider de l'identité des magistrats, si bien que le parti majoritaire l'emporta systématiquement, excluant presque totalement, de fait, la confession minoritaire du consulat et des conseils politiques. En dehors de ces deux provinces et de quelques espaces plus rares en Guyenne, Aunis et Saintonge, la question de l'accès aux charges municipales pour les réformés ne se posa pas, en raison de leur présence trop fortement minoritaire dans des espaces où les catholiques dominaient de manière écrasante.

Si elles furent légalisées, les positions occupées par les réformés au sein des instances municipales ne furent pas réellement renforcées et, dans l'immense majorité des provinces du royaume, l'exclusivisme catholique resta la règle. De manière cohérente avec les dispositions religieuses, on voit ici se dessiner l'un des éléments de réponse à la question du caractère favorable ou défavorable de l'édit pour les huguenots. Son application eut certes pour effet de préserver leurs zones d'influence, de les sanctuariser en quelque sorte, au moins dans un premier temps, mais dans un même mouvement, elle enferma la minorité huguenote dans les bornes d'une géographie soigneusement délimitée, lui interdisant toute expansion. Les réformés avaient ainsi obtenu le droit légal d'exister, leur situation juridique se stabilisa, mais l'effet pervers de cet établissement s'exprima par une impossibilité structurelle de toute croissance, alors même que les huguenots avaient dû accepter le rétablissement du culte catholique dans tous les espaces qu'ils contrôlaient, y compris à La Rochelle.

Pris dans cette perspective, le fameux brevet des sûretés, qui permettait aux huguenots de conserver nombre de places fortes et octroyait le financement des garnisons d'une bonne partie d'entre elles par les deniers royaux, apparaît aussi en trompe-l'œil. La géographie de ces citadelles, soigneusement conçue par la monarchie pour être en étroite corrélation avec les zones à forte implantation protestante, épousait ainsi peu ou prou les mêmes contours que ceux de l'espace restreint dans lequel l'accès aux consulats restait ouvert aux réformés et où les Églises étaient nombreuses et populeuses. Le refus obstiné des négociateurs royaux de concéder aux réformés la garde de la moindre place située au nord de la Loire est révélateur d'une stratégie d'endiguement qui eut pour effet d'emmurer la Réforme française dans une série de bastions dont on devait vite se rendre compte qu'ils n'étaient pas inexpugnables. Et d'ailleurs, dans l'intention du roi, la concession de ces places ne devait être que provisoire, puisque le brevet disposait d'une durée de huit ans prenant effet à la date d'enregistrement de l'édit par la dernière cour de parlement, soit en 1600. Pendant plus d'un quart de siècle, les huguenots n'eurent de cesse de demander au roi de leur octroyer la prolongation de cette concession, obtenant au prix d'inlassables efforts des extensions plus ou moins longues. Cette épée de Damoclès, suspendue par l'édit au-dessus de leurs crânes, n'était pas susceptible de procurer aux réformés le sentiment de sécurité qui leur aurait été nécessaire pour envisager sereinement l'avenir, d'autant moins que les centaines de milliers d'écus promis par la Couronne pour l'entretien de ces fameuses garnisons ne furent que très irrégulièrement et très partiellement versées.

La naissance de la députation générale

Dans un tel contexte, il était inenvisageable que l'organisation ecclésiastique réformée, qui avait à maintes reprises servi de vecteur et même de détonateur de l'action politique pendant quatre décennies, ne pût pas continuer à fonctionner en toute liberté. Les négociateurs huguenots de l'édit de Nantes avaient beaucoup insisté sur ce point, et plusieurs articles particuliers de l'Édit, ainsi que l'une des dispositions du brevet des garnisons, en garantissaient la pérennité. Ils instituaient pourtant une restriction d'importance : désormais, synodes, colloques et consistoires ne pourraient se réunir qu'avec la permission du roi. Cette hypothèque sur l'autonomie du système, et donc sur son indépendance à l'égard de la Couronne, fut immédiatement considérée par les protestants français comme une menace pour leur capacité à s'organiser dans l'adversité. Elle finit par être levée le 21 août 1599, lorsqu'un brevet royal les autorisa à se réunir sans cette fameuse licence[2]. Faite par Henri IV sous la pression de ses anciens coreligionnaires, cette concession était absolument exorbitante et contraire aux usages de la monarchie ; elle accrut encore la conviction, désormais collectivement éprouvée, que les réformés formaient bel et bien un corps dans le royaume.

Une telle idée déplaisait fort au roi lui-même, et pareille libéralité ne fut, en revanche, pas octroyée pour la tenue des assemblées politiques. Le monarque, qui savait de longue date le danger que la réunion régulière de telles instances pouvait représenter pour l'affermissement de son pouvoir, ne désirait rien davantage que leur disparition, dans la mesure où l'édit était censé fixer de manière durable le statut des réformés en France et assurer le maintien de la paix civile. Ses anciens coreligionnaires, que les épreuves avaient rendus méfiants, ne l'entendaient pas de cette oreille. Il était à leurs yeux impensable que le système politique huguenot, si laborieusement construit au fil des guerres civiles, pût ainsi se dissoudre en un claquement de doigts, fût-il l'expression de la volonté royale. La partie était loin d'être gagnée, car dans l'ultime phase des négociations, le souverain s'était montré inflexible. L'article 82 de l'édit interdisait formellement la réunion de toutes nouvelles assemblées et autres conseils dans les provinces, ordonnant par ailleurs la dissolution immédiate de ceux qui étaient encore en activité. Toutefois, une disposition du brevet des garnisons assouplissait un peu cette mesure très stricte, en autorisant un abrégé de l'assemblée politique huguenote alors réunie à Châtellerault de continuer à siéger jusqu'à l'enregistrement de l'édit par le parlement de Paris. Les réformés se saisirent si bien de cette concession que la dizaine de députés désignés pour demeurer assemblés, loin de se séparer en février 1599, finit par se transporter à Saumur en novembre et continua à siéger jusqu'au 31 mai 1601 !

Ce long dépassement de l'autorisation royale initialement consentie s'expliquait certes par la détermination de l'assemblée, appuyée par la grande noblesse réformée des provinces méridionales, avec laquelle elle entretenait des relations constantes. Mais il était aussi le fruit de la volonté d'Henri IV d'obtenir sa dissolution sans générer de nouveaux troubles. Par pragmatisme, le roi accorda ainsi d'abord sa prolongation. Mais progressivement, il se fit de plus en plus insistant pour que les députés se séparent, invoquant l'enregistrement de l'édit dans tous les parlements et la bonne application du texte grâce au travail entrepris par les commissaires. Les députés firent de la résistance. Nourris des mémoires en provenance des Églises de tout le royaume, ils persistèrent à s'affirmer comme des interlocuteurs incontournables du pouvoir royal, luttant d'abord pied à pied contre les modifications apportées à l'édit par les parlements avant l'enregistrement, puis contre les infractions et inexécutions qui leur étaient signalées. Procédant comme ils l'avaient fait au cours des tractations qui avaient précédé la paix de Nantes, ils envoyèrent vers le monarque un binôme de députés, formé de Jean Du Puy, sieur de Cazes, et Jean Rochelle, sieur Du Coudray, porteurs de multiples doléances successivement présentées, au fil de leurs nombreuses allées et venues entre la Cour et Saumur[3].

Pour obtenir enfin la séparation de l'assemblée, Henri IV dut alors faire une double concession qui fonda les nouvelles bases du dialogue politique avec ses sujets huguenots. Si l'on en croit une lettre adressée par le duc de Bouillon à Jacques Bongars le 4 juin 1601, ce qui conduisit le roi à prêter l'oreille à une solution alternative à la tenue persistante de cet abrégé fut que des députés huguenots étaient réunis presque sans interruption depuis l'assemblée politique de Loudun, ouverte le 1er avril 1596, soit depuis cinq longues années. Le monarque craignit ainsi que cette permanence d'une représentation politique contribuât à former « un corps dans son État[4] ». Son inquiétude était d'autant plus vive que les pasteurs et anciens réunis en synode national à Jargeau, au mois de mai 1601, sollicités par les députés saumurois, envoyèrent deux des leurs, Daniel Chamier et Jean de Luppé, seigneur de Maravat, afin de les soutenir dans leur refus de se séparer[5]. Cette conjonction de l'action des organes politique et ecclésiastique réformés n'était pas nouvelle, et sa persistance montrait au monarque que les deux systèmes demeuraient complémentaires et imbriqués, ce qui les renforçait. La pyramide ecclésiastique venait ainsi suppléer l'impossibilité de faire vivre une quelconque organisation politique dans l'immense majorité des provinces du royaume, où le catholicisme régnait presque sans partage et où seuls les synodes provinciaux pouvaient s'exprimer au nom des fidèles. La force du synode national était donc d'être parfaitement représentatif de l'ensemble du royaume, et son intervention en faveur de la poursuite de l'assemblée de Saumur ne pouvait laisser Henri IV sans réaction.

Le fondement de la résistance de l'assemblée était que sa dissolution priverait les réformés du moyen de faire parvenir au roi « leurs plaintes et leurs requêtes ». Pour y remédier, le monarque décida d'autoriser la présence permanente à ses côtés de deux députés réformés, chargés de servir en quelque sorte de courroie de transmission entre le gouvernement royal et les Églises. Cette innovation, aux contours relativement flous, aurait pu sembler insuffisante aux huguenots toujours réunis à Saumur, mais une seconde concession d'importance les poussa à céder. Afin de faire procéder à la désignation de ces deux députés, Henri IV autorisa la tenue d'une nouvelle assemblée politique, convoquée à Sainte-Foy pour le 15 octobre 1601, allant ainsi à l'encontre de son propre brevet qui prévoyait qu'au terme de l'abrégé, qui ne s'était pas encore séparé, aucune assemblée de cette nature ne se tiendrait jamais plus. On comprend dès lors fort bien le contentement des résistants de Saumur, qui se séparèrent finalement le 31 mai 1601. Ainsi s'opérait une mutation majeure, avec la naissance de ce que l'on ne tarda pas à désigner comme la députation générale des Églises auprès du roi.

L'étroite collaboration des systèmes ecclésiastique et politique

Lorsque s'ouvrit l'assemblée politique de Sainte-Foy, convoquée par brevet royal du 7 juillet 1601[6], le roi espérait bien que ce serait la dernière. Ses députés furent désignés par des assemblées politiques provinciales là où les réformés étaient suffisamment puissants et organisés. Dans tout le reste du royaume, ils furent élus par les synodes provinciaux et les assemblées de colloque, réunis à cet effet de manière exceptionnelle, sur autorisation spéciale du synode national de Jargeau, dans une formation renforcée des gentilshommes et des représentants des villes[7]. Forte de trente-cinq membres venus pour les deux tiers des provinces situées au sud de la Loire, l'assemblée débuta le 16 octobre et adopta un règlement qui renforçait de manière inédite la collaboration, désormais institutionnalisée, entre les assemblées politiques et ecclésiastiques. Les innovations concernaient essentiellement les conseils provinciaux, dont les membres devraient également siéger aux consistoires de leurs Églises aussi longtemps qu'ils resteraient en fonction. Par ailleurs, ces conseils provinciaux devaient se réunir au même moment que le synode provincial, afin que ce dernier pût y déléguer deux pasteurs. En sens inverse, chaque conseil provincial désignerait l'un de ses membres afin de se rendre auprès du synode national. Ces délégués des conseils formeraient en quelque sorte un comité consultatif qui siégerait à part et pourrait être requis pour avis par les membres du synode. Afin de cimenter l'union des Églises et veiller à la bonne mise en application de l'édit de Nantes, toutes les ressources du système réformé étaient ainsi mobilisées dans un esprit de solidarité qui transcendait la séparation théorique entre les deux pyramides institutionnelles[8].

L'assemblée disposa, par ailleurs, des principes qui devraient présider au fonctionnement de la députation générale, sans préjuger l'accord du roi[9]. La qualité sociale des deux députés fut définie, puisque le premier devrait appartenir à la noblesse d'épée alors que le second devrait être de « robe longue », donc choisi pour ses compétences dans le domaine de la justice ou des finances. L'un et l'autre devraient être « entendus aux affaires », afin d'être capables de remplir dignement leur mission. Ils auraient pour charge essentielle de présenter les cahiers et autres doléances exprimées par les assemblées générales ou provinciales et de veiller à ce qu'elles soient satisfaites le plus complètement qu'il serait possible. À ce titre, ils devraient s'attacher tout particulièrement à la bonne application de l'édit et ne devraient pas hésiter, s'ils en ressentaient le besoin, à solliciter les grands personnages du parti huguenot afin de prendre conseil auprès d'eux sur la conduite qu'ils auraient à tenir dans des situations délicates. Requis d'entretenir une étroite correspondance avec leurs coreligionnaires des différentes provinces du royaume, ils devraient prêter une attention soutenue à la mise en œuvre concrète des mesures contenues dans les deux brevets, relatives au paiement des pasteurs et à l'entretien des garnisons par le roi. Enfin, ils devraient tenir un registre de leurs actes, qui serait présenté à l'assemblée chargée de désigner leurs successeurs au terme de leur mission. Une instruction détaillée et circonstanciée à l'intention des députés vint compléter ces prescriptions générales[10].

Les heureux élus furent aussitôt désignés, sous réserve de l'accord du roi qui conservait le dernier mot, et durent jurer de remplir fidèlement leur charge. Les députés jetèrent leur dévolu sur Gabriel de Polignac, sieur de Saint-Germain-de-Clan, et Josias Mercier, seigneur Des Bordes et de Grigny, mais ils allèrent bien au-delà de l'autorisation royale en prévoyant, sans concertation préalable avec Henri IV, le processus selon lequel cette députation devrait être annuellement renouvelée à l'avenir. Ils disposèrent ainsi qu'à compter du 1er décembre 1602, le mandat devrait durer un an et quatre mois. Avant l'expiration de celui-ci, les deux députés généraux devraient requérir la réunion d'une nouvelle assemblée politique ayant pour mission de désigner les personnalités à proposer au souverain pour leur succéder. Les huguenots n'avaient ainsi aucune intention de renoncer à la réunion régulière de cet organe que le roi espérait voir disparaître. Mais dans l'incertitude de pouvoir tenir une nouvelle assemblée politique au terme de cette session exceptionnellement autorisée par Henri IV, les députés prirent la précaution de prévoir une alternative. En pleine cohérence avec les procédures récemment suivies, qui avaient mis en lumière la complémentarité entre institutions politiques et ecclésiastiques, il fut décidé que cette charge incomberait alors au synode national. Mais pour éviter d'en arriver là, les huguenots s'efforcèrent habilement d'exploiter la nouvelle institution des députés généraux afin d'obtenir presque inévitablement la convocation annuelle d'une assemblée.

Sans surprise, le roi confirma la nomination des députés, mais refusa, quelques mois plus tard, d'autoriser une nouvelle assemblée politique. Il se montra tout aussi ferme l'année suivante, si bien que Saint-Germain et Des Bordes demeurèrent en charge jusqu'en 1605, seulement confirmés dans leurs prérogatives, comme l'avait anticipé le règlement de 1601, par le synode national tenu à Gap en octobre 1603[11]. Les réformés refusèrent toutefois d'abandonner leurs prétentions à se réunir. À l'image de Duplessis-Mornay, ils estimaient qu'une capitulation, face à la volonté royale de neutraliser de manière définitive leur système politique, serait un renoncement porteur de lendemains qui déchantent. Leur détermination fut finalement récompensée, lorsque le roi finit par céder à leurs objurgations, maintes fois adressées par le truchement des députés généraux, dans un brevet du 28 octobre 1604 qui annonça la tenue d'une nouvelle assemblée à Châtellerault en mai 1605[12]. Cette victoire fut pourtant rapidement entachée par l'expression plus détaillée de la volonté royale. Non seulement le nombre de députés convoqués devrait se réduire à deux par province, mais les débats devraient se tenir en présence d'un commissaire royal, désigné par le monarque et choisi parmi ses plus fidèles serviteurs huguenots. Surtout, cette assemblée, dont la seule matière à délibération devrait être la désignation de nouveaux candidats à la députation générale, serait véritablement la dernière du genre.

Henri IV exprima ainsi sa volonté ferme de supprimer le système politique tant redouté par la monarchie, en pleine conformité avec des dispositions de l'édit de Nantes, à l'application desquelles il avait jusqu'alors toujours consenti à surseoir. Les réformés perçurent immédiatement le danger. Dans les remontrances que Des Bordes et Saint-Germain présentèrent alors au nom des Églises, les conséquences dramatiques de la mise en œuvre de la décision royale furent clairement énoncées. L'interdiction de toute assemblée politique reviendrait purement et simplement à perdre le terrain laborieusement et douloureusement conquis, au prix du sang et des larmes de tant de huguenots. Elle aboutirait presque inéluctablement à la perte du statut de corps dans le royaume, implicitement reconnu par la monarchie au profit des réformés et que le roi souhaitait désormais voir disparaître. Les députés généraux exprimèrent clairement leurs craintes, affirmant qu'aucune « compagnie ni communauté » ne pouvait subsister sans pouvoir disposer de « quelque ordre pour communiquer ensemble », à plus forte raison lorsque ses membres étaient dispersés dans un vaste royaume et parfois isolés dans des contrées où s'exprimait à leur endroit une vive hostilité, comme c'était le cas des Églises réformées, dont certaines étaient noyées dans des provinces presque toutes catholiques.

L'autre grande question soulevée par les ordres du roi était intimement liée à sa volonté d'imposer à l'assemblée la présence d'un commissaire. Soucieux de pouvoir délibérer sans être observés, les réformés considéraient cette décision comme une atteinte à leur liberté et surtout comme une marque de défiance de la part du monarque. Ils argumentèrent abondamment afin de justifier leur indignation, protestant de la fidélité que leurs assemblées avaient toujours manifestée à l'égard de la Couronne, et en particulier à l'endroit du roi régnant[13]. On sait à quel point la perception henricienne de ces institutions pouvait être différente du portrait idyllique qui en fut brossé à cette occasion par les députés généraux, mais ces récriminations, toujours présentées sur le ton de la très respectueuse doléance, témoignaient de la détermination des réformés à ne pas abandonner le terrain politique et à entretenir un dialogue soutenu avec la monarchie. L'édit de Nantes et la bonne mine royale ne pouvaient suffire à les rassurer pleinement. Les modalités du rapport politique entre le souverain et ses sujets réformés poursuivaient ainsi péniblement leur processus de mutation

L'assemblée de Châtellerault s'ouvrit finalement le 26 juillet 1605. C'est à Rosny, devenu son plus proche et plus influent conseiller, que le roi confia la charge délicate de l'y représenter. Ce choix témoignait de la grande importance que le souverain accordait à l'événement et au besoin qu'il ressentit de désigner un personnage de toute confiance. Pourtant, les relations de Rosny avec les députés des précédentes assemblées politiques avaient souvent été tendues. Soucieux de bien remplir sa charge sans irriter ses coreligionnaires, le commissaire royal fit preuve d'une grande diplomatie. Il n'assista pas aux débats et ne fit que quelques apparitions à l'assemblée, recevant régulièrement la visite en son logis de députés mandatés afin d'échanger avec lui sur les questions les plus importantes. Parmi elles figuraient la désignation de six candidats à la députation générale, entre lesquels le roi devrait en choisir deux, mais aussi la prolongation de la durée initiale de concession des places de sûreté octroyée par l'un des deux brevets d'avril 1598. Avec l'aval préalable d'Henri IV, Rosny put l'accorder pour quatre années supplémentaires à compter de 1606, donnant ainsi satisfaction à la requête présentée par les réformés. Enfin, se posait de manière lancinante la question de l'avenir du système politique huguenot.

Rosny avait reçu pour mission de faire entériner sa disparition par l'assemblée, censée être la dernière de son genre, mais les députés résistèrent. Loin de se soumettre à la volonté royale, ils prirent même quelques décisions visant à perfectionner le fonctionnement de l'institution qu'ils entendaient plus que jamais inscrire dans la durée. Mais dans un même mouvement, par pragmatisme, ils disposèrent que la béquille synodale pourrait servir une nouvelle fois, en dernier recours, comme organe de substitution. Non seulement le synode national pourrait nommer les futurs candidats à la députation générale, mais il serait également qualifié, à condition d'être renforcé de députés de la noblesse, pour traiter des questions politiques qui viendraient à se présenter[14]. La porosité avec le système ecclésiastique s'enracinait ainsi de plus en plus régulièrement dans la pratique. L'épée de Damoclès, suspendue par un fil au-dessus des assemblées politiques que le roi était plus que jamais déterminé à supprimer, avait rendu indispensable la structuration quasi réglementaire de cette collaboration. Mais en pensant se prémunir, les réformés ouvrirent une brèche dans laquelle Henri IV tenta de s'engouffrer.

Le monarque ne tarda pas à choisir les deux nouveaux députés généraux parmi les noms couchés sur la liste à Châtellerault. Odet de La Noue, fils du célèbre capitaine, et Charles Du Cros entrèrent ainsi en fonction, mais le roi refusa, comme après l'assemblée de Sainte-Foy, de convoquer une nouvelle session afin de pourvoir à leur remplacement. Il tenta d'utiliser l'alternative synodale, prévue par les députés huguenots, afin de court-circuiter de manière définitive le système politique et ordonna au synode national de La Rochelle, qui s'ouvrit en mars 1607, de lui soumettre une nouvelle série de postulants à cette fonction. Et pour éviter les inconvénients que procurait la périodicité annuelle, initialement prévue pour le renouvellement des titulaires de la charge, le roi décida que leur mandat serait désormais d'une durée de trois ans. Loin d'obéir sans sourciller, les pasteurs et anciens réunis dans la capitale huguenote entrèrent en dialogue avec Henri IV. Arguant de l'insuffisance des mandats qu'ils avaient reçus de la part des synodes provinciaux, ils refusèrent d'appliquer les prescriptions royales et, quelques semaines après la clôture du synode, La Noue arracha finalement à Henri IV le principe de la convocation d'une nouvelle assemblée politique[15]. Toujours aussi réticent, le roi attendit encore une année complète pour passer aux actes, ne signant le brevet tant attendu que le 18 juin 1608.

C'est à Jargeau, une cité dont le gouverneur n'était autre que Rosny, devenu duc de Sully en 1606, que l'assemblée s'ouvrit en octobre 1608. Parmi les noms qu'elle lui soumit, Henri IV piocha ceux de Jean de Jaucourt, sieur de Villarnoul et gendre de Mornay, et de Jean Bontemps, sieur de Mirande, pour exercer les charges de députés généraux[16]. Cette session fut la dernière du règne, brutalement interrompu par l'assassinat du monarque en mai 1610. Malgré sa détermination, Henri IV ne parvint donc pas à achever la mutation de son dialogue avec ses sujets huguenots qui purent ainsi faire perdurer la vie politique du parti. L'activité de cette pyramide d'assemblées représentatives, si intense dans l'ultime phase des guerres civiles, n'en fut pas moins considérablement réduite. Aux interminables sessions des dernières décennies du XVIe siècle succédèrent des réunions beaucoup plus courtes et aux ordres du jour épurés de toute question polémique. À l'échelon provincial, les assemblées se firent de plus en plus rares, et la désignation des députés aux assemblées générales échut souvent aux synodes provinciaux, voire aux colloques, si bien que la mécanique sembla s'être endormie. Quant aux conseils provinciaux rétablis par l'assemblée de Sainte-Foy, en contravention avec l'édit de Nantes, on ne sait trop rien de leur activité. Seule certitude : toutes ces instances, qu'elles aient fonctionné régulièrement ou non, exploitèrent au mieux le relais désormais offert par les députés généraux, devenus véritablement, à la fin du règne du premier Bourbon, le rouage essentiel de ce dialogue politique, dont le contenu restait presque entièrement polarisé par les difficultés que persistait à susciter l'application de l'édit de Nantes.

Une présence au cœur de l'État

Si le parti huguenot put conserver l'essentiel de ses rouages malgré la volonté royale, il le dut aussi à l'enracinement de la minorité réformée au cœur de l'État royal. Alors qu'une partie réduite de la noblesse réformée suivit le roi dans son abjuration, la grande majorité des gentilshommes huguenots resta fidèle à sa foi. Admis à exercer toutes les charges et tous les offices par l'édit de Nantes, ils étaient alors particulièrement présents dans le proche entourage du souverain. À ceux qui l'avaient suivi depuis la maison de Navarre jusqu'à celle de France, sans pour autant se convertir au catholicisme dans le sillage de leur maître, s'ajoutaient de nouveaux visages, intégrés le plus souvent par l'entregent des précédents.

Tout au sommet de cette élite huguenote, Philippe Duplessis-Mornay avait perdu sa place prépondérante occupée dans l'entourage du chef de la maison de Bourbon pendant deux décennies. En mai 1600, au terme d'une conférence théologique qui l'avait opposé à l'évêque d'Évreux Du Perron, il avait payé d'une douloureuse disgrâce son engagement trop visible contre l'Église romaine, exprimé à travers un traité contre l'eucharistie particulièrement offensif publié deux ans plus tôt. Henri IV, qui voulait alors enraciner sa réconciliation avec le pape Clément VIII, n'avait pas hésité à sacrifier son fidèle serviteur sur l'autel de la raison d'État. Mornay conservait toutefois son gouvernement de Saumur et demeurait très écouté par ses coreligionnaires, mais c'en était bel et bien terminé de son influence sur le roi, qui s'était tourné résolument vers Sully. Surintendant des finances en 1597, élevé à la dignité de duc en 1606, celui-ci devint aussi grand maître de l'artillerie, grand voyer de France, surintendant des fortifications, gouverneur du Poitou et gouverneur de la Bastille. Son prestige et son influence sur le roi furent à leur zénith à partir de 1605. Il n'en sut pas moins rester ferme dans sa foi, en dépit des multiples tentatives orchestrées par les catholiques pour le pousser à se convertir. Cette fidélité lui valut le respect de ses coreligionnaires, qui n'éprouvaient, en revanche, pour lui guère d'attachement. Au contraire de Mornay, qui avait sacrifié un destin politique plus brillant pour la défense de la « vraie religion », Sully était avant tout dévoué au roi qui avait fait sa fortune. Grand serviteur de l'État, il ne rechignait toutefois pas à servir de relais aux requêtes huguenotes, quand leur contenu n'entrait pas en conflit avec ses convictions et ses intérêts.

Afin de réorganiser l'État et l'administration, il s'entoura de réformés qui l'assistaient dans l'exercice de chacune de ses charges. Plusieurs membres de la famille Arnauld, tous calvinistes, peuplaient ainsi le département des finances. Claude, trésorier de France à Paris en 1601, mourut en charge en 1603, date à laquelle David devint contrôleur général des restes des comptes. Isaac fut notamment contrôleur général de la maison de la reine Marie de Médicis en 1604, conseiller d'État en 1605 et enfin intendant des finances. À rebours de l'air du temps, un autre personnage, appelé à un brillant avenir dans le sillage de Sully, se convertit au protestantisme le 2 avril 1600. Il s'agit de Gilles de Maupeou, lui aussi intendant des finances, puis conseiller d'État, qui fut promu en 1608 contrôleur général des finances. Le principal ministre d'Henri IV put encore compter sur bien d'autres réformés, au nombre desquels figuraient, par exemple, Benjamin Aubery Du Maurier, qui devint, en 1607, contrôleur général des restes des états du Conseil, toujours au département des finances, puis secrétaire du roi l'année suivante, mais aussi Daniel de Massué, sieur de Ruvigny, nommé lieutenant de la Bastille, ou encore Abraham de La Coustauderie, commissaire général de l'artillerie. Ce ne sont que quelques exemples du noyau dur huguenot qui se constitua autour de Sully, désireux de s'appuyer sur des hommes fidèles et proches par la communauté de foi.

Cette infiltration de l'État par les réformés ne s'arrêtait pas au cercle construit autour de lui. Henri IV s'appuya par exemple sur Barthélemy de Laffemas, nommé en 1602 contrôleur général du commerce, mais aussi sur son secrétaire personnel, Antoine de Loménie, déjà à son service en Navarre, dont l'influence s'accrut, et qui jouissait de la confiance absolue du roi. Moins visible sur le plan politique, mais tout aussi proche du souverain, le premier valet de chambre Pierre de Beringhen avait accompli le même chemin. Après avoir servi le parti huguenot, nombre de ces hommes servirent ainsi avec une même détermination leur ancien protecteur devenu roi de France et catholique. Cette mutation posait inévitablement la question d'un éventuel conflit de fidélités, entre le devoir qu'ils avaient envers leur souverain et le désir de profiter de leur position pour favoriser un plus grand établissement de la foi réformée. Le régime de l'édit de Nantes et la faveur que le roi ne cessa de manifester à l'égard de ses anciens compagnons, même s'il ne se montrait jamais assez libéral à leurs yeux, résolurent sans aucun doute pour eux le problème du choix, puisqu'il n'eut guère l'occasion de se poser.

Pour d'autres, en revanche, les occasions d'hésiter purent être plus fréquentes, car la présence huguenote dans les cercles du pouvoir ne se limitait pas à l'administration centrale. Plusieurs diplomates réformés exercèrent ainsi d'éminentes fonctions, comme Paul Choart de Buzenval qui, après avoir parcouru les États protestants au service du parti huguenot, devint ambassadeur de France aux Provinces-Unies calvinistes, où il mourut en 1607. La politique internationale henricienne, résolument tournée vers les alliances avec les puissances protestantes contre les Habsbourg, lui épargna bien des dilemmes qui auraient pu le déchirer entre le service d'un prince catholique et la fidélité à sa foi. Il fut remplacé à La Haye par un autre diplomate huguenot, Élie de La Place, sieur de Russy, entré en fonction en 1607. Dans l'Empire et en Suisse, quelques-uns des agents et ambassadeurs furent aussi de confession réformée, tels Jacques Bongars et Eustache de Reffuge.

Certains, enfin, purent être tentés par le diable de la trahison en raison de leurs ambitions personnelles. Alors que la grande noblesse réformée se tint prudemment éloignée, en 1602, de la conspiration de Charles de Gontaut-Biron, qui s'estimait mal traité par le roi et se laissa convaincre par le duc de Savoie de participer à une entreprise contre Henri IV en échange de nombreuses garanties, le duc de Bouillon eut la maladresse de prêter l'oreille aux propositions du maréchal. Même s'il eut finalement la sagesse de ne pas s'engager dans l'aventure, les bruits de ses hésitations initiales parvinrent au roi, qui lui demanda de se justifier. N'étant pas très sûr de sa totale innocence, Bouillon refusa maladroitement de se soumettre au jugement du parlement de Paris, dont il était justiciable comme duc et pair, et se retrancha sur ses terres. Henri IV répliqua en faisant occuper ses domaines et en s'emparant en personne de sa ville de Sedan, d'où il le ramena à Paris, soi-disant réconcilié. Il s'agit d'une humiliation pour Bouillon, mais cet épisode assez malheureux ne rejaillit pas sur le parti huguenot. Cette péripétie mise à part, rien ne vint troubler la bonne entente d'Henri IV avec ses sujets réformés, qui pouvaient même se réjouir, début 1610, de la perspective d'une entrée en guerre de la France contre l'Espagne, l'éternel ennemi, au profit du duché protestant de Clèves. C'est dans le ciel presque sans nuage d'une relation apaisée avec le roi que les protestants français eurent la douleur de voir tomber la foudre de l'assassinat de leur ancien protecteur par Ravaillac, catholique fanatique qui poignarda le monarque le 14 mai 1610 vers 16 heures. Dans le carrosse royal, par la fenêtre duquel le meurtrier put commettre son forfait, Jacques Nompar de Caumont, marquis de La Force, l'un des proches conseillers huguenots du roi, fut l'un des témoins privilégiés du drame qui fit basculer la destinée des réformés français.

QUATRIÈME PARTIE

UNE MINORITÉ EN SURSIS

Faites que notre grand Louis,
Qui défend vos pauvres brebis,
Les renverse tous par morceaux.
Au diable soit lou houguenaux !

Exterminez-les, Annihilez-les,
Exterminez-les,

Faites humilier
Cette orgueilleuse Montpellier ;
Faites que Nîmes
Fonde en abîme ;
Que Montauban S'en aille au vent ;
Que La Rochelle, Cette rebelle,
Sente votre ire vengeresse,
Ainsi que doit une traîtresse.

La Prière du Gascon ou l'Ou diable soit dis Houguenaux, s.l., 1622.

« L'accident que nous craignions toujours nous est arrivé : mais plus lourdement encore que nous ne l'eussions osé imaginer[1] », écrivit Philippe Duplessis-Mornay à Jacques-Auguste de Thou quelques jours après qu'un messager lui eut appris l'assassinat d'Henri IV. Pour ce fidèle serviteur du feu roi, l'annonce fut certes particulièrement rude en raison des liens particuliers qui l'avaient uni au chef de la maison de Bourbon aux temps les plus durs du combat huguenot. Mais elle fut ressentie avec d'autant plus de violence que la disparition du monarque pouvait aussi mettre en péril la tranquillité si laborieusement acquise par les protestants français.

Trois décennies plus tard, la publication posthume des mémoires du duc Henri de Rohan éclaira d'une lumière plus crue et plus définitive cet événement, considéré par le capitaine huguenot comme un véritable *kairos* dans l'histoire politique du royaume et de la Réforme française. Dans un *Discours sur la mort de Henry le Grand*, alors imprimé pour la première fois, il déplora cet événement aussi dramatique que préjudiciable. « Si jamais j'ai eu sujet de joindre mes regrets avec ceux de la France, écrivit-il, c'est à la mort malheureuse de Henri le Grand, pleine de tristesse et d'accidents funestes pour nous. » Puis il conclut, au terme d'une longue et éloquente énumération des vertus du roi défunt, par un constat aussi tranchant que révélateur du basculement engendré par la disparition du monarque : « Qui peut avoir vécu au temps de ce roi auguste, comme j'ai fait, et prendre plaisir en celui-ci ? Je veux donc séparer ma vie en deux, nommer celle que j'ai passée, heureuse, puisqu'elle a servi Henri le Grand, et celle que j'ai à vivre, malheureuse, et l'employer à regretter, pleurer, plaindre et soupirer[2]. » Si on ignore la date exacte de la rédaction de ce texte, que son contenu soit prophétique ou fondé sur l'expérience éprouvée de la réalité, il n'en annonçait pas moins la perspective de nouveaux orages pour la destinée des protestants français.

17

Le raidissement

La nouvelle de la mort du roi se propagea comme une traînée de poudre dans le monde huguenot. Partis de Paris, des courriers et des messagers fusèrent à travers le royaume, exploitant les relais du système consistorial-synodal, pour atteindre les pasteurs et leurs communautés. Dans bien des cas, la diffusion de l'information fut si rapide que son annonce devança même les courriers officiels. Les députés qui siégeaient alors au synode provincial d'Aunis, Saintonge et Angoumois, tenu à Saint-Jean-d'Angély, furent avisés le 16 mai en fin d'après-midi et levèrent immédiatement la séance pour monter à cheval. Après avoir parcouru nuitamment les quelques dizaines de kilomètres qui les séparaient de leurs communautés, plusieurs d'entre eux purent délivrer la nouvelle au petit matin. Le pasteur Louis Cercler de La Chapelière informa ainsi les Rochelais et son collègue Pierre Pétris put alerter les fidèles de Pons le 17 mai dès 7 heures. En d'autres lieux, ce furent les lettres envoyées par le député général Villarnoul, « pour avertir ceux de la religion du parricide commis en la personne du roi », ou par les gouverneurs et lieutenants généraux qui furent les premiers vecteurs du drame provoqué par le couteau de Ravaillac.

À Saumur, Philippe Duplessis-Mornay s'exprima en sa double qualité de huguenot et de gouverneur de la cité. Devant l'assemblée des habitants, réunie pour l'occasion le 19 mai, il tint un discours qui traduisait son émotion et tournait le regard vers un avenir au sujet duquel les réformés pouvaient désormais nourrir quelque inquiétude : « Notre roi, le plus grand roi que la chrétienté ait porté depuis cinq cents ans, qui avait survécu tant d'adversités, de périls, de sièges, de batailles, d'assassinats même attentés en sa personne, tombe enfin sous le coup d'un misérable, qui noircit en un moment tout cet État de deuil, noie tous les bons Français de larmes (...). Ils nous ont tué notre roi et j'en vois vos yeux mouillés, vos cœurs touchés, mais si ne faut-il pas perdre courage. » Puis, évoquant le jeune Louis XIII et Marie de Médicis, appelée à exercer la régence, il concluait : « Nous avons donc à tourner aujourd'hui les yeux vers eux, pour leur faire vœu de notre entière obéissance et fidèle service[1]. »

L'unité du parti en péril

Les yeux des réformés se tournèrent en effet vers la reine mère, entre les mains de laquelle résidait désormais la réalité du pouvoir, puisque son fils n'avait encore que neuf ans. Quelle serait son attitude à l'égard des huguenots ? L'édit de Nantes pouvait-il être menacé ? Marie de Médicis, pleinement consciente du trouble qui aurait pu naître dans l'esprit de ses sujets protestants, comprit qu'il était essentiel de les rassurer afin de maintenir le royaume en repos. Dès le 15 mai, juste après que la régence lui eut officiellement été conférée lors d'un lit de justice tenu au parlement de Paris, Mornay et quelques autres seigneurs protestants d'importance furent d'abord les destinataires de lettres dans lesquelles elle évoquait, de manière encore elliptique, la nécessaire observation des édits[2]. Mais il fallait une expression plus vigoureuse de la volonté royale pour rassurer des réformés qui, partout à travers le royaume, avaient commencé à prendre des dispositions militaires pour faire face à une éventuelle agression. Sur les instances de Villarnoul, une déclaration royale fut publiée le 22 mai. De manière officielle et parfaitement explicite, elle affirmait la détermination du nouveau monarque et de la régente à faire « garder inviolablement » l'édit de Nantes ainsi que l'ensemble de la législation ultérieure relative à son application[3].

Ces assurances ne suffirent pas à rasséréner pleinement les réformés. Mornay lui-même recommanda au député général de solliciter les princes protestants étrangers, afin que leurs ambassadeurs n'omettent pas de recommander au nouveau roi et à sa mère, lorsqu'ils viendraient présenter leurs félicitations pour l'avènement du jeune monarque, le maintien de la coexistence confessionnelle pacifique dans le royaume[4]. Mais plus encore que la pérennité de l'édit, un autre défi préoccupait une partie des gentilshommes à l'habileté politique la plus éprouvée. Le parti huguenot allait-il demeurer uni, maintenant que son ancien protecteur, dont l'autorité avait servi de ciment et de garde-fou aux ambitions personnelles, n'était plus là ? Le risque de les voir s'exprimer au détriment de l'intérêt collectif n'était pas absent, et le manque de coordination, observé dans les premières actions conduites par les Églises, ne tarda pas à confirmer les craintes éprouvées par certains. Parmi eux figurait encore et toujours Mornay, que son expérience et sa modération faisaient apparaître comme un sage aux yeux de ses coreligionnaires. Il aurait souhaité que toutes les provinces synodales se concertent afin d'envoyer à la Cour une députation commune, chargée d'assurer Louis XIII et la régente de la fidélité des Églises[5]. Une telle démarche aurait permis de manifester l'unité des réformés du royaume, considérée par le vieux conseiller comme le principal caractère qui valait à la minorité huguenote d'être crainte et respectée[6]. Faute de coordination, il ne fut malheureusement pas possible de constituer cette délégation, et chaque province expédia ses propres mandataires à Paris. Plus prégnante encore était l'incertitude qui planait quant à l'attitude que les grands seigneurs réformés pourraient adopter, dans une conjoncture propice à la redistribution des cartes au sommet de l'État. Alors que l'étoile de Sully, tout-puissant pendant plus d'une décennie, pâlissait rapidement sous l'effet des efforts conjugués de ses rivaux, le duc de Bouillon, que son rang propulsait naturellement à la tête du parti, pensa habile de se rapprocher de la régente. L'attitude qu'adopterait Henri de Rohan, jeune gentilhomme épris de gloire militaire et très favorisé par Henri IV, qui l'avait créé duc et pair en 1603, interrogeait également. L'incertitude la plus complète planait sur le comportement de ces fortes personnalités, auxquelles il faudrait ajouter quelques caractères remarquables comme La Trémoille et Lesdiguières pour dresser un tableau plus complet, lorsque la régente octroya aux réformés l'autorisation de tenir une assemblée politique par un brevet daté du 14 octobre 1610.

Cette convocation était vivement souhaitée par Mornay depuis la fin de l'été, et le gouverneur de Saumur était très préoccupé du bon déroulement des opérations. Il s'efforça, par l'envoi de lettres et de mémoires, de favoriser l'élection de députés modérés et la rédaction de cahiers de doléances réalistes, lors des assemblées provinciales préparatoires à la générale qui se tinrent de février à avril 1611. Il insista également pour que tous les grands personnages du parti soient présents, désignés par leurs provinces respectives pour les représenter, afin que la session et tout ce qui pourrait y être décidé soient assis sur la plus grande autorité. L'assemblée s'ouvrit à Saumur le 27 mai 1611. Elle fut d'emblée houleuse et le demeura jusqu'à son terme, le 12 septembre. Les tensions qui vinrent miner les débats furent causés par la défiance d'une partie de la grande noblesse à l'égard de Bouillon, suspecté d'avoir embrassé le parti de la régente au détriment des Églises. La profonde inimitié qui opposait ce grand seigneur à Sully vint encore alourdir le climat. Depuis quelques mois, ce dernier avait quitté la Cour. Le 26 janvier 1611, il avait pris les devants d'une disgrâce qu'il ressentait comme inéluctable en démissionnant de ses charges de surintendant des finances et de gouverneur de la Bastille. Affaibli, il pouvait néanmoins compter sur le soutien de son gendre le duc de Rohan. La lutte entre les deux clans commença dès la première séance, lorsqu'il s'agit d'élire le président de l'assemblée. Bouillon aspirait à cette position et, pour le contrer, Rohan et Sully décidèrent de patronner la candidature de Mornay qui fut élu un peu malgré lui, infligeant un camouflet à son concurrent.

Par la voix des commissaires royaux qu'il avait envoyés sur place, Jean de Thumery, sieur de Boissise, et Claude de Bullion, Louis XIII fit savoir aux députés que leur seule préoccupation devrait être de désigner six candidats à la députation générale, parmi lesquels il lui reviendrait d'en choisir deux, puis de se séparer promptement. Loin d'accepter de telles limites, les membres de l'assemblée rédigèrent plusieurs cahiers de doléances qu'ils firent porter au roi par une délégation composée de cinq d'entre eux. Marie de Médicis fit savoir à l'assemblée que les réponses royales à leurs plaintes ne leur seraient communiquées qu'après la désignation des six postulants, ce que les députés contestèrent pendant plusieurs semaines, engendrant des tensions avec la Cour. Mais ils finirent par céder, respectant l'agenda fixé par la Couronne. Pour autant, durant les quatre mois et demi que dura l'assemblée, ils furent loin de limiter leur action à ces seules démarches. L'œuvre principale des députés fut la rédaction d'un règlement qui restructurait de manière novatrice le système politique huguenot. À toutes occasions, durant cette longue session, l'animosité entre Bouillon et le clan Rohan-Sully se manifesta sous des formes diverses, alourdit l'atmosphère et compliqua la tâche de Mornay[7]. Éprouvé d'avoir dû composer avec ces dissensions, le gouverneur de Saumur constata par la suite amèrement que « le soupçon et la jalousie y ont dominé d'un bout à l'autre », ajoutant que cette tension perpétuelle avait fortement nui au déroulement de l'assemblée et qu'il avait fallu davantage travailler « à en fuir les dommages qu'à en poursuivre les fruits[8] ».

Pour le parti huguenot, rien n'était plus nuisible que la division. Une fois l'assemblée close, les chicaneries entre grands qui avaient perturbé les débats n'en persistèrent pas moins. En 1612, le pasteur de l'Église de Bordeaux, John Cameron, porta un jugement sans équivoque sur la situation du parti : « Nous sommes misérables, notre désunion s'accroît de jour en jour, non que pourtant aucun du gros ne se débande, mais en ce que les aigreurs de Saumur sont fermentées par la continuation des mêmes procédures[9]. » Témoin de ces querelles, Agrippa d'Aubigné les mit en lumière dans un écrit publié cette même année, *Le Caducée ou l'Ange de paix*, dans lequel il usa d'une catégorisation appelée à faire fortune[10]. Selon lui, deux courants partageaient désormais le parti : celui des « fermes » et celui des « prudents ». De manière simpliste, le premier était incarné par Rohan et le second par Bouillon, en raison de son attitude soumise à l'égard de la Cour qui rendait toutes ses actions suspectes.

Un incident fit encore monter la tension d'un cran. Rohan était gouverneur de Saint-Jean-d'Angély, la principale place forte huguenote de l'Ouest après La Rochelle. À l'instigation de Bouillon, au printemps 1612, le baron de La Rochebeaucourt, lieutenant du roi dans la ville, entreprit de faire élire un maire hostile au duc à la tête de la cité. Rohan répliqua, faisant fermer les portes de la ville et maltraiter un envoyé de la Cour, ce qui lui valut d'être déclaré rebelle et coupable du crime de lèse-majesté. En représailles, son épouse et sa fille furent même retenues temporairement prisonnières à Paris. L'affaire fut longue à trouver son aboutissement, et de multiples rebondissements ne permirent pas le retour au calme avant janvier 1613. Au cours de ce conflit, Rohan apparut comme le chef militaire naturel du parti et se posa en défenseur déterminé des intérêts des Églises face aux partisans d'une conduite plus mollement soumise à l'égard de la Cour. Mais cette fermeté fit passer le royaume tout près d'un retour aux troubles, avec quelques mouvements de troupes ordonnés par la régente et une véritable effervescence dans l'Ouest huguenot. Le retour au calme dut beaucoup à l'action médiatrice de Mornay qui fut mandaté par Marie de Médicis afin de trouver les voies d'un apaisement. Le 25 décembre 1612, dans une lettre pleine de franchise, il avait placé le duc devant ses responsabilités, l'exhortant à faire sa soumission dans l'intérêt collectif des Églises qui auraient eu tout à craindre d'un retour à l'affrontement armé : « Pour Dieu, Monsieur, avait-il écrit, songeons au principal ; tirons-nous une fois avec honneur de ce bourbier[11]. »

La conscience des dangers générés par la division du parti poussa les pasteurs et anciens, députés au synode national de Privas qui s'ouvrit le 24 mai 1612, à œuvrer à la réconciliation des grands. Ils rédigèrent un acte d'union et de paix dans lequel ils prônaient une « bonne et sainte réunion » entre tous les fidèles et mandataient les pasteurs Pierre Du Moulin et Samuel Durand, ainsi que Jérôme de l'Isle-Groslot, pour faire office de « médiateurs d'une bonne paix qui réunisse tous les esprits irrités et les diverses opinions nées dans l'assemblée de Saumur ». Ils devaient joindre leurs efforts à ceux des députés généraux afin de persuader Bouillon, Rohan, Sully, La Force, Lesdiguières, Soubise, Mornay, Châtillon et Parabère de signer un formulaire d'union[12]. Si cette mission fut accomplie sans trop de peine, il fut bien plus difficile de rapprocher Rohan et Bouillon.

Après une longue préparation, Mornay tenta de jouer les bons offices entre les deux hommes. Une rencontre fut organisée au parc Soubise, propriété du duc, en août 1613, mais Rohan, qui en voulait à Mornay pour n'avoir pas pris son parti durant l'affaire de Saint-Jean, reçut le gouverneur de Saumur avec froideur, accueillant avec beaucoup de réserve ses incitations à la réconciliation générale.

Un « corps » à défendre

Cette discorde était d'autant plus préjudiciable qu'elle minait les efforts accomplis afin de pérenniser le fonctionnement du système politique réformé et menaçait de priver le « corps » huguenot des moyens de défendre ses intérêts. Mornay l'avait exprimé à diverses reprises : les réformés formaient dans le royaume un « corps » comme un autre qui devait, à ce titre, pouvoir disposer de ses moyens d'expression. En 1604, afin de souligner les prétentions légitimes de ses coreligionnaires à préserver leurs institutions représentatives, il avait affirmé qu'« il n'existe corps grand ni petit en ce royaume fondé de quelque loi ou privilège, qui n'ait ses syndics ordinaires, et ses assemblées de fois à autre pour en requérir l'observation, et remontrer les contraventions, étant certain que sans ce moyen ils ne peuvent subsister », avant d'ajouter qu'il n'y avait « rien de si ordinaire de voir en ce royaume chaque corps s'assembler pour les intérêts qui le regardent[13] ». Dix ans plus tard, il réaffirmait que « ceux de la religion font un corps notable en ce royaume, qui mérite d'être considéré en son lieu[14] ».

Il était ainsi essentiel que fussent préservés les acquis de l'édit de Nantes et que le dialogue avec la monarchie pût se poursuivre par le truchement d'institutions efficaces. Les députés généraux étaient l'un des rouages de cette mécanique politique et, à l'issue de l'assemblée de Saumur, puisant dans la liste de candidats dressée par les députés, le roi fit le choix de Jacques de Jaucourt, seigneur de Rouvray, et d'Étienne Chesnevert de La Milletière afin de remplir cette mission pour une durée théorique de deux ans. Rouvray n'était autre que le frère de Villarnoul, qui sortait de charge, ce qui autorisait une certaine continuité dans l'exercice de la fonction. L'assemblée avait aussi rédigé un règlement qui renforçait encore les institutions politiques du parti. Deux nouvelles instances furent créées. Il s'agissait d'abord d'une assemblée des conseils provinciaux, destinée à entretenir l'union entre les Églises. Elle devait être composée d'un représentant par conseil provincial et se réunir une fois par an. Comme le précisait le règlement, « ce pourparler entretiendra leur union, leur renouvellera le commun ressentiment de leurs intérêts et les instruira de la condition des uns et des autres ». La seconde création constituait l'innovation majeure du règlement de Saumur, car elle instaurait un rouage supplémentaire au côté des assemblées provinciales et de l'assemblée générale. Il s'agissait de l'assemblée de cercle qui pouvait être convoquée par le conseil d'une province lorsqu'il estimait qu'un danger majeur, « quelque notable infraction à l'édit, sédition, tumulte, attentat », requérait qu'il demandât l'avis et l'appui de provinces voisines. Pour que le cercle pût s'assembler, il devait réunir les représentants d'au moins trois provinces, en plus de celle qui se trouvait à l'initiative de sa convocation. Il s'agissait donc d'un instrument de défense rapide à réunir en cas d'agression. Sa composition, réduite aux membres de la noblesse et du tiers état, les pasteurs en étant exclus, s'accordait bien avec les prérogatives militaires qui pouvaient être les siennes en cas de crise grave. Il était, en outre, prévu qu'une assemblée de cercle pouvait se muer en assemblée générale, à condition que des députés de neuf provinces au moins soient présents[15]. Lors de l'affaire de Saint-Jean-d'Angély, qui opposa Rohan à la Cour, fut réunie à La Rochelle la première assemblée de cercle, formée de députés envoyés par les conseils provinciaux de la Saintonge, du Poitou, de l'Anjou, de la Bretagne et de la Guyenne.

Mais il était inutile de vouloir innover si les acquis antérieurs ne pouvaient être préservés. Le cahier de doléances rédigé par l'assemblée de Saumur, fondé sur ceux qu'avaient composés les assemblées provinciales, visa ainsi en premier lieu à obtenir l'application pleine et entière de l'édit de Nantes, qui était considérée comme encore imparfaite. Il formula d'autres demandes de nature politique, comme la suppression de l'expression « religion prétendue réformée » des actes privés et publics, le prolongement de la concession et de l'entretien des places fortes pour une durée de dix ans, le choix de conseillers catholiques modérés pour les chambres de l'édit et les chambres mi-parties, et enfin la tenue d'une assemblée générale tous les deux ans pour la désignation des députés généraux. Les réponses de la Cour furent jugées globalement décevantes, et seule la prolongation des places pour cinq années supplémentaires donna véritablement satisfaction. Comme la régente ordonna à l'assemblée de se séparer promptement, les députés décidèrent de ne pas formuler d'observations sur le cahier ainsi répondu et de transmettre l'expression de la volonté royale aux conseils provinciaux afin qu'ils puissent réagir, le cas échéant, par l'envoi de remontrances à la Cour.

Marie de Médicis déclara ces assemblées provinciales illégales, parce qu'elles avaient été réunies sans autorisation royale. Et pour couper court à toute initiative nuisible à son autorité, elle envoya des commissaires dans les provinces afin de veiller à la bonne application de l'édit. Ces derniers entrèrent en action à l'automne 1611, agissant en duos formés d'un catholique et d'un réformé dans chaque province. En Normandie par exemple, le commissaire protestant fut Jean-Antoine de Saint-Simon, baron de Courtomer, conseiller d'État, qui avait siégé dans de très nombreuses assemblées politiques avant et après l'édit de Nantes. Cette initiative, destinée à répondre aux inquiétudes des réformés et à éviter un afflux de doléances à la Cour, ne freina pas le mouvement déjà engagé, et nombre de conseils provinciaux députèrent vers la reine afin de lui apporter leurs plaintes. À la fin de l'année 1611, une délégation forte de plus d'une quinzaine de députés se constitua ainsi à la Cour par agglomération des envoyés venus de diverses provinces. Bien que fort irritée par cette audace contraire à sa volonté, la régente les reçut finalement le 19 janvier 1612 et leur ordonna de remettre leurs cahiers aux députés généraux.

Le 17 avril, des réponses furent données à leurs requêtes. Elles étaient assez favorables, mais dans le contexte de tension généré par l'affaire de Saint-Jean-d'Angély, la régente publia le 24 avril une déclaration qui prohibait toute réunion des assemblées et des conseils provinciaux sans permission royale. Cette décision, qui intervenait en forme de punition à l'égard de l'initiative prise par les provinces à la suite de l'assemblée de Saumur, fut aussi guidée par la crainte éprouvée par la régente de voir se multiplier, dans le royaume, les manifestations d'une agitation nobiliaire qui s'exprimait aussi dans le mécontentement du prince de Condé et du comte de Soissons à l'égard de la politique royale. Il fallait éviter tout risque de conjonction entre les princes du sang et la noblesse réformée. Quels qu'aient été les ressorts profonds de sa motivation, la mesure fut très mal accueillie par les huguenots, qui y virent une forte atteinte portée au fonctionnement de leur système politique. Le synode national de Privas adressa une protestation officielle, et les députés généraux plaidèrent aussi en faveur d'un assouplissement de la position royale. Marie de Médicis resta ferme tout au long de l'année 1612, et la déclaration, publiée le 15 décembre, pour favoriser la dispersion de l'assemblée de cercle réunie à La Rochelle, confirma à nouveau l'édit de Nantes sans revenir sur cette interdiction qui était, *de facto*, maintenue.

Toujours en première ligne, Mornay tenta une nouvelle fois de panser cette plaie qui empoisonnait les relations entre le parti et la Cour. Par le truchement de Pierre Jeannin, qui avait la charge des finances depuis la disgrâce de Sully, il fit proposer à Marie de Médicis un arrangement susceptible de satisfaire les deux parties[16]. La régente, qui avait besoin d'apaiser l'agitation qui régnait parmi les Églises, acquiesça à cette suggestion et, en février 1613, elle fit savoir à ses sujets réformés, par la voix des députés généraux, que la réunion des conseils provinciaux serait à nouveau tolérée sans autorisation préalable, pourvu qu'il en fût usé « modestement ». La concession n'était formulée que de manière orale, si bien que la déclaration d'avril 1612 n'était pas officiellement abolie, mais le geste fut apprécié des huguenots.

Non sans mal, le parti demeurait ainsi capable d'agir et le navire huguenot voguait entre les récifs sans trop de dommages. S'ils lui donnaient l'assise sociale et politique indispensable à sa survie, les Grands étaient aussi son talon d'Achille. En revanche, un mouvement qui s'était déjà amorcé au siècle précédent ne cessait de prendre de l'ampleur, avec le développement toujours plus poussé de la « classe politique » huguenote dont on avait observé l'apparition dès la décennie 1560. Afin de défendre au mieux les intérêts des Églises, les différentes instances politiques du parti devaient pouvoir bénéficier de députés compétents et rompus aux affaires. Cela requérait une certaine stabilité dans la composition de ces instances et la présence de véritables « techniciens » du droit, maîtrisant tous les rouages de l'État et connaissant parfaitement la législation royale. D'assemblée en assemblée, on retrouvait de ce fait peu ou prou les mêmes individus. Amos Barbot, bailli d'Aunis et conseiller du roi, fut ainsi député de La Rochelle aux assemblées de Sainte-Foy, Châtellerault et Saumur, alors qu'Étienne Maniald représenta le Poitou à toutes les assemblées tenues entre 1605 et 1615, date à laquelle il fut nommé député général. Certains pasteurs eurent des trajectoires similaires, en y ajoutant une présence soutenue aux synodes nationaux. Tel fut le cas de Daniel Chamier, pasteur de Montélimar, déjà très actif avant l'édit de Nantes, qui fut député du Dauphiné à quatre assemblées politiques entre 1598 et 1611, tout en présidant les synodes de Gap, en 1603, et de Privas en 1612. Le groupe constitué par ces hommes, fort de quelques dizaines d'unités, formait l'assise du parti, et c'est presque de manière systématique que, lors des assemblées, on eut recours à ces députés expérimentés pour remplir les missions les plus délicates.

En ces premières années du règne de Louis XIII, la défense des intérêts du « corps réformé » semblait donc bien assurée. Les juristes huguenots pouvaient, en outre, compter sur un vaste corpus de documents soigneusement archivés à La Rochelle. Destinés à constituer une véritable mémoire des actes accomplis par les assemblées politiques et de leurs rapports avec la monarchie, ils commencèrent à être systématiquement déposés dans la capitale du parti juste après la signature de l'édit de Nantes. La tour de Moureilles, où étaient conservées les archives les plus précieuses de la cité, fut choisie pour abriter ces documents dont la liste, soigneusement établie et numérotée, ne cessa de s'allonger au fil des années[17]. Procès-verbaux des assemblées, cahiers de doléances, pièces relatives aux négociations avec la Cour, mémoires, lettres missives, documents en rapport avec l'activité des députés généraux, règlements, états de garnisons, formulaires, instructions, pièces comptables, documents justificatifs de natures diverses et actes royaux formèrent ainsi un ensemble destiné à fournir le réservoir de données le plus complet possible aux réformés, confrontés à la nécessité de préserver leurs acquis et de promouvoir leurs intérêts.

Le tournant de 1615

Ces atouts leur étaient d'autant plus nécessaires que la situation intérieure du royaume se dégrada à partir de 1614. Dès son accession à la régence, Marie de Médicis avait envisagé un renversement de la politique étrangère de la France. Influencée par Villeroy, ancien ligueur repenti et fervent catholique, la reine, elle-même très pieuse, avait incliné très vite en faveur d'un rapprochement avec l'Espagne. Celui-ci devait se matérialiser par la conclusion de mariages qui avaient été secrètement négociés en avril 1611. Le principe d'une double union – celle du jeune Louis XIII avec l'infante Anne, fille aînée de Philippe III, et celle d'Élisabeth, sœur du roi, avec le prince des Asturies, Philippe – était ainsi acquis, mais il n'avait pas été révélé afin d'éviter d'alarmer les huguenots dont l'assemblée était sur le point de s'ouvrir à Saumur. Il avait fallu attendre le 26 janvier 1612 pour que l'affaire fût évoquée au Conseil, puis le processus s'était accéléré et, à la fin de l'été, tout était conclu.

Cette annonce avait servi de catalyseur à l'opposition d'une partie des Grands à la politique de la régente, qui était notamment accusée de privilégier l'avancement de son favori, le Florentin Concini, au détriment des princes français. Condé avait pris la tête du mouvement dès le printemps 1612, faisant valoir que sa dignité de premier prince du sang faisait de lui le conseiller naturel du roi mineur pour une question aussi décisive que celle de son mariage. Marie de Médicis avait toutefois réussi à l'apaiser au prix de quelques concessions. Mais en novembre 1613, lorsque Concini fut élevé à la dignité de maréchal de France, le scandale fut tel que Condé put fédérer autour de lui tous les mécontents, au premier rang desquels figuraient les ducs de Mayenne et de Nevers, bientôt suivis par ceux de Longueville et de Vendôme. Le 19 février 1614, après avoir pris les armes, Condé publia un manifeste dans lequel il demandait notamment la réunion des états généraux et l'ajournement des mariages espagnols. Il espérait entraîner les réformés dans sa révolte et il entreprit à cet effet des démarches en direction des députés généraux et de plusieurs parmi les grands personnages du parti huguenot, en particulier Mornay et Rohan, qui se tint finalement à l'écart, tout comme l'ensemble de la noblesse réformée à l'exception notable de Bouillon, engagé de la première heure au côté de Condé. Afin d'éviter un embrasement, la régente négocia avec les rebelles, et le 15 mai 1614, le traité de Sainte-Menehould donna satisfaction au prince et à ses alliés, qui obtinrent la convocation des états. Quant aux huguenots, dont on avait voulu s'assurer dès février, ils gagnèrent dans l'opération l'autorisation de tenir une assemblée politique à Grenoble au mois d'octobre.

Les réformés franchirent ainsi sans encombre l'écueil de ce soulèvement nobiliaire, en demeurant soudés dans l'obéissance au roi, mais il n'en fut pas de même quelques mois plus tard. Louis XIII, qui avait eu treize ans le 27 septembre 1614, fut déclaré majeur le 4 octobre. Marie de Médicis n'était de ce fait plus régente, mais elle conservait la direction du Conseil. Les états généraux s'ouvrirent le 27 octobre et se prolongèrent jusqu'au 23 février 1615. Condé et ses alliés en furent déçus, et les huguenots y trouvèrent des motifs de mécontentement. Les députés réformés présents dans les rangs de la noblesse protestèrent contre la présence, en tête du cahier de l'ordre, du rappel du serment du sacre par lequel le roi promettait d'extirper l'hérésie. Prégent de La Fin, seigneur de Maligny, vidame de Chartres, se lança même dans une violente diatribe avant de quitter la salle, suivi par sept autres députés huguenots. La forte offensive du clergé qui, par la voix du jeune Richelieu, évêque de Luçon, demanda la publication des décrets du concile de Trente, la suppression des lieux de culte accordés aux réformés et la fermeture de leurs collèges, contribua aussi à raviver les craintes des réformés. Dans un premier temps, Louis XIII refusa de consentir à la publication des décrets de Trente, mais cette résistance fit long feu. L'assemblée du clergé de France, ouverte en mai suivant, fit de leur réception son absolue priorité. Le 7 juillet, les prélats français décidèrent unilatéralement de recevoir le Concile, avec l'accord tacite du roi et malgré la réprobation du chancelier Sillery. Même si aucun édit royal ne vint ensuite confirmer cette décision, la passivité du monarque en cette circonstance fut interprétée de manière très négative par les réformés.

L'assemblée générale prévue pour l'automne précédent ne s'était toujours pas réunie. Les huguenots n'étaient pas pour rien dans ce retard, car le synode national de Tonneins, tenu en mai 1614, avait estimé que Grenoble n'était pas un bon choix, en raison de la forte influence que Lesdiguières, considéré comme trop soumis à la régente, pourrait avoir sur les débats. Marie de Médicis ayant refusé de modifier la convocation, plusieurs assemblées provinciales, chargées d'élire leurs députés, envoyèrent des mandataires à la Cour afin de requérir la désignation d'un nouveau lieu de réunion, mais sans succès. Ces atermoiements expliquent qu'il fallut attendre finalement le printemps suivant pour que, les réformés s'étant finalement malgré tout accordés sur Grenoble, un brevet royal du 25 mai 1615 y assignât l'assemblée pour le mois de juillet.

Celle-ci s'y ouvrit le 16 de ce mois-là, en présence de soixante-douze députés élus, auxquels s'étaient joints les procureurs des Grands du parti. Ces derniers n'assistaient pas aux séances avec voix délibérative, mais avaient vocation à être consultés lorsque l'assemblée le jugerait nécessaire. Le 21 juillet, ils furent informés par les députés généraux des décisions récentes à propos de la publication des décrets de Trente et, le 18 août, ils apprirent le départ imminent de Louis XIII pour la Guyenne, afin d'y célébrer rapidement son mariage avec l'infante. Ces deux mauvaises nouvelles se télescopèrent avec l'annonce de la prise d'armes de Condé, qui publia le 9 août un manifeste exposant les raisons de sa décision[18]. Le jour suivant, un messager du prince, chargé de susciter un engagement huguenot à ses côtés, arriva à Grenoble[19]. Un ballet d'émissaires s'engagea alors entre Condé et l'assemblée et, en quelques semaines, la prudence huguenote initiale finit par vaciller. En proposant d'intégrer à son programme politique les principales revendications formulées par les réformés français, y compris le refus de la publication des décrets de Trente et la demande que soit sursis aux mariages espagnols, le prince fit preuve d'une grande habileté[20].

Le parti huguenot fut ainsi confronté à un moment décisif de son histoire, puisque trois options s'offrirent à ses membres : rester, de manière unanime, fidèles au roi et refuser l'alliance proposée par Condé ; s'engager comme un seul homme derrière le prince ; enfin, se diviser sur la conduite à tenir et laisser éclater au grand jour un désaccord fondamental, avec le cortège de conséquences néfastes qui en découleraient. Comme pouvaient le laisser penser les tensions qui étaient apparues lors de l'assemblée de Saumur, c'est cette troisième issue qui se profila très rapidement. La division s'exprima d'abord à l'échelle des Grands du parti.

Sans surprise, face à l'offre de Condé, chacun de ces grands personnages joua sa partition. Rohan décida très rapidement de prendre le parti du prince, avec pour intention de stopper l'avancée du roi vers la Guyenne. Il fut suivi sans hésitation par son frère Soubise, mais aussi par le jeune Henri de La Trémoille et par La Force. Bouillon, de son côté, traita directement avec Condé, qu'il rallia également et qu'il reçut même à Sedan durant l'été 1615. Le prince lui confia le commandement de l'armée des révoltés, ce qui marqua nettement sa différence d'avec Rohan, dont le corps d'armée plus modeste ne lui permit de jouer qu'un rôle secondaire. Quant à Sully, après avoir beaucoup hésité et avoir même appelé l'assemblée au calme et à la responsabilité en septembre 1615, il finit par rejoindre Condé à son tour, mécontent du sort qui avait été réservé par la régente à ses demandes personnelles. Ainsi, finalement, seuls Mornay, Châtillon et Lesdiguières n'entrèrent pas délibérément en révolte. Pour le gouverneur du Dauphiné, un tel engagement était impensable. Pendant tout l'été, il multiplia les démarches en direction de l'assemblée de Grenoble afin de dissuader les députés d'engager les Églises dans le sillage des Grands. Redoutant les conséquences néfastes d'une implication dans la révolte pour les Églises, il leur recommanda de faire preuve d'une « singulière prudence » : « Nous devons nous mesurer à ce que nous pouvons et non à ce que nous voulons, écrivit-il, à ce qui se peut et non à ce que nous estimons nous être dû », faute de quoi on tombera bientôt « au précipice de la guerre » et de son cortège de conséquences néfastes[21].

Cette position très affirmée et le ton menaçant de son discours, qui révélait, de l'avis des députés, une trop grande proximité de Lesdiguières avec la Cour, conduisirent l'assemblée à se transférer à Nîmes, où elle reprit ses travaux le 2 octobre 1615. En dépit des sollicitations des révoltés, les députés avaient jusque-là refusé tout engagement des Églises dans le conflit. La Cour fit d'ailleurs tout pour les retenir, répondant plus favorablement que d'ordinaire à leurs requêtes. Par un brevet du 12 septembre 1615, le roi leur avait ainsi accordé la prolongation des places pour une durée de six années supplémentaires à compter de l'expiration du délai en cours, soit 1617[22]. Mais la prudence recommandée par Lesdiguières ne fut plus longtemps de mise. Assidument travaillés par les envoyés des révoltés, les députés finirent par céder lors d'un vote arraché, à deux voix seulement de majorité, par les partisans d'un engagement du parti aux côtés du prince. Le 27 novembre 1615, leurs représentants signèrent à Sanzay, en Poitou, une convention qui fixait les modalités de leur union avec Condé[23]. Les motifs évoqués étaient principalement la lutte contre la réception du concile de Trente, le refus des mariages espagnols et la demande d'une pleine et entière application de l'édit de Nantes. Cette entrée dans la révolte fut laborieuse. L'assemblée ne ratifia l'accord que le 13 janvier 1616[24], et les députés furent relativement peu suivis dans leur choix, puisque les réformés de trois provinces seulement – le Languedoc, la Guyenne et le Poitou – prirent effectivement les armes, d'ailleurs plutôt à l'appel de Rohan qu'à leur instigation. Et encore, au sein même de ces espaces, plusieurs villes d'importance refusèrent de s'engager dans un autre but que la simple défense des positions huguenotes. Montpellier fut dans ce cas, sous l'impulsion de Châtillon, tout comme Aigues-Mortes, Niort ou encore Châtellerault. Quant aux Églises situées au nord de la Loire, elles refusèrent purement et simplement de prendre part à cet affrontement[25].

Condé ne reçut finalement que peu de renforts et, même s'il réussit à passer la Loire pour associer ses troupes avec celles de La Trémoille et Soubise, il ne put accomplir la jonction avec l'armée de Rohan. L'armée royale, commandée par le maréchal de Boisdauphin, manœuvra, en revanche, fort habilement afin de neutraliser les révoltés sans toutefois engager de bataille d'ampleur. Dépourvue de véritable effet, l'action militaire de Condé et de ses alliés n'empêcha pas la conclusion des mariages espagnols. Bien protégée par un important dispositif militaire, la Cour put gagner la Guyenne sans encombre. Louis XIII épousa Anne d'Autriche à Bordeaux le 25 novembre 1615 et, dès la fin du mois de décembre, il fut question de pourparlers de paix. Le 13 janvier, le jour même où l'assemblée de Nîmes ratifiait son accord avec Condé, une trêve fut signée à Niort. C'est à Loudun qu'eurent lieu les négociations entre les commissaires du roi et les révoltés. Soucieux de n'être pas oubliés, les députés réformés envoyèrent cinq d'entre eux à Loudun et quittèrent Nîmes afin de transporter l'assemblée à La Rochelle, où elle s'ouvrit à nouveau le 1er mars 1616, afin d'être plus près du cœur des négociations. Au cours des deux longs mois que durèrent les tractations, les mandataires huguenots furent particulièrement exigeants, au point d'irriter Condé et les Grands qui leur reprochèrent de menacer la conclusion de la paix. D'abord convaincus que la guerre ne pouvait que reprendre, les députés basés à La Rochelle prirent même, durant tout le mois de mars, des dispositions pour mettre les Églises en état de combattre en cas de nécessité. Cette intransigeance ne manqua pas d'irriter, mais elle fut payante dans l'immédiat.

Un traité en forme d'édit, ratifié par Louis XIII le 6 mai 1616, réaffirma la volonté du roi de faire appliquer l'édit de Nantes et prononça une complète amnistie pour tous les actes accomplis par les réformés pendant le conflit. Les articles particuliers qui y étaient annexés rejetèrent explicitement la réception du concile de Trente demandée par l'assemblée du clergé de 1615[26]. Le roi répondit également aux cahiers de doléances présentés par l'assemblée de La Rochelle, en déclarant que l'extermination de l'hérésie, évoquée dans le serment du sacre, ne s'appliquait pas aux huguenots qui vivaient sous le bénéfice des édits. Louis XIII accorda aussi, seulement pour une fois, le droit pour les réformés de choisir eux-mêmes les deux nouveaux députés généraux, faisant ainsi exception à la procédure habituelle qui leur imposait de proposer six candidats au roi, auquel revenait le choix final. La prolongation de la détention des places fortes pour une durée de six ans, concédée en septembre 1615, fut par ailleurs confirmée[27]. Il fut en outre promis aux huguenots le versement de 90 000 livres afin de les dédommager des frais occasionnés par la tenue et les transferts successifs de l'assemblée de Grenoble-Nîmes-La Rochelle. Les Grands réformés reçurent également des bienfaits. Outre une augmentation de leurs pensions et diverses autres concessions, Rohan se vit accorder un don de 100 000 livres, La Trémoille 60 000 livres, Soubise 50 000 livres et Sully le paiement des 300 000 livres qui lui avaient été promises lors de sa démission en 1611. L'assemblée de La Rochelle, autorisée à siéger encore quelques semaines, se sépara le 2 juin, après avoir procédé à la désignation des nouveaux députés généraux, comme le roi venait de l'y autoriser, faisant le choix de Nicolas de Berteville et d'Étienne Maniald.

Au regard de ces concessions, le bilan de l'engagement d'une partie de la grande noblesse réformée et des Églises dans la révolte condéenne pourrait paraître positif. Pourtant, il n'en était rien. Les divisions du parti avaient éclaté au grand jour et promettaient de laisser des traces. Rohan, qui avait voulu s'imposer comme un chef incontesté, n'avait pas réussi à entraîner l'adhésion massive qu'il avait espérée. Une fois en campagne, il avait eu toutes les peines du monde à obtenir des renforts, une partie de la noblesse et les villes huguenotes ayant refusé de le suivre ou de lui ouvrir leurs portes. Pour certains, il passa même pour un imprudent qui avait risqué d'entraîner le parti dans un naufrage irrémédiable. L'assemblée générale elle-même avait montré les limites de son influence, puisqu'elle n'avait pas davantage su entraîner l'adhésion. Lesdiguières, furieux contre les députés, avait même mis 6 000 hommes à la disposition du roi pour ramener ses propres coreligionnaires à l'obéissance ! Le conflit avait donc mis en lumière la faiblesse du parti huguenot, incapable de faire preuve d'unité. En s'alliant à Condé, alors que la Couronne n'avait cessé de réaffirmer sa détermination à les faire jouir pleinement des édits et leur avait octroyé la prolongation des places fortes, les Grands révoltés et l'assemblée avaient, en outre, franchi un Rubicon. Ils n'avaient dû la conclusion du traité de Loudun qu'à la volonté royale de mettre un terme à un soulèvement qui mobilisait avant tout une partie de la noblesse catholique dans le sillage de Condé. Mais Louis XIII conserva un profond ressentiment à l'égard d'une attitude défiante qu'il avait, de toute évidence, du mal à accepter. Un peu comme en 1567, lorsque Condé, Coligny et d'Andelot avaient projeté une entreprise sur le château de Montceaux-lès-Meaux où résidait Charles IX, en partie parce qu'ils croyaient qu'un accord avec l'Espagne avait été conclu à leur détriment, Rohan et une partie de la noblesse huguenote avaient craint que les mariages espagnols fussent suivis d'un durcissement de la politique royale à l'égard des réformés. Sans réel fondement, cette erreur d'appréciation eut pour conséquence de donner aux pourfendeurs de l'hérésie, et notamment au clergé, les arguments requis pour réactiver l'image de huguenots naturellement rebelles et incapables de se tenir tranquilles sous le bénéfice des édits.

Condé fut le grand bénéficiaire du traité de Loudun, et son importance à la Cour et au Conseil, où il occupait désormais la première place après la reine, ne cessa de s'accroître dans les semaines qui suivirent la conclusion de la paix. Cette montée en puissance inquiétait Marie de Médicis, en raison du jeune âge du roi. Son proche entourage, composé notamment de Concini, Villeroy et Sillery, pensa nécessaire de neutraliser le prince, qui fut arrêté au Louvre le 1er septembre 1616, accusé de comploter contre la reine mère et de vouloir s'emparer du pouvoir par la force. Les réformés s'alarmèrent, craignant que le traité de Loudun fût remis en cause, mais le roi les rassura dans une déclaration du 30 septembre qui le confirma, ainsi que tous les articles particuliers. L'arrestation du prince provoqua une nouvelle révolte des Grands, essentiellement dirigée contre Concini, accusé de tous les maux, mais les huguenots surent se tenir à l'écart de ces nouveaux troubles.

La pomme de discorde béarnaise

Au printemps 1617, un bouleversement majeur se produisit au sommet de l'État. Lassé de la puissance de Concini, Louis XIII ordonna son arrestation. Face à la résistance du favori de la reine mère, le marquis de Vitry, capitaine des gardes royaux, n'hésita pas à l'abattre dans la cour du Louvre le 24 avril. Ce « coup de Majesté », qui permit au roi de prendre lui-même les rênes de son royaume, eut pour conséquence immédiate la disgrâce de la reine mère, qui se retira à Blois. Les huguenots, qui haïssaient le favori défunt, ne furent guère émus de la nouvelle, qu'ils reçurent alors qu'ils tenaient, depuis déjà quelques jours, une nouvelle assemblée générale à La Rochelle, convoquée sans la permission du roi. L'origine de cette audace venait de l'attitude fort agressive du duc d'Épernon à l'égard de la capitale huguenote. Prétextant, en sa qualité de gouverneur d'Aunis, Saintonge et Angoumois, la présence d'une garnison rochelaise à Rochefort, il avait rassemblé 7 000 hommes et pris possession de Surgères et Tonnay-Charente. Les Rochelais appelèrent La Trémoille et Rohan au secours, convoquèrent une assemblée de cercle et s'adressèrent au roi, qui ordonna à Épernon de retirer ses troupes. Le duc persista avant de se soumettre en apparence, mais il mit si longtemps à exécuter la volonté royale que les députés réformés décidèrent de convoquer une assemblée générale pour le mois de mars 1617. La session fut brève, mais une décision importante y fut prise. Désormais, les Églises du Béarn seraient jointes à celles de France, qui s'engageaient à les assister en cas d'oppression ou d'atteinte portée à leur situation. Dorénavant, des députés du Béarn siégeraient aux assemblées générales des Églises de France.

Cette mesure, à laquelle Mornay et quelques autres étaient défavorables, ne fut pas prise sans raison. Une crise couvait. Depuis l'édit de Fontainebleau publié en 1599, la situation du catholicisme en Béarn était identique à celle que l'édit de Nantes avait conférée au calvinisme en France. La principauté, au même titre que le royaume de Navarre, n'avait en effet été rattachée à la France que par union personnelle de leur souverain commun, sans pour autant y être pleinement intégrée. À de nombreuses reprises, les évêques de Lescar et d'Oloron avaient protesté contre la contrainte qui y pesait sur la pratique du culte catholique, strictement limitée. L'affaire avait même été évoquée aux états généraux, puis remise inlassablement sur le tapis à diverses occasions. En juin 1617, l'assemblée du clergé revint à la charge, demandant à Louis XIII le libre exercice dans toute l'étendue du Béarn. Cette fois-ci, le roi l'entendit d'une oreille favorable. Malgré les protestations du député général Maniald, le roi rendit le 25 juin 1617 un arrêt qui accorda aux évêques du Béarn la mainlevée des biens ecclésiastiques précédemment confisqués par les réformés et rétablit l'exercice du culte catholique dans toute l'étendue de la principauté[28].

La réaction des protestants béarnais fut vive, car ils ne pourraient désormais plus bénéficier du revenu généré par les biens ecclésiastiques pour entretenir leurs églises, leurs pasteurs et leurs écoles. Mornay proposa qu'un édit de remplacement octroie annuellement aux réformés béarnais une somme à titre de compensation, mais les états du Béarn refusèrent de se soumettre à la volonté royale, estimant qu'ils auraient dû être consultés au préalable. De concert, Rohan, Mornay et La Force, gouverneur de Béarn, s'efforcèrent d'agir, mais la tension monta au point que les Églises de la principauté provoquèrent la réunion d'une assemblée de cercle à Casteljaloux pour le 1er mai 1618. Interdite par le roi, elle dut finalement se tenir à Orthez en présence de nombreux députés venus de La Rochelle, des Cévennes, du Vivarais, de la Saintonge, de la haute Guyenne et de la basse Guyenne. Pendant ce temps, le conseil souverain du Béarn refusa de vérifier la décision royale. Toute la seconde partie de l'année se passa en tractations. Les échanges furent multiples entre le Béarn, l'assemblée d'Orthez, qui se transféra à La Rochelle en décembre, la Cour, Rohan et Mornay, les deux derniers s'efforçant de travailler à un apaisement. À leurs yeux, et surtout dans l'esprit du gouverneur de Saumur, il fallait à tout prix éviter que l'affaire n'entraînât les Églises de France dans un conflit ouvert avec la Couronne, dans lequel ils auraient eu tout à perdre. Comme il l'écrivit à La Force le 1er juin 1618, « je crains toujours ce que j'ai vu nous arriver tant de fois, que par trop bander notre arc, nous ne gagnions qu'à en rompre la corde[29] ». Ces partisans d'une solution négociée franchirent une étape vers un règlement pacifique, lorsqu'ils obtinrent du roi la convocation d'une nouvelle assemblée générale. Le 24 mai 1619, Louis XIII signa, par ailleurs, une déclaration d'amnistie en faveur des députés qui avaient participé à l'assemblée d'Orthez-La Rochelle et assigna l'assemblée promise à Loudun pour le 25 septembre.

Les Béarnais, qui continuaient à résister à la volonté royale, firent appel aux députés ainsi réunis qui, dès l'ouverture de la session, rédigèrent des articles préliminaires par lesquels ils réclamaient la suspension de la décision royale. Le roi refusa, et il fut très difficile d'obtenir que l'assemblée se cantonne à la formulation des doléances ordinaires et à la nomination des candidats à la députation générale. Les échanges avec le gouvernement royal furent tendus et se traduisirent par quelques joutes polémiques, livrées par écrits interposés, avec le problème béarnais pour principal objet[30]. En février 1620, Louis XIII ordonna même la dispersion de l'assemblée, faute de quoi les députés seraient déclarés criminels de lèse-majesté. La consultation fréquente de Bouillon, Rohan, Châtillon et Lesdiguières, dont les avis divergeaient toujours sensiblement, soutint la réflexion de la compagnie qui se sépara finalement, en avril 1620, après avoir désigné les postulants requis à la députation générale, parmi lesquels le roi fit le choix de Jean de Fabas et de l'avocat Jean Chalas.

L'affaire béarnaise était au point mort, mais la conjoncture troublée interne au royaume accéléra le processus avec une ampleur inattendue. Tout en faisant preuve de fermeté à l'égard des huguenots, Louis XIII avait dû affronter deux révoltes successives suscitées par sa mère, soutenue par quelques grands seigneurs. Afin de les contrer, il avait su faire preuve d'habileté. Le 20 octobre 1619, il avait d'abord fait libérer le prince de Condé afin de le rallier à sa cause, accusant Marie de Médicis de porter seule la responsabilité de son emprisonnement de 1616. Pour mater la seconde rébellion, le roi prit la tête de son armée et écrasa facilement les troupes de sa mère aux Ponts-de-Cé le 7 août 1620. Puis il mit le cap sur Bordeaux. Face à la résistance des réformés béarnais qui refusaient toujours de se soumettre à sa volonté, il décida alors de poursuivre vers la principauté, afin d'y faire appliquer sa décision relative au rétablissement général du culte catholique et à la restitution des biens ecclésiastiques. Le 15 octobre, il fit son entrée à Pau, où il annonça sa décision de rattacher le Béarn et la Navarre à la France. Pour les réformés, les conséquences étaient majeures. C'en était fini de leur statut particulier. Désormais, ils devraient vivre sous le régime de l'édit de Nantes. Le roi ne s'attarda pas en Béarn, mais avant de partir, il créa à Pau une cour de parlement, réunissant le conseil souverain de Béarn et la chancellerie de Navarre, dont les réformés furent exclus. Et pour maintenir l'ordre et réprimer toute tentative huguenote, il laissa sur place plusieurs milliers de soldats.

Cet acte d'autorité, accompli au détriment des intérêts des Églises réformées, agita le chiffon rouge devant les yeux des huguenots, alors qu'une décennie après la mort d'Henri IV, la paix se maintenait tant bien que mal dans le royaume. La relation avec Louis XIII n'était pas des plus sereines. La médiation des plus sages, en particulier Mornay, et la retenue de Rohan avaient jusqu'alors permis d'éviter la reprise de la guerre civile, mais les braises de la révolte n'en couvaient pas moins.

18

Les dernières révoltes

En revenant de Béarn, Louis XIII sema une partie de ses troupes en Guyenne et en Poitou. L'expédition royale avait suscité l'émoi parmi les communautés réformées. Les plus inquiets pensaient que le coup de rabot appliqué aux privilèges des Églises béarnaises était annonciateur de mesures défavorables aux huguenots, voire de la ruine totale du parti. Ces craintes étaient attisées par les nouvelles alarmantes qui provenaient de la principauté récemment intégrée au royaume. Un pamphlet publié par Jean-Paul de Lescun, avocat infatigable des réformés béarnais, détaillait les exactions qui y avaient été commises par les régiments royaux et les souffrances endurées par les fidèles[1]. Dans ce climat électrique, une nouvelle assemblée générale s'était ouverte à La Rochelle à la toute fin de l'année 1620, sans la permission du roi.

Les armes contre les larmes

Quelques mois plus tôt, en avril 1620, les membres de l'assemblée de Loudun n'avaient accepté de se séparer qu'après avoir reçu quelques assurances. Par le truchement de Châtillon et Lesdiguières, qui s'étaient entretenus avec Condé et Charles d'Albert de Luynes, favori de Louis XIII, il leur avait été promis que leurs doléances seraient satisfaites dans un délai de six mois. Leurs revendications portaient sur la nomination d'un gouverneur huguenot pour la ville de Lectoure, la réception de deux conseillers réformés au parlement de Paris, l'octroi d'un brevet de prolongation d'une durée de quatre ans pour la garde des places fortes et enfin la réception de députés béarnais par le roi ou ses conseillers avant sept mois, afin qu'ils puissent défendre leur cause. On avait assuré les membres de l'assemblée de Loudun que, si l'une de ces requêtes n'était pas satisfaite, ils seraient autorisés à s'assembler à nouveau afin de formuler des doléances[2]. Luynes et Condé s'étaient par ailleurs engagés à obtenir du roi, le cas échéant, le brevet nécessaire à cette nouvelle réunion. Mais par une interprétation abusive, les députés avaient considéré d'emblée cette autorisation comme acquise et, avant de se séparer, ils avaient chargé les Rochelais de prendre l'initiative de la convocation d'une nouvelle session si les promesses qu'ils avaient reçues n'étaient pas tenues.

À la fin du mois d'octobre 1620, non seulement les demandes huguenotes demeuraient sans réponse, mais, loin d'avoir entendu les doléances des Béarnais, le roi avait ordonné le rattachement de la principauté au royaume pour le plus grand préjudice des Églises réformées. Les fidèles de cette contrée longtemps privilégiée et leurs plus zélés défenseurs, qui refusaient de se résigner, n'avaient pas attendu l'arrivée de Louis XIII pour appeler à l'aide. Depuis le début du mois d'octobre, par la voix de Lescun, ils avaient sollicité la mise en œuvre des décisions prises à Loudun avec l'appui du député général Fabas, lui-même fort mécontent que le gouvernement de Lectoure n'ait pas été donné à son fils. Servant de relais, il avait pressé les Rochelais de mettre en route le processus de convocation et, le 14 octobre, des courriers étaient partis en direction de toutes les provinces[3]. Une telle décision, prise sans avoir préalablement requis l'autorisation royale, était incontestablement illégale et pouvait passer pour un acte de rébellion. Conscient du risque majeur qu'elle faisait prendre au parti tout entier, Mornay avait alors tenté d'inciter ses coreligionnaires à la temporisation. À la duchesse de La Trémoille, il avait fait part de son inquiétude, écrivant que l'assemblée « irritera le roi, sera inutile au Béarn et jettera en péril nos églises[4] ». Peine perdue. La machine était en route et rien ne pouvait l'arrêter.

Mis devant le fait accompli par les députés qui les avaient pris de court, les Grands du parti durent faire preuve d'agilité. La plupart d'entre eux choisirent d'inciter l'assemblée à se séparer le plus rapidement possible, tout en requérant du monarque qu'il se montrât clément à l'endroit de ses sujets réformés animés par des craintes légitimes. Cet exercice d'équilibrisme ne fut guère couronné de succès. Mornay en fit les frais. Le 23 octobre, il adressa au duc de Montbazon, beau-père de Luynes, une lettre dans laquelle il tentait de justifier la convocation par l'effroi qui avait saisi les réformés en voyant le roi « porter ses armes où on ne lui oppose que des larmes[5] ». Son audace lui valut une réponse cinglante. Le duc lui reprocha de se faire « le trompette » des « reproches sans fondement » formulés par ses coreligionnaires et l'invita fermement à faire revenir les promoteurs de l'assemblée, qualifiés de « factieux », à des intentions plus conformes à la volonté royale, faute de quoi ils seraient châtiés[6]. Rohan intervint, lui aussi, afin de faire fléchir Louis XIII. S'adressant directement au roi, il plaida à son tour la bonne foi des réformés, persuadés que la permission de s'assembler leur était acquise, et les décrivit plongés dans une « grande alarme » par les mouvements de troupes et les algarades de certains catholiques qui clamaient leur volonté d'anéantir l'hérésie[7].

Mais le roi ne fléchit pas et interdit formellement la tenue de l'assemblée, qui s'ouvrit pourtant à La Rochelle le 25 décembre 1620. Ses membres furent déclarés criminels de lèse-majesté. L'orage tant redouté par les huguenots semblait se rapprocher, rendu de plus en plus probable en raison de leur propre fermeté. Le duc de Bouillon, rendu infirme par la goutte et reclus dans son château de Sedan, s'adressa au monarque afin de l'inciter à la clémence[8]. Lesdiguières, en dépit d'une fermeté pleinement assumée[9], s'efforça comme Mornay, Rohan et le duc de La Trémoille de favoriser un apaisement. Il recommanda fortement aux députés réunis, dont il qualifiait l'action d'« illégitime », de se séparer[10].

Les efforts conjugués des Grands furent vains, et Fabas ne les aida pas beaucoup à faire retomber la pression. Le roi refusa de recevoir le député général aussi longtemps qu'il s'exprimerait au nom d'une assemblée rebelle. Il lui fallut donc passer par le truchement de Paul Phélypeaux de Pontchartrain, secrétaire d'État en charge des affaires de la religion prétendue réformée, pour que sa requête fût lue en plein Conseil, au début du mois de janvier 1621. D'une tournure impropre à générer le moindre apaisement, ce texte virulent accablait le monarque de si vifs reproches qu'il suscita la colère de Louis XIII. Le roi eut même de la peine à en souffrir l'énonciation jusqu'à son terme[11]. Cette attitude, adoptée délibérément par Fabas qui pensait tirer profit d'un aigrissement du conflit, fut hautement nuisible aux intérêts des Églises. Elle valut plus tard à ce véritable pompier pyromane la profonde aversion des partisans de la paix et le mépris de Rohan, qui le fustigea violemment dans ses Mémoires.

Les députés assemblés à La Rochelle firent, en revanche, preuve de davantage de déférence à l'égard du souverain. Dans les « très humbles remontrances » qu'ils lui adressèrent le 2 janvier, ils s'appliquèrent à le dédouaner de toute responsabilité à l'égard des actes récemment accomplis au préjudice des huguenots. Reprenant à leur compte la rhétorique du prince mal conseillé et mal informé, ils écrivirent que Louis XIII avait été « poussé » à s'acheminer en Béarn. Et au premier rang des coupables, ils mirent en accusation les jésuites et, plus particulièrement, le père Jean Arnoux, confesseur du roi et ennemi farouche de l'hérésie[12]. Quelques semaines plus tard, le 20 janvier, ils s'adressèrent à nouveau au monarque, insistant sur le travail de sape accompli par les « malveillants » à leur grand préjudice[13]. Le 3 février, ils implorèrent encore la « paternelle bonté » du souverain, afin de le détourner des « haineux » qui le poussaient à refuser d'entendre leurs justes doléances[14].

Le roi n'en demeura pas moins inflexible. Il refusa de donner audience à quelque émissaire de l'assemblée que ce fût, y compris aux députés généraux, aussi longtemps qu'ils viendraient avec l'intention de s'exprimer au nom de cet organisme rebelle. Pour Louis XIII, accepter de recevoir les doléances de cette assemblée serait revenu à en reconnaître l'existence, alors qu'il l'avait fermement condamnée. En revanche, il fit solliciter les Grands du parti huguenot, afin qu'ils s'entremettent et obtiennent des députés un retour à l'obéissance. Cette stratégie royale fut très mal reçue par les députés réunis à La Rochelle. Ils y virent un moyen de rompre ainsi l'unité du parti et d'anéantir, de manière définitive, les institutions représentatives réformées pour leur substituer les Grands, rendus seuls dépositaires de la volonté royale et reconnus par la monarchie comme ses uniques interlocuteurs valides. Cette crainte fut formulée de manière éloquente dans une lettre adressée par l'assemblée à Mornay :

On nous veut donner des intercesseurs et des moyenneurs pour obtenir grâce, et de plus pour nous faire encore tomber au piège plus dangereux qui nous a déjà été tendu à Loudun. C'est à savoir que refusant de donner en nos mains les témoignages et les assurances de la bonne volonté du roi, pour les remporter dans les provinces, on veut choisir quelques-uns de nos grands, pour les en rendre dépositaires, afin que notre ordre n'ait plus de lieu. Et ainsi par cette accoutumance [...], tout accès étant dorénavant interdit à nos Églises vers le roi par le moyen de nos assemblées, et par conséquent notre ordre du tout annulé, on fera seulement servir nos grands pour garants des vaines promesses qu'on nous fait. Et par ce moyen, les rendant instruments des mécontentements qu'on nous donne, on veut anéantir la créance et l'autorité qu'ils ont parmi nous, et la bonne volonté que nous leur portons ; c'est-à-dire ruiner notre union de fond en comble, pour perdre les uns et les autres[15].

Il est vrai que des tensions naquirent de l'action accomplie par les Grands au profit de l'apaisement. Rohan, La Trémoille et Mornay eurent une entrevue qui valut au gouverneur de Saumur l'approbation du roi et les reproches de Fabas, qui prit ombrage de ce qu'il considéra comme une interférence avec ses prérogatives de député général. Et lorsque Louis XIII demanda à La Force et Châtillon de se rendre à la Cour afin de servir à leur tour de médiateurs, l'assemblée de La Rochelle leur écrivit afin de les en dissuader.

Au cours des trois mois qui suivirent, les échanges épistolaires furent intenses entre l'assemblée et les Grands. De manière unanime, ces derniers souhaitaient éviter un affrontement armé avec le roi, mais leurs dispositions respectives laissèrent progressivement affleurer quelques nuances. Dans le camp des plus hostiles à la fermeté manifestée par les députés figurait invariablement Lesdiguières, qui ne cessa de les exhorter à la séparation, réitérant sa conviction que leur attitude confinait à la rébellion. Mornay tint également, par pragmatisme, le langage de la raison, tout en considérant que l'assemblée défendait une cause légitime et en priant Louis XIII de bien vouloir accepter de recevoir ses doléances. Bouillon partageait cette position modérée, de même que Sully.

La Trémoille, Rohan, Soubise et La Force adoptèrent, en revanche, une attitude plus ambiguë. S'ils entreprirent également des démarches afin d'obtenir la séparation des députés, ils affichèrent aussi, non sans paradoxe, leur détermination à défendre les Églises par les armes si la nécessité venait à le requérir. Lors d'une conférence qu'ils eurent à Niort, les 2 et 3 mars, avec une délégation venue de La Rochelle, à laquelle assistèrent aussi tous les chefs huguenots du Poitou, de l'Angoumois, de la Saintonge et de l'Aunis, ils commirent une imprudence. Confrontés à l'intransigeance des députés qui refusaient d'envisager la séparation de l'assemblée, ils les assurèrent de leur soutien en cas de malheur. Cette promesse, formulée un peu à l'emporte-pièce, conforta l'assemblée dans sa position et suscita un vif mécontentement chez les plus modérés, au nombre desquels figurait notamment le comte de Parabère, gouverneur huguenot de Niort et lieutenant général du roi en Poitou.

De son côté, Louis XIII fit le choix de l'intransigeance, refusant de recevoir les doléances portées par les députés généraux. Et lassé par la désobéissance de ses sujets réformés, il résolut de se mettre en route à la tête de son armée. Après être passé par Blois et Tours, il s'arrêta à Saumur, où il fut accueilli par Mornay. Contre toute attente, le roi lui fit demander par Luynes, qui venait d'être nommé connétable, de renoncer à son gouvernement en échange d'un don de 100 000 écus et d'un bâton de maréchal de France. Le vieil homme refusa de se laisser acheter et, le 16 mai, il fut suspendu de son gouvernement pour une durée de trois mois. Deux jours plus tard, il quittait Saumur pour son château de La Forêt-sur-Sèvre, rempli d'amertume. Désormais, rien ne pouvait plus arrêter la marche de l'armée royale.

Le labyrinthe de la guerre

De manière prophétique, Mornay l'avait écrit à son ami André Rivet peu après l'ouverture de l'assemblée : « J'ai toujours crié que cette convocation de La Rochelle était inutile, hors de saison, dommageable et périlleuse, et qu'elle empirerait le général de nos affaires, sans en particulier en amender aucune. On a voulu néanmoins entrer dans ce labyrinthe, duquel on ne sait par où sortir[16]. » Cette métaphore acquit davantage de force au printemps suivant, lorsque la confrontation devint inévitable.

Alors que Louis XIII approchait, l'assemblée publia un manifeste daté du 12 mai 1621, afin de justifier « sa légitime et nécessaire défense » face à « l'injuste persécution » dont elle s'estimait victime. Il y était démontré de manière très classique que ce n'était pas contre le roi que les réformés étaient contraints de se défendre, mais contre les conséquences des menées de leurs ennemis, les jésuites et les alliés de l'Espagne, qui dominaient au Conseil et à la Cour, et avaient entraîné le souverain, bien malgré lui, dans cette escalade. Suivait une énumération des nombreuses infractions à l'édit ainsi que des exactions et autres injustices dont les huguenots étaient victimes. Les députés prenaient également grand soin de décrire les légitimes procédures qu'ils avaient tenues depuis Loudun, et leurs tentatives répétées de s'adresser au roi par le truchement des députés généraux. À leurs justes revendications respectueusement présentées au monarque avaient été opposés, selon eux, des actes violents commis un peu partout, plus particulièrement en Guyenne et en Languedoc, où le duc de Montmorency, gouverneur de la province, s'était saisi de quelques places au détriment des réformés. Par ailleurs, les troupes royales acheminées en Poitou menaçaient Saint-Jean-d'Angély et La Rochelle, le marquis de La Force avait été dépossédé de son gouvernement du Béarn, des émeutes catholiques s'étaient achevées par la destruction des temples et des cimetières protestants à Tours et à Poitiers, Mornay avait perdu le gouvernement de Saumur et les réformés le contrôle de la place. « Tout ce que nous demandons, insistaient-ils, est que les temples brûlés nous soient réparés, que l'exercice de notre religion empêché nous soit rétabli, que des villes ôtées de nos mains en la garde desquels le roi les a commises nous soient restituées. » Dans une veine pathétique, ils concluaient sur le malheur qui s'abattait sur eux : nous « pleurons avec larmes de sang », avant d'implorer l'aide de Dieu en citant le psaume 83[17].

Deux jours plus tôt, le 10 mai, les députés avaient voté un nouveau règlement auquel une commission travaillait depuis le 12 avril, mandatée après que le roi avait annoncé son entrée en campagne. Intitulé *Ordre et règlement général de milices et de finances pour les Églises réformées de France et souveraineté de Béarn*, il avait pour objet la mise en défense militaire du parti à l'échelle du royaume. Sa principale innovation était de diviser la France en huit départements, à la tête de chacun desquels était nommé un chef général. Le premier regroupait notamment la Normandie, l'Île-de-France, le Berry, l'Anjou, le Maine et la Touraine, et recevait le duc de Bouillon pour chef. Le deuxième, comprenant la Bretagne et le Poitou, était confié à Soubise. Le troisième, formé de la Saintonge et de l'Angoumois, était placé sous l'autorité de La Trémoille. Le quatrième, qui correspondait à la basse Guyenne, et le cinquième, réduit au Béarn, relevaient de la compétence de La Force. Le sixième, qui s'étendait sur la haute Guyenne et le haut Languedoc, revenait à Rohan. Le septième, qui réunissait le bas Languedoc, les Cévennes, le Gévaudan et le Vivarais, avait pour chef le comte de Châtillon. Enfin, le huitième et dernier, comprenant le Dauphiné, la Provence et la Bourgogne, était placé sous l'autorité de Lesdiguières. Et pour coiffer l'ensemble, Bouillon était, en outre, investi du commandement général des armées. Si l'on excepte quelques grandes provinces où la présence huguenote était fort réduite, comme la Picardie, la Champagne, le Lyonnais ou encore l'Auvergne, le maillage territorial était complet.

Afin de s'arroger le contrôle total sur la conduite de la guerre à venir, l'assemblée accroissait considérablement ses pouvoirs, puisque le règlement lui donnait le droit de prendre des décisions sans consulter les provinces, de nommer à toutes les fonctions de commandement militaire, d'ordonner la levée d'auxiliaires étrangers, de désigner les trésoriers, receveurs et contrôleurs en charge des finances, et de délivrer les assignations pour le paiement des gens de guerre. Ces pouvoirs exorbitants laissaient tout de même leurs attributions ordinaires aux conseils provinciaux, qui étaient en outre chargés de collaborer avec le chef général de leur département, afin de prendre des décisions dans le domaine militaire. Comme pendant les guerres civiles de la seconde moitié du siècle précédent, il était en outre décidé de confisquer les deniers royaux, les revenus des biens ecclésiastiques et les fruits provenant des droits de l'Amirauté de Guyenne. En complément, un autre règlement provisoire fut édicté par l'assemblée le 5 juin, afin de réguler le commerce maritime et d'établir les principes de la guerre de course, sur des bases sensiblement identiques à celles qui avaient été jetées en 1569[18]. En dépit des précautions oratoires visant à affirmer que le but n'était pas de se dresser contre l'autorité royale, il n'était donc plus contestable que le parti était entré en rébellion ouverte.

Ces mesures attisèrent la colère du roi. Le 27 mai, depuis Niort, ce dernier déclara les habitants et les députés présents à La Rochelle et Saint-Jean-d'Angély criminels de lèse-majesté et ordonna que soit procédé contre eux par les voies ordinaires. Quelques jours plus tard, le 1er juin, il mit le siège devant Saint-Jean, dont la défense était assurée par Soubise, qui finit par capituler, avec les honneurs, le 25 du même mois. Louis XIII se montra clément avec les rebelles, mais ordonna que les fortifications de la ville soient rasées et ses fossés comblés. Les redditions s'enchaînèrent alors, si bien qu'il ne resta plus aux huguenots que La Rochelle dans ces provinces de l'Ouest. Le duc d'Épernon fut chargé d'en faire le blocus, pendant que le roi poursuivait sa route vers la Guyenne.

La résistance huguenote était d'autant plus affaiblie que les ordres de l'assemblée avaient été peu suivis. Face à la progression du roi, nombre de gentilshommes réformés s'étaient ralliés. Les gouverneurs et défenseurs de nombreuses places avaient ouvert leurs portes sans résistance, comme Pons, Castillon, Bergerac, Sainte-Foy ou encore Tonneins. Seule la petite cité de Clairac contraignit Louis XIII à mettre le siège, avant de se rendre au bout d'une résistance de quelques jours. En Normandie, Gabriel II de Montgomery livra Pontorson contre 100 000 écus, et dans le sud-ouest du royaume, Pierre d'Escodéca de Boisse, seigneur de Pardaillan, mécontent que le commandement de la basse Guyenne ait été donné à La Force, fit également sa soumission. Lesdiguières, qui avait toujours manifesté son désaccord face à la révolte de ses coreligionnaires, combattit dans l'armée royale, participant même à plusieurs sièges. En Dauphiné, ce fut ainsi Jean de Montbrun qui exerça finalement la charge de chef général des huguenots, contre lesquels luttèrent les fidèles du duc, qui poursuivit, en parallèle, ses efforts diplomatiques afin d'obtenir la séparation de l'assemblée. Il fut accompagné dans cette démarche par La Trémoille, qui prit aussi le parti du roi et n'exerça pas non plus les fonctions de général de son département. Comme Sully proclama aussi sa fidélité au roi, que Bouillon était empêché par son infirmité tout autant que par sa modération et que Châtillon ne combattait que mollement, il ne resta bientôt plus que Rohan, Soubise et La Force pour diriger des opérations militaires réduites à leur plus simple expression et restreintes à une défense acharnée de quelques positions fortes. Et c'est d'ailleurs à Rohan qu'échut la charge de général en chef après que Bouillon y eut renoncé.

Grisé par ces quelques succès faciles, Louis XIII décida de mettre le siège devant Montauban. La tâche s'annonçait bien plus ardue, car la ville était puissamment fortifiée et défendue par 4 000 soldats d'élite, renforcés de plus de 2 000 bourgeois armés, placés sous le commandement de La Force, de ses deux fils et de François de Béthune, comte d'Orval, fils cadet de Sully et gouverneur de la place. Le duc de Rohan, qui tenait la campagne environnante, avait supervisé la mise en défense de la cité depuis le mois de juin et levé, dans les Cévennes et en bas Languedoc, des troupes avec lesquelles il se tenait prêt à harceler les assaillants. Les régiments royaux prirent position le 21 août 1621. Galvanisés par le pasteur Daniel Chamier, bien organisés, servis par la chaleur puis par le temps pluvieux, les assiégés résistèrent à tous les assauts et aux 16 000 coups de canon tirés contre leurs murailles. Les troupes royales s'épuisèrent face à cette « seconde Rochelle », comme d'aucuns se plaisaient à qualifier Montauban. Affaiblis par la « fièvre pourprée », c'est-à-dire la scarlatine, qui fit de nombreuses victimes dans leurs rangs, les assaillants perdirent peut-être 14 000 hommes sur les quelque 25 000 soldats successivement engagés dans le siège. Le duc Henri de Mayenne, fils du chef de la Ligue, y mourut aussi le 20 septembre, tué par une balle de mousquet reçue dans l'œil. Du côté huguenot, les pertes furent également notables, et le pasteur Chamier compta parmi les victimes, coupé en deux par un boulet le 17 octobre, alors qu'il était sur l'un des bastions. Confronté au désastre, le roi décida de lever le siège au début du mois de novembre[19].

Boisse-Pardaillan, qui espérait obtenir la lieutenance générale en Guyenne, avait participé au siège dans l'armée royale. Apprenant que les deux places dont il était gouverneur, Sainte-Foy et Monheurt, s'étaient révoltées, il avait accouru pour reprendre le contrôle de la première et s'apprêtait à faire de même avec la seconde lorsqu'il tomba dans une embuscade tendue par Jean de Lidon, sieur de Savignac. Monheurt fut alors reprise en main par le fils de son ancien gouverneur, le marquis de Mirambeau, qui était demeuré fidèle au parti huguenot. Furieux, Louis XIII fit mettre le siège devant la petite cité par François de Bassompierre. Les opérations commencèrent le 17 novembre et se poursuivirent en présence du roi, arrivé sur place le 29. Afin d'emporter la décision face à la courageuse résistance des assiégés, une pluie de 1 200 boulets s'abattit sur Monheurt le 10 décembre. Deux jours plus tard, Mirambeau déposa les armes. Pour l'exemple, la ville fut mise au pillage et rasée, même si les défenseurs et la plupart des habitants furent autorisés à sortir sains et saufs. Le 15 décembre, Louis XIII eut à déplorer la mort de Luynes, emporté par la scarlatine, mais l'échec devant Montauban, que le roi imputait en partie au connétable, l'avait déjà rendu moins indispensable à ses yeux. L'hiver débutait et le roi rentra à Paris.

Durant ces longs mois d'affrontements, l'assemblée demeura inflexible, mais cette apparente unanimité masquait en réalité de profondes dissensions entre les députés. Les offres communiquées par Lesdiguières et La Trémoille au cours de l'été 1621, afin de parvenir à une soumission dans l'honneur, séduisirent nombre d'entre eux. Mais les plus extrémistes, soutenus par une fraction exaltée de la population rochelaise, finirent par emporter la décision. Leur radicalisme ne fut pas pour rien dans l'image très négative que la propagande royale s'appliqua à diffuser d'eux.

Résurgences radicales et accusations de « républicanisme »

La lutte ne se limita pas au combat militaire. Comme à chaque guerre civile, les deux camps en présence s'affrontèrent également sur le terrain polémique. Dès 1620, le conflit entre le roi et le parti huguenot fut au cœur de la production imprimée et, l'année suivante, il monopolisa tellement l'attention que plus de 83 % des pamphlets publiés lui furent consacrés. L'immense majorité de ces écrits émanait du parti royal, qui utilisa à plein la puissance des presses pour diffuser des plaquettes à la gloire du monarque. Les récits emphatiques de ses expéditions militaires le disputaient ainsi aux pièces narrant la soumission des rebelles huguenots et le juste châtiment infligé aux villes qui avaient osé résister. Cette polémique catholique cibla tout particulièrement La Rochelle, objet d'une violente offensive, ainsi que les actions commises par les réformés qui avaient pris les armes et refusaient d'obéir aux ordres du roi. Noyée dans cet océan de papier, la production huguenote faisait pâle figure en termes de volume. Elle ne pouvait guère compter que sur l'officine montalbanaise de Pierre Coderc et sur les presses rochelaises de Pierre Pié de Dieu. En 1621, par exemple, sur les quatorze pamphlets publiés à La Rochelle pour justifier les décisions de l'assemblée, au moins huit sortirent de son atelier.

La plupart de ces textes, tout en justifiant la détermination des réformés à se défendre, prenaient grand soin à reproduire l'argumentaire traditionnel du parti qui veillait toujours, depuis les années 1560, à exonérer le roi de toute responsabilité et à rejeter l'origine des maux qui frappaient les huguenots sur l'influence néfaste de ses mauvais conseillers. Mais de manière parallèle, comme cela avait été le cas au cours des décennies 1560 et 1570, une expression beaucoup plus radicale de la pensée réformée refit surface. Les théories de l'obéissance conditionnelle, qui avaient été forgées et exprimées, avant et après la Saint-Barthélemy, dans les écrits monarchomaques, furent à nouveau formulées. Parmi les textes les plus virulents figurait un pamphlet attribué à John Welsch, pasteur écossais, qui n'était autre que le gendre de John Knox. Banni de son pays natal en raison de ses théories radicales, il s'était réfugié en France. Il comparait La Rochelle, Saint-Jean-d'Angély et, plus généralement, la minorité réformée à Carthage, que la monarchie catholique, assimilée à la Rome des Scipions, entendait détruire par la ruse et la tromperie. Il appelait clairement à la mise en pratique d'une obéissance conditionnelle à l'égard du roi asservi par Rome, et à une défense acharnée des villes si elles étaient assiégées. Il exhortait les fidèles à défendre les Églises « jusqu'aux derniers soupirs de nos vies » et à anéantir l'Église romaine dans une diatribe très violente qui préconisait de « lui faire tête avec un front de fer, la combattre, la ruiner, la rendre nue et désolée, manger sa chair et la brûler au feu[20] ».

Son argumentaire n'était pas très éloigné de celui d'un autre auteur réformé au discours radical. Théophile Brachet de La Milletière publia, au tout début de l'année suivante, un écrit destiné à réfuter l'exhortation que le théologien réformé et professeur à l'académie de Sedan Daniel Tilénus, caché sous le pseudonyme relativement transparent d'Abraham Elintus, avait adressée à l'assemblée de La Rochelle afin de l'inviter à se soumettre[21]. Sans doute rédigé à la demande du duc de Bouillon, ce texte fut à l'origine d'un échange musclé avec La Milletière, qui soutenait l'idée d'un contrat entre le prince et son peuple, légitimant la révolte contre le roi s'il ordonnait la persécution. Il faisait explicitement référence aux écrits monarchomaques, en particulier aux *Vindiciae contra tyrannos* et au *Du droit des magistrats sur leurs sujets*, et prônait même la résistance armée en cas de nécessité. Il allait même plus loin, en défendant l'idée selon laquelle n'importe quel individu était propre à entreprendre cette résistance qui ne devait pas obligatoirement être l'apanage d'un « magistrat ». Toutefois, il accompagnait sa démonstration par les précautions d'usage, en prenant soin d'affirmer que le roi n'était pas coupable, que ce n'était pas lui le tyran, mais bien ceux qui le poussaient à agir, en l'occurrence les jésuites et le pape[22]. Ce texte particulièrement subversif fut plus tard condamné par la chambre de l'édit siégeant à Nîmes et brûlé de la main du bourreau, le 6 octobre 1626.

Réfugié à Genève à la suite de la condamnation de son *Histoire universelle* par le Parlement, Agrippa d'Aubigné apporta également sa pierre à l'édifice polémique en écrivant, en 1621, son *Du devoir mutuel des rois et des sujets*. Il y rappelait que le prince et ses sujets étaient liés par contrat et plaidait en faveur d'une révolte légitime en cas de violation de celui-ci, manifestation de tyrannie. Il faisait à son tour référence aux *Vindiciae* et, dans un contexte où il s'agissait de légitimer la résistance de l'assemblée de La Rochelle, il insistait tout particulièrement sur les obligations du prince et sur les moyens légitimes auxquels les sujets pouvaient avoir recours afin de le contraindre à les respecter. Il allait jusqu'à justifier la « juste fureur » du peuple, la vengeance légitime, estimant qu'on ne peut « défendre aux misérables d'opposer le bras au bras et le fer au fer ». D'Aubigné pouvait conclure, « en un mot nous devons tout au roi et rien au tyran[23] ». En somme, si le prince cessait d'être juste, il devenait légitime de prendre les armes contre lui, sans pour autant se rendre coupable du crime de lèse-majesté. Ce traité ne fut pas imprimé, mais le manuscrit circula à n'en pas douter dans les milieux réformés et eut peut-être une influence sur la pensée de quelques-uns.

Même minoritaires, ces théories radicales vinrent nourrir la polémique anti-huguenote alimentée par les accusations de républicanisme qui pesaient de plus en plus fortement sur les membres de l'assemblée de La Rochelle et, au-delà, sur le parti tout entier. Il suffit, pour s'en convaincre, de lire quelques lignes de la lettre écrite par le chancelier Sillery à l'ambassadeur de Venise en France, le 9 mars 1621, afin de justifier l'impossibilité de Louis XIII à s'engager dans la Valteline :

> Le mal est dans notre sang, dans nos entrailles. Ces huguenots ont formé un corps qui préjudicie à l'autorité du roi et qui lui enlève le sceptre de la main. À La Rochelle, ils font leur assemblée sans en demander licence ; ils établissent des statuts, ils imposent des charges, prélèvent de l'argent, rassemblent des milices, construisent des fortifications, comme s'il n'y avait point de roi, et qu'ils fussent, eux, les maîtres absolus[24].

Quelques semaines plus tard, dans la déclaration qui condamnait les réformés de La Rochelle et de Saint-Jean-d'Angély pour crime de lèse-majesté, le roi lui-même ne dit rien d'autre, lorsqu'il affirma avoir souffert « avec beaucoup de patience les excès, désobéissance et rébellions » des réformés, dont les assemblées s'étaient employées « à former des États populaires et républiques ». Le sceau que les députés avaient fait graver, portant la devise *Pro Christo et rege* (« Pour le Christ et pour le roi »), sous lequel ils publiaient diverses ordonnances et autres actes, donnant pouvoir de commander aux villes et provinces, de lever les impôts royaux ou encore de lever des troupes, lui apparaissait comme un signe irréfutable de leur volonté d'usurpation des prérogatives monarchiques[25]. Les assemblées politiques, qu'elles fussent générales ou provinciales, cœur du système huguenot, furent l'objet de toutes les critiques développées dans la littérature satirique catholique qui les peignit comme des institutions brouillonnes, populaires, anarchiques et d'humeur démocratique.

La diffusion du règlement du 10 mai 1621 concourut à accréditer la théorie d'une tentative huguenote d'organisation d'un véritable État dissident dans le royaume. De nombreux pamphlets reproduisirent les articles de ce texte sous des titres éloquents qui évoquaient l'établissement « d'États en forme de république » ou encore la « France partagée par messieurs de la religion prétendue réformée[26] ». Cette accusation n'était pas nouvelle. Dès 1612, la littérature antiprotestante l'avait clairement formulée, notamment dans un pamphlet intitulé *Le Magot genevois*[27], et elle était depuis revenue régulièrement sous les plumes catholiques. Le soupçon permanent qui pesait sur les Grands du parti huguenot, considérés comme des rebelles structurels constamment prêts à prendre les armes afin de troubler l'État royal à leur profit, vint également nourrir cette conviction. Les plus éminents d'entre eux étaient accusés de vouloir créer en France une république semblable à celle des Provinces-Unies, née de la scission des Pays-Bas espagnols. Et depuis 1615, Rohan était identifié comme celui qui rêvait d'endosser le costume d'un prince d'Orange à la française. Quant aux assemblées politiques, elles étaient considérées comme la matrice d'états généraux permanents. Quelques indices contribuèrent d'ailleurs à accréditer l'existence d'une inspiration néerlandaise chez les protestants français. La communauté de confession était certes un point de convergence important entre les huguenots et les élites gouvernantes du jeune État, mais on trouvait également parfois, dans la littérature réformée, l'affirmation selon laquelle le modèle de gouvernement qu'elles avaient mis en place devait inspirer les Français. Telle avait été la démarche de Louis Turquet de Mayerne dans son ouvrage intitulé *La Monarchie aristodémocratique, ou Le gouvernement composé et meslé des trois formes de légitimes républiques*, publié en 1611 et explicitement dédié par l'auteur « aux États-Généraux des provinces confédérées des Pays-Bas ». Dans la ligne des monarchomaques, il y affirmait que la souveraineté appartenait au peuple en corps, qui contractait avec le prince chargé de le gouverner. Selon lui, l'un des pivots du système politique très complet qu'il proposait devait précisément être les états généraux.

À l'orée de la décennie 1620, ce rapprochement entre les réformés français et les Provinces-Unies était bien ancré dans les esprits. Et face à l'assemblée illégalement réunie, un auteur catholique écrivit : « Je crois qu'il n'y a gentilhomme aimant Dieu et son roi [...] qui n'aime mieux mourir que de voir une autre tour de Babel s'élever parmi vous, c'est-à-dire de voir La Rochelle devenir une seconde Hollande dans la France[28]. » Fantasme ou réalité ? Cette interrogation n'est pas sans rappeler la question, presque identique, formulée à propos de la volonté supposée des réformés français de former un État huguenot après la Saint-Barthélemy[29]. Pas davantage que leurs prédécesseurs près de cinquante ans plus tôt, les députés de l'assemblée n'eurent l'idée de former un État dans l'État. Quelques semaines plus tôt, ils n'en avaient pas moins pris des décisions qui attisèrent encore les soupçons et la colère de Louis XIII.

Le retour sur la scène européenne

Face à l'armée royale, les réformés ne pouvaient espérer résister en comptant sur leurs seules forces. Même si quelques-uns des Grands du parti avaient continué à entretenir des relations avec les princes protestants étrangers après la signature de l'édit de Nantes et que les huguenots réfugiés à Londres et aux Pays-Bas menaient une activité diplomatique discrète et officieuse, aucun appel à l'aide n'avait plus été lancé depuis la décennie 1580. En mai 1621, lorsque l'affrontement devint inéluctable, l'assemblée de La Rochelle prit l'initiative d'envoyer des émissaires en Angleterre et aux Pays-Bas. Le 22 mai 1621, en présence du duc de Rohan, elle désigna le pasteur Benjamin Basnage et Jean-Casimir d'Ocoy, seigneur de Couvrelles, pour se rendre auprès du roi Jacques Ier, alors que le pasteur Louis Le Cercler, sieur de La Chapellière, et Brachet de La Milletière étaient expédiés aux Provinces-Unies.

Cette mission fut lancée dans un contexte international troublé. Depuis mai 1618, la guerre avait éclaté dans l'Empire. Les Habsbourg, soutenus par les puissances catholiques, étaient entrés en conflit avec les princes protestants allemands. L'électeur palatin, Frédéric V, gendre du roi d'Angleterre, avait été élu roi de Bohême en novembre 1619 au détriment de l'empereur Ferdinand II. La réaction impériale avait été rapide, et Frédéric, « roi d'un hiver », avait été écrasé à la bataille de la Montagne Blanche le 8 novembre 1620. Mis au ban de l'Empire, il s'était réfugié à Sedan auprès de son oncle le duc de Bouillon, et le Palatinat avait été occupé par les troupes impériales. Jacques Ier entendait favoriser la restitution de ses titres et territoires à son gendre en se rapprochant de l'Espagne, dans l'idéal au moyen d'une alliance matrimoniale. Pour les Néerlandais, la situation était plus délicate. En 1621, la trêve de douze ans, conclue avec l'Espagne en avril 1609, était sur le point de prendre fin, et la reprise des hostilités s'annonçait. Les Provinces-Unies ne pouvaient se permettre de divertir aucun moyen de leur mise en défense et devaient à tout prix éviter de mécontenter le roi de France.

Les agents huguenots partirent donc avec fort peu de chances d'aboutir. Ils n'eurent guère de succès outre-Manche. Naturellement hostile à toute rébellion contre un prince légitime, Jacques Ier avait exhorté les réformés français à se contenir dans l'obéissance au roi lors des révoltes de Condé de 1614-1616. Il n'en reçut pas moins Basnage et Couvrelles dès le 5 juillet, trois jours seulement après leur arrivée à Londres. Mais en dépit de l'appui de Rohan, qui écrivit à plusieurs reprises au souverain anglais, et de la traduction de deux écrits justificatifs[30], un soutien militaire fut exclu. L'assemblée de La Rochelle avait formulé à cet égard une demande très précise, sollicitant l'envoi de 4 000 hommes, de munitions et d'une escadre navale afin de protéger la capitale huguenote de toute attaque par voie maritime. Opposant une fin de non-recevoir, le roi offrit, en revanche, sa médiation afin d'obtenir la dissolution de l'assemblée et la conclusion d'une paix qui garantirait le retour au régime non altéré de l'édit de Nantes. Louis XIII refusa d'abord toute intervention de l'ambassadeur anglais résident, sir Edward Herbert, qui fut remplacé en août 1621 par John Hay, vicomte de Doncaster. Ce dernier vint trouver le roi de France sous les murs de Montauban et finit par obtenir l'autorisation de s'entremettre avec les Rochelais, mais la tentative échoua. En dépit de ces déconvenues, les deux émissaires huguenots présents en Angleterre ne restèrent pas inactifs. Avec l'autorisation de Jacques Ier, Basnage put organiser une collecte de fonds en Écosse en faveur des Français qui souffraient pour cause de religion. Il ne s'agissait pas de financer la guerre par un moyen détourné, mais de venir en aide aux fidèles qui avaient dû fuir et abandonner leurs biens pour se réfugier en Angleterre. Mais Basnage décida finalement d'envoyer les sommes récoltées à La Rochelle, afin que l'assemblée pût en disposer à sa guise.

Les députés partis pour les Pays-Bas ne furent pas plus chanceux. Redoutant l'appui que ses sujets réformés pourraient aller rechercher auprès de leurs coreligionnaires européens, Louis XIII avait veillé depuis plusieurs années à limiter autant que possible les interactions entre les huguenots et leurs alliés potentiels. En 1618, il avait notamment interdit aux députés désignés par le synode national de Vitré, réuni l'année précédente, de se rendre au synode de Dordrecht. Il s'agissait d'un véritable concile général des Églises réformées à l'échelle européenne, un événement unique, d'où aurait pu naître une union potentiellement dangereuse aux yeux de la monarchie française. En réalité, l'enjeu était purement théologique, et Mornay avait vigoureusement plaidé, en collaboration avec Maurice de Nassau et le baron de Langerak, ambassadeur des Provinces-Unies auprès du roi de France, pour que Daniel Chamier, Jean Chauve, André Rivet et Pierre Du Moulin pussent se rendre aux Pays-Bas. En vain[31].

Les liens entre les réformés français et néerlandais n'en étaient pas moins demeurés très actifs, et les émissaires La Chapellière et La Milletière pouvaient nourrir quelque espoir de succès. Ils se trompaient, car les Néerlandais ne pouvaient prendre le risque de s'aliéner Louis XIII au moment où leur conflit avec l'Espagne reprenait. Benjamin Aubery Du Maurier, ambassadeur de France aux Provinces-Unies, pourtant fervent calviniste, fit le nécessaire pour contrecarrer leurs plans. Chargé de guetter l'arrivée des envoyés huguenots, il écrivit au secrétaire d'État Puisieux, le 31 décembre 1620 : « De La Rochelle il n'a paru personne, et je mets des sentinelles partout pour y prendre soigneusement garde[32]. » Une fois arrivés, les deux agents huguenots furent placés sous étroite surveillance, et les États généraux durent renoncer à les recevoir, afin de complaire à Louis XIII. En revanche, ils refusèrent de les faire arrêter. Les émissaires purent même rencontrer quelques personnages influents à titre privé au mois d'août 1621, en particulier Johan van Goch, ce qui déclencha les protestations officielles de Du Maurier. Ils multiplièrent les efforts, faisant imprimer à Middelbourg et à Rotterdam la traduction flamande du manifeste justificatif de l'assemblée, mais rien n'y fit. Outre la pression mise par l'ambassadeur de France, les États généraux firent connaître leur mécontentement à l'égard des exactions commises par les corsaires huguenots sur des navires de commerce hollandais et zélandais et, en janvier 1622, ils menacèrent même de retenir La Milletière en otage afin d'obtenir compensation de la perte du *Melcnap*, un navire capturé par les Rochelais.

En dépit de ce refus officiel d'intervenir et de ces quelques tensions, les Provinces-Unies demeurèrent pour les réformés français une source d'approvisionnement en armes et en munitions. Il ne s'agissait pas d'utiliser les voies du commerce ordinaire, mais d'avoir recours à un trafic d'armes illégal, officiellement à l'insu des autorités. À leur départ, les émissaires de l'assemblée laissèrent ainsi des commis chargés de procéder à ces achats et plusieurs navires chargés d'armes vinrent secourir les huguenots[33]. L'un d'entre eux fut saisi par Montmorency à son arrivée dans le port de Sète, en Languedoc, le 4 août 1621. Il transportait six doubles canons, huit pièces de campagne, 4 000 mousquets, 4 000 dragonneaux, 2 500 pistolets, 2 500 piques, 500 casques, 500 cuirasses et deux quintaux de poudre, le tout accompagné de lettres du comte Maurice de Nassau à destination de Châtillon et des Églises de Nîmes et Montpellier. Cette découverte attestait donc une certaine duplicité de la part des autorités néerlandaises qui, sans apporter d'aide officielle aux huguenots, ne firent rien pour les empêcher d'agir secrètement.

Comme il était exclu de solliciter les princes protestants allemands, entièrement mobilisés par la guerre contre l'Empereur, l'assemblée eut l'idée de s'adresser à Ernst von Mansfeld, qui avait commandé les troupes de l'électeur palatin et qui était basé non loin de Sedan à la tête d'une armée de quelque 20 000 hommes, afin qu'il fît une diversion en pénétrant dans le royaume. Bouillon avait été chargé de le solliciter, mais le projet échoua. Les résultats de la campagne diplomatique voulue par les députés et soutenue par Rohan étaient bien maigres, et les huguenots ne purent compter que sur eux-mêmes lorsque les hostilités reprirent.

La trahison des Grands

Au cours de l'hiver 1621-1622, les négociations de paix furent à nouveau d'actualité entre les réformés et le roi. Rohan fut chargé par l'assemblée de conduire les discussions et il eut Lesdiguières pour principal interlocuteur. Au terme de nombreux échanges, un accord fut finalement trouvé en avril 1622. Mais il était trop tard. Soubise avait profité de l'accalmie hivernale pour reprendre l'offensive sur les côtes de Saintonge, Guyenne et Poitou, et Louis XIII s'était remis en campagne. Dans la nuit du 15 au 16 avril, ses troupes franchirent à gué le bras de mer qui protégeait l'île de Riez, surprenant le duc qui dut fuir avec sa cavalerie, laissant son infanterie se faire massacrer. Quelques semaines plus tard, le comte de Soissons fut chargé de bloquer La Rochelle, devant laquelle il fit bâtir le Fort Louis.

Pour les huguenots, la situation devenait d'autant plus délicate que les Grands se ralliaient progressivement au roi, faisant leur soumission à leur avantage. Le premier à faillir avait été le comte de Châtillon. Le 6 juin 1620, avant même le début des hostilités, il avait reçu un brevet de maréchal de France. Cela ne lui garantissait pas d'obtenir les provisions de la charge, mais il était ainsi habilement placé par le roi dans l'expectative. Considéré comme beaucoup trop modéré dans ses actions durant l'été et l'automne 1621, accusé d'avoir refusé de porter secours à Rohan pendant le siège de Montauban et suspecté d'intelligence avec l'ennemi, il avait été déposé pour cause de trahison, le 20 octobre 1621, par une assemblée de cercle réunissant le Vivarais, les Cévennes et le bas Languedoc, et provisoirement remplacé dans son commandement par Abdias de Chaumont, seigneur de Bertichères, puis le 12 décembre 1621 par Rohan lui-même, qui avait ensuite également été nommé gouverneur de Montpellier par les consuls de cette cité. Châtillon s'était réfugié à Aigues-Mortes, pendant que Rohan faisait mettre toutes les villes de la province en défense. Le comte avait alors négocié sa soumission au roi en échange des provisions effectives de la charge de maréchal, qui lui avait officiellement été donnée le 21 février 1622.

Après les victoires remportées contre Soubise, l'armée royale poursuivit sa route vers la Guyenne. Pendant l'hiver, La Force avait remis la province en défense, reprenant possession de Tonneins et de Sainte-Foy. Le 25 mai, Louis XIII se présenta sous les murs de cette ville afin d'y mettre le siège. En 1610, peu avant l'assassinat d'Henri IV, La Force avait reçu un brevet de maréchal de France, mais la mort inopinée du roi l'avait privé d'en recevoir les provisions. D'abord résolu à combattre, il se laissa fléchir par Loménie, qui négocia avec lui sa reddition en échange du bâton de maréchal et un don de 200 000 écus, jurant de demeurer fidèle à l'avenir. Celui qui avait victorieusement défendu Montauban quelques mois plus tôt cédait à son tour.

Lesdiguières offrait un cas particulier. Il avait depuis longtemps basculé dans le camp royal, mais il persistait toujours dans la foi réformée et n'avait cessé d'affirmer, dans les lettres qu'il adressait à l'assemblée de La Rochelle, sa détermination à servir les intérêts des Églises aussi longtemps que cet engagement ne le conduirait pas à s'opposer au roi. Il avait donc conjugué, de manière apparemment paradoxale, un engagement militaire contre ses coreligionnaires révoltés avec des protestations de fidélité constamment réitérées à l'égard des Églises. Mettant un terme à cette position de plus en plus délicate à tenir, il se convertit finalement au catholicisme le 24 juillet 1622, ce qui lui permit d'être pourvu dans la foulée de la charge de connétable, demeurée vacante depuis la mort de Luynes.

De tous les Grands du parti, Rohan et Soubise demeurèrent ainsi seuls pour mener le combat militaire. Ils comptaient sur le Languedoc, dans certains secteurs duquel le système politique huguenot fonctionnait à plein régime depuis la reprise des troubles en 1621, pour asseoir les bases militaires et financières de leur résistance. En mai 1622, Rohan adressa une lettre au roi, dans laquelle il justifiait à nouveau sa prise d'armes. Il y reprit l'argumentaire huguenot ordinaire, affirmant que les réformés avaient été « incessamment vexés et tyrannisés par toutes espèces d'outrages, oppressions et injures et traités misérablement » et qu'ils l'avaient supporté patiemment. Ces mauvais traitements n'étaient toutefois pas imputables au roi. Les vrais coupables étaient ailleurs. Il s'agissait des « ennemis conjurés de votre État qui en sont motifs et auteurs, par les pratiques et menées desquels, et par l'étroite intelligence qu'ils ont avec l'Espagnol, les divisions et partialités se continuent dès longtemps entre vos sujets ». Rohan insistait sur l'innocence de Louis XIII, et le vieux thème du roi prisonnier et manipulé revenait inlassablement sous la plume des nobles huguenots révoltés. S'inspirant peut-être du *Tigre* de François Hotman, Rohan adopta alors un ton cicéronien :

> Jusques à quand sera-ce que l'on laissera ainsi abuser de votre patience, nom et autorité pour vous faire auteur de votre ruine ? Jusques à quand sera-ce que l'on tiendra pour fidèles sujets et serviteurs ceux qui ont de tout temps affecté cette couronne pour la partager avec l'étranger et qui ne désirent rien plus que d'affaiblir cet État par troubles et divisions, comme le plus souverain et plus expédient moyen pour parvenir à leur dessein ? Jusques à quand tiendra-t-on pour rebelles et désobéissants à Votre Majesté ceux qui volontairement et franchement se soumettent à l'étroite et naturelle sujétion qu'ils vous doivent ? qui n'ont rien en plus grand désir de vous servir et obéir et vivre en paix sous votre autorité et obéissance de vos édits et ordonnances[34] ?

Mais au-delà de la publication de ces discours nécessaires bien que convenus, il fallait agir. Pris en étau, Rohan avait bien du mal à maintenir l'unité de ce qu'il restait du parti. La désunion était partout, suscitée par les ambitions particulières de certains gentilshommes et la réticence des municipalités à contribuer à l'effort collectif. Alors que les troupes royales approchaient de Montpellier, il écrivit aux consuls de Millau : « Il y a tant de trahisons et de lâchetés parmi nous qu'il ne s'est jamais ouï de semblables[35]. » Le duc plaça Montbrun dans la cité languedocienne et se logea à Anduze, d'où il comptait conduire des opérations de harcèlement contre les troupes royales, comme il l'avait fait l'année précédente pendant le siège de Montauban. La ville était bien défendue. Rohan avait fait renforcer ses fortifications par l'ingénieur Pierre de Conty d'Argencourt, qui l'avait entourée d'une ceinture formée de seize bastions reliés par des courtines et environnés de fossés profonds. Pendant cinquante jours, les 4 000 défenseurs de la cité résistèrent aux près de 25 000 assaillants et aux quelque 10 000 boulets de canons lancés contre leurs murailles. Marqué par son échec devant Montauban, Louis XIII préféra traiter que de risquer un nouveau revers. Après des négociations avec Lesdiguières, Rohan fit sa soumission le 18 octobre 1622. La paix fut signée le 19 octobre, et le lendemain, Louis XIII fit son entrée dans Montpellier.

La guerre avait été très dure. En mai 1622, Jean-Paul de Lescun avait été arrêté à Soulac, alors qu'il était porteur de trente-deux commissions signées et scellées par l'assemblée de La Rochelle qui usurpaient les prérogatives royales. Emprisonné, il avait été condamné à mort et pendu à Bordeaux. En juin 1622, les habitants de Nègrepelisse avaient été massacrés par les troupes royales, rendues incontrôlables par l'appât du butin, et la ville avait été incendiée. À Saint-Antonin, douze notables avaient été pendus, et le pillage avait pu être évité en échange d'une contribution de 100 000 livres. À Albias, en septembre 1621, la plupart des habitants avaient été pendus ou faits prisonniers, puis la bourgade avait été pillée et entièrement brûlée. La paix n'en fut que mieux accueillie. Ses clauses étaient contenues dans la déclaration royale de Montpellier datée du 19 octobre, légèrement infléchie par les brevets particuliers des 24 et 25 octobre. L'édit de Nantes était confirmé, mais aucune assemblée politique ne pourrait désormais se réunir sans l'autorisation du roi. Une assemblée générale devrait être convoquée tous les trois ans, avec pour mission de nommer six candidats à la députation générale et de dresser un cahier de doléances. Les huguenots devaient, par ailleurs, détruire les fortifications construites pendant la guerre et remettre les défenses de leurs places dans l'état antérieur, à l'exception de La Rochelle et de Montauban, qui pouvaient conserver la totalité de leurs nouvelles murailles, et de Castres, Nîmes, Uzès et Millau, qui étaient autorisées à en préserver la moitié. Les places encore en possession des huguenots pourraient, par ailleurs, être conservées encore trois ans. Les synodes, colloques et consistoires ne devraient plus s'occuper des affaires politiques. Rohan perdait les gouvernements du Poitou et de Saint-Jean-d'Angély, en échange desquels il obtenait ceux de Castres, de Nîmes et d'Uzès, sans avoir le droit d'y entretenir de garnisons. Il se voyait, en outre, octroyer un dédommagement de 200 000 livres comptant. Avant de quitter le roi, Rohan désigna à Louis XIII six candidats à la députation générale, en vertu de la délégation qu'il avait reçue de l'assemblée de La Rochelle, parmi lesquels le roi désigna Ésaïe du Matz, sieur de Montmartin, et Étienne Maniald.

Le 11 novembre, l'assemblée de La Rochelle se sépara sans avoir cédé, mais le parti huguenot, qui avait perdu environ quatre-vingts places fortes au cours de la guerre, sortait très affaibli de cette épreuve de force. Parmi tous les Grands qui l'avaient conduit au cours de la décennie précédente, la plupart étaient soumis. Rohan et Soubise demeuraient seuls capables de conduire une action militaire d'envergure.

Le cardinal contre les « frères antichrist »

La paix pouvait-elle durer ? Partisans de la modération, Bouillon et Mornay moururent en mars et novembre 1623. À la Cour, le décès de Luynes avait laissé un vide relatif. Grâce aux efforts de Marie de Médicis, Richelieu put s'y engouffrer. À partir d'avril 1624, son ascension devint irrésistible. Cardinal depuis 1622, il entra au Conseil, où ses avis s'imposèrent rapidement. Il s'attacha d'abord aux urgences en matière de politique étrangère, dans le contexte de la guerre qui ne cessait de s'étendre, mais il ne tarda pas à se préoccuper de la question huguenote.

Les réformés eurent soin de se rappeler d'eux-mêmes au bon souvenir du roi. Rohan et Soubise n'avaient pu se contenir longtemps dans l'inaction. À leurs yeux, le traité de Montpellier était bafoué. Dès novembre 1622, en remontant vers Paris, Louis XIII avait pris possession de cinq places fortes huguenotes en Dauphiné. À Lyon, en décembre, Rohan avait présenté au roi une longue liste d'infractions. Il était tout particulièrement ulcéré par l'attitude du nouveau gouverneur de Montpellier, Jacques d'Étampes, marquis de Valençay, qui avait décidé que le consulat de la cité serait désormais mi-parti entre catholiques et réformés et que la charge de premier consul reviendrait à un catholique. Le ton monta au point que Valençay fit arrêter et emprisonner Rohan le 25 février 1623. Le duc en appela au roi et fut libéré dès le début du mois de mars, mais le mal était fait. La méfiance régnait. Et le 17 avril, Louis XIII décida qu'un officier royal de confession réformée assisterait désormais aux réunions synodales, afin de veiller à ce qu'il n'y fût traité que de questions purement ecclésiastiques.

C'est au synode national de Charenton, en septembre, que fut inaugurée cette nouvelle règle. Le roi y fut représenté par Auguste II Galland, juriste réformé et conseiller d'État connu pour sa grande fidélité à la Couronne. Au terme de la session, durant laquelle les députés firent savoir leur désaccord quant à la présence du commissaire, ce dernier donna lecture d'une lettre du monarque par laquelle il interdisait désormais aux pasteurs de siéger dans quelque assemblée politique que ce soit. Rohan, établi à Castres, fut particulièrement contrarié par ces mesures. Il le fut encore davantage par la construction d'une citadelle à Montpellier, en contravention avec la paix de 1622. En 1624, l'ouvrage était achevé. Placée sous la surveillance d'une garnison puissante, la ville languedocienne fut ainsi définitivement neutralisée. À La Rochelle, les promesses faites lors de la paix n'avaient pas davantage été respectées. Fort Louis, bâti face à la ville pendant la guerre, ne fut pas détruit comme cela avait été annoncé. La capitale huguenote restait ainsi sous la menace.

Impatients de cette situation préjudiciable aux Églises, Rohan et Soubise se concertèrent à Castres, à la fin de l'année 1624, en compagnie de députés venus de La Rochelle et des Cévennes, et décidèrent de passer à l'action. Le plus jeune des deux frères arma secrètement à Chef-de-Baie, près de la grande cité aunisienne, une douzaine de petits navires chargés de trois cents soldats bien équipés et d'une centaine de marins. En janvier, il prit la direction de l'embouchure du Blavet, en Bretagne, où stationnaient six grands vaisseaux royaux, dont le *Vierge*, le bateau de guerre le plus imposant de son époque, pourvu de quatre-vingts canons de bronze. Soubise s'en empara par surprise le 17 janvier. Retenu prisonnier dans le port que le duc de Vendôme avait fait fermer au moyen d'une chaîne, le chef huguenot finit par réussir à s'échapper avec sa flotte, qui fit temporairement de lui le maître des mers de la Bretagne à la Guyenne.

Cette action d'éclat suscita la fureur à Paris. Le 12 janvier, averti de cette entreprise qui rompait brutalement la paix, Richelieu écrivit à Loménie que « jamais action ne fut trouvée plus mauvaise que celle des frères antichrist[36] ». Il désignait ainsi Rohan et Soubise, jugés coupables de tous les maux. Des négociations furent toutefois entreprises afin de rétablir le calme, mais aucun des deux frères ne voulut acquiescer aux propositions de la Cour. Pourtant, ils ne furent d'abord guère soutenus par l'archipel des villes huguenotes de Guyenne et de Languedoc, mais La Rochelle prit le parti contraire, signant avec le duc un traité d'union le 17 mai, contresigné par Rohan le 9 juin. Ce dernier eut ensuite bien du mal à fédérer les reliques du parti autour de lui, et ce n'est qu'au prix d'efforts considérables que ses partisans réussirent à faire basculer la plupart des cités réformées du Midi en sa faveur. Dans la plupart des cas, la noblesse et les élites municipales demeurèrent réticentes face à cette nouvelle entrée en conflit avec le roi. Ce fut bien souvent le petit peuple des villes, acquis à la cause du duc, qui exerça la pression décisive et rompit les équilibres à son profit. Deux assemblées politiques réunies à Castres et Anduze, en juin 1625, le proclamèrent commandant en chef des Églises réformées. Les difficultés rencontrées par les deux chefs huguenots afin de fédérer les énergies l'attestaient : il n'y avait plus à proprement parler de parti uni, mais plutôt une nébuleuse, parcourue par de multiples divisions, dont ils eurent bien du mal à conserver le contrôle.

Du côté royal, le duc d'Épernon, gouverneur de Guyenne, ravagea la campagne autour de Montauban, et le maréchal de Thémines mit le siège devant Le Mas-d'Azil, qui résista victorieusement à tous les assauts en octobre 1625. Sur mer, Soubise lança une vaste offensive à la tête d'une flotte de soixante-quatorze navires, chargés de 5 000 hommes, qui vint menacer Bordeaux, mais il fut acculé par la marine royale conduite par le duc de Montmorency, amiral de France, qui prit le dessus en septembre 1625. Vaincu, Soubise trouva refuge en Angleterre, abandonnant les îles de Ré et d'Oléron à ses adversaires et laissant La Rochelle sans défense.

Richelieu pensa en profiter. Dans un mémoire adressé au roi le 25 novembre, il livra son analyse de la situation : « C'est une chose certaine que, tant que le parti des huguenots subsistera en France, le roi ne sera point absolu dans son royaume. [...] Il est certain que le premier et principal dessein que Sa Majesté doit avoir est de ruiner ce parti[37]. » Le cardinal fit pourtant le choix de négocier, car le contexte international requérait que la France retrouvât rapidement la paix. Le 5 février 1626, fut signé le traité de Paris. Rohan et Soubise furent amnistiés, et les dispositions de la paix de Montpellier signée en 1622 rentrèrent à nouveau en vigueur. Le 20 mars, les délégués envoyés par les villes qui s'étaient soulevées ratifièrent le traité à Nîmes, et son exécution fut placée sous la garantie du roi d'Angleterre, qui était désormais Charles Ier.

La paix était plus précaire que jamais. La Rochelle était encerclée de garnisons royales, basées à Fort Louis, à Oléron et sur l'île de Ré. Après avoir pris le contrôle de la Valteline, entre la Suisse et l'Italie du Nord, Richelieu conclut le 5 mars 1626 la paix de Monzòn avec son homologue espagnol, le duc d'Olivares, ce qui suscita l'inquiétude de l'Angleterre qui voyait s'écrouler l'espoir d'attirer la France dans une ligue anti-Habsbourg. Du côté huguenot, un synode national fut convoqué à Castres avec la permission royale pour la mi-septembre 1626, et se tint en présence du commissaire Auguste Galland. Au cours des débats, on apprit la mort du député général Maniald, et Montmartin fit connaître sa volonté de renoncer à sa charge. Se posa alors la question de réunir une assemblée générale destinée à désigner de nouveaux candidats, mais Richelieu s'y opposa et demanda au synode d'établir cette liste. Après avoir protesté, les députés finirent par s'exécuter, et Louis XIII fit le choix d'Henri de Clermont d'Amboise, marquis de Gallerande, et d'Isaac Bazin, avocat blésois, pour remplir les charges de députés généraux. Le synode fut également le théâtre de tensions entre les pasteurs partisans de la paix et du retour durable au calme, majoritaires, et ceux qui avaient soutenu Rohan et semblaient prêts à continuer le combat. Galland veillait, en collaboration avec les consuls de Castres, également promoteurs de la modération, mais le feu persistait à couver.

Au même moment en effet, la tension montait de toutes parts. Richelieu renforçait les garnisons basées en Poitou et Saintonge ainsi que la flotte croisant au large de la côte atlantique, suscitant l'inquiétude croissante des Rochelais, et les relations entre la France et l'Angleterre ne cessaient de se détériorer. C'est sur mer que les deux puissances se livraient à un face-à-face de plus en plus tendu. Des navires marchands français avaient été arraisonnés par les Anglais, et les Français leur avaient rendu la pareille. Cette situation conduisit George Villiers, duc de Buckingham et favori de Charles Ier, à se rapprocher de Soubise. Jacques de Gaultier de Saint-Blancard fut envoyé en Angleterre par Rohan afin de négocier un appui militaire en raison de la mauvaise application du traité de Paris, dont le monarque britannique s'était porté garant. Finalement, décision fut prise d'engager les hostilités, en invoquant l'attitude méprisante de Louis XIII et de Richelieu à l'égard de l'Angleterre, leur mauvaise foi et leurs mensonges répétés qui avaient porté atteinte à l'honneur de Charles Ier. Le 7 juillet 1627, Buckingham appareilla à la tête d'une flotte forte d'une centaine de navires, au nombre desquels figuraient des bâtiments huguenots conduits par Soubise, et fit voile vers la France.

Le mardi 20 juillet, il arriva devant de l'île de Ré. L'intervention fut accompagnée par la publication d'un manifeste, dans lequel le roi d'Angleterre invoquait notamment le mauvais traitement réservé par Louis XIII à ses sujets réformés et le non-respect des clauses du traité de Paris. Les Rochelais refusèrent, dans un premier temps, d'ouvrir leurs portes aux Anglais et de prendre les armes comme le leur demandait Soubise, craignant de s'opposer au roi. Ils changèrent d'avis au début du mois de septembre 1627, quand ils virent que la pression militaire s'accroissait aux portes de leur cité. Il était un peu tard. Les Anglais avaient débarqué sur l'île de Ré, livrant de violents combats aux troupes royales, mais avaient échoué dans leur tentative de prendre le fort Saint-Martin, bien défendu par le comte de Toiras, gentilhomme calviniste demeuré fidèle au roi. La flotte de Buckingham et Soubise repartit vers l'Angleterre en novembre, laissant La Rochelle face aux troupes royales.

L'intervention anglaise fournit à Richelieu le prétexte nécessaire à la mise en route du siège de La Rochelle, qui débuta le 10 septembre 1627. Pour établir un blocus, une ligne de circonvallation terrestre longue de douze kilomètres, armée de onze forts et de dix-huit redoutes, fut mise au point par l'ingénieur italien Pompeo Targoni. Sur mer, une digue longue de 1 400 mètres fut construite afin de contrôler le passage par le chenal. Les relations des assiégés avec l'Angleterre étaient constantes, et les envois de messagers, qui voyageaient par mer à leur plus grand péril, étaient fréquents. Un traité de protection et de sauvegarde entre La Rochelle et Charles Ier fut approuvé par un conseil tenu le 30 mars 1628. Le 11 mai, une flotte de secours anglaise, commandée par William Feilding, comte de Denbigh, apparut à l'horizon. Hélas pour les Rochelais, il avait pour seule mission de ravitailler la cité et non de livrer bataille. Et face au dispositif mis en place par la marine royale, il se retira dès le 18 mai sans avoir rien fait. Furieux, Charles Ier promit un nouveau secours, écrivant même à Denbigh tout son dépit et affirmant qu'il eut préféré « que tous les vaisseaux fussent coulés plutôt que La Rochelle ne fût délivrée ». Les Rochelais oscillaient entre la colère et la désolation, mais les fermes intentions exprimées par le roi d'Angleterre les convainquirent de persister à le supplier d'intervenir. À la fin du mois d'août 1628, la grande flotte promise était toujours en cours de préparation à Portsmouth. Détesté dans son propre pays, Buckingham fut assassiné le 3 septembre par John Felton, un officier qui avait servi lors de l'expédition de l'île de Ré. Malgré tout, la flotte anglaise parut devant La Rochelle le 28 septembre. Commandée par l'amiral Lindsey, elle comptait 114 navires, dont treize commandés par des huguenots à la tête desquels était Soubise. Mais une nouvelle fois, les Anglais rechignèrent à combattre et, après quelques escarmouches, ils conclurent une trêve avec Louis XIII.

Tout était perdu. Le siège avait été terrible. Ce n'étaient pas tant les bombardements et les assauts qui avaient affaibli cette cité quasiment inexpugnable, mais la famine qui avait fait des ravages. Une année de blocus avait obligé les Rochelais à manger jusqu'aux rats, aux limaces et aux herbes les plus nocives disponibles dans les jardins et les fossés. Au début du mois d'octobre 1628, les survivants n'étaient plus que des ombres décharnées qui hantaient les rues d'une ville déserte. Sur les 24 000 habitants que comptait La Rochelle à la veille du siège, au moins 15 000 avaient péri. Capituler à des conditions honorables était tout ce que les huguenots pouvaient espérer. Fin politique, Richelieu pensa plus profitable à la gloire du roi de faire preuve de clémence. Le 28 octobre, il conclut avec les représentants de la ville les clauses de la reddition. Le pardon, les vies, les biens et l'exercice de la religion réformée furent accordés, mais le roi imposa la destruction totale des fortifications, le rétablissement du culte catholique et priva la cité de ses anciens privilèges. Le 1er novembre, il fit son entrée dans la ville soumise. Richelieu, qui l'y avait précédé de quarante-huit heures, pouvait savourer son triomphe. Enchanté par la nouvelle, le pape Urbain VIII exulta, déclarant que « les suffrages unanimes des nations portent jusques au ciel le nom du cardinal de Richelieu ».

La mise à mort du parti huguenot

Le cardinal n'en avait pourtant pas terminé avec les huguenots. De manière presque simultanée avec le commencement du siège de La Rochelle, le 11 septembre 1627, lors d'une assemblée tenue à Uzès, treize villes des Cévennes et du bas Languedoc avaient investi Rohan du commandement militaire général des quelques milliers d'hommes qu'ils pouvaient mobiliser. D'autres cités, comme Castres, Montauban et Millau, bientôt suivies par toutes les villes réformées de haut Languedoc, refusèrent en revanche de le suivre et d'entrer en conflit avec le roi. Le chef huguenot tenta de leur forcer la main, les menaçant et exploitant sa popularité dans les couches inférieures de la société huguenote. Millau céda, suivie par toutes les villes du Rouergue, mais Castres et Montauban demeurèrent inflexibles.

Dès lors, le duc dut faire face à trois armées royales, conduites par Montmorency, Épernon et Condé. Rohan remporta d'abord quelques succès dans le pays de Foix, avant d'être confronté à la puissante armée levée par Condé qui adopta une stratégie particulièrement agressive et ravagea le Vivarais huguenot. L'armée du commandant en chef des troupes réformées réussit malgré tout à s'emparer de Privas, avant d'échouer dans sa tentative de soulever le Dauphiné. Il demeura alors dans les limites d'un secteur compris entre Nîmes, Uzès et Millau, incluant les Cévennes. Sur ce terrain difficile et tout acquis à sa cause, il était quasiment imbattable.

Condé fit route vers le pays de Foix et l'Albigeois, où il ravagea tout pendant le printemps 1628. Pamiers fut prise et livrée au pillage. En mai, Réalmont fut si cruellement traitée que Montauban et Castres décidèrent d'entrer dans la lutte, ce qui renforça considérablement le potentiel de Rohan. La chute de La Rochelle permit ensuite au roi de concentrer ses forces dans le Midi. Ce furent désormais six armées, fortes en tout de 50 000 hommes, qui fondirent sur les maigres troupes huguenotes.

En janvier 1629, Rohan réunit une assemblée à Nîmes afin de solidariser les forces qui lui restaient. L'Angleterre ayant conclu la paix avec la France en avril 1629, Rohan se tourna vers l'Espagne par pur pragmatisme. Exploitant le conflit entre Louis XIII et Philippe IV, il envoya Michel de Clausel négocier avec les représentants du monarque d'Europe le plus viscéralement hostile à l'hérésie. Un traité secret fut signé à Madrid le 3 mai 1629, avec pour clause principale l'octroi d'une aide financière afin de permettre à Rohan de lever et d'entretenir des troupes suffisantes. Le duc n'eut toutefois pas l'occasion de ratifier le document, qui fut intercepté entre les mains de son porteur, alors qu'il transitait par Lunel, entre Montpellier et Nîmes, et fut communiqué à Richelieu. Ce rapprochement surprenant valut à Rohan des critiques dans son propre camp et une vigoureuse condamnation royale pour intelligence avec l'ennemi.

Sur le plan militaire, l'armée royale était bien supérieure, mais Rohan avait l'avantage du terrain cévenol escarpé et des chemins sinueux. Il mena une guérilla incessante afin de harceler l'ennemi sans jamais livrer bataille. L'armée royale décida de s'en prendre à Privas, en Vivarais. Défendue par 800 hommes conduits par Montbrun, la petite cité fut assiégée par 20 000 soldats à partir du 14 mai 1629. Elle se rendit le 29 mai, et le roi voulut faire un exemple de sévérité à l'endroit de ses sujets rebelles. Montbrun fut arrêté, une cinquantaine de meneurs furent pendus et environ deux cents hommes furent condamnés aux galères. La ville fut pillée et incendiée, ce qui sema la terreur et suscita la reddition sans combattre de nombre d'autres places du Vivarais. Le 17 juin, ce fut au tour d'Alès de capituler après avoir résisté une semaine. Le roi fit preuve de clémence, et des négociations purent s'ouvrir entre Rohan et Richelieu. Le duc obtint qu'une assemblée générale fût réunie à Anduze, afin de faire ratifier les décisions qui seraient prises, ce qui était indispensable si on voulait parvenir à un règlement global du conflit.

Le 27 juin 1629, la paix fut signée à Alès. Après avoir constaté la rébellion huguenote, elle accordait une amnistie générale et confirmait l'édit de Nantes, mais elle anéantissait tout ce qu'il restait de la puissance politique et militaire huguenote. Les réformés perdaient la possession de toutes leurs places fortes, dont les murailles étaient condamnées à la destruction. Les assemblées politiques étaient définitivement interdites. Rohan était pardonné et devait quitter le royaume, alors que Soubise, déjà en Angleterre, bénéficiait aussi de la grâce royale. Après son entrée à Nîmes, Louis XIII signa le 14 juillet 1629 un édit perpétuel et irrévocable, par lequel il confirmait les dispositions précédentes. Révulsée à l'idée de devoir détruire ses fortifications, Montauban refusa les conditions de la paix et contraignit Richelieu à la menacer d'un siège, avant de finalement céder le 21 août 1629. Ainsi disparut le parti huguenot, au terme de près de soixante-dix ans d'existence. La puissance militaire réformée était définitivement anéantie, et toute organisation politique était désormais proscrite.

19

Les fruits mal mûris de la fidélité

Le parti était anéanti. Ses chefs avaient été vaincus, soumis ou convertis. La Rochelle, Montauban, Nîmes et Montpellier étaient définitivement rentrées dans l'obéissance. Privés de leurs institutions politiques et dépouillés de leur puissance militaire, que restait-il désormais aux huguenots pour se défendre face à la reconquête catholique ? Pour subsister, ils ne pouvaient plus espérer qu'en la grâce du roi et la stimuler par leur soumission. Pendant un peu moins d'une trentaine d'années, à la charnière des règnes de Louis XIII, décédé en 1643, et du jeune Louis XIV, ils s'efforcèrent de conserver la bonne grâce royale tout en mobilisant les faibles moyens dont ils disposaient encore afin de défendre des Églises de plus en plus fragiles.

Une fidélité sans conditions

Même si l'édit de Nantes avait été confirmé, l'horizon s'était obscurci pour la minorité réformée. Fervent catholique, Louis XIII avait comme perspective naturelle la réunion de tous ses sujets en une même foi. Et dans le royaume, de plus en plus nombreuses étaient les voix qui s'élevaient pour l'encourager à mener à bien cette entreprise. Les plus fortes venaient du clergé et, en particulier, de ses assemblées générales tenues tous les cinq ans. L'offensive commença réellement en 1635 et, session après session, les doléances présentées au roi furent toujours plus pressantes. Jusqu'à la fin de la guerre de Trente Ans, en 1648, et même jusqu'à l'issue du conflit franco-espagnol en 1659, la conjoncture internationale plaida en faveur d'une attitude modérée à l'endroit des réformés. La France s'était alliée aux puissances protestantes européennes, et la guerre extérieure divertissait l'attention du monarque. La Fronde, qui troubla profondément le royaume entre 1648 et 1652, contribua aussi puissamment à reléguer la question protestante au second plan.

Profitant du manque d'intérêt tout relatif que leur portait l'État royal, les huguenots s'appliquèrent à polir leur image de bons et loyaux sujets. Ils ne firent pour cela que suivre les préceptes de Calvin. La claire énonciation qu'en avait donnée Pierre Du Moulin en 1619, dans son *Bouclier de la foi,* constamment réédité au XVIIe siècle, demeurait parfaitement d'actualité : « Nous tenons que l'obéissance due aux rois et aux magistrats est de droit divin et fondée sur l'ordonnance de Dieu[1]. » En 1631, les députés réunis lors du synode national de Charenton exprimèrent leur totale soumission à Louis XIII, « portrait vivant de Dieu sur terre[2] ». À de multiples reprises au cours des années suivantes, les pasteurs prêchèrent l'obéissance absolue au roi. En 1643, par exemple, le pasteur Charles Drelincourt prononça un sermon au titre sans équivoque, « De l'honneur qui est dû aux rois et à Jésus-Christ le roi des rois », dans lequel il exprimait ce même devoir d'obéissance inconditionnelle, totalement indépendant de la manière dont le prince gouvernait. Les théories monarchomaques et leurs dérivées, qui appelaient à la résistance au tyran, n'étaient plus d'actualité. En Normandie, le pasteur d'Alençon Louis Hérault prononça en 1645 une série de sermons sur le premier verset du chapitre 13 de l'*Épître aux Romains* de saint Paul, ce qui lui permit d'affirmer à son tour le devoir d'obéissance des sujets.

Sincère, cette totale soumission n'était pas pour autant désintéressée. Comme cela avait été le cas depuis la seconde partie du règne d'Henri IV, la survie même de la minorité huguenote dans le royaume dépendait, en effet, étroitement de la volonté et de la capacité du roi à faire appliquer l'édit de Nantes. S'il se montrait faible, le risque était grand de voir les adversaires de l'hérésie intensifier leur offensive. Il était donc vital pour ses sujets protestants que le roi de France soit bien absolu. Il fallait notamment qu'il soit capable de demeurer hermétique aux objurgations du pape et à la volonté du Saint-Siège de s'immiscer dans les affaires du royaume. Par la force des choses, ce pouvoir absolu était ainsi un rempart qu'il fallait consolider, et la fidélité professée par les huguenots se doublait d'un ultragallicanisme déployé aussi bien par conviction que par nécessité. Le pasteur de Rouen Jean-Maximilien de L'Angle, filleul de Sully, avait bien compris cet intérêt mutuel qui existait entre le roi et les réformés à promouvoir l'accroissement de l'autorité du monarque. Le 28 août 1636, dans un vigoureux sermon prononcé dans le temple de Quevilly, il exhorta à la soumission au roi, en mettant en exergue tous les bienfaits qu'elle apporterait à ses sujets réformés. Moïse Amyraut fut encore plus explicite, en exprimant clairement l'étroite dépendance dans laquelle les huguenots étaient désormais, plus que jamais, à l'égard du souverain et de son bon vouloir.

Cette indispensable fidélité huguenote fut mise à l'épreuve à deux reprises par des crises majeures. La première fut la révolution anglaise qui débuta en 1642. Suscitée par le conflit entre le roi Charles Ier et le Parlement, elle se solda par la condamnation à mort et la décapitation du monarque le 30 janvier 1649. Pour les réformés français, frères en religion des presbytériens révolutionnaires régicides, cette image de sujets rebelles contre leur prince légitime, donnée par leurs homologues anglais, pouvait être catastrophique. Ils s'attachèrent donc avec beaucoup de zèle à condamner avec la plus grande fermeté les événements survenus outre-Manche. En 1647, Moïse Amyraut exprima toute la nécessité d'affirmer cette différence. Dans son *Apologie pour ceux de la religion*, il écrivit :

> Quelques-uns nous ont accusés d'être ennemis de la royauté [...] et nous objectent que les affaires qui se passent maintenant en Angleterre découvrent assez quel est en cela le génie de notre religion. Je ne veux nullement entreprendre la défense de la prise d'armes contre son prince pour quelque cause que ce puisse être. [...] Comme nous avons autrefois blâmé la Ligue de ce qu'elle s'est soulevée contre le roi Henri troisième [...], il est de la justice que nous blâmions pareillement les Anglais qui se sont soulevés contre leur souverain[3].

À l'occasion de l'exécution de Charles Ier, les réformés firent ainsi bruyamment état de leur consternation. Amyraut publia encore, en 1650, contre les interprétations scripturaires antiroyalistes anglaises, le *Discours de la souveraineté des roys*[4]. Il ne fut pas le seul, parmi les écrivains protestants, à prôner le loyalisme monarchique. Claude de Saumaise fit imprimer en 1649 la *Defensio regia pro Carolo I* [Défense royale pour Charles Ier], et le pasteur caennais Samuel Bochart fit paraître un ouvrage dans lequel il faisait l'apologie de la monarchie absolue, affirmant que face à la violence des rois, seules les larmes et les prières, les armes des vrais chrétiens, pouvaient être opposées[5]. Enfin, Pierre Du Moulin s'exprima en 1652, à travers son *Clamor regii sanguinis ad coelum adversus parricidas anglicanos* [Le cri du sang royal contre les parricides anglais[6]]. Tous ces efforts permirent d'éloigner en partie les critiques, mais les ennemis les plus résolus de l'hérésie ne s'en efforcèrent pas moins d'exploiter la situation afin de remettre en lumière le caractère naturellement séditieux des réformés, sans grand succès toutefois.

Le second défi auquel la fidélité huguenote se trouva confrontée fut bien plus redoutable. Alors que Louis XIV était encore mineur et que sa mère, Anne d'Autriche, exerçait la régence en s'appuyant sur le cardinal Mazarin, un vaste mouvement de protestation contre l'accroissement de l'autorité monarchique s'éleva. Le gouvernement royal dut faire face à une double révolte, conduite par le parlement de Paris et une partie de la grande noblesse dirigée notamment par Louis II de Bourbon, prince de Condé. Les troubles durèrent près de cinq ans, de l'été 1648 à l'été 1653, et, dans leur immense majorité, les réformés firent preuve d'un loyalisme sans faille au milieu de la tempête. À Montauban, par exemple, la population protestante défendit vigoureusement la ville contre les troupes de Condé, contribuant puissamment à maintenir le sud-ouest du royaume sous le contrôle du roi. La Rochelle adopta une attitude similaire, lorsqu'elle refusa de suivre son gouverneur, le comte Louis Foucault du Daugnon, dans la révolte et mit en œuvre des mesures de protection contre l'armée de Condé. Pendant le séjour de la Cour à Saumur, en février 1652, Amyraut s'entretint à plusieurs reprises avec Mazarin, qu'il assura de la fidélité de ses coreligionnaires. Comme il l'avait promis, les synodes provinciaux de Saintonge et de basse Guyenne appelèrent les fidèles à se contenir dans une obéissance absolue au roi.

Cette soumission, pratiquée par l'immense majorité des réformés, trouva sa récompense dans la déclaration royale du 21 mai 1652 qui confirma une nouvelle fois l'édit de Nantes, « nonobstant toutes lettres et arrêts, tant de notre Conseil que des cours souveraines, ou autres jugements au contraire ». Cette formule un peu ambiguë laissait entendre que tous les jugements rendus par les cours souveraines contre les diverses dispositions de l'édit, depuis sa signature, pouvaient être frappés d'invalidité. Entendu comme cela, c'était une concession considérable. Le roi se félicitait que ses « sujets de la religion prétendue réformée nous ont donné des preuves certaines de leur affection et fidélité, notamment dans les occasions présentes, dont nous demeurons très satisfaits ». Et pour les récompenser de leurs services, il leur concéda la mi-partition du consulat de Montpellier et de treize autres localités languedociennes, avec pour condition l'octroi systématique de la charge de premier consul à un catholique et celle de second consul à un réformé[7].

Il semble bien que cette libéralité fut dictée par d'autres motifs que la simple volonté de manifester la satisfaction royale à l'endroit des réformés. En 1652, il fallait d'abord éviter à tout prix que la noblesse huguenote se rapprochât du prince de Condé. Un mémorandum, demeuré anonyme, avait alors suggéré à Mazarin de traiter les réformés avec faveur, afin de prévenir toute tentation d'union avec le chef des frondeurs. Le cardinal était, par ailleurs, en négociations avec le lord-protecteur Oliver Cromwell, qui gouvernait l'Angleterre, afin d'obtenir au moins sa neutralité et au mieux son alliance contre l'Espagne. Or Cromwell s'imposait alors comme le champion du protestantisme en Europe. Pour le séduire, il fallait afficher une politique favorable à la minorité réformée française, d'autant plus que certains de ses membres avaient sollicité l'appui du chef d'État anglais afin qu'il plaidât, auprès de Mazarin, en faveur d'une bonne application de l'édit de Nantes. La libéralité manifestée à l'égard des huguenots était ainsi également une nécessité stratégique pour le roi de France dans sa quête d'un accord avec l'Angleterre.

Les huguenots avaient certes conscience de ces interférences dans leur rapport avec le gouvernement royal qui, de manière au moins provisoire, leur étaient favorables. Mais la déclaration de 1652 ne les conforta pas moins dans leur conviction que leur sécurité découlerait de leur soumission. Ils redoublèrent alors de zèle à l'égard de Louis XIV, dont le règne semblait s'annoncer sous de si heureux auspices. Les sermons des pasteurs bruissaient de témoignages vibrants de dévotion au monarque. L'un des plus prolifiques d'entre eux, Jean Daillé, qui officiait à Charenton, réaffirma de nouveau le 1er août 1655, en termes très explicites, le devoir d'obéissance au prince légitime, même dans le cas où ce dernier se comporterait en tyran :

> Je soutiens qu'il faut toujours respecter l'ordonnance de Dieu, et plus les princes s'en éloignent, prier pour eux avec plus d'affection, afin que le Seigneur [...] leur inspire des sentiments et des desseins dignes de la gloire où il les a élevés [...]. Quelque corrompu que soit le gouvernement d'un prince, toujours est-il beaucoup meilleur et plus supportable que la confusion et le désordre. Car, quand l'autorité légitime est une fois ébranlée, il n'y a plus de sûreté.

À ses yeux, Louis XIV semblait alors on ne peut plus éloigné de toute intention tyrannique, et Daillé proclamait sa confiance dans le jeune monarque afin de garantir la sécurité des Églises :

> Il est le fruit des vœux de ses peuples. [...] Que l'ombre de son glorieux sceptre soit à jamais la protection et le soutien de nos pauvres Églises. C'est sous cette ombre salutaire que nous vivons et respirons, mes frères. [...] Ces assemblées, cette liberté d'ouïr la parole céleste [...] tout ce grand bonheur est un bénéfice de ce monarque. [...] Soyons-en reconnaissants, et, par une obéissance et fidélité inviolables, donnons-lui sujet de nous continuer à jamais sa protection et ses bonnes grâces[8].

Contestations sporadiques et résistance à l'oppression

Exprimées par l'élite intellectuelle de la minorité réformée, ces convictions furent largement diffusées parmi les fidèles grâce à la prédication pastorale. Mais cette pensée officielle était parfois assez éloignée de ce que pouvaient vivre au quotidien les membres du petit peuple huguenot des provinces méridionales, encore nostalgiques, pour certains, de la lutte armée et toujours prêts à s'agiter. Dans plusieurs villes du Midi à forte majorité protestante, l'illusion persistante d'une puissance pourtant révolue pouvait contribuer à aveugler les moins lucides, qui surestimaient leur capacité à résister. Au nord de la Loire, en revanche, les élites réformées étaient beaucoup plus conscientes de leur fragilité.

Si le choix de l'obéissance resta très largement majoritaire, une poignée d'activistes fut ainsi parfois tentée de passer à l'action, confrontée à des décisions ou à des événements qui lui faisaient éprouver un sentiment d'injustice. En Languedoc, en particulier, les intendants affichèrent clairement leur hostilité aux Églises, qui durent faire preuve de résilience en attendant de trouver un contexte plus favorable. La Fronde et l'apparente libéralité de la déclaration de mai 1652 leur offrirent cette occasion. Si le refus affiché par les réformés de rejoindre Condé, en dépit de ses appels répétés, sembla traduire un calme apparent, les protestants de ces provinces ne s'en agitèrent pas moins afin de défendre leurs positions quand elles étaient menacées. Désireux de reconquérir les droits perdus à la suite de la défaite de Rohan, ils se montrèrent parfois très agressifs, comme à Nîmes où la détermination de la population huguenote à ne rien céder face à la reconquête catholique s'exprima de manière parfois violente. Le 4 septembre 1650, afin de protester contre l'enlèvement d'un adolescent de douze ans par un père jésuite qui voulait le convertir au catholicisme, cinq cents réformés armés d'épées, de marteaux et d'armes à feu, stimulés par le pasteur Henri Baudan, s'attaquèrent au palais épiscopal. L'évêque Hector d'Ouvrier dut s'enfuir, et trois de ses serviteurs furent mortellement blessés. Mais le calme revint. En juin 1657, les consuls protestants de cette même ville suscitèrent une véritable insurrection contre les agents royaux qui cherchaient à installer de force, comme consuls catholiques, les candidats que l'évêque Anthyme-Denis Cohon avait choisis parmi les plus zélés adversaires de l'hérésie. Les tensions durèrent plusieurs mois et atteignirent leur paroxysme le 31 décembre, lorsque le vicaire général Hallay fut lui aussi mortellement blessé lors d'une fusillade place de l'hôtel de ville. L'émotion fut telle dans les deux camps qu'un risque réel de reprise de la guerre civile fut identifié. À Anduze, une assemblée huguenote clandestine décida même le rassemblement de quelque 6 000 hommes, afin de les jeter dans Nîmes en cas d'offensive catholique. On ne sait si des troupes furent effectivement réunies, mais il est certain que la paix fut sérieusement menacée.

En Vivarais, la ville martyre de Privas, quasiment rasée par les troupes de Louis XIII en 1629, était revenue à la vie. Les réformés y dominaient sans partage, alors que dans une localité voisine, Vals, leurs coreligionnaires étaient aux prises avec Marie de Montlaur, marquise d'Aubenas, veuve du maréchal Jean-Baptiste d'Ornano, et le comte de Rieux qui avait épousé la nièce de cette dernière, ce qui avait fait de lui le seigneur de Vals. Celui-ci avait alors entrepris d'éradiquer le culte réformé de ses terres, et le 27 juillet 1653, ses partisans violentèrent le pasteur Abraham Durand avant de saccager le temple. En réaction, les huguenots prirent une mesure illégale, en convoquant une assemblée qui réunit, le 8 août 1653 à Uzès, des députés venus du bas Languedoc, du Vivarais et des Cévennes, afin de « pourvoir aux désordres survenus en la ville de Vals ». Résurgence des assemblées politiques désormais interdites, elle fut composée de pasteurs, d'anciens et de consuls. Après s'être adressés au comte du Roure, lieutenant général du roi dans la province, par le truchement d'une délégation mandatée à cet effet, les députés prirent toute une série de mesures qui rappelaient furieusement celles qui avaient été adoptées par leurs prédécesseurs quelques décennies plus tôt. Il fut prévu de rétablir de force le pasteur à Vals et de le faire escorter, à cet effet, par le plus grand nombre possible d'hommes armés. L'un des membres de l'assemblée devait veiller à réunir un approvisionnement en pain pour cette troupe de fortune. Des lettres devaient en outre être envoyées à tous les gentilshommes et consuls réformés, afin de les engager à se montrer vigilants pour que de telles situations ne pussent se reproduire ailleurs. Enfin, un abrégé de l'assemblée devrait siéger à Nîmes, afin de suivre l'évolution de la situation.

La mobilisation fut rapide, et de nombreuses localités levèrent des troupes réunissant en tout peut-être un millier d'hommes, en face desquels Rieux pouvait disposer d'un contingent à peu près équivalent. Afin de mettre un terme à ces troubles, Mazarin fit ordonner à Rieux de cesser ses entreprises contre le droit légitime des réformés à pratiquer leur culte, sous peine d'être durement réprimé. Ce ne fut, malgré tout, pas suffisant pour interrompre le rassemblement des troupes huguenotes à Vallon, où un camp avait été établi. Ce n'est qu'au mois de mars 1654, après un second arrêt du Conseil qui ordonnait le rétablissement du temple et du culte à Vals, que l'ordre fut finalement restauré.

Cette affaire est révélatrice de ce qu'était alors la réalité de la situation en bas Languedoc, l'un des derniers cœurs encore battants de la France huguenote. S'il n'était en aucun cas question de se dresser contre l'autorité royale, les réformés y demeuraient déterminés à se défendre, au besoin par les armes et en ressuscitant des substituts d'assemblées politiques, en infraction totale avec les édits. Encore fragile en cette sortie de Fronde, le pouvoir royal ne pouvait se permettre une réaction trop brutale à l'égard de ces débordements, et le choix fut fait de réprimer plutôt le seigneur catholique, auteur de l'atteinte portée aux droits légitimes des réformés. Pour cette fois, on passa donc sous silence la rébellion politique et militaire huguenote qui était pourtant évidente. Même si les exemples de soulèvements de cet ordre n'abondent pas, il apparaît ainsi que la fidélité inconditionnelle professée à l'égard du roi n'impliquait pas nécessairement le renoncement des populations réformées à défendre leurs droits.

Parfois, cette résistance put prendre une forme beaucoup plus pacifique. C'est sur le terrain juridique que certaines communautés choisirent de déplacer le combat. En bas Languedoc toujours, en 1651, les réformés d'Aulas, Arphy, Bréau et Bréaunèze, réunis en une seule paroisse, formèrent un syndicat contre leur seigneur, Christophe de Montfaucon, baron de Vissec. Ils intentèrent alors des procès pour vol, meurtre et viol devant la chambre de l'édit de Castres. Afin de financer la procédure, ils eurent recours à d'importants emprunts. L'issue fut heureuse, et Pierre de Montfaucon, baron d'Hierles, fils de Vissec, fut reconnu coupable et condamné à mort. Mais encore fallait-il s'emparer de lui et faire exécuter la sentence. Les réformés eurent alors l'énergie de lever des troupes pour assiéger le château, se substituant à l'autorité légale. Ils profitèrent sans aucun doute de la situation troublée du royaume, qui sortait juste, en 1653, de la Fronde. Si Montfaucon réussit à leur échapper, ils purent s'emparer de plusieurs de ses complices et les conduire à Castres. L'affaire ne s'arrêta pas là. Le combat judiciaire avec Vissec se poursuivit longtemps, jusqu'à une période où les réformés n'avaient plus les faveurs du roi.

La noblesse muselée ou convertie

Cette agitation méridionale fut essentiellement un fait urbain, et les édiles municipaux réformés jouèrent un grand rôle dans ces troubles sporadiques. Depuis le début des guerres civiles de la seconde moitié du siècle précédent, ils avaient toujours tenu une place essentielle dans la résistance des Églises. Mais au sein du parti huguenot, ils ne détenaient pas la puissance politique et militaire, qui appartenait à la noblesse. Au fil des décennies, ses membres avaient fait la force de la minorité réformée, en lui procurant les moyens de résister par les armes et de peser dans le débat politique. Qu'en était-il désormais, alors que l'édit de 1629 avait théoriquement désarmé et muselé ces gentilshommes ?

Dans leur immense majorité, les nobles réformés firent preuve de soumission, suivant en cela les préceptes énoncés par les pasteurs et autres théologiens. Une partie non négligeable d'entre eux alla même jusqu'à se convertir au catholicisme, par conviction ou par intérêt. Au sommet de la pyramide sociale, Lesdiguières avait donné l'exemple en 1622, suivi par le duc Henri de La Trémoille au cours du siège de La Rochelle, en juillet 1628. Ils furent imités par Frédéric-Maurice de La Tour, duc de Bouillon, en 1635, sous l'influence de son épouse Éléonore de Bergh, une catholique fervente, puis par Gaspard IV de Coligny, marquis d'Andelot, fils du maréchal de Châtillon et arrière-petit-fils de l'amiral de Coligny, qui se convertit en 1644 et mourut au combat pendant la Fronde, en 1649. Ironie du sort, c'est devant le temple de Charenton qu'il reçut la blessure fatale, et le roi fut tellement attristé par sa disparition qu'il ordonna son inhumation dans la nécropole royale de Saint-Denis ! Trois générations après la mort de son bisaïeul, déclaré criminel de lèse-majesté et pendu au gibet de Montfaucon, le chemin parcouru était hors du commun. Moins en vue, mais militaire émérite, Charles de Sainte-Maure, marquis de Montausier, abjura en 1645 sous l'influence de Julie d'Angennes, qu'il épousa par la suite. De noblesse beaucoup plus modeste, l'un des grands acteurs de l'assemblée de La Rochelle, Théophile Brachet de La Milletière, passa également au catholicisme. Avocat réformé très actif au service de la résistance huguenote, il avait été arrêté et embastillé en juillet 1627. En 1628, il avait été transféré à Toulouse, où il avait été condamné à mort. Richelieu, qui souhaitait s'attacher ses services, l'avait alors gracié. Au cours des années suivantes, il agit pour le compte du cardinal, si bien qu'il fut excommunié par le consistoire de Charenton en 1637 et finit par se convertir au catholicisme en 1645, avant de mettre ses talents de controversiste au service de Mazarin. Dans toutes les provinces, bien d'autres gentilshommes abjurèrent aussi, sans qu'il soit possible d'évaluer leur nombre. Ces conversions nobiliaires eurent d'abord un impact sur les familles des convertis. L'exemple de Marc-Antoine Marreau, seigneur de Boisguérin, gouverneur huguenot de Loudun, qui abjura au cœur de la décennie 1620, est à cet égard très éloquent, puisque sa descendance fut partagée. Certains de ses enfants le suivirent dans la religion catholique, alors que d'autres firent le choix de demeurer réformés. Mais les conséquences de ces mutations dépassèrent très largement ce cadre familial, car le retour au catholicisme de ces éminents personnages eut pour conséquence la suppression d'un grand nombre de lieux de culte que l'on disait « de fief », autorisés par l'édit de Nantes au bénéfice des seigneurs haut justiciers. Ainsi, le culte réformé disparut dans de nombreux secteurs où il n'avait jusqu'alors été maintenu que par la présence de ces gentilshommes réformés. Abandonnés, sans protecteur, les fidèles y devinrent éminemment vulnérables face aux assauts de la Réforme catholique. L'affaiblissement politique du protestantisme eut ainsi un impact direct sur le plan de la pratique religieuse, et la submersion de nombreux îlots de l'archipel du culte nobiliaire raya de la carte des zones entières d'implantation huguenote.

Parmi les gentilshommes qui demeurèrent fidèles à leur foi, ils furent nombreux à servir dans l'armée royale. L'un des plus éminents d'entre eux, Gaspard III de Châtillon, participa à partir de 1630 à sept campagnes militaires successives. Il fut nommé en 1635 à la tête de l'armée qui devait passer en Flandres, mais jaloux de son autorité et piètre chef de guerre, il échoua devant Louvain, ce qui entraîna son rappel. Il se racheta peu après en participant activement à la reprise de Corbie, occupée par les Espagnols en 1636. L'année suivante, il obtint le commandement de l'armée chargée de défendre la frontière orientale du royaume face aux troupes impériales. Son succès lors du siège de Damvillers, en 1637, fut l'apogée de sa carrière et lui valut les éloges de Louis XIII. L'année suivante, il obtint le commandement de la principale armée royale, mais il ne fut pas à la hauteur des espoirs placés en lui, puisqu'il échoua à prendre Saint-Omer, devant laquelle il avait mis le siège. Relégué au second plan, il fut encore chargé de conduire l'armée chargée de lutter contre le prince de Sedan, qui s'était allié à l'Empereur. Mais en juillet

1641, il fut sévèrement battu à La Marfée. À chacun de ses revers militaires, Richelieu saisit l'occasion pour incriminer sa religion, qui aurait eu pour conséquence l'abandon de Dieu. Mais Louis XIII se montra moins sévère et éleva Châtillon à la dignité de duc et pair en 1643, afin de le récompenser de sa fidélité.

Bien d'autres nobles protestants eurent des fortunes diverses dans leur engagement militaire pour le service du roi. Le duc de Rohan, naguère à la tête de la révolte huguenote, s'empara de la Valteline à la tête des troupes royales en 1635, barrant la route aux renforts espagnols, avant de connaître à nouveau la disgrâce. Il mourut en 1638, des suites d'une blessure reçue alors qu'il combattait les Impériaux pour le service de Bernard de Saxe-Weimar. Parmi les officiers de l'armée royale qui fut chargée de reprendre Corbie, figurait le maréchal de La Force qui s'y illustra alors qu'il avait atteint l'âge quasiment canonique de soixante-dix-huit ans. L'année suivante, il accéda à la dignité de duc et pair. Il vécut jusqu'en 1652, atteignant les quatre-vingt-treize ans. Son fils, Armand Nompar de Caumont, combattit à ses côtés avant d'hériter de ses titres et de recevoir, quelques mois après le décès de son père, le bâton de maréchal qu'il avait laissé vacant. À Rocroi, le 19 mai 1643, Jean de Gassion joua un rôle décisif dans la victoire sur les Espagnols, ce qui lui valut à son tour le bâton de maréchal de France. Jean de Gassion avait combattu les troupes de Louis XIII pendant les guerres de Rohan, puis il était parti en Suède, où il avait mis ses qualités militaires remarquables au service de Gustave-Adolphe, participant à ses campagnes victorieuses. En 1635, l'entrée en guerre ouverte de la France l'avait convaincu de se mettre au service de Louis XIII. En 1647, il mourut au siège de Lens, foudroyé par un coup de mousquet. D'après Tallemant des Réaux, il finit par incarner le parfait militaire, ce qui lui valut d'être surnommé « la guerre » par Richelieu, et Théophraste Renaudot rapporta ses exploits dans la *Gazette*. Pendant la Fronde, plusieurs autres gentilshommes huguenots s'illustrèrent du côté royal, comme par exemple Jean Le Révérend de Bougy, fidèle de Mazarin, qui fut promu en récompense lieutenant général des armées de Louis XIV en 1652. Tous les nobles d'épée réformés demeurés fidèles ne combattirent toutefois pas dans les armées royales. Un certain nombre d'entre eux choisirent de mettre leurs armes au service des Provinces-Unies ou de l'Angleterre, afin de continuer à servir la défense de la « vraie religion » sans pour autant s'opposer à leur roi. Parmi d'autres, le baron de Courtomer, Isaac de Perponcher ou encore Maurice de Coligny, fils de Gaspard III, s'engagèrent aux Pays-Bas.

Une minorité de frondeurs et de révoltés

Même très largement partagées, la soumission et l'obéissance au roi ne furent toutefois pas unanimes dans les rangs réformés, contrairement à l'idée véhiculée par un discours communément répandu. Lors de la révolte de Gaston d'Orléans, en 1631-1632, les huguenots demeurèrent fidèles, à quelques rares exceptions près. Le Normand Gédéon de Magneville, baron de La Haye-du-Puits, s'engagea ainsi au côté du frère de Louis XIII, ce qui lui valut d'être emprisonné. C'est surtout pendant la Fronde que quelques grandes figures du parti basculèrent dans la rébellion. En 1649, l'un des plus grands généraux de l'armée de Louis XIV, le maréchal de Turenne, prit le parti de Condé. Sa motivation fut double. Il voulut avant tout aider son frère aîné Frédéric-Maurice de La Tour, duc de Bouillon et prince de Sedan, à recouvrer ses possessions et son statut. Converti au catholicisme, ce dernier avait participé à la conspiration de Cinq-Mars contre Richelieu en 1642, ce qui lui avait fait perdre sa principauté. Il s'était ensuite jeté dans la Fronde dans l'espoir de la récupérer. Mais Turenne était aussi mécontent parce qu'il estimait que ses services rendus pendant la guerre de Trente Ans n'avaient pas été récompensés à leur juste valeur par Mazarin et la régente. Lorsqu'il s'engagea dans la rébellion, il fut blâmé par les pasteurs et, plus particulièrement, par Jean Daillé qui qualifia son choix de « scandaleux pour nos Églises qui n'ont vocation qu'à servir Dieu et à honorer son oint[9] ». Le basculement dans le camp des frondeurs d'un coreligionnaire aussi emblématique lui fit redouter que sa rébellion ne fasse oublier la fidélité manifestée par l'immense majorité des gentilshommes réformés et ne donne occasion à leurs détracteurs d'attirer les foudres royales sur la minorité huguenote. Destitué de son commandement par le roi le 6 mars 1649, déclaré criminel de lèse-majesté le lendemain, Turenne se rallia finalement au monarque en 1651 et prit la tête de son armée, ce qui lui permit d'obtenir le pardon royal.

Dans son sillage, il avait notamment entraîné Guy-Aldonce Ier de Durfort, marquis de Duras, alors que son autre beau-frère, Amaury III Gouyon, marquis de La Moussaye, refusa de s'engager dans l'aventure. Son neveu Henri-Charles de La Trémoille rejoignit, en revanche, tardivement Condé, en octobre 1651, un peu à contretemps de son oncle. D'autres gentilshommes de moindre ampleur s'engagèrent aussi aux côtés du prince, comme par exemple Henri de Taillefer, sieur Des Barrières, qui fut envoyé à Londres afin de négocier l'appui de Cromwell, en compagnie de Pierre de Caumont, marquis de Cugnac, l'un des petits-fils du maréchal de La Force qui avait fini par céder aux sirènes des révoltés, et d'un émissaire du comte du Daugnon.

Dans les rangs de la petite et moyenne noblesse provinciale, on observa aussi quelque agitation. Un certain nombre de gentilshommes huguenots participèrent à des assemblées de noblesse réunies en 1649 et en 1651, afin de manifester leur mécontentement et leurs inquiétudes quant à la place qui leur était réservée au sein de l'État. L'assemblée de 1651 rassembla près de 500 nobles et rédigea un programme de réformes, mais elle dut finalement se séparer sans avoir rien obtenu. En 1652, le mouvement de protestation se poursuivit dans quelques provinces, toujours fondé sur la volonté de défendre les privilèges nobiliaires. De nouvelles revendications furent présentées au roi, qui reçut même quelques députés, afin de neutraliser une éventuelle agitation militaire, mais la victoire finale remportée sur les princes frondeurs permit au gouvernement d'oublier rapidement cet épisode sans rien accorder aux gentilshommes qui avaient participé à ces assemblées. C'est alors que certains d'entre eux manifestèrent leur mécontentement. À la tête de ces révoltés se trouva notamment un noble protestant issu d'une famille dont les membres servaient avec énergie la cause réformée. Il s'agissait de Gabriel II de Jaucourt, seigneur de Bonnesson, originaire de Sologne, dont deux des oncles paternels n'étaient autres que Jean de Jaucourt de Villarnoul, ancien député général et gendre de Duplessis-Mornay, et Jacques de Jaucourt de Rouvray, qui avait été lui aussi député général. À ses côtés figuraient d'autres gentilshommes campagnards de confession réformée, comme les Beaucerons Samuel de Frouville, seigneur de l'Épronnière, et Gabriel de Chartres, sieur de Lézanville, ainsi que Jean Guichard, marquis de Peray. C'est en 1658 et 1659 que ces hommes s'agitèrent pour des raisons à la fois sociales, économiques et politiques. Bonnesson s'efforça sans succès de mobiliser et de susciter une prise d'armes, ce qui lui valut d'être condamné à mort pour sédition et décapité le 13 décembre 1659 à Paris, alors que Lézanville put sauver sa tête. Considérée à l'échelle de la noblesse réformée dans son ensemble, leur aventure demeura toutefois marginale, même si elle traduisit à n'en pas douter la persistance d'une véritable conscience politique au sein de la gentilhommerie huguenote et peut-être aussi l'existence d'une frustration, chez ces petits nobles, de n'être pas suffisamment intégrés aux armées royales.

Une absence au cœur de l'État

Après son épisode frondeur, Turenne demeura toujours fidèle à Louis XIV, et il occupa à la Cour une place éminente. Dans le proche entourage du monarque, les huguenots n'étaient alors plus aussi nombreux qu'au début du règne précédent. C'est avec beaucoup de réticence que l'éventualité de leur conférer de grandes charges était envisagée, si bien que leur présence dans les rouages de l'État avait fortement décliné. Anne d'Autriche éprouvait une grande prévention à l'endroit des hérétiques, et les cardinaux n'envisageaient leur élévation qu'avec un grand pragmatisme. C'est ainsi en raison de son éminente utilité que Barthélemy Hervart connut une ascension fulgurante. De bonne noblesse allemande, il était le fils d'un banquier originaire d'Augsbourg venu s'établir à Lyon. Proche de Mazarin, le cardinal utilisa abondamment son crédit et l'employa à de multiples missions. En janvier et février 1649, il fut chargé de convaincre Turenne de ne pas prendre le parti des frondeurs et conduisit avec succès des négociations secrètes qui permirent de persuader les officiers de l'armée du maréchal de cesser de lui obéir. Pour ce faire, Hervart réunit plus d'un million et demi de livres afin de verser aux troupes les arriérés de solde qui leur étaient dus, agrémentés de quelques gratifications supplémentaires. De l'avis commun, il sauva alors le parti du roi d'un naufrage militaire inéluctable. C'est en récompense de ces éminents services qu'il fut nommé intendant des finances le 8 janvier 1650, en dépit des réticences d'Anne d'Autriche, qui aurait souhaité qu'il se convertisse, et les protestations du clergé qui tenta de s'opposer à sa promotion, faisant valoir que l'admission d'un réformé « si près du trône et de la personne du roi était un grand préjudice porté à la religion catholique ». En 1657, il devint même contrôleur général des finances sous l'autorité du surintendant Fouquet et, après la disgrâce de ce dernier, il continua à exercer le contrôle général jusqu'en décembre 1665, conjointement avec Louis Le Tonnelier de Breteuil. Son cas demeura toutefois une exception et n'empêcha pas l'effacement progressif de la noblesse réformée au cœur de l'État de se confirmer.

Le seul refuge de sa présence fut l'armée. Il est remarquable de noter qu'en seulement trente ans, de 1622 à 1652, ce ne furent pas moins de cinq grands chefs militaires huguenots – Châtillon, les deux La Force, Turenne et Gassion – qui furent élevés à la dignité de maréchal de France. Le bâton de maréchal fut ainsi utilisé à la fois comme un moyen d'acheter la fidélité de ces personnages de premier plan et de récompenser la valeur militaire. À ces généraux qui s'illustrèrent tous au combat avec plus ou moins de réussite, il faut encore ajouter Sully, qui reçut également cette dignité en 1634, alors qu'il était âgé de 75 ans. Cette distinction, qui ne venait ni récompenser ses mérites militaires ni sécuriser une fidélité déjà acquise, eut pour motif la stratégie royale visant à écarter les réformés du cœur de l'État. L'ancien ministre d'Henri IV s'était, en effet, démis de sa charge de grand maître de l'artillerie en 1610, selon le principe de la survivance accordée à son fils, Maximilien II de Béthune, marquis de Rosny. Or celui-ci mourut en 1634 et la charge devait alors revenir à son père, que Louis XIII et Richelieu ne souhaitaient à aucun prix voir revenir aux affaires. Sully accepta ainsi de se démettre en échange de ce prestigieux dédommagement.

Les refuges de l'action politique

Cette domestication de la noblesse militaire et son éloignement du séjour de la Cour engendrèrent inéluctablement l'affaiblissement de son influence politique. Il n'était plus guère de relais puissants pour faire entendre la voix de la minorité protestante. Seuls les députés généraux, que l'édit de Nîmes n'avait pas supprimés, demeurèrent des interlocuteurs accrédités auprès du roi et le principal rouage des relations entre le gouvernement et les sujets réformés du monarque.

En 1631, lorsqu'il fut temps de remplacer les députés généraux qui avaient pris leurs fonctions en 1626, le roi ordonna aux députés réunis au synode national de Charenton de désigner des candidats afin de les soumettre à son approbation. Ceux-là proposèrent de reconduire le marquis de Clermont-Gallerande dans ses fonctions et de lui donner comme collègue Auguste III Galland, fils aîné du commissaire royal qui assistait, une fois de plus, au synode au nom du monarque. Louis XIII approuva cette nomination qui avait été soigneusement orientée par le commissaire Galland lui-même. Richelieu veillait ainsi à ce que les députés généraux soient de bons et fidèles serviteurs de la monarchie. Six ans plus tard, en 1637, ce fut à nouveau au synode national, cette fois-ci réuni à Alençon, de proposer au roi deux candidats à la députation générale. Après avoir conféré avec le commissaire représentant le monarque, Marcelin de Parchas, seigneur de Saint-Mars, une commission formée *ad hoc* choisit de reconduire une nouvelle fois Clermont-Gallerande et de proposer Pierre Marbault pour le second siège. Le roi approuva à nouveau, et ce fut la dernière fois que les Églises furent consultées, par le biais de l'une de leurs assemblées représentatives, dans le processus de nomination des députés généraux. D'ailleurs, en 1644, lorsqu'il s'agit de renouveler la députation, Louis XIII décida qu'il n'y aurait désormais plus qu'un seul député général, et il fit le choix, en toute souveraineté, d'appeler Alexandre de Perrinet, marquis d'Arzeliers, à remplir cette charge. Le synode national, de nouveau réuni à Charenton en décembre 1644, se soumit avec une grande déférence à la volonté royale, mais se permit de formuler deux requêtes. Il demanda d'abord que l'ordre antérieur à 1631, qui prévoyait la désignation de six candidats parmi lesquels le roi en choisissait deux, fût rétabli. Il suggéra ensuite qu'un second député, membre du tiers, fût nommé afin de pouvoir suppléer Arzeliers en cas d'empêchement[10]. Ces doléances ne furent point entendues, et la députation générale fut de plus en plus étroitement contrôlée par le gouvernement royal. Le terme naturel de cette évolution fut la nomination en 1653, à la place d'Arzeliers, d'Henri de Massué, marquis de Ruvigny, sans solliciter la moindre approbation, même purement formelle, du côté huguenot. Ce n'est qu'en 1659 que le synode national de Loudun, le dernier du genre, fut autorisé à la ratifier.

Quelle fut l'action de ces députés généraux ? On se souvient de l'activité déployée par Villarnoul, mais les temps avaient changé. On ne conserve, hélas, quasiment aucune trace de l'action conduite par Clermont-Gallerande, qui ne paraît pas avoir été très entreprenant. Quant à ses collègues Bazin, Galland et Marbault, leur présence semble être demeurée symbolique. Arzeliers prit d'abord le même chemin. Durant les quatre premières années de son mandat, il ne présenta qu'une seule requête puis, brusquement, il se réveilla et son activité devint débordante. Ce regain fut absolument contemporain de la Fronde, et il est facile d'imaginer que le député général comprit fort vite que, pour éviter un engagement des réformés dans la révolte, le meilleur moyen était de ne leur donner aucun motif de mécontentement. D'Arzeliers harcela ainsi le Conseil de requêtes. Si l'on ajoute les doléances qui furent alors envoyées directement au roi par certaines Églises, sans passer par le truchement du député qui ne résidait pas en permanence à la Cour, c'est un flot abondant de plaintes et de demandes huguenotes qui s'abattit sur le Conseil. Cette offensive ne fut pas sans fruits, puisque pas moins de quinze arrêts furent rendus en réponse, toujours favorables aux protestants, entre décembre 1649 et mai 1652. L'assemblée du clergé réunie en 1650 s'en plaignit vivement. C'est également d'Arzeliers qui fut à l'origine de la déclaration de mai 1652, grande victoire contre les cours souveraines et qui rendait à l'édit de Nantes sa pureté première.

Ruvigny, qui lui succéda, s'inscrivit d'abord dans la même dynamique. Les requêtes continuèrent d'affluer et, parfois grisés par le sentiment de reconquête que leur avait procuré la déclaration royale, les réformés furent de plus en plus audacieux, réclamant entre autres la reprise du culte en des lieux où il avait depuis déjà longtemps été supprimé. L'affaire de Vals, précédemment évoquée, fut l'un des avatars les plus violents des conséquences de cette offensive, et Ruvigny se rendit sur place, à la demande de Mazarin, afin de rétablir l'ordre au moyen d'un compromis.

Les députés généraux ne furent donc réellement actifs et efficaces qu'à partir du milieu de la décennie 1640, au terme d'une période d'effacement relatif durant laquelle les réformés purent également compter sur d'autres porte-parole de leurs doléances.

L'interdiction des assemblées politiques, en 1629, engendra de manière quasi mécanique le transfert d'une partie de leur rôle aux seules institutions représentatives huguenotes encore en vigueur : les synodes provinciaux et nationaux. Les pasteurs furent ainsi propulsés en première ligne, ce qui n'était pas pour leur déplaire et s'accordait fort bien avec le rôle majeur qu'ils jouaient déjà dans le débat politique, notamment à travers la réflexion théorique qu'ils conduisaient sur la nature du pouvoir monarchique. Dès la session de Charenton, en 1631, le synode national fut chargé de recueillir les cahiers de doléances envoyés par les Églises et de présenter un recueil de ces plaintes au roi. Cette année-là, une délégation composée de Moïse Amyraut, pasteur de Saumur, et de François de Montauban de Rambault, seigneur de Villars, ancien de l'Église de Gap, tous deux députés du synode, fut reçue par Louis XIII en présence de Richelieu et de Louis Phélypeaux de La Vrillière, secrétaire d'État chargé des affaires de la religion prétendue réformée. En janvier 1645, les envoyés du synode national de Charenton furent reçus à leur tour, en présence du jeune Louis XIV, d'Anne d'Autriche, de Mazarin et de La Vrillière[11].

À l'échelon provincial, les synodes se tinrent avec une régularité variable en fonction des espaces géographiques et de l'importance de l'implantation réformée. En Normandie, par exemple, le synode provincial ne se réunit pas moins de 44 fois en cinquante-six ans, entre 1604 et 1660. Sans jouer réellement de rôle politique, ce qui leur était strictement interdit, les assemblées réunies sous la surveillance de commissaires royaux ne servirent pas moins de relais aux plaintes des fidèles. Ces doléances furent ensuite transmises à la Cour, soit par le truchement des députés généraux, soit par l'envoi de députés expédiés *ad hoc*. Ces derniers purent s'appuyer à Paris sur des avocats, commissionnés par les provinces synodales afin de défendre leurs affaires devant le Conseil. C'est tout un système de relais, destiné à faire valoir les intérêts des Églises sur le plan juridique, qui se mit progressivement en place.

De manière moins officielle, d'autres protagonistes jouèrent aussi un rôle au profit des réformés, non loin du plus proche entourage royal. Tel fut, par exemple, le cas de Valentin Conrart, calviniste à la foi très affirmée, détenteur d'une charge de secrétaire du roi et cheville ouvrière de la création de l'Académie française, dont il devint secrétaire perpétuel en 1634. Avec quelques-uns de ses coreligionnaires, comme Abraham Tessereau, lui aussi secrétaire du roi, et Jean Rou, avocat au parlement de Paris, il forma un groupe d'hommes de lettres qui devint l'un des principaux rouages de l'action politique réformée, en raison de la position stratégique occupée par ses membres. Ces hommes constituèrent ainsi un foyer de résistance à l'offensive catholique, et leur combat prit une forte coloration littéraire. Conrart lutta notamment contre l'usage du mot « huguenot », qui revêtait selon lui une trop forte connotation péjorative, en rappelant les accusations de rébellion dont les réformés avaient été l'objet depuis le début de la décennie 1560. Alors que ses coreligionnaires avaient fini par faire de ce terme un véritable étendard, il considérait, au contraire, qu'il convenait d'en abandonner l'emploi afin de rejeter, dans un même mouvement, la dimension politique et militaire de la Réforme française. Il pensait que les réformés n'en apparaîtraient que plus fidèles. Son ami catholique Jean-Louis Guez de Balzac résumait fort à propos les choses ainsi : « Huguenot est votre nom de guerre, imposé à vos premiers Pères fortuitement et par le hasard[12]. » C'est ainsi sur le terrain intellectuel que se situa la contribution de Conrart à la cause réformée. Parmi ses chevaux de bataille figurait la volonté de préserver ses coreligionnaires de toute critique afin de leur garantir le bénéfice des édits. Lors de la publication des deux derniers volumes des *Mémoires* de Philippe Duplessis-Mornay, préparés par ses héritiers, et de la vie du conseiller d'Henri de Navarre racontée par son secrétaire, David de Licques, il servit d'intermédiaire avec les Elzevier, célèbres imprimeurs néerlandais basés à Leyde et Amsterdam. En collaboration avec le pasteur André Rivet, Conrart veilla ainsi à ce que certaines pièces fussent retranchées, afin de ne pas nuire à l'image de fidélité absolue donnée par les sujets réformés du roi de France, mais il pressa par ailleurs la publication, parce que la mise en valeur de l'action conduite par un grand serviteur protestant de la monarchie tel que Mornay ne pouvait que renforcer la bonne renommée de la minorité huguenote. Finalement, après plusieurs années d'efforts débutés en 1646, les ouvrages parurent en 1651 et 1652.

Une minorité toujours suspecte

Toutes ces précautions ne suffirent pourtant pas à désamorcer l'hostilité des ennemis les plus résolus de l'hérésie. Au premier rang d'entre eux figuraient encore et toujours le clergé et ses assemblées. Lors de la session de 1605, une rubrique était pour la première fois apparue dans le cahier de doléances remis au roi. Intitulée « Plaintes contre les huguenots », elle requérait systématiquement la mise en œuvre la plus restrictive possible des dispositions de l'édit de Nantes, en appliquant un principe selon lequel tout ce qui n'était pas explicitement permis pouvait être interdit. Après une éclipse, la rubrique « Plaintes » était de nouveau apparue dans le cahier de l'assemblée de 1635. En 1645, un chapitre spécial « Entreprises des huguenots » y fut inséré, avec une tonalité particulièrement offensive. Le clergé y demandait la révocation pure et simple de la déclaration du 8 juillet 1643, par laquelle le jeune Louis XIV avait confirmé l'édit de Nantes et renvoyé devant les chambres mi-parties toutes les affaires relatives aux huguenots, y compris les contraventions à l'édit. Mais c'est surtout la déclaration de mai 1652 qui déclencha le déchaînement du clergé. L'assemblée de 1655 nomma en son sein une commission spécialisée, chargée de rédiger le cahier de doléances sur les entreprises des huguenots et d'identifier leurs « progrès ». C'était une première et, lors de la présentation des remontrances du clergé en présence du roi et de Mazarin, la révocation de la déclaration de 1652 fut explicitement requise. Le 24 janvier 1656, François Bosquet, évêque de Lodève, prononça devant le cardinal un discours très violent qui dénonçait les excès commis par les réformés. Le 2 avril, ce fut au tour de l'archevêque de Sens de s'exprimer au Louvre devant le jeune roi. Et comme l'assemblée siégea dix-neuf mois, ce qui fit d'elle la plus longue du siècle, ses démarches répétées finirent par marquer les esprits.

À cette offensive s'ajouta la diffusion persistante, dans la petite musique de la littérature polémique catholique, du discours pernicieux qui, faisant fi de la fidélité huguenote pendant la Fronde, rappelait à loisir les prises d'armes de la noblesse réformée pendant les guerres de Religion, les guerres de Rohan et la participation huguenote aux révoltes de Condé. Plus généralement, elle rabâchait l'inusable discours qui faisait des protestants des rebelles par nature. S'y ajoutaient encore les éternelles accusations de républicanisme, fondées sur la dénonciation du système ecclésiastique « démocratique » huguenot basé sur un régime d'assemblées, où les décisions étaient prises par vote majoritaire et où se déployaient quelques principes d'égalité fondamentaux. Les exemples fournis par les États calvinistes étrangers, Genève et les Provinces-Unies, qui étaient bien des républiques, furent à nouveau mobilisés, de même que l'exécution de Charles Ier d'Angleterre qui avait été suivie de l'institution d'un Commonwealth. On alla même jusqu'à évoquer la pensée monarchomaque, dont le spectre persistait à planer.

On se souvient que l'une des raisons qui avaient poussé Mazarin à concéder la déclaration de 1652 avait eu pour aiguillon son désir de conclure un accord avec Cromwell. Il avait aussi redouté de voir naître une coalition protestante sous l'égide du lord-protecteur ou, pire encore, une alliance entre l'Angleterre et l'Espagne. Mais toutes ces craintes s'étaient finalement dissipées le 3 novembre 1655, lorsque Cromwell avait conclu le traité de commerce de Westminster avec Louis XIV. Lors des négociations, Mazarin avait certes promis que les huguenots conserveraient l'entier bénéfice des édits, mais une fois l'alliance avec l'Angleterre scellée, le cardinal pouvait refermer cette parenthèse tactique.

Cédant aux pressions du clergé, qui avait fini par le convaincre que les réformés avaient regagné du terrain et qu'une vraie dynamique stimulait de nouveau la progression de l'hérésie, et revenant à une politique plus conforme à celle qui avait été appliquée avant 1652, Mazarin concéda aux prélats une nouvelle déclaration royale publiée le 18 juillet 1656. Louis XIV y faisait machine arrière sans vouloir l'avouer. Tout en prétendant rester fidèle à l'esprit du texte de 1652, elle en dénaturait le sens, en prétendant que seule une mauvaise interprétation avait pu faire croire que toutes les décisions rendues par les cours souveraines postérieurement à la signature de l'édit de Nantes étaient frappées de nullité. Leur validité était donc à nouveau pleinement reconnue. Pour les huguenots, la surprise fut grande, et le changement brutal de politique royale fut vécu comme un désastre. Ils ne le savaient pas encore, mais leur destin était scellé.

20

Comme neige au soleil

Dans les *Mémoires pour l'instruction du Dauphin,* la stratégie politique appliquée par Louis XIV afin d'éradiquer l'hérésie fait l'objet d'un développement substantiel. Si l'on sait aujourd'hui que le roi n'écrivit pas lui-même ce texte, on peut néanmoins considérer qu'il traduit assez fidèlement ce qu'était la pensée du monarque au moment de sa composition, soit à la fin de la décennie 1660. Celle-ci se déclinait en plusieurs grands principes. Le premier consistait à enfermer l'exécution de l'édit de Nantes « dans les plus étroites bornes que la justice et la bienséance le pouvaient permettre ». Le deuxième était de ne dispenser aucune grâce aux réformés, afin qu'ils ressentissent le préjudice que leur portait le fait de n'être pas catholiques. Le troisième était enfin d'attirer par des récompenses ceux qui se convertiraient. Et pour terminer, Louis XIV estimait qu'il s'en fallait de beaucoup qu'il ait employé tous les moyens pour faire prendre conscience à ses sujets huguenots de leurs « pernicieuses erreurs[1] ».

Le coup de rabot législatif

De fait, à partir de la déclaration de juillet 1656, la mise en application la plus restreinte et la plus rigoureuse qui fût de l'édit commença, les réformés furent de plus en plus exclus de la faveur royale, et les invitations à se convertir par intérêt se multiplièrent. Au fil du temps, le pouvoir déploya des trésors d'inventivité afin de trouver de nouveaux moyens pour faire reculer l'hérésie, par une succession d'arrêts et de déclarations toujours plus restrictifs. Plutôt qu'à la violence physique, à laquelle le roi se refusait officiellement, on eut recours à une violence judiciaire, dont la finalité était d'asphyxier les communautés en les privant progressivement de leurs droits. Une première phase se déploya jusqu'à la mort de Mazarin, en 1661. Pendant ces cinq années, 93 % des arrêts rendus au sujet des affaires protestantes furent défavorables aux réformés, soit 95 décisions sur 102. Avec le début du règne personnel de Louis XIV, la pression s'accentua. Stimulé par les plaintes formulées par l'assemblée du clergé réunie en 1660, le roi ordonna notamment que les commissions qui avaient été prévues par la déclaration de 1656 et qui n'avaient, semble-t-il, pas été créées fussent envoyées dans les provinces afin de veiller à l'application stricte de l'édit de Nantes. L'action de ces commissaires s'échelonna jusqu'en 1666 et se traduisit notamment par la réduction du nombre de lieux de culte, puisque pour les seules années 1661-1664, plus de 150 temples sur les peut-être environ 700 que comptait le royaume furent démolis.

Puis le monarque publia, le 2 avril 1666, une déclaration en 59 articles qui confirmait à nouveau l'édit de Nantes, mais en précisait le contenu en s'appuyant sur la jurisprudence très défavorable aux réformés depuis 1656. L'enjeu majeur était la pratique du culte, que l'on avait constamment cherché à raboter avec la suppression massive de temples opérée depuis 1661, mais une attention particulière fut aussi apportée à l'affaiblissement de l'organisation ecclésiastique. Un arrêt de juillet 1657 interdit ainsi la tenue des colloques, qui ne purent plus s'assembler qu'une fois par an, juste après la tenue du synode provincial. Un arrêt de septembre 1660 interdit, en outre, à ces assemblées provinciales de délibérer en l'absence d'un commissaire royal, alors que celui d'octobre 1663 prohiba toute correspondance entre les Églises de provinces différentes.

Le contexte international accorda alors un léger répit aux huguenots, car le prince-électeur de Brandebourg, Frédéric-Guillaume, s'inquiéta auprès de Louis XIV de la situation de la minorité réformée française. La guerre de Dévolution incitait alors le roi à ne pas s'aliéner les Provinces-Unies et les princes protestants allemands. Mais l'accalmie fut très relative et ne fut pas ressentie dans tout le royaume, puisqu'en Normandie, par exemple, la pression s'accentua en 1667-1668. Symptôme des hésitations du pouvoir royal en cette période de crise, en janvier 1669, un édit supprima les chambres de l'édit des parlements de Paris et de Rouen, mais une déclaration publiée le mois suivant revint sur certaines restrictions. Cette mesure de clémence, dictée par les circonstances, inaugura un long apaisement qui se poursuivit jusqu'en 1679, lorsque prit fin la guerre de Hollande, avec la signature des traités de Nimègue.

Les députés de la dernière chance

Après la stupéfaction face au revirement de 1656, les réformés comprirent rapidement que l'inflexion majeure qui venait de s'opérer dans la politique royale pouvait leur être fatale. Loin d'abdiquer, ils entreprirent de défendre leurs positions avec acharnement. Ils ne pouvaient guère compter sur Ruvigny. Le député général était un militaire qui avait accompli une belle carrière. Récompensé par la charge de lieutenant général des armées du roi, il avait aussi mené des missions diplomatiques en Angleterre en qualité d'ambassadeur extraordinaire. Animé d'une foi réformée sincère, il avait fait preuve de sa loyauté envers la Couronne pendant la Fronde et Mazarin avait voulu le récompenser pour ses services en le nommant député général. Le cardinal avait, par la même occasion, doté les réformés d'un porte-parole écouté et respecté. Mais dans la pratique, Ruvigny n'était pas entièrement dédié à cette mission, car Louis XIV souhaitait exploiter ses connexions familiales outre-Manche, en particulier dans le contexte diplomatique et militaire tendu de la guerre de Dévolution puis de la guerre de Hollande. À plusieurs reprises, il s'absenta plusieurs mois de la Cour pour résider à Londres et en divers autres lieux afin d'y déployer ses talents de négociateur. En outre, l'application que Ruvigny mit à soigner sa propre image dans l'esprit du roi et de ses conseillers, afin de ne pas entraver outre mesure sa carrière et celle de son fils, le conduisit sans doute à modérer la vigueur de ses protestations face aux dispositions défavorables prises à l'encontre des réformés.

Afin de pallier cette défection partielle, les synodes n'avaient pas la faculté de s'adresser directement au roi. Il n'y eut de toute manière bientôt plus de synode national, puisque celui de Loudun, réuni entre novembre 1659 et janvier 1660, dont la convocation avait été grandement favorisée par l'influence de Turenne, fut le dernier du genre. Quant aux synodes provinciaux, surveillés par les commissaires royaux, leurs possibilités demeuraient limitées. Quelques initiatives furent néanmoins prises. En bas Languedoc, le synode provincial tenu à Montpellier en avril 1657 n'hésita pas à publier une *Apologie des Églises réformées du Languedoc*, dans laquelle il appelait à s'opposer à la déclaration royale de 1656 « par toutes voies justes et raisonnables ». Comme toujours, l'auteur n'accusait pas le roi, mais il rejetait, de manière très classique, la responsabilité de ces mauvaises décisions sur l'assemblée du clergé réunie en 1655. Placé à la fin de ce libelle, un extrait des actes du synode l'exposait clairement, évoquant « les artifices de l'assemblée du clergé qui a extorqué par ses sollicitations importunes une déclaration qui sape les fondements de l'édit, nous expose aux outrages et à la violence des ennemis de notre liberté et de notre repos[2] ». Le synode décida, en outre, d'expédier un député à la Cour, afin de faire entendre au roi ses doléances. Avec ce recours à l'envoi, auprès du monarque, d'un représentant dûment mandaté se mit alors en œuvre une modalité d'action politique qui n'était pas sans rappeler l'envoi par les synodes provinciaux de députés à la Cour en 1560, peu avant le colloque de Poissy. Cette pratique ressuscitée et revisitée était destinée à perdurer, et même à s'amplifier, au cours des deux décennies suivantes.

Cette initiative s'étendit à une dizaine de provinces synodales, qui désignèrent chacune un député chargé de se rendre à Paris, avec pour mission d'obtenir du roi la révocation de la déclaration de 1656. Grâce à l'appui de Ruvigny, la délégation ainsi formée fut reçue par le roi. Frédéric de Suzannet, marquis de La Forêt, représentant du Poitou, eut l'honneur de s'exprimer devant Louis XIV le 18 février 1658, afin de lui remettre un cahier de doléances, avant que le député de Saintonge Jean de Morel, seigneur de Thiac, et le pasteur rouennais L'Angle ne soient reçus par Mazarin le 17 mars. L'Angle, plus éloquent que son confrère, fut chargé de prononcer un discours dans lequel il sacralisait l'édit et exprimait toute la confiance des Églises en la justice royale. Bien que le cardinal ait été, semble-t-il, impressionné par la qualité du propos, l'impact de la démarche demeura très limité[3].

Au fil des années et au gré de la multiplication des restrictions légales imposées aux réformés, les députés issus de la noblesse huguenote se succédèrent à la Cour. L'un de ces députés a laissé un mémoire relatant sa mission remplie en 1668 au nom des réformés du Poitou[4]. Il s'agit de Maximilien Aubéry, seigneur Du Maurier, fils du fameux Benjamin Aubéry Du Maurier, ambassadeur de France auprès des Provinces-Unies de 1613 à 1624. Né en 1608, il avait eu Sully pour parrain et avait déjà rempli une charge similaire en 1656. Il était l'un des nobles réformés les plus en vue de sa province, en raison de son ascendance et de son habileté politique. Parti sans illusions sur le succès possible de sa mission, après s'être fait longuement prier et avoir cédé sous la pression de personnages notables tel que le marquis de Villarnoul, il arriva à Paris le 1er février 1668. Il expose dans le détail les grandes difficultés qu'il rencontra pour obtenir une audience, Ruvigny étant alors absent de la Cour. Finalement, grâce au maréchal de Gramont, il finit par obtenir une entrevue avec le marquis de Louvois, alors secrétaire d'État à la Guerre et conseiller très écouté du roi, qui le congédia sans ménagement après avoir opposé une fin de non-recevoir à l'ensemble de ses demandes et proféré des menaces à l'endroit des huguenots qui viendraient à se dresser contre la volonté royale. Quelques jours plus tard, il communiqua à Du Maurier le refus du roi de le recevoir et l'ordre qui lui était donné de quitter la Cour, sans même avoir pu transmettre le placet qu'il avait rédigé à l'intention de Louis XIV. Il rentra chez lui à la fin du mois de mars 1668. Très détaillé, le récit de Du Maurier permet d'appréhender de manière vivante la suractivité déployée par le député et les innombrables difficultés qu'il rencontra afin de pouvoir être seulement entendu.

Il permet, en outre, de préciser quel pouvait être alors le discours politique de la noblesse réformée et atteste que les thèmes traditionnellement mis en avant dans la littérature polémique huguenote étaient toujours d'actualité. Au premier rang d'entre eux figurait celui du roi mal conseillé, dont « les malveillants » s'attachaient à brouiller la vision afin de le conduire à prendre, malgré lui, des décisions hostiles à ses sujets réformés. La conviction selon laquelle le roi « est plus environné de courtisans que de véritables Français » s'exprimait également avec force. Ces hommes étaient accusés de prôner une politique qui avait pour effet d'affaiblir le royaume « sous couleur de le fortifier », en anéantissant des édits « si solennels », en particulier l'édit de Nantes. On trouvait également énoncée la certitude que les réformés, que l'on poussait aux extrémités par une politique répressive très dure, étaient en fait les plus forts appuis du roi face à « la tyrannie de la maison d'Autriche » et « l'inquisition de Rome ». On rappelait les services passés de la noblesse huguenote, notamment sous Henri IV, et la conviction émergeait que les réformés étaient tout simplement les meilleurs sujets du roi, ceux sur lesquels il devait s'appuyer[5]. Tous ces thèmes, cela mérite d'être souligné, étaient déjà présents dans le discours polémique huguenot forgé au début de la décennie 1560 et n'avaient jamais cessé d'être martelés au fil des décennies. Du Maurier n'innovait pas, mais s'inscrivait dans une tradition de rhétorique politique profondément ancrée.

L'échec de Du Maurier renforça le sentiment de résignation qui l'habitait à la fin de la décennie 1660. L'avenir de la Réforme française lui paraissait alors on ne peut plus noir : « Mon sentiment, écrivait-il, est que nos affaires sont humainement en piteux état ; que nos Églises doivent obéir à la volonté du roi et s'y résoudre comme on se résout à la mort[6]. » Néanmoins, et bien que le témoignage de Du Maurier reflète très probablement le sentiment éprouvé par la grande majorité des députés nobles réformés expédiés à la Cour, ces derniers ne se découragèrent pas pour autant. On sait, grâce aux notes prises par Abraham Tessereau à l'intention de Ruvigny, qu'une poignée d'entre eux demeura à Paris pour former un petit groupe dont l'effectif varia au gré des allées et venues entre les provinces et la capitale. Au milieu de la décennie 1670, composé de pasteurs et d'anciens, dont plusieurs étaient nobles, il oscillait entre une dizaine et une vingtaine de membres[7]. Parmi eux figuraient Louis de Saint-Georges, seigneur de Marsay, Antoine de Massanes, Robert de La Farelle, seigneur de La Blaquière ou encore Benjamin de Pierrebuffière, seigneur de Chamberet, qui avait épousé Louise Aubéry, sœur de Maximilien Aubéry Du Maurier. On est toutefois peu informé sur les détails de leur action ainsi que sur la durée réelle de leur présence à la Cour, même si la biographie du pasteur Pierre Du Bosc, issu de la petite noblesse normande et qui faisait partie de ce groupe de députés, permet d'en appréhender certaines réalités. On apprend ainsi que Du Bosc, envoyé à la Cour en novembre 1668 afin de protester contre la volonté royale de suppression des chambres de l'édit, eut davantage de chance, dans la mesure où, grâce à la présence et à l'intercession de Ruvigny, qui était alors de retour à Paris, il put obtenir une audience du roi[8]. Jusqu'en 1681, il accomplit au moins seize voyages auprès du monarque, soit à la demande du synode provincial, soit à la requête du consistoire de certaines Églises.

En croisant les informations contenues dans ce récit détaillé des actions et des séjours fréquents du pasteur à la Cour avec les données fournies par les mémoires et archives de Tessereau, on dispose de suffisamment d'éléments pour envisager la méthode employée par les membres de cette délégation comme celle d'un groupe de pression constamment prêt à agir, en sollicitant des audiences auprès des ministres du roi dont ils faisaient le siège quasiment en permanence. Parfois, l'irritation qu'ils causaient fut telle que des mesures sévères de rétorsion furent prises à leur encontre, deux d'entre eux étant même embastillés pendant un mois. Pour autant, en dépit de leur détermination, ils se continrent dans une attitude empreinte de la plus grande fidélité. Leur action se limita toujours à l'expression de respectueuses doléances.

Dans leur tâche, ces hommes qui menaient un combat désespéré purent compter sur quelques soutiens. Turenne intervint à plusieurs reprises auprès du roi, et sa présence au Conseil, où il était le dernier représentant de la minorité réformée, eut quelques modestes effets. Mais afin de lutter contre la vague de suppressions de lieux d'exercice du culte réformé qui caractérisa la période comprise entre 1661 et 1666, les députés devaient surtout pouvoir fournir des preuves écrites que l'exercice y avait été effectif au moment de la signature des édits de 1577, 1579 ou 1580, ce qui était le plus souvent impossible en raison de la perte des archives. Ce besoin de documents écrits sur lesquels s'appuyer fut à l'origine de la commande passée par le synode national de Loudun à Pierre Loride des Galesnières, avocat et ancien du consistoire de Charenton, qui publia en 1661 un *Sommaire des procès, différends et contestations qui arrivent ordinairement dans l'exécution des édits de pacification*.

Non loin de la Cour, Conrart multiplia aussi les efforts, au cours des décennies 1660 et 1670, afin de défendre ses coreligionnaires contre les attaques toujours plus nombreuses dirigées contre les

Églises. Il centralisait les plaintes venues des provinces, qu'il relisait, annotait ou corrigeait avant qu'elles ne fussent adressées au roi. Face à l'édit du roi du 6 août 1665, qui restreignait considérablement le nombre de lieux de culte réformés en Poitou, il joua un rôle important dans la mise en forme des doléances et de la supplique adressée à Louis XIV. Son collègue Abraham Tessereau s'impliqua aussi très fortement dans la résistance. Ancien de Charenton, il fut l'agent parisien du colloque d'Aunis en 1673 et fit partie des députés appointés par la province d'Aunis auprès du Conseil du roi en 1675-1676.

Toutes ces démarches avaient fort peu de chance d'aboutir, car le roi considérait qu'accepter de telles procédures revenait à reconnaître que ses sujets protestants formaient un corps dans l'État, ce qu'il ne pouvait envisager alors que, par la force des choses, les huguenots en composaient rationnellement un depuis l'édit de Nantes. La détermination de Louis XIV à leur nier cette faculté s'exprima très clairement en décembre 1661, lorsqu'il refusa de recevoir une députation envoyée par la chambre de l'édit de Castres, venue le féliciter pour la naissance du Dauphin, au motif que ladite chambre n'avait pas à se comporter comme un corps indépendant du parlement de Toulouse.

Ces députés réformés et leurs relais parisiens ne furent pas les seuls avocats de la cause réformée. À partir de 1661, les commissaires nommés dans les provinces afin de veiller à l'application rigoureuse de l'édit de Nantes entrèrent également en action. Il y eut en tout dix-sept binômes, dans la composition desquels on respecta toujours l'équilibre confessionnel, avec un catholique et un protestant, ce dernier soigneusement choisi parmi les réformés les plus fidèlement dévoués au service du roi. Ces duos furent presque invariablement dominés par le commissaire catholique, le plus souvent intendant, qui imposait son autorité. Par ailleurs, parmi les nobles protestants désignés pour remplir ces fonctions, nombreux furent ceux qui entretenaient des liens si proches avec la société catholique qu'ils finirent par abjurer rapidement. Pourtant, certains commissaires huguenots firent tout pour défendre les positions réformées dans leur province. Ce fut le cas, dans la généralité de Caen, de Léonard-Antoine de Saint-Simon, marquis de Courtomer, fils de Jean-Antoine de Saint-Simon, très actif au sein des assemblées politiques qui avaient négocié l'édit de Nantes entre 1593 et 1598, et petit-fils d'Artus de Saint-Simon, mort à la bataille d'Ivry. Confronté à l'intendant Guy Chamillart à partir de 1666, il défendit âprement l'intérêt des Églises. La documentation relative à sa commission montre que l'avis qu'il émit divergea presque à chaque fois de celui formulé par l'intendant sur la base des pièces fournies par les communautés. L'enjeu était de taille, car il s'agissait de déterminer quels seraient les temples qui devraient être maintenus et quels seraient ceux qu'il conviendrait de supprimer. Sur tous les dossiers, Courtomer se livra à une analyse minutieuse, afin d'étayer ses recommandations. Dans la généralité d'Alençon, le réformé Jacques de Saint-Denis se montra tout aussi déterminé face à l'intendant Bernard-Hector de Marle en 1668-1669. Jean Chauvin, seigneur de Varengeville, en fit autant face à l'intendant Jacques Barrin de La Galissonnière dans la généralité de Rouen.

L'effondrement des derniers piliers nobiliaires

Alors que les efforts déployés à la Cour ne portaient que de maigres fruits, l'offensive conduite par le clergé faisait des ravages. Au cours des années 1630, Richelieu avait élaboré plusieurs plans afin d'emporter l'adhésion de pasteurs éminents qui l'auraient assisté dans la conduite d'un projet de concorde religieuse dont l'objectif était de ramener les hérétiques vers la foi catholique. Fortement stimulé par le nonce apostolique, le cardinal avait tenté plusieurs approches, non sans succès semble-t-il, auprès d'une poignée de ministres députés aux synodes nationaux, et il avait pu s'appuyer sur le controversiste jésuite François Véron. Mais il était mort avant d'avoir réellement pu mettre son plan à exécution.

Ce désir d'un retour à l'unité religieuse par la conversion n'avait pas disparu avec Richelieu. Louis XIV l'épousait étroitement et reprit à son compte les démarches antérieures. Un événement majeur l'y encouragea. Le 23 octobre 1668, Turenne abjura. Depuis près d'une décennie, le prestigieux chef militaire avait engagé une réflexion personnelle et intérieure. Tout en continuant à défendre auprès du roi la cause de ses coreligionnaires, de concert avec le député général Ruvigny, il s'était progressivement éloigné de la foi réformée. Dernier grand personnage du royaume à être demeuré calviniste, son renoncement à l'hérésie fut célébré avec bruit. À Paris, des feux de joie furent allumés, on fit chanter des *Te Deum* et on frappa même des médailles commémoratives. Le nonce dépêcha un courrier spécial à Rome, où le pape Clément IX et les cardinaux accueillirent la nouvelle avec effusion. L'abbé Louis de Bourlemont d'Anglure, auditeur au tribunal de la Rote, informa le secrétaire d'État Hugues de Lionne de cette réaction enthousiaste. Il lui rapporta les propos des prélats : « Voilà comme il faut ruiner les huguenots, en leur enlevant les principaux de leur parti ; c'est ainsi qu'on renverse un édifice en en sapant les fondements[9]. » Quelques années plus tard, en 1675, à la mort du maréchal, l'oraison funèbre prononcée par l'oratorien Jules Mascaron revint encore sur le rôle essentiel joué par ce basculement, estimant que son exemple avait illuminé le chemin à suivre pour ses coreligionnaires et rappelant que l'Église avait accueilli l'événement comme si le royaume tout entier s'était converti. Son impact était en l'occurrence surévalué, mais sa défection n'en contribua pas moins à affaiblir la minorité huguenote de manière considérable et servit d'exemple à nombre d'âmes aux prises avec le tourment de leur conscience. Parmi les premiers convaincus figurèrent les neveux de Turenne, Guy-Aldonce II de Durfort, comte de Lorges, et Godefroy de Durfort, comte de Rauzan, qui abjurèrent à leur tour le 6 février 1669. Le premier devint maréchal de France en 1676, alors que le second mourut peu après sa conversion, le 25 juin 1669, lors du siège de Candie, au sein de la flotte naviguant sous la bannière du pape Clément IX, venue secourir les Vénitiens contre les Ottomans.

Turenne désirait faire fructifier sa démarche au profit de la religion catholique en suscitant d'autres conversions dans son sillage. Il pensa notamment entraîner des pasteurs qui auraient à leur tour engendré de nombreuses abjurations et, par un mécanisme vertueux se propageant en cascade, un écroulement de l'hérésie. Il reprenait en fait une partie du projet conçu par Richelieu. Le nonce Pietro Bargellini voulut saisir cette opportunité pour engager Louis XIV dans une entreprise de grande ampleur. Pour y parvenir, il présenta au roi un plan conçu par l'abbé Nicolas Desisles d'Infrenville qui s'appuyait de manière très explicite sur « le dessein de feu le cardinal de Richelieu ». Il s'agissait de gagner en secret un bon nombre de pasteurs parmi les plus puissants, puis de convoquer une conférence publique avec confrontation doctrinale, un peu comme les colloques tenus au XVIe siècle, au cours de laquelle ils feraient solennellement et de manière spectaculaire profession de la foi catholique. Ces convertis iraient ensuite gagner d'autres ministres de la Parole, qui entraîneraient à leur tour la plus grande partie de leurs fidèles. Au besoin, on emploierait la force afin de convaincre les derniers résistants. Pour attirer la première vague de pasteurs, puis les suivantes, il fallait pouvoir leur garantir une pension égale au montant du traitement qu'ils percevaient de leurs Églises, et il y avait donc une dimension pécuniaire non négligeable dans ce projet qui aurait pu coûter un million et demi de livres à l'État royal. Une liste des pasteurs premiers ciblés avait d'ailleurs même été dressée par Desisles, mais elle reposait essentiellement sur ses souvenirs d'informations glanées lors de ses entreprises missionnaires accomplies dans le Midi et en partie périmées. Certains des individus mentionnés étaient même morts sans qu'il ait été mis au courant !

Ce ne fut toutefois pas en raison de cette imprécision que le projet fut finalement tué dans l'œuf. Le Saint-Siège tança vertement Bargellini, parce qu'il était à ses yeux impensable qu'une conférence entre catholiques et hérétiques pût être organisée. Une telle confrontation aurait permis aux réformés de discuter sur un pied d'égalité, alors que le concile de Trente avait depuis longtemps tranché en matière de dogme. Au mieux, les hérétiques ne pouvaient être admis à être entendus que comme des accusés et des inférieurs. Louis XIV, de toute manière, n'était pas disposé à adopter cette procédure. Il ne souhaitait pas que l'on pût considérer que les conversions avaient été achetées, et l'ébruitement du contenu du projet, qui avait fuité hors du royaume, suscitait l'inquiétude des princes protestants alliés de la France dont le roi avait alors grand besoin. Desisles ne persévéra pas moins dans ses démarches auprès de Turenne, auquel il présenta un nouveau projet limité à la constitution d'un fonds destiné à financer le ralliement des pasteurs, une sorte de caisse de conversion.

Turenne ne fut toutefois jamais un catholique zélé, et c'est par l'exemple qu'il avait donné plutôt que par son industrie à entraîner des émules dans son sillage qu'il contribua à affaiblir de manière notable le pilier nobiliaire huguenot, que les décennies précédentes avaient déjà considérablement rongé. L'érosion se poursuivit, inexorable. Lorsqu'il s'était converti, en 1628,

Henri Ier de La Trémoille avait entraîné d'autorité tous ses enfants derrière lui. Son fils aîné, Henri-Charles de La Trémoille, prince de Tarente, avait ensuite été ramené vers la foi réformée par sa mère, Marie de La Tour d'Auvergne, qui n'était autre que la sœur de Turenne, calviniste fervente. Il avait épousé Amélie de Hesse-Cassel, fille du landgrave Guillaume V, prince protestant de l'Empire. Son engagement dans la Fronde derrière Condé lui avait valu d'être emprisonné sur ordre de Mazarin en 1656, puis il était rentré en grâce après la mort du cardinal, servant simultanément le roi et les États généraux des Provinces-Unies. En septembre 1670, il se convertit au catholicisme, justifiant sa décision à la fois par le devoir qu'il avait envers le roi et par une réflexion spirituelle plus profonde qui le convainquit que son salut dépendait étroitement de son retour dans le giron de l'Église romaine. Une large propagande fut organisée autour de l'événement, afin de susciter des émules. Dans l'almanach royal de 1671, une gravure représenta la conversion de Tarente et de son fils, le duc de Thouars, entre les mains de l'évêque d'Angers. Sur un cartouche, l'inscription suivante décrivait la scène ainsi : « Le triomphe de l'Église sur l'hérésie. Dans la Conversion de L'Illustre Famille de la Trimouille, M. le Prince de Tarante, et M. le Duc de Touars, son fils, entre les mains de M. Henri Arnauld, Evesque d'Angers, Et Celle de plusieurs autres Personnes de Considération soubs le Pontificat de Clément X[10] ».

L'élite nobiliaire huguenote s'évanouit ainsi presque entièrement, et le poids politique de la minorité réformée disparut avec elle. Au sein de ces grandes lignées, seules avaient persévéré les épouses, veuves ou filles de ces grands personnages. La foi chevillée au corps, elles demeurèrent le plus souvent fermes dans leurs convictions religieuses. Marie de La Tour d'Auvergne, duchesse de La Trémoille, mourut ainsi réformée en 1665, de même que Charlotte de Caumont, fille du maréchal de La Force, épouse de Turenne, qui s'éteignit en 1666. Charlotte-Amélie de La Trémoille, fille du prince de Tarente, fit preuve de la même détermination et quitta même le royaume pour le Danemark, en 1672, afin d'échapper aux pressions qui la poussaient vers l'apostasie. Marie de Duras, sœur des comtes de Lorges et de Rauzan, résista quant à elle jusqu'en 1678, lorsqu'elle fut convertie par Bossuet au terme d'une conférence organisée entre le futur évêque de Meaux et le pasteur de Charenton Jean Claude. Cette rencontre s'était tenue chez sa sœur aînée, Élisabeth de Durfort, comtesse de La Rochefoucauld et de Roye, qui devait demeurer réformée jusqu'à sa mort et qui contribua puissamment à maintenir son mari, Frédéric-Charles de La Rochefoucauld, comte de Roye et de Roucy, dans les rangs désormais clairsemés de la grande noblesse huguenote qui se réduisait à quelques unités.

Les réformés pouvaient encore compter sur Jacques Nompar II de Caumont, duc de La Force, dont le père était mort protestant en 1675 et qui resta ferme, sur Frédéric-Armand de Schomberg, maréchal de France originaire du Palatinat, et sur les membres de la lignée des Jaucourt de Villarnoul, descendants de Duplessis-Mornay, dont le chef de file était alors Jean-Philippe de Jaucourt, marquis de Villarnoul. De bonne noblesse également, Claude-Antoine de Saint-Simon, marquis de Courtomer, était très actif dans la défense des droits des Églises. Il avait épousé Jeanne de Caumont, fille du duc de La Force, dont la mère, Marie de La Noue, dernière descendante du fameux « bras de fer », vivait encore et demeura, elle aussi, calviniste jusqu'à son dernier souffle.

Une obéissance impuissante

Cet affaiblissement ne tarda pas à être mis à profit par la monarchie. Dès 1676, un huguenot converti, Paul Pellisson, avait pris la direction de la caisse des conversions, dont le but était d'attirer vers l'Église catholique des réformés à la conscience vacillante en échange d'un dédommagement financier. Mais c'est trois ans plus tard que débuta l'assaut final. En 1679, la signature des traités de Nimègue mit fin à la guerre de Hollande et ramena la paix en Europe. Victorieux, Louis XIV avait les mains libres pour reprendre avec détermination son entreprise de réduction de la minorité huguenote. Car le roi était de plus en plus préoccupé par la restauration de l'unité religieuse. On rapporte qu'à des réformés auxquels il avait donné audience, il aurait déclaré : « Le roi mon grand-père vous aimait et ne vous craignait pas, le roi mon père vous craignait et ne vous aimait pas, mais moi je ne vous crains ni ne vous aime[11]. » Qu'elle soit réelle ou apocryphe, cette formule résume bien l'état d'esprit du monarque qui lança l'offensive. L'une des premières mesures consista en la suppression des chambres mi-parties de Languedoc, Guyenne et Dauphiné, puis il fut interdit de tenir des synodes hors de la présence d'un commissaire qui pouvait désormais être catholique. Les restrictions de tous ordres se mirent à pleuvoir. Dès juin 1680, il devint impossible pour un catholique de se convertir au calvinisme, alors que l'année suivante, les enfants réformés furent autorisés à abjurer dès l'âge de sept ans. L'académie de Sedan fut supprimée en 1681. Les affaires relatives aux protestants traitées par le Conseil furent de plus en plus nombreuses, et beaucoup furent relatives aux lieux de culte que le roi souhaitait voir progressivement disparaître. Un soin tout particulier fut apporté à la démolition du plus grand nombre possible de temples. Entre juin 1680 et le printemps 1684, le Conseil prit au moins 180 arrêts de suppression. L'offensive concerna également les consulats et, en 1679 et 1680, les réformés furent exclus de la gestion municipale de près de soixante-dix localités sises au sud du royaume, au nombre desquelles figuraient quelques cités emblématiques de la France huguenote comme Montauban, Castres ou encore Anduze.

L'année 1681 fut aussi marquée par l'entrée en scène des dragons. Sous l'égide du secrétaire d'État à la Guerre, le marquis de Louvois, une nouvelle pratique fut inaugurée afin d'accélérer le mouvement de conversion des huguenots au catholicisme. En Poitou, l'intendant René de Marillac utilisa les logements de troupe dus par les habitants afin d'inciter les protestants poitevins à se convertir. Afin d'obtenir le départ des soldats qui pillaient, détruisaient et se livraient à des actes violents contre eux et leurs familles, nombre de huguenots finirent par abjurer entre les mains de capucins qui accompagnaient très fréquemment ces persécuteurs. L'effet fut spectaculaire. Entre mai et septembre 1681, près de 40 000 conversions furent enregistrées, en lien direct ou indirect avec ces dragonnades.

Confrontés à cette accélération brutale de la répression, ce qui demeurait des élites réformées tenta de réagir. En 1678, le député général, seul relais encore en état de permettre le dialogue avec la Cour, avait changé. Ruvigny, qui était âgé de soixante et onze ans, avait demandé que son fils aîné, qui se prénommait également Henri, puisse recevoir sa charge en survivance. Après quelques hésitations, Louis XIV lui avait accordé cette faveur. Ruvigny fils était donc entré en fonction juste avant le début de l'orage. Dans la pratique, son père ne s'était pas totalement retiré et c'est de concert que les deux hommes s'efforcèrent d'agir au mieux dans un contexte particulièrement dégradé. C'est d'ailleurs au vieux marquis que revinrent deux initiatives dictées par la gravité de la situation des Églises. En 1680, il écrivit à Louvois afin de dénoncer les manœuvres du clergé. L'année suivante, il obtint une audience du roi devant lequel il prononça une longue harangue. Il y exposait les risques que pouvait engendrer la politique répressive du roi à l'endroit de ses sujets réformés. Un exil massif vers les pays du Refuge était probable, ce qui aurait pour conséquence de priver la France de leurs richesses et de leur industrie, et les plus désespérés pourraient n'avoir comme seul recours que de prendre les armes et de déclencher une nouvelle guerre civile. Louis XIV l'écouta patiemment, mais son opinion était depuis longtemps formée, et il répondit au député général que rien ne le ferait dévier de son devoir sacré qui était de ramener ses sujets égarés sur le bon chemin et d'extirper l'hérésie. Ruvigny fut très affecté par cet échec, convaincu qu'il n'y avait désormais plus d'espoir et que la tempête se préparait.

D'autres tentatives furent lancées depuis les provinces. En juillet 1682, le fils du marquis de Venours, gentilhomme poitevin, fut envoyé à la Cour en compagnie d'un nommé Lestotière, afin de se plaindre de violences commises par les dragons. Reçus par Louvois, ils ne furent pas entendus. Les consistoires écrivirent à Ruvigny, les synodes provinciaux formulèrent des plaintes, là où ils pouvaient encore se réunir, mais le canal de communication avec le roi était rompu. Poussés dans leurs ultimes retranchements, les réformés français ne se départirent pas pour autant de leur constance dans l'affirmation d'une absolue fidélité au roi. Le durcissement de la politique royale amorcé dès la décennie 1660 ne fut ainsi, de manière classique, pas attribué au monarque. La responsabilité en fut rejetée sur les assemblées du clergé, et la colère de Dieu face aux péchés commis par son peuple fut identifiée comme une cause majeure des tourments endurés par les Églises. En 1682, en pleine tourmente, le pasteur Du Bosc réaffirma son admiration pour Louis XIV, le qualifiant de « plus grand roi du monde », et les rares ministres qui osèrent tenir un autre discours furent désavoués. Il en fut ainsi de Pierre Méhérenc, sieur de La Conseillère, établi à Alençon, qui avait taxé le roi d'idolâtrie. Ses déclarations furent fermement condamnées en 1677 par le synode provincial de Normandie. Quelques années plus tard, en 1681, il dut même quitter le royaume en raison de nouveaux propos outrageants tenus contre le roi.

Comment expliquer cette rhétorique inaltérable de la fidélité absolue ? Les réformés pensaient qu'elle était l'ultime rempart, seul susceptible de freiner le gouvernement royal dans sa politique de rabotage progressif de la liberté de culte. Il y avait une forme de naïveté dans cette conviction et, en même temps, l'expression d'un aveu d'impuissance. Au lieu de se livrer à une analyse lucide de la situation, les réformés préférèrent ainsi perpétuer le récit d'un roi non responsable des violences, afin de pouvoir lui demeurer attachés et espérer un improbable retournement politique. Le destin de la Réforme française était dans la main de Louis XIV. Il fallait le convaincre qu'il avait davantage à gagner à maintenir la liberté religieuse qu'à la remettre en cause. Encerclés, pris en étau, réduits à la défensive, les huguenots ne pouvaient rien escompter d'autre que de freiner l'érosion inexorable de leurs positions.

Ces armes rhétoriques s'étaient usées au fil du temps, et le roi était désormais beaucoup plus sensible aux arguments du clergé qu'aux gémissements des huguenots. En juillet 1682, à l'occasion d'une assemblée extraordinaire réunie à cause du conflit de la Régale qui opposait Louis XIV à Rome, les députés du clergé rédigèrent un monitoire adressé aux protestants français, dans lequel les évêques leur demandaient de se rallier à l'Église catholique. Intitulé *Avertissement pastoral de l'Église gallicane assemblée à Paris par l'autorité du roi à ceux de la religion prétendue réformée pour les porter à se convertir et à se réconcilier avec l'Église*, ce texte fut publié et ordre fut donné de le lire publiquement devant les consistoires. À l'instigation du consistoire de Charenton, qui donna le ton par la voix du pasteur Claude en septembre 1682, les Églises formulèrent une réponse très politique, en manifestant leur soumission au roi tout en protestant contre les prétentions des évêques. À La Charité par exemple, l'intendant Bazin de Bezons parut le 26 septembre 1683 devant le consistoire, en compagnie de plusieurs membres du clergé local et de notaires. Après les exhortations de l'intendant à se convertir, suivies de la lecture, par un membre du clergé, de l'*Avertissement pastoral*, le pasteur Charles Boju évoqua le « profond et inviolable respect » éprouvé à l'égard du roi, qualifié d'« invincible monarque », et de l'intendant, « illustre porteur des ordres de Sa Majesté », mais il attaqua en revanche le clergé, affirmant qu'on ne pouvait forcer les consciences.

Le soulèvement de 1683

Cette passivité relative fut toutefois troublée par un dernier sursaut. L'amplification de la succession de mesures législatives restrictives, avec en dernier lieu la déclaration d'octobre 1679 qui interdisait de tenir des synodes sans la permission du roi et sans la présence de ses commissaires, avait fini par paralyser le système ecclésiastique réformé. À l'initiative de Claude Brousson, avocat à la chambre mi-partie de Castres, on chargea des « directeurs », nommés par les provinces synodales, de traiter dans des réunions clandestines, à la place des synodes qui devaient obligatoirement se tenir sous le regard d'un commissaire royal, toutes les affaires générales des Églises. Dans les espaces concernés par le déploiement de ce système – le Poitou, la Saintonge, le haut Languedoc, la Guyenne, le bas Languedoc, les Cévennes, le Vivarais et le Dauphiné –, on nomma entre quatre et six directeurs par province. Ces hommes, peut-être au nombre de vingt-huit, se réunirent une première fois à Toulouse en mai 1683, dans la maison de Brousson, et rédigèrent un projet en dix-huit articles qui peut être considéré comme l'acte fondateur de l'Église du Désert. Il invitait à la reprise du culte partout où il avait été interdit, en contravention avec la volonté royale[12]. Même si telle n'était pas l'intention de Brousson, cette initiative dériva peu à peu vers une révolte qui s'étendit à trois provinces synodales : le bas Languedoc, le Vivarais et le Dauphiné.

Plusieurs assemblées, héritières des assemblées politiques interdites depuis 1629, se tinrent à l'été 1683. Au début du mois de juillet, une assemblée des Églises du Vivarais et du Velay se réunit à Chalencon. Ce fut Isaac Homel, ministre de Soyons, qui y tint le rôle principal. Les députés adoptèrent un projet en quatorze articles qui visait au rétablissement du culte supprimé sur ordre du roi. Son application aboutit à l'organisation de prêches par des pasteurs protégés par des gentilshommes accompagnés d'hommes armés. Pierre Brunier, pasteur du Cheylar, fut ainsi escorté par Charles de Montrond. Quelques semaines plus tard, les 29 et 30 juillet, une nouvelle assemblée se tint à Chalencon, regroupant quatre-vingt-douze délégués venus de vingt-deux Églises. On dénombrait parmi eux douze pasteurs et huit gentilshommes. Au nombre des mesures prises, il fut décidé que « les nobles des Églises » seraient « exhortés de se trouver auxdites assemblées pour donner le bon exemple ; au cas que quelques-uns d'iceux refusent de s'y trouver, on les traitera comme apostats ». Cette formulation menaçante témoignait à la fois de l'importance que l'on accordait aux gentilshommes demeurés fidèles à la foi réformée, dernier bouclier armé d'une minorité persécutée, et de l'incertitude qui présidait quant à leur capacité à s'engager résolument pour la défense des communautés menacées de disparition. Il fut aussi décidé d'armer des compagnies destinées à protéger les Églises en cas d'agression. Un conseil exécutif fut créé, présidé par Badet, alors que le commandement des troupes était confié à René de La Combe Cluzel.

Le 30 août, une assemblée se tint de nouveau à Chalencon après l'intervention du comte du Roure, lieutenant général du roi en Languedoc, et de l'intendant d'Aguesseau. Les réformés, au nombre de cent soixante, chargèrent deux députés, parmi lesquels figurait Henri de La Tour Gouvernet, sieur de Vercloze, de remettre leur acte de soumission. Les troubles ne prirent pas fin pour autant. En septembre 1683, une dernière assemblée eut lieu à Chalencon sous la direction des pasteurs Homel et Brunier, qui ordonnèrent la création de compagnies armées dirigées par des officiers. Les maigres troupes huguenotes, fortes d'environ 500 combattants, furent écrasées par les dragons de Charles Chalmot de Saint-Ruhe lors du combat de l'Herbasse, le 27 septembre 1683. Sur ordre de Louvois, il rasa ensuite huit des dix principaux temples qui subsistaient encore en Vivarais. Quant à Homel, il paya son audace de sa vie, puisqu'il fut exécuté le 27 octobre à Tournon.

Dans la province voisine, les réformés furent autorisés par le comte du Roure à convoquer une assemblée générale des Églises des Cévennes et Gévaudan afin de trouver une solution pacifique à la situation. Celle-ci se réunit le 7 septembre 1683 à Colognac. Le procès-verbal en a été conservé[13]. Descendante des assemblées politiques, dont elle peut être considérée comme l'ultime avatar, elle comprit 47 pasteurs, 53 gentilshommes et 16 avocats, médecins ou bourgeois. Les députés ainsi réunis représentaient les 51 Églises qui existaient encore dans les colloques de Sauve, d'Anduze et de Saint-Germain-de-Calberte. Elle eut pour seul objet de se concerter afin d'assurer, au nom de la collectivité, le comte du Roure de la fidélité inaltérable des réformés au roi, sans pour autant décider de faire cesser les assemblées de fidèles illégalement réunies et que les autorités leur avaient demandé d'interrompre. Au terme des débats, trois gentilshommes furent désignés, un pour chacun des colloques concernés par cette assemblée, pour se rendre auprès du comte : La Nougarède de La Garde, le baron de Mallerargues et le baron de Barre. Mais les nobles ne jouèrent pas vraiment de rôle dans les débats que conduisirent les pasteurs. C'étaient bien les pasteurs qui avaient pris résolument en main la défense des Églises et qui apparaissaient comme les leaders naturels de la minorité réformée, mais pour porter la voix collective et entrer en discussion avec les représentants du roi, la légitimité de la noblesse demeurait intacte. L'association de la noblesse et du pastorat dans la conduite des affaires en Vivarais fut encore confirmée par la composition mixte du « bureau », sorte d'abrégé de l'assemblée formé de six pasteurs et de six nobles, qui devait continuer à siéger quelque temps après sa clôture.

En Languedoc, un manifeste en forme de requête adressée au roi fut publié en juin 1683. En juillet, le sieur de La Blache, capitaine dans le régiment de Picardie, protégea les pasteurs qui célébraient le culte sur les lieux où les temples avaient été démolis sur ordre du roi. Le parlement de Dauphiné envoya des troupes, et La Blache se défendit avec quelques soldats, avant que cinq cents huguenots armés ne viennent le renforcer. Durand, un autre gentilhomme huguenot, partagea alors le commandement avec lui, mais ils se rendirent à la première occasion, en échange d'un abandon des poursuites à leur encontre. Quelques hommes, entre deux et trois cents, choisirent toutefois de résister. Ils se réfugièrent dans la montagne et les bois, où ils se retranchèrent dans ce que l'on désigna alors comme « le Camp de l'Éternel », et finirent par être pris par les dragons, qui tuèrent environ cent cinquante d'entre eux le 29 août. Ce baroud d'honneur fut essentiellement une initiative populaire.

L'agonie et la Révocation

Ce sursaut méridional fut le chant du cygne du protestantisme français. Le processus de déconstruction du statut juridique des réformés s'amplifia à partir de l'été 1683. Entre le 6 juillet de cette année-là et le 17 octobre 1685, 83 déclarations, arrêts, règlements et édits dirigés contre l'hérésie furent signés, et les interdictions et autres restrictions se multiplièrent, vidant complètement de sa substance ce qui demeurait encore de l'édit de Nantes. Comme au cours des deux décennies précédentes, la pratique du culte fut particulièrement ciblée, et de nombreux temples furent rasés, portant à 587 le nombre de ceux qui avaient été détruits depuis 1657.

Cet anéantissement juridique s'accompagna de violences physiques et psychologiques destinées à pousser les réformés à abjurer. Colbert, qui avait manifesté son désaccord après les dragonnades de 1681, mourut en septembre 1683. Le chancelier Michel Le Tellier et son fils, le marquis de Louvois, secrétaire d'État à la Guerre, partisans d'une politique de réduction très dure à l'égard des huguenots, eurent alors les mains libres. Sur le modèle des persécutions qui avaient eu lieu en Poitou, des pratiques similaires furent mises en œuvre en Vivarais à l'été 1683. Mais ce fut surtout au cours de l'été 1685 que la pratique se généralisa à de multiples espaces. Le Poitou fut à nouveau touché, mais aussi le Dauphiné, la Guyenne, le Languedoc, la Provence, la Normandie et la Champagne. Terrorisés par les soldats, les fidèles abjurèrent en masse. En quelques mois, ce furent entre 300 000 et 400 000 conversions qui furent enregistrées. On était bien loin du programme décrit au roi, lors d'une harangue prononcée à Versailles le 21 juillet 1685, par l'archevêque de Rouen Jacques-Nicolas Colbert. Le prélat avait alors annoncé vouloir « faire rentrer dans le sein de l'Église par un chemin semé de fleurs » les réformés qui hésitaient encore. À l'annonce des nouvelles qui lui parvenaient de ces abjurations qui se comptaient par dizaines de milliers, Louis XIV eut le sentiment qu'il n'y aurait bientôt plus de protestants dans son royaume et que l'édit de Nantes ne tarderait pas à devenir inutile. Alors qu'ils étaient probablement un million au début du siècle et un peu moins de 800 000 au début du règne personnel de Louis XIV, les huguenots étaient sans doute encore environ 400 000 à l'automne 1685. Une bonne partie commença à émigrer vers les États protestants européens prêts à les accueillir dès le durcissement de 1679, et le flot des départs ne cessa de s'intensifier au fil des mois.

Sonnés par la violence de cette offensive généralisée, les huguenots restèrent pétrifiés. Il y eut bien quelques soubresauts, comme à Sancerre, où une émeute éclata le 17 avril 1685, et quelques requêtes furent à nouveau portées à la Cour par des députés dont certains furent arrêtés. Mais le plus souvent, seuls les prêches des pasteurs, qui exhortèrent les fidèles à la constance en dépit des épreuves, furent opposés aux persécutions. Quant à Ruvigny, député général, il ne fut d'aucun secours. Paralysé dans une attitude toute d'obéissance au roi, il condamna plutôt avec virulence les excès commis par ses coreligionnaires, notamment en 1683, qu'il ne leur porta réellement assistance. À sa décharge, il faut dire qu'il n'avait plus guère accès au roi et qu'il demeura néanmoins toujours ferme dans sa foi. Les princes protestants étrangers ne furent pas de meilleurs défenseurs. Seules les premières dragonnades de 1681 donnèrent lieu à quelques manifestations d'inquiétude de la part de Christian II de Danemark et de Charles II d'Angleterre. La mort de ce dernier, en février 1685, et son remplacement par le catholique Jacques II débarrassèrent Louis XIV de toute pression en provenance d'outre-Manche.

Paradoxe, alors que les foudres royales s'abattaient sur les réformés, le pasteur Élie Merlat, qui enseignait à Lausanne après avoir été expulsé du royaume de France, publia en septembre 1685 son *Traité du pouvoir absolu des souverains* qui affirmait le devoir d'obéissance inconditionnelle des sujets réformés du roi de France et exhortait les fidèles à la patience et à la soumission. Leur seule alternative était le martyre. Ce n'est donc pas du royaume que vint un embryon de contestation politique de l'attitude de Louis XIV, mais du Refuge, de ces États protestants où s'étaient établis les huguenots désirant fuir les persécutions et la fureur des convertisseurs. À la fin de l'année 1683, parut à Amsterdam un *Avis salutaire aux Églises réformées de France* rédigé par Charles Icard, ancien pasteur de Nîmes, qui évoqua la possibilité de résister par la force et l'existence d'un contrat aux termes duquel le roi ne devait pas déroger. Puis, parmi bien d'autres écrits, en 1684, fut imprimé en Hollande l'*Avertissement aux protestants des provinces*[14].

L'auteur anonyme y discutait notamment de l'étendue de la soumission qu'un chrétien devait à son prince.

L'impact de ces réflexions tardives fut négligeable, et le roi, qui s'était établi à Fontainebleau avec la Cour depuis le 30 septembre 1685, était totalement aveuglé par les nouvelles qui lui parvenaient. De manière presque quotidienne, il recevait des informations relatives aux conversions obtenues sous l'effet des dragons. Le marquis de Dangeau, qui n'était autre, ironie du sort, que l'arrière-petit-fils de Duplessis-Mornay, fut l'un des meilleurs témoins de la réception de ces dépêches, dont il consigna soigneusement l'arrivée dans son journal. Elles révélaient l'effondrement des derniers bastions réformés. Le 2 octobre, on apprit ainsi que Castres s'était entièrement convertie au catholicisme. Le 5, une nouvelle identique parvint en provenance de Montpellier et de tout son diocèse, puis le lendemain de la ville de Nîmes. Le 9, on sut que les réformés d'Uzès avaient abjuré et le 13 que presque tout le Poitou, et notamment les villes de Châtellerault, Thouars et Loudun, était redevenu catholique. Il en était encore de même pour Grenoble. Le 16 octobre enfin, le roi fut informé qu'il n'y avait plus de protestants à Lyon[15].

Le retour à l'unité de foi, affiché comme un souhait ardent mais lointain dans le préambule même de l'édit de Nantes, n'avait jamais semblé aussi proche. Louis XIV pouvait éprouver le sentiment d'un délitement complet de la minorité huguenote, conforté dans cette impression par le clan Le Tellier, dont les membres militaient en faveur de la révocation. Et le moment semblait propice parce que, s'il n'y avait plus de protestants, il n'y avait aucune raison de maintenir une législation devenue caduque. Et s'il en restait encore, la proscription de leur foi dans le royaume conduirait les derniers résistants vers l'abjuration. L'issue paraissait donc inéluctable. Pourtant, c'est apparemment dans une certaine précipitation que la décision fut prise. À l'image de la nébulosité qui avait enveloppé les circonstances exactes de la signature de l'édit de Nantes en avril 1598, un voile d'incertitude plane sur l'enchaînement précis des faits en ce début d'automne 1685.

Après qu'un premier projet fut, semble-t-il, rédigé en septembre, c'est au commencement du mois d'octobre, peut-être le lundi 8, que la décision de révoquer l'édit fut entérinée lors d'une séance du Conseil d'en haut. De l'avis des contemporains, et notamment d'après le témoignage de Claude Le Peletier, alors contrôleur général des finances, le chancelier Michel Le Tellier joua un rôle essentiel dans l'accomplissement du choix royal[16]. C'est également lui qui rédigea l'édit de révocation qui fut soumis à Louis XIV le 15 octobre par l'intermédiaire de Louvois. Après que quelques modifications y eurent été apportées à la demande du monarque, l'édit mis en forme par la grande chancellerie fut très probablement signé à Fontainebleau le 17 octobre en fin de journée, avant d'être scellé le lendemain, 18 octobre 1685, par le chancelier en son château de Chaville. Comme celui qu'il révoquait, l'édit de Fontainebleau fut scellé de cire verte sur lacs de soie rouge et verte, selon une procédure identique à celle qui avait été tenue à Nantes quatre-vingt-sept ans plus tôt.

Beaucoup plus bref que son devancier, l'édit comptait douze articles précédés d'un consistant préambule. Le roi y exposait les motifs de sa décision. Il invoquait sa volonté de rétablir l'unité religieuse, souhaitée par son grand-père Henri IV, et décrivait les circonstances favorables qui permettaient enfin d'exaucer son vœu. En une phrase, il résumait parfaitement la situation : puisque « la meilleure et la plus grande partie de nos sujets de ladite R.P.R. ont embrassé » la religion catholique, « l'exécution de l'édit de Nantes » est devenue « inutile ». Le constat était sans appel. L'édit n'avait plus lieu d'être, puisqu'il n'y avait presque plus de protestants en France. Les articles particuliers furent révoqués dans un même mouvement, de même que l'édit de Nîmes, qui avait ôté aux réformés leurs privilèges politiques et militaires en 1629. Peu nombreuses, les clauses de l'édit de Fontainebleau étaient chirurgicales : le culte réformé était totalement interdit dans toute l'étendue du royaume, y compris dans la sphère privée, les temples devaient être immédiatement détruits, et les pasteurs qui refuseraient de se convertir au catholicisme devraient quitter la France dans les quinze jours. Des avantages étaient, en revanche, accordés à ceux qui rejoindraient le giron de l'Église romaine. Quant aux simples fidèles, il leur était tout simplement interdit d'émigrer, sous peine d'être envoyés aux galères pour les hommes, en prison pour les femmes, et de souffrir la confiscation de tous leurs biens. Enfin, de manière apparemment paradoxale, le dernier article semblait autoriser une liberté de conscience privée, dépourvue de toute manifestation extérieure. En dépit de cette ultime disposition, qui clôturait l'édit sur un soupçon de modération, c'en était bel et bien fini de l'existence légale de la foi réformée en France. Les dernières forces de la minorité huguenote n'avaient pu résister à la puissance incandescente d'un Roi-Soleil qui avait atteint son zénith.

Conclusion

Après la révocation de l'édit de Nantes, le protestantisme français ne disparut pas. Environ 180 000 réformés émigrèrent vers les îles Britanniques, les Provinces-Unies, l'Empire, la Suisse et la Scandinavie. Ils y furent accueillis par les communautés implantées lors du premier Refuge et par les autorités politiques désireuses de leur offrir l'asile. Alors que dans le royaume, les fidèles les plus résolus entraient dans la clandestinité, c'est depuis cette diaspora huguenote disséminée à travers l'Europe qu'une certaine forme d'action politique se perpétua, essentiellement à travers la publication d'ouvrages historiques et théoriques dont l'objet fut de dénoncer la politique de persécution des huguenots sous l'influence du clergé. Parmi les grands contributeurs à cette littérature de combat figurèrent notamment Henri Basnage de Beauval, Pierre Jurieu, Élie Benoist et Pierre Bayle. Avec leurs écrits, c'est une nouvelle page de l'histoire politique de la Réforme française qui s'ouvrit. Au cours du XVIIIe siècle, dans le contexte de la mise en place des Églises du Désert, ainsi baptisées en référence à la traversée du désert par Moïse, une forme modeste d'activité politique clandestine reprit chez les réformés français, dont l'existence légale demeura niée par l'État royal jusqu'à l'édit de 1787. Ils purent alors bénéficier de l'état civil sans avoir à se convertir au catholicisme, mais la liberté de culte ne leur fut rendue que par la Révolution.

La révocation constitua donc bien un *kairos* dans l'histoire de la minorité réformée française, dont la résistance et la résilience pendant un siècle et demi furent d'une nature presque extraordinaire, quand on considère que les rois de France avaient précédemment éradiqué aisément et définitivement toutes les hérésies qui s'étaient manifestées dans leur royaume. Aucune d'entre elles n'avait toutefois pu s'implanter aussi largement et aussi profondément que ne le fit le calvinisme. Mais même forte de deux millions d'âmes à l'apogée de son expansion, en 1562, cette minorité huguenote resta éminemment vulnérable face à la puissance du roi très chrétien, fils aîné de l'Église.

Confrontés à l'épreuve de force que la noblesse catholique intransigeante leur imposa dès la fin de la décennie 1550, les huguenots prirent très tôt l'initiative de déplacer leur combat sur le terrain politique, à la fois par choix stratégique et par obligation. Il leur fallait démontrer que l'assimilation bien établie entre hérésie et sédition ne reposait sur aucun fondement solide et se doter d'une capacité à résister, par le dialogue et, si besoin, par les armes. Seule la conversion de membres éminents de la noblesse pouvait la doter de cette double capacité et, sous l'impulsion de Calvin, une portion non négligeable de l'élite nobiliaire fut rapidement convaincue de s'engager résolument du côté de la Réforme. Ainsi s'amorça un processus de politisation qui ne cessa de s'amplifier au fil des décennies.

Dans le sillage de quelques figures de la plus haute aristocratie du royaume, parmi lesquelles figuraient des princes du sang de la lignée des Bourbons, des gentilshommes de province s'engagèrent. Afin de faire fonctionner les institutions politiques qui virent progressivement le jour, ils furent rejoints par des membres des élites urbaines qui contribuèrent à constituer, au fil des guerres, une véritable « classe politique » huguenote qui ne cessa de croître et de se spécialiser jusqu'à l'anéantissement du parti protestant en 1629. Ces hommes, qui combattirent avec détermination par les armes et par la plume, furent les principaux acteurs d'une histoire faite de victoires, comme la signature de l'édit de Nantes, arrachée à Henri IV par les assemblées politiques, et de cruelles défaites, à l'image de la chute de La Rochelle qui fut fatale au parti.

Au fil de ces années de lutte, l'action politique huguenote se structura autour de quelques préoccupations constantes qui dictèrent le comportement des principaux acteurs du combat. Leur détermination à exister en tant que corps au sein du royaume les conduisit à en obtenir les prérogatives, parmi lesquelles figurait la faculté de mandater des représentants afin qu'ils pussent présenter des doléances au roi au nom des Églises. La volonté de maintenir en permanence un dialogue avec le monarque caractérisa ainsi les démarches sans cesse accomplies par les réformés, qui envoyèrent à la Cour des nuées de députés, soit en groupe, comme en 1561 et un siècle plus tard, au cours de la décennie 1660, soit à effectif réduit d'un ou deux, tel que le firent les assemblées politiques ainsi que les synodes nationaux et provinciaux. Ces émissaires eurent la lourde charge de porter d'innombrables doléances et reçurent des accueils variés en fonction des circonstances. L'institution des députés généraux n'engendra pas leur disparition, et les deux canaux cohabitèrent, joignant souvent leurs efforts en une action commune. Cette communication permanente, qui fut à peine interrompue en temps de guerre, fut tout à la fois le symbole de la reconnaissance, par la monarchie, des réformés comme interlocuteurs valides, dont les représentants incarnaient ce fameux corps qu'ils prétendaient constituer, et la voie privilégiée de l'expression des demandes formulées en son nom.

En étroite liaison avec cette nécessité, la rigueur avec laquelle les huguenots construisirent leur système politique et la manière dont ils s'efforcèrent de le régir, au moyen de la rédaction de règlements fréquemment revus et amplifiés, fut un symptôme de l'obligation d'exemplarité à laquelle ils s'estimaient astreints, afin d'être considérés comme des acteurs crédibles sur la scène politique. Le point nodal de cette obsession procédurière fut sans aucun doute le souci permanent qu'ils exprimèrent de réunir des instances composées de membres représentatifs dûment mandatés. Chaque assemblée commençait ainsi invariablement par une vérification scrupuleuse des pouvoirs, et l'élection demeura la règle à chaque fois qu'il fallut désigner les membres d'une commission ou, plus encore, les envoyés chargés de porter au roi les doléances issues des travaux des députés.

Ainsi, la création de toute une série d'institutions, et en particulier d'une pyramide d'assemblées représentatives dont la structure fut calquée sur celle du système ecclésiastique consistorial-synodal, ne visa pas à constituer un État huguenot au sein de l'État royal. Elle eut certes une finalité défensive, destinée à permettre la mise en œuvre de mesures de sauvegarde en cas d'agression, mais elle eut également pour fonction de doter la minorité réformée d'institutions qui, à l'image des assemblées du clergé par exemple, pouvaient faire figure d'interlocutrices régulières de la monarchie.

Il s'agissait de s'inscrire dans une normalité, de s'imposer dans le paysage comme des acteurs définitivement reconnus et acceptés, parce que pourvus des moyens d'expression d'un corps comme un autre. Il faut ici rappeler la conviction exprimée par Duplessis-Mornay qui affirmait en 1604 qu'« il n'existe corps grand ni petit en ce royaume fondé de quelque loi ou privilège, qui n'ait ses syndics ordinaires, et ses assemblées de fois à autre pour en requérir l'observation, et remontrer les contraventions, étant certain que sans ce moyen ils ne peuvent subsister[1] ».

Les réformés se battirent ainsi jusqu'au bout afin de préserver leurs assemblées politiques, qui furent finalement interdites en 1629, ce qui n'empêcha pas quelques substituts de ces instances de se réunir de manière sporadique, en Languedoc, à la faveur des crises qui précédèrent la révocation. Jusqu'en 1622, lorsque la dernière assemblée générale se sépara, le système politique huguenot démontra sa solidité et son aptitude à remplir sa double mission de coordinateur de la mise en défense du parti et d'interface entre les Églises et le roi.

Cette recherche permanente de la normalisation passa aussi, et peut-être surtout, par le développement d'une pensée politique qui eut pour objectif majeur de montrer la nécessité de séparer les sphères politique et religieuse, afin de mettre en évidence qu'il était parfaitement possible d'être l'obéissant sujet d'un prince dont on ne partageait pas la confession. Il fallait battre en brèche l'assimilation entre hérésie et sédition. La fiction politique du roi manipulé par ses mauvais conseillers catholiques, qui lui cachaient la vérité et inspiraient ses actions, fut d'un immense secours pour les nobles huguenots. Ils justifièrent ainsi inlassablement leurs prises d'armes par leur détermination à délivrer le roi de ceux qui le maintenaient dans une captivité politique et l'empêchaient d'exprimer sa volonté réelle. Après 1629, cette rhétorique ne disparut pas, mais elle fut mise au service de l'affirmation vibrante d'une absolue fidélité au monarque. Il fut à nouveau exonéré de la politique de rigueur imposée aux huguenots, par l'invocation du rôle néfaste joué par le clergé et les dévots, accusés de lui cacher la réalité et de le pousser vers la répression.

En fin de compte, la nécessité politique du combat huguenot conduisit les réformés à forger d'eux-mêmes l'image de sujets exemplaires, meilleurs même que les plus fidèles des catholiques, prenant ainsi totalement le contrepied de leurs accusateurs. L'avènement d'Henri IV, roi protestant pendant presque quatre ans, couronna de succès leur combat politique, mais cette victoire fut assombrie par l'abjuration du roi. Le premier Bourbon sut toutefois procurer à ses anciens coreligionnaires un sentiment de sécurité qui perdura jusqu'à son assassinat par Ravaillac. Cette obsession de la recherche de sûreté s'exprima dès 1570 par la volonté d'obtenir des places fortes dont la garde, à eux confiée par le roi, leur garantît un refuge en cas d'agression. La possession de ces forteresses au sein du royaume fut interprétée par Richelieu comme l'une des manifestations du fameux État dans l'État qui n'était qu'un mythe, mais qui semblait si réel aux contemporains qu'il suscita une véritable peur, de la part du roi et des catholiques les plus fermes, de voir certaines provinces du royaume faire sécession. Cette peur s'exprima encore trois ans après la chute de La Rochelle, lorsque le cardinal donna l'ordre de saisir les archives des Églises réformées conservées dans la tour de Moureilles. En octobre 1631, Charles Bailly, président de la chambre des comptes de Paris, fit son entrée dans la cité désormais soumise et s'empara d'une masse de documents considérable retraçant toute l'histoire de l'organisation politique huguenote. Ces papiers avaient été régulièrement déposés en ces lieux après la décision prise à cet effet par l'assemblée générale réunie à Sainte-Foy en octobre 1601[2]. En 1621, ils avaient été mis en ordre[3]. Et afin de montrer le caractère structurellement séditieux du défunt système huguenot, une décision royale du 15 janvier 1652 ordonna que soient réalisées des copies d'une sélection de ces documents, en particulier les procès-verbaux de nombre d'assemblées politiques. Entreposées ailleurs, ces reproductions échappèrent ainsi au terrible incendie qui ravagea en octobre 1737 la chambre des comptes de Paris, où ce trésor documentaire avait été entreposé. Ironie du sort, au lieu d'en condamner la mémoire, cette démarche eut ainsi pour résultat de préserver la trace de ces institutions.

La disparition de l'organisation politique et militaire huguenote remit au premier plan le système ecclésiastique, qui demeura le seul canal d'une expression représentative de la minorité réformée. Dès avant les guerres civiles, à la fin de la décennie 1550, c'est aux pasteurs qu'était revenu l'honneur de lancer les premiers écrits de nature politique publiés par les protestants français. Et ils ne cessèrent jamais, par la suite, de participer à la réflexion et à l'action politiques, au grand mécontentement de la noblesse d'épée, qui entendait s'arroger le monopole dans ce domaine. Les tentatives de celle-ci pour les écarter furent infructueuses, et les gentilshommes furent bien heureux de trouver l'appui des colloques et des synodes provinciaux, lorsqu'il fallut désigner les représentants de certaines provinces peu peuplées de réformés aux assemblées politiques. Et lorsque l'étau se resserra sur eux, les huguenots décidèrent d'instaurer une véritable complémentarité entre les deux systèmes, les synodes étant priés de se substituer aux assemblées politiques en cas de besoin.

Après l'anéantissement de 1629, le roi s'efforça toutefois de veiller à ce que les institutions ecclésiastiques ne se mêlent en aucun cas de politique, afin que le système ne puisse renaître de ses cendres sous une forme nouvelle. Les pasteurs n'en furent pas moins dès lors les auteurs de la presque totalité des textes politiques de nature théorique qui exaltèrent désormais la puissance absolue du monarque. Il pourrait paraître étonnant qu'après avoir subi la rigueur royale, les huguenots se soient ainsi lancés dans l'apologie du pouvoir qui les avait punis. Mais en réalité, ce comportement était tout à fait rationnel, non seulement parce que l'obéissance aux autorités ordonnées de Dieu était une prescription de Calvin, mais aussi parce que les auteurs de ces textes avaient parfaitement compris que la minorité huguenote, plus vulnérable que jamais, était désormais dans la main du roi, dont il fallait capter la bienveillance. Aussi longtemps qu'ils demeureraient obéissants, pensaient-ils, ils seraient protégés. Et pour que la volonté du roi de les maintenir dans les privilèges octroyés par l'édit de Nantes demeurât ferme, il fallait que son pouvoir fût assez fort pour résister aux instantes prières régulièrement formulées par les assemblées du clergé, dont l'obsession était d'anéantir l'hérésie. Cette vision du roi comme une ultime planche de salut, alors que Louis XIII et Louis XIV étaient des catholiques fervents, relevait à n'en pas douter d'un certain aveuglement de la part des réformés. L'entretinrent-ils sciemment, afin de refuser d'apercevoir l'évidence de leur fin inexorable, ou croyaient-ils vraiment que le souverain maintiendrait perpétuellement l'édit de Nantes, en un temps où les conversions successives des derniers représentants de la grande noblesse huguenote ne cessaient d'affaiblir les maigres forces du protestantisme français ? La réponse à cette interrogation se trouverait sans doute dans une formulation intermédiaire.

Une question mérite d'être posée pour finir. Les huguenots précipitèrent-ils leur chute ou la révocation était-elle inéluctable ? Pour esquisser une réponse, il faut revenir sur la véritable nature de l'édit de Nantes. S'il fut une victoire pour les réformés qui conquirent, grâce à lui, le droit d'exister à l'égal des catholiques dans le royaume de France, il eut aussi pour conséquence rapide d'enfermer la Réforme française dans des bornes qui bridèrent de manière définitive sa capacité d'expansion. Pour reprendre une formule souvent employée, elle emprisonna en quelque sorte la minorité réformée dans un sarcophage. Certains en eurent, plus que d'autres, une conscience précoce et aiguë, et ils firent le choix de refuser cette sensation d'étouffement, accentuée par les difficultés persistantes d'application des clauses de l'édit. En voulant porter remède à la dégradation constante de la situation des Églises, dont les libertés étaient rognées peu à peu par la détermination du clergé catholique à reconquérir le terrain perdu, une partie de l'élite nobiliaire se lança dans un combat perdu d'avance. Les guerres de Rohan, au cours des années 1620, divisèrent profondément ce qui subsistait du parti huguenot et s'achevèrent par un désastre. La fin était prévisible, car contrairement à leurs prédécesseurs, qui avaient victorieusement résisté à l'armée royale au siècle précédent, les révoltés ne bénéficiaient plus des trois conditions nécessaires, bien que non suffisantes, à l'entretien d'un espoir de succès : le roi et les catholiques zélés faisaient front commun, alors qu'ils étaient rivaux pendant les règnes des derniers Valois ; la noblesse huguenote était divisée, alors qu'elle avait fait bloc tout au long des guerres civiles ; l'appui militaire et financier des puissances protestantes étrangères n'était plus d'actualité, alors qu'il avait joué un rôle décisif dans les succès remportés par le parti huguenot entre 1562 et 1589.

Ainsi donc, si l'édit de Nantes portait sans aucun doute en germe sa propre révocation, le processus fut probablement accéléré par les révoltes nobiliaires qui avaient pourtant eu pour ambition de le freiner. Rohan et ses soutiens pensaient qu'en se faisant craindre, la minorité réformée ne serait plus menacée, là où d'autres estimaient que seule une soumission absolue les rendrait intouchables. L'affrontement de ces deux visions opposées eut pour seul effet de rendre évidentes les divisions qui parcouraient le parti et de faire apparaître sa faiblesse, préludant à sa mort. Après 1629, l'espoir changea de camp et le combat changea d'âme. Les cinquante années qui suivirent furent une lente agonie, parsemée de rares éclaircies et conclue par un coup de tonnerre.

Marquée par le tragique, l'histoire politique de la Réforme française n'en doit pas moins attirer l'attention sur la performance exceptionnelle qui fut accomplie, pendant un siècle et demi, par une minorité religieuse vulnérable par essence qui sut se doter d'une telle puissance politique et militaire que son destin bascula. Alors que le calvinisme n'aurait pas dû, en toute rationalité, survivre dans le royaume au-delà du règne de François II, ou alors de manière microscopiquement clandestine, il amorça une étonnante montée en puissance. Issus de faibles et obscurs préludes, les huguenots devinrent des acteurs majeurs de l'histoire de France.

Annexes

ANNEXE 1

Liste des assemblées générales politiques des Églises réformées de France

Cette liste demeure incertaine, car jusqu'en 1573, il reste difficile de distinguer avec certitude les assemblées générales des assemblées provinciales. Certaines des assemblées réunies au cours des trois premières guerres de Religion n'ont donc pas été retenues ici.

Date de réunion	Lieu de réunion
Novembre 1562	Nîmes
Mars-avril 1563	Bagnols-sur-Cèze
Mai 1563	Montpellier
Octobre-novembre 1567	Montpellier
Décembre 1569	Nîmes
Février 1570	Nîmes
Juin 1570	Anduze
Février 1573	Anduze
Mars 1573	Réalmont
Avril 1573	Millau
Août 1573	Montauban
Août 1573	Nîmes
Décembre 1573	Millau
Juillet-août 1574	Millau
Janvier-février 1575	Nîmes puis Montpellier
Juillet-août 1575	Montpellier puis Lunel

Février 1577	Montauban
Août-septembre 1578	Montauban
Juillet 1579	Montauban
Avril-mai 1581	Montauban
Juin 1582	Saint-Jean-d'Angély
Août-septembre 1584	Montauban
Novembre-décembre 1588	La Rochelle
Novembre 1593-janvier 1594	Mantes
Juillet 1594	Sainte-Foy
Février-mars 1595	Saumur
Avril-octobre 1596	Loudun
Novembre 1596-février 1597	Vendôme
Mars-mai 1597	Saumur
Juin 1597-juin 1598	Châtellerault
Novembre 1599-mai 1601	Saumur
Octobre 1601	Sainte-Foy
Juillet-août 1605	Châtellerault
Octobre 1608	Jargeau
Mai-septembre 1611	Saumur
Juillet-septembre 1615	Grenoble
Octobre 1615-février 1616	Nîmes-La Rochelle
Mars-juin 1617	La Rochelle
Octobre-décembre 1618	Orthez
Décembre 1618-janvier 1619	La Rochelle
Septembre 1619-avril 1620	Loudun
Décembre 1620-1622	La Rochelle

ANNEXE 2

Liste des députés généraux des Églises réformées de France

1601 Gabriel de Polignac, sieur de Saint-Germain-de-Clan.

Josias Mercier, seigneur Des Bordes et de Grigny.

Désignés par l'assemblée politique de Sainte-Foy.

1605 Odet de La Noue.

Charles Du Cros.

Nommés par le roi sur présentation de l'assemblée politique de Châtellerault.

1608 Jean de Jaucourt, seigneur de Villarnoul.

Jean de Bontemps, seigneur de Mirande.

Nommés par le roi sur présentation de l'assemblée politique de Jargeau.

1611 Jacques de Jaucourt, seigneur de Rouvray.

Étienne Chesnevert de La Milletière.

Nommés par le roi sur présentation de l'assemblée politique de Saumur.

1616 Nicolas de Berteville.

Étienne Maniald.

Désignés par l'assemblée de La Rochelle et acceptés par le roi.

1620 Jean de Fabas, vicomte de Castets.

Jean Chalas.

Nommés par le roi sur présentation de l'assemblée politique de Loudun.

1622 Esaïe du Matz, sieur de Montmartin.

Étienne Maniald (remplacé par Hardi pour une courte période en 1626).

Nommés par le roi sur présentation de Rohan et des Églises du Languedoc.

1626 Henri de Clermont d'Amboise, marquis de Gallerande.

Isaac Bazin.

Nommés par le roi sur présentation du synode national de Castres.

1631 Henri de Clermont d'Amboise, marquis de Gallerande, *maintenu.*

Auguste III Galland, *nommé par le synode national de Charenton.*

1637 Henri de Clermont d'Amboise, marquis de Gallerande, *maintenu.*

Pierre Marbault, *nommé par le synode national d'Alençon.*

1644 Alexandre de Perrinet, marquis d'Arzeliers.

Nommé par le roi et accepté par le synode national de Charenton.

1653 Henri I de Massué, marquis de Ruvigny, *nommé par le roi.*

1679 Henri II de Massué, marquis de Ruvigny (fils du précédent), *nommé par le roi.*

Notes

Les notes ont été délibérément réduites à la mention des sources manuscrites et imprimées qui ont été citées. Le lecteur pourra prendre connaissance du socle bibliographique sur lequel l'ouvrage est également fondé dans la « Bibliographie » placée en fin de volume.

Abréviations utilisées dans les notes

BSHPF : *Bulletin de la Société de l'Histoire du Protestantisme Français.*
M. et C. Mornay : *Mémoires et correspondance de Duplessis-Mornay,* 12 vol., Paris, Treuttel et Wurtz, 1824-1825.
Mémoires 1651 : *Mémoires de messire Philippes de Mornay, seigneur du Plessis Marly,* t. 2, Leyde, Elzevier, 1651.
Mémoires 1652 : *Mémoires de messire Philippes de Mornay, seigneur du Plessis Marly,* t. 1, Leyde, Elzevier, 1652.

Prologue

1. *Registre des délibérations du Bureau de la ville de Paris,* tome II, Paris, 1886, p. 195-199.
2. François-André Isambert, Decrusy et Armet, *Recueil général des anciennes lois françaises depuis l'an 420 jusqu'à la révolution de 1789,* tome 12 (1514-1546), Paris, Belin-Leprieur, 1828, n° 305, p. 676-681.

PREMIÈRE PARTIE

LES VOIX POLITIQUES D'UNE CAUSE DIVINE

1. Bèze à Farel, Lausanne, 16 mars 1556, *Correspondance de Théodore de Bèze,* t. 2 (1556-1558), publiée par Fernand Aubert, Henri Meylan et Alain Dufour, Genève, Droz, 1962, p. 35.

2. Bèze à Bullinger, Lausanne, 27 mars 1557, *Correspondance de Théodore de Bèze,* t. 2, *op. cit.*, p. 57.

1
Dieu ou le roi ?

1. Calvin à la marquise de Rothelin, Genève, 5 janvier 1558, *Ioannis Calvini Opera quae supersunt omnia,* t. 17, Brunswick, Schwetschke, 1877, n° 2788, col. 10.

2. *Ibid.*, p. 26-28.

3. Jacques-Auguste de Thou, *Histoire universelle,* La Haye, H. Scheurleer, 1740, t. 2, p. 566-567. *Histoire ecclésiastique des Églises reformées au royaume de France,* éd. par Johann Wilhelm Baum, Édouard Cunitz et Rodolphe Reuss, Paris, Fischbacher, 1883, p. 168-170.

4. *Ibid.*, p. 176.

5. François d'Andelot à Henri II, Melun [1er juillet 1558], *in* Jules Bonnet, « Captivité de François d'Andelot à Melun », *BSHPF,* 3 (1855), p. 245.

6. Actes 5, 29.

7. Dalmatio à Farnèse, Paris, 27 mai 1558, *in* Lucien Romier, « Lettres de Giovanni Dalmatio au cardinal Farnèse (1558-1559) », *Bibliothèque de l'École des chartes,* 71 (1910), p. 326.

8. *Relation de Jean Michiel après son ambassade,* début 1561, *in* Niccolo Tommaseo (éd.), *Relations des ambassadeurs vénitiens sur les affaires de France au XVIe siècle,* t. 1, Paris, Imprimerie nationale, 1888, p. 411-413.

9. *Edict du roy, contenant la grace et pardon pour ceux qui par cy devant ont mal senty de la foy,* donné à Amboise en mars 1560.

10. *Relation de Jean Michiel, op. cit.*, p. 415-417.

2
Les conjurateurs

1. Ces textes, datés des mois de septembre et novembre 1559, sont cités et partiellement publiés dans les *Mémoires de Condé*, t. 1, Londres, Claude du Bosc et Guillaume Darrès, 1743, p. 308-313.

2. Calvin à Bullinger, Genève, 5 octobre 1559, *Ioannis Calvini Opera quae supersunt omnia*, t. 17, Brunswick, Schwetschke, 1877, n° 3124, col. 656.

3. Cette liste est le fruit du recoupement de deux sources : Louis Régnier de La Planche, *Histoire de l'Estat de France, tant de la République que de la Religion sous le règne de François II*, s.l., 1576, p. 133-134. Agrippa d'Aubigné, *Histoire universelle*, éd. par André Thierry, t. 1, Genève, Droz, 1981, p. 270-271.

4. Chantonnay à Philippe II, Amboise, 19 mars 1560, *Archivo documental Español. Negociaciones con Francia*, éd. par Ramon Menendez Pidal, t. 1 (1559-1560), Madrid, Editorial Maestre, 1950, p. 208.

5. Calvin à Coligny [Genève, 16 avril 1561], *Ioannis Calvini Opera*, *op. cit.*, t. 17, n° 3374, col. 428.

6. Pierre de La Place, *Commentaires de l'estat de la religion et république sous les rois Henry et François seconds et Charles neufieme*, s.l. [Orléans, Éloi Gibier], 1565, p. 49.

7. Lettres patentes du 17 mars 1560, *Mémoires de Condé*, *op. cit.*, t. 1, p. 342-346.

8. Agrippa d'Aubigné, *Les Tragiques*, v. 354.

9. Louis Régnier de La Planche, *Histoire de l'Estat*, *op. cit.*, p. 215.

10. *Ibid.*, p. 171-172.

11. *Ibid.*, p. 575-577.

12. Morel à Calvin, Paris, 23 août 1559, *Ioannis Calvini Opera*, *op. cit.*, t. 17, n° 3103, col. 609-610.

13. *Supplication et Remonstrance adressée au Roy de Navarre et autres princes du sang de France, pour la délivrance du Roy et du Royaume*, s. l., 1560.

14. *Registres de la compagnie des pasteurs de Genève au temps de Calvin*, publiés par Robert M. Kingdon, avec la collaboration de Jean-François Bergier et Alain Dufour, t. 2 (1553-1564), Genève, Droz, 1962, p. 91.

15. Philippe Corbière, *Histoire de l'Église réformée de Montpellier depuis son origine jusqu'à nos jours*, Montpellier, Poujol, 1861, p. 21-30.

3
Une « classe politique » en gestation

1. *Edict du Roy sur la grâce et pardon à ceux qui ont esté aux assemblées et en armes ès environs la ville d'Amboise*, Paris, G. Nyverd, 1560.

2. *Deux requestes de le part des fidèles de France, qui desirent vivre selon la reformation de l'Evangile, données pour présenter au Conseil tenu à Fontainebleau au mois d'aoust 1560*, s.l.n.d.

3. *Requeste presentée au Roy Charles neufviesme tenant ses Estatz en la ville d'Orleans le* XXVII*e jour de janvier 1560 par les deputez des Eglises pretendues reformees eparses par le Royaume de France, afin de refformation de la religion tant en la doctrine que ès meurs*, *in* Philip Benedict et Nicolas Fornerod, *L'Organisation et l'action des Églises réformées de France (1557-1563). Synodes provinciaux et autres documents*, Genève, Droz, 2012, p. 21-24.

4. Il s'agit de l'actuelle rue Visconti.

5. *Instruction pour le faict de la religion*, seconde moitié de février ou début mars 1561, *in* Philip Benedict et Nicolas Fornerod, *L'Organisation et l'action des Églises*, *op. cit.*, p. 25-32.

6. Extrait du procès-verbal des États généraux de Pontoise, Paris, Bibliothèque du Sénat, ms. 379, fol. 204-206.

7. *Requeste presentée au Roy Charles neufviesme tenant ses Estatz en la ville d'Orleans le* XXVII*e jour de janvier 1560 par les deputez des Eglises pretendues reformees eparses par le Royaume de France*, *in* Philip Benedict et Nicolas Fornerod, *L'Organisation et l'action des Églises*, *op. cit.*, p. 21-24.

8. *Édit qui exclut de l'université et des offices de judicature les membres de la religion réformée*, Saint-Maur, 25 septembre 1568.

9. Voir le chapitre 6.

4
La formation d'un parti multipolaire

1. *Commentaires sur le royaume de France par Michel Suriano, ambassadeur vénitien en 1561* [entre janvier et avril 1561], in *Relations des ambassadeurs vénitiens sur les affaires de France au* XVI*e siècle*, éd. par Niccolo Tommaseo, t. 1, Paris, Imprimerie nationale, 1888, p. 545.

2. Languet à Mordeisen, Paris, 1er juillet 1561, *Arcana seculi decimi sexti Huberti Langueti* [...], Halle, 1699, Lib. II, p. 121.

3. Chantonnay à Philippe II, Paris, 13 et 14 avril 1562, *Archivo Documental Español. Negociaciones con Francia*, t. 4, Madrid, Real Academia de la Historia, 1951, n° 512, p. 124-125.

4. *Estat de partie des princes, seigneurs, chevalliers de l'ordre, gentilshommes, capitaynes de l'association de Monseigneur le prince de Condé qui ont résolu de vivre et mourir ensemble pour maintenir l'evangille en France,* Public Record Office, SP 70/41, fol. 50-56, publié dans David Potter, « The French Protestant Nobility in 1562 : The Association de Monseigneur le Prince de Condé », *French History,* 15 (2001), p. 307-328. *Liste des gentilshommes de l'armée protestante à Orléans en 1562,* British Library, ms. Lansdowne 5, fol. 181 et 181 v°, publié dans la *Correspondance de Théodore de Bèze,* t. 4, p. 266-267.

5. Voir le chapitre 6.

6. Condé à Smith, Orléans, 11 mars 1563, *in* Henri duc d'Aumale, *Histoire des princes de Condé pendant les XVIe et XVIIe siècles,* t. 1, Paris, Calmann-Lévy, 1889, p. 407.

7. François de La Noue, *Discours politiques et militaires,* éd. par Frank Edmund Sutcliffe, Genève, Droz, 1967, p. 680-681.

8. Amos Barbot, *Histoire de La Rochelle depuis l'an 1199 jusques en 1575,* publiée par Denys d'Aussy, *Archives historiques de la Saintonge et de l'Aunis,* 17 (1889), p. 346.

9. *Registre des ordonnances et délibérations du conseil estably près la reine de Navarre à La Rochelle,* 1569-1570, AN, K 100. Publié en grande partie par Julien Philippe de Gaulle, « Le Conseil de la reine de Navarre à La Rochelle. Ordonnances et délibérations inédites, 1569-1570 », *BSHPF,* 3 (1855), p. 123-137.

10. Amos Barbot, *Histoire de La Rochelle, op. cit.,* p. 337-338.

11. Abel Bardonnet, « Registre de l'amirauté de Guyenne au siège de La Rochelle (1569-1570) », *Archives historiques du Poitou,* 5 (1878), p. 204 et 218-220.

12. Blaise de Monluc, *Commentaires, 1521-1576,* éd. par Paul Courteault, Paris, Gallimard, 1964, p. 476-478.

13. *Memoires de la troisieme guerre civile et des derniers troubles de France, composees en quatre livres, contenans les causes, occasions, ouverture et poursuite d'icelle guerre. Charles IX régnant,* [Genève, Jean Crespin], 1570, p. 229.

14. Procès-verbal de l'assemblée de Bagnols, 1563, *in* Jean Loutchitzki, « Collection des procès-verbaux des assemblées politiques des réformés de France pendant le XVIe siècle », *BSHPF,* 24 (1875), p. 316-317. AD Gard, C 925.

15. *Extraits des délibérations,* AD Hérault, B 22 547, pièce n° 3.

16. *Règlement général fait par les protestants de Valence* (26 janvier-4 février 1563), éd. *in* Auguste Dussert, « Le Baron des Adrets et les États du Dauphiné », *Bulletin de l'Académie delphinale,* série 5, 20 (1929), p. 115.

17. *Délibérations et résolutions de l'assemblée de Montélimar*, décembre 1562, AD Drôme, E 3556, *in* Philip Benedict et Nicolas Fornerod (éd.), *L'Organisation et l'action des Églises*, *op. cit.*, p. 254-279.

18. Procès-verbal de l'assemblée de Bagnols, 1563, *op. cit.*, p. 360.

19. *Ibid.*, p. 364-365.

20. Procès-verbal de l'assemblée de Montpellier, 1567, AD Gard, C 631.

21. *Commission et pouvoir donnés par Navarre et Condé à M. de Sainct-Romain*, Port-Sainte-Marie, 20 décembre 1569. AD Gard, C 632.

22. Procès-verbal de l'assemblée de Nîmes, 1569, *in* Jean Loutchitzki, « Collection des procès-verbaux des assemblées politiques des réformés de France pendant le XVIe siècle », *BSHPF* 26 (1877), p. 352-356. AD Gard, C 632.

23. Procès-verbal de l'assemblée de Nîmes, 1562, *in* Jean Loutchitzki, « Collection des procès-verbaux des assemblées politiques des réformés de France pendant le XVIe siècle », *BSHPF* 22 (1873), p. 550. AD Gard, C 925.

24. *Ibid.*, p. 551-552.

25. Procès-verbal de l'assemblée de Nîmes, 1570, *in* Jean Loutchitzki, « Collection des procès-verbaux des assemblées politiques des réformés de France pendant le XVIe siècle », *BSHPF*, 45 (1896), p. 425-427. AD Gard, C 632.

26. Procès-verbal de l'assemblée de Nîmes, 1570, *op. cit.*, p. 421.

27. Règlement du 20 juillet 1567, BnF, ms fr. 3174, fol. 109-112 v°.

28. *Relation de Jean Correro*, 1569, in *Relations des ambassadeurs vénitiens sur les affaires de France au XVIe siècle*, éd. par Niccolo Tommaseo, tome 2, Paris, Imprimerie nationale, 1888, p. 113.

29. Règlement du 20 juillet 1567, *op. cit.*

30. *Ibid.*

31. *Pour ce que le Roy a accordé à messeigneurs les princes de Navarre et de Condé, amiral, sieurs et gentilshommes tenant le party de la religion reformée* [...] *pour estre emploiez au paiement des debtes deues aux estrangiers*, BnF, ms. fr. 23 032, fol. 76-77 v°. *Instructions d'Henri de Bourbon*, prince de Condé, La Rochelle, 14 août 1571, BnF, ms. fr. 23 032, fol. 79-79 v°.

5
La construction d'une identité politique

1. Voir le chapitre 1.

2. *Legitime Conseil des Roys de France pendant leur jeune aage*, s.l., Robert Telloyse, 1560, p. 483.

3. *Brieve exposition des lettres du cardinal de Lorreine, envoyees au nom du Roy, aux Cours des Parlemens de France. Du dernier de mars 1560*, s.l.n.d., in *Mémoires de Condé*, t. 1, *op. cit.*, p. 353-354.

4. Pierre de La Place, *Commentaires de l'estat de la religion, op. cit.*, p. 40 v°.

5. *Brieve exposition, op. cit.*, p. 354-359.

6. *Response chrestienne et défensive sus aucuns poinctz calumnieux contenuz en certaines lettres envoyées aux baillifz, seneschaulx et lieutenans de France au nom du roy*, [Paris], s.n., 1560, in *Mémoires de Condé, op. cit.*, t. 1, p. 362 et 367.

7. *Supplication et Remonstrance adressée au Roy de Navarre et autres princes du sang de France, pour la délivrance du Roy et du Royaume*, 1561, p. 51-56.

8. [François Hotman], *Epistre envoiée au Tigre de la France*, s.l.n.d. [Strasbourg, Christian Mylius], [1560], p. A ii.

9. *Déclaration faicte par Monsieur le prince de Condé, pour monstrer les raisons qui l'ont contrainct d'entreprendre la défense de l'authorité du Roy, du gouvernement de la Royne et du repos de ce Royaume. Avec la protestation sur ce requise*, [Orléans, Éloi Gibier], 1562.

10. *Seconde déclaration de monsieur le Prince de Condé, pour faire cognoistre les autheurs des troubles qui sont auiourd'huy en ce Royaume, et le devoir en quoy il s'est mis et se met encores à présent pour les pacifier*, [Orléans, Éloi Gibier], 1562.

11. *Requeste présentée au Roy et à la Royne par le Triumvirat. Avec la response faicte par monseigneur le Prince de Condé*, [Orléans, Éloi Gibier], 1562.

12. *Lettres et requeste envoyez au roy, par Monseigneur le prince de Condé, contenant les causes et raisons de son despart de Noyers (23 août 1568)*, [La Rochelle, Barthélemy Berton], 1568.

13. *Copie d'une lettre missive, escrite par un advocat de Paris, à un Conseiller, estant aux grans Iours à Poictiers, surprise pres ladicte ville de Poictiers*, [Orléans, Éloi Gibier], 1568.

14. *Lettre missive d'un gentilhomme a un sien compagnon, contenant les causes du mescontentement de la Noblesse de France*, [Orléans, Éloi Gibier], 1567.

15. *Response a une lettre escrite a Compiegne du quatrieme iour d'Aoust, touchant le mescontentement de la Noblesse de France*, [Orléans, Éloi Gibier], 1567. Datée de Toulouse, le 25 août 1567.

16. *Copie d'une lettre missive, escrite par un advocat de Paris, op. cit.*

17. *Response a une lettre escrite a Compiegne, op. cit.*

18. [François Hotman] *L'histoire du tumulte d'Amboyse advenu au moys de mars. L'an 1560*, Strasbourg, Jean Nesle, 1560, p. 3.

19. Pierre de La Place, *Commentaires de l'estat, op. cit.*, p. 40-40 v°.

20. [François Hotman] *L'histoire du tumulte, op. cit.*, p. 4.

21. *Copie d'une lettre missive, escrite par un advocat de Paris, op. cit.*

22. *Lettre missive d'un gentilhomme, op. cit.*

23. *Lettre de deux gentilshommes freres estans en l'armee du Roy, conduite par Monseigneur le Prince de Condé, à un leur frere estant pres de la personne du Roy*, [Orléans, Éloi Gibier], 1567.

24. *Requeste et remonstrance du peuple, addressante au Roy*, [Orléans, Éloi Gibier], 1567.

25. *Exhortation à la paix*, [Orléans, Éloi Gibier], 1568.

26. *Protestation de par Monseigneur le Prince de Condé. Avec l'advertissement faict sur ladicte protestation*, [Orléans, Éloi Gibier], 1568.

27. Pierre de La Place, *Commentaires de l'estat, op. cit.*, p. 39.

28. [François Hotman], *L'histoire du tumulte, op. cit.*, p. 7.

29. *Juste complainte des fideles de France contre leurs adversaires Papistes et autres, sur l'affliction et faux crimes, dont on les charge à grand tort. Ensemble les inconveniens, qui en pourroyent finalement avenir à ceux qui leur font la guerre*, En Avignon, Chez Trophimes des Rives, 1560, p. 25.

30. *Brieve exposition, op. cit.*, p. 353.

31. *Les Estats de France opprimez par la tyrannie de Guise, au Roy leur souverain seigneur*, s.l.n.d. [1560], in *Mémoires de Condé, op. cit.*, t. 1, p. 410.

32. *Déclaration faicte par Monsieur le prince de Condé, op. cit.*

33. *Requeste présentée au Roy et à la Royne par le Triumvirat. Avec la response faicte par monseigneur le Prince de Condé*, [Orléans, Éloi Gibier], 1562.

34. *Déclaration faicte par Monsieur le prince de Condé, op. cit.*

35. *Seconde déclaration de monsieur le Prince de Condé, pour faire cognoistre les autheurs des troubles qui sont auiourd'huy en ce Royaume, et le devoir en quoy il s'est mis et se met encores à présent pour les pacifier*, [Orléans, Éloi Gibier], 1562.

36. *Ibid.*

37. *Requeste presentée au Roy Charles neufviesme tenant ses Estatz en la ville d'Orleans le XXVIIe jour de janvier 1560 par les deputez des Eglises pretendues reformees eparses par le Royaume de France, afin de refformation de la religion tant en la doctrine que ès meurs, in* Philip Benedict et Nicolas Fornerod, *L'Organisation et l'action des Églises, op. cit.*, p. 21-24.

38. Michel de L'Hospital, *Harangue prononcée devant l'assemblée politique de Saint-Germain*, 3 janvier 1562, *in* Loris Petris, *La Plume et la tribune. Michel de L'Hospital et ses discours (1559-1562)*, Genève, Droz, 2002, p. 439.

39. Archives d'État de Genève, Procès criminels, 2e série n° 1215, fol. 9 v-10 v. Publié par Hugues Daussy, « François Hotman, inspirateur de la pensée politique huguenote », *in* Philippe Desan et Véronique Ferrer (dir.), *Penser et agir à Renaissance. Thought and action in the Renaissance*, Genève, Droz, 2019, p. 435-450.

40. Lettre de Monseigneur le Prince de Condé, envoyée à Paris avec la seconde déclaration, Orléans, 27 avril 1562, in *Mémoires de Condé*, *op. cit.*, t. 3, p. 333-334.

6
Sur le théâtre d'un conflit continental

1. Par exemple, celles remises à Vezines le 31 janvier 1569, Hessisches Staatsarchiv Marburg 4f. Frankreich 117, fol. 380-396.

2. Condé aux princes allemands, Orléans, 10 avril 1562, *Mémoires de Condé*, *op. cit.*, t. 3, p. 254-255.

3. Hotman à Philippe de Hesse, Strasbourg, 16 juin 1562, *in* Rodolphe Dareste, « François Hotman d'après de nouvelles lettres des années 1561-1563 », *Revue historique*, tome 97 (1908), p. 308.

4. Condé à Louis de Wurtemberg, Saintes, 11 avril 1569, Hauptstaatsarchiv Stuttgart, A 115, Bü 35.

5. Condé aux princes allemands, Orléans, 7 juin 1562, Hauptstaatsarchiv Stuttgart, A 115, Bü 22, non fol.

6. Condé au duc de Wurtemberg, Orléans, 16 juin 1562, Hauptstaatsarchiv Stuttgart, A 115, Bü 22.

7. Commission des chefs du parti huguenot envoyée au cardinal de Châtillon, 10 janvier 1569, PRO SP 70/105, fol. 81.

8. *Inventaire des bijoux envoyés en Angleterre*, 12 juin 1569, BnF, Moreau 718, fol. 165-166.

9. François de La Noue, *Discours politiques et militaires*, *op. cit.*, p. 655.

DEUXIÈME PARTIE
L'ENTRÉE EN RÉSISTANCE

7
Les matines parisiennes

1. *Déclaration faicte par le Roy nostre sire sur l'édict de pacification. Les présentes lettres ont esté leues et publiées en ceste ville de Lyon, ce XII jour d'aoust 1564*, Lyon, B. Rigaud, 1564.

2. [Gervais Barbier de Francourt], *Remonstrance envoyée au Roy par la noblesse de la religion réformée du païs & comté du Maine*, s.l., 1565.

3. Jehan de La Fosse, *Les « Mémoires » d'un curé de Paris (1557-1590) au temps des guerres de religion*, éd. par Marc Venard, Genève, Droz, 2004, p. 68. Agrippa d'Aubigné, *Histoire universelle*, éd. par André Thierry, t. 2, Genève, Droz, 1982, p. 237-238.

4. Catherine de Médicis au duc de Nevers, Meaux, 28 septembre 1567, *Lettres de Catherine de Médicis*, éd. par Hector de La Ferrière, t. 3, Paris, Imprimerie nationale, 1887, p. 61.

5. Charles IX au duc de Ferrare, Paris, 29 septembre 1567, *ibid.*, p. 62-63 note.

6. *Arrêt du Parlement contre le cardinal de Châtillon*, 17 mars 1569, BnF, 500 Colbert 162, fol. 280.

7. *Journal des choses plus remarquables* de Pierre Brûlart, dans *Mémoires de Condé*, t. 1, Londres, Claude du Bosc et Guillaume Darrès, 1743, p. 211.

8. Catherine de Médicis à Fourquevaux, Montceaux, 19 mai 1569, *Lettres de Catherine de Médicis*, *op. cit.*, t. 3, p. 241.

9. Walsingham à Burghley, Paris, 10 août 1572, *Mémoires et instructions pour les ambassadeurs ou lettres et negotiations de Walsingham, ministre et secrétaire d'Etat, sous Elisabeth, reine d'Angleterre*, Amsterdam, George Gallet, 1700, p. 175.

10. On dispose de plusieurs listes de victimes, dont une est conservée à la BnF, ms. fr. 20 647, et l'autre au Public Record Office, SP 70/125, fol. 48 v°.

11. Jean Ricaud, *Discours du massacre de ceux de la religion reformée, fait à Lyon par les catholiques romains le vingthuictieme du mois d'Aoust & iours ensuyuans, de l'an 1572*, [Lausanne], [Jean Le Preux], 1574.

12. *Déclaration du Roy, de la cause et occasion de la mort de l'Admiral et autres ses adhérens et complices, dernièrement advenue en ceste ville de Paris, le XXIIIIe jour du présent moys d'aoust 1572*, 27 août 1572, Paris, J. Dallier, 1572.

13. Dans son *Poème sur la comète*, composé à la fin de l'année 1572. Cité dans Agrippa d'Aubigné, *Les Tragiques*, éd. par Jean-Raymond Fanlo, t. 1, Paris, Champion, 1995, p. 540.

14. Agrippa d'Aubigné, *Les Tragiques*, v. 1 300.

15. *Ibid.*, v. 951-952.

8
Radicalisme et subversion

1. *Mémoires de Claude Haton*, édition sous la direction de Laurent Bourquin, t. 1 (1553-1565), Paris, Éditions du CTHS, 2001, p. 335-336.

2. Tornabuoni à Cosme Ier, Paris, 6 juillet 1562, *Négociations diplomatiques de la France avec la Toscane*, publiées par Abel Desjardins, t. 3, Paris, Imprimerie impériale, 1865, p. 489.

3. Lettre au roi, *in* Pierre de La Place, *Commentaires de l'estat de la religion et république sous les rois Henry et François seconds et Charles neufieme*, s.l. [Orléans, Éloi Gibier], 1565, p. 9 v°-10.

4. Morel à Calvin, Paris, 1er juillet 1559, *Ioannis Calvini Opera quae supersunt omnia*, t. 17, Brunswick, Schwetschke, 1877, n° 3084, col. 579.

5. Voir le chapitre 5.

6. Louis Lacour, « Cantiques d'un huguenot », *BSHPF*, 5 (1857), p. 395-397.

7. Voir le chapitre 1.

8. *Juste complainte des fideles de France contre leurs adversaires Papistes et autres*, *op. cit.*, p. 36.

9. *Sentence redoutable et arrest rigoureux du jugement de Dieu, à l'encontre de l'impiété des tyrans, recueillies tant des sainctes escriptures, comme de toutes autres histoires*, Lyon, 1564, p. 21.

10. François de Boucard, *La harangue prononcée par le sieur de Boucart devant la Majesté du Roy estant en son Conseil privé à Angoulesme le XVI jour d'aoust, mil cinq cens soixante cinq*, s.l.n.d. [1565].

11. Charles Du Moulin, *Apologie de M. Charles Du Moulin, contre un livret intitulé : « la Deffense civile et militaire des innocens et de l'Église de Christ », à laquelle est adjoustée l'ordonnance de Mgr de Soubize, chevalier de l'ordre du Roi, sur ledit livre, ensemble la censure des ministres de la parole de Dieu en ceste ville de Lyon*, Lyon, Jean de Tournes, 1563.

12. *Declaration et Protestation de ceux de la religion reformee de La Rochelle, sur la prise et capture des armes qu'ils ont fait le neufieme de Ianuier dernier*, [La Rochelle, Barthélemy Berton], 1568.

13. *Objurgation severe contre les persécuteurs de l'Eglise de Jesus Christ, où est monstré par exemples de la Bible quel horrible jugement de Dieu les attend*, [Orléans, Éloi Gibier], 1568.

14. *Requeste et remonstrance du peuple, addressante au Roy*, [Orléans, Éloi Gibier], 1567.

15. Jean de Coras, *Question politique : s'il est licite aux subjects de capituler avec leur prince*, éd. par Robert M. Kingdon, Genève, Droz, 1989.

16. *Ibid.*, p. 35.
17. *Ibid.*, p. 15.
18. François Hotman, *Francogallia*, [Genève], Jacob Stoer, 1573.
19. François Hotman, *La Gaule françoise de François Hotoman jurisconsulte. Nouvellement traduite de latin en françois*, Cologne, Hierome Bertulphe, 1574.
20. [Théodore de Bèze], *Du droit des magistrats sur leurs subjets*, [Heidelberg], [Jean Mareschal], 1574. Alain Dufour, *Théodore de Bèze. Poète et théologien*, Genève, Droz, 2006, p. 148-149.
21. *Le Reveille-matin des François*, éd. par Jean-Raymond Fanlo, Marino Lambiase et Paul-Alexis Mellet, Paris, Classiques Garnier, 2016.
22. *Vindiciae contra tyrannos, sive de principis in populum et populi in principem legitima potestate, Stephanio Junio Bruto Celta auctore*, Edimburgi, 1579. *De la puissance légitime du prince sur le peuple et du peuple sur le prince, traité très utile et digne de lecture en ce temps, écrit en latin par Estienne Junius Brutus, et nouvellement traduit en français*, s.l., 1581.
23. Théodore de Bèze, *Du droit des magistrats*, éd. par Robert Kingdon, Genève, Droz, 1970, p. xxvii-xxviii.
24. Étienne Junius Brutus, *Vindiciae contra tyrannos*, traduction française de 1581, introduction, notes et index par A. Jouanna, J. Perrin, M. Soulié, A. Tournon et H. Weber, coordinateur, Genève, Droz, 1979, p. 105.
25. *Ibid.*, p. 106.
26. Théodore de Bèze, *Du droit des magistrats*, *op. cit.*, p. 18.
27. Étienne Junius Brutus, *Vindiciae contra tyrannos*, *op. cit.*, p. 63 et 82-83.
28. *Ibid.*, p. 189-190.
29. [Simon Goulart], *Memoires de l'estat de France sous Charles neufiesme. Second volume*, [Genève], [Eustache Vignon ? pour Claude Juge], 1577.

9
Un État huguenot ?

1. Jacques-Auguste de Thou, *Histoire Universelle*, t. 4, La Haye, 1740, p. 668.
2. Claude de Vic et Joseph Vaissete, *Histoire générale du Languedoc*, t. 9, Toulouse, Paya, 1845, p. 78-79.
3. *Dialogue auquel sont traitées plusieurs choses avenues aux Lutheriens et Huguenots de la France*, Bâle, 1573.
4. Théodore de Bèze, *Du droit des magistrats*, *op. cit.*, p. xxxv. *Registres de la compagnie des pasteurs de Genève*, 3 (1565-1574), éd. par Olivier Fatio et Olivier Labarthe, Genève, Droz, 1969, p. 121-122.

5. *Le Reveille-matin des François, op. cit.*, p. 30-32.

6. *Ibid.*, p. 47.

7. *Articles et requestes de ceux de la religion prétendue reformée de Languedoc assemblés à Montauban, présentez au roy pour parvenir à un edict de paciffication et pour restablir ce qui avoit esté enfrainct par les troublés passés*, 24 août 1573, Mazarine, ms 2592.

8. Agrippa d'Aubigné, *Histoire universelle*, éd. par André Thierry, t. 4, Genève, Droz, 1987 p. 163.

9. *Mémoires d'un calviniste de Millau* [1560-1582], éd. par Jean-Louis Rigal, in *Archives historiques du Rouergue*, 2 (1911), p. 285.

10. « Organisation du parti protestant délibérée à Millau le 17 décembre 1573 », *BSHPF*, 10 (1861), p. 351-353.

11. *Reglement dressé a Millau par ceux de la Relligion pretendue refformee pour maintenir leur association nouvelle l'an mil cinq cent soixante-treize en decembre*, Millau, 16 décembre 1573, Mazarine, ms 2604, fol. 53 v°-63 v°.

12. Édit de Saint-Maur, 25 septembre 1568. Bernard Barbiche, *L'Édit de Nantes et ses antécédents (1562-1598)*, mis en ligne en 2004 à l'adresse : http://elec.enc.sorbonne.fr/editsdepacification/edit_04

13. *Dialogue auquel sont traitees plusieurs choses avenues aux Lutheriens et Huguenots de la France*, Bâle, 1573.

14. [Simon Goulart], *Memoires de l'estat de France sous Charles neufiesme. Second volume*, [Genève], [Eustache Vignon ? pour Claude Juge], 1577, p. 38-42 v°.

15. *Le Reveille-matin, op. cit.*, p. 289-290.

16. *Délibérations et résolutions de l'assemblée de Montélimar*, décembre 1562, A.D. de la Drôme, E 3556.

17. *Règlement général fait par les États protestants de Valence (26 janvier-4 février 1563)*, publié par Auguste Dussert, « Le Baron des Adrets et les États du Dauphiné », *op. cit.*, p. 108-136.

18. En vertu du principe *cujus regio, ejus religio*, qui ne sera toutefois explicitement formulé qu'en 1579.

19. *Délibération de l'assemblée provinciale réunie à Anduze le 7 février 1573*, *in* Janine Garrisson, *Protestants du Midi*, Toulouse, Privat, 1980, p. 340-341.

20. Mazarine, ms 2604.

21. *Protestation des Églises reformées de France assemblées à Millau en Rouergue, sur les troubles de present*, Millau, 9 août 1574, BPU Genève, ms Tronchin 142, n° 25, fol. 194-195.

22. *Articles arrestes en l'assemblee de ceux de la Religion pretrendue refformee a Millau en juillet mil cinq cent septante quatre par lequel ils*

nomment le prince de Condé leur general et forment un conseil pres dudit prince, Bibl. Mazarine, ms 2604, fol. 64-67.

23. AD Tarn, C 1015.

24. *Reglement dressé à Millau par ceux de la Relligion*, *op. cit.*, fol. 55-55 v°.

10
Une parenthèse politique

1. *Mémoires du Vicomte* de *Turenne, depuis duc de Bouillon, 1565-1586*, publiés par Gustave Baguenault de Puchesse, Paris, Société de l'histoire de France, 1901, p. 19-20.

2. Notamment Jacques Gaches, *Mémoires sur les guerres de religion à Castres et dans le Languedoc*, publiés par Charles Pradel, Paris, Fischbacher, 1879 ; reprint Genève, Slatkine, 1970, p. 200-201.

3. *Declaration de Henry de Bourbon aujourd'huy troisiesme prince du sang de France, accompaigné de plusieurs seigneurs gentilshommes de l'une et l'autre religion*, La Rochelle, 1574.

4. *Declaration et protestation de monseigneur de Dampville, marechal de France. Avec la protestation des Eglises reformées de France, assemblées à Millau en Rouergue, sur les troubles de present*, Strasbourg, 1575.

5. *Traicté d'association passé entre les catholiques et ceux de la relligion refformée pourchassant le restablissement du royaume de France contre les mauvais et pernicieux conseillers de Sa Majesté*, s.l., 1575.

6. *Protestation de ceux de la relligion nouvelle du pays de Poictou*, 1575, Mazarine, ms 2592.

7. *Declaration de la prinse des armes de Monseigneur le vicompte de Turenne*, 1575. BnF, 500 Colbert 29, fol. 19 v°-23, et Mazarine, ms 2592.

8. *Declaration de Monseigneur François, fils et frere de Roy, duc d'Alençon* [...], *contenant les raisons de sa sortie de court*, s.l., 1575.

9. [Innocent Gentillet], *Briève remonstrance à la noblesse de France sur le faict de la Declaration de Monseigneur le Duc d'Alençon, faicte le 18. de septembre 1575*, s.l., 1576, p. 14.

10. *Ibid.*, p. 72-73.

11. *Ibid.*, p. 23.

12. *Discours merveilleux de la vie, actions et deportements de* Catherine *de Medicis, royne-mere*, éd. par Nicole Cazauran, Genève, Droz, 1995.

13. *La France-Turquie, c'est-à-dire conseils et moyens tenus par les ennemis de la couronne de France, pour réduire le royaume en tel estat que la tyranie turquesque*, Orléans, 1576.

14. *Remonstrance aux seigneurs, gentilshommes et autres faisant profession de la religion réformée en France, et tous aultres bon François desirans la conservation de ce royaume*, Bâle, Pieter Vuallemand, 1574.

15. *Articles de ceux de la religion pretendue refformee assemblez à Millau en aoust 1574 presentez au mareschal Damville pour l'associer avec eux*, août 1574, Mazarine, ms 2604.

16. *Articles de l'union faicte par Monsieur le mareschal de Dampville avec ceulx de la relligion reformée en Languedoc au mois de novembre 1574*, BnF, 500 Colbert 29, fol. 13-15 et Mazarine, ms 2592.

17. AD Gard, C 1919, pièce 9.

18. *Reglement de l'Union des catholiques et de ceux de la Relligion arresté le 10 janvier 1575 à Nismes par l'authorité de Monsieur le mareschal Damville*, Mazarine, ms 2592.

19. *Traicté d'association passé entre les catholiques et ceux de la relligion refformée pourchassant le restablissement du royaume de France contre les mauvais et pernicieux conseillers de Sa Majesté*, 1575. Mazarine, ms 2592.

20. AD Gard, C 1919, pièce 11. AD Hérault, B 22 345 et B 22 346.

21. AD Gard, C 1919, pièce 13.

22. AD Gard, C 1919, pièce 14.

23. AD Gard, C 1919, pièce 5.

24. *Obligation, passée par devant notaire, à Strasbourg, à l'auberge du Mouton d'Or, du prince Henri I de Condé, Charles de Montmorency, sieur de Méru, Guillaume de Montmorency, sieur de Thoré, les sieurs de Laporte, de Montaigu, de Malroy, etc. envers l'électeur Palatin Jean-Casimir*, 1er juin 1574, BnF, 500 Colbert 399, fol. 13.

25. *Capitulation faicte par monsieur le prince de Condé avec le duc Casimir pour les reistres qui viendront en France en l'an 1575*. Bayerisches Hauptstaatsarchiv Munich, Kasten Blau 90, n° 7, fol 8-15 v° (original). Copie aux Archives Diplomatiques, 93 CP/1, Palatinat-Deux-Ponts, Supplément 1, fol. 127-130 v°. Une copie un peu différente est transcrite dans Henri Fazy, *Genève, le parti huguenot et le traité de Soleure (1574 à 1579)*, Genève, Georg, 1883, p. 146-157.

26. *Ce qui fut fait en janvier 1576, en vertu d'une procuration donnée par ce prince à Jean de La Fin le 12 décembre 1575*. Mazarine, ms 2592.

27. *Promesse signée par les députés de l'assemblée de Millau*, 9 août 1574. BnF, 500 Colbert 399, fol. 16.

28. AD Gard, C 1919, pièce 10.

29. AD Gard, C1919 pièce 16.

11
Au péril de la division

1. Henri IV à Manaud de Batz, premiers jours de l'année 1577, *in* Jules Berger de Xivrey (éd.), *Recueil des lettres Missives de Henri IV*, t. 1, Paris, Imprimerie royale, 1843, p. 121-122.

2. *Protestation de monseigneur le Prince de Condé, Duc d'Anguyen, Pair de France, & Lieutenant general pour le Roy en Picardie*, [La Rochelle, Jean Portau], 1577.

3. La Popelinière, *L'Histoire de France, enrichie des plus notables occurrances survenues ez Provinces de l'Europe & pays voisins, soit en Paix soit en Guerre ; tant pour le Fait Seculier qu'Ecclesiastic : depuis lan 1550 iusques a ces temps*, [La Rochelle], Abraham [= Pierre] Haultin, 1581, tome 2, p. 437-439.

4. *Accord passé entre le prince de Condé, au nom du roi de Navarre, et les habitants de La Rochelle*, La Rochelle, 23 janvier 1577, SHPF, ms 710, pièce 6.

5. *Declaration des justes causes qui ont contrainct le roy de Navarre et ceux de la religion, à prendre les armes*, [La Rochelle, Pierre Haultin], 1577.

6. *Lettre de Henri de Navarre à Messieurs les gens assemblés pour les Estats à Blois*, Agen, 1er février 1577 in *Recueil des lettres missives de Henri IV*, *op. cit.*, t. 1, p. 131.

7. Lettre de Walsingham à Amias Paulet, Londres, 27 septembre 1577, in *Calendar of State Papers, Foreign Series*, t. 12 (1577-1578), p. 168.

8. *Instruction au sieur de Brigneux, gentilhomme de la chambre du roy de Navarre, envoyé de la part de Sa Majesté vers le duc Jehan Casimir, comte palatin du Rhin, prince du Saint-Empire*, Lectoure, 27 et 30 janvier 1578, Bayerisches Staatsarchiv München, Kasten Schwarz 16 689, fol. 283-289. Un résumé est publié *in* Friedrich von Bezold (éd.), *Briefe des Pfalzgrafen Johann Casimir mit verwandten Schriftstücken*, tome 1 (1576-1582), Munich, Riegersche Universitäts-Buchhandlung, 1882, p. 292-295.

9. Voir le chapitre 14.

10. « Cervelles chaudes les unes avec les autres ne font jamais bonne soupe », Brantôme, *Œuvres complètes*, éd. L. Lalanne, t. 5, Paris, 1865, p. 159.

11. Navarre à Condé, fin novembre 1580, *Correspondance de Théodore de Bèze*, t. 21 (1580), éd. par Alain Dufour, Hervé Genton et Béatrice Nicollier, Genève, Droz, 1999, p. 241-242.

12. Par exemple, dans sa correspondance avec les consuls de Nîmes en décembre 1580 et janvier 1581, AC Nîmes, DD3.

13. *Articles arrestes en l'assemblee de ceux de la Religion pretrendue refformee a Millau en juillet mil cinq cent septante quatre par lequel ils nomment le prince de Condé leur general et forment un conseil pres dudit prince*, Mazarine, ms 2604, fol. 68 v°-69.

14. *Ibid.*, fol. 67-68 v°.

15. Henri de Navarre aux Églises de France, janvier 1580, in *Recueil des lettres missives de Henri IV, op. cit.*, t. 1, p. 262-263.

16. *Procès-verbal de l'assemblée de Montauban*, 3-27 juillet 1579, SHPF, ms 710, pièce 8.

17. *Procez verbal de l'assemblée de ceux de la religion pretendue refformée tenue à Montauban au mois de may 1581*, Mazarine, ms 2604, fol. 106 v°-107 v°.

18. *Serment de Montauban* du 24 mai 1581, AN, AE/II/2518.

19. *Procez verbal de l'assemblée de ceux de la religion pretendue refformée, le roy de Navarre présent, à Sainct Jean d'Angely*, 1582, Mazarine, Ms 2604, fol. 127-128.

20. *Instruction au sieur d'Alleri, envoyé par Navarre vers Condé*, Nérac, 4 janvier 1583, *M. et* C. *Mornay*, t. 2, p. 183-184.

21. *Règlement en forme d'intelligence entre et le roi de Navarre, monseigneur le prince et les Églises réformées de France*, s.d. [1581], SHPF, ms 710, pièce 9. La nature des modifications apportées à la version initiale de 1579 est indiquée dans le procès-verbal de l'assemblée de 1581, Mazarine, ms 2604, fol. 106-106 v°.

22. *Procès-verbal de l'assemblée de Nîmes*, janvier 1574, AD Hérault, B 22 291.

23. *Ibid.*, p. 15-17.

24. AD Hérault, B 22 292.

25. Catherine de Médicis à Henri III, Grenoble, 19 août 1579, in *Documents sur la Réforme et les guerres de religion en Dauphiné*, publiés par Joseph Roman, Grenoble, Breynat, 1890, p. 350-351.

26. AD Tarn, C 1015, C 1016, C 1017, C 1018, C 1019, C 1020 et C 1021.

27. *Procès-verbal de l'assemblée de Montauban*, 3-27 juillet 1579, SHPF, ms 710, pièce 8.

28. AD Tarn, C 1016.

29. *Déclaration de l'intention des Églises du bas pays de Languedoc en l'union par elles faite en la ville d'Anduze, pour empêcher les desseins des perturbateurs de leur repos, et s'établir en ferme paix, in* Claude de Vic et Joseph Vaissete, *Histoire générale du Languedoc*, t. 9, Toulouse, Paya, 1845, p. 568-571.

30. *Documents sur la Réforme et les guerres de religion en Dauphiné, op. cit.*, p. 273-278.

TROISIÈME PARTIE

À L'OMBRE DU PREMIER BOURBON

12
Sur une voie royale ?

1. Mornay, Clervant et Chassincourt au roi de Navarre, Paris, 14 avril 1584, *M. et C. Mornay*, t. 2, p. 575.

2. *Ibid.*, p. 575-576.

3. Lambert Daneau, *Traité des danses, auquel est amplement resolue la question, à savoir s'il est permis aux Chrestiens de danser*, s.l., 1582.

4. *Advis donné au roy de Navarre sur le règlement de sa façon de vivre*, 9 janvier 1583, *M. et C. Mornay*, t. 2, p. 189-193.

5. *Ibid.*, p. 190-191.

6. *Ibid.*, p. 192.

7. *Estat du roy de Navarre et de son parti en France, envoyé à M. de Walsingham, en mai 1583, M. et C. Mornay*, t. 2, p. 242-244.

8. *Advis donné au roy de Navarre sur le reglement de sa façon de vivre, op. cit.*, p. 192.

9. Mornay à Buzenval, Nérac, 14 février 1583, *M. et C. Mornay*, t. 2, p. 223-224.

10. *Estat des gentilshommes, gens de conseil et officiers de la maison du roy de Navarre, desquels il entend se servir par chacung quartier de la présente année, commenceant le premier jour de janvier 1585, M. et C. Mornay*, t. 3,p. 241.

11. *Estat du roy de Navarre et de son parti, op. cit.*, p. 248.

12. *Ibid.*, p. 244.

13. *Ibid.*, p. 244-254.

14. Mornay, Clervant et Chassincourt au roi de Navarre, *op. cit.*, p. 575-578.

15. *Mémoires de Batailler sur les guerres civiles à Castres et dans le Languedoc*, 1584-1586, éd. par Charles Pradel, Albi, 1894, p. 6-13.

16. *Declaration des causes qui ont meu monseigneur le cardinal de Bourbon et les princes, pairs, prelats, seigneurs, villes et communatuez catholiques de ce royaume de France de s'opposer à ceux qui veulent subvertir la religion et l'estat* [31 mars 1585], s.l., 1585.

17. *Déclaration de la volonté du Roi sur les nouveaux troubles de ce Roïaume, 10 avril 1585, in Mémoires de la Ligue*, t. 1, Amsterdam, Arkstée et Merkus, 1758, p. 72-73.

18. Environ 30 000 hommes : 24 000 fantassins et 6 000 chevaux répartis entre Normandie, Berry, Bretagne, Champagne et Bourgogne

notamment, en incluant les mercenaires levés dans l'Empire et prêts à franchir la frontière.

19. *Déclaration et protestation du roy de Navarre, de monseigneur le prince de Condé, de M. le duc de Montmorency, sur la paix faicte avec ceulx de la maison de Lorraine, chefs et principaulx aucteurs de la Ligue, au préjudice de la maison de France*, Saint-Paul Cap-de-Joux, 10 août 1585, *M. et C. Mornay*, t. 3, p. 159-182.

20. *Rolle des Princes du sang et seigneurs françoys qui s'employeront pour asseurrer l'estat au roy de Navarre quand il lui escherra, contre ceux qui le vouldroient troubler*, Bayerisches Staatsarchiv München, Kasten Schwarz 16 694, fol. 258-259.

21. Pierre de L'Estoile, *Mémoires et journal depuis la mort de Henri III (1589) jusqu'en 1611*, éd. Michaud et Poujoulat, *Mémoires relatifs à l'Histoire de France, Nouvelle collection*, t. 15, Paris, Didier, 1857, p. 381.

22. Navarre à Mornay, fin 1584, *M. et C. Mornay*, t. 2, p. 692.

23. *Estat des gentilshommes, gens de conseil et officiers de la maison du roy de Navarre, desquels il entend se servir par chacung quartier de la présente année, commenceant le premier jour de janvier 1585*, Sainte-Foy, 1er janvier 1585, *M. et C. Mornay*, t. 3, p. 236.

24. Procès-verbal de l'assemblée de Montauban, SHPF, ms 710, pièce 15.

25. Mazarine, ms 2593, fol. 179-184.

26. *Cahiers présentés au roi Henri III, par Duplessis-Mornay, délibérés par les représentants des églises réformées réunis à Montauban, à leur requête, par le roi de Navarre, avec les réponses en marge*, 7 septembre 1584, SHPF, ms 95.

27. SHPF, ms 477/1.

28. *Documents sur la Réforme et les guerres de religion en Dauphiné*, publiés par Joseph Roman, Grenoble, Breynat, 1890, p. 613-616.

29. Les réponses figurent sur le document. SHPF, ms 710, pièce 16.

30. *Assemblée generale politique de ceux de la religion prétendue refformée tenue à La Rochelle*, 1588, Mazarine, ms 2096, fol. 1-27 v°. Trois députés supplémentaires se joindront tardivement à l'assemblée, le 9 décembre.

31. Mornay à Chandieu, 30 décembre 1588, *M. et C. Mornay*, t. 4, p. 293.

32. Henri IV, *Lettres d'amour à Corisande*, Éditions de Saint-Mont, 2002, p. 31-32.

13
Le sang de France

1. *Mémoires de Batailler sur les guerres civiles à Castres et dans le Languedoc, 1584-1586*, éd. par Charles Pradel, Albi, 1894, p. 51-52.

2. *Disputatio de controversia successionis regiae inter patruum et fratris praemortui filium*, Francofurti, apud N. Panningerum, 1585.

3. *Déclaration de Notre Saint Père le Pape Sixte V, à l'encontre de Henri de Bourbon, soi-disant Roi de Navarre, et Henri semblablement de Bourbon, prétendu Prince de Condé, Hérétiques, contre leurs postérités et successeurs : par laquelle tous les Sujets sont déclarés absous de tous sermens qu'ils leur auroient jurés, faits ou promis*, 9 septembre 1585. Traduction française de la bulle publiée dans les *Mémoires de la Ligue*, t. 1, Amsterdam, Arkstée et Merkus, 1758, p. 214-221.

4. [F. Hotman], *Brutum fulmen papae sixti V. Adversus Henricum sereniss. Regem Navarre, et illustrissimum Henricum Borbonium, principem condaeum. Una cum protestatione multiplicis nullitatis*, s.l., 1585. Il est imprimé en français en 1587 : [F. Hotman], *Protestation et défense pour le roy de Navarre Heny III. premier Prince de France, et Henry Prince de Condé, aussi prince du mesme sang, contre l'injuste et tyrannique bulle de Sixte V. publiée à Romme, au mois de septembre 1585, au mespris de la maison de France. Traduicte du latin intitulé Brutum fulmen Sixti V*, [Genève], [Jean Le Preux], 1587.

5. En particulier, [Simon Goulart], *Premier volume du recueil contenant les choses memorables advenues soubs la ligue*, [La Rochelle, Jérôme Haultin], 1587.

6. *Discours sur le droit prétendu par ceux de Guise à la couronne de France*, s.l., 1585. L'ouvrage de Rosières et la réfutation de Mornay ont déjà été évoqués au chapitre 4.

7. *Remonstrance à la France sur la protestation des chefs de la Ligue, faicte l'an 1585*, s.l., 1585.

8. *Ibid.*

9. *Déclaration du roy de Navarre contre les calomnies publiées contre lui es protestations de ceulx de la Ligue, faicte par M. Duplessis*, Bergerac, 10 juin 1585, *M. et C. Mornay*, t. 3, p. 105.

10. *Déclaration du roy de Navarre, de monseigneur le prince de Condé, de M. le duc de Montmorency, etc., sur la paix faicte avec ceulx de la maison de Lorraine, chefs et principaulx aucteurs de la Ligue, au préjudice de la maison de France ; dressée par M. Duplessis*, Saint-Paul de Cadejoux, 10 août 1585, *M. et C. Mornay*, t. 3, p. 160.

11. *Les dangers et inconvénients que la paix faicte avec ceulx de la Ligue apporte au roy et à son estat*, 1585, *M. et* C. *Mornay*, t. 3, p. 136.

12. *L'Anti-Guisard*, Reims, 1587, publié in *Mémoires de la Ligue*, *op. cit.*, t. 1, p. 397.

13. *Lettre du roy de Navarre à MM. du Clergé, faicte par M. Duplessis*, Montauban, 1er janvier 1586, *M. et* C. *Mornay*, t. 3, p. 286.

14. *Remonstrance aux trois estats de France sur la guerre de la Ligue : faicte par M. Duplessis, soubs le nom d'ung catholique romain, l'an 1587*, *M. et* C. *Mornay*, t. 3, p. 428.

15. *Remonstrance à la France sur la protestation*, *op. cit.*, p. 80.

16. *Ibid.*, p. 59.

17. *Ibid.*, p. 60.

18. *Ibid.*, p. 74.

19. *Les dangers et inconvéniens que la paix faicte avec ceulx de la Ligue apporte au roy et à son estat*, s.l., 1585.

20. *Déclaration et protestation du roy de Navarre, de Monsieur le prince de Condé, & de Monsieur le duc de Montmorenci : sur la paix faicte avec ceux de la maison de Lorraine, chefs & principaux auteurs de la Ligue, au préjudice de la maison de France*, Bergerac, 1585.

21. *Les dangers et inconvéniens que la paix*, *op. cit.*

22. *Déclaration du Roy de Navarre sur les calomnies publiées contre luy ès protestations de ceux de la ligue qui se sont eslevez en ce royaume*, s.l., 1585.

23. *Lettre d'un gentilhomme catholique françois, contenant brève responce aux calomnies d'un certain prétendu Anglois*, s.l., 1586.

24. *Lettres du roy de Navarre*, *op. cit.*

25. *Lettre d'un gentilhomme catholique françois*, *op. cit.*

26. *Declaration des causes qui ont meu monseigneur le cardinal de Bourbon et les princes, pairs, prelats, seigneurs, villes et communatuez catholiques de ce royaume de France de s'opposer à ceux qui veulent subvertir la religion et l'estat* [31 mars 1585], s.l., 1585.

27. *Lettre d'un gentilhomme catholique françois*, *op. cit.*

28. *Ibid.*

29. *Ibid.*

30. *Memoires que le Roy de Navarre eust desire estre considerez par Messieurs de l'Assemblee n'agueres convoquee à Bloys, en l'annee 1588*, Niort, 1589.

31. Parmi les conciles œcuméniques, quatre ont joui traditionnellement d'une primauté d'autorité, parce qu'ils ont établi les bases de la foi chrétienne. Les protestants les reçoivent comme les catholiques. Il s'agit du concile de Nicée (325), de celui de Constantinople (381), de celui d'Éphèse (431) et de celui de Chalcédoine (451).

32. *Remonstrance à la France sur la protestation, op. cit.*
33. *Déclaration du roy de Navarre contre les calomnies, op. cit.*
34. *Remonstrance à la France sur la protestation, op. cit.*
35. *Lettres du roy de Navarre, op. cit.*
36. Pierre de Belloy, *Apologie catholique contre les libelles, declarations, advis et consultations faictes, escrites et publiees par les liguez*, s.l., 1585. *Examen du discours publié par ceux de la ligue contre la maison royalle de France*, s.l., 1587.
37. Pierre de Belloy, *Moyens d'abus, entreprises et nullitez du rescrit et bulle du pape Sixte V*, Embrun, Pierre Chaubert [Genève, Antoine Blanc], 1586.
38. *Déclaration du roy de Navarre contre les calomnies, op. cit.*
39. *Ibid.*
40. *Lettre du roy de Navarre au Roi*, Bergerac, 21 juillet 1585, s.l., 1585.
41. *Declaration et protestation du roy de Navarre, de monseigneur le prince de Condé, de M. le duc de Montmorenci, op. cit.*
42. *Ibid.*
43. *Declaration du roy de Navarre sur la venue de son armée en France*, 4 juillet 1587, s.l., 1587.
44. *Déclaration du roy de Navarre, au passage de la rivière de Loire, pour le service de Sa Majesté*, Saumur, 21 avril 1589, s.l., 1589.

14
Dans les méandres de l'Europe évangélique

1. *Traité du Plessis-lez-Tours*, 19 septembre 1580, publié *in* Frédéric Duquenne, *L'Entreprise du duc d'Anjou aux Pays-Bas de 1580 à 1584. Les responsabilités d'un échec à partager*, Villeneuve-d'Ascq, Presses universitaires du Septentrion, 1998, p. 255-261.
2. *Discours au roy Henry III, sur les moyens de diminuer l'Espaignol*, 24 avril 1584, *M. et* C. *Mornay*, t. 2, p. 580-593.
3. Archivo general de Simancas, Estado, K 1532, pièce 84.
4. *Ratio ineundae Concordiae, inter Ecclesias Reformatas. Sive quibus modis occuri possit mirificis artibus, quibus Pontificii per quosdam imprudentes Theologos universas Christi ecclesias, potissimum autem et primum Germanicas pessundare conantur*, s.l., 1579.
5. Jean Aymon, *Tous les synodes nationaux des Églises réformées de France*, t. 1, La Haye, chez Charles Delo, 1710, p. 131-133.
6. *Ibid.*, p. 170.
7. *Instruction pour traicter avec la royne d'Angleterre et aultres princes estrangers protestants, baillée par le roy de Navarre au sieur de Ségur*, juillet 1583, *M. et* C. *Mornay*, t. 2, p. 272-294.

8. *Estat du roy de Navarre et de son parti en France, envoyé à M. de Walsingham, en mai 1583, M. et C. Mornay*, t. 2, p. 241-257. *Discours envoyé à M. de Walsingham, secrétaire d'Estat d'Angleterre, pour induire la royne Elizabeth à embrasser l'union du roy de Navarre et des princes protestants d'Allemaigne, M. et C. Mornay*, t. 2, p. 235-241.

9. Discours prononcé par Ségur à Londres fin juin 1585, BnF, 500 Colbert 401, fol. 181.

10. Navarre à Ségur, Bergerac, 29 avril 1586, BnF, 500 Colbert 401, fol. 306.

11. État des vivres dressé pour l'armée en août 1587, *in* Michel de La Huguerye, *Mémoires inédits de Michel de La Huguerye*, éd. par Alphonse de Ruble, t. 3, Paris, Renouard, 1880, p. 76-78. Michel de La Huguerye, *Éphéméride de l'expédition des Allemands en France (août-décembre 1587)*, éd. par le comte Léonel de Laubespin, Paris, Renouard, 1892, p. 53.

12. Ségur à Pezel, s.d., BnF, 500 Colbert 401, fol. 131.

15
Le traité de Nantes

1. Mornay à Henri IV, 1er septembre 1589, *M. et C. Mornay*, t. 4, p. 407.

2. *Remontrances et plaintes faites au roi Henri IV par les Églises de Poitou, Saintonge, Angoumois et Pays d'Aunis au synode de Saint-Jean d'Angely*, 12 septembre 1589, SHPF, ms 710, pièces 29 (3) et 30.

3. Bèze à Henri IV, Genève, 28 juin 1593, *Correspondance de Théodore de Bèze*, t. 34 (1593), éd. par Alain Dufour, Hervé Genton et Béatrice Nicollier, Genève, Droz, 2010, p. 166-172.

4. Expression employée par Henri IV pour désigner sa conversion dans une lettre adressée, le 23 juillet 1593, à Gabrielle d'Estrées : « Ce sera dimanche que je fairay le sault périlleux. » Lettre du roi à Gabrielle d'Estrées, Saint-Denis, 23 juillet 1593, *Recueil des lettres missives de Henri IV*, éd. par Jules Berger de Xivrey, t. 3, Paris, 1846, p. 821.

5. *Lettre au roy*, août 1593, *M. et C. Mornay*, t. 5, p. 544.

6. *Cahier présenté au Roy par ceulx de la relligion prétendeue réformée*, 9 décembre 1593, Mazarine, ms 2593, fol. 285-329v°.

7. *Articles accordés par le roy [...] par manière de provision tant seulement*, 27 décembre 1593, Mazarine, ms 2593, fol. 334-340.

8. *Règlement arrêté par l'assemblée de Saincte-Foy, le 30 juillet 1594*, SHPF, ms 710.

9. *Actes de l'assemblée des Eglises réformées de ce royaulme teneue en la ville de Saulmur soubs l'auctorité du roy*, BnF, nouv. acq. fr. 7191, fol. 197-214v°.

10. *Cahier présenté au roy de la part de ceulx de la relligion prétendeue réformée assemblés à Saumur*, février 1595, Mazarine, ms 2593, fol. 349 à 355.

11. *Remonstrance au roy, en son Conseil, par les députés des Églises réformées de France, À Lyon au mois de septembre*, s.l., 1595.

12. *Actes de l'Assemblée des Églises réformées de ce royaume assignées à Loudun par la permission du roi*, 1596, BnF, nouv. acq. fr. 7192, fol. 1-50.

13. Mornay à La Fontaine, 3 mai 1596, *M. et* C. *Mornay*, t. 6, p. 468.

14. Odet de La Noue à Henri IV, Loudun, 26 juin 1596, *BSHPF*, 47 (1898), p. 106.

15. *Quatriesme instruction aux sieurs de Thou, de Vic, de Schomberg et de Calignon du 4 mars 1597 pour conférer et résoudre avec les sieurs députez de la relligion prétendeue réformée assemblés à Saumur*, 4 mars 1597, BnF, nouv. acq. fr. 7191, fol. 265 à 271v°.

16. Henri IV à l'Assemblée de Saumur, 12 mars 1597, BnF, nouv. acq. fr. 7191, fol. 295-296.

17. L'assemblée de Saumur à Henri IV, 25 mars 1597, BnF, nouv. acq. fr. 7191, fol. 297v°-300v°.

18. Mornay à La Fontaine, 2 août 1597, *M. et* C. *Mornay*, t. 7, p. 302-303.

19. *Actes de l'assemblée de Châtellerault*, BnF, nouv. acq. fr. 7192, fol. 199.

20. *Ibid.*, fol. 204.

21. Duplessis-Mornay à Madame de Mornay, Angers, 25 mars 1598, *M. et* C. *Mornay*, t. 8, p. 234-235.

22. Villeroy à Bellièvre et Sillery, Angers, 26 mars 1598, *M. et* C. *Mornay*, t. 8, p. 237.

23. *Actes de l'assemblée de Châtellerault*, BnF, nouv. acq. fr. 7192, fol. 210 v°.

24. Henri IV à Montmorency-Damville, Angers, 2 avril 1598, *Recueil des lettres missives*, éd. par Jules Berger de Xivrey, t. 4, Paris, 1848, p. 947. Pierrefitte à Madame de Mornay, Nantes, 13 avril 1598, BnF, nouv. acq. fr. 7192, t. 8, p. 310.

25. *Actes de l'assemblée de Châtellerault*, BnF, nouv. acq. fr. 7192, fol. 216 et 219.

26. Guichard Déageant, « Mémoire touchant feu M. le chancelier de Calignon », 21 octobre 1630, *in* Louis Archambaud, comte de Douglas, *Vie et poésies de Soffrey de Calignon, chancelier du roi de Navarre*, Grenoble, Édouard Allier, 1874, p. 381-382.

27. Agrippa d'Aubigné, *Histoire universelle*, éd. par André Thierry, t. 9, Genève, Droz, 1995, p. 252.

28. Texte de l'édit de Nantes, publié par Bernard Barbiche, *L'Édit de Nantes et ses antécédents*, publication en ligne. Consulté le 1er mai 2023 : http://elec.enc.sorbonne.fr/editsdepacification/edit_12

16
Un destin en pente douce

1. Agrippa d'Aubigné, *Histoire universelle*, éd. par André Thierry, t. 9, Genève, Droz, 1995, p. 255.

2. *Brevet par lequel ceux de la Religion peuvent, nonosbtant l'Edict, tenir leurs consistoires, colloques et synodes, sans en demander permission au roy*, 21 août 1599.

3. *Actes de l'assemblée de Saumur, continuation de celle de Châtellerault, à partir du 24 novembre 1599*, BnF, nouv. acq. fr. 7192, fol. 243-337.

4. Bouillon à Bongars, Sedan, 4 juin 1601, in *Catalogus codicum mss. Bibliothecae bernensis*, t. 3, Berne, 1782, p. 188.

5. *Ibid.*

6. Reproduit en tête du *Procès-verbal de l'assemblée de Sainte-Foy*, BnF, nouv. acq. fr. 7193, fol. 1.

7. Jean Aymon, *Tous les synodes, op. cit.*, t. 1, p. 251.

8. *Règlement de l'assemblée de Sainte-Foy*, 29 octobre 1601, SHPF, ms 711, pièce 1.

9. *Reglement pour les depputez des Eglizes reformées de France près sa Majesté arresté en l'assemblée de Saincte-Foy le 17 octobre 1601*, BnF, nouv. acq. fr. 7193, fol. 13-15 v°.

10. *Instruction pour les députés en cour*, BnF, nouv. acq. fr. 7193, fol. 15 v°- 21.

11. Jean Aymon, *Tous les synodes, op. cit.*, t. 1, p. 276.

12. *Brevet pour la tenue de l'assemblée de Chastellerault*, 28 octobre 1604, BnF, nouv. acq. fr. 7193, fol. 28.

13. *Remonstrances faictes au roy par les deputés de ceux de la religion prétendue réformée sur la tenue de l'assemblée générale, avec la réponse du roy du 28 avril 1605*, BnF, nouv. acq. fr. 7193, fol. 31-37.

14. *Actes de l'assemblée des Eglises réformées de France convoquez par permission du roy à Chastellerault*, BnF, nouv. acq. fr. 7193, fol. 43-63v°.

15. Jean Aymon, *Tous les synodes, op. cit.*, p. 343-354.

16. *Actes de l'assemblée de Jargeau*, BnF, nouv. acq. fr. 7193, fol. 73-88 v°.

QUATRIÈME PARTIE
UNE MINORITÉ EN SURSIS

1. Mornay à De Thou, Saumur, 18 mai 1610, *M. et* C. *Mornay,* t. 11, p. 29.

2. « Discours sur la mort de Henry le Grand », *Discours politiques du duc de Rohan,* publiés à la suite des *Mémoires du duc de Rohan,* 1646, p. 3-11.

17
Le raidissement

1. Propos tenus par Mornay devant l'assemblée des habitants de Saumur, 19 mai 1610, *M. et* C. *Mornay,* t. 11, p. 30-31.

2. Marie de Médicis à Mornay, Paris, 15 mai 1610, *M. et* C. *Mornay,* t. 11, p. 25-26.

3. *Déclaration du roy sur les édits de pacification,* Paris, Morel, L'Huillier et Mettayer, 1610.

4. Mornay à Villarnoul, Saumur, 21 mai 1610, *M. et* C. *Mornay,* t. 11, p. 35-37.

5. Mornay à Villarnoul, Saumur, 3 juin 1610, *M. et* C. *Mornay,* t. 11, p. 60.

6. Mémoire envoyé par Mornay à Villarnoul, Saumur, 17 juin 1610, *M. et* C. *Mornay,* t. 11, p. 72.

7. *Actes de l'assemblée de Saumur,* Mazarine, ms 2608. *Veritable Discours De ce qui s'est passé en l'assemblée politique des Eglises reformées de France, tenue à Saumur, par la permission du Roy, L'an 1611. Servant de supplement aux Memoires Du Duc De Rohan,* [Amsterdam], [Elzevier], 1646.

8. Mornay à Asselineau, Saumur, 23 septembre 1611, *M. et* C. *Mornay,* t. 11, p. 299.

9. Cameron à Diodati, 7 février 1612, cité par Georges Serr, *Henri de Rohan. Son rôle dans le parti protestant (1610-1616),* Cahors, Coueslant, 1946, p. 73.

10. *Le Caducée ou l'Ange de paix,* 1612. Ce texte, révisé ensuite en 1613, a été publié par Jean-Raymond Fanlo dans Agrippa d'Aubigné, *Œuvres. Tome II. Écrits politiques,* édition critique établie et annotée par Jean-Raymond Fanlo, Paris, Champion, 2007, p. 273-309.

11. Mornay à Rohan, Saumur, 25 décembre 1612, *M. et* C. *Mornay,* t. 11, p. 525-528.

12. Jean Aymon, *Tous les synodes*, *op. cit.*, t. 1, p. 421-423.

13. *Advis pour estre envoyé aulx eglises sur le mémoire des poincts proposés par sa majesté*, fin 1604, *M. et C. Mornay*, t. 10, p. 52-54.

14. *Mémoire de Mornay pour les États généraux*, fin 1614, *Mémoires 1652*, p. 696.

15. *Reglement General, Dressé en l'assemblée generale des Eglises Reformées de France, tenue à Saumur en l'an mil six cents onze, par permission du Roy*, daté du 29 août 1611. Publié à la suite du *Véritable discours du duc de Rohan*, [Amsterdam], [Elzevier],1646, p. 67-80.

16. *Mémoire envoyé par Mornay à Jeannin*, Saumur, 25 décembre 1612, *M. et C. Mornay*, t. 11, p. 523-525.

17. On conserve certaines de ces listes : BnF, ms nouv. acq. fr. 7192, fol. 224-226 v° et 231-232 v° et ms. fr. 15 816, fol. 67 v°-69.

18. *Déclaration et manifeste de Monseigneur le Prince de Condé présenté au Roy. Ensemble les lettres envoyées par luy à Sa Majesté la Royne sa mere et à la Cour de Parlement de Paris*, Coucy, 9 août 1615, s.l., 1615.

19. *Harangue de Condé à l'assemblée de Grenoble*, 10 août 1615, Mazarine, ms 2597, fol. 104-105.

20. *Ibid.*, p. 268-270.

21. *Advis du mareschal de Lesdiguières à l'assemblée de Grenoble*, s.l., 21 septembre 1615.

22. *Brevet de la continuation de la garde des places de seureté pour six ans*, 12 septembre 1615, *in* Louis-Firmin-Hervé Bouchitté, *Négociations, lettres et pièces relatives à la conférence de Loudun*, Paris, Imprimerie impériale, 1862, p. 82.

23. *Articles accordez entre Monseigneur le prince et l'assemblée*, 27 novembre 1615, *in* Louis-Firmin-Hervé Bouchitté, *Négociations*, *op. cit.*, p. 149-152.

24. *Actes de l'assemblée de Grenoble, continuée à Nîmes, en 1615-1616*, Mazarine, ms 2609, fol. 200-206. Tous les documents relatifs à ces négociations sont publiés dans Louis-Firmin-Hervé Bouchitté, *Négociations*, *op. cit.*, p. 3-150.

25. *Mémoires de messire Du Val, marquis de Fontenay-Mareuil*, éd. par Claude-Bernard Petitot, tome 1, Paris, Foucault, 1826, p. 321.

26. *Édit de Blois et articles particuliers*, 6 mai 1616, *in* Louis-Firmin-Hervé Bouchitté, *Négociations*, *op. cit.*, p. 715-753.

27. *Réponse aux cahiers présentés par les réformés*, *in* Louis-Firmin-Hervé Bouchitté, *Négociations*, *op. cit.*, p. 757-766.

28. Texte de l'arrêt dans Pierre-Édouard Puyol, *Louis XIII et le Béarn, ou Rétablissement du catholicisme en Béarn et réunion du Béarn et de la Navarre à la France*, Paris, De Soye, 1872, p. 359-361 note.

29. Mornay à La Force, 1er juin 1618, *Mémoires 1651*, p. 30.

30. *Le caier de l'assemblee generale de Loudun, presenté au Roy par Messieurs les deputez,* s.l., 1620.

18
Les dernières révoltes

1. Le même texte fut publié sous trois titres différents : *La persecution des Églises de la souveraineté de Béarn [...], Dédié à Messieurs de l'Assemblee generale des Eglises de France, et Souveraineté de Bearn,* Montauban, Pierre Coderc, 1621 ; *Calamité des Eglises de la Souveraineté de Beam. Didié [sic] a Messieurs de l'Assemblee generale des Eglises de la France et Souveraineté de Bearn,* La Rochelle, Pierre Pié de Dieu, 1621 ; *Le manifeste, et déclaration des Eglises reformees de France. Dédiée à Messieurs de l'Assemblee generale des Eglises de France, et Souveraineté de Bearn,* s.l., 1621.

2. *Instructions des députés en l'Assemblée généralle des Églises réformées de France et souveraineté de Béarn, tenue par permission du roy à Loudun, en la présente année 1620,* Arsenal, ms 3135, p. 343.

3. Anatole de Barthélemy, « Actes de l'assemblée générale des églises réformées de France et souveraineté de Béarn (1620-1622) », *Archives historiques du Poitou,* 5 (1876), p. xxiii-xxv.

4. Mornay à la duchesse de La Trémoille, Saumur, 16 octobre 1620, *Mémoires 1651,* p. 438.

5. *Lettre De Monsieur Du Plessis à Monsieur le Duc de Montbazon : Sur la rupture de l'Assemblee de Loudun,* (Saumur, 23 octobre 1620), s.l., 1620.

6. *Responce de monsieur le duc de Montbazon : A la lettre du sieur du Plessis Mornay,* (10 décembre 1620), Paris, Jacquin, 1621.

7. Rohan au roi, 6 novembre 1620, *BSHPF,* 6 (1857), p. 362.

8. *Lettre de Monsieur le duc de Bouillon, au roy,* (Sedan, 2 janvier 1621), s.l., 1621.

9. *Lettre De Monsieur Le Mareschal De Lesdiguiere, Envoyee Aux Rebelles Du Pays de Bearn, Sur les Assemblees par eux faictes contre le service du Roy. Escritte le neufieme Decembre 1620,* Lyon, François Yvrad, 1621.

10. *Lesdiguières à l'assemblée de La Rochelle,* 1er février 1621.

11. Anatole de Barthélemy, « Documents relatifs à l'Assemblée de La Rochelle, 1620-1622 », *Archives historiques du Poitou,* 8 (1879), p. 178-184.

12. *Très humbles Remonstrances au Roy par les deputez des Eglises réformees de France et Souveraineté de Béarn, assemblez à la Rochelle,* La Rochelle, Pierre Pié de Dieu, 1621.

13. *Lettre de Messieurs de l'assemblée au roy,* La Rochelle, Pierre Pié de Dieu, 1621.

14. *Ibid.*

15. *L'assemblée de La Rochelle à Mornay*, La Rochelle, 29 janvier 1621, *Mémoires 1651*, p. 561.

16. Mornay à Rivet, 31 décembre 1620, *Mémoires 1651*, p. 501-502.

17. *Declaration des Eglises Reformees de France & Souverainneté de Bearn. De l'injuste persecution qui leur est faicte, par les ennemis de l'estat & de leur religion. Et de leur legitime & necessaire defense*, La Rochelle, Pierre Pié de Dieu, 1621. Une autre impression du même texte, dont le titre débute par « Manifeste et déclaration », fut également imprimée à La Rochelle et à Montauban.

18. *Reiglement provisoire de l'Admirauté estably par l'assemblée générale des Églises réformées de France et souveraineté de Béarn tenant à La Rochelle l'an 1621*, dans Anatole de Barthélemy, « Documents relatifs à l'Assemblée », *op. cit.*, p. 271-276.

19. Dénes Harai (éd.), *Journal d'un officier de Louis XIII sur le siège de Montauban (1621) – Dans l'enfer de la « Seconde Rochelle »*, Paris, L'Harmattan, 2012.

20. [Jean Welsh], *Discours sur ce que ceux de la religion reformee ne sont cause de la guerre, combien qu'elle leur soit plus utile en ce temps que la paix feinte & simulee dont on veut les abuser*, Saint-Jean-d'Angély, Nicolas Crespon, 1621.

21. Abraham Elintus [Daniel Tilenus], *Advertissement à l'assemblée de La Rochelle*, Paris, François Julliot, 1621.

22. [Théphile Brachet de La Milletière], *Discours des vrayes raisons pour lesquelles ceux de la religion en France peuvent et doivent, en bonne conscience, résister par armes à la persécution ouverte que leur font les ennemis de leur religion et de l'Estat, par un des députez de l'assemblée de la rochelle*, s.l., 1622.

23. Agrippa d'Aubigné, *Du debvoir mutuel des Roy et des subjects*, *in* Jean-Raymond Fanlo (éd.), *Écrits politiques*, Paris, Champion, 2007, p. 461-503.

24. Cité par Berthold Zeller, *Le Connétable de Luynes, Montauban et la Valteline, d'après les archives d'Italie*, Paris, Didier, 1879, p. 39-40.

25. *Déclaration du Roy, par laquelle tous les habitans et autres personnes qui sont de présent ès villes de La Rochelle et Saint Jean d'Angély et tous ceux qui les favoriseront, sont déclarez criminels de lèze Majesté*, Niort, 27 mai 1621, Paris, Morel et Mettayer, 1621, p. 3-4.

26. *Établissement d'États en forme de république, fait en ce royaume sous le titre de l'assemblée générale des églises réformées de France et souveraineté de Béarn, par les rebelles de la Rochelle*, s.l., 1621. *La France partagée par messieurs de la religion prétendue réformée, au réglement de l'assemblée généralle tenuë en la ville de La Rochelle le dixiesme may*. 1621, s.l., 1621.

27. *Le Magot genevois*, s.l., 1612.

28. *Exhortation à l'assemblée de La Rochelle*, s.l., 1620, p. 5.

29. Voir le chapitre 9.

30. *A Declaration set forth by the Protestants in France ; shewing the lamentable distresse and calamities that they of Béarn in France are fallen into, by meanes of the oppression and wrong done unto them, in regard of their protession of the reformed Religion*, [London], [Edward Allde], 1621. *A Letter Written by those of the Assembly in Rochell* [*sic*] *: to Monsieur le Duc de Les Diguieres. Containing an Admonition unto him, to Leaue the Enemie, and to Ayde them*, [London], [Edward Allde], 1621.

31. *Registres de la Compagnie des pasteurs de Genève, t. XIV et dernier (1618-1619) : Le synode de Dordrecht*, éd. par Nicolas Fornerod, Genève, Droz, 2012, p. 22-29.

32. Cité par Claire Martin, *Mémoires de Benjamin Aubery Du Maurier, ambassadeur protestant de Louis XIII (1566- 1636)*, Genève, Droz, 2010, p. 106-107.

33. *Ibid.*, p. 107-108.

34. *Lettre de Monsieur de Rohan envoyee au Roy pour la pacification des presents troubles*, s.l., 1622.

35. *Rohan aux consuls de Millau*, Montpellier, 2 août 1622, *in* Arthur de Cazenove, « Campagnes de Rohan en Languedoc (1621-1629) », *Annales du Midi*, 14 (1902), p. 506.

36. Richelieu à Loménie, Paris, 12 janvier 1625, *in* Denis Louis Martial Avenel (éd.), *Lettres, instructions diplomatiques et papiers d'État du cardinal de Richelieu*, t. 2, Paris, Imprimerie impériale, 1856, p. 64.

37. Pierre Grillon (éd.), *Les Papiers d'État de Richelieu*, t. 1, Paris, Pedone, 1975, p. 226.

19
Les fruits mal mûris de la fidélité

1. *Bouclier de la foy ou Défense de la confession des Églises Réformées du Royaume de France. Contre les objections du Sr Jehan Arnoux Rionnois Jesuite – livre auquel sont décidées toutes les principales controverses entre les Églises réformées, & l'Église romaine*, Genève, Pierre Aubert, 1619.

2. Lettre du synode de Charenton à Louis XIII, Charenton, 13 septembre 1631, *in* Aymon, *Tous les synodes*, *op. cit.*, t. 2, p. 459.

3. Moïse Amyraut, *Apologie pour ceux de la religion. Sur les sujets d'aversion que plusieurs pensent avoir contre leurs personnes & leur créance*, Saumur, Jean Lesnier, 1647.

4. Moyse Amyraut, *Discours de la souveraineté des roys. Par Moyse Amyraut, pasteur & professeur en théologie à Saumur*, Paris, Louis Vendosme, 1650.

5. [Claude de Saumaise], *Defensio Regia, pro Carolo I, ad Serenissimum Magnae Brittanniae regem Carolum II. Filium natu majorem, haeredem & successorem legitimum*, [Leide], [Elzevier], 1649. Lettre de Monsieur Bochart à Monsieur de Morley, chapelain du roy d'Angleterre, Paris, 1650.

6. Pierre Du Moulin, *Clamor regii sanguinis ad coelum adversus parricidas anglicanos*, La Haye, Vlac, 1652.

7. *Declaration du Roy, portant confirmation des priuileges accordez aux subjets de sa Majesté, faisant profession de la religion pretendue reformée. Donnée a Saint Germain en Laye le 21. May 1652.*

8. Jean Daillé, *Exposition de la première épître de l'apotre Saint Paul a Thimothee, en quarante-huit sermons prononcés à Charenton*, Genève, De Tournes, 1661. Dixième sermon, 1er août 1655, p. 346-355.

9. Cité par Jacques Pannier, *Turenne d'après sa correspondance. Notes et documents sur l'évolution de ses idées religieuses*, Paris, Fischbacher, 1907, p. 12.

10. Françoise Chevalier, *Actes des synodes nationaux. Charenton (1644) – Loudun (1659)*, Genève, Droz, 2012, p. 64-65.

11. *Ibid.*, p. 62.

12. *Lettre de Guez de Balzac à Conrart*, 14 août 1651, citée dans Nicolas Schapira, *Un professionnel des lettres au XVIIe siècle. Valentin Conrart : une histoire sociale*, Seyssel, Champ Vallon, 2003, p. 344.

20
Comme neige au soleil

1. Jean Longnon (éd.), *Mémoires de Louis XIV*, Paris, Tallandier, 1927, p. 60-61.

2. *Apologie des Églises réformées du Languedoc, où sont contenues les justes plaintes sur le sujet des troubles qu'on leur suscite, et des maux qu'on leur fait souffrir, au préjudice des Edicts de nos rois*, s.l.n.d. [1657].

3. *Mémoire de ce qui a été fait de plus remarquable par les députés des synodes provinciaux de Normandie, Poitou, Saintonge, Basse Guyenne, Vivarais, Bas Languedoc, Haut Languedoc et Haute Guyenne, Provence, Dauphiné et Cévennes et de quelques Eglises particulières depuis le commencement du mois de novembre 1657 jusques à la fin du mois d'avril 1658*, SHPF, ms 711, n° 14.

4. Alfred Barbier, « Mémoire abrégé de ce qui s'est passé en mon voyage de la cour, 1668, par Maximilien Aubéry », *Archives historiques du Poitou*, t. 31 (1901), p. 427-471.

5. *Ibid.*, p. 467-469.

6. *Ibid.*, p. 466.

7. Tessereau faisait lui-même partie de ce groupe de députés au nom de la province d'Aunis. Abraham Tessereau, *Mémoires et pièces pour servir à l'histoire générale de la persécution*, Marsh's Library, Dublin, ms Z.2.2.9. La liste des députés est reproduite par Solange Deyon, *Les protestants français et leur député général entre la Fronde et la Révocation*, Villeneuve-d'Ascq, Presses Universitaires de Lille, 1976, p. 99.

8. Philippe Le Gendre, *La vie de Pierre Du Bosc, ministre du Saint Évangile*, Amsterdam, Wetstein, 1694, p. 50.

9. Bourlemont à Lionne, 6 novembre 1668, cité par Amable Floquet, *Études sur la vie de Bossuet*, t. 3, Paris, Didot, 1855, p. 235.

10. *Le triomphe de l'eglise sur l'heresie*, [estampe] 1671 [Recueil. Collection Michel Hennin. Estampes relatives à l'Histoire de France. Tome 50, Pièces 4532-4594, période : 1670-1671].

11. Henri de Limiers, *Histoire du règne de Louis XIV*, t. 2, partie 2, Amsterdam, 1718, p. 342.

12. Claude Brousson, *Apologie du projet des réformez de France, fait au mois de may 1683, pour la conservation de la liberté de conscience & de l'exercice public de religion, que les edits & traitez de pacification leur accordent*, La Haye, Barent Beck, 1685.

13. *Actes de l'assemblée générale des Églises de Cévennes et Gévaudan tenue à Colognac le 7 septembre 1683*, AD Hérault, C 173, publiés dans *Proceedings of the huguenot society of London*, 2 (1889), p. 392-395.

14. *Avertissement aux protestants des provinces, 1684*, texte présenté par Élisabeth Labrousse, Paris, PUF, 1986.

15. Philippe de Courcillon, marquis de Dangeau, *Journal du marquis de Dangeau*, publié par Eudore Soulié, Louis-Étienne Dussieux, Philippe de Chennevières, Paul Mantz, Anatole de Montaiglon, t. 1, Paris, Firmin-Didot frères, 1854, p. 224-234.

16. *Deux mémoires historiques de Claude Le Pelletier*, éd. par Louis André, Paris, Félix Alcan, 1906, p. 143.

Conclusion

1. *Advis pour estre envoyé aulx eglises sur le mémoire des poincts proposés par sa majesté*, fin 1604, *M. et C. Mornay*, t. 10, p. 52-54.

2. Mazarine, ms 2608, fol. 15.

3. Anatole de Barthélemy, « Actes de l'assemblée générale », *op. cit.*, p. 23.

Bibliographie

Les références aux très nombreuses sources, manuscrites et imprimées, qui ont servi à la rédaction de cet ouvrage pourront être trouvées dans les notes. Pour en rendre l'accès plus facile, l'orthographe des textes originaux cités dans ce livre a été modernisée.

La bibliographie qui suit ne saurait être exhaustive. Elle ne recense qu'une partie des études qui ont servi à la préparation de ce livre et offre une sélection des travaux les plus utiles ou les plus récents.

ADAMS Simon L., *The Protestant Cause : Religious Alliance with the West European Calvinist Communities as a political Issue in England, 1585-1630*, Ph. D., University of Oxford, Belliol College, 1973.

—, « The Road to La Rochelle : English Foreign Policy and the Huguenots, 1610-1629 », *Proceedings of the Huguenot Society of London*, 22 (1975), p. 414-429.

ANQUEZ Léonce, *Histoire des assemblées politiques des réformés de France (1573-1622)*, Paris, 1859, reprint Genève, Slatkine Reprint, 1970.

—, *Un nouveau chapitre de l'histoire politique des réformés de France (1621-1626)*, Paris, Durand, 1865.

ARACIL Adrien, *Histoire d'une liberté dans la France moderne. Protestants, politique et monarchie (vers 1598-vers 1629)*, thèse de doctorat, Sorbonne Université, 2022.

ATKINSON Ernest G., « The Cardinal of Châtillon in England (1568-1571) », *Proceedings of the Huguenot Society of London*, 3 (1888-1891), p. 172-285.

AUGERON Mickaël, « Pour “la défense et l'advencement de la vraye religion” : Jacques de Sores, un corsaire au service de la Cause protestante », *in* Mickaël Augeron, Didier Poton et Bertrand Van Ruymbeke (dir.), *Les Huguenots et l'Atlantique. Tome 1 : Pour Dieu, la Cause et les Affaires*, Paris, Presses universitaires Paris-Sorbonne/Les Indes savantes, 2009, p. 189-205.

BABELON Jean-Pierre, *Henri IV*, 2e édition, Paris, Fayard, 2009.

BADALO-DULONG Claude, *Banquier du roi. Barthélemy Hervart, 1606-1676*, Paris, Ségur, 1951.

BARBICHE Bernard et DAINVILLE-BARBICHE Ségolène de, *Sully*, Paris, Fayard, 1997.

BARBICHE Bernard, « Les conseillers protestants des rois », in *Les Huguenots*, Paris, Archives nationales, 1985, p. 44-46.

—, « L'édit de Nantes : aspects diplomatiques et juridiques », in *L'Édit de Nantes*, Paris, Éditions de la Réunion des musées nationaux, 1998, p. 43-49.

—, « L'édit de Nantes et son enregistrement : genèse et publication d'une loi royale », *in* Paul Mironneau et Isabelle Pebay-Clottes (dir.), *Paix des armes, paix des âmes*, Paris, Imprimerie nationale, 2000, p. 251-260.

—, « Une curiosité législative et diplomatique : les articles particuliers de l'édit de Nantes », *in* Dominique Dinet et François Igersheim (dir.), *Terres d'Alsace, chemins de l'Europe. Mélanges offerts à Bernard Vogler*, Strasbourg, Presses universitaires de Strasbourg, 2003, p. 67-73.

BARBIER Alfred, « Mémoire abrégé de ce qui s'est passé en mon voyage de la cour, 1668, par Maximilien Aubéry », *Archives historiques du Poitou*, t. 31 (1901), p. 427-471.

BASTARD D'ESTANG Jean-Denis Léon de, *Vie de Jean de Ferrières, vidame de Chartres, seigneur de Maligny*, Auxerre, Perriquet et Rouillé, 1858.

BEIDERBECK Friedrich, *Zwischen Religionskrieg, Reichskrise und europäischen Hegemoniekampff. Heinrich IV. von Frankreich und die protestantischen Reichsstände*, Berlin, Berliner Wissenschafts- Verlag, 2005.

BELLIGNI Eleonora, *Evangelismo, Riforma ginevrina e nicodemismo. L'esperienza religiosa di Renata di Francia*, Brenner, Cosenza, 2008.

BENEDICT Philip et FORNEROD Nicolas, « Les 2 150 "églises" réformées de France en 1561-1562 », *Revue historique*, 311 (2009), p. 529-560.

—, *L'Organisation et l'action des Églises réformées de France (1557-1563). Synodes provinciaux et autres documents*, Genève, Droz, 2012.

—, « Les députés en cour des Églises réformées, un aspect méconnu du mouvement protestant en 1561-1562 », *Revue historique*, 315 (2013), p. 289-332.

BENEDICT Philip, « Prophets in Arms ? Ministers in War, Ministers on War : France, 1562-74 », in *Ritual and Violence : Natalie Zemon*

Davis and Early Modern France, Past & Present Supplement 7, 2012, p. 163-196.

—, « Pouvoir ecclésiastique et pouvoir séculier dans les villes sous domination protestante pendant la première guerre de religion », *in* Philippe Chareyre et Guy Astoul (dir.), *Le Protestantisme et la Cité*, Montauban, SMERP, 2013, p. 13-28.

—, « French Protestants in the Service of the Crown (1554-1612) », *in* Gerlinde Huber-Rebenich (dir.), *Jacques Bongars (1554-1612). Gelehrter und Diplomat im Zeitalter des Konfessionalismus*, Tübingen, Mohr Siebeck, 2015, p. 1-18.

—, « Qui étaient les députés ? An Unknown Group of Protestant Leaders on the Eve of the First War of Religion », *in* Barbara Diefendorf (dir.), *Social Relations, Politics and Power in Early Modern France. Robert Descimon and the Historian's Craft*, Kirksville, Truman State University Press, 2016, p. 158-183.

—, *Season of Conspiracy. Calvin, the French Reformed Churches, and Protestant Plotting in the Reign of Francis II (1559-1560)*, Philadelphie, American Philosophical Society, 2020.

BERCE Yves-Marie, « Le traitement des villes protestantes rebelles, 1621-1622 », *in* Dominique Dinet et François Igersheim (dir.), *Terres d'Alsace, chemins de l'Europe. Mélanges offerts à Bernard Vogler*, Strasbourg, Presses universitaires de Strasbourg, 2003, p. 75-89.

BERENGER Jean, *Turenne*, Paris, Fayard, 1987.

BERTHOUD Gabrielle, *Antoine Marcourt, réformateur et pamphlétaire : du* Livre des Marchans *aux Placards de 1534*, Genève, Droz, 1973.

BEZZINA Edwin, « Caught between King, Religion and Social Ambition : Marc-Antoine Marreau de Boisguérin and His Familly (ca. 1560-1680) », *The Sixteenth Century Journal*, 39 (2008), p. 331-356.

BIRNSTIEL Eckart, « Les chambres mi-parties : les cadres institutionnels d'une juridiction spéciale (1576-1679) », *in* Jacques Poumarède et Jack Thomas (dir.), *Les Parlements de province, pouvoirs, justice et société du XV*e *au XVIII*e *siècle*, Toulouse, Framespa, 1996, p. 121-138.

BIRNSTIEL Eckart et SOURIAC Pierre-Jean, « Les places de sûreté protestantes : îlots de refuge ou réseau militaire ? », *in* Robert Guicharnaud et Marie-José Lacava (dir.), *L'Édit de Nantes. Sûreté et éducation*, Montauban, SMERP, 1999, p. 127-149.

BLANCHARD Laurent, *À La Rochelle entre sa foi et son roi. Monsieur de Loudrière (c. 1580-1628)*, Maisons-Laffitte, Ampelos, 2018.

BLET Pierre, *Le Clergé de France et la monarchie. Études sur les assemblées générales du clergé de 1615 à 1666*, Rome, Librairie éditrice de l'Université grégorienne, 1959.

—, « Le plan de Richelieu pour la réunion des protestants », *Gregorianum*, 48 (1967), p. 100-112.

—, « Le Conseil d'État et les protestants de 1680 à 1685 », *Bibliothèque de l'École des chartes*, 130 (1972), p. 131-162.

—, *Le Clergé du Grand Siècle en ses assemblées, 1615-1715*, Paris, Éditions du Cerf, 1995.

BOISSON Didier et DAUSSY Hugues, *Les Protestants dans la France moderne*, Paris, Belin, 2006.

BOISSON Didier, *Les Protestants de l'ancien colloque du Berry de la révocation de l'édit de Nantes à la fin de l'Ancien Régime (1679-1789), ou l'inégale résistance de minorités religieuses*, Paris, Champion, 2000.

—, « Autour de l'application de la déclaration de 1656. Les arguments du jésuite Bernard Meynier et de l'avocat réformé Pierre Loride au début des années 1660 », *in* Philippe Martin et Yves Krumenacker (dir.), *Jésuites et protestantisme XVIe-XXIe siècles*, Lyon, LARHRA, 2019, p. 157-175.

BORDIER Henri-Léonard, *Le Chansonnier huguenot du XVIe siècle*, Paris, Librairie Tross, 1870.

BOST Charles, *Les Prédicants protestants des Cévennes et du bas Languedoc (1684-1700)*, Paris, Champion, 1912.

BOST Hubert, « Le rapport des réformés au pouvoir au XVIIe siècle. Élie Merlat ou la fin du monde », *in* Hubert Bost, *Ces Messieurs de la R.P.R. Histoires et écritures de huguenots, XVIIe-XVIIIe siècles*, Paris, Champion, 2001, p. 149-174.

BOURGEON Jean-Louis, « La date de l'édit de Nantes : 30 avril 1598 », *in* Michel Grandjean et Bernard Roussel (dir.), *Coexister dans l'intolérance. L'édit de Nantes (1598)*, Genève, Labor et Fides, 1998, p. 17-50.

BRAGHI Gianmarco, *The Emergence of Pastoral Authority in the French Reformed Church (c. 1555-c. 1572)*, Leiden, Brill, 2021.

BRETEAU Violaine, *Défendre son prince, restaurer la « Respublica Christiana ». Les ambassades de Jacques de Ségur-Pardaillan (1583-1588)*, mémoire de master, Université du Maine, 2008.

BRETON Nicolas, *Je les espreuve tous. Itinéraires politiques et engagements religieux chez les Coligny-Châtillon (mi-XVe-mi-XVIIe siècle)*, Genève, Droz, 2020.

BROWN Elizabeth A. R., « La Renaudie se venge : l'autre face de la conjuration d'Amboise », *in* Yves-Marie Bercé et Elana Fasano Guarini (dir.), *Complots et conjurations dans l'Europe moderne*, Rome, École française de Rome, 1996, p. 451-474.

CABANEL Patrick, *Histoire des protestants en France (XVIe-XXIe siècle)*, Paris, Fayard, 2013.

CAPOT Stéphane, *Justice et religion en Languedoc au temps de l'édit de Nantes : la chambre de l'édit de Castres (1579-1679)*, Paris, École des chartes, 1998.

—, « Vie et mort d'une institution conciliatrice : la chambre de l'édit de Castres (1579-1679) », *in* Robert Guicharnaud et Marie-José Lacava (dir.), *L'Édit de Nantes. Sûreté et éducation*, Montauban, SMERP, 1999, p. 153-164.

CASSAN Michel, *La Grande Peur de 1610. Les Français et l'assassinat d'Henri IV*, Seyssel, Champ Vallon, 2010.

CAZENOVE Arthur de, « L'affaire de Vals (1653) », *BSHPF*, 50 (1901), p. 561-574.

—, « Un syndicat en Bréaunèze en 1651 », *BSHPF*, 58 (1909), p. 401-414.

CHARBONNIER François, *La Poésie française et les guerres de religion (1560-1574). Essai historique et littéraire sur la poésie militante depuis la conjuration d'Amboise jusqu'à la mort de* Charles IX, Paris, Bureau de la Revue des Œuvres nouvelles, 1919.

CHAREYRE Philippe, « Trente ans après : de la paix à la grâce, l'édit de Nîmes, juillet 1629 », *in* Paul Mironneau et Isabelle Pébay-Clottes (éd.), *Paix des armes. Paix des âmes*, Paris, Société Henri IV et Imprimerie nationale, 2000, p. 343-370.

CHAREYRE Philippe et DAUSSY Hugues (dir.), *La France huguenote. Histoire institutionnelle d'une minorité religieuse (XVIe-XVIIIe siècles)*, Rennes, PUR, 2024.

—, « Le pouvoir huguenot dans la ville », *in* Philippe Chareyre et Hugues Daussy (dir.), *La France huguenote. Histoire institutionnelle d'une minorité religieuse (XVIe-XVIIIe siècles)*, Rennes, PUR, 2024, p. 311-329.

CHEVALIER Françoise, « Les difficultés d'application de l'édit de Nantes d'après les cahiers des plaintes (1599-1660) », *in* Michel Grandjean et Bernard Roussel (dir.), *Coexister dans l'intolérance. L'édit de Nantes (1598)*, Genève, Labor et Fides, 1998, p. 304-305.

CHRISTIN Olivier, « Compter, se compter, escompter : la formation de la cause protestante, 1561 », *in* Laurence Croq et David Garrioch (dir.), *La Religion vécue. Les laïcs dans l'Europe moderne*, Rennes, PUR, 2013, p. 27-44.

CLARKE Jack A., *Huguenot Warrior : The Life and Times of Henri de Rohan, 1579-1638*, La Haye, Nijhof, 1966.

COCHIN Augustin et Claude, « Le grand dessein du nonce Bargellini et de l'abbé Desisles contre les réformés (1668) », *BSHPF*, 50 (1913), p. 248-268.

COLLINSON Patrick, *The Elizabethan Puritan Movement*, Oxford, Clarendon Press, 1967.

CONNER Philip, *Huguenot Heartland. Montauban and Southern French Calvinism during the Wars of Religion*, Aldershot, Ashgate, 2002.

CONSTANT Jean-Marie, « La troisième Fronde : les gentilshommes et les libertés nobiliaires », *XVIIe siècle*, 35 (1984), p. 341-354.

—, *La Ligue*, Paris, Fayard, 1996.

—, « The Protestant Nobility in France during the Wars of Religion. A Leaven of Innovation in a Traditional World », *in* Philip Benedict, Guido Marnef, Henk van Nierop, Marc Venard (dir.), *Reformation, Revolt and Civil War in France and the Netherlands 1555-1585*, Amsterdam, 1999, p. 69-82.

—, « Étude de la noblesse protestante en France pendant les guerres de Religion : difficultés et problèmes », *in* Chantal Grell et Arnaud Ramière de Fortanier (dir.), *Le Second Ordre : l'idéal nobiliaire, hommage à Ellery Schalk*, Paris, Presses universitaires de la Sorbonne, 1999, p. 43-55.

—, « La révolte nobiliaire de 1658-59 en Orléanais, mouvement marginal ou authentique manifestation de démocratie nobiliaire ? », *in* Jean-Marie Constant, *La Noblesse en liberté*, Rennes, PUR, 2004, p. 253-265.

—, « Gentilshommes protestants et catholiques unis dans la révolte nobiliaire de 1658-59 », *in* Céline Borello et Laurent Bourquin (dir.), *La Noblesse protestante sous l'édit de Nantes (1598-1685)*, Rennes, PUR, à paraître.

CORBIERE Philippe, « De l'organisation politique du parti protestant arrêtée à l'assemblée générale tenue à Millau, en décembre 1573 », *Mémoires de la section des lettres. Académie des sciences et lettres de Montpellier*, 8 (1886-1887), p. 53-98.

CRETE Liliane, *La Vie quotidienne à La Rochelle au temps du grand siège, 1627-1628*, Paris, Hachette, 1987.

CROUZET Denis, « Calvinism and the Uses of the Political and the Religious », *in* Philip Benedict, Guido Marnef, Henk van Nierop et Marc Venard (dir.), *Reformation, Revolt and Civil War in France and the Netherlands (1555-1585)*, Amsterdam, Royal Netherlands Academy of Arts and Sciences, 1999, p. 99-113.

DAIREAUX Luc, « Aspects du protestantisme en Normandie à la veille de la révocation de l'édit de Nantes : actes du synode provincial tenu à Quevilly et procès-verbaux des commissaires catholique et réformé y assistant (septembre 1682) », *Cahiers Léopold Delisle*, 51 (2002), p. 12-116.

—, « De la paix à la coexistence : la mise en œuvre de l'édit de Nantes en Normandie au début du XVIIe siècle », *Archiv für Reformationsgeschichte*, 97 (2006), p. 211-248.

—, « Les pasteurs normands dans la seconde moitié du XVIIe siècle : la soumission dans la répression ? », *in* Catherine Bougy et Sophie Poirey (dir.), *Images de la contestation du pouvoir dans le monde normand (Xe-XVIIIe siècle)*, Caen, Presses universitaires de Caen, 2007, p. 247-259.

—, *Réduire les huguenots. Protestants et pouvoirs en Normandie au XVIIe siècle*, Paris, Champion, 2010.

—, « Anatomie d'une "réduction" : le Conseil du roi et les protestants sous le règne de Louis XIV (1643- 1685) », *in* Didier Boisson et Yves Krumenacker (dir.), *Justice et protestantisme*, LARHRA, 2011, p. 51-80.

—, « Le parlement de Normandie et l'édit de Nantes : une bataille de dix ans (1599-1610), *Annales de Bretagne et des pays de l'Ouest*, 122 (2015), p. 77-87.

DAUSSY Hugues, « Gaspard de Schomberg. Un médiateur au service de la paix », *in* Paul Mironneau et Isabelle Pebay-Clottes (dir.), *Paix des armes, paix des âmes*, Paris, Imprimerie nationale, 2000, p. 103-112.

—, *Les Huguenots et le roi. Le combat politique de Philippe Duplessis-Mornay (1572-1600)*, Genève, Droz, 2002.

—, « En débattant la religion, les religieux se gâtent. Duplessis-Mornay, Languet et Danzay en guerre contre les théologiens », *L'humaniste, le protestant et le clerc. De l'anticléricalisme croyant au XVIe siècle*, numéro spécial de la revue *Siècles. Cahiers du Centre d'histoire « espaces et cultures »*, 18 (2004), p. 93-103.

—, « Un diplomate protestant au service d'un roi catholique : Charles de Danzay, ambassadeur de France au Danemark (1515-1589) », *in* Frédérique Pitou (dir.), *Élites et notables de l'Ouest, XVIe-XXe siècles. Entre conservatisme et modernité*, Rennes, Presses universitaires de Rennes, 2004, p. 277-294.

—, « Les huguenots entre l'obéissance au roi et l'obéissance à Dieu », *Nouvelle Revue du XVIe siècle*, 22 (2004), p. 49-69.

—, « L'insertion des *Vindiciae contra tyrannos* dans le combat politique aux Pays-Bas », *in* Paul-Alexis Mellet (dir.), *Et de sa bouche sortait un glaive. Les monarchomaques au XVIe siècle*, Genève, Droz, 2006, p. 101-120.

—, « Les élites face à la Réforme dans le royaume de France (ca. 1520-ca. 1570) », *in* Philip Benedict, Silvana Seidel Menchi et Alain Tallon (dir.), *La Réforme en France et en Italie : contacts, comparaisons et contrastes*, Rome, École française de Rome, 2007, p. 331-349.

—, « Les enjeux politiques d'une conversion. Les relations épistolaires entre Jean Calvin, Jean Macar et François d'Andelot en 1558 », *in* Hervé Guillemain, Stéphane Tison et Nadine Vivier (dir.), *La Foi dans le siècle. Mélanges offerts à Brigitte Waché*, Rennes, Presses universitaires de Rennes, 2009, p. 253-261.

—, « L'action diplomatique de Calvin en faveur des Églises réformées de France (1557-1564) », *BSHPF*, 156 (2010), p. 197-209.

—, « Louis de Nassau et le parti huguenot », *in* Yves Krumenacker (dir.), *Entre calvinistes et catholiques. Les relations religieuses entre la France et les Pays-Bas du Nord (XVIe-XVIIIe siècle)*, Rennes, PUR, 2010, p. 31-43.

—, « Un phénomène européen ? Peut-on parler de Républiques calvinistes en France dans la seconde moitié du XVIe siècle ? », *in* Monique Weis (dir.), *Des villes en révolte. Les républiques urbaines aux Pays-Bas et en France pendant la deuxième moitié du XVIe siècle*, Turnhout, Brepols, 2010, p. 65-76.

—, *Le Parti huguenot. Chronique d'une désillusion (1557-1572)*, Genève, Droz, 2014.

—, « L'invention du citoyen réformé. L'expression de l'identité politique huguenote dans la littérature polémique et les premiers ouvrages historiques réformés », *in* Philip Benedict, Hugues Daussy et Pierre-Olivier Léchot (dir.), *L'Identité huguenote : faire mémoire et écrire l'histoire (XVIe-XXIe siècles)*, Genève, Droz, 2014, p. 37-48.

—, « Sully et les assemblées politiques huguenotes », *in* Gilbert Schrenck, Marie-Dominique Legrand et Cécile Huchard (dir.), *Sully, le ministre et le mécène*, *Albineana*, 26, Paris, Champion, 2014, p. 193-205.

—, « Le cardinal de Lorraine vu par les protestants en Europe : genèse et diffusion d'un portrait maléfique », *in* Jean Balsamo, Thomas Nicklas et Bruno Restif (dir.), *Un prélat français de la Renaissance. Le cardinal de Lorraine entre Reims et l'Europe*, Genève, Droz, 2015, p. 123-137.

—, « Un artifice rhétorique au temps des guerres de Religion. L'usage du masque catholique dans la polémique huguenote », *Histoire, monde et cultures religieuses*, 35 (2015/3), p. 11-22.

—, « Financing the Huguenot War Effort during the Early Wars of Religion, 1562-1570 », *French Historical Studies*, 38 (2015), p. 593-609.

—, « Huguenot Political Thought and Activities », dans *A Companion to the Huguenots*, sous la direction de Raymond A. Mentzer et Bertrand van Ruymbeke, Leyde, Brill, 2016, p. 66-89.

—, « La diplomatie huguenote pendant les premières guerres de Religion (1562-1570) », *Proslogion*, 13 (2016), p. 247-269.

—, « London, Nerve Centre of the Huguenot Diplomatic Network in the Later Sixteenth Century », *in* Vivienne Larminie (dir.), *Huguenot*

Networks, 1550-1750. The Impact of a Minority in Protestant Europe, London, Routledge, 2017, p. 29-40.

—, « La surprise de Meaux », *in* Damien Blanchard et Jean Trouchaud (dir.), *Histoire de Meaux, histoire de France. Dix repères au fil des siècles*, Meaux, Éditions Fiacre, 2017, p. 83-106.

—, « De Josias à Hérode : l'image de Charles IX dans la littérature réformée », *in* Luisa Capodieci, Estelle Leutrat et Rebecca Zorach (dir.), *Miroirs de Charles IX. Images, imaginaires, symbolique*, Genève, Droz, 2017, p. 135-145.

—, « François Hotman, inspirateur de la pensée politique huguenote », *in* Philippe Desan et Véronique Ferrer (dir.), *Penser et agir à la Renaissance. Thought and action in the Renaissance*, Genève, Droz, 2019, p. 435-450.

—, « Entre sécurité et garantie. Places fortes et places de sûreté dans le discours politique huguenot de la seconde moitié du XVIe siècle », *in* Horst Carl, Rainer Babel, Christoph Kampmann (Hg.), *Sicherheitsprobleme im 16. und 17. Jahrhundert [Bedrohungen, Konzepte, Ambivalenzen]. Problèmes de sécurité aux XVIe et XVIIe siècles – menaces, concepts, ambivalences*, Baden-Baden, Nomos, 2019, p. 195-211.

—, « Le parti huguenot à l'épreuve de la révolte de Condé (1615-1616) », *Dix-septième siècle*, 293 (2021), p. 209-220.

—, *Un royaume en lambeaux. Une autre histoire des guerres de Religion (1555-1598)*, Genève, Labor et Fides, 2022.

—, « D'une diplomatie rebelle à une diplomatie royale : les balbutiements de la politique internationale huguenote pendant les premières guerres civiles », *in* Matthieu Gellard et Fabrice Micallef (dir.), *Diplomaties rebelles. Huguenots, Malcontents et ligueurs sur la scène internationale (1562-1629)*, Rennes, PUR, 2022, p. 51-63.

—, « "Requestes et remonstrances". Anatomie de la plainte politique huguenote dans la seconde moitié du XVIe siècle », *in* Michele Bubenicek et François Foronda (dir.), *Doléances. La plainte politique, voie de régulation des rapports gouvernants-gouvernés (XIIIe-XVIIIe siècle)*, Paris, École nationale des chartes, 2022, p. 141-150.

—, « Les plus loyaux et fidèles sujets. Les métamorphoses politiques du discours huguenot (1558-1589) », *in* Andrei Salavastru, Ioan-Augustin Gurita et Sorin Grigoruta (dir.), *Power, Aristocraties and propagande. Forms of Legitimizing Rulership in France and Moldavia (16th-17th centuries)*, Konstanz, Hartung-Gorre Verlag, 2023, p. 37-51.

—, « Les assemblées et le système politique huguenot (1562-1598) », *in* Philippe Chareyre et Hugues Daussy, *La France huguenote. Histoire institutionnelle d'une minorité religieuse (XVIe-XVIIIe siècle)*, Rennes, PUR, 2024, p. 229-251.

—, « L'organisation militaire du parti huguenot (1562-1598) », *in* Philippe Chareyre et Hugues Daussy, *La France huguenote. Histoire institutionnelle d'une minorité religieuse (XVIe-XVIIIe siècle)*, Rennes, PUR, 2024, p. 253-271.

—, « Les chambres de justice », *in* Philippe Chareyre et Hugues Daussy (dir.), *La France huguenote. Histoire institutionnelle d'une minorité religieuse (XVIe-XVIIIe siècles)*, Rennes, PUR, 2024, p. 293-309.

DAUSSY Hugues et GREENGRASS Mark, « La fin des institutions politico-militaires (1598-1629) », *in* Philippe Chareyre et Hugues Daussy (dir.), *La France huguenote. Histoire institutionnelle d'une minorité religieuse (XVIe-XVIIIe siècles)*, Rennes, PUR, 2024, p. 273-291.

DE WAELE Michel, « "Nos huguenots ont icy cabale puissante" : les huguenots, l'Angleterre et les provinces-Unies (1621-1622) », *in* Matthieu Gellard et Fabrice Micallef (dir.), *Diplomaties rebelles. Huguenots, Malcontents et ligueurs sur la scène internationale (1562-1629)*, Rennes, PUR, 2022, p. 209-225.

DE WAELE Michel, *L'Affirmation du fait colonial dans les relations internationales. La guerre franco-anglaise de 1627-1629*, Rennes, PUR, 2022.

DEBBAGI-BARANOVA Tatiana, *À coups de libelles. Une culture politique au temps des guerres de Religion (1562-1598)*, Genève, Droz, 2012.

DE GAULLE Julien Philippe, « Le Conseil de la reine de Navarre à La Rochelle. Ordonnances et délibérations inédites, 1569-1570 », *BSHPF*, 3 (1855), p. 123-137.

DELABORDE Jules, « Le procès du prince de Condé (novembre et décembre 1560) », *BSHPF*, 22 (1873), p. 149-157.

DEN TEX Jan, *Oldenbarnevelt*, Cambridge, Cambridge University Press, 1973.

DEPPING Georges-Bernard, « Un banquier protestant en France au XVIIe siècle. Barthélemy Herwarth, contrôleur général des finances (1607-1676) », *Revue historique*, 10 (1879), p. 285-338.

DESENCLOS Camille, « Diplomate, huguenot ou humaniste : le modèle de l'agent français auprès des princes protestants allemands au début du XVIIe siècle », *in* Indravati Félicité (dir.), *L'Identité du diplomate : métier ou noble loisir ?*, Paris, Classiques Garnier, 2020, p. 31-44.

DESGRAVES Louis, *Les Haultin (1571-1623)*, Genève, Droz, 1960.

—, *Éloi Gibier, imprimeur à Orléans (1536-1588)*, Genève, Droz, 1966.

DEYON Pierre et Solange, *Henri de Rohan*, Paris, Perrin, 2000.

DEYON Solange, *Du loyalisme au refus : les protestants français et leur député général entre la Fronde et la Révocation*, Villeneuve-d'Ascq, Presses universitaires de Septentrion, 1976.

—, « La destruction des temples », *in* Roger Zuber et Laurent Theis (éd.), *La Révocation de l'édit de Nantes et le protestantisme français en 1685*, Paris, SHPF, 1986, p. 239-258.

DORAN Susan, *Monarchy and Matrimony. The courtships of Elizabeth I*, Londres et New York, Routledge, 1996.

DREVILLON Hervé, « L'héroïsme à l'épreuve de l'absolutisme. L'exemple du maréchal de Gassion (1609-1647) », *Politix*, 15 (2002), p. 15-38.

DUBOST Jean-François, *Marie de Médicis, la reine dévoilée*, Paris, Payot, 2009.

DUCCINI Hélène, *Faire voir, faire croire. L'opinion publique sous Louis XIII*, Seyssel, Champ Vallon, 2003.

DUFOUR Alain, « L'affaire de Maligny (Lyon, 4-5 septembre 1560) vue à travers la correspondance de Calvin et de Bèze », *Cahiers d'histoire*, 8 (1963), p. 269-280.

—, *Théodore de Bèze. Poète et théologien*, Genève, Droz, 2006.

DULONG Claude, *Mazarin et l'argent. Banquiers et prête-noms*, Paris, École des chartes, 2002, p. 149-203.

DUQUENNE Frédéric, *L'Entreprise du duc d'Anjou aux Pays-Bas de 1580 à 1584. Les responsabilités d'un échec à partager*, Villeneuve-d'Ascq, Presses universitaires du Septentrion, 1998.

DUSSERT Auguste, « Le baron des Adrets et les États du Dauphiné », *Bulletin de l'Académie delphinale*, série 5, 20 (1929).

EL HAGE Fadi, « Les nominations de maréchaux de France protestants et l'évolution politique de la monarchie française à l'époque moderne (XVIe-XVIIe siècle) », *BSHPF*, 158 (2012), p. 685-702.

EL KENZ David, *Les Bûchers du roi. La culture protestante des martyrs (1523-1572)*, Seyssel, Champ Vallon, 1997.

EURICH Amanda S., « Financer la foi : la fortune privée d'Henri de Navarre au cours des guerres de Religion », *Revue de Pau et du Béarn*, 26 (1999), p. 9-21.

FAZY Henri, *Genève, le parti huguenot et le traité de Soleure (1574 à 1579)*, Genève, Georg, 1883.

FOA Jérémie, *Le Tombeau de la paix. Une histoire des édits de pacification (1560-1572)*, Limoges, Pulim, 2015.

—, *Tous ceux qui tombent. Visages du massacre de la Saint-Barthélemy*, Paris, La Découverte, 2021.

—, « Alias le tireur d'or. Le massacre de la Saint-Barthélemy en personne », *Revue d'histoire du protestantisme*, 7 (2022), p. 369-389.

—, *Survivre : une histoire des guerres de Religion*, Paris, Seuil, 2024.

GAL Stéphane, « La justice en dissidence : le conseil protestant de Die pendant les guerres de Religion », *in* Olivier Cogne (dir.), *Rendre la justice en Dauphiné de 1453 à 2003*, Grenoble, Archives départementales de l'Isère et Presses universitaires de Grenoble, 2003, p. 91-97.

—, *Lesdiguières. Prince des Alpes et connétable de France*, Grenoble, Presses universitaires de Grenoble, 2007.

GARNIER Armand, *Agrippa d'Aubigné et le parti protestant. Contribution à l'histoire de la Réforme en France*, Paris, Fischbacher, 1928.

GARRISSON Francis, *Essai sur les commissions d'application de l'édit de Nantes*, Montpellier, P. Déhan, 1964.

GARRISSON Janine, *L'Édit de Nantes et sa révocation. Histoire d'une intolérance*, Paris, Seuil, 1985.

—, *Protestants du Midi, 1559-1598*, Toulouse, Privat, 1991.

—, *L'Édit de Nantes*, Paris, Fayard, 1998.

GEHRING David Scott, *Anglo-German Relations and the Protestant Cause. Elizabethan Foreign Policy and Pan-Protestantism*, London, Pickering and Chatto, 2013.

GIESEY Ralph E., *Le Rôle méconnu de la loi salique. La succession royale (XIVe-XVIe siècles)*, Paris, Les Belles Lettres, 2007.

GREENGRASS Mark, « Financing the Cause : protestant Mobilization and Accountability in France », *in* Philip Benedict, Guido Marnef, Henk van Nierop et Marc Venard (dir.), *Reformation, Revolt and Civil War in France and the Netherlands*, Amsterdam, Royal Netherlands Academy of Arts and Sciences, 1999, p. 233-254.

—, « Les protestants et la désacralisation de la monarchie française (1557-1570) », *in* Philippe Chareyre, Claude Menges-Mironneau, Paul Mironneau et Isabelle Pebay-Clottes (dir.), *Régicides en France et en Europe (XVIe-XIXe siècles)*, Genève, Droz, 2017, p. 31-49.

—, « Mener la révolte d'ici et d'ailleurs : Henri de Condé et la mobilisation malaisée des Malcontents, 1574-1576 », *in* Matthieu Gellard et Fabrice Micallef (dir.), *Diplomaties rebelles. Huguenots, Malcontents et ligueurs sur la scène internationale (1562-1629)*, Rennes, PUR, 2022, p. 65-92.

GRIFFITHS Gordon, *Representative Governement in Western Europe in the Sixteenth Century*, Oxford, Clarendon Press, 1968.

HAAN Bertrand, *L'Amitié entre princes. Une alliance franco-espagnole au temps des guerres de Religion (1560-1570)*, Paris, PUF, 2011.

HARAI Dénes, *Grands serviteurs de petits États. Les conseillers de Navarre et de Transylvanie (XVIe-XVIIe siècles)*, Rennes, PUR, 2012.

—, *Pour le « bien de l'État » et le « repos du public ». Auguste II Galland (1572-1637), conseiller d'État et commissaire de Louis XIII aux synodes des Églises réformées de France*, Paris, Champion, 2012.

HEAP William A., *Elizabeth's French Wars, 1562-1598*, Londres, Unicorn, 2019.

HEIDENHAIN Arthur, *Die Unionspolitik Landgraf Philipps von Hessen und die Unterstützung der Hugenotten im ersten Religionskriege (1557-1562)*, Halle, Niemeyer, 1890.

HELLIN Stéphan, « Deux fidèles des Guises complices de Maurevert : François de Villiers, seigneur de Chailly, et François de Pilla », *Revue d'histoire du protestantisme*, 7 (2022), p. 343-368.

—, « Maurevert : les paiements d'un tueur professionnel au temps de la Saint-Barthélemy », *Revue d'histoire du protestantisme*, 7 (2022), p. 309-341.

HERMAN Arthur L., *The Saumur Assembly 1611 : Huguenot political Belief and Action in the Age of Marie de Medici*, Ph. D., Johns Hopkins University, 1984.

—, « The Huguenot Republic and Antirepublicanism in Seventeenth-Century France », *Journal of the History of Ideas*, 53 (1992), p. 249-269.

HICKEY Daniel, « Enforcing the Edict of Nantes. The 1599 Commissions and Local Elites in Dauphiné and Poitou Aunis », *in* Keith Cameron *et al.* (dir.), *The Adventure* of *Religious Pluralism in Early Modern France*, Bern, Peter Lang, p. 68-83.

HOLT Mack P., *The Duke of Anjou and the Politique Struggle during the Wars of Religion*, Cambridge, Cambridge University Press, 1986.

—, « Putting Religion Back into the Wars of Religion », *French Historical Studies*, 18 (1993), p. 524-551.

HUBAC Jean, *La Paix d'Alès (27 juin 1629). La fin du parti huguenot ?*, Paris, Les Éditions de Paris, 2010.

ISSARTEL Thierry, *Les Chemins de la tolérance en Béarn (XVIe-XVIIe)*, Biarritz, Atlantica, 1999.

JOUANNA Arlette, « La première domination des réformés à Montpellier (1561-1563) », *in* Bernard Chevalier et Robert Sauzet (dir.), *Les Réformes, enracinement socioculturel*, Paris, Éditions de la Maisnie, 1985, p. 151-160.

—, *Le Devoir de révolte. La noblesse française et la gestation de l'État moderne, 1559-1661*, Paris, Fayard, 1989.

—, « Un programme politique nobiliaire : les Mécontents et l'État (1574-1576) », *in* Philippe Contamine (dir.), *L'État et les aristocraties (France, Angleterre, Écosse) XIIe-XVIIe siècles*, Paris, Presses de l'École normale supérieure, 1989, p. 247-278.

—, *Histoire et dictionnaire des guerres de Religion*, Paris, Robert Laffont, 1998.

—, *La Saint-Barthélemy. Les mystères d'un crime d'État*, Paris, Gallimard, 2007.

—, « Les “Provinces de l'Union”, un État dans l'État ? », *in* Daniel Bolliger, Marc Boss, Mireille Hébert et Jean-François Zorn (dir.), *Jean Calvin. Les visages multiples d'une réforme et de sa réception*, Lyon, Olivétan, 2009, p. 155-175.

—, *Le Pouvoir absolu. Naissance de l'imaginaire politique de la royauté*, Paris, Gallimard, 2013.

—, *Le Prince absolu. Apogée et déclin de l'imaginaire monarchique*, Paris Gallimard, 2014.

KANTOROWICZ Ernst, *Les Deux Corps du roi. Essai sur la théologie politique au Moyen Âge*, Paris, Gallimard, 1989.

KEMPA Anne, « L'attitude du parlement aixois face à ses membres protestants (1550-1572) », *Siècles. Cahiers du Centre d'histoire des entreprises et des communautés*, 2 (1995), p. 43-59.

KINGDON Robert M., *Geneva and the Coming of the Wars of Religion in France, 1555-1563*, Genève, Droz, 1956.

—, *Geneva and the Consolidation of the French Protestant Movement*, Genève, Droz, 1967.

KLEINMAN Ruth, « Gratitude revisited. The declaration of Saint-Germain, 1652 », *French historical studies*, 5 (1968), p. 249-262.

—, « Interpretations of the Edict of Nantes. The administrative aspect, 1643-1661 », *French Historical Studies*, 10 (1978), p. 541-571.

KNACHEL Philip A., *England and the Fronde. The Impact of English Civil War and Revolution on France*, Ithaca, New York, Cornell University Press, 1967.

KŒNIGSBERGER Helmut Georg, « The Organization of revolutionary Parties in France and the Netherlands during the Sixteenth Century », *The Journal of Modern History*, 27 (1955), p. 335-351.

KOHLNDORFER-FRIES Ruth, *Diplomatie und Gelehrtenrepublik. Die Kontakte des französischen Gesandten Jacques Bongars (1554-1612)*, Tübingen, Niemeyer, 2009.

KORR Charles P., *Cromwell and the New-Model Foreign Policy. England's Policy toward France, 1649-1658*, Berkeley, Los Angeles, Londres, University of California Press, 1975.

KOURI Erkki I., *England and the Attempts to Form a Protestant Alliance in the Late 1560s : a Case Study in European Diplomacy*, Helsinki, Suomalainen tiedeakatemia, 1981.

KRETZER Hartmut, *Calvinismus und französische Monarchie im 17. Jahrhundert*, Berlin, Duncker & Humblot, 1974.

—, « Remarques sur le droit de résistance des calvinistes français au début du XVIIe siècle », *BSHPF*, 123 (1977), p. 54-75.

KRUMENACKER Yves, *Les Protestants du Poitou au XVIIIe siècle (1681-1789)*, Paris, Champion, 1998.

LABROUSSE Élisabeth, « *Une foi, une loi, un roi ?* » *La révocation de l'édit de Nantes*, Paris et Genève, Payot et Labor et Fides, 1985.

—, « La doctrine politique des huguenots, 1630-1685 », *in* Élisabeth Labrousse, *Conscience et conviction. Études sur le XVIIe siècle*, Oxford, Voltaire Foundation, 1996, p. 81-88.

LASSAIGNE Jean Dominique, *Les Assemblées de noblesse en France aux XVIIe et XVIIIe siècles*, Paris, Cujas, 1965.

LE ROUX Nicolas, *La Faveur du roi. Mignons et courtisans au temps des derniers Valois (vers 1547-vers 1589)*, Seyssel, Champ Vallon, coll. Époques, 2000.

—, *Un régicide au nom de Dieu. L'assassinat d'Henri III (1er août 1589)*, Paris, Gallimard, 2006.

LÉOUTRE Marie M., *Serving France, Ireland and England. Ruvigny, Earl of Galway, 1648-1720*, Londres, Routledge, 2018.

LESTRINGANT Frank, « La résistance huguenote à l'édit de Nantes : le cas d'Agrippa d'Aubigné », *in* Lucienne Hubler, Jean-Daniel Candaux et Christophe Chalamet (dir.), *L'Édit de Nantes revisité*, Genève, Droz, 2000, p. 19-40.

LINDER Robert D., « Pierre Viret and the Sixteenth-Century French Protestant Revolutionary Tradition », *Journal of Modern History*, 38 (1966), p. 125-137.

LITTLETON Charles G., « The French Church of London in European Protestantism : the Role of Robert le Maçon, dit de La Fontaine, minister, 1574-1611 », *Proceedings of the Huguenot Society*, 26 (1994), p. 45-57.

—, *Geneva on Threadneedle Street : The French Church of London and its Congregation, 1560-1625*, Ph. D., University of Michigan, 1996.

LOCKHART Paul Douglas, *Frederik II and the Protestant Cause. Denmark's Role in the Wars of Religion, 1559-1596*, Leyde, Brill, 2004.

LOIRETTE Gabriel, « Catholiques et protestants en Languedoc à la veille des guerres civiles, d'après un document inédit », *Revue d'histoire de l'Église de France*, 23 (1937), p. 503-525.

LORIMER Emma, *Huguenot General Assemblies in France, 1579-1622*, Ph. D., University of Oxford, Magdalen College, 2004.

—, « Une "voye publique pour *efficacement agir*" : les assemblées générales des Églises réformées de France (1579-1622) devant l'insécurité des guerres civiles », *BSHPF*, 154 (2008), p. 465-480.

LOURDOU Magali, « Les premières guerres de Religion à Millau à travers les délibérations et comptes consulaires (1562-1576) », in *Rouergue, carrefour d'histoire et de nature*, Rodez, Société des lettres, sciences et arts de l'Aveyron, 2003, p. 329-338.

—, « Les protestants et le consulat millavois au temps des premières guerres de Religion (vers 1560-vers 1574) », *Revue du Rouergue*, 73 (2003), p. 49-66.

LOWENSTEIN Steven Mark, *Resistance to Absolutism. Huguenot Organization in Languedoc, 1621-22*, Ph. D., Princeton University, 1972.

LURIA Keith P., *Sacred Boundaries. Religious Coexistence and Conflict in Early-Modern France*, Washington D.C., The Catholic University of America Press, 2005.

MANETSCH Scott M., *Theodore Beza and the Quest for Peace in France, 1572-1598*, Leiden, Brill, 2000.

MARCHAND Romain, *Henri de La Tour (1555-1623). Affirmation politique, service du roi et révolte*, Paris, Classiques Garnier, 2020.

MARGOLF Diane C., « Adjudicating Memory. Law and Religious Difference in Early Seventeenth-Century France », *The Sixteenth Century Journal*, 27 (1996), p. 399-418.

—, *Religion and Royal Justice in Early Modern France. The Paris Chambre de l'Édit (1598-1665)*, Kirksville, Mo, Truman State University Press, 2003.

MARTIN Claire, *Mémoires de Benjamin Aubery Du Maurier, ambassadeur protestant de Louis XIII (1566-1636)*, Genève, Droz, 2010.

MARTYSHEVA Lana, *Henri IV roi. Le pari de l'hérétique*, Ceyzérieu, Champ Vallon, 2023.

MATHIEU-CASTELLANI Gisèle, « L'imaginaire judiciaire dans le traité *Du debvoir mutuel des roys et des subjects* », *Albineana*, 13, Paris, Champion, 2001, p. 135-151.

MAZAURIC Roger, « Claude-Antoine de Vienne, sieur de Clervant (1534-1588) », *Annuaire de la Société d'histoire et d'archéologie de la Lorraine*, 1967-1968, p. 83-152.

MCCULLOUGH Roy, *Coercion, Conversion and Counterinsurgency in Louis XIV's France*, Brill, 2007.

MELLET Paul-Alexis, *Les Traités monarchomaques. Confusion des temps, résistance armée et monarchie parfaite (1560-1600)*, Genève, Droz, 2007.

MIẞFELDER Jan-Friedrich, *Das Andere der Monarchie. La Rochelle und die Idee der "monarchie absolue" in Frankreich, 1568-1630*, Munich, Oldenbourg Wissenschaftsverlag, 2012.

MOLTMANN Jürgen, *Christoph Pezel (1539-1604) und der Calvinismus in Bremen*, Bremen, Verlag Einkehr Bremen, 1958.

NAEF Henri, *La Conjuration d'Amboise et Genève*, Paris, Champion, 1922.

NEUSCHEL Kristen B., *Word of Honor : Interpreting Noble Culture in Sixteenth-Century France*, Londres, Cornell University Press, 1989.

NICOLL David G.W., *Noble Identity During the French Wars of Religion : Antoine de Crussol, the Duc d'Uzès*, Ph. D., University of Warwick, 2020.

NICOLLIER Béatrice, *Hubert Languet (1518-1581). Un réseau politique international de Melanchthon à Guillaume d'Orange*, Genève, Droz, 1995.

OLSON Jeannine E., « Nicolas Des Gallars and the Genevan connection of the stranger churches », *in* Randolph Vigne et Charles Littleton (dir.), *From Strangers to Citizens : the Integration of Immigrant Communities in Britain, Ireland and Colonial America, 1550-1750*, Londres, The Huguenot Society of Great Britain and Ireland, 2001, p. 38-45.

ORCIBAL Jean, *Louis XIV et les protestants. « La cabale des accommodeurs de religion ». La Caisse des Conversions. La Révocation de l'édit de Nantes*, Paris, Vrin, 1951.

PAILLARD Charles, « Additions critiques à l'histoire de la conjuration d'Amboise », *Revue historique*, 14 (1880), p. 61-108 et 311-335.

PASCUCCI Tomaso, « Basculement confessionnel et engagement politique au début des guerres de Religion : le cas d'Antoine de Croÿ, prince de Porcien », *Revue historique*, 687 (2018), p. 593-620.

PATRY Raoul, *Philippe Duplessis-Mornay. Un huguenot homme d'État (1549-1623)*, Paris, Fischbacher, 1933.

PERONNET Michel, « Les assemblées du clergé de France et la révocation des édits de religion (1560-1685) », *BSHPF*, 131 (1985), p. 453-479.

—, « La république des Provinces-Unies du Midi : les enjeux de l'historiographie », *in* Anne Blanchard, Henri Michel et Élie Pelaquier (dir.), *La Vie religieuse dans la France méridionale à l'époque moderne*, Montpellier, Presses de l'université Paul-Valéry, 1992, p. 5-26.

PERROT Rose de, « La marquise de Rothelin en Suisse. Ses premiers rapports avec Farel et Calvin », *BSHPF*, 32 (1883), p. 385-400.

—, *Jacqueline de Rohan, marquise de Rothelin. Étude historique*, Neuchâtel, Imprimerie de la société typographique, 1884.

PILLIÈRE Rebecca Maryse, *The Construct of a Rebel City. The Developpment of La Rochelle (Self)Identification in Print during the French Wars of Religion (1563-1635)*, Ph. D., University of Warwick, 2020.

PINEAUX Jacques, *La Poésie des protestants de langue française (1559-1598)*, Paris, Klincksieck, 1971.

POLLET Jacques V., *Julius Pflug (1499-1564) et la crise religieuse dans l'Allemagne du XVIe siècle. Essai de synthèse biographique et théologique*, Leyde, Brill, 1990.

POTON Didier, « Philippe Duplessis-Mornay et la mer : *Discours au roi Henri III sur les moyens de diminuer l'Espagnol* (1584) », in *Coligny, les protestants et la mer*, Paris, Presses de l'université de Paris-Sorbonne, 1997, p. 145-154.

POTTER David, « The French Protestant Nobility in 1562 : The Association de Monseigneur le Prince de Condé », *French History*, 15 (2001), p. 307-328.

—, « Faction, alliance and the political action in early modern France : the dilemma of Antoine de Bourbon King of Navarre in 1559-62 », *in* Ruben González Cuerva et Alexander Koller (dir.), *A Europe of Courts, a Europe of factions. Political Groups at Early Modern Centres of Power (1550-1700)*, Leyde, Brill, 2017, p. 41-63.

RABUT Élisabeth, *Le Roi, l'église et le temple : l'exécution de l'édit de Nantes en Dauphiné*, La Pensée sauvage, 1987.

RAITT Jill, *The Colloquy of Montbéliard. Religion and Politics in the Sixteenth Century*, New York, Oxford University Press, 1993.

RAMBEAUD Pascal, *La Rochelle fidèle et rebelle*, Paris, Le Croît vif, 1999.

ROBERTS Penny, « Huguenot petitioning during the wars of religion », *in* Raymond A. Mentzer et Andrew Spicer (dir.), *Society and Culture in the Huguenot World, 1559-1685*, Cambridge, Cambridge University Press, 2012, p. 62-77.

ROELKER Nancy L., « The Role of Noblewomen in the French Reformation », *Archiv für Reformationsgeschichte*, 63 (1972), p. 168-195.

—, « The Appeal of Calvinism to French Noblewomen in the Sixteenth Century », *Journal of Interdisciplinary History*, 2 (1972), p. 391-418.

ROMIER Lucien, *Les Origines politiques des guerres de Religion*, Paris, Perrin, 1913-1914, 2 vol.

—, *La Conjuration d'Amboise*, Paris, Perrin, 1923.

ROSA Susan, « "Il était possible aussi que cette conversion fût sincère" : Turenne's Conversion in Context », *French Historical Studies*, 18 (1994), p. 632-666.

—, « The Conversion to Catholicism of the Prince de Tarente, 1670 », *Historical Reflections / Réflexions historiques*, 21 (1995), p. 57-75.

ROSSIGNOL Élie-Antoine, *Assemblées du diocèse de Castres*, Toulouse, imp. A. Chauvin et Fils, 1878.

ROTT Édouard, *Histoire de la représentation diplomatique de la France auprès des cantons suisses et de leurs alliés et confédérés, tome 2 (1559-1610)*, Berne-Paris, 1902.

RUBLE Alphonse de, *Antoine de Bourbon et Jeanne d'Albret*, t. 2, Paris, Labitte, 1882.

SALMON John H.M., *The French Religious wars in English Political thought*, Oxford, Clarendon Press, 1959.

SARTIN John Raymond, *Antecedents of the Huguenot « State within the State », in Bas Languedoc, 1560-1574,* Ph.D., University of Texas at Austin, 2000.

SAUZET Robert, *Contre-Réforme et Réforme catholique en bas Languedoc au XVIIe siècle. Le diocèse de Nîmes de 1598 à 1694. Étude de sociologie religieuse,* Lille, Service de reproduction des thèses, 1978.

SCHAPIRA Nicolas, *Un professionnel des lettres au XVIIe siècle. Valentin Conrart : une histoire sociale,* Seyssel, Champ Vallon, 2003.

SCHUMANN Dominic, *La Politique de réunion confessionnelle de Louis XIV et la résistance des huguenots entre Refuge et Désert. L'exemple de Claude Brousson (1647-1698),* Nuremberg, VTR Publications, 2021.

SERR Georges, *Henri de Rohan. Son rôle dans le parti protestant (1610-1616),* Cahors, Coueslant, 1946.

—, « Henry de Rohan : son rôle dans le parti protestant, de 1617 à 1622 », *Divers aspects de la Réforme aux XVIe et XVIIe siècle. Études et documents,* Paris, SHPF, 1975, p. 289-622.

SHIMIZU Junko, *Conflict of Loyalties. Politics and Religion in the Career of Gaspard de Coligny, Admiral of France (1519-1572),* Genève, Droz, 1970.

SKINNER Quentin, *The Foundations of Modern Political Thought,* t. 2, Cambridge, Cambridge University Press, 1978.

SMUTS Malcolm, *Political Culture, the State, & the Problem of Religious War in Britain & Ireland,* Oxford, Oxford University Press, 2023.

SOLE Jacques, « Le gouvernement royal et les protestants de Languedoc à la veille de la Fronde (1633-1648), d'après la correspondance imprimée du chancelier Seguier », *BSHPF,* 114 (1968), p. 5-32.

SOLTAU Roger, « La monarchie aristodémocratique de Louis Turquet de Mayerne », *Revue du seizième siècle,* 13 (1926), p. 78-94.

SOURIAC, Pierre-Jean, « La double fidélité des places protestantes sous Louis XIII, au roi et au parti », *in* Philippe Chareyre et Guy Astoul (dir.), *Le Protestantisme et la Cité,* Montauban, SMERP, 2013, p. 89-107.

—, *Les Armes de la paix. Places fortes, guerre et pacification chez les protestants français (v.1560-v.1630),* HDR, Université Sorbonne Paris Nord, 2022.

STANKIEWICZ Wladyslaw Józef, « The Huguenot Downfall. The Influence of Richelieu's Policy and Doctrine », *Proceedings of the American Philosophical Society,* 99 (1955), p. 146-168.

—, *Politics and Religion in Seventeenth-Century France. A Study of Political Ideas from the Monarchomachs to Bayle, as Reflected in the Toleration Controversy,* Berkeley et Los Angeles, University of California Press, 1960.

STAUFFER Richard, *Dieu, la création et la providence dans la prédication de Calvin*, Bern, Peter Lang, 1978.

STAWARZ-LUGINBÜHL Ruth, *Un théâtre de l'épreuve. Tragédies huguenotes en marge des guerres de Religion en France (1550-1573)*, Genève, Droz, 2012.

STEINMETZ David, « Calvin and the absolute power of God », *Journal of Medieval and Renaissance Studies*, 18 (1988), p. 65-79.

STOCKER Christopher W., « The Calvinist Officiers of Orléans, 1560-1572 », *Proceedings of the Sixth Annual Meeting of the Western Society for French History*, éd. par Joyce Duncan Falk, Santa Barbara, 1979, p. 21-33.

STONE Lawrence, *An Elizabethan : Sir Horatio Palavicino*, Oxford, Clarendon Press, 1956.

SUTHERLAND Nicola Mary, *The Huguenot Struggle for Recognition*, New Haven-London, Yale University Press, 1980.

THIREAU Jean-Louis, *Charles Du Moulin (1500-1566). Étude sur les sources, la méthode, les idées politiques et économiques d'un juriste de la Renaissance*, Genève, Droz, 1980.

TRIM David J.B., *Fighting "Jacob's Wars". The Employment of English and Welsh Mercenaries in the European Wars of Religion : France and the Netherlands, 1562-1610*, Ph. D., University of London, 2002.

—, « Seeking a Protestant Alliance and Liberty of Conscience on the Continent, 1558-85 », *in* Susan Doran et Glenn Richardson (dir.), *Tudor England and its Neighbours*, Basingstoke, Palgrave Macmillan, 2005, p. 139-177.

—, « Huguenot soldiering c. 1560-1685. The origins of a tradition », *in* Matthew Glozier et David Onnekink (dir.), *War, Religion and Service. Huguenot Soldiering, 1685-1713*, Aldershot, Ashgate, 2007, p. 9-30.

TUETEY Alexandre, *Les Allemands en France et l'invasion du comté de Montbéliard par les Lorrains, 1587-1588, d'après des documents inédits*, Paris, Champion, 1883.

UTT Walter C. et STRAYER Brian E., *The Bellicose Dove. Claude Brousson and Protestant Resistance to Louis XIV, 1647-1698*, Brighton, Sussex Academic Press, 2003.

VALONE James S., *Huguenot Politics, 1601-1622*, Lewiston, The Edwin Mellen Press, 1994.

VAN DE SCHOOR Robertus J.M., *The Irenical Theology of Théophile Brachet de La Milletière (1588-1665)*, Leyde, Brill, 1994.

VAN TOL Jonas, *Germany and the French Wars of Religion, 1560-1572*, Leyde, Brill, 2018.

VAZQUEZ DE PRADA Valentin, *Felipe II y Francia (1559-1598). Política, Religión y Razón de Estado*, Pampelune, EUNSA, 2004.

VIGNEAUX Paul-Émile, « La véritable date de l'édit de Nantes et des actes additionnels », *Revue des études historiques*, 75 (1909), p. 144-187.

VUILLEZ Alexis, *Entre la Couronne et l'Évangile. Les diplomates protestants au service du roi de France (ca. 1530-ca. 1630)*, thèse de doctorat, Université Bourgogne-Franche-Comté, 2023.

WENZEL Christian, *« Ruine d'estat ». Sicherheit in den Debatten der französischen Religionskriege, 1557-1589*, Heidelberg, 2020.

WOLFE Michael, *The Conversion of Henri IV. Politics, Power, and religious Belief in Early Modern France*, Cambridge, Harvard University Press, 1993.

WOOD James B., *The King's Army. Warfare, Soldiers and Society during the Wars of Religion in France, 1562-1576*, Cambridge, Cambridge University Press, 1996.

YARDENI Myriam, « Fissures et paradoxes dans la théologie politique d'Élie Merlat (1634- 1705) », *Revue de l'histoire des religions*, 1 (2013), p. 67-84.

ZWIERLEIN Cornel, *Discorso und Lex Dei. Die Entstehung neuer Drenkrahmen im 16. Jahrhundert und die Wahrnehmung der französischen Religionskriege in Italien und Deutschland*, Göttingen, Vandenhoeck & Ruprecht, 2006.

—, « Une propagande huguenote internationale : les débuts des guerres de Religion en France perçues en Allemagne, 1560-1563 », *in* Jérémie Foa et Paul-Alexis Mellet (dir.), *Le Bruit des armes. Mises en formes et désinformations en Europe pendant les guerres de Religion (1560-1610)*, Paris, Champion, 2012, p. 397-415.

Index

Remerciements

Ce livre est le fruit d'un projet déjà ancien, plusieurs fois repensé et reconstruit au fil des années. Il exploite près de trente ans de recherches conduites sur l'histoire politique de la minorité réformée française. Je tiens à remercier les éditions Perrin pour leur infinie patience alors que le manuscrit de cet ouvrage tardait à voir le jour. Ma reconnaissance va plus particulièrement à Benoît Yvert et à Laurent Theis, pour sa relecture minutieuse et les conseils précieux qu'il a bien voulu me prodiguer.

Table

DEUXIÈME PARTIE
L'ENTRÉE EN RÉSISTANCE

TROISIÈME PARTIE
À L'OMBRE DU PREMIER BOURBON

QUATRIÈME PARTIE
UNE MINORITÉ EN SURSIS

Pour en savoir plus
sur les Éditions Perrin
vous pouvez consulter notre site Internet

www.editions-perrin.fr

lisez!

et nous suivre sur les réseaux sociaux

Editions Perrin

@EditionsPerrin

@editionsperrin

#lisez! engagé
www.lisez.com

Pour plus d'information :

Imprimé sur du papier issu de forêts gérées durablement.

Achevé d'imprimer par
par Normandie Roto Impression s.a.s.
61250 Lonrai
N° d'impression : 2500738
K02958E/01

Imprimé en France